193 (SE) FAIRE PLAISIR

Puces sur la place du Jeu de la Balle. © ANASTASIA PETROVA - SHUTTERSTOCK.COM

Avenues Louise ou Toison d'Or pour le luxe, quartier Dansaert pour les créateurs ou Marolles pour la chine. Toujours une bonne excuse pour du shopping à Bruxelles.

Parc de Laeken. © KRISTOF LAUWERS - SHUTTERSTOCK.COM

225 BOUGER & BULLER

Les possibilités de détente sont variées, les clubs sportifs et salles de sport nombreux. Jogging ou vélo sont répandus dans les nombreux parcs et espaces verts.

© GEBER86 - ISTOCKPHOTO.COM

231 SORTIR

Cinémas forcément mais aussi un bouquet varié de salles de spectacles pour tous les goûts. Et Forest National, l'Ancienne Belgique ou le Palais 12 pour les concerts.

241 ESCAPADES

Pour une mise au vert ou parfaire sa connaissance de la Belgique, les villes et la campagne autour de Bruxelles sont à découvrir. Waterloo est un must évident !

La butte du lion, Waterloo. © THOMAS DE WEVER - ISTOCKPHOTO.COM

La GrandPlace. © CHUNYIP WONG-ISTOCKPHOTO.COM

263 ORGANISER SON SÉJOUR

Seconde capitale francophone, Bruxelles est la ville proche par excellence. À seulement 1h30 de Paris, on s'y rend aussi aisément pour la détente que pour le travail.

QUAND Y ALLER

JANVIER

-1° / 4°

BRUSSELS JAZZ FESTIVAL
Pendant les longues nuits de janvier, laissez-vous vous envelopper par les sons chauds du jazz lors du 1er festival de l'année.

$

FÉVRIER

0° / 7°

FESTIVAL ANIMA
Ce festival du film d'animation diffuse courts ou longs-métrages, pour tous les âges, la programmation en compétition est variée.

BRIGHT BRUSSELS
Quand l'hiver se fait long et obscur, Bright Brussels vient enchanter la ville avec son parcours d'installations lumineuses.

$

MARS

2° / 10°

BANAD FESTIVAL
Le BANAD est un festival qui célèbre les 2 mouvements architecturaux qui ont marqué Bruxelles : l'Art nouveau et l'Art déco.

FOIRE DU LIVRE
Grand rassemblement de ceux qui écrivent, publient et lisent, c'est LE moment de l'année pour remplir sa bibliothèque !

$

JUILLET

12° / 23°

FÊTE NATIONALE
On ne s'ennuie pas pendant la Fête nationale : des animations gratuites rythment la journée avec un feu d'artifices en clôture.

OMMEGANG
Pour commémorer la joyeuse entrée de Charles Quint au XVIe siècle, près de 1 400 figurants se rassemblent chaque année.

$$

AOÛT

12° / 22°

LE TAPIS DE FLEURS
Tous les 2 ans, un tapis de bégonias s'étend sur 75 m de long et 24 m de large en plein centre de la Grand-Place. Une merveille !

MEYBOOM
La plus ancienne des traditions folkloriques bruxelloises ! Chaque année, on plante l'arbre de mai, accompagné d'un cortège.

$$

SEPTEMBRE

11° / 20°

MÉMORIAL VAN DAMME
Un événement sportif faisant partie de la *Diamond League* et réunissant la crème des athlètes mondiaux prêts à battre des records.

FÊTE DE LA BD
Aussi appelé Stripfeest et Brussels Comic Strip Festival, elle se déroule pendant un large week-end de septembre partout à Bruxelles.

$$$

Bruxelles

CAPITALE DE L'EUROPE

Bruxelles, ma belle ? Elle n'a pourtant pas [illegible]ura de Paris, le dynamisme de Londres, le *hygge* de Copenhague ou le grain de folie de Berlin. Et malgré tout, au-delà des apparences, le charme opère et il est puissant. Mais alors, qu'est-ce qui fait le charme de Bruxe[illegible] Sa météo ? N'en parlons même pas ! Son urban[illegible] ? Non plus. C'est une ville martyre, défigurée par u[illegible]nisme anarchique (à tel point qu'elle a son propr[illegible]e « bruxellisation »), en chantier constant… Bruxel[illegible]c'est en réalité un étrange mélange : petite et cosm[illegible]e, c'est un village-monde où les cultures se côto[illegible] se mélangent : francophones, Flamands, immig[illegible]de différentes générations, expats… Pas étonnan[illegible] qu'elle soit la capitale de l'Europe ! Si vous posez la[illegible]uestion, on vous répondra sans doute qu'on aime Br[illegible]lles pour la liberté qu'elle offre. La liberté de créer, d[illegible]e soi-même et de mettre en œuvre ses idées. La tra[illegible]on de tolérance bruxelloise ne date pas d'hier puis[illegible]ville a accueilli un Victor Hugo ou un Karl Marx en[illegible]utre aspect qui fait de Bruxelles ce qu'elle est, c'e[illegible]nvivialité. Avec ses 19 communes et ses nombreux quartiers, cette ville est en fait une multitude de villages, chacun avec son caractère et ses spécificités, où on ne se sent jamais perdu. Nous n'attendons que vous pour partager nos bières, chocolats, frites et notre goût des bonnes choses de la vie.

Bienvenue chez nous, *welkom bij ons* !

PEFC
10-31-1895
Certifié PEFC
Ce produit est issu de forêts gérées durablement et de sources contrôlées.
pefc-france.org

Retrouvez cette offre en page 65

SOMMAIRE

© LALS STOCK - SHUTTERSTOCK.COM

Parc du Cinquantenaire. © OLRAT - ISTOCKPHOTO.COM

Moules-frites. © MAICA - ISTOCKPHOTO.COM

Bruxelles est dynamique toute l'année, malgré une météo parfois pluvieuse. La meilleure période se situe de mai à septembre, lorsque les températures deviennent plus agréables et les pluies moins fréquentes. Le mois de décembre, pour Plaisirs d'Hiver, peut faire l'objet d'une escapade de quelques jours. On évitera la voiture pour circuler dans Bruxelles, surtout les jours de sommet européen. Les touristes sont moins nombreux de novembre à mars, hors période de fêtes de fin d'année.

AVRIL

5° / 14°

SERRES ROYALES DE LAEKEN
Visite dépaysante dans le jardin privé du roi à ne pas rater. Les serres royales de Laeken s'ouvrent au public une fois par an.

ART BRUSSELS
Art Brussels est la grande foire annuelle d'art contemporain : 150 galeries y présentent leurs artistes, tous médias confondus.

$

MAI

8° / 18°

LES NUITS BOTANIQUES
Un lieu unique et une programmation d'une sacrée réputation ! C'est le rendez-vous des artistes confirmés, émergeants ou inconnus.

KUNSTENFESTIVALDESARTS
Un important festival d'art du spectacle qui convie des artistes du monde entier et de diverses disciplines à investir divers lieux bruxellois.

$$$

JUIN

11° / 22°

FESTIVAL COULEUR CAFÉ
Ce festival présente des artistes de musiques *world* mais aussi la nouvelle scène électro, hip hop... Le tout sous l'Atomium !

BRIFF (BRUSSELS INTERNATIONAL FILM FESTIVAL)
Déjà la 6e édition de ce festival qui voit des films du monde entier projetés en différents endroits de la capitale belge.

$$

OCTOBRE

7° / 15°

NUIT BLANCHE
Insolite et surprenant. Vous avez une nuit entière pour redécouvrir Bruxelles à travers chants, danses, installations et spectacles...

$

NOVEMBRE

3° / 9°

LES NOCTURNES DU SABLON
Durant 4 jours, les commerçants et artisans du quartier du Sablon préparent la fin de l'année et ouvrent leurs portes jusqu'à 23h.

MUSEUM NIGHT FEVER
Chaque année, on redécouvre les musées bruxellois participants en nocturne avec des animations inédites (DJ-set, films, poésie…)

$

DÉCEMBRE

0° / 6°

PLAISIRS D'HIVER
Durant tout le mois de décembre, 2,5 kilomètres de parcours illuminé autour de la Grand-Place et des animations en tous genres.

$$

LES BONNES RAISONS D'Y ALLER

BRUXELLES, DÉPAYSANTE ET PROCHE

Bruxelles est la capitale la plus proche de Paris. Et pourtant pas du tout française !

DES MUSÉES NOMBREUX ET DE QUALITÉ

Beaux-arts, sciences naturelles ou consacré à Magritte : musées d'intérêt international !

BRUXELLES, L'EUROPÉENNE

Capitale de plus de 500 millions d'Européens et siège des institutions : 184 nationalités.

CAPITALE DE LA BANDE DESSINÉE

Tintin a habité Bruxelles. Des parcours et un musée mettent la BD belge en musique.

BIÈRES, CHOCOLATS, SPÉCULOOS

2 000 bières et 500 chocolatiers au Plat Pays. Bruxelles ajoute en plus le spéculoos.

DU SHOPPING À PRIX RAISONNABLES

Idéale pour shopper varié et original, les fringues et la déco vintage ou de créateurs.

L'ART NOUVEAU À CHAQUE COIN DE RUE

Mouvement artistique proche de la nature, l'Art nouveau explose entre 1890 et 1910.

LES BONNES RAISONS D'Y ALLER

PARADIS DE LA « CHINE »

Puces, antiquités : on chine du Sablon aux Marolles. Le vieux marché est le must dominical.

© CHRISTIAN MUELLER - SHUTTERSTOCK.COM

© GAID KORNSILAPA - SHUTTERSTOCK.COM

LE PLUS GRAND PIÉTONNIER D'EUROPE

Vaste de 50 hectares, Bruxelles bénéficie de l'espace piéton le plus grand d'Europe.

LA VILLE LA PLUS VERTE D'EUROPE

Avec plus de 8 000 ha de forêts, bois, parcs et jardins, il fait bon s'y mettre au vert !

© RONALD SMIJERS - SHUTTERSTOCK.COM

LES 12 MOTS-CLÉS

#ART NOUVEAU

De 1890 à 1910, l'Art nouveau refuse les règles académiques. Il affectionne lignes et courbes. Cette conception proche de la nature (motifs issus de la faune ou de la flore) rend l'art accessible à tous. Le bois, la pierre, l'acier ou le verre permettent cette démocratisation. Bruxelles regorge de bâtiments signés Horta, Hankar ou Van de Velde.

© JMBRASSEUR - SHUTTERSTOCK.COM

#ATOMIUM

L'Atomium fut construit pour l'Exposition universelle de 1958. Sa structure est un cristal de fer agrandi 165 milliards de fois. À l'intérieur, des expos thématiques autour de la Belgique et des arts numériques. Dominant la capitale sur le plateau du Heysel, l'Atomium culmine à 102 mètres. Panorama de ouf, circulaire sur l'ensemble de la ville.

#BANDE DESSINÉE

La BD belge naît en 1926 avec la première aventure de Tintin. En 1946, Hergé et ses collaborateurs (Jacobs, Tibet, Cuvelier...) jettent les bases de l'école de Bruxelles : trait au contour net et lisible, mises en couleur raffinées et éclatantes. Un musée de la BD et des fresques à divers endroits du centre-ville commémorent avec brio le 9e art !

#BIÈRES

Bruxelles et sa région recèlent quelques catégories de bières introuvables ailleurs. Comme le lambic, de fermentation spontanée et matrice de la gueuze et autres krieks. La gueuze est le résultat d'un assemblage de lambics, fermentée en fûts avant une refermentation en bouteille. La kriek naît d'une addition de cerises du Nord à du lambic jeune.

#CAPITALE EUROPÉENNE

La Commission européenne, le Conseil et des activités du Parlement siègent à Bruxelles. Les quartiers Léopold et Schuman, transfigurés pour l'occasion au cours des 3 dernières décennies, abritent plusieurs institutions dans des bâtiments à l'architecture contemporaine. L'ancienne gare du Luxembourg sert de point d'info pour les visiteurs.

#CHOCOLATS

La Belgique est réputée dans le monde entier pour son chocolat, Bruxelles est son plus bel écrin. Toutes les marques, des plus communes aux plus prestigieuses, y sont représentées dans le voisinage de la Grand-Place et autres endroits stratégiques. Le goût des Belges reste surtout classique. La praline et son ballotin ont été inventés à Bruxelles.

#FORÊT DE SOIGNES

Forêt de feuillus de 4 383 ha située sur les trois régions du pays. Essentiellement boisée de vieux hêtres au fût long, lui valant le nom de forêt cathédrale. Superbe en toute saison. Avec son extension citadine, le Bois de la Cambre, elle est surnommée le « poumon de Bruxelles ». Il s'agit de l'une des plus grandes forêts périurbaines d'Europe.

#GRAND-PLACE

Les anciens ont implanté le cœur de la ville à l'écart des voies de circulation. Sept rues partent de la place, lesquelles menaient aux portes de la première enceinte. La Grand-Place regroupe les maisons des corporations autour de l'hôtel de ville. Victor Hugo en disait le plus grand bien. On la nomme souvent « plus belle place du monde ».

© FISCHERSCOOP - ISTOCKPHOTO.COM

LES 12 MOTS-CLÉS

#MAGRITTE

Le génial peintre, auteur de tant de belles toiles, est mis à toutes les sauces sans doute pour justifier le surréalisme inné ou acquis des Belges. Son fameux « Ceci n'est pas une pipe » est connu de tous et résonne quasi comme une devise nationale. Depuis quelques années, même les récompenses pour le cinéma belge (leurs Césars) sont des Magrittes.

#MANNEKEN PIS

Appelé le *ketje* de Bruxelles, cet impertinent gamin qui incarne l'insouciance et la résistance bruxelloises, auxquelles se sont souvent identifiés les authentiques Brusseleirs. Manneken Pis est aussi un *babeleir* (bavard), un *zwanzeur* (fêtard) et un *stoefer* (frimeur). Il possède plus de 1 000 costumes que l'on peut voir dans le musée à son nom.

© ROMAN YANUSHEVSKY - SHUTTERSTOCK.COM

#MUSÉES

Si Bruxelles n'est pas Paris, Londres ou Amsterdam, la capitale belge compte pour autant des musées d'envergure pour lesquels on se déplace de l'étranger. Le musée Magritte est le plus visité du Royaume (avec 3,2 millions de visiteurs cumulés). Il est intégré aux Musées Royaux des Beaux-Arts, qui furent fondés en 1801 par le consul Bonaparte.

© AUTHOR'S IMAGE

#ZINNEKE

Dans le langage populaire, un *zinneke*, c'est un bâtard. C'est d'ailleurs avec ce mot que les Bruxellois caractérisent leur chien s'il n'est pas de race. Mais le Bruxellois authentique n'est-il pas aussi un *zinneke* ? Tant de migrants ont fait halte ou se sont enracinés ici depuis des siècles que le métissage est assurément leur vraie nature.

VOUS ÊTES D'ICI, SI...

- Vous ne supportez pas la comparaison avec un Français ou un Hollandais.
- Vous n'essayez plus d'imiter l'accent bruxellois. Vous l'avez acquis... ou pas.
- Vous vous rendez à au moins un festival ou une manifestation folklorique chaque été.
- Vous aimez et pratiquez la *zwanze*.
- Vous ne résistez pas à la tentation d'un cornet de frites à manger dans la rue ou au bistrot.
- Vous savez que « non, peut-être ! » signifie tout simplement « Oui, bien sûr ! »
- Vous raillez volontiers la famille royale, mais ne supportez pas trop qu'un étranger s'en charge.
- Vous ne le croyez pas si un étranger vous dit après une demi-heure d'explications, qu'il a compris comment fonctionne la Belgique.
- Vous connaissez la différence entre une gaufre de Bruxelles et une gaufre de Liège.
- Vous souriez quand quelqu'un prétend qu'il a bu une bière alors que c'était une Heineken.
- Vous connaissez par cœur au moins une chanson du Grand Jojo, de Stromae ou d'Annie Cordy.

MON BRUXELLES

avec Mélissa MONACO, auteure du guide

Interview

Originaire du Hainaut, Mélissa a adopté Bruxelles lorsqu'elle y a débarqué pour ses études de journalisme. Après plusieurs années d'expatriation, elle y est revenue en 2006. Quand elle ne voyage pas (et n'écrit pas sur son blog mellovestravels.com), elle se balade dans les différentes communes bruxelloises à la découverte de choses qu'elle n'avait jamais vues avant et de nouvelles adresses.

TOP 10

A VOIR / A FAIRE

Choisir, c'est renoncer ! Ce qu'il convient de faire pour limiter à 10 les curiosités essentielles de Bruxelles. Les possibilités sont multiples et variées dans la capitale belge. Le top 10 qui suit révèle l'histoire et l'implication que la ville possède depuis longtemps en Europe. Vos visites permettront une immersion efficace dans la ville autour des éléments qui la définissent et la composent : Europe, carrefour des peuples, splendeur des XIXe et XXe siècles, fêtes et mouvements populaires. L'identité complexe et multiculturelle de Bruxelles se révélera à vous.

© AUTHOR'S IMAGE

259

AFRICAMUSEUM

Tervuren

Une nouvelle muséographie, des espaces repensés, un des plus intéressants musées consacrés à l'Afrique centrale. Sans complexe.

© CENTRE BELGE DE LA BANDE DESSINÉE

95

CENTRE BELGE DE LA BANDE DESSINÉE MUSÉE DE LA BD

La capitale belge, également capitale de la BD, ne pouvait s'offrir un plus bel écrin que cet immeuble dessiné par Victor Horta.

ATOMIUM

Neuf boules pour les neuf atomes de la maille élémentaire d'un cristal de fer, la vue depuis son sommet est imprenable !

© WWW.ATOMIUM.BE - SOFAM - CHRISTOPHE LICOPPE

107

© GALERIES ROYALES SAINT-HUBERT

96

GALERIES ROYALES ST-HUBERT

Inaugurées en 1847 et inspirées des palais italiens, elles accueillent boutiques et lieux de divertissement exclusifs ou luxueux.

GRAND-PLACE

La « plus belle place du monde ». En toute modestie, voilà comment les Belges surnomment ce bijou où trône l'hôtel de ville.

© POCHOLOCALAPRE - ISTOCKPHOTO.COM

© MAREANDMARE

98

106

MUSÉE BRUXELLOIS DE LA GUEUZE (BRASS. CANTILLON)

Le musée de la gueuze ouvre la brasserie Cantillon à un public étonné de découvrir les bières de fermentation spontanée.

© ANDREY SHCHERBUKHIN - SHUTTERSTOCK.COM

107

MINI-EUROPE

Mini-Europe vous fait voyager à travers les 27 pays membres de l'Union européenne (plus le Royaume-Uni) en miniature.

© AUTHOR'S IMAGE

100

MONT DES ARTS

Pour dominer le centre de la capitale avec à l'avant-plan, un décor d'architecte-paysagiste digne des plus beaux châteaux d'Europe.

PARC DU CINQUANTENAIRE

Célébrant les 50 ans de l'indépendance belge, les arcades du Cinquantenaire s'inscrivent sur une vaste esplanade autour d'un parc.

© AUTHOR'S IMAGE

114

© CRISTIAN PUSCASU - SHUTTERSTOCK.COM

114

PARLAMENTARIUM

Occasion unique de découvrir les institutions régissant la vie de 500 millions d'Européens. Visites guidées et visites thématiques

TOP 10

SE RÉGALER

Bruxelles compte de nombreuses adresses à la fois variées et originales. Parmi nos coups de cœur, des assiettes et une décoration toujours soignées, mais aussi de grands classiques incontournables de la gastronomie locale. Ville de tradition gastronomique franco-belge, les adresses haut de gamme sont accessibles pour le portefeuille du touriste souhaitant se faire plaisir à un tarif contenu. Et les quartiers touristiques abritent nombre d'adresses sérieuses où le client n'est pas un pigeon. Cosmopolite, Bruxelles fait la part belle aux cuisines et influences étrangères de tout poil.

© CHEZ LÉON

EN PHOTO

CHEZ LÉON — 124

Depuis 1893, Léon est une institution locale et une halte bruxelloise quasi obligée pour découvrir les véritables moules-frites.

BISTROPOLITAN — 144

Ambiance, déco, carte, Bistropolitan possède les codes de la brasserie à la parisienne avec les grands standards du genre.

COMME CHEZ SOI — 124

Synonyme de luxe à la bruxelloise depuis plus de 90 ans et 4 générations. Certains plats sont indéracinables depuis des lustres.

ENTROPY RESTAURANT — 125

Restaurant gastronomique axé sur le végétal et le local dont les bénéfices sont reversés à l'association Hearth project.

IODA 152

Rôtisserie végétale où le légume est au centre de l'assiette et traité comme une pièce de viande. Un véritable coup de cœur.

OSTERIA ROMANA 155

Un restaurant italien de haute voltige proposant les meilleures carbonara de Bruxelles et des plats aux accents japonais.

LES PETITS OIGNONS 131

En bordure du quartier chic du Sablon, une brasserie qui rappelle l'ambiance new-yorkaise. Une vraie adresse aux petits oignons !

SAVAGE 157

Un restaurant où le végétal se suffit à lui-même et où produits de la mer et viandes peuvent être ajoutés en supplément.

FRITURE RENÉ 137

Bienvenue en Belgitude. Ancienne friterie de 1932 muée en resto belgo-belge fort prisé. Viandes rouges et frites, une fois !

LA MER DU NORD 130

Poissonnerie et fishbar, le meilleur de la mer y est prêt à être emporté ou dégusté sur place en toute décontraction.

TOP 5

FAIRE UNE PAUSE

Les bars, bistros et cafés sont légion à Bruxelles. Lieux idéaux pour tâter le pouls de la ville, passer du temps à les découvrir est indispensable, si pas primordial. On testera les bars à bières, nombreux, mais il existe aussi de nombreux établissements thématiques ou insolites. Santé !

© AUTHOR'S IMAGE

EN PHOTO

À LA MORT SUBITE 175

L'un des plus anciens cafés de la capitale, encore dans son jus avec boiseries et tables étroites. L'origine de son nom étonne.

181 LIFE IS BEAUTIFUL [LIB]

Le meilleur bar à cocktails de Bruxelles ? C'est le *NY Times* qui le dit et on est d'accord. Accueil adorable et cocktails divins.

KAFFABAR 180

Du très bon café [et chocolat chaud] servi par Marc Daniels, meilleur barista de Bruxelles et accueil par Marcel, le bouledogue.

185 BRASSERIE DE L'UNION

Une véritable institution, au mobilier dépareillé et à l'esprit zwanzeur à souhait, sur le parvis de Saint-Gilles.

189 MOEDER LAMBIC ORIGINAL

Paradis des bières confidentielles ou presque, aucune place n'y est faite pour les étiquettes commerciales. Un must !

TOP 5

(SE) FAIRE PLAISIR

Bruxelles est animée par ses commerces. Côté fringues, les grandes enseignes sont présentes mais nombre de boutiques sont plus locales et typiques. Les soldes ont lieu deux fois par an, sans compter de nombreuses périodes de ristournes. Les différents quartiers de la ville ont leurs activités spécifiques. Pour les plaisirs de la bouche, chocolats, bières et spéculoos arrivent en tête des préoccupations des touristes qui visitent la capitale belge.

© AUTHOR'S IMAGE

MARCOLINI 206

Chef de file des chocolatiers et pâtissiers belges de luxe, Marcolini a été consacré « Meilleur Pâtissier du Monde » en 2020.

STIJL 214

Depuis 35 ans, la boutique Stijl participe à l'éclosion des créateurs de mode bruxellois et à la renommée de la rue Dansaert.

EN PHOTO

MAISON DELVAUX 213

Plus de 3 000 modèles en deux siècles et un best-seller immuable depuis soixante ans pour le maroquinier belge de référence.

LILU MAISON DEQUANTER 212

La « slow fashion » artisanale, des cuirs qui viennent de France et d'Italie : Emmanuelle Adam vit sa passion avec la griffe Lilu.

MAISON DANDOY 205

Synonyme de « spéculoos » ou fleuron des biscuiteries bruxelloises artisanales, Dandoy est une institution vieille comme le pays !

TOP 5

BOUGER & BULLER

La capitale européenne bénéficie de nombreux espaces verts, des endroits parfaits pour pratiquer le jogging. On sillonne aussi facilement Bruxelles à vélo. La réputation de certains spas rappelle que c'est dans ce pays que le thermalisme a pris son envol.

EN PHOTO

NEMO 33 — 228

Deuxième piscine plus profonde au monde, eau limpide à 33 °C, elle comble plongeurs et touristes toute l'année. Resto thaï en sus.

109 — PARC ROI BAUDOUIN

Poumon vert du Nord de Bruxelles, ce parc est composé de plans aménagés, de bois, de prés et de marais de la vallée du Molenbeek.

THERMAE GRIMBERGEN — 262

Grimbergen
A quelques kilomètres de Bruxelles, les meilleurs thermes des environs offrent la panoplie complète des soins relaxants.

229 — ASPRIA ROYAL LA RASANTE

Hôtel luxueux, aéré, généreux en services divers, propose 16 chambres tout confort et au calme

PROMENADE VERTE — 228

Plus de 60 km aux limites de Bruxelles ont été aménagés pour permettre aux cyclistes et promeneurs de découvrir la région.

TOP 5

SORTIR

Bouillonnante et culturelle, Bruxelles propose une programmation des plus éclectiques. Les grandes salles sont connues en France : Palais 12, Forest National ou l'Ancienne Belgique sont fréquentées par des artistes de niveau international. La scène alternative occupe aussi une place importante. Si les boîtes de nuit sont en perte de vitesse, le C12 maintient bien haut l'étendard de la musique électro.

CABARET MADEMOISELLE 236

Ce cabaret bruxellois accueille un public et des spectacles très variés : drag queens et drag kings, burlesque, cirque...

BOZAR 235

Le Palais des Beaux-Arts, dessiné par Victor Horta en 1928, accueille activités culturelles et artistiques internationales.

EN PHOTO THÉÂTRE DE LA MONNAIE 104

L'Opéra de Bruxelles est une scène européenne d'avant-garde, mais aussi, le point de départ de la révolution belge de 1830.

C12 233

Boîte de nuit tournée vers l'électro dans laquelle règnent liberté et ouverture d'esprit et où se mélangent art et musique.

CINEMATEK 95

Profitez des incroyables archives de la Cinematek qui présente, à des tarifs ultra avantageux, des films d'hier et d'aujourd'hui.

TOP 10

SE LOGER

Hôtels de luxe ou de charme, chambres d'hôtes, auberges de jeunesse : l'offre est grande et variée et convient à tous budgets. En semaine, le taux d'occupation est élevé et essentiellement orienté *business*, contrairement aux week-ends où les disponibilités sont nombreuses et le haut de gamme plus doux si l'on négocie. La majorité de l'hébergement de qualité est concentrée sur Bruxelles-ville (Pentagone). Les communes voisines (Ixelles, Saint-Gilles, Etterbeek) comptent aussi quelques perles, grâce à la proximité des institutions européennes. À vous d'identifier vos besoins avant de réserver.

AUBERGE DE JEUNESSE JACQUES BREL

273

Auberge à Bruxelles près du Jardin botanique et offrant Internet, bibliothèque, petit déjeuner bio et concerts gratuits.

274

LE DIXSEPTIÈME

Hôtel bâti au XIVe siècle et restauré en 1990. L'établissement offre une cour intérieure et des salons avec parquets en bois.

HOTEL INDIGO BRUSSELS

280

Hôtel design jouant la carte de la botanique avec une déco léchée et un excellent restaurant : Serra, qui met en avant le bio.

280

HOTEL JARDIN SECRET

Hôtel design et discret dans une ruelle d'Ixelles où les chambres sont regroupées autour d'un jardin luxuriant avec une piscine.

THE DOMINICAN 277

Hôtel contemporain aménagé dans un ancien couvent et atelier de peinture, proposant spa, bain turc, salle de sport et salon.

MEININGER 278

A mi-chemin entre l'hôtel classique et l'auberge de jeunesse, Meininger est installé dans l'ancienne Brasserie Belle-Vue.

JAM HOTEL 281

Un hôtel design, fun, agréable et abordable avec un superbe rooftop bar et une *plunge pool* chauffée, assez rare à Bruxelles.

275 HÔTEL RÉSIDENCE LE QUINZE

Offrant une vue magnifique sur la Grand Place et une décoration des années 1950 et 1960, le Quinze plonge dans l'ambiance Expo 58.

275 JULIANA HOTEL BRUSSELS

Hôtel 5 étoiles offrant un luxe raffiné mais sans ostentation. Les chambres sont toutes différentes et la piscine, superbe !

281 HÔTEL LE BERGER

Autrefois hôtel de rendez-vous, entièrement rénové mais où on a gardé l'esprit. Chaque chambre est un cocon où on aime musarder.

TOP 5

MICRO-BRASSERIES

Bruxelles compte une quinzaine de micro-brasseries. Blondes, blanches, ambrées, amères, acidulées, fruitées, moins souvent douce (la mode est aux bières amères), les micro-brasseries peuvent se permettre toutes les fantaisies, loin des goûts souvent formatés des plus grandes brasseries.

© DEJAN DUNDJERSKI-SHUTTERSTOCK.COM

EN PHOTO

LA MULE
189

Cette micro-brasserie schaerbeekoise est un peu particulière puisque le maître brasseur y réalise des bières de types allemands.

BRUSSELS BEER PROJECT
200

Les enfants terribles de la scène brassicole réalisent des bières aux saveurs parfois saugrenues, à tester au bar avant d'acheter.

SENNE (BRASSERIE DE LA)
184

La toute première micro-brasserie bruxelloise a aussi ouvert son bar où l'on peut directement déguster leurs productions.

LA SOURCE BEER CO.
184

La Source produit des bières à caractère « nature », très houblonnées. La brasserie est située dans un bâtiment classé.

BRASSERIE DE L'ERMITAGE
183

Goûtez « La Lanterne » ou « Le Théorème de l'Empereur » dans la tap-room de la brasserie, décorée dans un esprit récup'.

ALLO ?

Pour appeler de Bruxelles vers la France, composez le +33 suivi du numéro de votre correspondant sans le 0. Pour appeler de France vers Bruxelles, composez le +32, suivi de l'indicatif de la ville moins le zéro, suivi du numéro de votre correspondant. Par exemple + 32 2 513 89 40 Pour téléphoner à l'intérieur du pays, il suffit de composer le numéro à 9 chiffres de votre correspondant. Les numéros de téléphone portable sont facilement reconnaissables à leur structure identique : 04xx suivis de 6 chiffres. Il est obligatoire de s'identifier pour acheter une carte prépayée. Il existe trois opérateurs principaux (Proximus, Orange, Base) et quelques opérateurs sous-traitants.
Les cabines téléphoniques publiques n'existent plus à Bruxelles, ni ailleurs en Belgique.

ACCESSIBILITÉ

Les établissements publics sont normalement accessibles aux personnes à mobilité réduite. Les répertoires d'hôtels signalent ceux qui disposent d'équipements prévus pour les handicapés et les offices de tourisme pourront donner des informations plus précises. Si la personne avec qui vous voyagez présente un handicap mental ou physique, ou si vous êtes vous-même dans le cas, différents organismes et associations s'adressent à vous. Sur le net, www.handy.brussels est un guide touristique destiné aux voyageurs à mobilité réduite. Toutes les stations de métro disposent d'une lecture en braille et une vingtaine d'entre elles sont accessibles aux fauteuils roulants.

SANTÉ

En cas de maladie, le système de santé est de très bonne qualité en Belgique. En tant qu'Européen (et résident de l'Islande, de la Norvège, du Liechtenstein et de la Suisse), vous êtes pris en charge par la Sécurité sociale en Belgique. N'oubliez pas votre carte européenne d'assurance maladie. Vous résidez hors de ces pays ? Une assurance voyage s'impose.

- Liste des pharmacies de garde sur : https://upb-avb.be

SÉCURITÉ

Bruxelles n'est pas une ville particulièrement dangereuse. Cependant, comme dans toute grande ville où abondent les touristes, il convient de prendre des précautions pour éviter d'attirer l'attention des pickpockets. Vérifiez donc les fermetures de vos sacs et évitez absolument de placer papiers d'identité, portefeuille et argent liquide en quantité importante dans la poche avant de votre sac à dos ou la poche arrière du pantalon. Faites aussi attention à ne rien laisser en vue dans votre voiture.

URGENCES SUR PLACE

Deux numéros d'urgence (à Bruxelles et partout en Belgique) : 112 pour les pompiers et les ambulances (numéro européen) et 101 pour la police.

LGBTQ

La communauté LGBTQIA+ est assez importante, visible et plutôt bien acceptée à Bruxelles. Rien de particulier à signaler à ce sujet, comme dans la plupart des grandes villes européennes.

AMBASSADE ET CONSULATS

- **Ambassade de France à Bruxelles :**
Rue Ducale 65
Ouverte du lundi au vendredi de 8h45 à 15h45
+32 2 548 87 11

- **Consulat Général de France :**
Boulevard du Régent 42
Ouvert du lundi au vendredi, de 8h45 à 13h et de 14h à 16h10
+32 2 548 88 11
consulat@consulfrance-bruxelles.org

POSTE

À Bruxelles, les bureaux de poste sont généralement ouverts de 9h à 17h, parfois jusqu'à 18h en semaine et le samedi matin. Consultez www.bpost.be pour les horaires spécifiques de chaque bureau. Les « points-poste » installés dans les centres commerciaux ou les librairies sont ouvert plus tard (19h) et proposent de nombreux services classiques. Un timbre pour l'envoi dans l'Union européenne coûte 2,09 €. Pour une lettre normale envoyée en Belgique, il en coûte 1,16 €. On trouve difficilement des timbres ailleurs qu'à la Poste ou dans les points-poste, sauf dans les endroits où l'on vend des cartes postales. L'acheminement du courrier est prévu en J+1 ou J+2 à l'intérieur du pays.

MÉDIAS LOCAUX

Presse

- **Quotidiens nationaux**

Le Soir – www.lesoir.be – Journal francophone de qualité au contenu neutre et de bon ton.

La Libre Belgique – www.lalibre.be – Ce titre francophone de qualité s'est ouvert à de nouvelles thématiques sans renier ses origines catholiques et royalistes.
La Dernière Heure – www.dhnet.be – Quotidien populaire. Cahier des sports très bien fourni.
De Morgen – www.demorgen.be – Quotidien flamand de qualité, réputé plutôt à gauche.
De Standaard – www.standaard.be – Quotidien flamand de qualité, conservateur.
Het Laatste Nieuws – www.hln.be – Journal flamand populaire.
Het Nieuwsblad – www.nieuwsblad.be – Quotidien populaire néerlandophone, concurrent du précédent.
L'Écho – www.lecho.be – Quotidien francophone de l'économie et de la finance.
De Financieel Ekonomische Tijd – www.tijd.be – Quotidien flamand de l'économie et de la finance.

Quotidien régional

La Capitale – www.lacapitale.be (groupe Sud Presse)
ainsi qu'un cahier régional spécifique dans les quotidiens nationaux.

Magazines

En plus des magazines français présents en grand nombre et dont certains sont déclinés en une version belge (*Paris-Match, Téléstar, Elle*…), il existe évidemment des magazines spécifiquement belges.
Ciné Télé Revue est un véritable phénomène : près d'un francophone sur dix l'achète chaque semaine, pour y lire les programmes télé et les dernières rumeurs sur les stars. *Télé Moustique* est une référence intéressante pour son programme télévision, ses dossiers truculents : en été, le supplément avec l'ensemble des festivals de Belgique est fort utile. Dans la même catégorie encore, on trouve également, *Télépro* (deuxième magazine francophone en termes de chiffres de vente).
Côté « newsmagazine », le *Vif/L'Express*, fait autorité en Belgique francophone. *Trends/Tendances* est quant à lui un hebdomadaire économique très complet.

Radio

Deux styles de radio coexistent : les stations généralistes (info, humour et service) et les stations musicales. Bel RTL et La Première sont les radios généralistes les plus écoutées. Côté musical, Radio Contact propose de la variété grand public ; Classic 21 (RTBF) se spécialise dans le rock adulte ; Radio Nostalgie dans la chanson française ; NRJ, Fun Radio Belgique visent des publics plus jeunes ; Tipik est la radio des jeunes adultes branchés ; Musiq3 (RTBF) diffuse uniquement de la musique classique. Côté flamand, les chaînes publiques sont fortement présentes mais QMusic (rock) et Joe (musique années 70, 80 et 90) sont respectivement 2e et 3e du classement.

LES PHRASES CLÉS

Bonjour, mon téléphone ne fonctionne pas, pouvez-vous m'aider s'il vous plait ?
Hallo, mijn telefoon werkt niet, kunt u me alstublieft helpen?

Je ne me sens pas bien, pouvez-vous m'amener à l'hôpital le plus proche ?
Ik voel me niet goed, kunt u me naar het dichtstbijzijnde ziekenhuis brengen?

Est-ce que vous avez un médecin qui parle français ?
Heeft u een arts die Frans spreekt?

Je viens de me faire voler mes papiers, où est le poste de Police le plus proche ?
Mijn papieren zijn zojuist gestolen, waar is het dichtstbijzijnde politiebureau?

Est-ce un quartier dangereux ou je peux y aller sans crainte ?
Is het een gevaarlijke buurt of kan ik er zonder problemen naartoe gaan?

Avez-vous des timbres pour une carte postale à envoyer en France ? C'est combien ?
Heeft u postzegels voor een ansichtkaart om naar Frankrijk te verzenden? Wat kost het?

DÉCOUVRIR

La capitale de la Belgique, mais aussi de l'Europe, est forcément cosmopolite et polyglotte. Une ville toujours animée et accueillante. Un vrai patchwork de cultures qui cohabitent vaille que vaille avec leurs diversités, aussi bien francophone que flamande, presque à parts égales, elle parle anglais dans les bureaux. Elle s'affirme aussi comme la capitale de la *zwanze*, cet humour implacable et sans prétention qui n'appartient pourtant qu'à elle. L'étendue de ses anciens faubourgs, nés avec le XIXe siècle, a créé des noyaux urbains hors du centre historique, que nous détaillons dans des chapitres dédiés dans ce guide. Avec plus de 40 musées et monuments à visiter, la ville regorge d'attractions culturelles et historiques, de restaurants, de bars et cafés. Mais Bruxelles est aussi une véritable capitale verte, avec de nombreux parcs. De plus, elle organise une foule de festivals qu'il convient de découvrir.

BRUXELLES, INCROYABLE TERREAU DU 9^{E} ART !

Jusqu'au début du XXe siècle, les enfants s'abreuvent de bulles françaises. Comment ne pas citer, par exemple, *Les Pieds nickelés* ou la délicieuse *Bécassine* qui apparaît dès 1905 dans *La Semaine de Suzette*, tandis que de l'autre côté de l'Atlantique les *kid strips* se multiplient à vive allure depuis l'apparition de la photogravure. Mais si l'expression « BD belge » frise le pléonasme, c'est que tout a vraiment commencé chez nos voisins du Nord, eux qui ont assisté à une terrible – mais vivifiante – bataille, celle qui opposa Tintin à Spirou. Car la Belgique a longtemps eu cette particularité d'adosser un périodique à une maison d'édition, le Lombard d'un côté, Dupuis de l'autre, le journal destiné aux enfants devenant ainsi champ d'expérimentation pour les futurs albums à paraître. La saine rivalité entre les deux périodiques fut féconde, en particulier dans les années 1950 et 1960, où elle donna naissance à deux courants esthétiques, la ligne claire et les gros nez, et à deux écoles, celle de Bruxelles et celle de Marcinelle (Charleroi) sur laquelle on ne s'étendra pas ici.

Le reporter le plus connu du XXe siècle

Avec ses airs angéliques, un petit blondinet va révolutionner cet univers en plein essor. Sous la plume de Georges Remi, devenu Hergé par l'astucieuse inversion de ses initiales, Tintin a pour ancêtre méconnu *Totor, chef de patrouille des Hannetons*, personnage que le dessinateur avait créé en 1926 pour le journal *Le Boy-scout* et qui, dans la foulée, devient belge.

En parallèle, il exerce comme reporter photographe et illustrateur pour *Le Vingtième Siècle*. Satisfait de son travail, le terrible abbé Wallez, alors rédacteur en chef, lui confie la responsabilité du supplément hebdomadaire, *Le Petit Vingtième*, et lui passe commande d'une bande dessinée qui dénoncerait auprès des plus jeunes les méfaits du communisme. Voilà comment Tintin vit sa première aventure *Au pays des Soviets*, en 1929, alors qu'Hergé l'aurait sans doute préféré évoluant dans son territoire de prédilection, l'Amérique. Néanmoins, son héros, dont seule la houppette semble se rebeller, et son fidèle compagnon à quatre pattes, Milou, le fox-terrier bavard, auront tout loisir de se rattraper. Leurs pérégrinations cartonnent, et le petit journaliste parcourt le monde en tous sens, du Congo, car décidément l'Abbé Wallez a des opinions politiques bien tranchées, jusqu'au San Theodoros, contrée imaginaire d'Amérique du Sud, un demi-siècle plus tard. Vingt-trois albums, un ultime épisode, *Tintin et l'Alph-art*, resté inachevé suite à la mort de l'auteur en 1983, mais aussi un périodique, lancé par Hergé et Raymond Leblanc des éditions du Lombard en 1946, en riposte au faramineux succès d'un autre titre : *Le Journal de Spirou* (Dupuis). Spirou, ce reporter facétieux partageant avec Tintin le goût de l'aventure.

Le Centre belge de la bande dessinée.

Hergé fonde le journal Tintin

Un certain sens de la parodie aussi, bien éloigné de la ligne claire si représentative de l'école de Bruxelles, celle initiée par Hergé, chez qui « il est toujours midi ». Réalisme et lisibilité renforcés par les traits noirs qui séparent les couleurs, celles-ci n'étant jamais impactées par les ombres ou les éventuelles sources de lumière, on le comprend vite, la sobriété est de mise pour les dessinateurs qui rejoignent *Le Journal de Tintin*.

Le premier numéro de celui-ci paraît le 26 septembre 1946 et au sommaire figure Edgar P. Jacobs, père de Blake et Mortimer, qui fréquente de longue date Hergé et publiait précédemment dans *Bravo !* Le dessinateur bruxellois met en scène deux Britanniques, le premier travaille pour les services secrets, le second est physicien nucléaire, ensemble ils luttent contre un irréductible criminel, Olrik. Une bande dessinée particulièrement réaliste, même si elle côtoie parfois l'univers de la science-fiction, ce qui lui vaut d'être interdite en France quand sa violence ne semble pas adaptée au public enfantin. Les aventures des deux amis auraient pu s'arrêter à la mort de leur créateur, en 1987, mais 13 ans après celle-ci, Bob de Moor reprend le travail resté inachevé, et les épisodes continuent aujourd'hui de s'enchaîner sous différentes plumes. Pour dessiner ses personnages, Edgar P. Jacobs s'était inspiré de deux hommes : Blake prit les traits de Jacques Laudy, l'un des fondateurs du périodique, par ailleurs auteur de *La Légende des quatre fils Aymon*, et Mortimer ceux de Jacques Van Melkebebe, premier rédacteur en chef qui dut rapidement quitter ses fonctions suite à une condamnation pour collaboration durant la guerre.

En 1948, toujours pour le journal Tintin, le Français Jacques Martin s'inspire de l'Antiquité romaine et l'illustre par Alix, un personnage qui deviendra rapidement populaire. Quelques années plus tard, il donne vie à Lefranc, dans un décor bien plus actuel. Paul Cuvelier, quant à lui, continue de faire évoluer le jeune Breton orphelin Corentin au cœur du XVIIIe siècle.

La rivalité n'est plus de mise

En 1955, suite à une dispute avec Dupuis, Franquin quitte Spirou pour rejoindre Tintin, cela tombe à point nommé pour le journal qui justement avait envie de rafraîchir sa ligne. Modeste et Pompon remplissent leur rôle, mais Franquin se réconcilie avec son éditeur d'origine et se retrouve très vite débordé, il se fait aider par des scénaristes, notamment Greg, le futur créateur d'Achille Talon, et René Goscinny, qu'il n'y a pas besoin de présenter, avant de se résoudre en 1959 à confier la garde des amoureux à Dino Attanasio pour retourner s'occuper pleinement d'un de ses personnages qui a bien besoin d'être secoué, Gaston Lagaffe, dont l'arrivée au journal en 1957 s'est avérée tout sauf discrète.

Le renouveau est de mise pareillement chez Tintin, qui héberge deux Français. Jean Graton qui lance sur la route Michel Vaillant en 1957 et Tibet qui a quitté le journal de Mickey et adapte à la ligne claire ses Aventures de Chick Bill avant d'inventer un héros au nom en calembour, Ric Hochet. Chez Tintin, les années 1960 riment avec humour, Zig et Puce, Cubitus et Taka-Takata ; les années 1970 avec le retour au réalisme notamment grâce aux apparitions de l'insaisissable Corto Maltese et aux péripéties de Michaël Logan, l'aviateur d'André Beautemps. À celles, plus fantastiques, de Thorgal initialement scénarisé par Jean Van Hamme qui s'est ensuite attelé à donner voix à XIII et Largo Winch. Pourtant, la décennie suivante voit les ventes décliner et le Journal de Tintin contraint de cesser en novembre 1988.

Des fresques en guise d'hommage

Au début des années 1990, naquit l'idée d'embellir quelques pignons ou pans de mur disgracieux du centre de Bruxelles, forte de son statut auto-revendiqué de « capitale de la bande dessinée ». C'était aussi une façon de rendre hommage aux nombreux dessinateurs de BD nés ou ayant grandi à Bruxelles.

Inauguré en juillet 1991, le mur « Broussaille » couvre environ 45 m^2. La fresque est située entre la rue Marché au Charbon et le Plattesteen. On compte aujourd'hui une soixantaine de fresques réparties dans la capitale (essentiellement le Pentagone, mais aussi au-delà). Le collectif « Art Mural » réalise 2 à 3 fresques par an depuis 1993. Ces pans de murs sont désormais tellement entrés dans les habitudes des Bruxellois que lorsque l'une de ces fresques doit être recouverte (projet immobilier,), elle est généralement déplacée sur une autre surface vierge. C'est le cas de la fresque de la Marque Jaune, référence à Blake et Mortimer, qui sera recouverte par un nouveau bâtiment mais qui est en vient d'être repeinte dans les Marolles. Parmi les personnages emblématiques de la BD bruxelloise couvrant les rues de la capitale, on peut citer Ric Hochet, Yoko Tsuno, XIII, Thorgal, Titeuf ou encore Quick et Flupke, les *ketjes* de Bruxelles créés également par Hergé. Sans oublier Tintin, évidemment. Outre sa fresque à la rue de l'Étuve (toute proche de Manneken Pis), on remarque de loin sa tête flanquée de celle de son fidèle Milou au sommet de l'immeuble Le Lombard, place Bara.

Le Centre Belge de la Bande Dessinée (p.95), installé depuis 1989 dans un bâtiment Art nouveau construit en 1909 par Victor Horta, possède une envergure internationale. À la fois expo permanente de l'histoire du 9e art et incroyable centre de documentation de la bande dessinée, on y organise aussi des rencontres avec les auteurs ou des cours de BD. Visit.brussels propose un parcours BD accessible aux groupes et permettant d'appréhender les différents aspects bruxellois sur le sujet.

LA BIÈRE, PATRIMOINE BELGE ET BRUXELLOIS !

La bière... Certains la préfèrent à la pression (en Belgique, on dit « au fût ») ou en bouteille, légère ou corsée, amère ou acide, fruitée ou maltée, trouble ou limpide, d'abbaye ou même de moines trappistes veillant eux-mêmes à son élaboration. Certains encore ont un petit faible pour des « spéciales ». Le plaisir de boire une bonne mousse fraîche les coudes posés sur un zinc belge signifie aussi piocher dans une palette de plus de 1 500 références, chacune avec sa spécificité régionale. L'art du houblonnage se décline en nombreux malts et méthodes artisanales de fermentation qui définissent leur goût et leur aspect. Si les bières belges traditionnelles tiennent toujours le haut du pavé, les amères IPA's et acides *sours* sont les bières en vogue pour le moment. Il vous faudra sans doute plus qu'un séjour à Bruxelles pour en percer les secrets, à moins que vous ne mettiez vraiment du cœur à l'ouvrage midi et soir.

Petite histoire de la bière belge

Au XIIIe siècle, les moines belges découvraient l'art du brassage de l'orge fermenté en incluant du houblon. On peut dès lors parler de bière et non plus de cervoise. C'est à cette époque qu'apparaissent les premières vraies brasseries, liées aux monastères. Au XIe siècle, la première corporation de brasseurs au monde voit le jour à Affligem (non loin de Bruxelles). Le malt fait alors son entrée dans le monde de la bière. Cette orge germée, puis séchée, voire grillée, devient essentielle dans le phénomène de fermentation. Les moines cisterciens se mettent aussi à l'œuvre et la première brasserie monastique voit le jour à Villers-la-Ville (sud de Bruxelles). Les brasseries se multiplient dès le XVe siècle. Au siècle suivant, le roi de France octroie aux brasseurs un titre de « juré » qui leur donne le droit d'exercer leur profession. La Maison des Brasseurs, sise sur la Grand-Place de Bruxelles, date de cette époque.

Après avoir vécu l'industrialisation du milieu brassicole, la disparition progressive des brasseries (de 3 300 environ au début du XXe siècle à 140 à la fin de celui-ci), la Belgique connaît un renouveau brassicole amorcé avec le nouveau millénaire. Bruxelles n'est pas en reste de ce côté. La capitale, qui a bien failli ne plus connaître aucune brasserie sur son sol, a vu naître à cette époque l'engouement d'un public de niche étranger pour les bières de fermentation spontanée (un type de bière qui n'existe que dans la capitale belge et dans la vallée de la Senne, toute proche). La brasserie Cantillon, qui jusque-là vivotait et pas toujours facilement, en a tiré parti et a assuré sa pérennité. Dans le même temps, d'autres beaux projets individuels ont vu le jour, comme la naissance de la Brasserie de la Senne ou Brussels Beer Project.

Il existe désormais plus de 300 brasseries en Belgique (chiffre en évolution constante) et la bière belge est inscrite au patrimoine de l'UNESCO depuis 2017 ! Et si aujourd'hui, on trouve plus de 1 500 bières différentes, il est difficile de tenir le compte entre les bières dites « d'étiquette » et les brassins spéciaux.

Les fermentations spontanées

Concernant la fermentation, il existe trois grandes catégories de bières : les fermentations dites « basses » (essentiellement les bières de type « pils » ou « lager »), les fermentations « hautes » (quasiment toutes les autres variétés de bière : blanches, brunes, bières d'abbaye, bières trappistes, ...) et les fermentations « spontanées ». Cette dernière catégorie est donc spécifique à Bruxelles et ses environs. Ainsi, les bières de fermentation spontanée sont des bières acides dont les plus connues sont les gueuzes. Le moût entre en contact avec l'air ambiant, la fermentation est alors dite spontanée avec des micro-organismes naturels dans l'air, que l'on trouve plutôt dans la région de Bruxelles. C'est de ces brasseries qu'est issu le lambic, composé à 60 % d'orge malté et à 40 % de froment cru. Puis il est brassé avec du houblon suranné, véritable matrice des gueuzes, krieks (des lambics à la cerise) et faros (au sucre candi). Après plusieurs mois de fermentation, l'ensemble est ensuite conservé durant un, deux ou trois ans dans des fûts en bois. Parmi les brasseries représentatives du genre, Cantillon à Anderlecht (citée plus haut) et dans les environs immédiats de Bruxelles : Oud Beersel et 3 Fonteinen (Beersel) ou encore Boon (Lembeek). On peut citer aussi les brasseries A la Mort Subite (Kobbegem) ou Timmermans (Itterbeek) au caractère plus « grand public ». Sans oublier la célèbre brasserie Belle-Vue (Sint-Pieters-Leeuw). Si celle-ci a quitté Bruxelles définitivement en 2008, elle était implantée à Molenbeek en bordure du canal. Son fondateur, Constant Vanden Stock, fut également le président du Royal Sporting Anderlecht qu'il plaça sur la scène européenne. La brasserie Belle-Vue appartient au géant AB Inbev depuis 1991.

© GOODLIFESTUDIO - ISTOCKPHOTO.COM

Des bières belges pour tous les goûts.

Bruxelles aura son temple de la bière... bientôt

La capitale belge compte déjà trois pittoresques musées sur la boisson nationale. Mais les Brasseurs belges souhaitent une vitrine plus clinquante pour présenter de manière interactive le monde de la bière. En septembre 2013, les autorités communales et régionales ainsi que la fédération des brasseurs dévoilent les premiers contours d'un plan destiné à transformer en un temple de la bière le Palais de la Bourse, imposante bâtisse du XIXe siècle, de style néoclassique, sise en plein cœur de Bruxelles. Même si l'appellation n'est pas encore définitive, la machine est lancée, et les premiers coups de pelle sur le site... après quelques retards, les travaux ont débuté pour une inauguration programmée au printemps 2023.

Les étages devraient abriter notamment des espaces d'expériences de la bière belge, un café-brasserie, un centre de séminaires et un commerce spécialisé dans la vente de bières. Le rez-de-chaussée sera aménagé en galerie publique traversant l'ensemble de l'édifice. Les travaux seront aussi l'occasion de rénover le site archéologique Bruxella 1238. Vingt millions d'euros seront nécessaires pour mener à bien le projet. Mais tant les responsables du tourisme que les brasseurs se frottent les mains à l'idée que le lieu devienne un incontournable des attractions de la capitale, avec un potentiel de 400 000 visiteurs par an. De quoi en faire l'un des endroits les plus populaires de Bruxelles après l'Atomium.

En attendant, il est toujours possible de visiter la maison de la corporation des brasseurs installée au XVIe siècle, lors de sa fondation, dans cette superbe maison sur la Grand-Place, appelée l'Arbre d'Or. Les guerres de Louis XIV dévastèrent les Flandres et la corporation la reconstruisit après qu'elle fut bombardée en 1695. On y découvre les techniques du brassage : ustensiles, cuves de brassage et de fermentation ainsi qu'un centre de la haute technologie en brasserie.

La Grand-Place est aussi le théâtre du Week-end des Brasseurs belges, le rassemblement des brasseurs belges et de la Chevalerie du Fourquet. Une cinquantaine de brasseries participantes qui voient défiler près de 80 000 visiteurs en trois jours (premier week-end de septembre).

Pour les visiteurs plus puristes, le **Musée Bruxellois de la Gueuze** (p.106) est implanté au sein de la brasserie Cantillon (Anderlecht). La famille Van Roy aime à qualifier son musée de vivant, tout comme le sont les micro-organismes qui interviennent dans la fabrication du lambic. Le visiteur est plongé dans un matériel brassicole ancien, encore utilisé de nos jours.

Lambic, gueuze, kriek... le choix est vaste

Autour de la Grand-Place et dans les rues voisines, Bruxelles regorge de bistrots et estaminets typiques. On en retrouve une belle sélection dans ce guide, mais on peut citer, pêle-mêle, le Poechenellekelder, la Rose Blanche, la Bécasse ou encore le Moeder Lambic. Et pour une information complète sur le lambic et les fermentations spontanées, n'hésitez pas lors d'une escapade à quelques kilomètres de Bruxelles à découvrir le centre d'interprétation « De Lambiek » à Alsemberg. Soutenu par la commune de Beersel, la Région flamande et le Haut conseil pour les bières lambics artisanales (HORAL), ce centre pour visiteurs plonge le public dans les goûts, les arômes, les sons et la texture du lambic, spécialité typique de Bruxelles et de la région. Après s'être documenté sur la fermentation spontanée, on peut y déguster quelques produits des onze membres de l'HORAL à discrétion. Il ne s'agit pas d'un musée en tant que tel. C'est plutôt une manière d'expliquer aux gens ce qu'il se passe dans la vallée de la Senne sur le plan brassicole et de les inviter à découvrir les brasseries des environs.

L'ART NOUVEAU À BRUXELLES

À la fin du XIXe siècle, l'industrialisation change complètement la face du monde. Devant le progrès galopant, les revendications ouvrières pour une société plus juste se font jour. Dans le même temps survient un besoin pour les artistes d'inventer de nouvelles formes. C'est alors que, « tel un puissant élan de vie entraînant dans son sillage la totalité des formes de création artistique et artisanale », surgit l'Art nouveau. Transparence et légèreté sont les maîtres mots de ce style qui emprunte à la nature ses formes aussi belles que mystérieuses que l'on retrouve dans les matériaux les plus novateurs, tels le fer ou le verre, ciselés comme des trésors d'orfèvrerie. Bruxelles est l'un des terreaux les plus fertiles de ce nouveau style et Victor Horta (1861-1947) est celui que l'on considère comme le père fondateur de l'Art nouveau. Un architecte mêlant avec génie fonctionnalisme et ornementation dans une œuvre étonnante et émouvante… tel ce nouveau style naissant qui lui va si bien.

Nouvelles inspirations pour un nouvel art

Bouillonnante, l'Europe du début du XXe siècle jouit d'une industrialisation fulgurante simultanément à d'importantes réformes culturelles et sociales. Les artistes émergeants à cette époque souhaitent, de même, sortir des modèles rigides et sclérosés et en arrivent à imaginer un nouvel art… un Art nouveau. Novateur certes, mais nourri de nombreuses influences, parmi lesquelles trois se détachent : l'œuvre de Viollet-le-Duc, l'art japonais et le mouvement Arts and Crafts. Courants qui partagent des caractéristiques que l'Art nouveau va largement reprendre : le respect du matériau, la franchise et l'honnêteté dans la construction, l'absence de distinction entre arts mineurs et arts majeurs et la nécessité de créer un tout organique. À l'art japonais, il emprunte également une relation à la nature dont l'art doit exprimer les plus subtils changements. Mais l'Art nouveau n'en exclut pas pour autant les apports de la modernité. Là où certains détracteurs n'ont vu dans ce style qu'une surcharge ornementale sans but, se cache en réalité un art hybride mêlant tout à la fois splendeur de l'ornementation et fonctionnalisme dans des œuvres d'art totales d'une grande modernité où, de la structure même de l'édifice aux moindres détails décoratifs et utilitaires, tout est pensé pour former un tout organique et fluide. L'Art nouveau se fait ainsi précurseur en cherchant à associer forme, fonction et matériau, qui tous doivent concourir à l'effet esthétique. Le matériau est d'ailleurs le point central de ces nouvelles formes architecturales. Les formes expressives, riches et souples, allient intimité et puissance dans le traitement et le modelage des surfaces et textures. Chaque matériau est ainsi montré dans sa beauté brute, en particulier le fer, grande nouveauté de l'époque, que l'on voit dans les structures porteuses apparentes soutenant de superbes verrières, toutes dialoguant avec le bois, le marbre ou la brique, autant de matériaux traditionnels magnifiquement travaillés et ciselés. L'iridescence des mondes végétal et animal inspire aux artistes d'étonnants jeux de couleurs où vert émeraude, ocre doré et bleu profond éclairent l'espace au gré des mosaïques et verrières qu'ils dessinent. Courbes et contre-courbes matérialisent les mouvements de l'âme de ces artistes, également profondément empreints de symbolisme. Voilà pourquoi l'Art nouveau est un style très personnel.

Bruxelles fut un terreau particulièrement fertile pour ce renouveau artistique. La capitale est à cette époque un grand centre financier et une ville progressiste. Ainsi, d'un côté les grands magnats du nouveau monde vont se faire les généreux mécènes de l'Art nouveau, commandant de nombreux hôtels particuliers où l'ornementation se fait autoglorificatrice, de l'autre les architectes vont réaliser des bâtiments utilitaires destinés au grand public (magasins, Maisons du Peuple…). Parmi les grandes figures de l'Art nouveau dont l'œuvre est représentative à Bruxelles, citons Victor Horta, Paul Hankar et Henry Van de Velde, dans une moindre mesure.

Hôtel Solvay.

© WERNER LEROOY - SHUTTERSTOCK.COM

La Maison Autrique, conçue par Victor Horta en 1893.

Horta impose son style

Élevé dans le culte du travail et des choses belles et bien faites, Victor Horta est fils de cordonnier. Son oncle entrepreneur en bâtiments l'emmène sur ses chantiers, et c'est là que le jeune homme se prend de passion pour l'architecture. Après avoir durement bataillé avec ses parents qui le voyaient plutôt avocat ou médecin, Horta devient élève de l'Académie des beaux-arts. Après un stage chez l'architecte-décorateur parisien Dubuysson, et une étude approfondie des grands bâtiments classiques, Horta excelle à l'Académie des beaux-arts de Bruxelles. Il attire alors l'attention de l'architecte Alphonse Balat, à qui l'on doit les superbes serres royales de Laeken. Les possibilités architectoniques du fer ainsi révélées vont profondément marquer Horta. Celui-ci entame alors une période alternant concours et petites constructions, avant d'entrer à la loge maçonnique « les Amis Philanthropes ». Là il rencontre de riches industriels qui vont lui commander des hôtels particuliers. L'Hôtel Autrique tend encore vers un certain classicisme, tandis que l'Hôtel Tassel est considéré comme le tout premier édifice Art nouveau au monde. Le bâtiment est étroit. Mais pour contrer cette exiguïté, Horta utilise comme motif central une superbe fenêtre en arc de cercle flanquée de deux étroites surfaces en pierres ocrées et bleues légèrement arquées vers le centre. Structures, colonnes et poutrelles sont apparentes, libérant ainsi la lumière et conférant aux espaces légèreté et transparence. Horta utilise également la peinture pour prolonger les mouvements d'ondulation des autres matériaux créant une grande harmonie organique. Il innove aussi avec son superbe escalier hélicoïdal entièrement voué à l'ornementation et la verrière surplombant l'espace de circulation entre les différentes pièces de la maison. L'Hôtel Tassel est le manifeste du style Horta. Lignes inspirées des tiges et pieds de plantes (ce qui valut au style Horta d'être qualifié de style « coup de fouet »), travail du fer en volutes et arabesques, verrières lumineuses, soucis du détail (Horta réalise absolument tout, du tapis au radiateur en passant par les ampoules) se retrouvent dans les plus belles réalisations du maître : l'Hôtel Solvay, l'Hôtel Van Eetvelde et bien sûr sa maison-atelier. Horta réalise également des édifices utilitaires où le fonctionnalisme l'emporte sur l'ornementation comme le montrent les images de la Maison du Peuple qui fut malheureusement détruite en 1965. Une architecture qui annonce les évolutions à venir. En effet, aussi vite qu'il est venu, l'Art nouveau s'en est allé, laissant la place à plus de sobriété et de géométrie. Horta entame alors une carrière de professeur (notamment aux USA), avant de reprendre le crayon pour imaginer de grands projets, cette fois-ci résolument classiques, comme en témoignent l'Hôpital Brugmann, le Palais des Beaux-Arts (BOZAR (p.94)) et la Gare centrale de Bruxelles. Malgré ces réussites, Horta finit sa carrière critiqué, puis oublié. Avant de renaître au XXIe siècle qui voit ses hôtels particuliers bruxellois classés à l'Unesco, tandis que le Brussels Art nouveau & Art déco Festival permet d'en découvrir les superbes intérieurs. Un patrimoine unique, témoin d'une époque de bouleversements étonnants.

© DEDO LUKA - SHUTTERSTOCK.COM

Cheminée dessinée par Victor Horta.

DÉCOUVRIR

ARCHITECTURE

La Belgique possède un riche héritage architectural. Outre les beffrois, symboles de la liberté des villes, et les béguinages flamands, les exemples d'architecture médiévale se retrouvent surtout dans les nombreuses églises de sa capitale - elles furent d'abord construites dans le style roman avant l'arrivée du gothique puis du gothique flamboyant. Bruxelles, capitale de l'Europe, est marquée par une histoire architecturale aux influences variées. La ville conserve un cœur historique et de nombreuses traces de sa période médiévale, comme de la Renaissance. Elle connaît entre le XIXe et XXe siècle un essor particulièrement riche des styles Art nouveau puis Art déco, dont elle possède parmi les plus beaux exemples au monde. Bruxelles se développe ensuite comme une métropole européenne et sera marquée par le postmodernisme lourd de son quartier Léopold, plus connu comme le quartier européen.

DÉCOUVRIR

Bruxelles médiévale

Bruxelles conserve de sa période médiévale quelques fragments de sa première enceinte fortifiée. Ainsi, au pied du Sablon, longeant le boulevard de l'Empereur, se trouvent les restes de la Tour Anneessens, qui permettait aux soldats de défendre la rue Haute. Cette partie du mur d'enceinte comprend plusieurs meurtrières encore bien conservées. Non loin de la place de Dinant, profitez de la promenade aménagée qui longe une portion du mur, au bout de laquelle vous pourrez découvrir la Tour de Villers, ou Tour Saint-Jacques. En vous rendant derrière l'église Sainte-Catherine, vous trouverez enfin la Tour Noire (XIIIe siècle) que la façade du Novotel contourne, à la demande expresse du Bourgmestre, dans une drôle de confrontation de style et d'époques.

Une autre des richesses médiévales se cache sous la **Place Royale** (p.103) : les vestiges du Palais de Coudenberg, rasé en 1731 et remplacé par le Palais Royal construit en 1780. Le temps d'une visite guidée souterraine, vous découvrirez les cuisines, les caves du corps du logis du château, et la célèbre salle d'apparat *Aula Magna* où Charles Quint (1500-1558) fut nommé roi à quinze ans, sans savoir qu'il abdiquerait entre ces mêmes murs quarante ans plus tard.

© LIFEASTRAVELING - SHUTTERSTOCK.COM

La tour noire.

L'art roman qui se développa en Wallonie, à la croisée des influences française et germanique (influences carolingienne et ottonienne), fut qualifié d'art mosan de la région de la Meuse. L'**Eglise Saint-Nicolas** (p.96) jouxtant le Palais de la Bourse, est l'une des quatre premières églises de Bruxelles. Elle fut construite en 1125, mais après sa destruction au XIVe siècle, son cœur qui date de 1381 est aujourd'hui la partie la plus ancienne.

Au XIIe siècle, l'art roman fut détrôné par le gothique. Le gothique brabançon et le gothique tournaisien sont deux variantes propres à la Belgique et aux Pays-Bas. En 1238, un couvent franciscain, dit des frères Récollets, s'installe en bord de Senne, à côté de l'**église Saint-Nicolas** (p.96) et de la Grand-Place. Cette implantation stratégique souligne pour les archéologues l'importance de ces moines dans la Bruxelles d'antan. Lors de travaux de voirie dans le cadre de la rénovation de la Bourse en 1988, les ruines de Bruxella 1238 ont révélé leurs trésors, et il est aujourd'hui possible de les parcourir sous une verrière aménagée.

Au XVe siècle apparaît le gothique flamboyant qui se caractérise par la fantaisie de ses ornements, comme vous pouvez l'observer sur la partie gothique de l'Hôtel de Ville, qui remonte à 1421 pour son aile gauche et la base de la tour. L'aile droite et la partie supérieure de la tour surplombée de sa flèche sont achevées respectivement en 1449 et 1455. La tour n'est pas un beffroi, ce qui explique sa structure légère : elle n'avait pas à supporter de lourdes cloches. Elle est constituée d'une base carrée surmontée d'une tour lanterne édifiée par Jan van Ruysbroeck (1293-1381). Le portail ogival est

© BOTOND HORVATH - SHUTTERSTOCK.COM

Les façades baroques de la Grand-Place.

surmonté d'un tympan représentant l'archange Saint-Michel entouré de cinq saints, dont Saint-Géry qui, comme le veut la légende, édifia une chapelle à l'origine de la ville. La façade présente de curieuses asymétries : le portail n'est pas placé dans l'alignement du reste de la tour tandis que l'aile gauche comporte trois travées et cinq arcades de plus que l'aile droite, et les fenêtres du premier étage sont différentes sur les deux ailes. On raconte que l'architecte, atterré par son erreur grotesque, se serait suicidé en découvrant le bâtiment terminé. Ces variations s'expliquent sûrement par les trois décennies qui séparent les travaux sur les ailes menés en réalité par différents architectes.

Du baroque au néoclassique, entre influences italienne et française

Aux XVIe et XVIIe siècles, le gothique se teinte d'influences italiennes. À cette époque, le baroque fait également son apparition, introduit par les jésuites. En Flandre, il prend un aspect particulier qui sera qualifié de « style baroque flamand » caractérisé par la profusion du décor intérieur et en façade. Après le bombardement de Bruxelles par les Français, en 1695, les maisons de la **Grand-Place** (p.98) furent reconstruites dans ce style avec ses dorures et ses formes opulentes.

Au XVIIIe siècle, après l'exubérance du baroque, sous la domination autrichienne, l'architecture belge prit un aspect rationnel, un peu ennuyeux, de style néoclassique, que vous retrouverez dans les bâtiments qui entourent la **place Royale** (p.103) ou la place des Martyrs. Les nouvelles ailes de l'Hôtel de Ville qui forment sa cour intérieure sont ajoutées en 1707 par l'architecte et sculpteur Corneille van Nerven (1669-1714) sur les ruines de la Halle au Drap, et réalisées dans un style néoclassique dit Louis XIV. Bien plus austères que la façade gothique, leur sobriété dénote. Dans la cour intérieure, une étoile pavée signale le centre géographique de Bruxelles.

Art nouveau et Art déco

Après l'indépendance de la Belgique en 1830, la nouvelle nation veut prouver que sa capitale peut rivaliser avec les autres grandes villes européennes. Elle se lance alors dans de grands projets d'urbanisme et dans la construction de bâtiments publics imposants et extravagants. Les chics galeries Saint-Hubert, des galeries commerçante surmontées d'un vitrage et ornées de multiples sculptures, ou le **Palais de Justice** (p.102) de Bruxelles de style gréco-romain, en sont des exemples. Le désir d'exposer ses richesses et sa puissance se retrouve dans l'architecture privée : les hôtels de maître reflètent la prospérité du pays, conçus dans un style sobre néoclassique ou plein de fantaisies. Le mélange des genres caractérise la période, et ce au sein d'un même bâtiment, à l'instar de l'Eglise Sainte-Catherine, qui affiche autant des formes gothiques qu'une décoration baroque tout en s'inspirant d'églises françaises du XVIe siècle – comme Saint-Eustache à Paris.

La fin du XIXe siècle voit l'apparition de l'Art nouveau, aussi appelé *Jugendstil*, représenté en architecture par Victor Horta (1861-1947), Paul Hankar (1959-1901) et Henry Van de Velde (1863-1957). Contrairement au gothique ou néo-gothique, l'Art nouveau affectionne lignes courbes et se veut naturaliste. Les motifs représentent des fleurs, des plantes, des arbres, des insectes, des animaux. Le second objectif de ce courant est de rendre l'art accessible à tous. Les lignes de mobiliers dessinées par Serrurier-Bovy (1858-1910) à l'image de sa chaise en kit « Silex », sont emblématiques. Ces objets, souvent en bois, étaient destinés aux intérieurs des classes populaires.

L'hôtel Tassel (1893) de Victor Horta devient la première synthèse mondiale de l'Art nouveau en architecture. L'architecte casse l'agencement classique de la maison de maître bruxelloise, caractérisé par une enfilade des pièces à vivre où le salon se retrouvait en plein milieu des bâtisses, privé de lumière du jour. Ainsi il choisit de placer la porte d'entrée, traditionnellement latérale, en plein milieu de la façade et sacrifie le centre de la demeure pour y installer un puits de lumière. Nous retrouvons sur la façade à la *bow window* incurvée tous les éléments qui font la richesse de l'Art nouveau, dans un mélange de pierre blanche, de verre et de métal. Un autre magnifique exemple est le bâtiment de l'ancien magasin Old England, aujourd'hui occupé par le Musée des Instruments de Musique. En face de la fontaine Calder, au cœur du Mont des Arts, c'est le trésor de l'Art nouveau et l'œuvre de l'architecte Paul Saintenoy (1862-1952) en 1899. Sa tourelle en fer forgé parachève une façade vitrée ouvragée tel un bijou.

Les nouveaux matériaux, tels le bois, la pierre, l'acier ou le verre, permettent d'appliquer cette démocratisation. Ils favorisent aussi une évolution architecturale en permettant la construction d'immeubles de plus en plus hauts.

Après la Première Guerre mondiale, l'Art déco prend tout naturellement la relève de l'Art nouveau. Le béton armé et le verre compressé sont désormais utilisés. Horta suit lui aussi les modes du temps avec le **Palais des Beaux-Arts** (p.94) (Bozar) et la gare Centrale. Un des plus beaux exemples de l'Art déco belge est sûrement la majestueuse **Villa Empain**, (p.116) avec ses lignes plus droites et anguleuses, ses détails en fer forgés ainsi que ses divers éléments de décorations. Les matériaux sont similaires : marbre, granit poli, bronze, fer forgé, vitraux et bois précieux. Située sur la prestigieuse avenue Franklin Roosevelt, elle est l'œuvre de l'architecte suisse Michel Polak (1885-1948). Entièrement restaurée, elle est ouverte au public et abrite le Centre d'art et de dialogue des Cultures d'Orient et d'Occident.

La Villa Empain.

Modernisme, post-modernisme et architecture contemporaine

La tour de verre et de béton de la brasserie Wielemans-Ceuppens, et aujourd'hui du WIELS, centre d'art contemporain réputé, est typique du modernisme belge. Il s'agit du bâtiment abritant la troisième salle de brassage, réalisé en 1931. Son imposante structure en béton armé est rehaussée de motifs Art déco, un mélange réussi annonçant pourtant le déclin progressif du style. Son architecte, Adrien Blomme (1878-1940), est également connu pour la maison qui porte son nom (Maison Blomme, 1928).

La fondation KANAL, antenne bruxelloise du Centre Pompidou, devrait bientôt voir le jour dans l'ancien garage Citroën, caractéristique de l'architecture fonctionnaliste des années 1930 avec ses immenses murs rideaux surplombés d'une corniche. Une association de trois cabinets internationaux a été choisie pour réhabiliter ce lieu patrimonial et le transformer en musée, tout en lui redonnant l'élégance et la grâce de ses premiers jours.

Parmi les bâtiments d'après-guerre, l'**Atomium** (p.107)est devenu le symbole de la Bruxelles moderne, construit pour l'Exposition universelle de 1958 et dont la forme représente un atome de fer agrandi 165 milliards de fois. L'énorme et cruciforme **Berlaymon** (p.110)t est un des emblèmes du tristement célèbre quartier européen, achevé en 1969. L'ensemble du quartier est caractérisé par un postmodernisme marqué. Son plan et ses grandes façades austères cachent des références au style Art déco, qui fait l'originalité de la capitale européenne. Ce quartier est violemment critiqué par ses riverains et les Bruxellois en général, qui le trouvent à juste titre peu agréable et brouillon. Plus récemment, le bâtiment Europa affiche une touche d'originalité dans la grisaille de rigueur aux alentours de la Commission. Ce cube lumineux recouvert d'une structure percée, évoquant là encore de l'ornement Art déco, renferme une amphore géante en verre sablée, en forme d'œuf. Le cabinet belge Philippe Samyn and Partners a remporté l'appel d'offre pour ce projet colossal qui abrite depuis 2016 le Conseil européen.

Le Square-Brussels Meeting Center, réalisé par le cabinet bruxellois A2RC, remplace l'ancien Palais des congrès. Ce cube de verre semi-enterré n'est pas sans rappeler la Pyramide du Louvre. Une rampe en pente douce permet d'accéder à l'intérieur du bâtiment en s'enfonçant sous le Mont des Arts.

Enfin, n'oubliez pas de vous rendre au Musée Adam du Design pour y découvrir ses expositions temporaires variées, souvent à caractère historique, mais surtout sa collection de meubles et objets en plastique !

HISTOIRE

D'une chapelle fondée sur l'îlot d'une petite rivière, Bruxelles est devenue non seulement capitale d'un État mais aussi de l'Union européenne, entre autres. Depuis sa naissance, elle est une ville carrefour entre le nord et le sud, l'est et l'ouest de l'Europe. C'est cette position favorable qui la fera grandir et devenir riche. Elle est aussi à la frontière des cultures germaniques et romanes. Historiquement flamande, culturellement francophone, ces deux blocs marqueront profondément le caractère « bâtard » de Bruxelles, tout comme les différentes puissances qui se sont succédé à la destinée de la ville (Bourgogne, Espagne, Autriche, France, Pays-Bas) et les différentes migrations au cours de son histoire. C'est l'indépendance de la Belgique qui fait de Bruxelles sa capitale et qui bouleversera son statut et son paysage urbain. Une évolution qui continue encore aujourd'hui.

966

Bruoscella

Si la date « officielle » retenue pour la naissance de Bruxelles est 979, ses origines restent incertaines. Quelques vestiges romains attestent d'une présence bien antérieure au Moyen Âge mais ce qui deviendra Bruxelles n'apparaît qu'en 966 sous le nom de *Bruocsella* qui en germanique signifie « La maison sur le marais », en référence à un bâtiment construit sur l'îlot Saint-Géry, alors entouré par les bras de la rivière Senne. C'est là que naîtra le noyau urbain de la future ville

1047

Fondation du chapitre de Sainte-Gudule

Le chapitre de Sainte-Gudule est fondé par le comte Lambert II de Louvain et sa femme Oda de Verdun, peu après le transfert de ses reliques de l'église dédiée à saint Géry vers une nouvelle collégiale qui portera son nom. La charte écrite pour l'occasion sera la première mention officielle de Bruxelles. Sainte Gudule deviendra un des deux saints patrons de la ville avec saint Michel.

1183

Création du Duché de Brabant

L'empereur Frédéric Ier Barberousse, dont la région est un fief, érige le Brabant en duché et nomme Henri Ier (1190-1235), comte de Bruxelles et de Louvain, duc de Brabant. Henri se lance dans la construction des premiers murs d'enceinte de Bruxelles. Il englobe ce qui deviendra le centre historique de la ville (Saint-Géry, la future Grand-Place, le Coudenberg, le chapitre de Sainte-Gudule). De nombreux vestiges sont encore visibles de nos jours (les Tours Noires et Anneessens et un large pan de mur et une tour rue de Villers, entre autres).

1225-1306

Bruxelles grandit

Grâce à son port bien relié aux réseaux de rivières et de canaux, et à la réputation de ses artisans, la petite ville prospère. On démarre la construction de la Collégiale Sainte-Gudule qui remplacera un édifice roman. En 1229, Bruxelles reçoit une charte qui lui attribue libertés et privilèges. En 1306, une charte du duc de Brabant confirme l'autorité des « Sept lignages de Bruxelles » sur l'administration de la ville. Ces sept familles nobles dirigeront, d'abords seules, puis associées aux guildes (1390), la ville jusqu'en 1795.

1356 – 1455

Guerre de succession du Duché de Brabant

Signature de la « Joyeuse-entrée » qui organise la division du pouvoir en Brabant entre le duc et les « États de Brabant » (noblesse, clergé, tiers état). De nos jours, le terme « Joyeuse entrée » est encore utilisé pour désigner la première visite dans une ville d'un nouveau souverain qui accède au trône.

La même année, le duc Jean III de Brabant meurt et sa fille Jeanne prend la succession. Le comte de Flandre, Louis de Male, qui souhaite étendre son territoire, en profite pour contester la légitimité de la duchesse Jeanne et envahit Bruxelles. La ville est rapidement reprise grâce à l'échevin Éverard t'Serclaes. Celui-ci entrera en conflit avec le Sire de Gaasbeek qui lui tend une embuscade. Ses hommes de main l'attaquent et le laissent pour mort, la langue arrachée. Transporté à Bruxelles, il agonise non sans avoir reçu la visite de la duchesse Jeanne. En colère suite à cet assassinat, les Bruxellois se soulèvent et marchent sur le château de Gaasbeek. Avec eux, ils emmènent des provisions dont de nombreux poulets. Les Bruxellois gagnent leur surnom de *kiekefretters*, mangeurs de poulets. Entre-temps, la ville s'est agrandie et une deuxième enceinte est construite entre 1376 et 1379. Son tracé est équivalent à ce que nous appelons le « Pentagone » ou « petite ceinture » et forme pour la plupart les limites actuelles de la ville de Bruxelles. De la deuxième enceinte et de ses sept portes, il ne reste plus que la Porte de Hal, devenue musée. En 1401, la première pierre de l'hôtel de ville est posée. La construction se terminera en 1455.

1430

La période bourguignonne

Philippe le Bon, duc de Bourgogne, hérite du Duché de Brabant. Commence une période prestigieuse pour la ville. Au fur et à mesure d'une politique d'alliances, rachats, conquêtes et mariages, commencée par Philippe le Hardi, le premier des ducs de Bourgogne, les Pays-Bas bourguignons sont constitués. Ils comprennent la Flandre, l'Artois, le Brabant, le Limbourg, le Hainaut, le Namurois, le Luxembourg, la Hollande et la Zélande. Bruxelles devient une capitale du duché et les travaux s'enchaînent. Philippe fait agrandir la Senne pour en faciliter la navigation et le commerce. Le Palais de Coudenberg est aussi agrandi pour pouvoir accueillir le duc et sa cour, la plus prestigieuse d'Europe occidentale. De ce palais somptueux, il ne reste plus que des ruines souterraines se trouvant sous la place Royale et que l'on peut visiter. Le duc se lance aussi dans une politique centraliste pour administrer son vaste État, ce qui créera quelques frictions avec les villes des Pays-Bas, habituées à leur autonomie.

1482

Bruxelles change de main

Marie de Bourgogne, petite-fille de Philippe le Bon et unique héritière de la lignée des ducs de Bourgogne, meurt d'une chute de cheval. Marie ayant épousé Maximilien d'Autriche, les Pays-Bas bourguignons passent donc dans le giron d'une nouvelle famille : les Habsbourg. C'est aussi pendant l'époque bourguignonne que seront créés les États généraux qui représentent les provinces du nord. Ces États généraux, où la noblesse à la première place, servira d'organe représentatif jusqu'à la Révolution française.

Charles Quint et époque des Pays-Bas espagnols

1516 - 1555

Le petit-fils de Maximilien d'Autriche, Charles, est déjà duc de Bourgogne à l'âge de 16 ans. Il hérite d'un immense territoire via sa mère, Jeanne de Castille. Il reçoit non seulement l'Espagne actuelle mais aussi tous les territoires du Nouveau Monde à peine découverts, « l'Empire où le soleil ne se couche jamais ». Charles est couronné Saint-Empereur germanique sous le nom de Charles Quint. Il rétablit Bruxelles comme capitale des Pays-Bas et le Palais de Coudenberg devient une de ses résidences principales. C'est pour lui qu'Erasme, qui séjournait alors à Anderlecht, rédige *L'Institution du prince chrétien*. Bruxelles attire artistes, artisans, scientifiques et financiers et éclipse toutes les autres villes du Brabant, y compris Louvain et Malines. C'est l'âge d'or de la tapisserie de Bruxelles dont les ateliers de Pieter van Aelst réalisent des œuvres d'art sur des cartons de Raphaël. Le règne de Charles Quint sera marqué par deux gros points noirs : son conflit avec les rois de France, François Ier puis Henri II et sa lutte contre la réforme protestante, un conflit interne qui, à terme, mènera à la scission des Pays-Bas espagnols. En 1549, l'Empereur vient à Bruxelles présenter son fils et successeur, le futur roi Philippe II. Pour marquer l'occasion, la ville organise un Ommegang, une grande procession, jusqu'ici religieuse, pour accueillir ce prince. Si fastueuse était cette procession qu'on lui a redonné vie en 1930. En 1555, fatigué par un long règne, Charles abdique lors d'une cérémonie au Palais de Coudenberg et se retire au monastère de Yuste. Son fils, Philippe, devient souverain des terres espagnoles et des Pays-Bas tandis que les États autrichiens et le titre d'empereur sont cédé à son frère Ferdinand. On parlera donc de Habsbourg d'Espagne » et de «Habsbourg d'Autriche ».

Guerres de religion

1566 - 1585

Encore plus férocement opposé au protestantisme que son père, Philippe tente de mettre au pas les rebelles protestants par la force et envoie le duc d'Albe qui sèmera la terreur à travers les Pays-Bas. Tout le territoire est en proie aux conflits religieux. À Bruxelles, les principaux représentants de la noblesse, soutenus par la majorité de la population présentent leurs griefs à la gouvernante des Pays-Bas, Marguerite de Parme. Méprisés et traités de gueux par les partisans du roi, ces nobles organiseront un « banquet des gueux » le 5 avril 1566 où, déguisés pauvrement, ils adopteront la devise « gueux jusqu'à la besace ». Le 5 juin 1568, les Comtes d'Egmont et de Hornes, deux nobles catholiques mais opposés à la politique répressive du roi, sont exécutés sur la Grand-Place après avoir été condamnés pour trahison. Cet évènement marque le début de la guerre de Quatre-Vingts Ans qui se terminera sur l'indépendance des provinces du nord, les actuels Pays-Bas. Bruxelles sera même une république calviniste pendant quelques années. En 1585, après un siège d'un an, les Espagnols en reprennent possession.

Accalmie sous les archiducs Albert et Isabelle

1598 - 1648

Philippe II cède la souveraineté des Pays-Bas à son neveu, l'archiduc Albert, et à son épouse Isabelle. Ceux-ci travaillent au triomphe du catholicisme, à la reconstruction économique et aux grands travaux (notamment le creusement du canal Bruxelles-Willebroek). Mais l'archiduc, mort en 1621, n'ayant pas laissé d'héritier, les Pays-Bas méridionaux retourneront à l'Espagne, et les hostilités reprennent. Les cessions par traité dessinent le tracé de la Belgique actuelle : perte du Brabant-Septentrional et de la Flandre-Zélandaise au profit des Provinces-Unies, abandon de l'Artois, d'une partie de la Flandre et du Hainaut à la France. Le traité de Westphalie, en 1648 la sépare des dix-sept provinces.

1695

Bombardement de Bruxelles

Ce siècle de malheurs pour les Pays-Bas espagnols s'achève par le bombardement de Bruxelles et de sa Grand-Place par le roi de France Louis XIV. Du 13 au 15 août 1695, les troupes du Maréchal de Villeroy font pleuvoir les boulets de canon sur la ville, détruisant un tiers de son bâti. Miraculeusement, l'hôtel de ville a tenu, mais le reste de la Grand-Place est en ruines. Il faudra à peine 3 ans pour que les « Nations » (les métiers reconnus de Bruxelles, représentant le pouvoir bourgeois) alliées aux « Lignages » (les familles patriciennes) sous l'autorité du prince-gouverneur et de l'amman (le haut-juge local), ne reconstruisent la Grand-Place.

1713 - 1731

L'époque autrichienne

Par le Traité d'Utrecht, les souverains espagnols cèdent les Pays-Bas méridionaux aux Habsbourg d'Autriche. Voulant également imposer un système centralisé, l'autorité autrichienne entre vite en conflit avec les Nations, jalouses des libertés accordées depuis la Joyeuse Entrée. Même si le commerce se développe grâce à une politique protectionniste de la part des souverains autrichiens, le mécontentement gronde. En 1731, le Palais du Coudenberg, le fastueux palais de Philippe le Bon et Charles Quint, est entièrement détruit. Il ne sera jamais reconstruit. L'impératrice Marie-Thérèse nomme son beau-frère, Charles de Lorraine, gouverneur des Pays-Bas autrichiens. Bon vivant, Charles se plaira à Bruxelles et lancera des travaux pour embellir la ville. On lui doit l'essentiel des constructions classiques qui existent encore : son palais sur l'actuelle place des Musées, l'aménagement de la place Royale, la conversion de la « Warande », l'ancienne réserve de chasse, en parc et ce qui deviendra la place des Martyrs. Il restera gouverneur jusqu'à sa mort en 1780. Cela coïncide avec la mort de Marie-Thérèse et l'accession au trône de Joseph II. Despote éclairé, il veut centraliser et réformer son État, cela passe par des prises de décision sans consultations. Ces réformes menées au pas de charge vont mécontenter tout le monde : nobles, bourgeois, clergé…

1747

Manneken Pis volé !

Des grenadiers français dérobent Manneken Pis. Il sera vite retrouvé mais pour apaiser les Bruxellois, le roi Louis XV lui fait confectionner un costume de gentilhomme de brocard et de fil d'or. Le costume est accompagné d'une épée. Le roi le décore de l'Ordre de Louis XIV et lui accorde aussi le titre de Chevalier de l'ordre de Saint-Louis. Ce costume est le plus ancien que l'on puisse voir au musée des Costumes de Manneken Pis.

1789 - 1790

La parenthèse de la révolution brabançonne

La Révolution française trouve très vite écho en Belgique. Les garnisons autrichiennes sont défaites dans des combats de rue. Conséquence, les États belges unis sont proclamés en janvier 1790. Cela sera de courte durée. Les dissensions internes entre « progressistes » et « conservateurs » ont raison de la jeune révolution. Le 10 décembre 1790, l'armée autrichienne reprend le contrôle et le nouvel empereur du Saint-Empire, Léopold II, règne à nouveau sur ces contrées.

Époque napoléonienne

1794 - 1815

Définitivement vaincus à la bataille de Fleurus par l'armée révolutionnaire française, les Autrichiens capitulent. Assimilée à la France, la Belgique se voit appliquer les principes révolutionnaires puis le code napoléonien. Bruxelles entre dans la révolution industrielle et dans une courte période de prospérité, notamment dans le secteur du textile et de la chimie, malgré sa rétrogradation en simple « chef-lieu de département de la Dyle ». La suprématie de la langue française est établie, tout comme la centralisation administrative. Le Grand Béguinage de Bruxelles est supprimé et disparaîtra complètement. L'église Saint-Géry est également détruite en 1798. L'espace restera vide jusqu'à la construction des halles. En 1801, Napoléon Bonaparte, alors Premier consul, ordonne la création du musée des Beaux-Arts de Bruxelles, recevant de nombreuses œuvres du Louvre.

Les Belges participeront aux campagnes napoléoniennes et aux armées des Alliés (Anglais et Prussiens) à Waterloo. Des voix s'élèvent contre l'écrasement de la culture néerlandaise en Flandre.

Union forcée avec les Pays-Bas

1815 - 1830

Après la défaite de l'armée napoléonienne à Waterloo, le Congrès de Vienne décide d'attribuer les territoires de la Belgique aux Provinces-Unies. Les ancien Pays-Bas espagnols se retrouvent sous le nom de « Royaume-Uni des Pays-Bas ». Bruxelles devient co-capitale du nouveau royaume avec La Haye. La révolution industrielle prend de l'ampleur et la concrétisation d'un très ancien projet, un canal qui relierait Charleroi à Bruxelles, et donc vers Anvers via le canal de Willebroek, est lancé en 1827. Malgré une politique volontariste de la part de Guillaume d'Orange, le souverain néerlandais, les deux siècles de séparation entre le sud et le nord ont forgé des différences profondes entre la bourgeoisie industrielle (encouragée par le régime) au sud, et commerçante au nord, différences religieuses, différences linguistiques.

Révolution belge et début du royaume de Belgique

1830 - 1834

Le 25 août 1830, *La Muette de Portici* est jouée au Théâtre de la Monnaie. Cet opéra de Daniel-François-Esprit Aubert qui raconte la révolte des Napolitains contre la domination espagnole comporte un aria, « Amour sacré de la Patrie », qui va faire exploser les frustrations accumulées depuis 1815. La révolution éclate. Des volontaires issus d'autres parties du pays (notamment de Liège) rejoignent les révolutionnaires bruxellois. Les patriotes chassent l'armée hollandaise et un gouvernement provisoire se constitue en régime de monarchie constitutionnelle. Un Congrès national vote la Constitution le 7 février 1831, garantissant de nombreuses libertés aux citoyens. Avec cette constitution, le jeune État belge devient d'un des plus libéraux pays d'Europe. Le 21 juillet, Léopold Ier de Saxe-Cobourg-Gotha prête serment sur cette nouvelle constitution et devient le premier roi des Belges.

Devenue capitale, Bruxelles change de visage. De nombreux francophones, dont des réfugiés français, s'y installent. Peu à peu, la ville devient de plus en plus francophone. L'industrialisation gagne les faubourgs de la capitale, notamment Molenbeek qui, par sa position au bord du nouveau canal Bruxelles-Charleroi, devient une ville champignon. Si la vie politique est rythmée par le Parti libéral et le Parti catholique, à Bruxelles, le courant libéral domine et en 1834, l'Université libre de Bruxelles, basée sur le principe du Libre examen, est fondée par Pierre-Théodore Verhaegen.

1865 – 1908

Les grands travaux

Pendant le règne de Léopold II, de nombreux grands travaux sont entrepris pour moderniser la jeune capitale et qui changeront complètement son aspect. Sous l'impulsion du bourgmestre Jules Anspach, on procède au voûtement de la rivière Senne et à la création des grands boulevards sur un modèle haussmannien en 1867. En 1866, c'est le début de la construction du Palais de justice et en 1880, le parc et les arcades du Cinquantenaire sont achevés pour célébrer l'anniversaire de la Belgique. La ville est ornée de plusieurs grands boulevards (comme l'avenue Louise) et de parcs. Victor Horta donne ses lettres de noblesse à l'Art nouveau qui s'implante à Bruxelles.

Grâce à l'extraction du charbon, l'industrie et les richesses arrachées au Congo (d'abord propriété de Léopold II avant de devenir colonie de la Belgique en 1908), la Belgique devient un des pays les plus riches du monde.

1914 – 1930

De la Grande Guerre à la crise économique

L'empire allemand viole la neutralité belge le 2 août 1914. Le pays est rapidement envahi et le gouvernement se retire en France, au Havre. Le roi Albert Ier (1909-1934), maintient la résistance et sa souveraineté sur le réduit territorial dans le nord-ouest du pays délimité par l'Yser. Cela, tout au long d'une guerre de tranchées atroce. Pendant ce temps, Bruxelles est sous occupation allemande. Si la ville n'a pas à subir de gros combats, ni de destructions significatives, l'occupation est rude : rationnement, déportation d'habitants pour du travail forcé… Dès le début de l'occupation, le bourgmestre Adolphe Max refuse de collaborer avec les Allemands. Il passera toute la durée de la guerre en prison. Réinstallé en 1918, il restera à la tête de la Ville de Bruxelles jusqu'à sa mort en 1939. La guerre a fait sentir l'injustice linguistique vis-à-vis de soldats flamands, qui ne comprenaient pas ou mal les ordres de leur hiérarchie francophone. Cela sème les graines d'un mouvement nationaliste flamand.

Au sortir de la Grande Guerre, la Belgique se voit attribuer par le traité de Versailles les cantons allemands d'Eupen et Malmedy. Elle adopte le suffrage universel et des mesures sociales sur les conditions d'embauche, de salaire et de grève. À Bruxelles, l'Art nouveau est remplacé par l'Art déco, un style qui marque tout autant la capitale.

La grande crise économique des années 1930 provoque l'émergence de mouvements fascistes comme Rex, côté francophone et le VNV, côté flamand, qui fourniront les cadres politiques de la collaboration avec l'occupant allemand.

1939

Bruxelles pendant la Seconde Guerre mondiale

La Belgique est à nouveau envahie et encore une fois, Bruxelles subit les privations non seulement du point de vue matériel mais du point de vue des libertés. L'Université libre de Bruxelles se saborde avant d'entrer dans l'illégalité, la résistance s'organise. Malgré l'opposition du bourgmestre Jules Coelst, les lois antisémites de l'Allemagne nazie sont appliquées et les juifs bruxellois sont raflés et déportés vers les camps de concentration. Pendant la guerre, Bruxelles sera bombardée trois fois et avant de quitter la ville face à l'avancée des Alliés, les Allemands incendient le Palais de Justice où étaient conservées les archives de l'occupant.

La Belgique joyeuse

1958 – 1967

Au sortir de la guerre, la Belgique arrive à se remettre assez rapidement, Pour soutenir la reconstruction, surtout dans l'exploitation des mines de charbon, le pays fait appel à une main-d'œuvre étrangère, notamment italienne dans le cadre d'un contrat « bras contre charbon ». En 1958, l'Exposition universelle est organisée à Bruxelles sur le plateau du Heysel, pendant le début de règne du jeune roi Baudouin. Cette exposition sera le cadre d'un bouleversement urbanistique jamais vu depuis les grands travaux de la fin du XIXe siècle. De nombreux quartiers et immeubles de valeur (dont la maison du Peuple d'Horta ou les Halles centrales) sont rasés pour faire place à des bâtiments modernes, à des viaducs, des parkings… La jonction ferroviaire entre la Gare du Nord et la Gare du Midi éventre littéralement la ville. Cette folie immobilière débridée sous couvert de modernisation nécessaire prendra un nom dans le vocabulaire de l'urbanisme : « bruxellisation ». L'expo se déroule dans l'euphorie des Trente Glorieuses et de cette période de la « Belgique joyeuse », il reste l'Atomium.

À la suite de la signature du Traité de Rome qui crée les communautés CEE et Euratom, leurs institutions s'installent à Bruxelles. C'est le début du destin international de Bruxelles qui devient une des capitales européennes. En 1967, c'est l'OTAN qui transfère son siège de Paris à Bruxelles.

Une immigration choisie

1964

Toujours en manque de bras, la Belgique signe des accords avec le Maroc et la Turquie pour favoriser l'immigration d'une nouvelle main-d'œuvre. Si les immigrants turcs s'installent plutôt à Schaerbeek et Saint-Josse, les Marocains se retrouvent à Molenbeek, Anderlecht et la partie sud-ouest de Bruxelles. Une immigration qui contribuera au caractère multiculturel de la ville.

Création de la Région de Bruxelles-Capitale et fédéralisme

1989 – 1993

Depuis 1977 et la signature du Pacte d'Egmont, la Belgique se réforme pour mieux coller aux réalités linguistiques et sociaux-économiques du pays. La Belgique se divise en communautés et en régions. Les 19 communes de Bruxelles deviennent une région à part entière. Sont créées une commission communautaire française, une flamande et une commission commune pour gérer les aspects communautaires (notamment l'enseignement) dans la jeune région. En 1993, la Belgique devient officiellement un État fédéral.

Les attentats du 22 mars

2016

Le 22 mars, Bruxelles est touchée au cœur par un attentat islamiste. Une heure et quart après l'explosion de deux bombes à l'aéroport de Bruxelles, un kamikaze se fait exploser à son tour dans une rame de métro à la station Maelbeek, en plein quartier européen, faisant respectivement 18 et 17 morts et près de 200 blessés. La ville en ressort traumatisée et un millier de militaires sont déployés dans les rues.

Nouveaux projets

2021

Les travaux du piétonnier du centre-ville sont enfin terminés. La cerise sur le gâteau : la transformation du Palais de la Bourse en musée de la Bière pour 2023.

LA VILLE VERTE

Bruxelles attire de nombreux nouveaux habitants pour sa qualité de vie. Souvent qualifiée de capitale européenne à taille humaine, beaucoup de personnes y voient les avantages d'une capitale (économiques, culturels...) associés au confort de vie des métropoles de région, moins de temps dans les transports, accès rapide à des espaces verts... Si Bruxelles ne fait pas toujours figure de meilleur élève au sein du continent concernant la mobilité, la Ville reste engagée et n'hésite pas à prendre des mesures comme l'interdiction du plastique dans certains commerces, et à inclure les citoyens dans des projets pour verdir la capitale. De plus, la ville a un atout de taille: la grande Forêt de Soignes, son poumon vert qui borde le sud de la région. Bruxelles a les cartes en mains pour faire de sa ville une ville résolument verte et il est important que tout le monde se sentent concernés sur le sujet : institutions et habitants.

Une qualité de vie reconnue

Bruxelles est souvent citée comme étant l'une des capitales européennes les plus agréables à vivre, surtout en comparaison avec les grandes mégalopoles que sont Paris, Londres ou bien encore Madrid. Les arguments mis en avant sont sa taille respectable et bien entendu ses parcs, squares, bois et jardins, autant d'espaces de repos pour les habitants et visiteurs. Il y a tout d'abord le parc de Bruxelles (p.103), avec ses larges allées et ses alignements symétriques. Au milieu des arbres, on y trouve un kiosque de musique, un théâtre, des bancs, des fontaines et des points de restauration. Le Jardin botanique Jean Massart offre lui en plus d'un écrin de verdure une étape pédagogique, avec près de 2 000 espèces végétales indigènes ou exotiques. Le parc du Cinquantenaire (p.114), à proximité des bâtiments de l'Union Européenne, allie verdure et monuments comme des musées et l'arc de triomphe aux trois arcades. Il offre des aires de pique-niques et différents espaces de jeux et de sports. Très prisé des Bruxellois, le bois de la Cambre (p.115) présente lui une grande variété d'arbres et reste un lieu de prédilection pour se reposer à l'ombre d'un arbre, faire du vélo ou flâner sur une barque. Sans oublier la forêt de Soignes au sud-est de la ville.

La mobilité, le point négatif ?

S'il y a un gros point noir dans le paysage bruxellois, c'est bien la mobilité. Non pas que la société des transports en commun ne fait pas bien son job mais Bruxelles est dans le top 3 des capitales les plus embouteillées d'Europe. La faute à une politique du «tout à la voiture» qui a commencé dans les années 1950 et dont les effets durent encore aujourd'hui, et à un gouvernement régional qui met du temps à mettre en place une transition. Aux heures de pointe, l'accès à la capitale peut être compliqué et à l'intérieur, surtout dans le centre-ville, la fluidité du trafic est loin d'être idéale. Avec des petites rues, un espace piétonnier qui coupe le centre-ville en deux, la circulation en voiture peut s'avérer un challenge. Il manque de grands parkings de délestage aux portes de la région qui permettraient d'abandonner son véhicule en sécurité pour pouvoir circuler en ville avec les transports en commun.

Vous l'aurez compris, les métros, tram et bus seront vos meilleurs alliés pour vos déplacements.

Les initiatives de la Ville pour le développement durable

La Ville de Bruxelles reste engagée pour le développement durable. En témoignent des initiatives fortes comme l'interdiction récente du plastique pour fruits et légumes dans tous les magasins et sur les marchés à compter du 1er mars 2020. Le plastique à usage unique a également été interdit lors des évènements sur l'espace public à compter du 1er juillet 2019. Autre date importante, le 19 février 2020, le jour où Bruxelles s'est officiellement associée à la Fondation Solar Impulse pour entamer un travail de fond sur les innovations économiques, sociales et écologiques qui apportent des solutions concrètes pour faire de la ville une ville verte.

Bruxelles invite les citoyens à s'engager

Afin d'inviter les citoyens à rendre leur quartier plus durables, Bruxelles-Environnement a initié en 2008 le concept de « Quartiers durables citoyens ». Il s'agit d'appels à projets récompensés par une enveloppe pour développer un projet global tel que transformer une friche urbaine en potager collectif, verdir les trottoirs ou valoriser le zéro déchet. Aujourd'hui, environ 70 quartiers bénéficient de l'appellation. Les appels à projets invitant les citoyens à s'engager sont récurrents à Bruxelles, citons également la plateforme « Inspirons le quartier », qui informe et soutient les citoyens qui se sentent concernés et veulent avoir collectivement en faveur de l'environnement et du développement durable.

MUSIQUES ET SCÈNES

Nous avons beau vivre à côté de la Belgique, on ignore en grande partie l'étendue de sa musique. On connaît Brel ou Stromae, mais le fait de partager la même langue nous masque toute la singularité de la culture belge. Pour l'oreille, la Belgique est un vrai dépaysement. Et on ne parle pas de l'accent bruxellois, wallon ou du flamand. Mère de l'harmonie moderne durant la Renaissance, la Belgique cultive depuis des siècles une singularité dans sa musique. Une identité unique que l'on retrouve autant dans sa chanson que son jazz, son rock ou, plus récemment, sa scène rap. Un pays petit par la taille, mais grand par la production musicale, qui peut compter sur un nombre incalculable de scènes et de rendez-vous dédiés. La Belgique, pays de fête, est naturellement une terre de festivals. On en trouve à toutes les sauces, dont quelques-uns des plus importants d'Europe : Tomorrowland, Dour ou Pukkelpop. Il suffit de tendre l'oreille un instant : le « plat pays » prend tout son relief dans sa musique.

La musique classique

L'âge d'or, l'époque des plus grandes gloires de la musique classique belge, est sans conteste la Renaissance. Au XVe siècle, apparaît la fameuse École franco-flamande, célèbre pour son développement de la polyphonie – base de l'harmonie moderne – que le pays va propager rapidement dans toute l'Europe de l'Ouest grâce à l'invention de l'imprimerie (dont Anvers était un centre important) et des compositeurs voyageurs. Parmi eux, les plus illustres demeurent Johannes Ciconia (1370-1412), pionnier et grand maître de l'Ars Nova, Gilles Binchois (1400-1460) compositeur officiel du puissant duché de Bourgogne, Pierre de La Rue (1460-1518) qui fait carrière à la cour de Maximilien d'Autriche ou le fameux Josquin des Prés (1450-1521) qui connaît le succès en Italie avant de finir comme chanoine à Sainte-Gudule de Bruxelles. Au XVIe siècle, le plus célèbre musicien d'Europe est Roland de Lassus, dit aussi Orlando di Lasso. Né à Mons vers 1530, il exerce son art en Italie, puis à la cour de Bavière. Ses compositions sont considérées comme le sommet et l'aboutissement de l'âge de la polyphonie. Autre Flamand célèbre en Italie, Adrien Willaert – né à Bruges en 1480 – est l'auteur de messes, motets et madrigaux mais reste gravé dans l'Histoire pour avoir été maître de chapelle de l'église Saint-Marc de Venise.

Au XVIIe siècle, Henri Du Mont (1610-1684) devient maître de chapelle de Louis XIV et œuvre pour la Chapelle Royale de Versailles tandis que Léonard de Hodémont (1575-1636) adopte et importe les innovations italiennes telles que la monodie. Au XVIIIe siècle, le Liégeois André-Modeste Grétry (1741 – 1813) s'illustre en Europe et fait carrière à Paris sous plusieurs régimes avec quelques opérettes fameuses : *Richard Cœur de Lion*, *Zémire et Azor*, *Céphale et Procris*, etc. Un autre Wallon, François-Joseph Gossec (1734-1829), influence toute la musique française du XVIIIe siècle. Son œuvre la plus connue est sa *Messe des Morts*. À Bruxelles, capitale des Pays-Bas autrichiens, une ville également musicale, la cour de Charles de Lorraine entretient plusieurs compositeurs de talent : Van Helmont, De Groes, Van Maldere… C'est encore un Liégeois, César Franck (1822-1890) qui au XIXe siècle fonde un des grands mouvements de la musique française en rénovant la musique de chambre. Un de ses plus fidèles est Guillaume Lekeu, né en 1870, et prématurément décédé à l'âge de 24 ans. Sa *Sonate pour piano et violon* reste l'un des chefs-d'œuvre du répertoire. Le XIXe siècle est aussi l'époque d'un violoniste virtuose qui fera les grandes heures de la musique belge : Henri Vieuxtemps. Admiré par Berlioz et Schumann, Vieuxtemps peut avoir bouleversé l'interprétation du violon, il est aujourd'hui hélas très peu joué.

Au début du XXe siècle, c'est justement un élève d'Henri Vieuxtemps qui va être reconnu mondialement : le violoniste virtuose Eugène Ysaye. Ce favori de la reine Élisabeth de Belgique, fondateur de l'école belge du violon, aura également de nombreux disciples en France, aux États-Unis et en Russie. Il sera à l'origine de l'une des plus prestigieuses compétitions de musique au monde : l'illustre concours Reine Elisabeth. Le dernier représentant célèbre de cette école est Arthur Grumiaux (1921-1986). Aujourd'hui, le Belge le plus connu dans le domaine de la musique classique est sans doute le chanteur d'opéra José Van Dam, qui a été fait baron par le roi Albert II en 1998, en reconnaissance de son immense carrière. Les baroqueux flamands, Philippe Herreweghe (chef d'orchestre) et Sigiswald Kuijken (violoniste et chef d'orchestre), ont également fait les beaux jours de la Flandre et de la France réunies.

Ceux qui s'intéressent à l'histoire de la musique du XXe siècle connaissent le rôle qu'a joué Paul Collaer, pianiste, musicologue, conférencier, critique qui a aidé les plus grands compositeurs du siècle et a créé nombre de leurs œuvres à Bruxelles. Enfin, dans le registre contemporain, citons le compositeur Wim Mertens, minimaliste dans la veine de l'Anglais Michael Nyman.

Où écouter de la musique classique belge ?

Pays de musique, la Belgique ne manque évidemment pas de lieux pour écouter du classique. À Bruxelles, les deux grandes institutions du genre sont le Palais des Beaux-Arts (rebaptisé « BOZAR ») où réside l'Orchestre national de Belgique et notamment le Théâtre royal de la Monnaie, une scène lyrique majeure et où sont produits des opéras, dont l'orchestre symphonique est brillamment dirigé par Alain Altinoglu. Nous pouvons également citer parmi les précédents grands directeurs de cette institution Gérard Mortier et Bernard Foccroulle. À Bruges, le Concertgebouw (une curiosité architecturale) abrite le MA Festival, rendez-vous spécialisé en musique ancienne aussi pointu qu'ouvert à tout public. À Gand, l'Opéra De Flandre attire les mélomanes du monde entier. Datant du XIXe siècle, il a conservé tout son lustre et on y vient de loin écouter Verdi et Puccini ainsi que de grands opéras contemporains. Enfin, à Liège, c'est l'Opéra Royal de Wallonie-Liège qui jouit d'une réputation internationale. Depuis sa création en 1967, l'Opéra propose une programmation riche et variée pour petits et grands, mêlant grands classiques et découvertes ainsi que de nombreuses activités et concerts pour découvrir l'envers du décor, les coulisses, la musique ou apprendre le chant.

La chanson et la variété

Évidemment, le monde entier connaît Jacques Brel, vénérable maître de la chanson francophone. Il reste le plus célèbre et le plus admiré des chanteurs du « plat pays ». Cependant, il serait dommage de limiter la musique belge à son représentant le plus illustre. Non, on ne parle pas seulement de la *Danse des canards* de J.-J. Lionel... Les noms d'Adamo, Julos Beaucarne, Maurane, Axelle Red, Annie Cordy, Jo Lemaire (inoubliable pour sa reprise de *Ne me quitte pas*), Frédéric François ou encore Helmut Lotti vous disent certainement quelque chose ? Eh bien oui, ils sont tous belges ! Et leur renommée dépasse largement les frontières du royaume. Côté flamand, on retiendra Arno (qui chante en français), ainsi que, presque inconnus des francophones, Wil Tura, Raymond van het Groenewoud, Ferré Grignard, Johan Verminnen... N'oublions pas non plus la vague des bardes, post-hippies, à la verve « médiévo-folk » comme Willem Vermandere, Wannes Van de Velde, Pol Rans et Dirk Van Esbroek qui fait du tango en flamand. Dans les années 1980, la tradition de chanson belge se mêle à la variété avec le succès de chanteurs comme Pierre Rapsat, Plastic Bertrand ou Lio. Étoile montante de la chanson française, Noé Preszow mélange textes bruts et mélodies anglo-saxonnes. Un endroit agréable où écouter de la chanson francophone à Bruxelles est la Maison de la Musique, l'endroit fait honneur au genre via des concerts réguliers.

Jazz, rock et pop

Ces dernières années, un artiste belge a tiré un trait d'union entre tradition belge de chanson à textes et productions modernes – particulière-

Le Théâtre royal de la monnaie.

© YURYKARA - SHUTTERSTOCK.COM

«L'Envol», statue de Tom Frantzen représentant le chanteur Jacques Brel.

ment électroniques : Stromae. Depuis son tube *Alors on danse* en 2010, l'auteur, compositeur et interprète bruxellois est devenu un véritable phénomène dans le monde de la musique francophone. Emblème de la créativité belge, il vient couronner l'histoire – plutôt fournie – de la pop locale allant de la pop rock de Clouseau dans les années 1990 à la « pop urbaine » d'Angèle en passant par la synth-pop de Vive la Fête ou le jazz pop de Vaya con Dios. Côté jazz justement, la Belgique a cultivé une scène importante portée par des grands noms comme Jacques Pelzer (saxophoniste proche de Chet Baker), l'harmoniciste Toots Thielemans (qui a joué avec Charlie Parker ou Frank Sinatra), Philip Catherine (grand guitariste) ou le pianiste Charles Loos. Et si la Belgique aime jouer du jazz, elle aime autant en écouter. Le pays multiplie les adresses de charme pour en goûter en live comme l'Archiduc à Bruxelles, une scène mythique. Originellement repère de Stan Benders, célèbre jazzman du pays qui y officiait tous les soirs au piano dans les années 1950-1960, l'Archiduc cultive aujourd'hui le même état d'esprit, conservé dans son superbe jus d'origine Art déco. À Gand, les amateurs du genre se réjouiront au Damberd, café multigénérationnel à l'esprit rebelle et très bien programmé. Plus arty (il est situé à deux pas du Musée des Beaux-Arts), mais tout aussi agréable, le Café Hopper d'Anvers propose lui aussi d'excellents concerts de jazz en fin de semaine.

Rayon pop-rock, la Belgique est de ce côté aussi réputée pour ses festivals dont les plus gros est le Pukkelpop à Hasselt, tous deux dotés de programmations gigantesques. Sinon, pour quiconque serait à la recherche de l'adresse immanquable de Bruxelles, la réponse tient en deux mots : Madame Moustache. Réputé comme le bar le plus rock n' roll de la capitale, il est aussi ouvert à tous les autres genres (rap, soul ou pop en tête) et accueille de vraies pépites sur scène. D'ailleurs, en parlant de rock, oubliez tous les stéréotypes sur le pays puisque le genre est bien la vraie spécialité locale. Plutôt alternatif et indé, le rock belge explose dans les années 1990 côté flamand avec les fameux dEUS, K's Choice, Hooverphonic, Zita Swoon, Ozark Henry ou An Pierlé puis éclot peu après en Wallonie avec Sharko, Girls in Hawaii, Ghinzu ou Hollywood Porn Stars et plus récemment, Puggy. Sans surprise, l'un des plus grands festivals de rock en plein air d'Europe, le Rock Werchter, est belge. Chaque année, l'affiche est excellente et par conséquent, il est souvent complet plusieurs semaines à l'avance.

La musique électronique

Si un des liens les plus connus entre rock et musique électronique est bien belge – incarné par le duo Soulwax –, c'est peut-être parce que le pays a longtemps maintenu une frontière poreuse entre les deux genres. Le groupe Telex (très inspiré par Kraftwerk) dans les années 1970 en est un bon exemple. Durant la décennie suivante, la musique électronique explose dans le pays avec l'irruption de l'EBM (« Electronic Body Music ») venue d'Allemagne. Dure, noire, industrielle et répétitive, elle est une héritière radicale de la new wave dont les Belges Front 242 ou Snowy Red sont devenus des légendes. À la fin des années 1980, début 1990, la Belgique développe un genre électronique qui lui est propre : la « New Beat ». Réponse à la techno naissante (à Détroit), imprégnée d'EBM, elle est popularisée dans le pays par la massification de l'ecstasy.

D'abord cantonnée à une niche, des pionniers tels que Confetti's, Lords of Acid, Amnesia ou Technotronic ont acquis rétrospectivement une aura d'avant-gardistes. Depuis les années 1990, la Belgique est un acteur majeur de la musique électronique mondiale, les pionniers de la house (comme Mugwump) et de la techno ayant ouvert la voie aux superstars actuelles : Amélie Lens et Charlotte de Witte. Superstars toujours, c'est aussi en Belgique que l'on trouve un des festivals les plus connus (et courus) au monde : Tomorrowland. Installé dans la province d'Anvers, ce rendez-vous créé en 2003 accueille des festivaliers des quatre coins du monde, ainsi que les DJs les plus connus – David Guetta, Steve Aoki ou Calvin Harris – dans une ambiance de fête foraine XXL. Les stars actuelles de l'électro s'appellent Henri PFR, Most Frequencies ou Dimitri Vegas & Like Mike. Adoré des connaisseurs, le Fuse (p.233) de Bruxelles fait partie des clubs mythiques du pays. Un équivalent belge du Rex parisien.

Le hip-hop

Tout est cyclique, surtout en musique. Aux alentours de 2015, lorsque le rap français connaissait une nouvelle baisse de forme, son cousin belge en plein renouveau en profitait pour exploser dans toute la francophonie. En un rien de temps, cette nouvelle scène s'est forgé une place de rêve, redynamisant par sa vigueur le rap français. Parmi les plus célèbres, Damso - repéré par Booba - occupe clairement le haut du panier grâce à ses hits gorgés de spleen tels que *Macarena* ou *Bruxelles Vie*. Plus surprenant, le duo Caballero & JeanJass a redonné le sourire à un rap qui manquait un brin d'humour. Tout comme Roméo Elvis, personnage atypique du paysage hip-hop actuel. Notons aussi le R'n'B très américain d'Hamza ou le rap à l'ancienne de l'Or du Commun, que la France envie à son voisin belge. Pour apprécier du rap sur scène en Belgique, une des meilleures scènes et aussi une des plus connues : le Festival de Dour. Gigantesque événement – plus de 200 000 festivaliers – il est réputé pour sa programmation pointue qui convie la crème de la scène belge et internationale dans différents styles : hip-hop, techno, électro ou rock. Les Ardentes à Liège et Dour (mais pas uniquement sur ce style), sont les deux festivals principaux du genre.

Danse

La scène chorégraphique belge est très active. Et cela a sûrement à voir avec la richesse de son histoire. Dans les années 1920, la Belgique fait un saut de chat dans la modernité avec Akarova. Surnommée la « Isadora Duncan belge », Marguerite Acarin de son vrai nom offre de nouvelles perspectives à la danse classique via sa pratique libre et moderne, très inspirée par l'art de son temps (elle est par ailleurs aussi peintre et sculptrice). Mais la grande révolution de la danse belge contemporaine intervient bien sûr avec l'incontournable Maurice Béjart (mort à l'âge de 80 ans, en 2007). Marseillais de naissance, il est venu à Bruxelles créer, en 1960, le Ballet du XXe siècle ainsi que l'école Mudra où va renaître la danse et éclore des générations de grands interprètes et chorégraphes. Pendant vingt-sept ans de création en Belgique, Béjart stimule la vie artistique bruxelloise et devient une boussole de la danse belge et mondiale. Parmi les chorégraphes les plus célèbres du pays, on se doit de citer une élève de la Mudra : l'immense Anne Teresa de Keersmaeker. Fondatrice de la compagnie Rosas, elle a révolutionné la danse en Flandre dès le début des années 1980. Dans son sillon, de nombreux grands chorégraphes ou danseurs belges ont marqué la création mondiale, influencés de près ou de loin par Béjart. Jan Fabre, plasticien autant que chorégraphe qui décloisonne tous les arts, Michèle-Anne De Mey, qui prône elle aussi le dialogue entre disciplines, Nicole Mossoux et Patrick Bonte, duo travaillant à la frontière entre chorégraphie et théâtre, Michèle Noiret, qui dès les années 1990 questionne les nouvelles technologies par la danse ou encore Pierre Droulers qui mêle grammaire chorégraphique et plastique. Citons aussi Frédéric Flamand qui en 1991 prend la tête de l'ancien Ballet royal de Wallonie et le rebaptise « Charleroi/Danses » pour en faire la première compagnie de danse contemporaine de Belgique. Un énorme tournant aujourd'hui moteur du dynamisme de la scène belge et une institution de référence autant en Belgique que sur le plan international. Formé au Performing Arts Research and Training Studios (P.A.R.T.S) fondé par Anne Teresa De Keersmaeker, le vibrant chorégraphe Sidi Larbi Cherkaoui est la grande figure belge de la scène chorégraphique internationale actuelle. Travaillant aussi bien avec Beyoncé qu'en tant que directeur du Ballet royal de Flandre, il est un des virtuoses actuels que les scènes du monde entier s'arrachent.

Les scènes de danse belges

Et côté scènes justement, la Belgique en compte quelques-unes plus que recommandables. À commencer par l'iconique Charleroi Danse dédié à la création contemporaine et possédant une antenne à Bruxelles nommée la Raffinerie. Autres belles scènes de Bruxelles, les Halles de Schaerbeek – et son environnement industriel tout en verre et métal – offrent une place copieuse à la danse, tout comme Les Brigittines (p.236), ancien édifice religieux reconverti en centre d'art contemporain (doté d'un excellent restaurant) et le Kaaitheater, dédié aux arts de la performance.

LITTÉRATURE

Appréhender une ville par le biais de sa littérature offre parfois des surprises, pas forcément bonnes quand il s'agit, en l'occurrence, de Bruxelles. Contrairement à bon nombre de capitales mondiales, celle de la Belgique ne semble pas fédérer, et encore moins constituer un passage obligé par la « grande ville » comme c'est généralement le cas dans d'autres pays. Abîmée parfois par des écrivains de passage, il faudra se souvenir du terrible pamphlet que s'est autorisé Baudelaire à son encontre, souvent minorée par ceux qui y sont nés, à l'image de Marguerite Yourcenar qui n'en dit rien ou alors pas grand-chose, carrément oubliée par la plupart des auteurs belges qui préfèrent camper leurs héros dans d'autres lieux, Bruxelles devient symbole de langues et de mentalités qui s'affrontent et peinent à se partager un territoire. Se pose alors la question surréaliste qui lui convient parfaitement : la littérature bruxelloise existe-t-elle ?

Les origines

Aux dires de certains, la date officielle de la fondation de Bruxelles, l'an 979 qui a assisté à la construction de la forteresse décidée par le Duc de Brabant, a été retenue de façon arbitraire. Il paraîtrait sans doute tout aussi discutable d'entamer cette histoire de la littérature bruxelloise en 1830, année de l'indépendance de la Belgique, sans tout au moins citer certains écrivains qui ont habité la ville au cours des siècles précédents. Il nous plaira ainsi d'évoquer Katherina Boudewyns et Gysbrecht Mercx, tous deux poètes de langue néerlandaise du XVIe. La première avait pour devise *Patientie is zo goeden kruid* (La patience est une si bonne herbe), le second *Spellet wel* (Jouez bien), deux maximes qu'il est toujours doux de faire résonner aujourd'hui. Au siècle suivant naît à Bruxelles un futur libraire, Joan de Grieck, qui a marqué les âmes par ses « comédies malhonnêtes » mettant en scène des allégories plus ou moins diaboliques. Enfin, un autre dramaturge, Jan Frans Cammaert (1699-1780), a longuement usé de sa plume pour traduire, adapter – notamment Molière –, et inventer, rimes et intrigues scéniques. Son ton baroque n'a peut-être plus l'heur de séduire de nos jours, mais il reste remarquable par l'importance de son œuvre soigneusement conservée à la Bibliothèque royale de Belgique. La culture a donc toute sa place en ces siècles passés, pour preuve la création en 1772 de l'Académie impériale et royale des sciences et belles-lettres de Bruxelles, titre que remet à une société littéraire créée trois ans auparavant par l'impératrice Marie-Thérèse d'Autriche, d'où son surnom de « Thérésienne ».

La Bibliothèque royale de Belgique.

En 1830, le pays déclare son autonomie et s'affranchit de la Hollande à laquelle elle avait été unie suite à la bataille de Waterloo. La Belgique tranche et met fin à l'une des causes de la mésentente, le français est désigné comme unique langue nationale, alors que celui-ci n'est utilisé que par une minorité de Belges (et à peine 15 % des Bruxellois). La question linguistique ne cessera dès lors de se poser. L'heure est à la définition de « l'âme belge » et toute une génération d'auteurs, à l'instar de Charles Potvin, auteur de poèmes patriotiques et d'un drame en quatre actes, *Les Gueux*, s'attelle à donner naissance à une littérature nationale. Mais l'influence romantique ne leur sied pas vraiment, ce dont se moquent de joyeux jeunes gens issus pour la plupart de l'Université libre de Bruxelles qui ont, en 1856, créé l'impertinent *Uylenspiegel, journal des ébats artistiques et littéraires*. À défaut d'âme unificatrice, un certain esprit belge est en train de se créer, à l'image des caricatures si décriées de l'un des membres fondateurs, Félicien Rops. Ces nouvelles voix prônent le réalisme et se reconnaissent certainement plus dans Balzac ou Flaubert que dans Victor Hugo, ainsi Alexandre Scaron (1835-1923), directeur de la revue, publie sous le pseudonyme de Paul Reider un roman de mœurs mettant en scène *Mademoiselle Vallantin*, jeune bourgeoise qui rompt avec sa famille pour mieux succomber aux charmes de son amant… à ses risques et périls. Son acolyte, Charles de Coster, fait quant à lui paraître *La légende d'Ulenspiegel*, succès considérable en-dehors des frontières, mais auxquels les conformistes belges réservent un accueil glacial. Usant du français, le jeune homme brosse pourtant un portrait sensitif de la Flandre, il n'hésite ni à inventer une langue, ni à mêler grandes histoires et mythes fondateurs, en cela il est peut-être l'auteur du premier grand roman national que tout le monde attendait.

Sous l'impulsion de Léopold II, qui succède sur le trône à son père en 1865 et y restera jusqu'à sa mort en 1909, la Belgique devient l'une des premières puissances économiques du monde. Mais derrière l'apparat se cache une misère retentissante ce qui favorise l'émergence du naturalisme, à titre d'exemple Camille Lemonnier, né à Ixelles en 1844, fait paraître en feuilletons *Un Mâle*. L'auteur n'appréciait guère la comparaison avec Zola, préférant insister sur sa propre recherche stylistique, toujours est-il que son roman aux accents rustiques fit scandale auprès des critiques traditionalistes. La revue *La Jeune Belgique*, en digne héritière de l'*Uylenspiegel*, lui apporta néanmoins tout son soutien. Lemonnier s'attachera ensuite à suivre les pas des Décadents, se rapprochant par ses obsessions d'une certaine esthétique chère à Huysmans. Avec le siècle qui se termine naît un nouveau courant littéraire, le symbolisme, sous l'influence de Verlaine qui fera bien plus qu'essayer d'ôter la vie à son amant le 10 juillet 1973 Rue des Brasseurs. Les rimes se font libres, l'atmosphère prend le pas sur la description, le tout entre en résonance avec les débats d'idées favorisés par l'apparition de plusieurs journaux littéraires. C'est un certain âge d'or pour les Lettres, et Bruxelles voit défiler nombre de symbolistes dont Charles Van Leberghe (1861-1907), à qui l'on doit *La Chanson d'Ève*, Grégoire Le Roy (1862-1941), auteur – entre autres – de la pièce *L'Annonciatrice* malheureusement disparue, ou encore Albert Mockel, poète wallon mort à Ixelles en 1945, du bien beau monde, mais rarement leur figure de proue, Maurice Maeterlinck, Prix Nobel de Littérature 1911, qui y publie sans s'y installer.

Le XXe siècle

À nouveau, la question linguistique se pose, et bien que le flamand accède à un rang officiel par la fameuse Loi d'égalité de 1898, dans les faits les tensions sont palpables. En 1912, le politique Jules Destrée écrit sa fameuse lettre ouverte au roi Albert 1er, « Sire, vous régnez sur deux peuples… », en 1920 il obtient la création de l'Académie royale de langue et de littérature de Belgique, la « Destréenne ». Mais la guerre est passée par là, le récit régionaliste qui avait la cote au tout début du millénaire, porté par le souffle du Bruxellois Thomas Braun, ami de Francis Jammes et grand amoureux de la nature (*Fumée d'Ardenne*, 1912), ne trouve plus écho dans un monde qui reproche aux valeurs d'antan la tragédie. En réaction se dessinent deux nouveaux champs d'exploration : la littérature engagée et le modernisme. La première s'incarne parfaitement sous les traits de Charles Plisnier, né à Ghlin en 1896, qui s'engage dans des études de droit à l'Université libre de Bruxelles en 1919 et adhère à la même époque au Parti communiste, un parcours complexe fait de perpétuelles remises en question, mais c'est aussi pour ses livres que l'homme est reconnu. Ainsi, *Faux passeports*, sous-titré *Mémoires d'un agitateur*, fait de lui le premier Belge à recevoir le Prix Goncourt en 1951. Du côté de l'avant-garde, le frémissement originel a lieu bien loin de Bruxelles, plus exactement à La Hulpe, où Clément Pansaers (1885-1922) fonde en 1917 la revue *Résurrection* qui offre ses colonnes à des auteurs et artistes de tous horizons, des États-Unis à l'Allemagne. Six numéros, seulement, qui lui valent perquisition et surveillance par la police secrète. Deux ans plus tard, il découvre le mouvement Dada avec lequel il se sent immédiatement en connivence, tant et si bien qu'il imagine fonder une maison d'édition et surtout organiser, l'année suivante, une grande manifestation dadaïste dans la capitale belge. Deux projets qui n'aboutiront pas pour cause de

Timbre belge à l'effigie de Félicien Rops.

dissensions internes, comme une prémonition des sévères divergences à venir. Pourtant, l'étincelle est là, et elle allume d'autres flammes. Franz Hellens, l'auteur de *Mélusine* (Éditions Gallimard), lance *Signaux de France et de Belgique*, qui deviendra par la suite *Le Disque vert*, revue dans laquelle Henri Michaux, qui est né Belge, fera paraitre ses premiers écrits tout en s'investissant dans le comité de rédaction. Paul Nougé, quant à lui, créé sous forme de tracts la revue *Correspondance*, se lie avec les surréalistes français et bien plus encore avec René Magritte, tandis qu'Odilon-Jean Périer publie en 1926 un roman à l'inspiration dadaïste, *Le passage des anges*. L'entre-deux-guerres est donc une période féconde, c'est aussi vrai dans le monde du théâtre avec l'arrivée de l'étrange, et quelque peu inquiétant, Michel de Ghelderode. La Seconde Guerre mondiale n'interrompt pas l'élan intellectuel même si elle balaye les idées révolutionnaires et, du même coup, le surréalisme. Pendant l'occupation, la littérature s'engouffre dans les marges, fuyant ainsi la réalité, la poésie n'a plus rien de politique et il naît de nouveaux intérêts, qui perdureront bien au-delà de ces années sombres : le roman policier et le récit fantastique. Thomas Owen, ami de l'incontournable Jean Ray, s'essaye aux deux avec un certain succès et beaucoup d'humour, tandis que Stanislas-André Steeman s'inspire de sa propre adresse, Square du Val de la Cambre à Ixelles, pour écrire son premier véritable succès, *L'assassin habite au 21*.

Mais la guerre laisse le pays exsangue de ses maisons d'édition, et bon nombre d'auteurs s'exilent vers Paris comme le fera Dominique Rolin qui abandonne Bruxelles en 1946 pour s'installer dans la capitale française. Elle y trouvera l'amour, et un éditeur, Denoël qui publie deux ans plus tard son premier roman, *Moi qui ne suis qu'amour*. En 1952, *Le Souffle* est couronné par le Prix Fémina et sa longue carrière d'écrivain est lancée. Des deux côtés de la frontière existe une vraie volonté de réinventer l'art romanesque, et bien que l'on puisse difficilement dire que le Nouveau roman trouve écho en Belgique, il n'en est pas moins vrai que certaines œuvres, à l'image de celles de Pierre Mertens, s'autorisent à s'affranchir des contraintes narratives. Une recherche qui va se décliner jusqu'à nos jours, sous différentes formes, avec peut-être un goût commun pour l'insolite dans le quotidien, voire une légère étrangeté, en tout cas un certain rapport au monde que l'on retrouve aussi bien dans les poèmes de Fernand Verhesen, dans les pièces de Paul Edmond ou dans les romans de Jean-Philippe Toussaint qui se fait remarquer dès sa première publication, *La Salle de bain*, Prix de la Vocation 1986. Une nouvelle génération est aujourd'hui à l'œuvre, elle use d'un humour parfois caustique, tel Thomas Gunzig et son remarqué *Manuel de survie à l'usage des incapables* (Au Diable Vauvert, 2013), et d'un œil affûté, à l'instar du féroce *La Vraie vie* d'Adeline Dieudonné publié en 2018 aux éditions L'Iconoclaste. Le polar *Toute la violence des hommes* de Paul Colize (Hc Eds, 2020), est quant à lui inspiré des fresques de street art érotiques ou violentes qui ont fleuri à Bruxelles en 2016 et faites de la main du même artiste.

TOP 10

LECTURE

Certes les auteurs bruxellois publient généralement de l'autre côté de la frontière, mais cela n'empêche pas leur talent de s'offrir au monde entier, ni aux éditeurs belges de s'engager à leurs côtés, saluons d'ailleurs le remarquable travail des éditions Espace Nord et celui de Luce Wilquin qui a dû cesser ses activités après 31 années d'exercice.

ALBUM JEUNESSE

Ces monuments qui racontent Bruxelles. Les enfants pourront s'amuser à découvrir les monuments emblématiques de la capitale, du facétieux Manneken-pis à l'étonnant Atomium. Laurence Bragard, Régis *Duqué, Jean-François Vallée*, Éditions Les Beaux Jours.

UN FONDAMENTAL

© ÉDITIONS ESPACE NORD

La Légende d'Ulenspiegel. Peut-être le premier grand roman de littérature belge francophone, en tout cas une épopée flamande passionnante. *Charles de Coster*, Éditions Espace Nord.

THÉÂTRE

© ÉDITIONS FOLIO

La Balade du Grand Macabre. L'une des pièces du prolixe dramaturge né à Ixelles en 1898, et pas la moins étrange. La Mort décide de s'offrir une balade sur terre et le drame tourne à la farce. *Michel de Ghelderode*, Éditions Folio.

UN RECUEIL DE NOUVELLES

Les Deux Messieurs de Bruxelles. Le Français qui a obtenu la double nationalité franco-belge en 2008 évoque en cinq histoires un thème universel : l'amour. *Éric-Emmanuel Schmitt*, Éditions Le Livre de poche

UN CLASSIQUE

© ÉDITIONS ESPACE NORD

Un mâle. L'un des rares romans naturalistes belges mais surtout un amour passionné et jaloux entre un braconnier et une belle fermière. *Camille Lemonnier*, Éditions Espace Nord.

INDISPENSABLE

© ÉDITIONS DE MINUIT

La Salle de bain. Le premier roman publié d'un auteur aujourd'hui incontournable dans lequel une simple baignoire devient haut lieu de réflexions. *Jean-Philippe Toussaint*, Éditions de Minuit.

MYSTÈRES ET BOULES DE GOMME

Guide secret de Bruxelles. Les Belges ont le goût de l'inédit et la ville est à leur image, une rivière souterraine par ici, un peintre fou par là, une autre façon de regarder Bruxelles. *Jean-Baptiste Baronian*, Éditions Ouest-France

LITTÉRATURE POLITIQUE

© ÉDITIONS ESPACE NORD

Faux Passeports. Plisnier a été le premier Belge couronné par le Goncourt français, retour sur un texte qui n'a perdu ni sa vigueur, ni son engagement. *Charles Plisnier*, Éditions Espace Nord.

BD-DOCUMENTAIRE

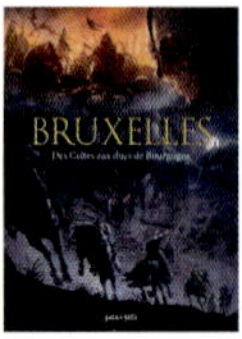

© ÉDITIONS PETIT À PETIT

Bruxelles. Trois tomes pour découvrir l'histoire de la capitale belge, des premiers Celtes à aujourd'hui, sous forme de bandes dessinées complétées par des sections informatives. *Collectif*, Éditions Petit à Petit

HISTOIRES SOMBRES

Bruxelles noir. Treize nouvelles, treize auteurs, et treize bonnes raisons de découvrir leur vision de la capitale belge, avec Sarah Doke, Nadine Monfils, Paul Colize, etc… *Collectif sous la direction de Michel Dufranne*, Éditions Asphalte

A L'ÉCRAN

En tant que ville populaire auprès des touristes, Bruxelles est sans surprise au cœur de nombreuses œuvres cinématographiques. Les réalisateurs belges tentent de représenter son caractère fort à travers leurs œuvres, comme dans *Dikkenek* (2006), *Les Barons* (2009) ou encore *Le Tout Nouveau Testament* (2014) et *Black* (2015). Grâce au Tax Shelter (niche fiscale destinée à favoriser les co-productions avec la Belgique), les réalisateurs du monde entier passent maintenant par la capitale belge (et la Belgique en général) pour y tourner une partie de leurs films (*De rouille et d'os, The Danish Girl, Kursk*). Bruxelles offre au monde du 7e art plusieurs festivals comme les Magritte du cinéma ou le BIFFF, ainsi que des lieux propices à la découverte de films cultes ou indépendants comme la cinémathèque royale ou le cinéma Nova. Bruxelles est, au cinéma comme à la vie, bruyante, pleine de vie et à prendre avec humour (noir de préférence).

Bruxelles, une histoire belge

Au travers d'œuvres diverses, les réalisateurs belges mettent un point d'honneur à nous présenter un Bruxelles fort en caractère. En 1972, la réalisatrice bruxelloise Chantal Akerman nous peint une capitale sombre et dure dans son œuvre *Jeanne Dielman, 23, quai du Commerce, 1080 Bruxelles*. Ce film met en scène le quotidien d'une Bruxelloise qui, suite au décès de son mari , doit se prostituer pour subvenir au besoin de son fils. Akerman signe ici le chef-d'œuvre de sa carrière et devient une inspiration pour des réalisateurs renommés tels que Gus Van Sant ou Michael Haneke. Un an plus tard, Benoît Lamy réalise *Home Sweet Home* et offre à la Belgique certains de ses premiers prix internationaux, entre autres le meilleur film au Festival de Montréal ainsi que le Prix spécial du jury à Moscou. Parmi les cinéastes célèbres provenant de Bruxelles, citons Jaco Van Dormael, né en 1957 dans la commune d'Ixelles. Après le triomphe de *Toto le héros* (tourné en partie dans la Cité du Logis à Watermael-Boisfort), Van Dormael passe une deuxième fois par la capitale belge en 1996 pour y tourner son long-métrage *Le Huitième Jour*. Cette œuvre sensible met en scène la rencontre entre Harry (Daniel Auteuil), bourreau de travail et Georges (le Belge Pascal Duquenne), jeune homme atteint de trisomie 21. Dans un autre registre, Olivier Van Hoofstadt sort *Dikkenek* en 2006, oeuvre s'inscrivant dans la lignée de *C'est arrivé près de chez vous* (1992). Cette comédie devenue culte en Belgique, place son intrigue à Bruxelles et réunit une brochette d'acteurs connus : Marion Cotillard, François Damiens, Mélanie Laurent, Catherine Jacob, Jean-Luc Couchard, Dominique Pinon, etc. Tout comme *C'est arrivé près de chez vous, Dikkenek* divise la critique passant de « bête et pervers » à chef-d'œuvre d'humour, en une fraction de seconde. En 2008, l'intrigue du film *JCVD* (de Mabrouk El Mechri, co-production franco-belgo-luxembourgeoise) prend place dans la commune de Schaerbeek et tourne autour d'une figure emblématique belge, le célèbre Jean-Claude Van Damme. En 2009, le réalisateur bruxellois Nabil Ben Yadir se fait remarquer avec *Les Barons*. Tourné dans plusieurs quartiers de la capitale belge (Molenbeek, Saint-Gilles, Forest...), cette comédie suit le quotidien de quatre amis au chômage, experts en combines, se présentant comme les Barons du quartier. En 2014, le cinéaste Erik Van Looy réalise le thriller très américain *Vertiges*. La même année, Dieu siège également à Bruxelles dans le film de Jaco Van Dormael, *Le Tout Nouveau Testament* (2014). Poelvoorde campe un Dieu affreux, sale et méchant qui voit son travail chamboulé par la décision de sa fille de faire fuiter la date et l'heure de décès de chaque personne sur Terre. La petite Ea part ensuite en quête de six nouveaux apôtres pour écrire le « tout nouveau testament ». Quand à *Black* de Adil El Arbi et Bilall Fallah (une adaptation de deux romans de l'écrivain flamand Dirk Bracke), il montre un Bruxelles sombre et violent, celui des bandes urbaines. Ce film coup de poing ouvrira aux deux réalisateurs les portes d'Hollywood.

© OLRAT - SHUTTERSTOCK.COM

Le parc royal de Bruxelles a été le décor de certaines scènes du film The Danish Girl.

A L'ÉCRAN

La ville de Bruxelles, lieu de tournage apprécié des cinéastes.

Évènements et institutions

En 1938, Bruxelles se dote d'un atout majeur en matière de cinéma : La Cinémathèque royale de Belgique (Koninklijk Belgisch Filmarchief en néerlandais). Fondée par le cinéaste Henri Storck, le journaliste André Thirifays et le politicien Pierre Vermeyien, cette institution a pour but de sélectionner et conserver un ensemble de films dont la particularité est d'avoir un aspect soit historique, soit esthétique ou technique traversant le temps. Autrement dit, des œuvres que l'on pourrait qualifier de « culte ». La cinémathèque recueille également une large documentation touchant au monde du 7ᵉ art. Appelée plus communément **Cinematek** (p.95), elle organise également des projections des œuvres stockées, pour le plus grand bonheur des cinéphiles belges et d'ailleurs.

Côté événements, Bruxelles accueille chaque année de nombreux festivals mettant à l'honneur le cinéma belge sous toutes ses formes, à commencer par le plus célèbre d'entre eux : Les Magritte du cinéma (tirant son nom du célèbre peintre belge René Magritte), l'équivalent des Césars en France. Pour la petite anecdote, depuis 2012, une étrange et autoproclamée Académie des Machins remet « en toute partialité et dans la plus mauvaise foi » des récompenses aux hommes de l'ombre du cinéma belge, les techniciens. Ainsi la veille de la cérémonie des Magritte, c'est tout le petit monde du cinéma belge qui se réunit dans la joie et la bonne humeur pour avoir peut-être l'occasion de remporter une Moule d'or… Prix à l'image de l'humour belge. En matière de festival, citons également le BIFFF (Brussels International Fantastic Film Festival), le Brussels Film Festival ou encore le BSFF (Brussels Short Film Festival). Notons également qu'à Bruxelles, on trouve le réputé Institut national supérieur des arts du spectacle (INSAS) qui forme de nouveaux techniciens au monde du cinéma. Benoît Poelvoorde ainsi que Rémy Belvaux en sont diplômés et réalisent d'ailleurs *C'est arrivé près de chez vous* dans le cadre de leur projet de fin d'études.

À l'international

En Belgique, il existe une dérogation fiscale initiée par le Gouvernement fédéral dont le but est de favoriser le développement du secteur de l'audiovisuel dans le pays. Elle encourage ainsi les entreprises à investir dans le domaine de l'audiovisuel, en échange d'un avantage fiscal intéressant. Le Tax Shelter étant disponible pour toutes entreprises belges ou succursales belges d'une entreprise étrangère, il augmente considérablement le développement du cinéma dans le plat pays. Dans ce cadre, de nombreux tournages internationaux viennent en Belgique et dans la capitale. Parmi les plus célèbres citons *Chez Gino* (2011, de Samuel Benchetrit) dont l'intrigue prend entièrement place à Bruxelles, *Boule et Bill* (2012) de Alexandre Charlot et Franck Magnier, *L'Art de la fugue* (2012) de Stephen McCauley, *De rouille et d'os* (2012) de Jacques Audiard, avec Marion Cotillard et le Belge Matthias Schoenaerts, *L'Écume des jours* (2013) de Michel Gondry, *Supercondriaque* (2014) de Dany Boon et *The Danish Girl* (2015) de Tom Hooper (également avec Matthias Schoenarts), qui nous offre de magnifiques plans du **Parc Royal de Bruxelles** (p.103) ainsi que du café **À la mort subite** (p.175). En 2018, c'est l'impressionnant *Kursk* du célèbre Danois Thomas Vinterberg qui passe par l'établissement Excelsior, place Cardinal Mercier dans la commune de Jette. Plus récemment, Brian de Palma passe par plusieurs villes de la Belgique dont Bruxelles pour les besoins de son film *Domino : La Guerre silencieuse* (2019, avec Nikolaj Coster-Waldau, Guy Pearce et Carice van Houten).

GASTRONOMIE

Clouons le bec une bonne fois pour toutes aux mauvais esprits qui osent encore présenter la Belgique comme le pays de la « frite mayonnaise » et de la bière. Certes, dans le royaume on n'est jamais très réticent lorsqu'il s'agit d'aller dans une friterie ou de se désaltérer avec une des quelque 450 variétés de bières produites dans le pays. Mais la Belgique n'a vraiment pas à rougir de sa gastronomie, avec une tradition culinaire de choix et une vraie culture de la haute cuisine. Pour preuve, proportionnellement au nombre d'habitants, la Belgique possède autant d'étoiles au Michelin que la France. Entre Flandre et Wallonie, le pays entretient une grande tradition culinaire qui a depuis longtemps gagné ses galons. En plus de la carbonade flamande, des spéculoos, des moules-frites et des chocolats belges, il existe toute une palette de produits de qualité et de recettes savoureuses qui font toute la richesse de la cuisine du Plat Pays.

Généralités et ingrédients

Avec son territoire en grande partie plat ou tout au plus vallonné, la Belgique a de tout temps été une terre agricole prospère. Céréales, légumes, fruits, laitages, viande bovine et porcine, sans parler des richesses de la mer du Nord, ont forgé la gastronomie belge. Une passion pour la nourriture qui se matérialise même avec la bibliothèque et le musée de la Gourmandise, situés à Hermalle-sous-Huy, à l'est de Bruxelles. Ce centre culturel, fondé en 1995, est consacré à l'histoire de la gastronomie et possède l'une des plus grandes bibliothèques d'Europe traitant de la cuisine et de l'alimentation.

On retrouve de nombreux produits protégés par divers labels européens, dont certains peuvent être rapportés dans ses bagages. On peut citer par exemple le savoureux saucisson d'Ardenne qui jouit d'une Indication Géographique Protégée (IGP). Composé d'un mélange de viande de porc ou de porc et bœuf, il est également appelé « pipe d'Ardenne » quand sa forme est droite, « collier d'Ardenne » quand elle est courbée. Produit dans la province de Luxembourg – à ne pas confondre avec le pays du même nom – le jambon d'Ardenne est également inscrit à la liste des produits IGP. Il était exporté en France dès le Moyen Âge et figurait sur les menus de la plupart des restaurants belges du XIXe siècle. Il peut être fumé ou non. Le pâté gaumais est une tourte farcie de morceaux nobles de viande de porc, marinés dans du vin, ou du vinaigre, avec épices et herbes, originaire de la ville de Gaume. Elle est très commune aussi bien dans les boucheries et les boulangeries en Pays gaumais, près de la frontière avec la Lorraine.

Le pays s'enorgueillit par exemple de quelque 300 sortes de fromages (voire jusqu'à 500 selon certaines agences agricoles), ce qui – rapporté à la superficie du pays – est tout à fait impressionnant. Étonnement seul le fromage de Herve bénéficie depuis 1996 d'une Appellation d'Origine Protégée (AOP). Il est fabriqué depuis le XIIIe siècle, date à laquelle remontent les premiers écrits sur ce produit. La Belgique possède une grande culture fromagère, de tradition principalement monastique. Les recettes autrefois élaborées et réalisées dans les abbayes continuent d'être produites dans des structures plus adaptées au marché, même si beaucoup de petites productions locales perdurent. Avec une consommation moyenne de 20 kg de fromage par an et par habitant, le Plat Pays se place au troisième rang des consommateurs, derrière la France et l'Italie. Compte tenu du nombre de fromages produits sur le sol belge, il est impossible de tous les énumérer. Mais la diversité devrait contenter tous les palais : pâte dure, pâte molle, pâte cuite, avec et sans croûte, fort ou doux. De nombreuses localités possèdent leur spécialité. Parmi quelques fromages remarquables : le fromage trappiste de Chimay ou encore de l'abbaye d'Orval, celui de l'abbaye de Maredsous, le Beauvoorde, le Boû d'Fagne, le Carré de Tourpes, le Bouquet des Moines ou encore le Doré de Lathuy.

© BOMBAERT - ISTOCKPHOTO.COM

Frites belges.

À noter que beaucoup de ces fromages possèdent une pâte crémeuse, très odorante et une croûte couleur rouille, humide au toucher qui rappelle beaucoup le munster ou le maroilles. À ne pas rater non plus, l'incomparable Remoudou, très proche du Fromage de Herve, mais plus crémeux et piquant, souvent considéré par les connaisseurs comme l'un des meilleurs fromages du monde. On retrouve également quelques fromages venant de Flandre comme le Pas de Bleu à pâte persillée ou le Damse Mokke, avec sa forme de dôme assez unique.

Certains produits frais sont plus difficiles à transporter, mais méritent d'être dégustés sur place. On peut penser à l'excellente viande bovine dite Rood West-Vlaams ou Rouge de Belgique, élevé principalement en Flandres ou les pommes de terre Plate de Florenville produites à Gaume en Wallonie. Spécialité plus étonnante, les poperingse hopscheuten ou pousses de houblons ressemblent à de minuscules asperges et elles sont cueillies entre février et mars avant qu'elles jaillissent du sol pour qu'elles restent bien blanches et croquantes. Il faut compter environ deux heures pour récolter 1 kg de jets de houblon et ils ne se conservent pas plus d'une journée et demie. D'où un prix pouvant aller jusqu'à 1 000 €/kg. Ils sont notamment communs en Flandre, mais aussi en Bavière et en Alsace. Les Belges sont sans surprise les plus gros consommateurs de chicon/endives au monde, soit quelque 8 kg par personne et par an. Au point même que la *Brussels grondwitloof* ou *endive de Bruxelles* bénéficie d'une IGP.

Il existe aussi quelques spécialités sucrées bénéficiant d'un label européen comme le *Liers vlaaike*, un petit gâteau à base de sirop de candi et de quatre épices. Vieux de plus de 300 ans, il est l'un des produits régionaux les plus anciens de Lierre (Lier en néerlandais) en Flandres. C'est une spécialité locale très appréciée dans la région. La *Geraardsbergse mattentaart* ou tarte au maton, est une recette de la région de Grammont (Geraardsbergen en flamand) en Flandre. Le maton est un lait caillé obtenu par cuisson de lait entier et lait battu, auquel on ajoute des œufs et du sucre.

Waterzooï de poulet.

Côté habitudes alimentaires, attention la plupart des Belges mangent tôt, vers 19h voire avant, et certains restaurants ferment en conséquence assez tôt, particulièrement en dehors des grandes villes. En dehors des mois de juillet et d'août, il est courant que les restaurants ne servent plus après 21h. Les cafés, qui servent aussi à manger, sont souvent la meilleure solution pour qui veut goûter une cuisine honnête sans se ruiner. En outre, la plupart des cafés ordinaires offrent une carte de petite restauration : pâtes, soupes, sandwichs et tartes salées. En revanche, si les plats sont moins nombreux, ils sont plus copieux.

Frites et snacks

Évidemment impossible de parler de cuisine belge sans évoquer la baraque à frites ou *fritkot* en flamand. Un peu cliché certes, mais indissociable du pays. Si l'idée de manger un cornet de frites ne semble pas être une expérience initiatique pour un Français, les frites belges sont uniques, car elles sont cuites traditionnellement dans de la graisse de bœuf ou suif (parfois appelé blanc de bœuf ou *ossenwit* en néerlandais) donnant tout son croustillant aux frites. On les accompagne généralement de longues croquettes de viande – porc et veau – ressemblant à des saucisses que l'on appelle *fricadelle/frikandel*. Elles seront servies avec une quantité généreuse de mayonnaise ou des classiques sauces tartare, andalouse ou américaine. La mayonnaise est en effet une institution en Belgique, même si une réforme de 2016 a fait abaisser la teneur en matières grasses du produit de 80 à 70 % pour s'adapter à la concurrence étrangère. Si vous n'avez pas envie de manger trop gras, achetez des *caricoles*, petits escargots de mer. Malheureusement, on ne les trouve pas partout. Ceux qui ont un petit creux pourront aussi opter pour un *pistolet*. La plupart des boucheries en vendent à toute heure du jour, et il n'est pas impossible de les consommer dans certains cafés, si vous prenez une boisson, bien sûr. Le pistolet – mot à origine liégeoise – est un petit pain croustillant fourré de fromage, jambon, saucisson ou d'américain.

Les classiques de la gastronomie belge

Traditionnellement on retrouve dans la plupart des restaurants certaines entrées qui semblent quasiment incontournables. On pense notamment tomates-crevettes/*tomaat-garnaal*, farcies à la mayonnaise et aux crevettes grises, ou à sa version sucrée-salée plus étrange et assez rétro, la pêche au thon/*perziken met tonijn*,

© BASTIAANIMAGE STOCK - SHUTTERSTOCK.COM

Carbonnade flamande.

présenté sous la forme d'une demi-pêche farcie avec du thon et de la mayonnaise. On peut aussi citer les fondues au fromage, qui sont en fait des croquettes au parmesan ou encore les croquettes aux crevettes grises, servies avec des brins de persil également frits. En saison, les cartes présentent les délicieuses asperges à la flamande, nappées d'une sauce au beurre agrémentée d'œuf dur écrasé et de persil. Sinon on peut aussi déguster de copieuses tartines ou *boterhammen*, de larges tranches de pain de mie – souvent complet – tartinées de pâté, de fromage, de saucisson, etc. La charcuterie est également populaire. Elle est souvent fumée, outre le jambon et le saucisson d'Ardenne, citons le saucisson chasseur et le pâté, souvent fait de gibier (comme le sanglier). Le boudin (*pensen, beuling, bloedworst*) est souvent mangé avec des pommes de terre et de la compote de pomme, parfois mangé froid ou au barbecue. Il peut être *noir* (à base de sang) ou *blanc* (à base de porc maigre, de veau et de lait).

Comme en France on adore l'indéracinable steak-frites accompagné de diverses sauces (béarnaise, au poivre ou au roquefort). Pour ceux qui le préféreraient cru, l'américain est l'équivalent belge du steak tartare, accompagné des classiques câpres, cornichons et oignons émincés. Beaucoup de plats belges sont servis avec des frites, sans grande surprise, et les sauces sont généralement des réductions richement parfumées à base de bière. C'est notamment le cas de la très populaire carbonnade flamande. Elle est constituée de morceaux de viande de bœuf, mijotés dans une sauce à la bière brune dont on atténue l'amertume grâce à une pointe de sucre vergeoise. Elle est souvent agrémentée de pruneaux. Le lapin à la bruxelloise est très proche, car on le fait confire avec de la bière – de la gueuze de préférence – et des pruneaux. Les boulets liégeois sont comme leur nom l'indique, des grosses boulettes de viande mi bœuf, mi porc, liées avec de la mie de pain, des échalotes et des épices, et servis avec de la sauce au vrai sirop de poire de Liège. Dans un autre style l'oiseau sans tête/*blinde vink*, est une escalope de viande roulée farcie d'un hachis généralement de porc, que l'on fait mijoter dans une sauce à base d'oignon.

Le *potjevleesch* est un plat flamand dont le nom assez imprononçable signifie « *viande en petit pot* ». C'est une spécialité très ancienne qui serait née dans le Westhoek au Moyen Âge, toutefois certains considèrent qu'il aurait vu le jour près de Dunkerque, ce qui explique pourquoi il est également commun dans les tables du Nord de la France. Il s'agit de morceaux de viande de poule, lapin, porc et veau, froids et pris dans de la gelée légèrement vinaigrée. Le *potjevleesch* est généralement servi avec des frites dont la chaleur fait fondre la gelée est libère les morceaux de viande. Autre plat flamand, le waterzooï est une préparation de poulet ou de poisson cuit dans un bouillon avec des légumes et des pommes de terre, servi nappé d'une sauce crémeuse à base du bouillon de la cuisson lié avec de la crème, de jaunes d'œufs et d'un soupçon de citron.

Il existe également des plats de volaille comme le vol-au-vent, sorte de bouchée de pâte feuilletée farcie de poulet, de champignons, de petites boulettes, que l'on sert en Belgique avec des frites encore une fois. Plus classieux, le faisan à la brabançonne est un plat de chasse que l'on déguste dans des gîtes en campagne ou dans quelques prestigieux restaurants bruxellois, où les faisans sont braisés avec une garniture à base d'endives.

Les légumes ne sont pas nécessairement abondants dans la cuisine belge. Cependant on peut citer quelques spécialités nourrissantes. Comme le *stoemp* à base de pommes de terre écrasées avec des légumes (généralement des carottes, des poireaux ou du chou) et servies avec des saucisses, du lard ou parfois du poisson. Mais impossible de parler ici de légumes sans évoquer les chicons ou endives en France. Le plat le plus connu est ainsi les chicons au gratin (*gegratineerde witloof*) où les endives sont nappées de sauce béchamel avec du fromage. Elles sont souvent enroulées dans du jambon. Et pour la petite anecdote, le chou de Bruxelles est bien une plante qui a été sélectionnée dans la région bruxelloise dès le XVIIe siècle, dans le but d'augmenter les rendements en produisant une plante qui pousse en hauteur et dont on prélève les bourgeons latéraux, Bruxelles étant déjà une ville très densément peuplée à cette époque.

Poissons et fruits de mer sont évidemment très appréciés et on compte de nombreuses recettes de poissons d'eau douce comme la truite ardennaise, farcie au jambon fumé ou les anguilles au vert, préparées dans une sauce d'herbes aromatiques mélangées et servies avec du pain et des frites. Sinon l'escavèche est une préparation d'anguilles marinées au vinaigre, qui peuvent être remplacées par du brochet ou de la truite. Les *rollmops* sont des filets de hareng marinés également au vinaigre avec de l'oignon et des aromates, que l'on enroule ensuite sur un morceau de cornichons avant de les dévorer. Les écrevisses à la liégeoise sont mijotées dans une sauce au vin blanc et aux petits légumes. Et bien sûr impossible de passer à côté du plat de fruits de mer le plus populaire de Belgique : les moules-frites. La sauce le plus commune est « à la marinière », à base d'échalote, de persil et de vin blanc, mais elle peut aussi contenir de la crème, de la bière, de l'ail et ainsi de suite, les déclinaisons étant relativement infinies. Le terme « *moules parquées* » désigne à la fois les moules de bouchot – donc d'élevage – mais aussi une spécialité bruxelloise de moules crues, servies dans une demi-coquille et accompagnées d'une vinaigrette très moutardée.

Chocolat et autres gourmandises

C'est une surprise pour personne, Belgique et chocolat font bon ménage. Le pays est le 4e producteur mondial après les USA, l'Allemagne et la Suisse, ce qui compte tenu de la petite taille du pays, est tout à fait spectaculaire. En 2017, les Belges sont les 2e plus gros consommateurs de chocolat avec presque 11 kg par an et par habitant, juste après leurs voisins allemands. Malgré tout une grande partie de ce chocolat est exportée et si bien sûr on connaît les fameuses maisons comme Léonidas ou Côte d'Or – fondé respectivement en 1913 et 1883 – il existe plein d'autres chocolatiers de renoms comme Godiva, Neuhaus, Corné Port-Royal, sans oublier bien sûr la Maison Pierre Marcolini.

La praline est d'ailleurs une invention de l'industrie du chocolat belge, qui n'a rien à voir par exemple avec les pralines roses de Lyon, que l'on consomme en France. En Belgique il s'agit simplement du terme désignant les chocolats individuels. Bien sûr il existe des dizaines de types de chocolats différents : noir, blanc, au lait avec des fruits secs, de l'alcool et ainsi de suite. L'un des plus connus est la gayette de Charleroi, une truffe au chocolat fourrée, enrobée d'un chocolat teint en noir, pour rappeler le charbon, principale manne financière de la ville pendant plus d'un siècle. Autre confiserie, le cuberdon est une friandise originaire de la région de Bruges, dont la recette aurait été mise au point en 1873. Sa forme conique le caractérise, ainsi que sa texture givrée qui renferme un cœur coulant au sirop. Traditionnellement parfumé à la framboise, il se décline sous près de 40 saveurs incluant citron, pomme, ananas, clémentine, etc.

Mais bien sûr la Belgique ne se limite pas qu'aux confiseries. La gaufre de Liège bien chaude au sucre perlé, dont l'irrésistible parfum flotte dans toutes les rues commerçantes, est un must, tout comme les gaufres de Bruxelles – plus grandes mais nettement plus légères que leurs copines de Liège – qui font le bonheur de tous aussi bien à l'heure à l'heure du thé et que pour grignoter tout en se promenant. Elles sont souvent nappées de crème fouettée. Le lacquemant est fine gaufrette souple, à base de froment, coupée en deux sur son épaisseur, fourrée et nappée de sirop de sucre candi parfumé à la fleur d'oranger. Elle n'est pas sans rappeler la *stroopwafel* hollandaise.

Dans les pâtisseries, les étalages alignent maintes bonnes choses, mais les plus simples sont les meilleures : tarte au sucre, tarte au riz/ *rijstevlaai* (fourrée d'un appareil à riz au lait), tarte à la frangipane, le cramique (brioche garnie de raisins secs), le craquelin (brioche au sucre), etc. On doit aussi à nos voisins belges un petit biscuit qui depuis largement dépassé les frontières : le spéculoos. Traditionnellement on le mange durant l'Avent et notamment pour la Saint-Nicolas, le 6 décembre. Le spéculoos de Hasselt, en Flandre, est beaucoup plus épais mais aussi plus moelleux que la version d'origine. Plus délicat, le merveilleux, un entremet composé de meringue et de chantilly, le plus souvent parsemé de copeaux de chocolat qui doit sa soudaine popularité en France au chocolatier Pierre Marcolini.

La consommation de café en Belgique est comparable à la consommation française, même si les Belges semblent un peu plus accro à la caféine, puisqu'ils sont les 8ème plus gros consommateurs de cafés au monde avec quelques 6,8

© SHEBEKO - SHUTTERSTOCK.COM

Chocolats à Bruxelles.

kg de café par an et par habitant ! On trouve donc des cafés un peu partout dans le pays. Un amour qui se matérialise avec l'un des entremets belges les plus connues : le café liégeois, qui mêle glace au café et café froid, le tout couronné de crème chantilly.

Bières et vins belges

En dehors du chocolat s'il y a bien un produit qui symbolise la Belgique, c'est la bière. Cette boisson nationale s'habille de plus de 1 000 étiquettes et il s'en crée chaque semaine qui recouvrent en réalité 200 à 300 variétés réellement différentes, dont des bières aux saveurs qui peuvent paraître délirantes comme le kiwi ou la banane ! À la différence de la plupart des pays de bière, la Belgique a conservé de nombreuses brasseries artisanales.

La particularité des bières belges est évidemment leur diversité formidable. Elles varient de la bière blonde claire aux bières ambrées, aux lambics, aux bières rouges flamandes, aux brunes aigres, aux bières fortes et aux stouts. La plupart des bières sont achetées ou servies dans des bouteilles, plutôt que des canettes (bien que les vertus de la canette sont vantées par certaines micro-brasseries), et presque chaque bière a son propre verre de marque, parfois de forme unique. Et si tout cela ne suffisait pas à prouver que la bière est une chose sérieuse en Belgique, en 2016, l'UNESCO a inscrit la culture de la bière belge sur sa liste du patrimoine culturel immatériel de l'humanité.

Parmi la multitude de bières belges – parmi lesquelles on retrouve les classiques Stella Artois, Jupiler, Leffe ou Grimbergen – on peut citer premièrement les trappistes. Sur 12 abbayes produisant des bières en Europe, 6 sont belges. On retrouve ainsi bien sûr la Chimay, mais aussi l'Orval, la Westmalle, la Rochefort, la West-Vleteren et l'Achel. Les lambics – typiquement belges – doivent leur goût acide très spécifique à une fermentation spontanée par des levures sauvages et ne sont donc pas ensemencées. Parmi les lambics on ne peut pas passer à côté de la Gueuze, de la Kriek, de la Framboise ou encore de la Faro. Il existe également d'autres variétés peu connues en France comme la bière saison, à la fermentation rapide et au taux d'alcool faible, généralement autour de 4° ou la bière de table, à seulement 1,5°, qui est devenue rare, mais que l'on servait pourtant dans les cantines scolaires jusque dans les années 1970.

Côté vin, la Belgique possède une petite production viticole. On a d'ailleurs pratiqué la culture de la vigne au plat pays dès le IXe siècle. La baisse des températures en Europe du Nord la fin de la Renaissance pendant le « Petit âge glaciaire » eu raison de la viticulture dans la région jusqu'au XIXe siècle. Il y aurait aujourd'hui en Belgique entre 75 et 100 hectares de vignes : à Torgny, le village le plus méridional du pays, dans le Hainaut, à Trazegnies, à flanc de terril, sur les coteaux de Huy ou à Villers-la-Ville, dans le Hageland (Brabant flamand). Des exploitations généralement de taille modeste. C'est au nord du pays, entre Tongres et Maastricht, que se trouve le vignoble le plus important, le Wijnkasteel Genoels-Elderen, qui s'étend sur 16 hectares. La Belgique dispose de quatre appellations d'origine contrôlée : Hageland (1997) et Haspengauw (2000) en Flandre et Côtes de Sambre et Meuse et Vin de pays des jardins de Wallonie côté francophone (2004). En 2008 sont venues s'ajouter les AOC « vin mousseux de qualité de Wallonie » et « crémant de Wallonie ».

AGENDA

Qu'ils soient folkloriques, patrimoniaux, musicaux, culturels ou populaires, Bruxelles vit au rythme des festivals et évènements. Dès que le printemps pointe le bout de son nez, les festivités fleurissent. Bruxelles compte pas moins de quatre festivals musicaux majeurs (les Nuits Bota, le Brussels Jazz, Couleur Café et le BSF),l'art et la culture sont célébrés avec Art Brussels, la grande foire d'art contemporain, le BANAD (festival Art nouveau et Art déco) ou la Museum Night Fever. Le cinéma a également une place de choix dans l'agenda des Bruxellois avec une pléthore de festivals dédiés à différents genres (dessins animés, courts-métrages, cinéma queer...). Le must restant le BIFFF (films fantastiques et thrillers) et son ambiance de feu et le plus officiel Brussels Film Festival. On n'oublie pas non plus la tradition avec la plantation du Meyboom et la procession de l'Ommegang. La liste en longue mais voici quelques idées.

ART BRUSSELS

Place de Belgique 1
www.artbrussels.com
Du 20 au 23 avril 2023.

Art Brussels invite près de 150 galeries d'art à présenter leurs artistes, toutes tendances et supports confondus (tableau, sculpture, installation d'objets, clip vidéo). Le salon accueille 30 000 personnes sur les 4 jours, dans l'immense ancien entrepôt industriel Tour & Taxi. Elle comprend quatre sections : Discovery (des artistes jeunes et prometteurs), Prime (des artistes établis du moderne au contemporain), Rediscovery : des artistes du XXe siècle et enfin Invited, une nouvelle génération de galeries qui remettent en question le modèle traditionnel.

ART TRUC TROC & DESIGN

Rue Picard 11
www.tructroc.be
Du 20 au 22 mai 2023.

Et si l'art ne se monnayait pas, et si le mécénat pouvait être démocratique ? Depuis 2004, Truc Troc propose à des centaines d'artistes de troquer leurs œuvres contre un voyage, un ordinateur portable, un vélo d'appartement... Vous laissez vos propositions, les artistes choisissent celle qui leur plaît le plus. Changement de lieu : c'est la Gare Maritime qui se prête à cette expérience, unique en son genre. Dans un monde où l'art devient de plus en plus un produit d'investissement, ce troc y remet un peu d'humanité et rend l'art contemporain plus accessible.

BAL NATIONAL

Place du jeu de Balle
www.balnational.be
La veille de la Fête nationale, le 20 juillet.

En 2003, à l'occasion des 10 ans de règne du roi Albert II, un bal populaire avait été organisé la veille de la fête nationale. Le succès ne s'est pas démenti depuis et il a lieu chaque année au cœur des Marolles ! Chaque 20 juillet, la bière coule à flots, la musique populaire (dans les 2, voire les 3 langues nationales) résonne sur la place du Jeu de Balle et les concerts s'enchaînent jusqu'à minuit. Depuis quelques années, le lendemain du bal, un grand Resto national où on mange des moules évidemment, est aussi organisé. La belgitude dans toute sa splendeur !

BALKAN TRAFIK !

www.balkantrafik.com
Du 27 au 30 avril 2023.

Depuis 15 ans, les beaux jours revenus, le festival Balkan Trafik ! débarque à Bruxelles pour montrer ce qui se fait de mieux dans le monde artistique de l'Europe des Balkans, de la Serbie jusqu'en Turquie. Multi-disciplinaire, le programme propose des concerts, des expositions, des débats, du cinéma, de la gastronomie... tout un éventail pour découvrir la richesse de la mosaïque culturelle que sont les Balkans. Chaque année, une nouvelle fresque de street art voit le jour. Il y en a déjà 5 dont une composition colorée de Rikardo Druškić près de la Grand-Place.

BANAD FESTIVAL

✆ +32 2 319 50 01
www.banad.brussels
Du 11 au 26 mars 2023.

Le Brussels Art Nouveau & Art Deco (BANAD) est un festival annuel qui met en avant les 2 mouvements architecturaux qui ont marqué le paysage urbain bruxellois : l'Art nouveau et l'Art déco. Programmé pendant les week-ends de mars, il annonce le printemps. Au programme, des animations autour de l'Art nouveau et de l'Art déco, des visites guidées, en car, à pied ou à vélo, de quartiers et d'intérieurs de bâtiments ouverts exceptionnellement au public, mais aussi des activités pour les PMR, des foires aux objets... Une aubaine pour les amoureux de ces deux styles.

BELGIAN PRIDE BRUSSELS

www.pride.be
Mi-mai.

Grâce à un changement des mentalités, la Pride fait maintenant partie des incontournables de Bruxelles. Divers évènements se déroulent tout au long de la semaine et se finissent en apothéose par un défilé festif musical et coloré. Son existence permet de rappeler que l'homophobie est, malheureusement, toujours présente en Belgique et dans le monde. La Pride souligne les remarquables avancées législatives et les initiatives des pouvoirs locaux envers les LGTBQI+ (lesbiennes, gays, transgenres, bisexuels, queer, intersexués...). Parcours à travers le centre-ville.

BIFFF

✆ +32 2 201 17 13
www.bifff.net
Edition 2023 pas encore annoncée.
Voir site Web pour plus d'information sur les dates et la programmation.

Un des 5 plus grands festivals fantastiques au monde, le BIFFF est incontournable. Sa programmation navigue entre le fantastique, l'horreur, le thriller, la science-fiction... Il doit sa renommée à sa pléthore d'avant-premières (mondiales, européennes ou belges) et à son ambiance de feu pendant les projections. C'est aussi une fête du fantastique (animations, expositions, concours de body-painting, Bal des Vampires, Zombie Parade...). Le BIFFF est salué à travers le monde par des invités prestigieux : Christopher Lee, Peter Jackson, Terry Gilliam, JC Van Damme...

BRIFF (BRUSSELS INTERNATIONAL FILM FESTIVAL)

www.briff.be
Du 27 juin au 5 juillet 2023.

Déjà la 6e édition de ce festival qui voit des films du monde entier projetés en différents endroits. Au programme : compétitions, panorama belge, projection en plein air, masterclasses, rétrospectives, avant-premières, soirées de galas, concerts... Le grand prix a été attribué en 2022 au Mexicain Michel Franco pour son film *Sundown*, le prix du jury l'Indonésienne Kamila Andini pour *Nana* et le prix du public est allé à *Gentle*, des Hongrois Anna Eszter Nemes et László Csuja.

BRIGHT BRUSSELS

https://bright.brussels/fr
Tous les ans mi-février. Gratuit.

Quand l'hiver se fait long, Bright Brussels, le festival des lumières, vient apporter ce petit boost au moral en attendant que le printemps revienne. Un parcours d'une quinzaine d'installations, projections lumineuses ou mapping 3D vient enchanter les rues de la ville dès la nuit tombée (et elle tombe tôt en hiver ici). Chaque année, l'offre s'étoffe et les œuvres sont de plus en plus grandioses. On retrouve son âme d'enfant devant tant de féerie. A côté de ça, des institutions culturelles en profitent pour faire des nocturnes ou organiser des évènements.

BRUSSELS JAZZ FESTIVAL

Place Saint-Croix
Mi-janvier. Dates 2024 pas encore annoncées.

Pendant les longues et froides nuits de janvier, laissez-vous vous envelopper par les sons chauds du jazz. Le Brussels Jazz Festival est le premier évènement musical de l'année et c'est bien normal vu l'amour que porte Bruxelles à ce style musical. Les notes bleues envahiront les divers studios, et même le lobby, du paquebot Flagey, en plein cœur d'Ixelles. Une programmation éclectique de jazz européen (avec un parcours *Best of Belgian Jazz* et des DJ Sets), une ambiance intimiste et la superbe acoustique des salles de Flagey devraient vous séduire.

BRUSSELS JAZZ WEEK END

www.brusselsjazzweekend.be

Fin mai. Dates non encore annoncées, voir site Web.

Enfilez vos trompettes, le Jazz Week-end vous emmène à travers une pléthore de lieux pour découvrir ou redécouvrir des groupes de jazz belges. Belle balade sonore dans une très chouette ambiance, tant à l'extérieur (place Sainte-Catherine, place du Sablon, Grand-Place...) que dans les salles de concerts et de spectacles de la ville. En tout, ce ne sont pas moins de 200 concerts attirant la grande foule : 300 000 visiteurs, venus de Belgique et d'ailleurs. Sa particularité, être ouvert à tous les styles (New Orleans, electro...), tant qu'il s'agit de jazz.

BRUSSELS MUSEUMS NOCTURNES

✆ +32 2 512 77 80

www.brusselsmuseumsnocturnes.be

Du 13 avril au 18 mai 2023. Le jeudi soir. Entrée unique : 5 € (standard) et 2,50 € (-26 ans).

Pendant plusieurs semaines, tous les jeudis, des musées bruxellois ouvrent leurs portes pour des nocturnes, certains sont gratuits. Cela permet de profiter des musées hors de heures d'ouvertures (pour ceux et celles qui ne pourraient pas venir pendant les heures habituelles, ou juste « parce que ») et à tarif réduit. Chaque semaine, une liste de musées est proposée à la réservation. Dans certaines institutions, des *standing guides* sont à votre disposition pour vous révéler les secrets des expositions mais vous pourrez y rencontrer aussi des artistes.

BSFF (BRUSSELS SHORT FILM FESTIVAL)

Avenue Maurice 1 - 1050 Ixelles

✆ +32 2 248 08 72

https://bsff.be/

Tous les ans, fin avril (du 26/04 au 6/05 2023).

Chaque année à Flagey, c'est la fête au court-métrage. Organisé par l'ASBL Un soir... Un grain, ce festival a pour but de montrer la richesse du format court avec des films en compétition et des ateliers. Pour les pros, il y a de nombreuses activités : concours de scénario, atelier de pitching, etc. Depuis 2018, le gagnant du Grand Prix de la compétition internationale est considéré en pré-sélection pour les Oscars® dans la catégorie du meilleur court-métrage de fiction/animation.

CONCOURS REINE ÉLISABETH

Rue aux Laines 20 20

✆ +32 2 213 40 50

www.cmireb.be

Épreuves et demi-finale à Flagey du 21/05 et 25/05. Finale à Bozar du 01/06 au 03/06.

C'est en 1937 que la reine Élisabeth, excellente violoniste, décida de créer un concours pour aider les jeunes interprètes. Ce concours prestigieux se démarque de ses homologues internationaux par son originalité. En effet, les membres du jury délibèrent individuellement et traitent les notes de manière confidentielle. Un instrument de musique est mis à l'honneur chaque année, en alternance : piano en 2021, violoncelle en 2022, chant en 2023 et violon en 2024. Vu le prestige du concours, les lauréats sont assurés d'une carrière internationale.

CORE FESTIVAL

Parc d'Osseghem

corefestival.com

Du 27 au 28 mai 2023.

Tout nouveau festival urbain dont la première édition a eu lieu en 2022, Core est le fruit d'une collaboration entre les deux plus grands festivals belges : Rock Wechter et Tomorrowland ce qui signifie que l'affiche sera des plus éclectiques allant du rock, indie pop et hip hop jusqu'à l'électro et la techno. Les 5 scènes réparties à travers le Parc d'Osseghem portent la patte fantaisiste de Tomorrowland avec des installations artistiques. En 2022, Lous and the Yakuza, Paul Kalkbrenner ou encore Jamie XX et la révélation belge Sylvie Kreusch ont ouvert le feu.

FESTIVAL ANIMA

Tram et bus : Flagey

www.animafestival.be

De fin février à début mars, selon les années. Tarifs et dates : voir site web.

Qui a dit les dessins animés ne sont que pour les enfants ? Anima vous prouve le contraire chaque année. Ce festival du film d'animation se déroule à Flagey, au Palace à Bruxelles et dans huit villes de Wallonie et de Flandres (Anvers, Charleroi, Genk, Gand, Louvain, Liège, Mons et Namur). Courts ou longs-métrages, pour enfants ou adultes, la programmation en compétition est variée, intéressante et ponctuée d'ateliers, expositions, concerts, VJ, DJ et d'animations pour les enfants. La prochaine édition s'étendra du 17 février au 26 février 2023.

FESTIVAL COULEUR CAFÉ

square de l'Atomium

www.couleurcafe.be

23-25 juin 2023.

Ce festival présente des artistes de musiques *world* mais aussi la nouvelle scène électro, hip hop, pop ou dance hall d'Afrique et des Caraïbes, et ceux célébrant le métissage en Europe, plutôt dans le rap belge. Voyez l'affiche de 2022 : Youssou N'dour côté world d'Afrique, Reggaebus et Ron Perry (Belgique et Jamaïque) ; Fally Ipupa (RDC) côté RNB-rumba congolaise, Caballero & JeanJass et Zwangere Guy côté rappeurs belges mais aussi The Comet is coming côté jazz psychédélique... et tout une scène dédiée à la *dub*. Le tout sous l'Atomium !

FÊTE DE L'IRIS

https://fetedeliris.brussels/

6 au 7 mai 2023 en différents lieux de la région bruxelloise.

La Belgique a sa Fête nationale, les composantes fédérales, régions et les communautés, aussi et pour la plus jeune des régions, Bruxelles-Capitale, c'est le 8 mai. Baptisée Fête de l'iris (l'iris des marais étant la fleur qui orne le drapeau de la région), elle est étalée sur plusieurs jour. C'est l'occasion de nombreuses manifestations : concerts avec des artistes locaux, animations, visites guidées du patrimoine bruxellois, dont certains endroits qui ne sont pas ouverts au public. Venez *zwanzer* avec les Bruxellois et Bruxelloises !

FÊTE DE LA BD

Rue Picard

https://fetedelabd.brussels/

Mi-septembre. Voir site web pour les dates précises qui ne sont pas encore annoncées pour 2023.

La fête de la BD, aussi appelé Stripfeest et Brussels Comic Strip Festival se déroule pendant un large week-end de septembre. La bande dessinée est alors présente partout à Bruxelles : dans les musées, dans des expositions, sur des fresques murales... elle devait donc avoir sa propre fête ! Divers concerts, des séances de dédicace et des rencontres avec des auteurs sont prévus. Un défilé avec des ballons géants représentant des personnages de bande dessinée est également organisé lors de cette fête. L'événement est entièrement gratuit.

FÊTE DE LA COMMUNAUTÉ FLAMANDE

https://vlaanderenfeest.eu/

Le 11 juillet.

On l'oublie parfois mais Bruxelles est une enclave francophone en terre historiquement flamande et la capitale est une ville bilingue. La Flandre est donc fêtée tous les 11 juillet. C'est le jour de la Bataille des Éperons d'or, qui a été choisi par la communauté flamande comme fête annuelle. Le 11 juillet 1513, une armée de miliciens flamands tint en échec les chevaliers de Philippe IV de France. Les troupes flamandes ramenèrent comme trophées les éperons dorés des chevaliers tombés au combat. Des concerts et des animations sont organisés en Flandre et à Bruxelles.

FÊTE DE LA FÉDÉRATION WALLONIE-BRUXELLES

Grand Place

lafete.cfwb.be

Le 27 septembre.

Anciennement appelée « Fête de la Communauté française », cette date commémore les journées révolutionnaires de 1830 qui ont mené à l'indépendance de la Belgique. C'est la date qui a été choisie pour fêter l'organe fédéral qui relie les francophones de Wallonie et les francophones de Bruxelles. Plusieurs activités et concerts sont proposés gratuitement à travers la ville. Il ne faut surtout pas manquer le grand sur la Grand-Place où tous les artistes de la « CFWB » comme on dit dans le jargon, viennent se produire, avec souvent d'autres invités francophones.

FÊTE DE LA MUSIQUE

www.fetedelamusique.be

Autour du 21 juin.

Chaque année aux environs du 21 juin, comme pour célébrer l'arrivée de l'été, Bruxelles vibre au son de la musique et c'est dans une ambiance festive et détendue que se déroulent les concerts. La Fête de la Musique vise particulièrement à mettre en valeur les artistes de la communauté francophone de Belgique. Il y en a pour tous les goûts et tous les styles : du classique au rock, en passant par le rap et l'électro. Une grande scène est aussi établie pour le clou des festivités (souvent à la colonne du Congrès) et c'est gratuit. À ne pas manquer !

FÊTE NATIONALE

✆ +32 2 511 90 00
www.sibp.be
21 juillet

Il est impossible de s'ennuyer en ce jour particulier. Des animations gratuites pour petits et grands rythment la journée : concerts, démonstrations militaires, visites guidées de la Chambre et du Sénat, initiations sportives, etc. Le Grand Resto national est également organisé place du Jeu de Balle pour un repas moules-frites géant. Pompiers, police et Croix-Rouge vous initieront à leurs métiers avant le traditionnel feu d'artifice (place des Palais ou au Cinquantenaire). Petit conseil : venez tôt pour mieux vous placer, la vue est souvent bloquée par les arbres.

FOIRE DU MIDI

Boulevard du Midi
www.foiredumidi.be
De la mi-juillet à la mi-août.

Les croustillons imbibés de sucre impalpable, les pommes d'amour que l'on rêve d'offrir de même que l'ours géant à gagner au tir à pipes, c'est tout ça, la foire du midi. Les amateurs de carrousels et autres sensations fortes ne sont pas oubliés, puisqu'il y a pas mal d'attractions à faire peur et à se retourner plusieurs fois tous les organes en poussant des cris hystériques. Pour se calmer, on ira faire un tour sur la grande roue et voir Bruxelles du ciel, c'est promis. Cette grande fête populaire perdure depuis plus de 130 ans.

FLORALIA BRUSSELS

Isidoor Van Beverenstraat 5
GROOT-BIJGAARDEN - GRAND BIGAARD
✆ +32 49 447 72 56 - www.floraliabrussels.be
Du 1er avril au 4 mai 2023. Entrée : 15 €. Enfant : 6 €.

Le printemps, c'est la saison des fleurs à bulbes : narcisses, jacinthes et surtout, tulipes se succèdent et colorent les 14 hectares de parterres du jardin du château de Grand-Bigard, juste en dehors de Bruxelles. Et qui de mieux qu'un Hollandais pour superviser les 400 espèces de tulipes présentes ? Martin Bakker, issu d'une famille de cultivateurs de tulipes, recherche les plantes et conçoit les jardins. Depuis quelques années, cet évènement attire de plus en plus de monde et est hautement instagrammable. Veillez quand même à rester sur les sentiers balisés !

JOURNÉE DE L'EUROPE

quartier Européen
Le 9 mai mais les événements se déroulent en général le samedi précédant le 9 mai.

Les institutions européennes ouvrent leurs portes au public. Une variété d'activités et d'événements sont organisés pour tous les âges. Un premier lieu, il y a les visites des lieux de pouvoir (Parlement, Berlaymont, le siège de la Commission) mais aussi des visites guidées du Quartier européen, des conférences, des animations. Une manière de rapprocher l'Union européenne de ses citoyens et crever ce qu'on appelle la *EU Bubble* (la bulle de l'UE), qui tient éloignées ces institutions, même des Bruxelloises et Bruxellois qui la côtoient tous les jours.

FOIRE DU LIVRE

Avenue du Port 86C
http://flb.be
Du 30 mars au 2 avril 2023.

Au moment où les premières feuilles apparaissent timidement sur les arbres, celles des livres qui sont de sortie lors de cette foire annuelle qui se tient à Tour & Taxis. Grand rassemblement de ceux qui écrivent, ceux qui publient et ceux qui lisent, c'est LE moment de l'année pour remplir sa bibliothèque, assister à des conférences et se faire dédicacer un ouvrage car le pays de Simenon et d'Amélie Nothomb aime la littérature avec passion. Essentiellement francophone, la littérature flamande n'est pas oubliée à la foire avec « Un flirt flamand ».

KUNSTENFESTIVALDESARTS

✆ +32 2 219 07 07
www.kfda.be
Du 11 mai au 3 juin 2023.

Le « Kunst », pour les intimes, est un important festival d'art qui, chaque année, convie des artistes du monde entier et de diverses disciplines des arts du spectacle à investir divers lieux bruxellois. Pendant trois semaines, la ville respirera théâtre, danse et performances scéniques dans une bonne trentaine de lieux différents. Des théâtres bien sûr mais aussi des salles de concerts, des centres culturels, des cinémas et même le Sénat sont mis à contribution. C'est sans doute le festival d'art bruxellois avec la programmation la plus riche.

LE TAPIS DE FLEURS

Grand-Place
✆ +32 2 513 89 40
www.flowercarpet.be

A la mi-août, les années paires. Vue panoramique depuis le balcon de l'hôtel de ville : 7 €. Gratuit jusqu'à 10 ans.

Le Tapis de Fleurs s'étend sur 75 m de long et 24 m de large en plein centre de la Grand-Place. Les artisans assemblent des bégonias directement sur les pavés de la place, sans couche de terre. Organisé les années paires, celui-ci est réalisé sur une thématique différente. Si voir cette tapisserie végétale depuis les pavés de Grand-Place est déjà pas mal (et gratuit), l'admirer depuis le balcon de l'hôtel de ville vaut le prix d'entrée. Il fut annulé en 2020 pour cause de Covid mais était de retour en 2022 pour célébrer ses 50 ans et reviendra en 2024.

LES NUITS BOTANIQUES

Rue Royale 236
✆ +32 2 218 37 32

10 jours fin avril, début mai (du 27 avril au 7 mai 2023).

Un lieu unique et une programmation d'une sacrée réputation ! Depuis plus de vingt ans, c'est le rendez-vous des artistes confirmés, émergeants ou inconnus. Chaque année, l'affiche est variée et attire des amateurs en tous genres venus des quatre coins de la Belgique et cela pendant deux semaines. En 2022, les Nuits Botanique ont fait leur grand retour après un an de pause (pas merci, le Covid). Gaëtan Roussel, Belle & Sebastian, Tindersticks ou Silverbacks sont venus enchanter les soirées bruxelloises dans le superbe cadre du Bota.

LES JOURNÉES DU PATRIMOINE

www.monument.irisnet.be

3e week-end de septembre.

Dans le cadre des Journées européennes du Patrimoine, et rebaptisé *Heritage Days*, ce week-end est consacré au bâti remarquable de la région bruxelloise, qu'il soit public ou privé. Chaque année, un thème est traité et des lieux, souvent inaccessibles aux visiteurs en temps normaux, sont ouverts. À côté des visites de lieux, des visites guidées thématiques sont organisées, des balades à vélo sont de plus en plus prisées également. Seul bémol : les places limitées pour les lieux les plus prisés, il faut réserver assez rapidement !

MÉMORIAL VAN DAMME

Avenue du Marathon
✆ +32 2 474 72 30
brussels.diamondleague.com

Dernier week-end d'août ou premier week-end de septembre. En 2023, le 8 septembre.

La Fédération internationale d'athlétisme a réuni six *meetings*, dont le mémorial Van Damme, au sein de la Diamond League. Depuis 1977, celui-ci rend hommage à l'athlète belge Ivo Van Damme, décédé tragiquement en 1976. On comprend donc qu'il s'agit là d'un événement sportif de prestige réunissant la crème des athlètes mondiaux. On devrait, par conséquent, y assister aux plus belles performances et à des records battus. C'est l'ambiance survoltée dans le stade et les afters (Usain Bolt y jouait régulièrement les DJ's) qui font la réputation du Memorial.

LES NOCTURNES DU SABLON

Place du Sablon
✆ +32 2 511 88 56
www.lesnocturnesdusablon.com

Fin novembre, début décembre.

Durant 4 jours, les commerçants et artisans du quartier du Sablon préparent déjà la fin de l'année, ouvrent leurs portes jusqu'à 23h et offrent au public une ambiance chaleureuse et décontractée. En 2023, ce sera déjà la 32e édition, rien que ça ! Animations dans les établissements, réductions sur des articles, concerts sur la place du Grand-Sablon, où antiquaires, galeristes, chocolatiers, magasins de luxe et élégants cafés et restaurants se disputent la place. Depuis 2020, le quartier voisin des Marolles, en pleine gentrification, y est associé.

MEYBOOM

www.meyboom.be

Chaque année, le 9 août.

La plus ancienne des traditions folkloriques bruxelloises ! Plusieurs légendes existent sur l'origine de cette célébration datant de 1308. Une chose est sûre : ce jour–là, Bruxelles l'emporta sur la ville de Louvain. Depuis lors, sept siècles de folklore se sont enchaînés. Chaque année (excepté en 2020), on plante le *Meyboom* (arbre de mai), et ce avant 17h, sans quoi l'avantage repasserait aux mains des Louvanistes. Comme ça n'est jamais arrivé, on ne sait pas vraiment ce qu'il adviendrait dans ce cas... Départ du cortège : rue des Marais.

MUSEUM NIGHT FEVER

www.museumnightfever.be

Mi-novembre.

Chaque année, c'est la fièvre du samedi soir dans les musées bruxellois ! On redécouvre les musées participants en nocturne avec des animations inédites. Les collections se mêlent à la musique, la danse, la poésie, les films, les visites guidées, les causeries… Une manière d'appréhender les musées avec un œil complètement nouveau. Pour mettre de l'ambiance, certains musées tiennent des DJ-set et une afterparty est toujours organisée. En plus, pour se rendre d'un lieu à un autre, les transports entre musées sont gratuits pour les participants !

PLAISIRS D'HIVER

Place Ste-Catherine

✆ +32 02 318 64 70

www.plaisirsdhiver.be

De fin novembre à début janvier.

C'est le grand événement de chaque hiver, qui s'amplifie chaque année. Durant tout le mois de décembre, plusieurs kilomètres à différents endroits du centre (Grand-Place, Monnaie, Marché aux poissons…) et des animations en tous genres. Décor féerique, sapin de Noël géant, merveilleux marché de Noël avec plus de 260 chalets, grande roue illuminée, manèges, animations de rue et patinoire. Odeurs de vin chaud et de tartiflette réunies… Tout est prévu pour plonger visiteurs et habitants dans une bulle magique et féerique. L'ambiance y est vraiment à la détente.

NUIT BLANCHE

✆ +32 2 279 64 21

www.nuitblanche.brussels

Le 1er samedi d'octobre.

Insolite et surprenant. Vous avez une nuit entière pour redécouvrir Bruxelles à travers chants, danses, installations et spectacles, mais aussi pour vous laisser surprendre et pour voir sous un autre œil des lieux insolites du cœur de la capitale comme des vitrines, des cours d'école, des églises… Une nuit pour faire la fête et vivre ensemble la ville. Après deux ans d'absence, les Nuits Blanches sont revenues le 1er octobre 2022 avec comme but, retisser les liens entre les habitants de la ville. Le thème de 2023 n'a pas encore été annoncé.

SEMAINE DE LA MOBILITÉ

3e semaine de septembre.

Chaque année, la capitale se met au vert durant une semaine. Cela se traduit par des animations et activités qui visent à sensibiliser les Bruxellois aux modes de déplacement durables. C'est l'occasion de découvrir la ville à pied, à vélo ou en transports en commun. La semaine de la mobilité se termine avec le traditionnel « Dimanche sans voiture » où aucun véhicule n'est autorisé à circuler dans la région. Pour l'occasion, les transports en commun sont gratuits. La ville est alors étrangement calme mais attention quand même aux cyclistes du dimanche.

OMMEGANG

Grand-Place

✆ +32 2 512 19 61

www.ommegang.be

Fin juin, début juillet. Voir site Web.

Pour les fans de fêtes historiques, près de 1 400 figurants se rassemblent chaque année à l'occasion de l'Ommegang. Il s'agit de la plus ancienne évocation historique bruxelloise qui commémore la joyeuse entrée de Charles Quint et de son héritier Philippe, au XVIe siècle. La plupart des participants sont des descendants de personnages historiques et défilent en costume d'époque. Pour rendre l'événement encore plus caractéristique, des géants et des lanceurs de drapeaux participent à ce cortège inscrit au patrimoine culturel immatériel de l'Unesco depuis 2019.

SERRES ROYALES DE LAEKEN

Avenue du Parc royal

✆ +32 2 551 20 20

Ouvert en général à partir de la mi-avril à la première semaine de mai. Consulter site web.

Le Domaine royal de Laeken, où vivent le roi Philippe et la reine Mathilde, date du XVIIIe siècle. Du palais, vous n'aurez qu'un aperçu rapide. Mais en revanche, les serres royales de Laeken, s'ouvrent au public une fois par an, pendant environ trois semaines en avril ou mai. Construites à proximité du palais par Alphonse Balat, maître de Victor Horta, les serres abritent la plus ancienne collection de camélias au monde, des orangers bicentenaires et des milliers de plantes ramenées du Congo. Visite dépaysante dans le jardin privé du roi à ne pas rater.

SE REPÉRER / SE DÉPLACER

Le mieux est de prendre une carte MOBIB Basic de 10 voyages (5 € de frais uniques d'achat en plus des trajets) auprès de la STIB (la société de transports en commun de Bruxelles) si vous devez prendre les transports occasionnellement. Si au contraire, vous êtes plutôt content de monter dans un bus ou mieux, dans un ancien tramway pour faire le moindre pas (et que vous êtes déjà fatigué par les visites), préférez les pass illimités à la journée très avantageux. N'oubliez pas que la Brussels Card (qui donne droit à l'entrée de 49 musées) comprend aussi les transports, ne le payez pas deux fois ! Autre solution : louer un vélo pour se déplacer comme un local d'autant plus que les pistes cyclables sont nombreuses. N'oubliez pas de bien identifier où vous l'avez garé dans les parking-océan de vélos ! Le soir, les taxis et VTC Uber, Heetch et Bolt sont présents à Bruxelles, et les prix vraiment raisonnables.

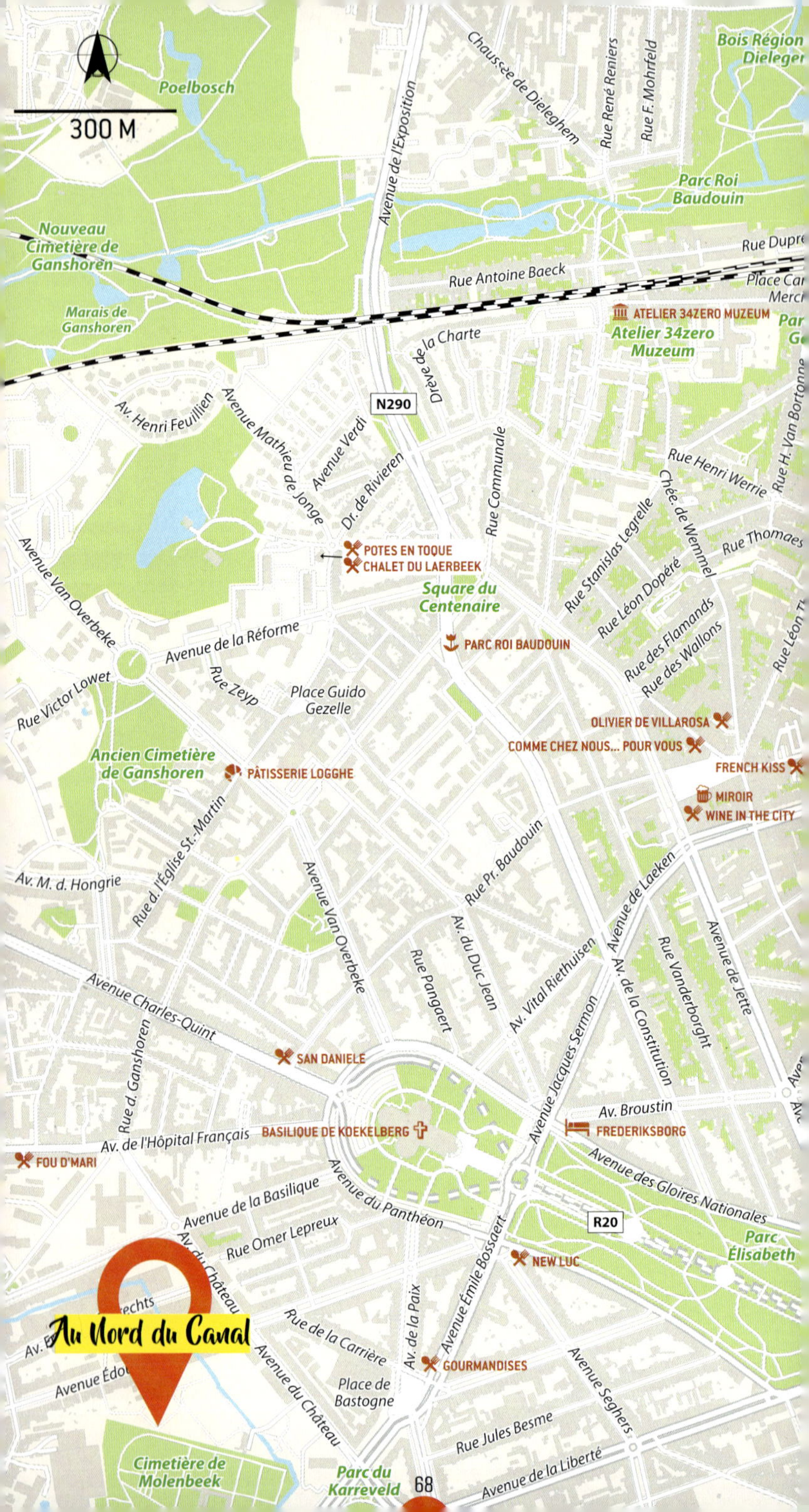
300 M
Poelbosch
Bois Région Dieleger
Chaussée de Dieleghem
Rue René Reniers
Rue F. Mohrfeld
Avenue de l'Exposition
Parc Roi Baudouin
Nouveau Cimetière de Ganshoren
Marais de Ganshoren
Rue Dupré
Rue Antoine Baeck
Place Car Merci
ATELIER 34ZERO MUZEUM
Atelier 34zero Muzeum
Drève de la Charte
N290
Av. Henri Feuillien
Avenue Mathieu de Jonge
Avenue Verdi
Dr. de Rivieren
Rue Communale
Rue Henri Werrie
Rue H. Van Bortonne
Chée. de Wemmel
Rue Thomaes
Rue Stanislas Legrelle
Rue Léon Dopéré
POTES EN TOQUE
CHALET DU LAERBEEK
Square du Centenaire
Avenue Van Overbeke
Avenue de la Réforme
PARC ROI BAUDOUIN
Rue des Flamands
Rue des Wallons
Rue Léon
Rue Victor Lowet
Rue Zeyp
Place Guido Gezelle
OLIVIER DE VILLAROSA
COMME CHEZ NOUS... POUR VOUS
FRENCH KISS
MIROIR
WINE IN THE CITY
Ancien Cimetière de Ganshoren
PÂTISSERIE LOGGHE
Rue d. l'Église St.-Martin
Av. M. d. Hongrie
Rue Pr. Baudouin
Avenue de Laeken
Avenue Van Overbeke
Av. du Duc Jean
Rue Panggaert
Av. Vital Riethuisen
Av. de la Constitution
Rue Vanderborght
Avenue de Jette
Avenue Charles-Quint
Rue d. Ganshoren
SAN DANIELE
Avenue Jacques Sermon
Av. Broustin
Av. de l'Hôpital Français
BASILIQUE DE KOEKELBERG
FREDERIKSBORG
FOU D'MARI
Avenue des Gloires Nationales
Avenue de la Basilique
Avenue du Panthéon
R20
Rue Omer Lepreux
Av. du Château
Parc Élisabeth
NEW LUC
Avenue Émile Bossaert
Au Nord du Canal
Rue de la Carrière
Av. de la Paix
GOURMANDISES
Avenue du Château
Place de Bastogne
Avenue Seghers
Rue Jules Besme
Cimetière de Molenbeek
Parc du Karreveld
Avenue de la Liberté

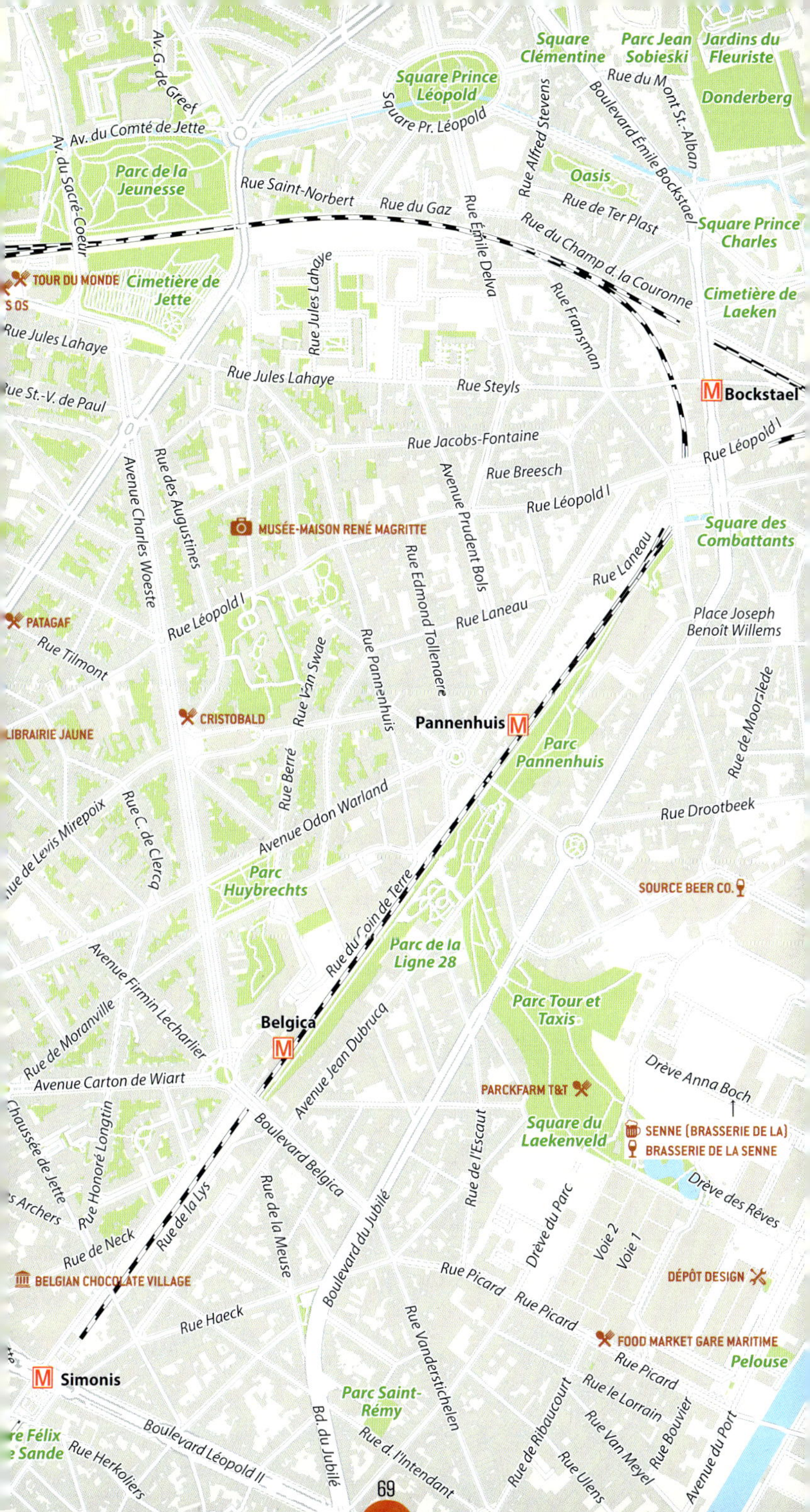
Square Clémentine
Parc Jean Sobieski
Jardins du Fleuriste
Square Prince Léopold
Donderberg
Av. G. de Greef
Av. du Comté de Jette
Av. du Sacré-Coeur
Parc de la Jeunesse
Rue Saint-Norbert
Rue du Gaz
Oasis
Rue de Ter Plast
Square Prince Charles
Tour du Monde
Cimetière de Jette
Cimetière de Laeken
Rue Jules Lahaye
Rue Steyls
Bockstael
Rue Jacobs-Fontaine
Rue Breesch
Rue Léopold I
Musée-Maison René Magritte
Square des Combattants
Place Joseph Benoît Willems
Patagaf
Rue Tilmont
Cristobald
Librairie Jaune
Pannenhuis
Parc Pannenhuis
Rue Drootbeek
Avenue Odon Warland
Parc Huybrechts
Source Beer Co.
Parc de la Ligne 28
Parc Tour et Taxis
Belgica
Avenue Carton de Wiart
Parckfarm T&T
Square du Laekenveld
Senne (Brasserie de la)
Brasserie de la Senne
Drève Anna Boch
Drève des Rêves
Belgian Chocolate Village
Dépôt Design
Food Market Gare Maritime
Pelouse
Simonis
Parc Saint-Rémy
Boulevard Léopold II
Boulevard Belgica
Boulevard du Jubilé
Rue Picard
Avenue du Port

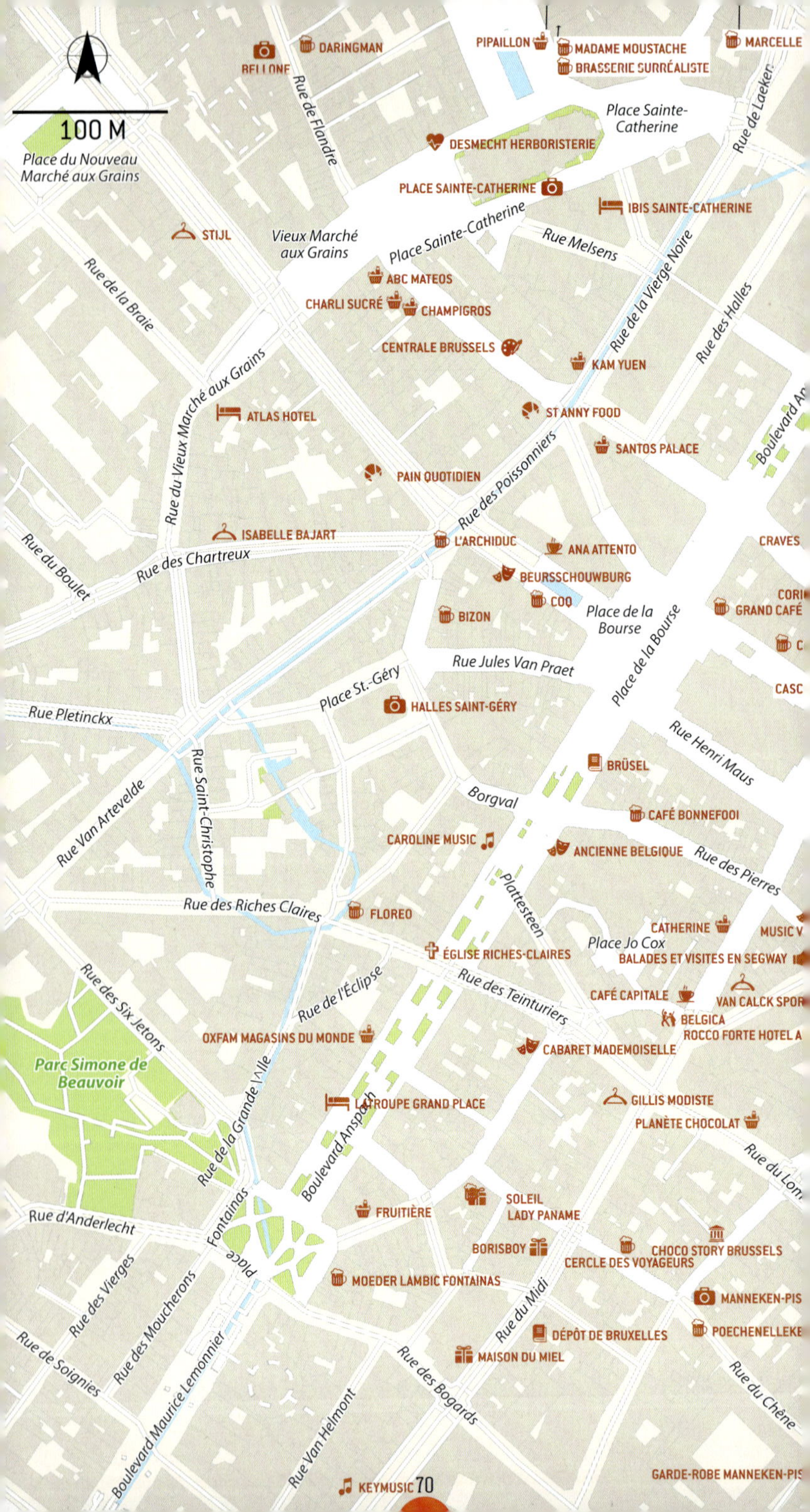
100 M
Place du Nouveau Marché aux Grains
DARINGMAN
BELLONE
Rue de Flandre
PIPAILLON
MADAME MOUSTACHE
BRASSERIE SURRÉALISTE
MARCELLE
Place Sainte-Catherine
Rue de Laeken
DESMECHT HERBORISTERIE
PLACE SAINTE-CATHERINE
IBIS SAINTE-CATHERINE
STIJL
Vieux Marché aux Grains
Place Sainte-Catherine
Rue Melsens
Rue de la Braie
ABC MATEOS
CHARLI SUCRÉ
CHAMPIGROS
Rue de la Vierge Noire
Rue des Halles
CENTRALE BRUSSELS
KAM YUEN
Rue du Vieux Marché aux Grains
ATLAS HOTEL
ST ANNY FOOD
SANTOS PALACE
Boulevard An
PAIN QUOTIDIEN
Rue des Poissonniers
ISABELLE BAJART
L'ARCHIDUC
ANA ATTENTO
CRAVES
Rue du Boulet
Rue des Chartreux
BEURSSCHOUWBURG
COO
Place de la Bourse
CORI
GRAND CAFÉ
BIZON
Place de la Bourse
Rue Jules Van Praet
Place St.-Géry
CASC
Rue Pletinckx
HALLES SAINT-GÉRY
Rue Henri Maus
BRÜSEL
Rue Saint-Christophe
Borgval
CAFÉ BONNEFOOI
Rue Van Artevelde
CAROLINE MUSIC
ANCIENNE BELGIQUE
Rue des Pierres
Plattesteen
Rue des Riches Claires
FLOREO
CATHERINE
MUSIC V
Place Jo Cox
ÉGLISE RICHES-CLAIRES
BALADES ET VISITES EN SEGWAY
Rue des Teinturiers
Rue des Six Jetons
Rue de l'Éclipse
CAFÉ CAPITALE
VAN CALCK SPOR
BELGICA
ROCCO FORTE HOTEL A
OXFAM MAGASINS DU MONDE
CABARET MADEMOISELLE
Parc Simone de Beauvoir
Rue de la Grande Ille
LA TROUPE GRAND PLACE
GILLIS MODISTE
PLANÈTE CHOCOLAT
Boulevard Anspach
Rue du Lom
SOLEIL
LADY PANAME
FRUITIÈRE
Rue d'Anderlecht
Place Fontainas
BORISBOY
CHOCO STORY BRUSSELS
CERCLE DES VOYAGEURS
MOEDER LAMBIC FONTAINAS
MANNEKEN-PIS
Rue des Vierges
Rue des Moucherons
Rue du Midi
DÉPÔT DE BRUXELLES
POECHENELLEKE
Rue de Soignies
MAISON DU MIEL
Rue des Bogards
Rue du Chêne
Boulevard Maurice Lemonnier
Rue Van Helmont
GARDE-ROBE MANNEKEN-PIS
KEYMUSIC

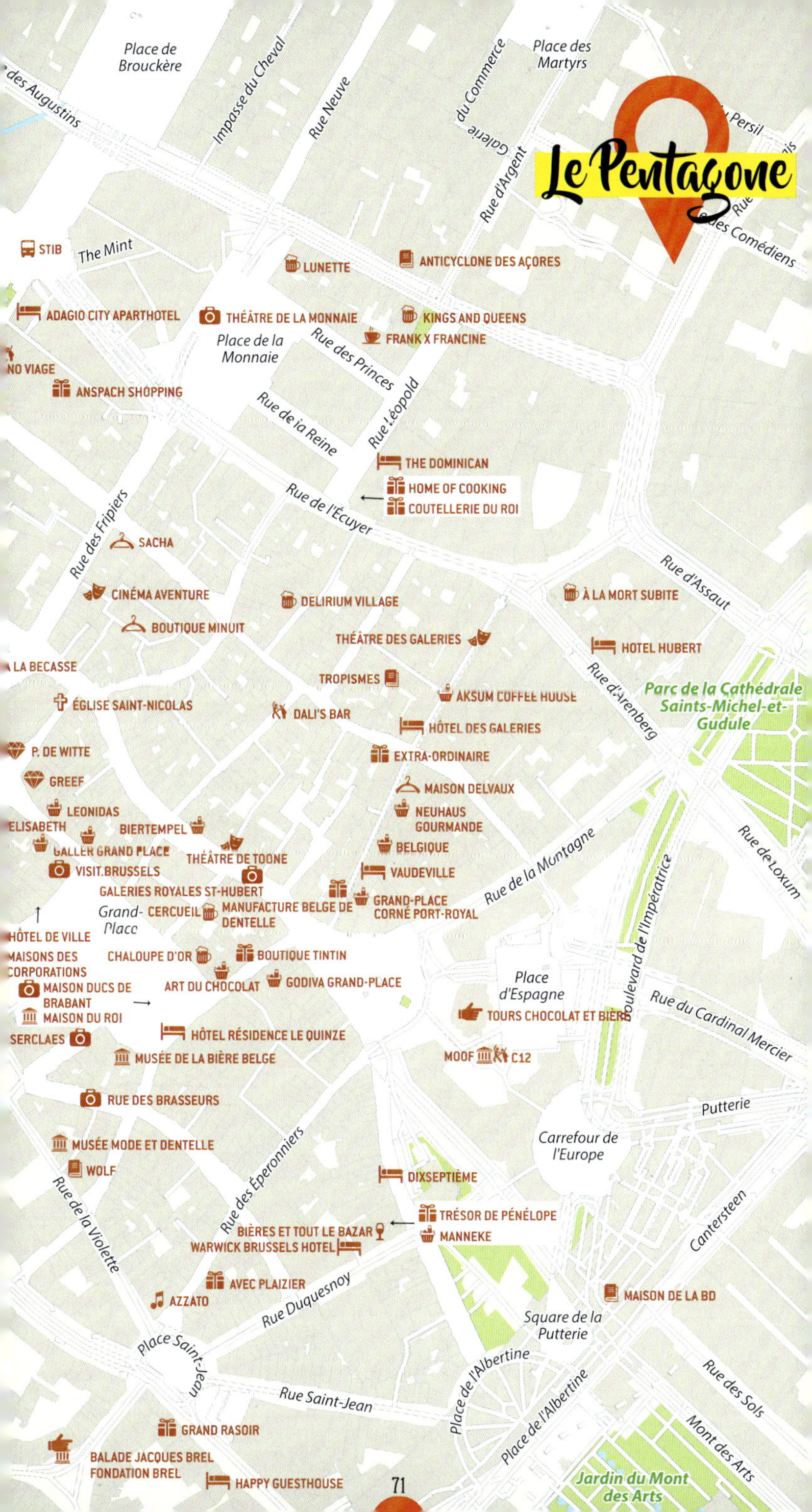
Le Pentagone
Place de Brouckère
Impasse du Cheval
Rue Neuve
du Commerce
Galerie
Place des Martyrs
Persil
des Augustins
Rue d'Argent
des Comédiens
STIB
The Mint
LUNETTE
ANTICYCLONE DES AÇORES
ADAGIO CITY APARTHOTEL
THÉATRE DE LA MONNAIE
KINGS AND QUEENS
FRANK X FRANCINE
Place de la Monnaie
Rue des Princes
NO VIAGE
ANSPACH SHOPPING
Rue de la Reine
Rue Léopold
THE DOMINICAN
HOME OF COOKING
COUTELLERIE DU ROI
Rue de l'Écuyer
Rue des Fripiers
SACHA
CINÉMA AVENTURE
DELIRIUM VILLAGE
À LA MORT SUBITE
Rue d'Assaut
BOUTIQUE MINUIT
THÉATRE DES GALERIES
HOTEL HUBERT
LA BECASSE
TROPISMES
Rue d'Arenberg
Parc de la Cathédrale Saints-Michel-et-Gudule
ÉGLISE SAINT-NICOLAS
DALI'S BAR
AKSUM COFFEE HOUSE
HÔTEL DES GALERIES
P. DE WITTE
EXTRA-ORDINAIRE
GREEF
MAISON DELVAUX
LEONIDAS
NEUHAUS GOURMANDE
ELISABETH
BIERTEMPEL
GALLER GRAND PLACE
THÉATRE DE TOONE
BELGIQUE
VISIT.BRUSSELS
VAUDEVILLE
Rue de la Montagne
Rue de Loxum
GALERIES ROYALES ST-HUBERT
GRAND-PLACE CORNÉ PORT-ROYAL
Grand-Place
CERCUEIL
MANUFACTURE BELGE DE DENTELLE
HÔTEL DE VILLE
MAISONS DES CORPORATIONS
CHALOUPE D'OR
BOUTIQUE TINTIN
Boulevard de l'Impératrice
MAISON DUCS DE BRABANT
ART DU CHOCOLAT
GODIVA GRAND-PLACE
Place d'Espagne
MAISON DU ROI
TOURS CHOCOLAT ET BIÈRE
Rue du Cardinal Mercier
SERCLAES
HÔTEL RÉSIDENCE LE QUINZE
MUSÉE DE LA BIÈRE BELGE
MOOF
C12
RUE DES BRASSEURS
Putterie
Carrefour de l'Europe
MUSÉE MODE ET DENTELLE
WOLF
DIXSEPTIÈME
Rue des Éperonniers
Rue de la Violette
TRÉSOR DE PÉNÉLOPE
BIÈRES ET TOUT LE BAZAR
MANNEKE
Cantersteen
WARWICK BRUSSELS HOTEL
AVEC PLAIZIER
MAISON DE LA BD
AZZATO
Rue Duquesnoy
Square de la Putterie
Place Saint-Jean
Place de l'Albertine
Rue des Sols
Rue Saint-Jean
Place de l'Albertine
Mont des Arts
GRAND RASOIR
BALADE JACQUES BREL
FONDATION BREL
HAPPY GUESTHOUSE
Jardin du Mont des Arts

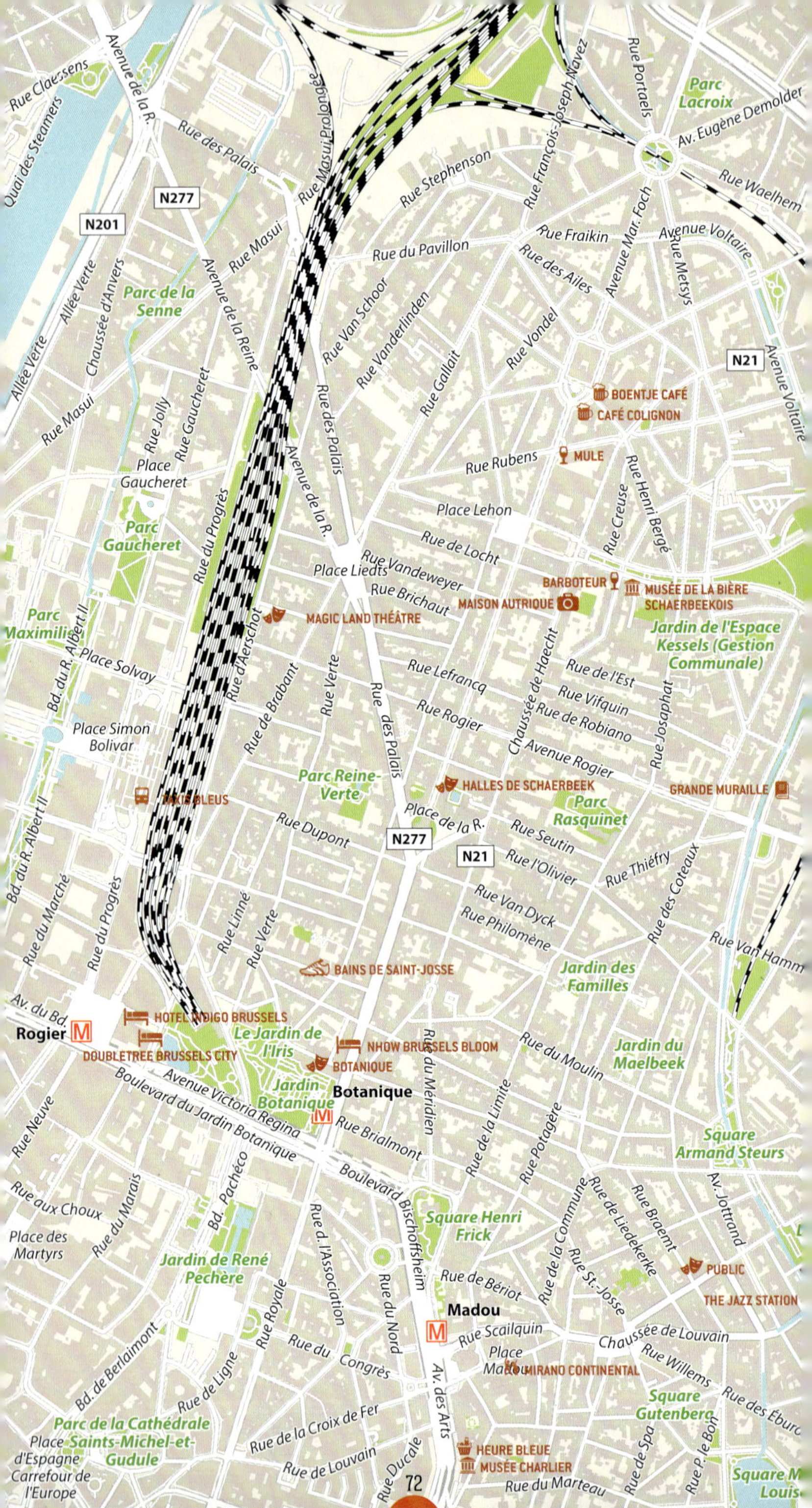

Rue Claessens
Quai des Steamers
Avenue de la R.
Rue des Palais
N277
N201
Rue Masui Prolongée
Rue Stephenson
Rue François-Joseph Navez
Rue Portaels
Parc Lacroix
Av. Eugène Demolder
Rue Waelhem
Rue Masui
Rue du Pavillon
Rue Fraikin
Avenue Mar. Foch
Avenue Voltaire
Rue Metsys
Rue des Ailes
Parc de la Senne
Allée Verte
Chaussée d'Anvers
Avenue de la Reine
Rue Van Schoor
Rue Vanderlinden
Rue Vondel
N21
Rue Gallait
Rue des Palais
Rue Masui
Rue Jolly
Rue Gaucheret
BOENTJE CAFÉ
CAFÉ COLIGNON
Rue Rubens
MULE
Place Gaucheret
Avenue de la R.
Rue Henri Bergé
Rue Creuse
Place Lehon
Parc Gaucheret
Rue du Progrès
Rue de Locht
Place Liedts
Rue Vandeweyer
Rue Brichaut
BARBOTEUR
MUSÉE DE LA BIÈRE SCHAERBEEKOIS
MAISON AUTRIQUE
Parc Maximilien
Bd. du R. Albert II
MAGIC LAND THÉÂTRE
Jardin de l'Espace Kessels (Gestion Communale)
Place Solvay
Rue d'Aerschot
Rue de Brabant
Rue Verte
Rue Lefrancq
Chaussée de Haecht
Rue de l'Est
Rue Vifquin
Rue de Robiano
Rue Rogier
Avenue Rogier
Rue Josaphat
Place Simon Bolivar
Rue des Palais
Parc Reine-Verte
HALLES DE SCHAERBEEK
GRANDE MURAILLE
TAXIS BLEUS
Parc Rasquinet
Place de la R.
Rue Seutin
Rue Dupont
N277
N21
Rue l'Olivier
Rue Thiéfry
Rue des Coteaux
Rue Van Dyck
Rue Philomène
Rue du Marché
Rue du Progrès
Rue Linné
Rue Verte
Rue Van Hamme
BAINS DE SAINT-JOSSE
Jardin des Familles
Av. du Bd.
Rogier
HOTEL INDIGO BRUSSELS
DOUBLETREE BRUSSELS CITY
Le Jardin de l'Iris
NHOW BRUSSELS BLOOM
BOTANIQUE
Rue du Méridien
Rue du Moulin
Jardin du Maelbeek
Avenue Victoria Regina
Boulevard du Jardin Botanique
Jardin Botanique
Botanique
Rue Neuve
Rue Brialmont
Rue de la Limite
Rue Potagère
Square Armand Steurs
Boulevard Bischoffsheim
Bd. Pachéco
Rue aux Choux
Rue du Marais
Rue d. l'Association
Square Henri Frick
Rue de la Commune
Rue de Liedekerke
Rue Braemt
Av. Jottrand
Place des Martyrs
Jardin de René Pechère
Rue du Nord
Rue de Bériot
Rue St.-Josse
PUBLIC
THE JAZZ STATION
Madou
Rue Royale
Rue du Congrès
Rue Scailquin
Chaussée de Louvain
Place Madou
MIRANO CONTINENTAL
Rue Willems
Bd. de Berlaimont
Rue de Ligne
Av. des Arts
Square Gutenberg
Rue des Eburons
Parc de la Cathédrale Saints-Michel-et-Gudule
Rue de la Croix de Fer
Place d'Espagne
Carrefour de l'Europe
Rue de Louvain
Rue Ducale
HEURE BLEUE
MUSÉE CHARLIER
Rue du Marteau
Rue de Spa
Rue P. le Bon
Square Marie-Louise

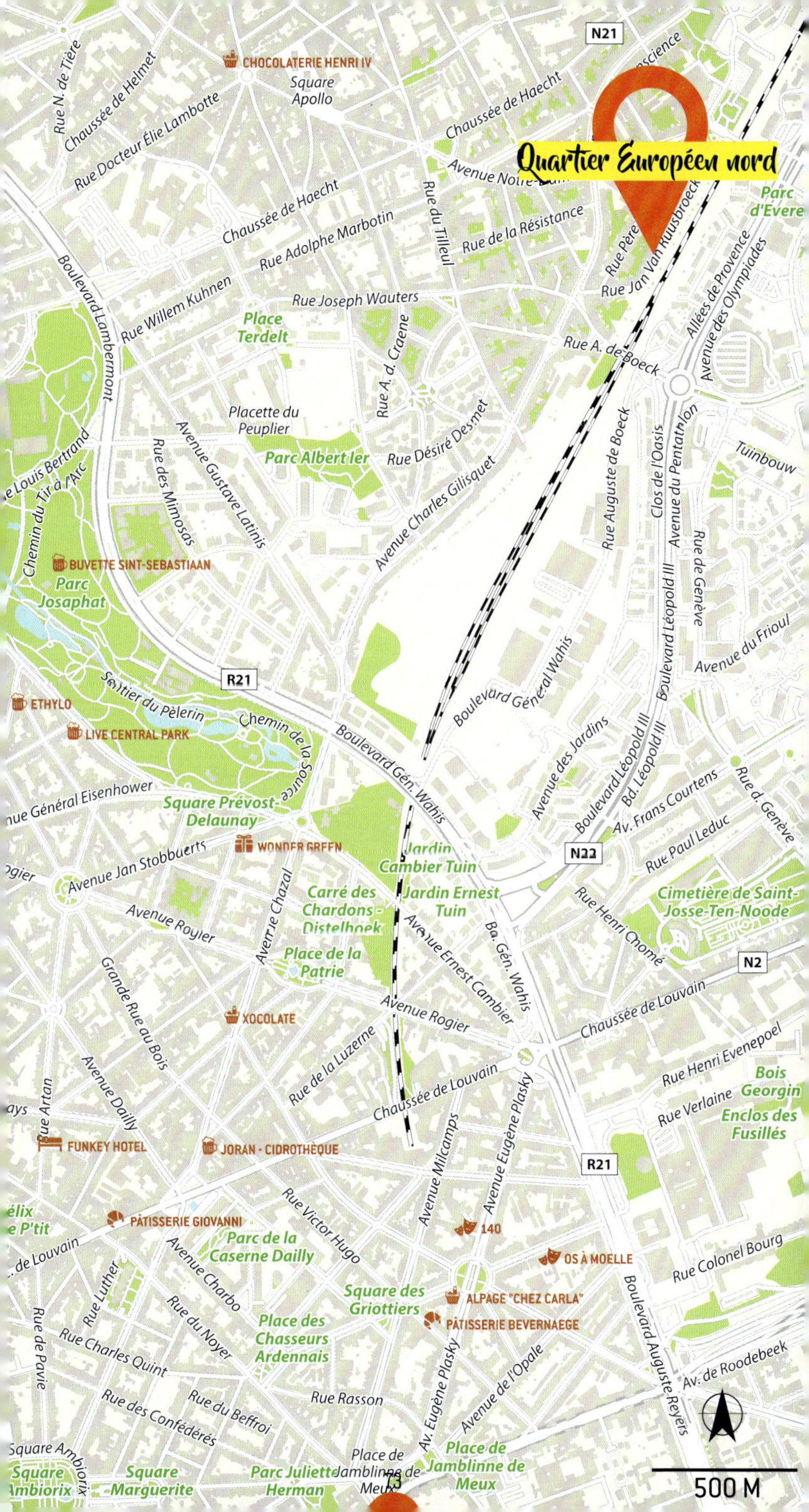
Quartier Européen nord
N21
Chocolaterie Henri IV
Square Apollo
Rue N. de Tière
Chaussée de Helmet
Rue Docteur Élie Lambotte
Chaussée de Haecht
Avenue Notre-
Rue du Tilleul
Rue de la Résistance
Rue Adolphe Marbotin
Rue Père
Rue Jan Van Ruusbroeck
Parc d'Evere
Allées de Provence
Avenue des Olympiades
Boulevard Lambermont
Rue Willem Kuhnen
Rue Joseph Wauters
Place Terdelt
Rue A. d. Craene
Rue A. de Boeck
Placette du Peuplier
Parc Albert Ier
Rue Désiré Desmet
Avenue Gustave Latinis
Rue des Mimosas
Avenue Charles Gilisquet
Rue Auguste de Boeck
Clos de l'Oasis
Avenue du Pentathlon
Tuinbouw
Rue Louis Bertrand
Chemin du Tir à l'Arc
Buvette Sint-Sebastiaan
Parc Josaphat
Boulevard Léopold III
Rue de Genève
Avenue du Frioul
Boulevard Général Wahis
R21
Ethylo
Sentier du Pèlerin
Chemin de la Source
Live Central Park
Boulevard Gén. Wahis
Avenue des Jardins
Bd. Léopold III
Av. Frans Courtens
Rue d. Genève
Avenue Général Eisenhower
Square Prévost-Delaunay
Wonder Green
Jardin Cambier Tuin
N22
Rue Paul Leduc
Avenue Jan Stobbaerts
Carré des Chardons - Distelhoek
Jardin Ernest Tuin
Rue Henri Chomé
Cimetière de Saint-Josse-Ten-Noode
Avenue Royer
Avenue Chazal
Place de la Patrie
Avenue Ernest Cambier
Bd. Gén. Wahis
N2
Grande Rue au Bois
Avenue Rogier
Chaussée de Louvain
Xocolate
Rue de la Luzerne
Rue Henri Evenepoel
Bois Georgin
Enclos des Fusillés
Rue Verlaine
Avenue Dailly
Rue Artan
Funkey Hotel
Joran - Cidrothèque
Avenue Milcamps
Avenue Eugène Plasky
R21
Rue Victor Hugo
Pâtisserie Giovanni
Parc de la Caserne Dailly
140
Os à Moelle
Rue Colonel Bourg
Avenue Charbo
Rue Luther
Square des Griottiers
Alpage "Chez Carla"
Pâtisserie Bevernaege
Boulevard Auguste Reyers
Rue du Noyer
Rue Charles Quint
Place des Chasseurs Ardennais
Rue de Pavie
Rue Rasson
Avenue de l'Opale
Av. de Roodebeek
Rue des Confédérés
Rue du Beffroi
Av. Eugène Plasky
Square Ambiorix
Square Marguerite
Parc Juliette Herman
Place de Jamblinne de Meux
500 M

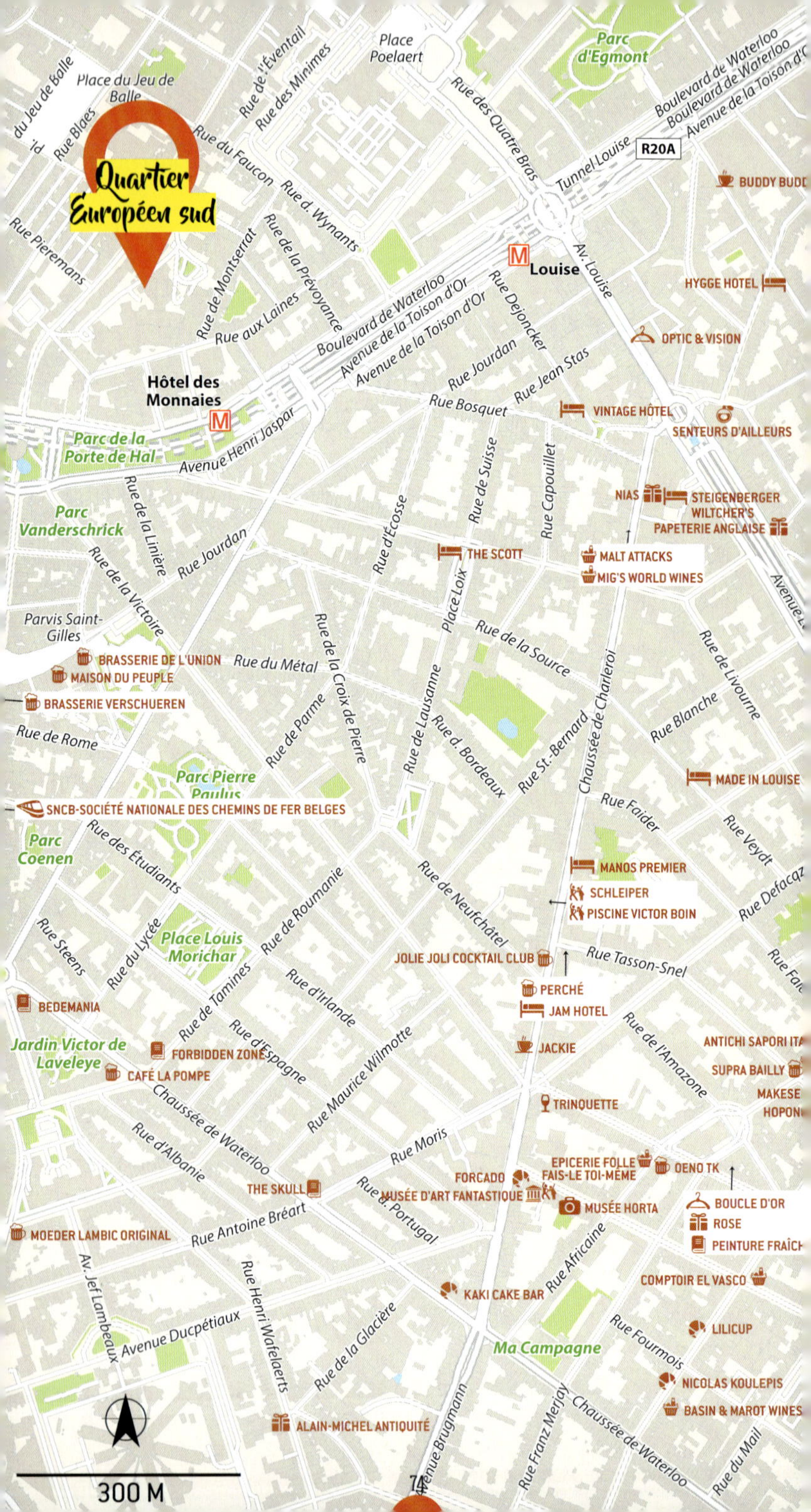
Quartier Européen sud
Place du Jeu de Balle
Rue Blaes
Rue Pieremans
Rue de l'Éventail
Rue des Minimes
Rue du Faucon
Place Poelaert
Parc d'Egmont
Rue des Quatre Bras
Boulevard de Waterloo
Avenue de la Toison d'Or
Tunnel Louise
R20A
Rue d. Wynants
Rue de la Prévoyance
Rue de Montserrat
Rue aux Laines
Louise
Av. Louise
Rue Dejoncker
BUDDY BUDD
HYGGE HOTEL
OPTIC & VISION
Hôtel des Monnaies
Parc de la Porte de Hal
Avenue Henri Jaspar
Rue Jourdan
Rue Jean Stas
Rue Bosquet
VINTAGE HÔTEL
SENTEURS D'AILLEURS
Parc Vanderschrick
Rue de la Linière
Rue d'Écosse
Rue de Suisse
Rue Capouillet
NIAS
STEIGENBERGER WILTCHER'S
PAPETERIE ANGLAISE
THE SCOTT
MALT ATTACKS
MIG'S WORLD WINES
Rue de la Victoire
Parvis Saint-Gilles
Place Loix
Rue de la Source
Rue de la Croix de Pierre
Rue de Livourne
BRASSERIE DE L'UNION
MAISON DU PEUPLE
Rue du Métal
BRASSERIE VERSCHUEREN
Rue de Rome
Rue de Parme
Rue de Lausanne
Rue d. Bordeaux
Rue St. Bernard
Chaussée de Charleroi
Rue Blanche
Parc Pierre Paulus
MADE IN LOUISE
SNCB-SOCIÉTÉ NATIONALE DES CHEMINS DE FER BELGES
Rue Faider
Rue Veydt
Parc Coenen
Rue des Étudiants
Rue de Roumanie
Rue de Neufchâtel
MANOS PREMIER
SCHLEIPER
PISCINE VICTOR BOIN
Rue Defacqz
Rue Steens
Rue du Lycée
Place Louis Morichar
JOLIE JOLI COCKTAIL CLUB
Rue Tasson-Snel
Rue d'Irlande
Rue de Tamines
PERCHÉ
JAM HOTEL
BEDEMANIA
Rue de l'Amazone
Rue d'Espagne
Jardin Victor de Laveleye
FORBIDDEN ZONE
JACKIE
ANTICHI SAPORI ITA
CAFÉ LA POMPE
Rue Maurice Wilmotte
SUPRA BAILLY
MAKESE
HOPON
Chaussée de Waterloo
TRINQUETTE
Rue d'Albanie
Rue Moris
EPICERIE FOLLE
FAIS-LE TOI-MÊME
OENO TK
FORCADO
THE SKULL
MUSÉE D'ART FANTASTIQUE
MUSÉE HORTA
BOUCLE D'OR
ROSE
PEINTURE FRAÎCH
Rue d. Portugal
MOEDER LAMBIC ORIGINAL
Rue Antoine Bréart
Rue Africaine
COMPTOIR EL VASCO
KAKI CAKE BAR
Av. Jef Lambeaux
Rue Henri Wafelaerts
Avenue Ducpétiaux
Rue de la Glacière
Ma Campagne
LILICUP
Rue Fourmois
NICOLAS KOULEPIS
BASIN & MAROT WINES
ALAIN-MICHEL ANTIQUITÉ
Avenue Brugmann
Rue Franz Merjay
Chaussée de Waterloo
Rue du Mail
300 M

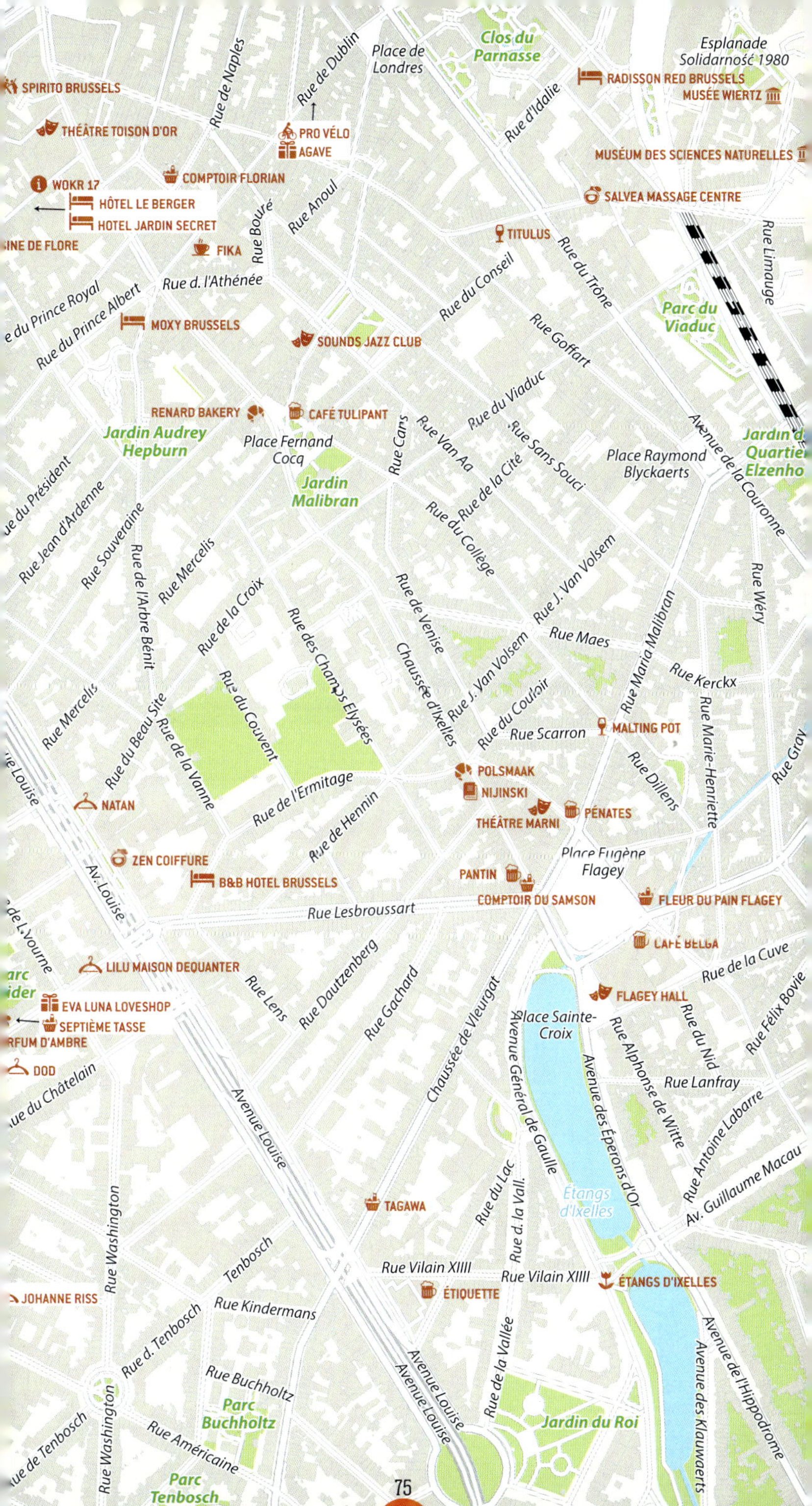
Clos du Parnasse
Esplanade Solidarność 1980
Place de Londres
Rue de Dublin
Rue de Naples
SPIRITO BRUSSELS
THÉÂTRE TOISON D'OR
PRO VÉLO
AGAVE
RADISSON RED BRUSSELS
MUSÉE WIERTZ
Rue d'Idalie
MUSÉUM DES SCIENCES NATURELLES
WOKR 17
COMPTOIR FLORIAN
HÔTEL LE BERGER
HOTEL JARDIN SECRET
SALVEA MASSAGE CENTRE
INE DE FLORE
FIKA
Rue Bouré
Rue Anoul
TITULUS
Rue Limauge
Rue du Trône
Rue d. l'Athénée
Rue du Conseil
Parc du Viaduc
e du Prince Royal
Rue du Prince Albert
MOXY BRUSSELS
SOUNDS JAZZ CLUB
Rue Goffart
RENARD BAKERY
CAFÉ TULIPANT
Rue du Viaduc
Jardin Audrey Hepburn
Place Fernand Cocq
Rue Cans
Rue Van Aa
Rue Sans Souci
Place Raymond Blyckaerts
Avenue de la Couronne
Jardin Malibran
Rue de la Cité
ue du Président
Rue Jean d'Ardenne
Rue Souveraine
Rue du Collège
Rue Mercelis
Rue de l'Arbre Bénit
Rue de la Croix
Rue des Champs Elysées
Rue de Venise
Rue J. Van Volsem
Rue Wéry
Rue Maes
Rue Maria Malibran
Rue Kerckx
Rue du Couvent
Chaussée d'Ixelles
Rue du Couloir
Rue Mercelis
Rue du Beau Site
Rue de la Vanne
Rue Scarron
MALTING POT
Rue Marie-Henriette
Rue Gray
ue Louise
POLSMAAK
NIJINSKI
Rue Dillens
Rue de l'Ermitage
NATAN
THÉÂTRE MARNI
PÉNATES
Rue de Hennin
ZEN COIFFURE
Place Eugène Flagey
PANTIN
B&B HOTEL BRUSSELS
Av. Louise
COMPTOIR DU SAMSON
FLEUR DU PAIN FLAGEY
Rue Lesbroussart
de L. Vourne
CAFÉ BELGA
LILU MAISON DEQUANTER
Rue de la Cuve
Rue Lens
Rue Dautzenberg
Rue Gachard
Chaussée de Vleurgat
FLAGEY HALL
EVA LUNA LOVESHOP
SEPTIÈME TASSE
Place Sainte-Croix
Rue du Nid
Rue Félix Bovie
RFUM D'AMBRE
Avenue Général de Gaulle
Avenue des Éperons d'Or
Rue Alphonse de Witte
DOD
ue du Châtelain
Rue Lanfray
Avenue Louise
Rue Antoine Labarre
Av. Guillaume Macau
Étangs d'Ixelles
TAGAWA
Rue du Lac
Rue d. la Vall.
Rue Washington
Tenbosch
Rue Vilain XIIII
Rue Vilain XIIII
ÉTANGS D'IXELLES
JOHANNE RISS
ÉTIQUETTE
Rue Kindermans
Rue d. Tenbosch
Avenue Louise
Avenue Louise
Rue de la Vallée
Avenue de l'Hippodrome
Avenue des Klauwaerts
Rue Buchholtz
Parc Buchholtz
Jardin du Roi
ue de Tenbosch
Rue Washington
Rue Américaine
Parc Tenbosch

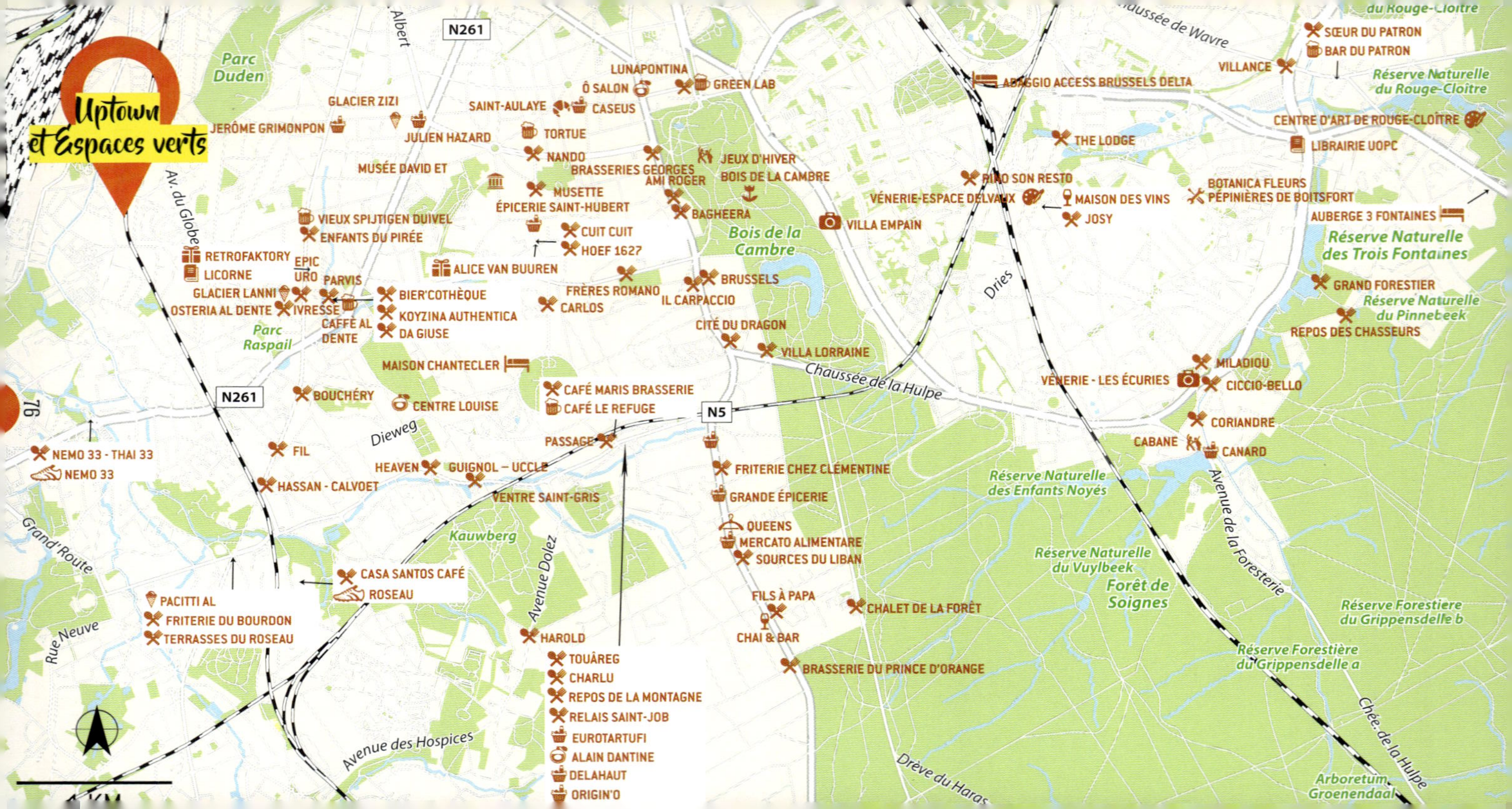

Uptown et Espaces verts
Parc Duden
Albert
N261
Av. du Globe
Chaussée de Wavre
du Rouge-Cloître
SŒUR DU PATRON
BAR DU PATRON
VILLANCE
Réserve Naturelle du Rouge-Cloître
ADAGGIO ACCESS BRUSSELS DELTA
CENTRE D'ART DE ROUGE-CLOÎTRE
LIBRAIRIE UOPC
THE LODGE
LUNAPONTINA
Ô SALON
GREEN LAB
GLACIER ZIZI
SAINT-AULAYE
CASEUS
JERÔME GRIMONPON
JULIEN HAZARD
TORTUE
NANDO
MUSÉE DAVID ET
BRASSERIES GEORGES
AMI ROGER
JEUX D'HIVER
BOIS DE LA CAMBRE
PINO SON RESTO
VÉNERIE-ESPACE DELVAUX
MAISON DES VINS
JOSY
BOTANICA FLEURS
PÉPINIÈRES DE BOITSFORT
AUBERGE 3 FONTAINES
Réserve Naturelle des Trois Fontaines
MUSETTE
ÉPICERIE SAINT-HUBERT
BAGHEERA
VILLA EMPAIN
Bois de la Cambre
VIEUX SPIJTIGEN DUIVEL
ENFANTS DU PIRÉE
CUIT CUIT
HOEF 1627
RETROFAKTORY
LICORNE
EPIC
URO
PARVIS
ALICE VAN BUUREN
GLACIER LANNI
IVRESSE
BIER'COTHÈQUE
KOYZINA AUTHENTICA
DA GIUSE
OSTERIA AL DENTE
CAFFÈ AL DENTE
FRÈRES ROMANO
CARLOS
BRUSSELS
IL CARPACCIO
Dries
GRAND FORESTIER
Réserve Naturelle du Pinnebeek
REPOS DES CHASSEURS
Parc Raspail
CITÉ DU DRAGON
VILLA LORRAINE
MAISON CHANTECLER
Chaussée de la Hulpe
MILADIOU
VÉNERIE - LES ÉCURIES
CICCIO-BELLO
BOUCHÉRY
CENTRE LOUISE
CAFÉ MARIS BRASSERIE
CAFÉ LE REFUGE
N5
Dieweg
CORIANDRE
CABANE
CANARD
NEMO 33 - THAI 33
NEMO 33
PASSAGE
FIL
HEAVEN
GUIGNOL – UCCLE
FRITERIE CHEZ CLÉMENTINE
Réserve Naturelle des Enfants Noyés
HASSAN - CALVOET
VENTRE SAINT-GRIS
GRANDE ÉPICERIE
Grand'Route
Kauwberg
QUEENS
MERCATO ALIMENTARE
SOURCES DU LIBAN
Réserve Naturelle du Vuylbeek
Avenue de la Foresterie
CASA SANTOS CAFÉ
ROSEAU
Avenue Dolez
Forêt de Soignes
PACITTI AL
FRITERIE DU BOURDON
TERRASSES DU ROSEAU
FILS À PAPA
CHALET DE LA FORÊT
Réserve Forestière du Grippensdelle b
Rue Neuve
HAROLD
CHAI & BAR
TOUÂREG
CHARLU
REPOS DE LA MONTAGNE
RELAIS SAINT-JOB
EUROTARTUFI
ALAIN DANTINE
DELAHAUT
ORIGIN'O
BRASSERIE DU PRINCE D'ORANGE
Réserve Forestière du Grippensdelle a
Chée. de la Hulpe
Avenue des Hospices
Drève du Haras
Arboretum Groenendaal

SE REPÉRER / SE DÉPLACER

DE L'AÉROPORT AU CENTRE-VILLE

L'aéroport de Bruxelles-National (Brussels Airport) est le principal et le plus proche de la capitale. Air France et Brussels Airlines atterrissent ici. Il est desservi en transports en communs par train et bus. Vous pouvez relier la gare SNCB de l'aéroport avec les gares de Bruxelles, y compris des gares internationales. Vous pouvez aussi emprunter les lignes de bus STIB 12 (express en 30 min à Bruxelles, attention, le prix du ticket de bus n'est pas au même tarif qu'un trajet de bus classique, si vous avez un pass ou une carte multi-voyages de la STIB, il ne sera pas valide) ou De Lijn 272, 471, 659 et 359. Plus d'infos sur www.brusselsairport.be/fr/passengers.

L'aéroport de Charleroi est le 2e aéroport du pays et dessert plutôt les compagnies low-cost dont Ryanair (vols pour Marseille, Bordeaux, Montpellier, Pau, Carcassonne, La Rochelle, Perpignan, Bergerac, Figari, Nîmes, etc.). Une ligne de bus (ligne A) relie l'aéroport à la gare de Charleroi-Sud (6 € l'aller simple). Un billet bus + train (billet « bulk ») à destination de n'importe quelle gare belge est vendu en ligne.

Navettes en bus. La ligne principale relie non-stop l'aéroport de Charleroi à la gare de Bruxelles-Midi. Là-bas, le départ de la navette se fait à l'intersection de la rue France et de la rue de l'Instruction : suivre sortie « Thalys » à la gare. Aller simple : 15,50 €. Il existe aussi des navettes directes en bus pour Gand, Bruges, Mons et Lille. Une nouvelle ligne a été inaugurée entre l'aéroport de Bruxelles-National et Bruges, Gand et Lille. Achetez votre ticket de bus et consultez les horaires en ligne, à prix fixe valable pour la journée pour éviter la queue au guichet à l'aéroport (sur www.flibco.com). Un QR code à scanner sur le téléphone est envoyé par email.

ARRIVÉE EN TRAIN

En Thalys, de nombreux départs pour Bruxelles au départ de Paris, Gare du Nord ou Lille. Vous pouvez vous rendre à Bruxelles (1h43) et aussi dans d'autres villes belges (avec ou sans correspondance). Pour des prix avantageux, réservez vos trajets le plus tôt possible (peu de bons prix en last minute) et préférez les tout premiers ou les derniers trains de la journée. www.thalys.fr.

Le TGV INOUI relie aussi Bruxelles à l'Aéroport de Paris-Charles de Gaulle, Strasbourg, Lyon, Aix, Marseille, Montpellier, Bordeaux (en été) ou encore Rennes et Nantes. www.oui.sncf

ARRIVÉE EN BATEAU

Certaines compagnies (essentiellement Croisieurope, www.croisieurope.com), font une escale au Brussels Cruise Terminal, sur le canal de Willebroek. Si vous n'avez pas réservé une excursion avec le croisiériste ou un prestataire local, vous pourrez toujours prendre le bus 57, direction Gare du Nord et changer à l'arrêt «Van Praet» pour le tram 3, direction Churchill ou au terminus de la Gare du Nord pour le tram 3 ou le 4, direction Stalle. Descendez à «Bourse» pour accéder à la Grand Place. Pour les horaires, voir www.stib-mivb.be.

TRANSPORTS EN COMMUN

Bus, trams et/ou métro sillonnent Bruxelles avec une efficacité qui dépend de la congestion de la circulation. La capitale belge dispose d'un métro ou d'un pré-métro (système où les trams utilisent partiellement des tunnels dans le centre-ville). Les transports en commun circulent généralement de 5h30 à minuit. Vous pouvez voyager avec un ticket vendu à l'unité (à partir de 2,10 € en paiement sans contact, 2,40 € si achat par papier) ; une carte comprenant une dizaine de trajets (15,60 € + 5 € de frais d'achat d'une carte MOBIB Basic) ; un Pass d'un jour (de 7 € à 8 €). Les bus wallons (TEC) ou flamands (De Lijn) entrent en ville dans quelques cas mais le réseau bruxellois spécifique s'appelle STIB.

Pass musées et touristique all-in pour Bruxelles, la Brussels Card a élargi encore son offre. C'est désormais, pour 24, 48 ou 72 heures, l'accès gratuit à 44 musées bruxellois (parmi lesquels toutes les stars de la capitale), des réductions dans 26 attractions touristiques, sur des visites guidées, dans des commerces, restaurants et bars. Et en prime, un plan de la ville et un plan des musées. En plus des transports en commun de la STIB et des bus touristiques Hop on Hop off, on peut également compléter sa Brussels Card avec une entrée coupe-file à l'Atomium à un prix très avantageux. Tout Bruxelles en une carte donc, qu'il suffit de scanner à l'entrée du musée ou lorsqu'on emprunte le bus, le tram ou le métro.

Tarifs de la STIB. Le billet vous coûtera 2,60 € si vous achetez un ticket papier et 2,10 € si vous utilisez le paiement sans contact (avec votre carte de banque, carte bleue ou smartphone, les bornes grises ou noires se trouvent devant l'accès aux quais du métro/pré-métro et dans les trams et bus de la STIB) . Pour dix voyages : 15 €. Pour un trajet entre l'aéroport et le centre : 7 € en paiement sans contact et 7,50 € en prévente au distributeur. D'autres formules présentent des avantages pratiques et financiers : la formule d'un jour s'utilise à volonté pendant 24 heures pour 8 € en prévente, 7,50 € en paiement sans contact (badgez à chaque fois votre carte bancaire dans les transports, vous ne serez pas débités de plus de 7,50 € sur 24h).

Train

Le train n'est certainement pas le mode de transport privilégié pour circuler à l'intérieur de la capitale belge (à tort, dans certains cas car Bruxelles compte de nombreuses petites gares qui sont accessibles avec le Pass d'un jour de la STIB) . Mais faire du tourisme à Bruxelles peut vous donner l'envie d'aller explorer d'autres coins du pays. Dans ce cas, voici quelques conseils.

Plan futé. Réservez votre billet par Internet sur le site de la SNCB, vous recevrez par email un e-billet. Les prix sont fixes par distance et le ticket valable toute la journée comme un TER en France (sur www.sncb.be). Si vous achetez un Go Pass ou un Rail Pass (voir plus bas) via l'application de la SNCB, vous aurez une réduction supplémentaire.

Tarifs. Une idée des tarifs pratiqués en seconde classe : un aller Bruxelles-Namur revient à 9,30 €, Bruxelles-Anvers 7,70 € pour 50 km, Bruxelles-Arlon 22,20 € pour 190 km. Ci-dessous, les formules les plus économiques.

Youth Ticket et Youth Multi : Formules pour les voyageurs de moins de 26 ans. Youth Ticket ; Valable pour un trajet simple 6,60 € ou aller/retour 13,20 € dans toute la Belgique. Youth-Multi : Carte de 10 voyages simples en seconde classe, valable pour une période d'un an, au prix forfaitaire de 55 € (53 € si achetée sur l'application de la SNCB). Imbattable pour les trajets de plus de 70 km. Elle ne peut être utilisée avant 8h du matin du lundi au vendredi, sauf en juillet et août où il n'y a pas de restriction horaire. Un Go Pass peut être utilisé par plusieurs personnes en même temps (il suffit de remplir le nombre de lignes correspondant sur le ticket).

Standard Multi : pour les plus de 26 ans. Carte de 10 voyages valable pour une période d'un an, à 86 € (83 € si achetée sur l'app) pour la seconde classe et 131 € pour la première (128 € sur l'app). Intéressant pour les trajets d'au moins 100 km. Pas de restriction horaire.

Le billet week-end. Accorde une réduction de 50 % sur le prix d'un aller-retour. Valable pour le voyage aller du vendredi soir après 19h au dimanche soir, il finit à minuit ; pour le voyage de retour du samedi midi au dimanche soir. Les allers-retours sont donc possibles les samedi et dimanche.

Il existe d'autres possibilités comme les B-Excursions qui offrent une réduction intéressante sur des billets combinant le voyage aller-retour en train et les entrées à certaines attractions dans différentes villes et lieux touristiques de Belgique. Pendant les vacances, vous pouvez également bénéficier de ces deux formules : « Un jour à la mer » et « Un jour dans les Ardennes ». Réduction pour la journée pour un aller-retour vers une gare du littoral ou des Ardennes, en période de vacances scolaires uniquement. Mêmes conditions que pour les billets week-end.

VÉLO, TROTTINETTE & CO

On le sait, Bruxelles est une capitale du vélo. Des sociétés de locations de vélo indépendants ou de vélo partagés y existent. La ville est dotée de pistes cyclables partout et de parkings à vélo.

Location de vélo : Blue Bike est l'une des adresses les plus pratiques et les moins chères pour louer des vélos, présente dans tout le pays (et évidemment dans la capitale), qui a des bornes distributeur à clés (24h/24) dans toutes les gares. Il faut les biper avec sa carte qu'on aura pris soin de faire à l'avance. Puis, il suffit de suivre en gare les indications vers le point vélo. Vous pouvez utiliser le casier 24h/24 ou aller en agence pendant les heures d'ouverture. Une seule carte Blue Bike permet d'en louer deux à la fois. Ils sont présents dans toutes les 3 grandes gares bruxelloises. Du lundi au vendredi 7h-19h30, week-end 9h-22h. Vélos disponibles 24h/24. 3,15 € la journée, abonnement annuel 12 €. (www.blue-bike.be)

Vélos partagés : le service précurseur de location de vélo partagé, c'est Villo! (ticket d'un jour à 1 €, 1e demi-heure gratuite, 0,5 € la 2e demi-heure, 1 € la 3e demi-heure à 1 € et les demi-heures suivantes à 2 € par demi-heure). Si vous avez plutôt envie d'un vélo électrique, alors c'est avec Billy Bike.

© WIRESTOCK CREATORS - SHUTTERSTOCK.COM

Vélos partagés.

En trottinette. Dott, Bolt et Lime se partagent le marché des trottinettes électriques à Bruxelles.

AVEC UN CHAUFFEUR

Bruxelles est investie par les sociétés de VTC Uber, Heetch et Bolt. Elles sont en concurrence avec l'appli de taxis Victor Cab. Vous trouverez des stations de taxis aux abords des gares, des places principales et des lieux touristiques. Attention, pensez à réserver à l'avance car obtenir un taxi prend du temps, ils sont souvent très sollicités, et il n'est pas rare d'attendre 15 ou 20 minutes pour en voir arriver un. Les réceptions d'hôtels sont habitués à la manœuvre et pourront s'en occuper à votre place.

Autre solution, les taxis partagés Collecto. Ils fonctionnent 7j/7 entre 23h et 6h et les points de collectes (il y en a 220) se trouvent aux arrêts de la STIB. 5 €/trajet pour les abonnés STIB ou les détenteurs d'une carte MOBIB ; 6 €/trajet pour les autres clients. (taxisverts.be/fr/collecto-fr/)

EN VOITURE

Pour conduire votre véhicule ou en louer un sur place, votre permis national suffit.

Autoroutes. Un réseau autoroutier exceptionnel – et sans péage ! – de plus de 1 500 km assure une liaison directe et rapide entre tous les centres urbains. Vitesse maximale autorisée : 120 km/h. Attention, de nombreux radars ont fleuri le long des routes et autoroutes belges.

Conduite sur route. La vitesse est limitée à 120 km/h sur autoroute, 90 km/h en Wallonie et 70 km/h en Flandre sur les routes nationales et 50 km/h en agglomération sauf... à Bruxelles qui est « Zone 30 ». Si vous conduisez, attention à la priorité à droite généralisée (sauf panneau indiquant que vous êtes sur une route prioritaire).

Zone 30 : La vitesse maximale autorisée à Bruxelles est désormais limitée à 30 km/h sur toutes les voiries de la Région de Bruxelles-Capitale, sauf sur les grands axes où la limitation de vitesse reste fixée à 50 ou 70 km/h. Faites attention aux panneaux !

Parking. Les parkings du centre sont très onéreux et limités en temps. Optez pour les parkings périphériques à prix modique moyennant l'achat d'un titre de transport en commun. Plus d'informations sur parking.brussels/fr/smart/park-ride-pr.

Depuis l'établissement de la zone de basse émission (LEZ) sur le territoire de la Région bruxelloise, certains véhicules les plus polluants ne sont plus admis. Il s'agit des véhicules diesel sans norme, Euro 1, Euro 2, Euro 3 et Euro 4 et les essence Euro 1 et sans norme (mis en circulation avant le 01/01/1997). Tous les véhicules immatriculés à l'étranger qui peuvent circuler dans la zone doivent s'enregistrer (gratuitement) via : https://lez.brussels/mytax/fr/registration. L'inscription est gratuite et valable 3 ans.

ACCESSIBILITÉ

Malheureusement, Bruxelles n'est pas une pionnière en matière d'accessibilité mais elle fait des efforts. Une cinquantaine de stations de métro/prémétro sont accessibles aux PMR, avec ou sans aide. Toutes les stations sont équipées d'une signalétique en braille mais aussi de plots en relief pour marquer le cheminement et les lignes de sécurité. Dans les stations de métro accessibles aux fauteuils roulants, il se peut qu'il y ait une difficulté pour franchir l'espace entre le quai et la rame de métro. Il est possible d'appeler le service d'assistance sans réservation préalable en actionnant le bouton d'une borne contact en station. Le service est disponible tous les jours entre 7h et 22h. La plupart des bus disposent d'un plancher surbaissé pour entrer avec un fauteuil roulant ou une poussette (de même sur certains trams). Des places spéciales leurs sont dédiées. Plus d'information, rendez-vous sur www.stib-mivb.be, dans la rubrique « Accessibilité ».

LES PHRASES CLÉS

Bonjour, comment puis-je me rendre à…
Hallo, hoe ga ik naar...?

Est-ce loin à pied ? Y a-t-il le métro ou un bus... pour y aller ?
Is het ver lopen? Is er een metro of een bus... om er naartoe te gaan?

Pouvez-vous me montrer cet endroit sur la carte s'il vous plait ?
Kunt u me deze plek op de kaart aanwijzen alstublieft?

Où puis-je acheter les tickets de transport ? Est-ce que je peux payer en carte de crédit ?
Waar kan ik de kaartjes voor het vervoer kopen? Kan ik met creditcard betalen?

Où est la sortie ? A gauche, à droite ou tout droit ?
Waar is de uitgang? Naar links, naar rechts of rechtdoor?

Je suis perdu et je suis en retard, s'il vous plait, aidez-moi ! Merci beaucoup !
Ik ben verdwaald en ik ben te laat, help me alstublieft! Hartelijk dank!

LES QUARTIERS DE BRUXELLES

Le centre historique de Bruxelles est circonscrit par la Petite Ceinture qui a la forme d'un pentagone. Englobant les anciens faubourgs, que nous avons délimités subjectivement en quatre grands secteurs, le périphérique appelé « Ring », permet de contourner le centre-ville. Au sud-ouest, les anciens quartiers industriels proches du canal Anvers-Bruxelles-Charleroi sont constitués par les communes d'Anderlecht, Molenbeek et Forest. Au nord-ouest, ce sont les communes de Koekelberg, Berchem Ste Agathe, Ganshoren et Jette. Et au nord, Laeken (qui n'est pas une commune) abrite le château royal et l'Atomium. À l'est, le très vaste quartier européen englobe les communes d'Evere, Schaerbeek, Etterbeek, Saint-Josse, Ixelles et Saint-Gilles. Au sud, plus loin en périphérie, l'*Uptown et espaces verts*, véritable « poumon vert bruxellois », englobe Uccle (et la forêt de Soignes), Auderghem, Watermael-Boitsfort, Woluwé-Saint-Lambert et Woluwé-Saint-Pierre.

La Région de Bruxelles-Capitale

Ce que l'on appelle communément Bruxelles est en réalité la Région de Bruxelles-Capitale, qui est la plus petite des trois régions fédérées de la Belgique. Les deux autres étant la Wallonie et la Région flamande. Elle a été créée en 1989. La région de Bruxelles-Capitale (1 200 000 habitants) est composée de 19 communes dirigées chacune par un bourgmestre et un collège d'échevins. Certaines compétences relèvent de la Région, d'autres des communes. C'est passablement compliqué pour la gestion des décisions, mais cela nourrit quand même un gros paquet de fonctionnaires. En période de vaches grasses, cela a peu d'importance, mais en période de gestion de crises, le modèle montre vite ses limites.

Le centre historique (Pentagone)

C'est largement le plus visité de Belgique, pour la beauté architecturale de ses rues piétonnes, la densité de magasin et de musées qu'on y trouve. On le détaille en plusieurs quartiers dans ce guide : Grand-Place, Monnaie, De Brouckere, les Marolles, Sablon, Mont des Arts, Dansaert, Saint-Géry et Sainte-Catherine.

La Grand-Place. Elle est à la fois le joyau et le cœur de la capitale belge. Piétonne, elle est bordée par les traditionnelles maisons des corporations, dont les façades du XVIIIe siècle rivalisent de beauté. Au nord de la Grand-Place, l'Îlot sacré est un réseau de rues et de ruelles classé au patrimoine de l'UNESCO. La tradition commerciale de tout ce quartier est particulièrement lisible dans les noms de rues : rue au Beurre, rue des Harengs, rue des Bouchers, rue du Marché-aux-Fromages, rue du Poivre... Dans les environs de la Grand-Place, vous trouverez de nombreux cafés et restaurants, ainsi que le célèbre Manneken-Pis.

La Monnaie. De la place de la Monnaie part la rue Neuve qui concentre les loyers commerciaux les plus chers de la ville. On y trouve les grandes enseignes internationales où la foule y défile en rangs serrés. À droite de la rue Neuve, par la rue Saint-Michel, se trouve la place des Martyrs. Contemporaine de la place Royale (1775), elle a un caractère plus intimiste. On l'a laissée à l'abandon durant vingt ans, par manque de moyens et par incertitude quant à son devenir possible, avant de la restaurer. Continuez votre route et vous verrez, sur votre gauche, la petite église Notre-Dame du Finistère (début XVIIIe siècle), dont l'intérieur mérite une visite. Remarquez la superbe façade du presbytère, dans le style cossu de l'époque.

De Brouckère. Le passage du Nord (1882) récemment réhabilité fait le lien entre la rue Neuve et la place De Brouckère. Orné de cariatides sous la haute verrière, il s'inscrit dans la tradition des passages commerçants propres à Bruxelles. La place De Brouckère, reconnaissable entre autres à son enseigne pour une célèbre marque de soda, façon Times Square, constitue l'un des espaces les plus vastes de l'ensemble piétonnier du centre-ville. Le plus grand d'Europe, dit-on...

Les Marolles. C'est ce quartier populaire qui s'étale au pied du palais de justice, entre l'église de la Chapelle au nord et la porte de Hal au sud. La rue Haute, dont le tracé correspond à celui d'une ancienne voie romaine, en était l'artère principale, menant de la Steenpoort, porte de la première enceinte, à la porte de Hal, de la deuxième enceinte. Le quartier est connu pour son marché aux puces, particulièrement animé le dimanche matin. Le grand peintre Pierre Bruegel l'Ancien a résidé dans le quartier au XVIe siècle.

Au XVIIe siècle, devant l'importance de la pauvreté, de nombreuses congrégations religieuses viennent s'installer dans les environs. Parmi elles, les sœurs apostolines, surnommées « sœurs Maricolles », ce qui donnera l'appellation « Marolles ». Au XIXe siècle, lors de la révolution de 1830, de nombreux Marolliens montent sur les barricades et combattent pour l'indépendance. Par ailleurs, les travaux du palais de justice entraînent des expropriations dans le quartier, tandis que les travaux du voûtement de la Senne chassent du centre-ville le traditionnel Vieux Marché, le marché aux puces. Celui-ci et les miséreux qui vivaient de son activité remontent vers les Marolles, au moment où les artisans déménagent vers les premiers faubourgs. Les Marolles sont aussi un lieu où échouent de nombreux immigrants venus dans la capitale à la recherche d'un sort meilleur : Espagnols, Polonais, Italiens et tant d'autres s'y sont succédé, jusqu'aux Africains aujourd'hui. Après les deux guerres mondiales, le quartier reprend sa vie traditionnelle, avec, pour principale activité économique, la récupération de vieux métaux et chiffons. Pour faire face à l'insalubrité et à la pauvreté, des logements sociaux sont construits. Aujourd'hui encore, le quartier des Marolles est un lieu populaire. Il subit cependant l'influence du Sablon tout proche et développe un côté alternatif, voire branché. Entre le marché aux puces sur la place du Jeu de Balle, les brocantes et les artistes, la mutation des Marolles est bien visible.

▶ **Le Sablon.** Le Grand-Sablon est situé en contrebas de l'église Notre-Dame-des-Victoires, communément appelée aujourd'hui Notre Dame du Sablon. La place du Grand-Sablon constitue un bel ensemble architectural qui rassemble des maisons du XVIe au XIXe siècle. En fin de semaine, la place vibre d'une intense activité due à la présence de son fameux marché aux antiquités qui attire une foule de curieux. Inauguré en 1890, le square du Petit-Sablon est l'œuvre de l'architecte Henri Beyaert et l'un des petits bijoux architecturaux du centre de Bruxelles. Jardin de style néo-Renaissance, il est entouré d'une balustrade en fer forgé aux motifs variés : les grilles incluent quarante-huit colonnes portant des statues qui figurent les corporations de la société médiévale. Au fond du jardin, derrière la pièce d'eau, d'autres statues célèbrent les grands hommes du XVIe siècle belge. De jour, l'atmosphère reposante du Petit-Sablon, ou de nuit, le Grand-Sablon illuminé par les vitraux de Notre-Dame attirent les Bruxellois. Côté commerces, les marchands de chocolats rivalisent avec les galeries d'art et les antiquaires.

▶ **Dansaert.** Entre authenticité et créativité, Dansaert est au cœur de l'agitation bruxelloise. Quartier bigarré où se côtoient aussi bien des créateurs avant-gardistes que des Bruxellois pur sucre, il a été longtemps oublié de tous avant de s'éveiller à nouveau sous l'impulsion de jeunes artistes flamands dans les années 1990. Bruxelles a su offrir à ses créateurs exubérants, innovants et entreprenants, grâce à ses écoles d'art reconnues mondialement, un cadre et un environnement propice à leur épanouissement. Et ces derniers le lui ont bien rendu. Depuis, la rue Dansaert est devenue le centre névralgique de la création bruxelloise ; LE quartier dédié à la mode, au design et à la création contemporaine avec ses cafés, ses restos cosmopolites et ses galeries d'art.

▶ **Sainte-Catherine.** Autre quartier vivant, Sainte-Catherine : c'est le quartier de l'ancien port intérieur de Bruxelles, les rues en ont d'ail-

Square du Petit-Sablon.

© SOPHIE LENOIR - SHUTTERSTOCK.COM

Parc de Woluwé, Woluwé Saint-Lambert.

leurs gardé le souvenir ; quai aux Briques, quai au Bois-de-Construction, quai au Commerce, etc. Au XVIe siècle, les Bruxellois creusèrent le canal de Willebroek, le plus ancien de Belgique, et transformèrent ce quartier du nord-ouest du Pentagone en une zone dynamique où les commerçants venaient décharger leurs marchandises. Des canaux secondaires permettaient alors d'accéder aux différents bassins, dont celui de Sainte-Catherine. Les noms des canaux représentaient le nom du commerce qu'ils accueillaient (quai aux Pierres-de-Taille, quai au Foin, etc.). Fin du XIXe siècle, début du XXe siècle, la modernisation du canal de Willebroek engendra l'inutilité des bassins et de ses différents canaux qui seront dès lors comblés les uns après les autres. Le quartier fut abandonné progressivement par les Bruxellois, jusqu'à il y a une quinzaine d'années. De cette époque portuaire où les poissons devaient être vendus dès le déchargement, le quartier a conservé quelques restaurants de poissons et de fruits de mer, plutôt bourgeois que troquet. La rue de Flandre, la rue du Vieux-Marché-aux-Grains, la rue Sainte-Catherine et leurs voisines expriment bien ce métissage, entre innovation et pittoresque. Un cadre charmant pour y flâner, s'y restaurer ou encore y glander.

▸ **Saint-Géry.** Cette place fut jadis le cœur historique de la ville. C'est ici, au milieu des marécages de la vallée de la Senne, qu'au Ve siècle a été bâti le premier castrum fortifié, créant ainsi le noyau de la cité, autour duquel les premières maisons en bois ont émergé. De cette époque, il ne reste qu'un décor de fausse Senne, emmuré en contrebas d'un escalier dans une cour. Clin d'œil à ce cours d'eau qui fit la prospérité de Bruxelles. Aujourd'hui, la place Saint-Géry est le théâtre nocturne et diurne d'un va-et-vient de jeunes qui viennent s'y détendre ou s'encanailler dans un des nombreux bars et terrasses où il fait bon s'attarder en été jusqu'aux petites heures.

Quartier industriel et canal

Les anciens quartiers industriels sont proches du canal Charleroi-Bruxelles :

▸ **Anderlecht.** L'une des 19 communes de Bruxelles-Capitale qui compte 120 000 habitants. L'industrialisation des abords du canal attire une population plutôt pauvre qui bondit au XIXe siècle. Elle étale une architecture d'époque intéressante et loge le fameux Royal Sporting Club d'Anderlecht. Outre le musée de la Gueuze, installé dans la brasserie artisanale Cantillon fondée en 1900, c'est la maison d'Érasme qu'il ne faut pas manquer. Elle rassemble à la fois une collection de peintures anciennes, une bibliothèque riche de milliers d'éditions anciennes et un Jardin philosophique.

▸ **Molenbeek.** Cette commune compte une centaine de milliers d'habitants. Elle est désormais mondialement connue depuis les attentats de France et de Belgique en 2015 et 2016 pour avoir abrité des intégristes radicalisés. Mais Molenbeek, comme le Nord-Est parisien, est avant tout un quartier cosmopolite qui rassemblait à son origine les ouvriers travaillant dans les usines alentour. On le surnommait au XIXe siècle, le « Petit Manchester ». Immigrés italiens, espagnols et portugais ont été rejoints par Arméniens, Turcs et surtout Marocains, qui constituent aujourd'hui la moitié de la population. Molenbeek compte les lieux alternatifs culturels intéressants comme le MIMA (p.106) et la Fonderie (p.106).

Forest. Commune minuscule, mais tout en déclivité puisqu'elle longe à la fois le canal et prétend aussi à être le point culminant de la Région Bruxelloise avec sa place de l'Altitude 100 (comme cent mètres !). Comme son nom l'indique, elle est située sur l'ancien bois de l'Abbaye où poussaient des vignes. L'ancienne enceinte de l'abbaye a été aménagée en parc à la fin du XIXe siècle pour créer des espaces de détente et loisirs pour les populations ouvrières des alentours. L'époque industrielle a enraciné ici l'immense usine Audi/Volkswagen qui produit encore l'A1 et la nouvelle Audi électrique. L'ancienne brasserie Wielemans Ceupens a été transformée en centre d'art contemporain, le Wiels.

Au Nord du Canal

Sous-entendu, « au nord du Canal de Willebroek », s'étire Laeken qui compte bon nombre de sites et monuments à voir, tout comme à Koekelberg, cité érigée au Moyen Âge. Jette est très vert et vaut une halte au calme. Ces quartiers comptent aussi de bons restaurants belges avec assez peu de touristes, hormis ceux qui se rendent à l'Atomium.

Laeken. C'est une ancienne commune rattachée à la ville de Bruxelles en 1921, cela parce qu'elle abrite le château royal, résidence de nos souverains et que la famille royale, pardi, ne pouvait habiter ailleurs que dans la capitale. Ne manquez pas chaque début de printemps la visite des magnifiques serres du château, ouvertes au public uniquement à cette période. Quant à l'Atomium, il reste le monument le plus visité du pays. À ses pieds, l'intéressante mini-Europe, le parc des Expositions et l'Adam, le musée du design bruxellois attirent aussi des visiteurs.

Koekelberg, Ganshoren, Berchem Sainte-Agathe et Jette. La basilique de Koekelberg est la 5e plus grande du monde. Mais sans doute pas la plus élégante. Le principal espace vert est le magnifique parc Baudouin à Jette. Pour le reste, ces communes ont gardé une âme de village bien agréable sous certains aspects.

Le Quartier européen

On le définit ici par toute la zone située à l'est du centre historique. D'Evere jusqu'à Saint-Gilles. Il est riche en restaurants, hôtels et bien desservi en transports en commun (à l'exception d'Evere)..

Evere est très résidentielle et abrite le QG de l'OTAN.

Schaerbeek. Ville dans la ville de près de 130 000 habitants. Une partie plus bourgeoise avec de belles maisons de maîtres, et d'autres quartiers plus populaires et cosmopolites. L'hôtel communal est remarquable, tout comme les maisons Art nouveau qu'on peut y découvrir, comme la Maison Autrique. C'est ici qu'est né Jacques Brel. La gare a été transformée en un original musée du train « Train World ». La commune est surnommée la cité des Ânes, animal de bât qui était très utilisé et que l'on avait coutume de confondre avec les âniers… Schaerbeek et sa gare du Nord, c'est aussi l'un des plus connus quartiers de la prostitution en vitrine. Coté parc, sans conteste le vaste parc Josaphat.

Saint Josse. Cette commune très populaire et cosmopolite est célèbre pour être la plus petite et la plus pauvre de Belgique… Près des trois quarts de la population sont d'origine marocaine ou turque, ce qui se remarque surtout les soirs d'élections ou de match de foot incluant ces pays. C'est dans ce quartier que se trouve le centre culturel Botanique accueillant beaucoup de concerts et son très beau jardin.

Etterbeek. Commune prisée des expats de l'U.E. située au sud du parc du cinquantenaire. Celui-ci abrite le musée automobile Autoworld, la maison Art nouveau Cauchie, et surtout le Musée de Sciences naturelles, l'un des plus importants du monde.

Ixelles. Cette commune de 90 000 habitants, c'est le véritable cœur européen où l'on peut visiter le fameux Parlamentarium. Gentrification de pas mal de coins très animés et où l'on parle toutes les langues, mais très souvent le français de France. Tant dans les quartiers Châtelain et Louise (branchés et chics) que dans le quartier africain de Matonge (du même nom qu'un quartier de Kinshasa). Ixelles est devenue depuis 2019 la commune la plus chère de Bruxelles.

Saint-Gilles. Tout au sud du centre historique, c'est la chaleureuse commune des artistes et des bobos. Son hôtel de ville est impressionnant et plusieurs centres culturels sont installés. Incontournable, la magnifique Maison Horta où résidât, durant une vingtaine d'années, le Maître de l'art nouveau.

Uptown et espaces verts

Le « poumon vert » de Bruxelles est équivalent aux Bois de Boulogne et de Vincennes à Paris, de grands parcs où l'on peut se détendre et prendre l'air le temps d'une journée.

Uccle. Tout au sud en périphérie, Uccle compte 85 00 habitants, réputé pour ses quartiers bourgeois et verts, à proximité de la forêt de Soignes.

Auderghem. Également à l'orée de la forêt de Soignes, elle abrite le magnifique château Saint-Anne et le prieuré de Val Duchesse, plus connu pour les délibérations politiques qui s'y sont tenues que pour l'histoire des lieux.

Woluwé-Saint-Lambert et Woluwe-Saint-Pierre, Watermael-Boitsfort. Des anciens villages dans la verdure intégrée à la ville, où il fait bon flâner le week-end, beaucoup de maisons Art nouveau, Art déco. Une belle qualité de vie pour les Bruxellois qui préfèrent le calme et l'espace.

BRUSSELS AIRPORT

Leopoldlaan - **ZAVENTEM**
✆ +32 2 753 77 53
www.brusselsairport.be/fr

L'aéroport de Bruxelles est desservi en transports par train et bus. Vous pouvez descendre à la gare SNCB de l'aéroport depuis la plupart des gares du pays ainsi que des gares internationales, vous pouvez aussi emprunter les lignes 12 (express en 30 min à Bruxelles) 471, 659 et 359 du côté flamand (et une tonne d'autres petites lignes). Des connexions aussi avec l'aéroport de Charleroi, pratique pour ses compagnies low cost. Les vols à destination des pays de la zone Schengen partent de la jetée A, à destination de l'Afrique, jetée T et le reste, jetée B.

SNCB À BRUXELLES

✆ +32 2 528 28 28
www.belgiantrain.be/fr
Ticket à l'intérieur de la zone des 19 communes de Bruxelles Capitale : 2,50 €.

C'est un demi-secret même pour les Bruxellois mais le territoire de la région compte pas moins de 35 gares, un vrai petit RER en miniature, et qui sont toutes reliées à des arrêts de bus, tram ou métro. Dans la grande majorité des cas, sauter dans un train vous fera gagner jusqu'à la moitié du temps pour aller du centre à un des confins de la capitale (Uccle par exemple). Le planificateur de trajet de la STIB (société de transports publics bruxellois) vous renseignera sur les différentes options qui s'offrent à vous, dont les trajets en train.

SNCB-SOCIÉTÉ NATIONALE DES CHEMINS DE FER BELGES

✆ +32 2 528 28 28
www.belgianrail.be

La SNCB est responsable du transport ferroviaire de voyageurs en Belgique. Elle travaille également en partenariat avec la SNCF (Thalys, Eurostar et TGV), la DB allemande (ICE) et les chemins de fer néerlandais NS. Tarifs, horaires et billets en ligne ou sur l'application mobile. Il existe des pass intéressants, nommés Youth Multi pour les moins de 26 ans et Standard Multi pour les plus de 26 ans, permettant de voyager à moindre coût sur le réseau. Tickets A/R à 50 % le week-end.

CAMBIO

Rue Thérésienne 7 A-C
✆ +32 2 227 93 02 - www.cambio.be
Bureaux ouverts du lundi au vendredi de 9h à 17h30. Véhicules accessibles aux stations 7j/7, 24h/24.

Le carsharing est un moyen efficace de réduire le nombre de véhicules en ville. Une voiture Cambio permet d'éviter 13 automobiles. Louez une voiture pour une heure et au maximum pour 7 jours. Les conditions d'utilisation sont assez simples : posséder un permis (valable en Belgique) depuis minimum 2 ans et suivre une séance d'informations en ligne. Le nombre de stations est en augmentation permanente à Bruxelles. Les tarifs, sur mesure, comprennent carburant et assurance. Plusieurs modèles d'autos sont disponibles, de la citadine à la camionnette.

CYCLO

Rue de Flandre 85
✆ +32 2 513 95 55
www.cyclo.org
Points vélo gares du lundi au vendredi de 7h à 19h. Point vélo Bourse du mardi au vendredi 9h-19h et samedi 10h-16h.

À côté d'ateliers d'entretien et de réparation de vélo effectuée par des chômeurs de longue durée formés par Cyclo, l'ASBL propose des vélos, tandems, vélos-cargos à la location. Leurs points-vélo sont à la sortie des quatre grandes gares bruxelloises sous le label Blue-bike (qui est présent dans les grandes gares du pays) mais aussi à l'intérieur de la station de prémétro Bourse. Vous pourrez également y trouver le plan des pistes cyclables de Bruxelles, un indispensable pour utiliser la petite reine avec un maximum de sécurité.

POPPY

✆ 03 283 62 62
poppy.be
1 € de frais de déblocage, 0,25 €/minute, la trottinette ; 0,39 €/minute, la voiture.

Poppy loue ses véhicules (trottinettes électriques ainsi que des voitures, dont certaines sont électriques) en mode « free-floating ». C'est-à-dire que vous pouvez laisser votre véhicule où vous voulez, du moment qu'elle est dans la zone définie par Poppy. Pas besoin de carte de membre ou d'abonnement. Vous réservez votre véhicule avec l'application pour smartphone et vous voilà en route. Pas de surprise, les frais sont fixes pour chaque type de véhicule. Les zones Poppy couvrent aussi l'aéroport de Bruxelles National et de Charleroi.

PRO VÉLO

Rue Dublin 19
✆ +32 2 502 73 55
www.provelo.org
Ouvert du 01/04 au 31/10, du lundi au samedi de 10h à 18h (12h le mar). 8 €/2h, 19 €/j. Électrique : 24 €/4h.

Vous les trouverez facilement, près de la place du Trône. Un service de location met à votre disposition des vélos pour adultes et pour enfants, des vélos classiques, d'autres à assistance électrique, des vélos *longtails* ou cargo ainsi que des accessoires. Des visites guidées de qualité sont programmées selon un calendrier bien établi, disponible sur Internet ou à la maison des Cyclistes. Possibilité de livraison à partir de six vélos. Parmi les autres services offerts : l'entretien et la réparation de vos bécanes et des cartes pour vous balader à votre guise.

STIB

✆ +32 70 23 20 00
www.stib-mivb.be/
Différents tarifs et pass. Les billets unitaires sont moins chers aux bornes de paiement sans contact.

La STIB gère la circulation des trams, bus et métro. Le service fonctionne entre 5h et 0h30. Également des bus de nuit les vendredis et samedis soir, entre 24h et 3h. Le métro bruxellois compte 4 lignes et 3 lignes de pré-métro. Leur site Internet et app sont très pratiques pour planifier son itinéraire. La majorité des billets sont disponibles uniquement sur une carte MOBIB (5 €) et plus en ticket papier. Titres de transport vendus en agences, au guichet des gares, stations métro, bornes de paiement sans contact, marchands de journaux et certains supermarchés.

TAXIS AUTOLUX

Rue du Maroquin 1
✆ +32 2 512 31 23
www.taxisautolux.be
Aller-retour vers le centre–ville : plus ou moins 80 €.

Taxis de luxe assurant la liaison entre Brussels Airport et la plupart des hôtels bruxellois. 20 % de réduction si aller-retour vers le centre-ville. Le prix de la course en ville est sensiblement identique à ceux des autres compagnies de taxis avec l'avantage d'avoir, à coup sûr, des chauffeurs soignés et des voitures impeccables. À moins que ça ne soit l'inverse. Taxi Autolux propose également un service de limousine et un service de transport aux entreprises (avec attente minimale). Les véhicules sont des Mercedes Classe E ou des Volvo V70.

TAXIS BLEUS

Rue du Progrès 80
✆ +32 2 204 21 11
www.taxisbleus.be
Ouvert 7 jours sur 7 et 24 heures sur 24.

Les Taxis Bleus sont les principaux concurrents des Taxis... verts. Avec 300 chauffeurs sillonnant la capitale, en trouver un n'est pas trop compliqué. Vous pouvez commander votre taxi par téléphone mais aussi via leur site Web ou mieux encore, via leur app. Comme presque tous les grands services de transport particulier, les Taxis Bleus proposent un service de forfait pour une course entre l'aéroport et la ville. Connaissant les bouchons bruxellois, c'est souvent une bon plan. Il suffira de le mentionner lors de la commande de votre carrosse.

TAXIS VERTS

Rue des Carburants 54
✆ +32 2 349 49 49
www.taxisverts.be
Ouvert 7 jours sur 7 et 24 heures sur 24. Forfait aéroport : plus ou moins 35 € l'aller.

Enseigne « leader » des taxis bruxellois, on les trouve facilement et quand ce n'est pas le cas, il suffit d'en réserver un. En général, le taxi réservé est devant vous en cinq minutes maximum. Pour ce faire, rien de plus simple. On leur téléphone ou, plus au goût du jour, on télécharge l'app disponible sur Google Play ou Appstore. Actuellement, les Taxis Verts comptent 70 véhicules adaptés, à l'aide d'un élévateur, aux personnes à mobilité réduite. Pour rentrer chez soi ou se rendre en soirée à prix réduit, on utilise Collecto, le taxi collectif à prix réduit.

VILLO

7 rue Joseph Stevens
✆ +32 78 05 11 10
www.villo.be
Ticket 1 jour : 1 €, 1re demi-heure gratuite, 2e demi-heure 0,50 €, 3e demi-heure 1 € et demi-heures suivantes à 2 €.

Un système de location de vélos (jaunes), disponible 7j/7, 24h/24. Plus de 4 000 Villo's sont disponibles dans 360 stations (dont plus de 50 sur Bruxelles-ville). Abonnement d'un jour à un an, selon différents lieux et formules de paiement. Il vous est possible d'emprunter un vélo dans une des stations de location réparties dans toute la ville et quand vous avez terminé, vous le déposez dans n'importe quelle station. Un dépôt est demandé, quel que soit le type d'abonnement, mais il n'est encaissé qu'en cas de dommage. Super pratique !

Il y a plus d'une centaine de musées à Bruxelles ; impossible donc de tous vous les présenter. Vous pouvez vous renseigner auprès de l'office de tourisme, qui distribue le petit magazine *Bru XXL* (gratuit) avec toutes les expositions du moment à Bruxelles. La plupart des musées ferment le lundi et font des réductions d'environ 15 % pour les étudiants (se munir obligatoirement de la carte, de préférence internationale). Sachez enfin que les musées royaux sont accessibles gratuitement le premier mercredi du mois. La Brussels Card, en formule 24, 48 ou 72h, comprend l'entrée de près de 49 musées, des réductions sur d'autre, et un pass illimités des transports en commun (bus, tramway, métro), très pratique, nous vous la recommandons vivement. Vous pouvez l'acheter en ligne (https://shop.brusselscard.be/fr) ou directement à l'office de tourisme, où de toute façon il faudra venir pour l'activer si vous l'achetez en ligne !

PRATIQUE

A VOIR / A FAIRE

HORAIRES

Les musées ferment tôt à Bruxelles, à 18h au plus tard pour les plus importants. Il en va de même pour la plupart des attractions et sites touristiques. S'il en existe un, le jour de fermeture hebdomadaire est normalement le lundi, comme en France.

A RÉSERVER

Il n'est pas nécessaire de réserver votre entrée pour les musées, mais c'est fortement recommandé.

BUDGET / BONS PLANS

Les musées sont assez onéreux en Belgique, équivalent aux prix français. Les musées publics sont gratuits et ouverts les premiers dimanches du mois, comme en France.

LES ÉVÉNEMENTS

Les évènements à ne pas manquer sont légion à Bruxelles, surtout à partir du printemps ; mais s'il fallait n'en retenir que quelques-uns, nous mentionnerons la Fête de l'Iris (fête de la Région de Bruxelles-Capitale) et la Fête de l'Europe en mai ; l'Ommegang, un spectacle qui recrée la « joyeuse entrée » de Charles Quint à Bruxelles (en juin-juillet) ; l'iconique Tapis de fleurs avec ses milliers de bégonias disposés sur la Grand-Place (toutes les années paires en août), le Week-end de la bière, à nouveau sur la Grand-Place, en septembre ; également en septembre, la fête de la BD et sa parade de ballons géants ; la Nuit Blanche et ses nombreuses manifestations culturelles en octobre et l'année se clôt avec les Plaisirs d'Hiver, bien plus qu'un marché de Noël, qui illumine les longues soirées du mois de décembre.

VISITES GUIDÉES

Visit Brussels propose des visites guidées payantes à réserver sur des thèmes variés. La plupart des musées proposent également une alternative guidée, le plus souvent pour les groupes. Bruxelles dispose d'un réseau de *greeters* disposés à vous faire parcourir la ville à votre guise. Infos sur https://www.visit.brussels/fr/visitors

FUMEURS

Fumer est interdit dans tous les lieux clos (musées, restaurants, cafés...). Certains endroits fermés (comme l'aéroport) peuvent avoir un endroit dédié aux fumeurs.

LES PHRASES CLÉS

Bonjour, puis-je avoir deux entrées adultes et un enfant s'il vous plait ?
Hallo, mag ik kaartjes voor twee volwassenen en één kind alstublieft?

Le tarif enfant est jusqu'à quel âge ? Et pour les seniors, est-ce qu'il y a une réduction ?
Tot welke leeftijd is het kindertarief? Is er korting voor senioren?

Est-ce qu'il y a des visites guidées en français ou un audioguide ?
Zijn er rondleidingen of is er een audiogids in het Frans?

Combien de temps faut-il pour faire la visite ?
Hoe lang duurt een bezichtiging?

J'ai du mal à monter les escaliers, avez-vous un ascenseur ?
Ik heb moeite met traplopen, is er een lift?

Excusez-moi, pouvez-vous me dire où sont les toilettes ? Merci beaucoup.
Pardon, kunt u mij vertellen waar de toiletten zijn? Hartelijk dank.

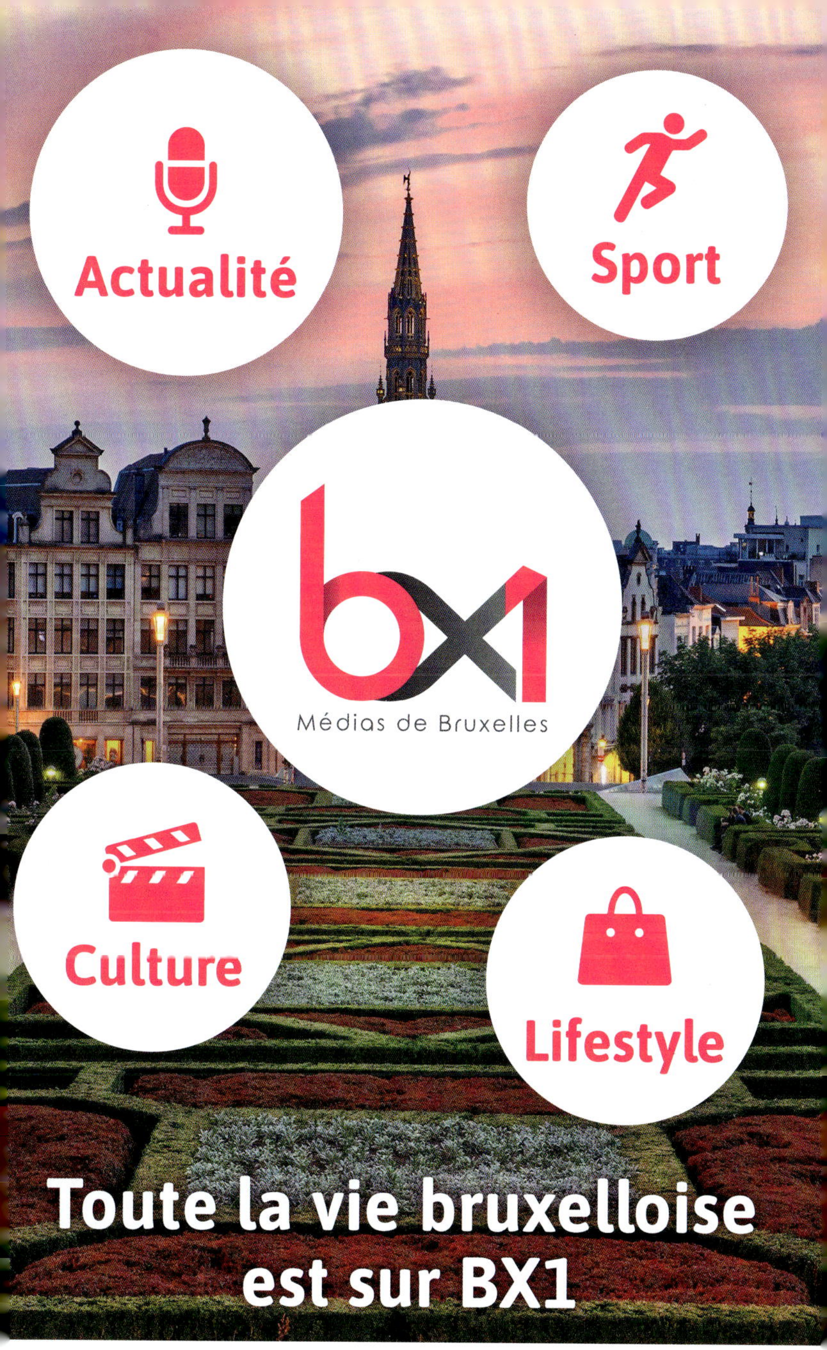
Actualité
Sport
bx1
Médias de Bruxelles
Culture
Lifestyle
Toute la vie bruxelloise est sur BX1

BRUSSELS CARD

24h à partir de 29 €, 48h à partir de 39 €, 72h à partir de 46 €.

La Brussels Card offre de nombreux avantages ! Comme l'accès gratuit dans 49 musées majeurs durant 24h, 48h ou 72h, des réductions pour 26 attractions, pour visites guidées, dans des commerces et restos. Et en prime, un plan de la ville et un plan des musées. En plus des transports en commun de la STIB et des bus touristiques Hop on-Hop off, on complète sa Brussels Card avec une entrée coupe-file à l'Atomium à un prix très avantageux. Tout Bruxelles en une carte donc, qu'il suffit de scanner à l'entrée du musée ou lorsqu'on emprunte le bus, le tram ou le métro.

EXPERIENCE.BRUSSELS

Rue Royale 4
✆ +32 2 563 61 11

Du lundi au vendredi 9h30-17h30. Week-ends, jours fériés et vacances scolaires 10h-18h. Entrée dédiée aux PMR.

[Re] découvrez une ville surprenante et bouillonnante ! Ici, les grands moyens sont mis en œuvre pour vous présenter tout ce que vous avez toujours voulu savoir de façon saisissante, amusante et captivante. La découverte d'*experience.brussels* a beau être une exposition riche en informations, elle est tout sauf ennuyeuse ou prétentieuse. Vous en repartirez avec, non seulement les réponses à vos questions, mais aussi avec de nouvelles idées plein la tête, quelques mots de dialecte bruxellois et même une carte postale personnalisée ! En plus, c'est gratuit.

EXPLORE.BRUSSELS

Avenue Brugmann 405 ✆ +32 231 95 001
www.explore.brussels

Aménagements pour les malvoyants, les malentendants, accessible aux chaises roulantes, LGBTQI friendly.

Explore.brussels est l'association qui regroupe les acteurs principaux dans le cercle des visites guidées à Bruxelles. À la fois réseau professionnel et organisateur d'évènements, il permet de centraliser les offres de ses membres sous la même coupole mais aussi de réunir leurs forces pour créer des manifestations majeures comme le BANAD [festival de l'Art nouveau et de l'Art déco], la Biennale de l'architecture éclectique [en octobre 2023] et la Biennale de l'architecture néo-classique [en octobre 2024]. Le nombre de visites répertoriées y est pléthorique !

VISIT.BRUSSELS

Grand-Place 1 ✆ +32 2 513 89 40
www.visit.brussels

Ouvert 7j/7, de 9h à 18h. Les 24/12 et 31/12 de 9h à 15h. Fermé les 25/12 et 01/01. Autre adresse : 2-4 place Royale.

On s'y procure une série de *minimaps* thématiques [Foodies, Tintin, Art nouveau, Green, Jacques Brel, etc.] et bien documentées à prix mini. Visit.brussels distribue des brochures pratiques et vous y trouverez également plein de renseignements sur les évènements culturels, les expos... Évidement, le personnel est toujours de bon conseil pour un petit tuyau. La Brussels Card est disponible sur place. Le site web de Visit Brussels regorge d'informations touristiques et propose aussi de découvrir Bruxelles autrement, à travers différents films cultes, par exemple.

ARKADIA

Rue de Namur 10 ✆ +32 2 319 45 60
https://arkadia.be/

Permanence téléphonique du mardi au vendredi de 9h à 13h. Voir site Web pour la liste de visites et de conférences.

Arkadia est une des plus grandes, et des plus réputées associations de promotion du patrimoine à Bruxelles. Du Moyen Âge à l'époque contemporaine, leur expertise couvre quasi toute l'histoire bruxelloise du coup, les thèmes abordés sont très variés, des fouilles archéologiques au street art, et leurs guides sont triés sur le volet. L'atout majeur d'Arkadia est qu'elle reçoit souvent les clés de lieux qui sont normalement fermés aux autres guides [maisons particulières, collections d'art privées ou d'entreprises...]. Possibilité de réserver pour des groupes.

ART NOUVEAU 1900

au pied de la statue du cardinal Mercier
✆ +32 2 219 33 45

Durée : 3 heures. Prix sur demande.

L'ARAU propose une exceptionnelle visite qui est devenue une référence. La visite se fait en car, ce qui permet d'appréhender l'importance de l'Art nouveau à Bruxelles et l'originalité de ce mouvement qui bouleversa l'architecture et les Arts décoratifs. Vous découvrirez les plus belles façades, certaines inscrites au patrimoine mondial de l'Unesco. Ce tour est l'occasion de découvrir au moins 2 intérieurs remarquables : l'hôtel Van Eetvelde, la maison Autrique, les anciens magasins Waucquez de Victor Horta et les écoles n° 1 ou n° 13 d'Henri Jacobs.

Le Top 3 préféré des Belges :
la bière, les frites et Nostalgie
I WANT
TO BREAK
I WANT TO BREAK FREE - QUEEN

BALADE JACQUES BREL

Place de la Vieille Halle aux Blés 11
fondationbrel.be/visite-individuelle
Début de la balade devant les Éditions Jacques Brel (remise dans boîte à audioguides si musée fermé).

Les fans de Jacques Brel (mais pas seulement) peuvent s'arrimer à un parcours avec audioguide dans les rues et places du centre-ville. La balade (5 km) est rythmée par des commentaires de témoins, des interviews et des extraits de chansons. L'occasion de s'imprégner de l'époque de Brel : les lieux de ses premiers concerts, les cafés et restaurants qu'il fréquentait et où il griffonnait des paroles sur un coin de table. On savoure la promenade à son rythme en ajoutant boissons et/ou repas en conservant l'audioguide à cet effet durant quatre heures.

BALADES ET VISITES EN SEGWAY

Rue du Marché au Charbon 1
✆ +32 2 588 78 99
Toutes les visites peuvent se faire en trois langues (français, néerlandais et anglais).

L'une des plus originales façons de découvrir les trésors de notre capitale. Le Segway ne demande que quelques minutes pour s'habituer. Un guide professionnel accompagne les promeneurs. Quatre axes de visite : Segway Brussel City Tour : l'essentiel en 2 heures. Segway BD : Idéal pour relier artistes, lieux et fresques. Durée : 2 heures. Segway Brussel By Night : allumez la loupiote et foncez ! Durée : 2 heures. Segway Brussel Tour : pour les demandes sur mesure. Durée 1h30 à 2h.

BRUSSELS BY WATER

quai des Péniches 2 bis
✆ +32 2 203 64 06
www.brusselsbywater.be
Voir infos sur le site web. Croisières guidées et excursions pour groupes. Croisières Brunch plusieurs dimanches/mois.

Autrefois délaissé, le canal retrouve ses lettres de noblesse. Brussels by Water investit les eaux du canal en organisant des croisières l'été, à raison de six par jour. L'occasion de découvrir le port et son fonctionnement. Il est même possible de pousser plus loin l'escapade, via Rivertours, pour une excursion d'une journée vers le plan incliné de Ronquières, Alost ou Anvers, ou de combiner la navigation à une randonnée à vélo ou à des visites touristiques. Les Journées bruxelloises de l'Eau (en mars) permettent de naviguer gratuitement.

BRUXELLES BAVARD

Rue des Thuyas 12
✆ +32 2 673 18 35
www.bruxellesbavard.be
Voir infos sur le site Internet.

Bruxelles Bavard est une association de guides passionnés ! Depuis 1983 les « guides bavards » transmettent leur enthousiasme pour Bruxelles à des publics très variés : groupes culturels, d'entreprises, touristiques ou scolaires, visiteurs de tous horizons et, bien sûr, aux Bruxellois eux-mêmes. De la bande dessinée au chocolat en passant par les bières, Magritte ou l'Art nouveau, ils proposent, dans la langue de votre choix, des découvertes à la fois originales, passionnantes et conviviales pour comprendre et aimer Bruxelles. Balades sonores en fin d'année.

LA FONDERIE

Rue Ransfort 27
✆ +32 2 410 99 50
www.lafonderie.be
Voir site Web pour les dates des visites guidées. 10 € la visite.

La Fonderie, c'est le musée bruxellois des industries et du travail mais à côté de ses activités muséales, c'est aussi un centre de recherche et d'éducation et parmi ses activités, elle propose des visites guidées, non seulement à Molenbeek, commune où elle est installée et souvent délaissée par les visiteurs, mais aussi dans d'autres communes où le patrimoine industriel, architectural et humain, est signifiant. Une approche très différente de Bruxelles, en somme. Le prix très abordable des visites ravira les petits budgets mais réservez bien à l'avance.

GREETERS DE BRUXELLES

Rue Royale 2
Gratuit. Max 6 personnes. Durée : environ 3h. 12 langues.

Le mot « greeter » vient de *greet* qui signifie accueillir quelqu'un. Un greeter passionné par sa ville accueille un visiteur (qu'il soit bruxellois, belge ou étranger) et lui fait découvrir sa ville, son quartier, tout en partageant ses anecdotes et coups de cœur. Le visiteur découvre un Bruxelles insolite et original à travers les yeux d'un local, un excellent moyen d'échanger et de créer des ponts entre différentes cultures. Les visites, individuelles, uniques et personnalisables, se limitent à six personnes pour favoriser un contexte d'échange et de partage.

TOURS CHOCOLAT ET BIÈRE

Rue au Marché aux Herbes 110
✆ +32 499 25 93 06
www.hungrymary.com
Tour : 90 € dégustations incluses

La bière et le chocolat sont les deux moteurs gastronomiques réputés du pays. Vous savourerez d'incroyables chocolats artisanaux et dégusterez d'excellentes bières qui font la réputation de notre Belgique. La première partie est consacrée à la découverte et à la dégustation de chocolats, tandis que la seconde conduit dans quelques cafés et tavernes typiques du centre-ville pour déguster différentes bières. Le circuit inclut aussi quelques boutiques. Notez qu'il est raisonnable de se rendre au point de départ en tram ! Prévoir quatre heures... ou beaucoup plus !

VISITES GUIDÉES JOGGING

www.cityruns.net
Visites organisées toute l'année. Tarif selon le circuit (entre 24 € et 39 €).

Le *sightjogging* consiste à visiter des lieux tout en courant ! Avec Brussels Running Tours et City Runs, le sightjogger découvre différentes facettes de Bruxelles. Le premier propose quatre circuits (+/- 9 km) : « Vieux Bruxelles » : les monuments emblématiques de la capitale. « Tour BD » : le réseau de fresques du 9e Art. « Molenbeek » : patrimoine industriel et vrai renouveau. « Atomium » : comprenant les parcs et jardins, la Tour Japonaise et le pavillon chinois.

Le second, City Runs, propose de nombreux circuits thématiques, activités sportives et culturelles.

LES VISITES DE MON VOISIN

www.lesvisitesdemonvoisin.com
Visites organisées régulièrement. Surveillez le site web et la page Facebook. Réservations obligatoires.

Avec Gaspard Giersé, archéologue et artiste, vous allez découvrir un Bruxelles inexploré, voire inaccessible, mais aussi réfléchir sur de nombreuses questions : la décolonisation, la gentrification... Ils proposent également des parcours plus classiques (Art nouveau, bière). Parmi les lieux qu'on ne peut visiter qu'avec « Le Voisin » : l'Aegidium, une superbe salle des fêtes laissée à l'abandon ou encore l'Hectolitre, ancien club échangiste devenu centre culturel.

VISITES STREET ART

✆ +32 488 98 70 33
www.faisletrottoir.com
Visites organisées toute l'année. Possibilité de réserver en groupe. Tarif autour de 10 € par personne.

L'équipe de *Fais le Trottoir* ne racole pas sa clientèle sur en rue. Ses services sont au-dessus de tout soupçon. Quelques passionnés de graffitis œuvrent pour une vraie reconnaissance du mouvement. En organisant des visites guidées ou des évènements, par la réalisation de documentaires, la participation à des débats-conférences ou par la réalisation de fresques urbaines. La mission de *Fais le Trottoir* étant de valoriser le côté positif du graffiti, montrer sa richesse et sa diversité, transmettre à un public large une vision au-delà des clichés habituels.

VISITES GUIDÉES BRIGHT

www.bright.brussels
Info & réservation sur le site Internet.

Venez sillonner les quartiers du Bright Brussels en compagnie d'un guide professionnel et découvrez les installations lumineuses qui décorent les rues durant le festival. C'est l'occasion de visiter la ville « by night » et d'en savoir plus sur ces œuvres qui y sont parsemées un peu partout de manière éphémère. Le Bright Brussels Festival of Light a lieu chaque année en février. Plusieurs départs de visites guidées gratuites se feront à pied (français, néerlandais et anglais). Des Marolles à Dansaert en passant par le Sablon et la Grand-Place...

VISITES VÉLO ÉLECTRIQUE ★

Rue des Tanneurs 62 ✆ +32 48 687 51 01
www.onceinbrussels.be
Pour les individuels, certaines activités sont proposées régulièrement à l'agenda.

Bruxelles à pédales ! C'est ce que propose Once in Brussels, le spécialiste de la visite guidée à vélo électrique. Différents parcours hors des balisages classiques sont proposés tant aux Bruxellois qu'aux touristes. Et on a beau être au plat pays, à Bruxelles le vélo électrique est un plus ! C'est Virginie Muller, historienne et grande amoureuse de Bruxelles, qui a mis en place cette idée. Les visites se font toute l'année, en français et en anglais, avec des parcours adaptés aux saisons. Les allergiques à la pédale peuvent opter pour la visite pédestre.

'T SERCLAES

Rue Charles Buls

Ce gisant de cuivre rend hommage à l'un des héros de la ville. L'affaire se passe au XIVe siècle. Everard t' Serclaes, patricien et échevin de la ville, prend la tête d'une troupe et boute hors les murs la garnison du comte de Flandre, Louis de Male, vassal du roi de France. Bruxelles est libérée. Trente ans plus tard, t' Serclaes tombe dans une embuscade tendue par le sire de Gaasbeek. On lui coupe la langue et un pied, blessures auxquelles il succombera après quelques jours. Toucher le bras du gisant et le museau du chien porterait chance.

ARCHIVES DE BRUXELLES

Rue des Tanneurs 65

✆ +32 2 279 53 20

https://archives.bruxelles.be

Ouvert du lundi au vendredi de 8h à 16h. (Mesures COVID : mardi et jeudi 9h-16h sur RV). Hall librement accessible.

Le Service, installé dans un ancien bâtiment commercial séculaire, aujourd'hui classé, conserve ce qu'il reste des archives administratives de l'Ancien Régime et celles émanant des différents services municipaux. Il rassemble aussi tous les documents et publications, du tract politique au carton d'invitation, des archives privées, journaux et périodiques, des dessins, gravures, photos, cartes et plans illustrant la vie bruxelloise dans ses divers aspects. Dans le hall, ne manquez pas l'ancien ascenseur et un panneau original de... l'Atomium.

ART & MARGES MUSÉE

Rue Haute 312-314

✆ +32 2 533 94 90

www.artetmarges.be

Mardi au dimanche 11h-18h. Adulte : 4 €. 6-18 ans et groupe : 2 €. 1er dimanche du mois et -6 ans : Gratuit.

Voilà un musée qui s'aventure là où les autres ne vont pas : dans l'art brut, outsider, marginal, hors des sentiers battus. Pourquoi ? Parce que les artistes exposés ne sortent pas de filières classiques. Ils sont autodidactes, portent un handicap mental ou souffrent d'une maladie psychiatrique. Mais ce qui réunit ces profils différents, c'est le besoin, souvent vital, de créer. Art et Marges met cet art particulier en lumière, les fait dialoguer entre eux et avec des artistes « traditionnels » afin de repousser les frontières de l'art.

LA BELLONE ★

Rue de Flandre 46 ✆ +32 2 513 33 33

www.bellone.be

Lundi, de 9h à 15h ; mardi-vendredi, de 9h à 17h. Ouvert également le week-end lors d'événements organisés. Gratuit.

La Bellone regroupe plusieurs entités ou associations dont la Maison du Spectacle. Le grand public peut y découvrir la beauté de ce lieu insolite : une façade (XVIIe siècle), bijou du patrimoine, de même architecture (et de même architecte) que les façades de la Grand-Place. La cour est couverte par une verrière contemporaine. Véritable pôle transvectoriel de l'art vivant, la « Maison » regroupe les professionnels et propose un centre de documentation axée sur le théâtre. La plupart des événements sont gratuits et annoncés sur leur site et leur *newsletter*.

BOZAR ★

Rue Ravenstein 23

✆ +32 2 507 82 00

www.bozar.be

Ouvert du mardi au dimanche de 10h à 18h. Consultez le site Internet pour plus d'informations sur les concerts.

En mettant à l'honneur l'originalité et la création, le Palais des Beaux-Arts de Bruxelles, renommé Bozar depuis près de deux décennies, est l'endroit idéal pour découvrir les nouveautés culturelles. Expositions, concerts, théâtres, cinéma ou projets littéraires, les goûts de chacun sont respectés. Édifié entre 1922 et 1929 par Victor Horta, le bâtiment est représentatif du style Art déco. La salle de concerts Henry Le Bœuf (2 200 pl.) est un bijou du genre ! La finale du concours international Reine Élisabeth (piano, violon, violoncelle ou chant) y est organisée.

CATHÉDRALE SAINTS-MICHEL-ET-GUDULE ★★

Place Sainte-Gudule ✆ +32 2 217 83 45

www.cathedralisbruxellensis.be

Voir infos sur le site Internet (horaire du Trésor, tarif fouilles archéologiques, crypte romane et visites guidées).

Visible de loin, reconnaissable à ses tours en gothique brabançon, la cathédrale fut d'abord l'église Saint-Michel-au-Mont, érigée sur l'une des collines de Bruxelles. Elle fut remplacée par une église romane, collégiale en 1047. Les reliques de sainte Gudule y furent transportées depuis l'église Saint-Géry et l'édifice, rebaptisé Saints-Michel-et-Gudule, devint un lieu de pèlerinage. Les vitraux des chapelles latérales datent du XVIe siècle, d'après des cartons de Bernard Van Orley.

CENTRALE BRUSSELS

Place Sainte-Catherine 44 ✆ +32 2 279 64 44
www.centrale.brussels
Du mercredi au dimanche 10h30-18h.
Gratuit -18 ans. Adulte 8 €. Groupe min. 10 pers. 6 €. +65 ans, étudiants 4 €.

La première centrale électrique de Bruxelles (1893) conserve le nom et une architecture semi-industrielle. Transformée en centre d'art contemporain, elle fait rayonner l'art bruxellois et met en valeur artistes confirmés et émergents dans une perspective internationale. La Centrale propose une réflexion sur la création contemporaine et son lien avec la société. Elle présente des œuvres qui questionnent les limites de l'art plutôt que d'imposer une lecture unique. Elle produit des expositions thématiques et les projets d'artistes bruxellois et étrangers.

CENTRE BELGE DE LA BANDE DESSINÉE MUSÉE DE LA BD ★

Rue des Sables 20 ✆ +32 2 219 19 80
www.cbbd.be
Du mar au dim (7j/7 vacances scolaires) 10h-18h. Adultes : 12 €. -12 ans : 5 €. +65 et 12-25 ans : 9 €.

Le Centre est installé dans les anciens magasins Waucquez (Victor Horta), un bel écrin pour ce musée. On y raconte toute l'histoire de la BD, de son début à New York jusqu'à nos jours, en insistant sur l'histoire belge. Hergé et Tintin sont à l'honneur, avec la reconstitution de la célèbre fusée blanche et rouge. On peut y voir l'évolution en dessin animé grâce à des maquettes et des machines spécialisées. Le centre abrite une gigantesque bibliothèque de plus de 30 000 ouvrages.

CINEMATEK

Rue Baron-Horta 9
✆ +32 2 551 19 19
www.cinematek.be
Ouvert tous les jours, l'après-midi et en soirée. Entrée : 5 €.

Ce musée du Cinéma est une véritable bénédiction qui nous fait profiter de ses archives incroyables et qui présente, à des tarifs ultra avantageux, des films d'hier, d'avant-hier et d'aujourd'hui, ainsi que des rétrospectives thématiques ou de réalisateurs étrangers. On peut ainsi revoir tous les Charlie Chaplin, *The Shining* sur grand écran, *Autant en emporte le vent* et tous ces films mythiques qui donnent si peu d'eux-mêmes en vidéo. Avec plus de 70 000 titres, la collection de la cinémathèque royale est l'une des plus importantes du monde !

CHOCO STORY BRUSSELS ★

Rue de l'Etuve 41 ✆ +32 2 514 20 48
www.choco-story-brussels.be
7j/7 et les jours fériés de 10h à 18h (dernière visite à 17h). Adulte : 11 €. De 3 à 11 ans : 6,50 €.

Choco-Story est installé dans un superbe bâtiment du XVIIe siècle. Le résultat, magistral, séduit petits et grands. Le musée est un parcours ludique et pédagogique de 250 m² consacré à l'ensemble de la filière cacao-chocolat. Des scènes débutent à l'époque aztèque jusqu'à l'arrivée dans les cours d'Europe au XVIe siècle et comment le chocolat a été façonné en praline au début du XXe siècle. Ensuite une projection, suivie d'une appétissante démonstration de la transformation du cacao. Superbe collection d'objets exceptionnels avec quelques raretés.

COUDENBERG ★★

place des Palais 7 ✆ +32 2 500 45 54
www.coudenberg.brussels
Mardi au vendredi de 9h30-17h. Week-ends et vacances scolaires : 10h-19h. 10 €, gratuit pour -18 ans.

L'ancien palais princier de Charles Quint dominait la ville depuis la colline de Coudenberg dès le XIIe siècle. Considéré comme l'un des plus beaux d'Europe, ce prestigieux bâtiment est détruit par un incendie en février 1731. Les ruines sont rasées 40 ans plus tard pour faire place au quartier de la place Royale. Parmi les vestiges archéologiques du Coudenberg, on découvre la rue Isabelle et les bâtiments principaux de l'ancien palais servant de fondations au quartier royal actuel. Les plus belles découvertes des différentes campagnes de fouilles sont exposées.

ÉGLISE NOTRE-DAME DES VICTOIRES ★★

Rue de la Régence 3b
✆ +32 2 213 00 65
Gratuit

Ses vitraux figuraient parmi les plus beaux d'Europe. Hélas, ils furent brisés par un ouragan de grêle qui ravagea Bruxelles le 25 mai 1513. Ceux qui avaient été épargnés seront détruits lors d'une autre tempête le 12 août 1763. Les actuelles verrières de celle que l'on nomme également Notre-Dame du Sablon datent de 1861. Elle a été construite par la guilde des arbalétriers au XVIe siècle en gothique brabançon tardif. Le cœur du sanctuaire est percé de 11 fenêtres hautes de 14 mètres.

ÉGLISE RICHES-CLAIRES

Rue des Riches-Claires 23
✆ +32 2 213 00 65

Les religieuses urbanistes des Riches-Claires sont établies à Bruxelles depuis le milieu du XIVe siècle. L'église de style Renaissance flamande date du XVIIe siècle et est l'œuvre de Luc Fayd'herbe. Elle présente une architecture intéressante propre au baroque brabançon. À proximité se trouvait un bras secondaire de l'ancien lit de la Senne, du temps où cette rivière coulait encore à ciel ouvert dans Bruxelles. On peut en voir une reconstitution (rue Saint-Géry, 23) rappelant ce que furent les ruelles de ce quartier à une époque bien révolue.

ÉGLISE SAINT-NICOLAS

Petite rue au Beurre 1
✆ +32 2 213 00 65
Gratuit

Quel contraste entre l'âge vénérable de cette église et son apparence ! Dédiée à saint Nicolas, patron des marchands, elle est l'une des plus anciennes églises de Bruxelles (1125) mais a été remaniée tant de fois, la dernière fois en 1956, qu'elle a bien changé. Ne vous fiez pas à sa façade sévère, quand on y entre, on découvre un chœur qui date de 1381, mais le plus surprenant, c'est sa nef légèrement oblique qui témoigne de l'histoire chamboulée de l'église. Regardez bien : fiché dans un mur, vous verrez un boulet datant du bombardement de Bruxelles en 1695.

FONDATION BREL ★★

Place de la Vieille-Halle-aux-Blés 11
✆ +32 2 511 10 20
fondationbrel.be/
Ouvert tous les jours de 11h à 18h30 (dernière visite à 17h30). Différents tarifs selon l'activité souhaitée.

Bien plus qu'un musée, la Fondation Brel rassemble interviews, témoignages, biographies, commentaires écrits et audiovisuels, chansons… Un parcours au cœur de la ville, une succession de moments privilégiés pour comprendre les choses, les endroits que Jacques Brel aimait, ainsi que la manière dont il les vivait. Offrez-vous une journée pour découvrir les talents et la complexité de l'homme et de l'artiste Brel. Votre ticket d'entrée donne accès : à l'exposition, aux archives, à un film au choix parmi les 5 proposés, à l'excellent parcours urbain avec audioguide.

GALERIE SAINT-JACQUES

Impasse Saint-Jacques 5
✆ +32 2 502 64 21
www.galerie-st-jacques.com
Ouvert du mardi au samedi de 11h à 18h30, dimanche de 11h à 15h ou sur rdv.

Depuis 1993, cette galerie d'art moderne familiale cachée dans une impasse de la place du Grand-Sablon, expose une vingtaine d'artistes internationaux confirmés. La plupart d'entre eux sont liés de près ou de loin au mouvement artistique COBRA. Parmi eux, Federico et Giovanni de Angelis, mais aussi Tobiasse, Shafik, Karel Apel, Corneille ou Asger Jorn. La galerie propose très régulièrement des événements et expos d'art contemporain : infos et dates sur le site web. Excellent accueil et connaissances pointues de Fiorenzo de Angelis.

GALERIES ROYALES ST-HUBERT ★★

Rue du Marché-aux-Herbes
www.grsh.be

Inaugurées en 1847, les Galeries Royales Saint-Hubert figurent parmi les plus anciennes d'Europe. Elles accueillent de nombreuses boutiques et lieux de divertissement : bijouteries, enseignes de luxe, pâtisseries et biscuiteries, chocolatiers, cafés et restaurants, une splendide librairie, un cinéma d'art et essai, ainsi que le Théâtre Royal des Galeries, le Vaudeville et l'Hôtel des Galeries. Cet élégant et prestigieux complexe est inspiré des palais italiens du XIXe siècle.

GARDE-ROBE MANNEKEN-PIS ★

Rue du Chêne 19
✆ + 32 2 514 53 97
www.mannekenpis.brussels
Du mardi au dimanche de 10h à 17h. Fermé le lundi et certains jours fériés. 5 €. Gratuit -18 ans.

La précieuse garde-robe est aujourd'hui composée de plus de 1 000 costumes permettant d'habiller le plus célèbre des Bruxellois. Parmi ces habits, on découvrira de nombreuses tenues originales, offertes par des associations, confréries, personnalités ou invités de marque. On note par exemple son plus ancien costume (un habit de noble, cadeau du roi Louis XV pour faire pardonner aux Bruxellois l'enlèvement de la statue par ses troupes), costume du vrai Père Noël, de samouraï japonais, ou encore une improbable tenue de Michel Polnareff (perruque incluse). À l'intérieur, on suit les traces de son habilleur officiel grâce à un parcours sonore, facilement compréhensible à partir de 10 ans. Bien entendu, pour d'évidentes raisons de conservation et de place, il est impossible de découvrir tous les costumes. Virtuellement cependant, les visiteurs peuvent parcourir l'ensemble de la garde-robe. Cette dernière est consultable sur place, à la Maison du Roi et sur le site Web. Histoire de savoir, par exemple, quelle personnalité a offert quel costume et à quelle occasion. Un livret plutôt bien fait, reprenant l'essentiel de l'histoire de Manneken-Pis et de son incroyable garde-robe est disponible gratuitement à l'entrée. Enfin, deux jeux sont proposés à la dextérité des plus petits comme des grands : un « memory » pour le plaisir des plus petits et la possibilité d'habiller le *ketje* d'un de ses costumes les plus simples. Toujours au faîte de ce qui fait l'actualité, il a même acquis son masque de protection du visage !

MAISON DU ROI ★★★

Grand-Place
✆ +32 2 279 43 50
www.brusselscitymuseum.brussels/fr
Ouvert du mardi au dimanche de 10h à 17h. Adulte : 10 €. Gratuit - 18 ans. Séniors : 6 €. Etudiants : 4 €.

Édifiée en 1874 par l'architecte Pierre-Victor Jamaer, la Maison du roi est un extraordinaire bâtiment de style néogothique tardif situé sur la Grand Place, sur l'emplacement de la halle au pain (Broodhuis) qui existait ici au XIIIe siècle. Le musée de la ville est un véritable trésor du Moyen Âge à nos jours : maquettes de la cité, sculptures et fontaines, peintures et retables, plans anciens, tapisseries et faïence *made in Brussels*. Sa pièce maîtresse : la statue du plus célèbre des *ketjes* bruxellois : le Manneken-Pis. Nombreuses expositions temporaires.

MAISONS DES CORPORATIONS ★★★

Grand-Place

Les maisons de la Grand-Place représentent les guildes, métiers et corporations balayés à la Révolution. Après une restauration complète, elles rutilent comme au premier jour de leur reconstruction, la plupart étant remises debout seulement 3 ans après le bombardement de 1695.

Maison du Roi. Face à l'hôtel de ville, ce bâtiment néogothique exubérant a été reconstruit au XIXe siècle sur les bases de l'ancienne halle au Pain. Le Musée de la ville de Bruxelles s'y trouve et mérite bien une visite.

Le côté est de la place réunit sept maisons formant une façade de palais doré. Appelées « Maison des Ducs des Brabants » (dû aux bustes des ducs, et duchesses, de Brabant), elles forment un ensemble harmonieux. Lors de son exil bruxellois, Victor Hugo séjourna à l'enseigne du « Moulin à vent » (ancienne corporation des meuniers), avant de déménager.

Entre la rue de la Colline et la maison du Roi, notons les numéros 26-27 (« Le Pigeon », ancienne maison de la corporation des peintres) où Victor Hugo s'établit plus longuement après son passage au « Moulin à vent ».

Entre la maison du Roi et la rue au Beurre, ces maisons rappellent la forme de celles en bois qui les ont précédées.

À gauche de l'hôtel de ville, la Maison du Cygne abrite un bistro depuis le XIXe siècle. C'était le lieu de rencontre de Karl Marx (autre exilé célèbre), Friedrich Engels et d'autres militants. C'est là qu'ils écriront le *Manifeste du parti communiste*. Juste à côté, au numéro 10 « L'Arbre d'Or », ancienne maison des brasseurs, abrite le musée des Brasseurs belges.

© AUTHOR'S IMAGE

GRAND-PLACE ★★★

Grand-Place - Rue du Marché-aux-herbes

À tout seigneur, tout honneur, la découverte de Bruxelles commence par la Grand-Place. Au premier abord, celle-ci est introuvable. Explication : les anciens ont eu la sagesse de situer le nombril de la ville à l'écart des voies de circulation principales. En tout, sept rues partent de la Grand-Place, lesquelles menaient jadis aux sept portes de la première enceinte. Le quasi-rectangle de la Grand-Place groupe les maisons des corporations autour de l'hôtel de ville, façade des artisans et des marchands.

▸ **La beauté née de la tragédie.** La Grand-Place doit son aspect actuel à une tragédie : le bombardement de Bruxelles par les troupes françaises de Louis XIV du 13 au 15 août 1695. La Grand-Place en ruine a été reconstruite en 3 ans, pour la grande majorité des édifices, comme l'attestent les nombreuses cartouches des maisons. Un fait exceptionnel, quand on y pense !

▸ Seul rescapé de ces terribles journées : l'**hôtel de ville** dont les murs ont tenu malgré l'incendie qui le ravagea. Ce bâtiment en pur style gothique brabançon est le point central de la place. Construit en plusieurs phases, il est orné de 300 statues qui n'ont rien de médiéval puisqu'elles ont été ajoutées à la fin du XIXe siècle, lors de la rénovation du bâtiment. Ces statues représentent en grande partie des personnages historiques de Bruxelles. Au sommet de la flèche de l'hôtel de ville l'archange saint Michel veille sur Bruxelles.

▸ Essentiellement de style baroque (ou néo-baroque), les **maisons des corporations** rivalisent de beauté et sont pleines de symboles. Si nombre d'entre elles ont été restaurées et/ou reconstruites, notamment au XIXe siècle, elles gardent cette prestance que voulaient leur donner les bourgeois de Bruxelles lors de la reconstruction post-bombardement.

▸ Opposée à l'Hôtel de ville, on trouve la **Maison du roi**, construite au XIXe en style néo-gothique, elle est comme un écho à son voisin d'en face. Depuis des années, elle abrite le Musée de la ville de Bruxelles.

▸ **Le refuge de Victor et Karl.** Victor Hugo disait le plus grand bien de la Grand-Place. Exilé à Bruxelles au début du règne de Napoléon III, il a habité dans deux de ses maisons : le Moulin à vent, qui fait partie de l'ensemble de la Maison des ducs de Brabant et la Maison du Pigeon, ancienne demeure de la corporation des peintres. Autre exilé du XIXe siècle : Karl Marx, qui vécut entre 1845 et 1848 dans la capitale du tout nouvel État belge. Il avait ses habitudes à l'estaminet de la Maison du Cygne. Avec son compatriote, Friedrich Engels, il y organisait les réunions de la Ligue Communiste.

HALLES SAINT-GÉRY ★

place Saint-Géry 1
✆ +32 2 502 44 24
hallessaintgery.be/
Ouvert tous les jours de 10h à 00h. Expos tout au long de l'année, jusqu'à 18h. Gratuit.

Les halles Saint-Géry sont le cœur historique de Bruxelles. En 1881, un marché couvert a été construit pour remplacer le marché de plein air qui se tenait là depuis longtemps, autour d'une fontaine existante. Mélange de fer et de verre, dans un style néo-Renaissance flamande, l'architecture des halles vaut le détour. C'est aujourd'hui un centre d'informations sur la région avec, au premier étage, une exposition permanente sur l'évolution urbaine de Bruxelles du XVIIe siècle à nos jours et un café. Au sous-sol, des expositions temporaires et une salle de concerts.

HÔTEL DE VILLE ★★★

Grand- Place
✆ +32 2 279 23 43
Visite guidée en français le mercredi à 13h et tous les dimanches à 12h et 14h. Réservations. 8 € ; -12 ans : gratuit.

C'est la star de la Grand-Place. La flèche de la tour porte une immense girouette du XVe siècle représentant saint Michel terrassant le dragon. La légende veut que « l'architecte, voyant qu'il s'était trompé en ne plaçant pas la tour exactement au centre de la façade, sauta du haut des 90 mètres de la tour et en mourut ». En réalité, Jan Van Ruysbroek est mort dans son lit. L'asymétrie tient du fait qu'il fut construit en trois étapes. Au pied de la flèche, le portail n'est pas centré sur l'axe vertical mais solidaire de la base d'un beffroi antérieur. Lorsqu'on regarde bien, on se rend compte que l'hôtel de ville a été agrandi et embelli à différentes époques. Côté façade, on ne peut pas manquer de remarquer les centaines de statues qui ornent le bâtiment. Elles sont plus de 300, représentant les ducs et duchesses de Brabant, les grandes familles bruxelloises, les corporations… les détailler prendrait des jours ! Cependant, elles ne datent pas de la construction initiale du début du XVe siècle mais ont bien été ajoutées entre 1843 et 1903, lors d'immenses travaux de restauration de plusieurs bâtiments de la Grand-Place.

Derrière la façade gothique, trois ailes de style classique ont été construites pour y former une cour intérieure. Les pierres de couleur dorée utilisées dans cette partie contrastent avec la pierre blanc-gris de la partie gothique. Dans la cour, cherchez l'étoile incrustée dans le pavement. Elle indique le centre géographique de Bruxelles. La cour est accessible à tous aux heures d'ouverture.

KBR

Mont des Arts 28
✆ +32 2 519 53 11
www.kbr.be
Salle de lecture ouverte du lundi au vendredi de 10h à 17h. Carte journalière : 5 €.

Surnommée Bibliothèque royale Albert Ier, l'Albertine ou la Royale. La KBR est la bibliothèque officielle, garante du patrimoine belge et de ses auteurs. Elle abrite une série de centres de recherches spécialisés comme le centre de recherches américain, les archives et le musée de la Littérature et le KBR Museum (manuscrits de l'époque bourguignonne). L'institution donne accès aux archives d'auteurs et d'artistes belges. L'accès aux salles de lecture est possible à partir de 16 ans, grâce à une carte de lecteur délivrée sur présentation de la carte d'identité.

MAISON DUCS DE BRABANT ★★★

Grand-Place
Ne se visite pas.

Le côté est de la place compte sept maisons qui s'unissent derrière leurs pilastres pour former une façade de palais doré. L'ensemble s'appelle aussi « les Ducs de Brabant », dont les effigies sont sculptées sur la façade. Chaque maison est baptisée : à gauche, la Renommée, dont la porte est surmontée d'une statue de cette divinité grecque allégorique soufflant dans sa trompe. Suivent vers la droite, l'Ermitage, la Fortune, le Moulin à vent, le Pot d'étain, la Colline et la Bourse. À gauche des Ducs de Brabant, déjà dans la rue de la Colline, se dresse la Balance.

MANNEKEN-PIS ★★

Rue de l'Etuve 46

Cette célèbre statuette est de la main de Jérôme Duquesnoy, sculpteur renommé du XVIIe siècle. Son style s'inscrit dans la tradition des fontaines gaillardes. L'artiste donna une interprétation baroque du motif de l'enfant urinant. Bruxellois à part entière, il est associé aux événements de la ville à l'occasion desquels on prend l'habitude de l'habiller. De temps en temps, l'eau qui coule est remplacée par de la bière.

▶ **Manneken-Pis** a une petite sœur moins médiatique mais tout aussi gaillarde, *Jeanneke-Pis*, accroupie au fond de l'impasse de la Fidélité.

MIM ★★

Rue Montagne de la Cour 2 ✆ +32 2 502 95 08
www.mim.be
Du mardi au vendredi 9h30-17h, sam-dim 10h-17h. +18 ans 15 €, seniors 13 €, étudiants 8 €. Accès PMR.

Le musée des Instruments de musique abrite une collection de 1 200 instruments rassemblés dans les anciens magasins Old England qui lui offrent un écrin majeur. Un tour du monde musical portant sur les instruments traditionnels, le statut de certains au cours des époques, les tentatives de reconstitution de musiques anciennes. Une salle de concert au 8e étage permet l'enregistrement des morceaux vendus à la boutique et des documents audio peuvent être consultés dans la bibliothèque. Le restaurant et sa terrasse offrant une vue imprenable sur la ville sont fermés.

MONT DES ARTS

Rue Ravenstein
Libre d'accès tous les jours.

Tremplin visuel conçu par l'architecte-paysagiste René Pechère, le jardin du Mont des Arts est un lien très esthétique entre le haut et le bas de la ville. On ne se lasse pas de regarder la fontaine aux neuf stèles, d'admirer les escaliers en pierre bleue ornés de reliefs d'Oscar Jespers et les jeux d'eau. Le Mont des Arts accueille aussi le Square (centre de conférences internationales) et son carré de verre ainsi que la Bibliothèque royale. L'arche au pied du Mont des Arts porte une horloge à 24 carillons présentant des figures marquantes de l'histoire belge.

MOOF

Rue Marché aux Herbes 116
✆ +32 2 207 79 92
www.moofmuseum.be
Du mardi au dimanche de 10h30 à 18h (7j/7 en été). Adulte : 13 €. De 4 à 12 ans : 5 €. Autres tarifs : voir site web.

Le Museum Of Original Figurine est un plaisir pour amateurs de BD. Il nous immerge dans la dimension magique du 9e art via une collection originale de figurines, exposées sur 1 200 m². Des espaces sont réservés aux héros de papier : les écoles belges et françaises mais aussi les mangas et les comics US sont expliqués. Les décors qui mettent en scène cet univers graphique et coloré, ont été réalisés par de jeunes artistes et étudiants. À voir aussi des dessins animés en VO et les étapes de l'adaptation d'une BD à l'écran. Expos temporaires régulières.

MUSÉE BELVUE

Place des Palais 7
✆ +32 2 500 45 54
belvue.be
Ouvert du lundi au vendredi de 9h30 à 17h, les week-ends et vacances de 10h à 18h. 10 €. Gratuit jusqu'à 18 ans.

Ce musée est consacré à l'histoire de la Belgique, de la révolution de 1830 à l'État fédéral, avec en filigrane, le règne de ses souverains. Il est installé dans un ancien hôtel de prestige du XVIIIe siècle qui servit de résidence à plusieurs membres de la famille royale. Il aborde la Belgique et son histoire à travers sept grands thèmes de société, ainsi qu'une galerie de plus de 200 objets belges. Avec sa scénographie esthétique et soignée, et sa galerie d'objets, le musée présente l'histoire de façon moderne et interactive. Un must pour comprendre le pays.

MUSÉE D'ART & HISTOIRE ★★

Parc du Cinquantenaire 10 ✆ +32 2 741 72 11
https://www.artandhistory.museum/fr/
Ouvert du mardi au vendredi 9h30-17h, le week-end 10h-17h. -18 ans : Gratuit ; 18-64 ans : 10 €, +65 : 8 €.

Quatre parties : l'archéologie nationale (de la préhistoire aux Mérovingiens), l'Antiquité dans les grandes civilisations méditerranéennes, les arts décoratifs européens du Xe au XXe siècle (sculpture, mobilier, argenterie, instruments de précision, verrerie, Art nouveau, Art déco...) et les civilisations non européennes de tous les continents excepté l'Afrique subsaharienne qui est présentée à l'African Museum de Tervueren. Maquettes, mannequins en situation et films animent la visite. De belles expositions temporaires thématiques prennent place chaque année.

MUSÉE DE L'ÉROTISME

Rue Sainte-Anne 32
✆ +32 2 514 03 53
www.m-e-m.be
Ouvert le lundi, le jeudi et le vendredi de 14h à 19h ; le week-end de 11h à 17h30. Prix unique : 10 €.

Ce tour du monde des fantasmes à travers le temps est à découvrir absolument ! Depuis toujours, le Docteur Martens, passionné d'histoire de l'art et d'antiquités, aujourd'hui retraité, a consacré ses temps libres à rassembler des objets rares en rapport avec l'érotisme et la mythologie. Son domicile croulant sous les pièces, il a créé ce musée dans une charmante maison ancienne qui donne sur la place du Sablon. Superbe, sans vulgarité ni racolage, ça n'empêche qu'on puisse admirer des pièces étonnantes et amusantes. Expos temporaires régulières.

MUSÉE DE LA BIÈRE BELGE ★

Grand-Place 10
✆ +32 2 511 49 87
www.beermuseum.be

La corporation des brasseurs s'est installée au XVIe siècle, lors de sa fondation, dans cette superbe maison sur la Grand-Place, appelée l'Arbre d'Or. Les guerres de Louis XIV dévastèrent les Flandres et la corporation la reconstruisit après qu'elle fut bombardée en 1695. Un petit musée abritant quelques pièces historiques était logé dans la cave voûtée de la maison. Après l'ouverture du Belgian Beer World à la Bourse, prévue à l'été 2023, les Brasseurs belges ont l'intention de garder une partie de leur siège ouverte au public et la cave restera donc accessible.

MUSÉE DES ÉGOUTS

Pavillon de l'Octroi
✆ + 32 2 279 43 83
www.sewersmuseum.brussels

Ouvert du mardi au samedi de 10h à 17h. Tarif : 8 €. Gratuit - 18 ans. Tarifs réduits 6 € et 4 €, visites guidées.

Les pavillons d'octroi de la Porte d'Anderlecht servent d'accès au bref aperçu des entrailles de la ville que l'on visite, au regard des 350 km d'égouts que compte Bruxelles ! L'histoire de la rivière, le travail des hommes et le cycle de l'eau en ville sont mis en scène dans un musée assez récent et interactif. Le musée des Égouts bénéficie du talent du « street artiste » Sozyone et de notre Frédéric Jannin national ! Seul du genre avec celui de Paris, le musée bruxellois est implanté dans deux bâtiments classés. Bottes en caoutchouc et lampe torche conseillés.

MUSÉE JUIF DE BELGIQUE

Rue des Minimes 21
✆ +32 2 512 19 63
www.mjb-jmb.org

Du mardi au vendredi 10h-17h ; week-end, 18h. Gratuit -12 ans. Adulte 12 €. Groupe (10 pers.), senior/étudiant : 7 €.

Ce beau bâtiment, proche de la Grande Synagogue de la rue Royale, est aujourd'hui un musée qui illustre l'histoire et des récits de vie de la communauté juive là travers ses collections composées d'objets de culte, de textiles, peintures, dessins, affiches, photos, partitions et enregistrements de musique. Le musée organise aussi des expositions temporaires et diverses activités ciblant également les écoles. À l'intérieur on retrouve la reconstruction de la schoule Beth Israël, une petite synagogue de Molenbeek qui a arrêté ses activités en 2002.

MUSÉE MODE ET DENTELLE ★★

Rue de la Violette 12 ✆ +32 2 213 44 50
www.fashionandlacemuseum.brussels

Du mar au dim 10h-17h. Gratuit -18 ans et 1er dimanche du mois. 8 €. Seniors et groupes : 6 €. Étudiants : 4 €.

Mode et Dentelle rassemble des pièces diversifiées, significatives de l'histoire de la mode. Robes à la française et mini-robes, corsage du XIXe siècle et chapeaux de créateurs, cape, éventails et sac en bandoulière, dentelles de Bruxelles et de Binche, tableaux et gravures, revues de mode anciennes et magazines actuels. À voir absolument, la Chambre des Dentelles. Cette salle raconte l'histoire et la confection de ce textile pas comme les autres. La dentelle de Bruxelles, tombée en désuétude, est mise en valeur à travers les pièces rares des collections du musée.

MUSÉES ROYAUX DES BEAUX-ARTS DE BELGIQUE ★★★

3 rue de la Régence
www.fine-arts-museum.be

Divers tarifs selon le nombre de musées que vous souhaitez visiter, l'âge... Réduction voyageurs Thalys. Voir site web.

Les Musées Royaux des Beaux-Arts de Belgique regroupent : le Musée Oldmasters (ancien musée royal d'Art ancien de Bruxelles), le Musée Magritte, le Musée Fin-de-Siècle, le Modern Museum, le Meunier Museum, le Wiertz Museum. La plupart sont concentrés autour de la place Royale, à l'exception des musées Wiertz et Meunier qui se trouvent à Ixelles, le Modern Museum est en phase de redéploiement. L'ensemble est immense, compte plus de 20 000 œuvres exposées.

MUSÉE FIN-DE-SIÈCLE ★★

Rue de la Régence 4

Mar au ven 11h-17h. WE 11h-18h. 15 €. +65 ans et Thalys, 10 €. Étudiants, 5 €. -18 ans et 1er mer du mois : gratuit.

Ce musée est consacré à la période charnière entre la fin du XIXe siècle et le début du XXe. Une période pleine d'effervescence où l'art se libère, non seulement en peinture et sculpture mais aussi en design et architecture : c'est l'explosion de l'Art nouveau dont Bruxelles deviendra un des centres. Au Musée Fin-de-siècle, vous pourrez admirer les œuvres de Constantin Meunier, James Ensor, Henri Evenepoel, Fernand Khnopff ou Léon Spilliaert mais aussi des peintures de Gauguin, une sculpture de Mucha, des reconstruction 3D de demeures Art nouveau...

MUSÉE MAGRITTE ★★★

Rue de la Régence 3 ✆ +32 2 508 32 11
www.musee-magritte-museum.be

Mar au ven 11h-17h. W-e 11h-18h. 15 €. +65 ans et Thalys, 10 €. Étudiants, 5 €. -18 ans et 1er mer du mois : gratuit.

Ce musée entièrement consacré à Magritte protège la collection la plus importante d'œuvres du surréaliste : 200 tableaux, des gouaches, dessins, photographies, présentées selon un parcours chronologique sur 3 étages qui évoque différentes périodes de la vie du peintre. Il révèle aussi des aspects moins connus de l'artiste comme sa proximité avec le mouvement syndical à travers des affiches, ses rapports ambigus avec la publicité ou encore sa période « vache » où il n'hésite pas en une trentaine de toiles très colorées, empruntant aux codes du fauvisme et à l'impressionnisme, à bousculer le tout-Paris artistique en 1948. Quelques chefs-d'œuvre sont évidemment au programme comme *L'Empire des lumières* (avec cette étrange dualité entre un ciel bleu d'après-midi et une maison plongée dans la nuit). On ne peut pas parler de René Magritte sans parler de Georgette, sa muse et sa femme, qui apparaît en portrait, en silhouette, en mode statue antique (*La Magie noire* où une Georgette de chair se fond dans un ciel azur décoré de nuage très... magrittien). Un amour qui durera toute une vie. D'ailleurs, une grande partie des œuvres du musée provient d'un legs de sa part. Très intéressantes (et méconnues), sont ces quelques œuvres de jeunesse, quand Magritte s'essayait à l'expressionnisme, au cubisme ou au futurisme *L'Écuyère*). On y découvre un tout autre artiste qui cherche encore sa voie. Nombreux croquis également qui lèvent le voile sur le mode de travail du maître. Un arrêt incontournable pour les fans du sacré René !

MUSÉE OLDMASTERS ★★★

3 rue de la Régence
✆ +32 2 508 32 11

Mar au ven 11h-17h. W-e 11h-18h. 15 €. +65 ans et Thalys, 10 €. Étudiants, 5 €. -18 ans et 1er mer du mois : gratuit.

Ce musée fait partie des Musées Royaux des Beaux-Arts de Belgique. Il expose une grande quantité d'œuvres originaires des anciens Pays-Bas méridionaux datant du XVe au XVIIIe siècle. Toutes ces peintures ont été réalisées par les plus grands artistes de l'époque tels que Jérôme Bosch, Pieter Breughel, Peter Paul Rubens ou encore Simon Vouet. Tous les grands noms de « l'art flamand » y sont, autant dire de vraies merveilles. Cette collection prestigieuse est issue de la Révolution française et battit son plein lorsque les Belges acquirent leur indépendance. Parmi les œuvres à ne pas manquer : l'étude de la *Tête de Maure* de Rubens qui montre comment travaillait l'artiste ; la salle consacrée à Breughel qui mélange des scènes mythologiques (*La Chute d'Icare*, une de ses peintures les plus connues), bibliques (*La Chute des anges rebelles*, foisonnante de détails et semblant issue d'un horrible cauchemar) ou des scènes de la vie quotidienne (*Paysage d'hiver avec patineurs et trappe aux oiseaux*, où les personnages semblent prendre vie). Pointons aussi toute une section dédiée aux peintures paysagères hollandaises, très en vogue aux XVIIe-XVIIIe siècles mais aussi, aux peintres du Siècle d'or néerlandais avec plusieurs œuvres de Frans Hals, qui formait le trio d'artistes stars de son temps avec Rembrandt et Vermeer.

La visite se conclut sur une très célèbre peinture que l'on voit souvent dans les livres d'histoire : *Marat assassiné* de Jacques-Louis David qui réalisa cette œuvre en exil à Bruxelles.

PALAIS DE JUSTICE ★★

Place Poelaert 1

Ouvert du lundi au vendredi de 8h à 17h. Gratuit.

Plus vaste que Saint-Pierre de Rome, il domine Bruxelles de sa masse austère. Sa longue construction (1866-1883) fait que son créateur, Joseph Poelaert, décédé en 1879, n'en vit jamais l'achèvement. Le Palais a, dès sa construction, été surnommé le « Mammouth » pour des raisons évidentes. Il était à l'époque le plus grand bâtiment du monde historique et reste l'un des plus grands édifices de pierres de taille de la planète : sa superficie totale est de 52 464 m² pour une surface bâtie de 26 000 m². Sa (trop) longue rénovation est inachevée depuis les années 1990.

PALAIS ROYAL ★★

Place des Palais

Du 22/07 à début septembre, à partir de 10h30, dernière entrée à 15h45 (fermeture à 17h). Fermé le lundi. Gratuit.

Issu de la réunion de quatre hôtels particuliers construits entre 1815 et 1829, il abrite le bureau du roi, plusieurs services et sert de lieu de réception. Depuis 1965, le Palais est accessible au public tous les ans du lendemain de la Fête nationale à début septembre. La foule peut ainsi pénétrer dans cet imposant édifice commandé par Léopold II et achevé en 1865. On contemplera les collections inestimables d'œuvres venues de tous les continents et de tout temps. Un autre must est le plafond en carapaces de scarabées imaginé par Jan Fabre : subjuguant !

PARC DE BRUXELLES ★

Parc de Bruxelles

Ouvert 7j/7 de 6h à 22h. Aire de jeux adaptée aux enfants porteurs de handicap.

À l'inverse des squares londoniens – jardins faits pour oublier la ville environnante –, le parc de Bruxelles est un morceau de géométrie qui prolonge la ville en son enceinte par le végétal. Ancienne réserve à gibier, le parc allait progressivement être privatisé par la Cour voisine, qui en fit son jardin zoologique et d'amusements. Après l'incendie du palais, Charles de Lorraine le transforma en parc classique à la française. A signaler, pour les initiés : des symboles maçonniques sont contenus dans le dessin des allées...

▸ Placez-vous le dos tourné au grand bassin. Trois perspectives désignent trois pouvoirs de la société démocratique.A droite, le Palais de Justice incarne le pouvoir judiciaire. Au centre, le Palais royal représente l'exécutif. Quant au législatif, retournez-vous, c'est le Parlement qui est dans votre dos, de l'autre côté du jet d'eau.

Le parc a aussi servi de décor aux combats opposant les insurgés belges à l'armée hollandaise qui s'y était laissé enfermer au mois de septembre 1830. Les Belges triomphèrent après trois jours de « canardages » réciproques, l'armée royale ayant mis la nuit à profit pour filer par une issue du parc laissée curieusement sans surveillance...

▸ L'immeuble du Parlement fut construit dès 1780 pour héberger les membres du Conseil du Brabant. Il était tout désigné pour devenir le Palais de la Nation qui comporte deux hémicycles, celui de la Chambre et celui du Sénat. La rue de la Loi sépare le Parlement du parc. Au n° 16 se trouve la résidence officielle du Premier ministre.

PLACE ROYALE ★★★

Place Royale

© AUTHOR'S IMAGE

Excellent point de départ pour visiter le Mont-des-Arts : musées royaux des Beaux-Arts, musée des Instruments de musique, musée BELvue. Le fameux palais incendié du Coudenberg se tenait sur cette place jusqu'à sa destruction. Au centre de la place s'élevait initialement la statue du souverain bâtisseur, Charles de Lorraine. Mais la statue ayant été détruite au moment de la Révolution française, Godefroy de Bouillon, en partance pour la première Croisade, lui a succédé en 1840, à une époque où la jeune Belgique était à la recherche de repères patriotiques.

PORTE DE HAL ★★

Boulevard du Midi 150 ✆ + 32 2 741 73 02

https://www.hallegatemuseum.be/

Ouvert du mar. au ven. de 9h30 à 17h ; le w-e de 10h à 17h. Gratuit jusqu'à 18 ans. Adulte : 10 €. -18 ans : Gratuit.

Construite au XIVe siècle, cette porte est le dernier vestige de la deuxième enceinte de Bruxelles, l'une des plus vastes d'Europe. Complétée par des fossés, des bastions et des forts extérieurs, elle rendait la ville pratiquement imprenable. L'impressionnante tour a servi de prison. Rénovée, elle accueille un musée de qualité qui raconte l'histoire du bâtiment et celle de la ville. Des trésors d'armurerie de l'ancien palais de Bruxelles y sont exposés ainsi que des œuvres contemporaines. Au sommet de la tour, le chemin de ronde offre une large vue sur la ville.

RUE DES BRASSEURS

Rue des Brasseurs

Avant 1873, personne n'avait envie de faire un tour dans la rue des Brasseurs, exceptés les maraîchers de Bruxelles qui s'en servaient comme toilettes, d'où les noms péjoratifs de sale ruelle ou Pistrotje. Depuis, cette rue est le symbole d'un « drame » historique. C'est ici que Verlaine tira sur Rimbaud suite à sa décision de rentrer à Paris et d'arrêter leur relation. Verlaine fut condamné à deux ans de prison. Une plaque en mémoire de cet événement est visible à cet endroit même, lieu symbolique de leur dernière rencontre et de l'histoire littéraire.

PLACE SAINTE-CATHERINE

Place Sainte-Catherine

L'église Sainte-Catherine, qui domine la place du même nom, fut érigée sur l'un des bassins de l'ancien port de Bruxelles. Joseph Poelaert, architecte du Palais de justice, s'y est fait la main en 1854. Elle tire ses influences des styles gothique, roman et Renaissance à la fois. Le mercredi et le samedi, un marché de fruits et légumes anime la place qui se remplit dès l'heure du déjeuner. La place compte encore de façon assez incroyable quelques maisons ayant échappé au bombardement de 1695, notamment du côté des n°s 3 à 9, anciennement occupés par l'église protestante. Vincent Van Gogh y suivit des cours de théologie, avant de devenir peintre.

▸ **Au nord-ouest de la place**, le quartier des anciens quais (des quais de déchargement de marchandises, ancêtres du port actuel) reste bien identifiable : entre le quai des Briques et le quai au-Bois-à-Brûler, l'espace de l'ancien bassin a été d'abord réservé à un marché aux poissons couvert (d'où le nom de *Vismet*, marché aux poissons) qui, à son tour, a laissé la place au bel aménagement piéton actuel. Deux petites pièces d'eau rectangulaires rappellent l'ancienne vocation des lieux et le souvenir du marché aux poissons persiste dans les nombreux restaurants du quartier.

▸ **Derrière le chevet de l'église** subsiste l'un des derniers vestiges de la première enceinte de Bruxelles (XIIIe siècle), la Tour noire, désormais intégrée dans l'hôtel Novotel. Elle a reçu, au cours de sa restauration au siècle passé, une toiture conique peu vraisemblable dans l'architecture militaire du Brabant.

SQUARE DU PETIT SABLON ★★

Square du Petit Sablon

01/10 au 31/03 : 8h15-17h45. 01-30/04 : 8h15-18h45. 01/05 au 31/08 : 8h15-20h45. 01-30/09 : 8h15-19h45.

Le square est l'œuvre de l'architecte H. Beyaert (1823-1894) et l'un des petits bijoux architecturaux du centre de Bruxelles. De style néo-Renaissance, il est entouré de statues en bronze montées sur des colonnes qui rendent hommage aux corporations du XVIe siècle. Au fond du jardin, derrière la pièce d'eau, d'autres statues célèbrent des hommes qui, par leur action politique et leur génie, ont illustré le XVIe siècle belge, notamment les comtes d'Egmont et de Hornes. Les marches derrière le monument vous mènent au palais d'Egmont. La rue aux Laines (côté droit) vous présente de très belles demeures.

Au centre, se dressent les comtes d'Egmont et de Hornes : l'histoire a fait de ces deux aristocrates catholiques modérés des héros de la résistance à l'intolérance contre les Protestants de Philippe II d'Espagne qui régna sur les Pays-Bas méridionaux à la fin du XVIe siècle.

Contournant le monument, les marches du square mènent au palais d'Egmont (XVIIIe siècle) qui accueillit Louis XV, Christine de Suède, Voltaire ou Jean-Jacques Rousseau. Il a été transformé en centre de conférences de l'État belge. La Grande-Bretagne, l'Irlande et le Danemark y ont signé leur adhésion à la Communauté européenne en 1973.

De là, la rue aux Laines part sur la droite. Son côté droit compte plusieurs demeures des XVIIe et XVIIIe siècles, tandis que tout le côté gauche est bâti de splendides maisons datant du début du XXe siècle. À l'arrière, l'intérieur de l'îlot renferme le discret petit parc d'Egmont, parfait pour un pique-nique improvisé.

ST-JACQUES-S/COUDENBERG

Place Royale

✆ +32 2 511 78 36

Messe polyphonique tous les mois sauf en été. Voir infos sur le site Internet.

Le 21 juillet 1831, Léopold Ier, premier roi des Belges, prêta le serment constitutionnel sur une estrade dressée devant l'église. La façade, de style néoclassique comme la place sur laquelle elle se trouve, évoque un temple gréco-romain. Elle fut convertie en temple de la Raison et ensuite en temple de la Loi, sous la Révolution française, avant d'être rendue au culte catholique en 1802. Le fronton a été coiffé du clocher à coupole au XIXe siècle. Sur la route de Compostelle, l'église est paroisse royale et la cathédrale des forces armées.

THÉÂTRE DE LA MONNAIE

Place de la Monnaie

✆ +32 70 23 39 39

www.lamonnaie.be

Scène prestigieuse du XIXe siècle à la Première Guerre mondiale, elle sombre ensuite dans les difficultés – seulement illuminée par Béjart et son Ballet du XXe siècle. La Monnaie retrouve son faste dans les années 1980 et compte parmi les grandes scènes d'Europe, particulièrement pour la danse contemporaine et l'opéra. On dit que c'est suite à un opéra en 1830 que les Belges ont fait « leur révolution » pour l'indépendance de la Belgique. Au XIXe siècle, l'Opéra de la Monnaie joua un rôle important, introduisant Wagner auprès du public de langue française.

Statue de Peter Pan dans le parc du palais d'Egmont.

CENTRE D'ART CONTEMPORAIN WIELS

Avenue Van Volxem 354 ✆ +32 2 340 00 53
www.wiels.org
Ouvert du mardi au dimanche de 11h à 18h. Gratuit jusqu'à 18 ans. Adulte : 10 €. Autres tarifs et infos : voir site Web.

Installé dans les anciennes brasseries Wielemans-Ceuppens, le site s'impose comme un véritable laboratoire international pour la création et la diffusion de l'art contemporain, avec une nette orientation pour les arts visuels. En prenant garde à accorder une place et une attention particulières aux croisements et interactions avec d'autres disciplines. Grâce à la cafétéria nichée au rez-de-chaussée, adresse est aussi parfaite pour prendre un verre ou bruncher le dimanche.

LA FONDERIE

Rue Ransfort 27
✆ +32 2 410 99 50
www.lafonderie.be
Mardi-vendredi 10h-17h. Samedi et dimanche : 14h à 17h. Enfant (-12 ans) : gratuit. Adulte : 5 €.

Institution dédiée à l'histoire du développement social et économique de Bruxelles. En 1977 avait lieu la dernière coulée de la Compagnie des Bronzes. En 1983 naissait le collectif « La Fonderie », qui fit l'acquisition des machines exposées. On y propose des visites guidées, à pied ou en bateau (à bord du *Gueuse*, rappelant le lingot dans lequel on coule la fonte). Dans le musée, on découvre la façon dont les gens travaillaient (ou ont été utilisés au travail) ainsi que l'évolution sociale, industrielle, économique ou architecturale autour de Bruxelles.

MIMA ★

Quai du Hainaut 39-41, ✆ +32 472 61 03 51
www.mimamuseum.eu
Mercredi-vendredi 10h-18h, samedi-dimanche 11h-19h. Adulte 13,50 €, 12-18 ans et tarifs réduits 7,50 €, 6-12 ans 3 €.

Le Millennium Iconoclast Museum of Art (MIMA) est un musée d'art urbain et de la culture 2.0 inauguré en 2016, le long du canal dans le quartier de Molenbeek. Il s'étend sur 4 étages d'un ancien bâtiment industriel et occupe 1 300 m² répartis en 8 salles d'expositions. La collection permanente est composée d'œuvres d'artistes d'art urbain internationalement reconnus (Barry McGee, Blu, Banksy, Parra, Invader...). Plusieurs expositions temporaires sont organisées chaque année. Petite restauration et boutique souvenirs, y compris des créations inédites.

MUSÉE BRUXELLOIS DE LA GUEUZE (BRASS. CANTILLON)

Rue Gheude 56 ✆ +32 2 520 28 91
www.cantillon.be
De 10h à 16h. Fermé mercredi et dimanche. Adulte : 7 € (10 € avec visite guidée le samedi. Une bière en dégustation).

La famille Van Roy-Cantillon aime à qualifier son musée de vivant, tout comme le sont les micro-organismes qui interviennent dans la fabrication du lambic. Le visiteur est plongé dans un matériel brassicole ancien, encore utilisé de nos jours. Deux brassins publics sont organisés chaque année, de quoi permettre de suivre toutes les étapes de fabrication. Inutile de préciser que ces célèbres gueuze, kriek, lambic et autres faro sont disponibles sur place. Une belle brasserie familiale.

MUSÉE DE LA MÉDECINE

route de Lennik 808
✆ +32 2 555 34 31
www.museemedecine.be
Fermé en décembre. Du lun au ven 9h-16h. Gratuit -12 ans. Adulte : 3 €. Gratuit le 1er dim du mois (13h-16h).

L'ULB a monté cette exposition permanente permettant de comprendre la vitesse à laquelle cet art s'est développé à travers les siècles. Quel autre endroit qu'un campus universitaire pouvait servir de lieu d'installation pour un musée de ce type ? Nous sommes tous, un jour ou l'autre, touchés par la médecine. Savoir d'où l'on vient et où l'on va dans ce domaine permettra au plus grand nombre de voir d'un œil différent le corps médical. Les cires anatomiques sont particulièrement impressionnantes. Expos temporaires organisées régulièrement.

MUSÉE MAISON D'ÉRASME

Rue du Chapitre 31
✆ +32 2 521 13 83
www.erasmushouse.museum
Du mardi au dimanche et jours fériés 10h-18h. 1,25 €. Visite guidée. Boutique. Animations.

Musée dédié à Erasme et à la Renaissance. La maison était celle d'un chanoine qui y reçut en 1521 le grand humaniste de Rotterdam, conseiller de Charles Quint. Déjà au XVIIe siècle, on venait voir la maison « où vécut Erasme ». Y sont aujourd'hui rassemblés meubles, sculptures et tableaux et des milliers de précieux livres anciens. Un jardin de plantes médicinales et un jardin philosophique complètent ce bel ensemble. De la même époque date la restauration du plus petit béguinage de Belgique, à deux rues de là, que l'on peut visiter avec le même ticket d'entrée.

ATELIER 34ZERO MUZEUM

drève de Rivieren 334
✆ +32 2 428 33 06
www.atelier340muzeum.be
Ouvert 7j/7 et les jours fériés, de 11h à 19h. Adulte : 10 €. Enfant (6-12 ans) : 2 €. Groupe (10 personnes) : 4 €.

Fruit de l'imaginaire de Wodek & Sonia Milewska, ce centre d'art contemporain a pour objectif l'étude et la promotion de la sculpture. D'expositions annuelles en manifestations hors murs, le musée s'est constitué une belle collection. On pointera aussi des ateliers d'éveil pour enfants, des conférences, des débats et projections de films qui complètent l'éventail de ses activités. Un café-restaurant culturel offre une petite restauration à tendance bio et aux influences jettoises et polonaises. À la carte, bières belges et polonaises, vodkas et repas thématiques.

ATOMIUM ★★★

Place de l'Atomium 1 ✆ +32 2 475 47 75
www.atomium.be
7j/7 10h-18h. 16 €, +65 ans 14 €, enfant ≤115cm et PMR gratuit ; >115cm, +17 ans & étudiant 8,50 €. Réduction groupes.

Emblématique du paysage bruxellois, l'Atomium culmine à 102 mètres. Il fut construit à l'occasion de l'Exposition universelle de 1958. Sa structure représente un cristal de fer agrandi 165 milliards de fois. Plus de la moitié du parcours est dédiée à des expositions dont les thèmes tournent autour de la Belgique et des arts numériques. Permanentes ou temporaires, ces expos sont programmées toute l'année. On profite d'un panorama exceptionnel et circulaire sur l'ensemble de la ville. L'accès au Design Museum Brussels proche est inclus. Restaurant au sommet.

BELGIAN CHOCOLATE VILLAGE

Rue de Neck 20 ✆ +32 2 420 70 76
www.belgianchocolatevillage.be
Du mardi au vendredi 9h-18h ; le w-e, vacances et jours fériés 10h-18h (dernière visite à 17h). Tarifs : voir site web.

Situé à proximité de la basilique de Koekelberg, le Belgian Chocolate Village est le plus grand espace muséal dédié au chocolat (900 m²) en Belgique. Le parcours scénographique fait appel à tous les sens du visiteur. Il montre ou explique les étapes de la fabrication du chocolat. Mais aussi ses utilisations, son histoire, ses bienfaits, son économie et sa diversité. Mention spéciale pour la serre tropicale unique en son genre. Boutique, salon de dégustation et ateliers chocolat.

MINI-EUROPE

Avenue du Football 1
✆ +32 2 474 13 13
https://www.minieurope.com/
Ouvert tous les jours de 9h30 à 19h en été. Fermeture annuelle du 09/01/2023 au 24/03/2023. Tarif adulte : 17,30 €.

Plusieurs fois menacée mais jamais tombée, Mini-Europe est la seule rescapée de l'ancien complexe de loisir Brupark, démantelé pour un sombre projet de centre commercial. C'est sans doute dû à sa popularité. Mini-Europe vous fait voyager à travers les 27 pays membres de l'Europe (plus le Royaume-Uni) en miniature. La Grand-Place ou la Tour Eiffel sont reconstituées dans les moindres détails mais en plus, vous pouvez participer, par exemple en déclenchant une éruption du Vésuve ou en faisant sonner le carillon de l'hôtel de ville de Stockholm. Les enfants adorent !

© DR

© DR

À VOIR / À FAIRE

BASILIQUE DE KOEKELBERG ★

Parvis de la Basilique 1

✆ +32 2 421 16 60

www.basilicakoekelberg.be

Entrée gratuite dans la basilique. Panorama : 8 €, 6 € pour les groupes 6 pers. minimum. Plus d'info sur le site Web.

La colline de Koekelberg est couronnée par la basilique, cet immense édifice dont la coupole est visible de très loin. Les Bruxellois ne l'ont jamais vraiment prise au sérieux et elle fut malheureusement trop longtemps classée parmi les réalisations disgracieuses de la ville par ses habitants. La basilique du Sacré-Cœur, nom officiel de la basilique de Koekelberg, est désormais peu à peu réhabilitée dans l'opinion. Cinquième plus grande église du monde, après Yamoussoukro en Côte d'Ivoire, Saint-Pierre à Rome, Saint-Paul à Londres et Santa Maria Dei Fiori à Florence, elle s'inscrit dans la série des sanctuaires d'expiation des péchés que sont le Sacré-Cœur de Paris ou la basilique de Cambridge. Léopold II l'avait voulue gothique, mais le projet fut modifié avant sa construction. Ses plans singèrent (en tout cas en théorie) le Sacré-Cœur parisien et son style, tout à fait représentatif de son époque, est finalement Art déco. Le béton, et non la pierre de taille, sera le matériau de base, recouvert à l'intérieur de terre cuite ocre jaune, à l'extérieur de briques roses. Si vous n'avez jamais déambulé dans un immense vaisseau religieux moderne, la visite est impérative ! La basilique de Koekelberg est d'ailleurs la plus grande église Art déco au monde. La galerie supérieure abrite non seulement les photos de la construction de la basilique, mais présente aussi une vitrine exposant certains matériaux de construction, une galerie d'expositions temporaires (voir site Internet), l'espace Cardinal Danneels qui expose de manière permanente des œuvres de l'artiste sud-coréen et ecclésiastique Kim En Joong (dont trois vitraux placés en 2017). On y trouve aussi une maquette au 1/40e, réalisée par l'architecte Albert Van Huffel qui a remporté le premier prix au concours des arts décoratifs et industriels de Paris en 1925. Remarquez les dix chapelles latérales maintenues dans le projet : neuf pour les neuf provinces belges initiales et une pour le Congo… On accède à la galerie supérieure présentant une exposition de photos sur l'édification de la basilique et les matériaux utilisés. Un ascenseur monte ensuite jusqu'à une terrasse extérieure panoramique qui offre certainement la plus belle vue sur Bruxelles et ses alentours. Par temps clair, on distingue même la tour de la cathédrale de Malines qui se trouve à 20 km. Six tables d'orientation aident le visiteur à repérer les monuments et lieux visibles. Pour les plus courageux, 250 marches supplémentaires permettent d'accéder au sommet de la coupole, à 89 mètres. Effet garanti !

DESIGN MUSEUM BRUSSELS

Place de Belgique 1

✆ +32 2 669 49 29

Tous les jours de 11h à 19h. Gratuit jusqu'à 5 ans. Adulte : 10 €. Enfant (6-17 ans) : 8 €. Réduction Thalys. PMR.

Dédié à l'art et au design du XXe siècle, Design Museum Brussels est installé à deux pas de l'Atomium (tickets combinés possibles). Collection permanente de 2 000 objets en plastique, la Plastic Design Collection présente le plastique du plus quotidien à l'œuvre d'art. Un véritable voyage dans le temps, des années 1960 jusqu'aux années 2000 retraçant l'impact des plastiques sur la création en art et en design. Innovant et surprenant ! Diverses expositions temporaires pendant l'année dont une sur Zéphir Busine, peintre, sculpteur et céramiste, d'avril à août 2023.

ÉGLISE NOTRE-DAME-DE-LAEKEN

Parvis Notre-Dame

✆ +32 2 478 20 95

https://notredamedelaeken.be/

Tous les jours 14h à 17h (sauf lundi). Visite gratuite de la crypte : 1 dimanche par mois de 14h à 17h. Voir site Web.

Cette église a une drôle de mine. Signée Poelaert, bâtisseur du Palais de Justice, elle est restée inachevée dans la finition des détails extérieurs. Sa silhouette ressemble de loin à un édifice néogothique, de près à une masse étrange aux contours brutaux, presque Art déco. L'intérieur est très épuré, avec la crypte qui abrite les tombeaux des souverains. À gauche de l'église, s'ouvre le petit cimetière de Laeken, hérissé de monuments et de statues.

MOULIN D'EVERE

Rue du Moulin à Vent 21

✆ +32 2 245 37 79

https://www.moulindevere.be/fr

Du mardi au vendredi 10h-12h et 13h-17h, samedi 13h-17h30. -12 ans : gratuit. Adulte : 4 €. Tarif réduit : 2 €.

Bâtiment classé et rénové accueillant une exposition retraçant l'histoire de la meunerie au travers d'objets authentiques et d'un documentaire. Entouré d'un parc et d'un jardin potager, le moulin électrifié a perdu ses ailes de 22 mètres d'envergure en 1886. Il abrite la plus ancienne machine à faire monter le grain d'Evere. Une exposition temporaire annuelle met en avant un aspect particulier de l'alimentation : jusqu'au 31 août 2023, on nourrit la ville d'hier à aujourd'hui ! Diverses activités : ateliers culinaires, jardinage, visites gourmandes.

MUSÉE DE RADIOLOGIE

Rue Bruyn 200
✆ +32 2 44 31 875
www.radiology-museum.be
Ouvert du lundi au vendredi de 9h à 15h. Gratuit. Possibilité de visites guidées (payantes, voir site Web).

Accessible à tous, cette reconstitution historique créée en 1990 est installée dans les couloirs du service de Radiologie d'un hôpital militaire. Des posters et photos font revivre un siècle d'histoire de l'imagerie médicale et dévoilent l'étendue des applications permises aujourd'hui par les ultrasons. Ils sensibilisent aussi aux autres applications de la radiologie dans le domaine de la paléontologie, des beaux-arts, de la philatélie,... Des événements inédits sont organisés, des personnes renommées touchant à la radiologie y sont régulièrement invitées.

MUSÉE-MAISON RENÉ MAGRITTE

Rue Esseghem 135
✆ +32 2 428 26 26
www.magrittemuseum.be
Fermé le 25/12 et 01/01. Mercredi-dimanche 10h-18h. Adulte : 10 €. Autres tarifs : voir site web. Visite guidée.

Maison la plus importante dans la vie de Magritte : il y a habité avec son épouse de 1930 à 1954 et y a peint la plus grande partie de ses chefs-d'œuvre. Les surréalistes belges s'y réunissaient une fois par semaine. On y découvre un Magritte méconnu, avec des œuvres d'un style différent. L'appartement du peintre et son mobilier sont d'origine ; une expo biographique comprend des œuvres, des publicités créées par sa firme, des documents d'archive et des photos de la vie du couple.

PARC ROI BAUDOUIN

Avenue de l'Exposition Universelle
Restauration (guinguette Fabiola en été). Ouverture à 8h, fermeture entre 17h45 et 20h45 selon la saison.

Poumon vert du nord de Bruxelles, le parc Roi Baudouin est composé de parcs aménagés, de bois, de prés et de zones marécageuses de la vallée du Molenbeek. Paradis pour les amateurs de balades, il est entrecoupé par des voies (auto) routières. Le parc est très facile d'accès et les autorités communales et régionales ont mis en œuvre des passages permettant à tous de se promener sans le moindre danger. Les lieux offrent des biotopes très variés, des sites naturels ou semi-naturels. L'aspect rural est matérialisé par des jardins potagers et par la Ferme des Enfants.

SERRES ROYALES DE LAEKEN ★★

Avenue du Parc-Royal
✆ +32 2 513 89 40
www.monarchie.be
Ouverte 3 semaines au printemps. L'accès aux serres royales coûte 4 €. Visites nocturnes à certaines dates.

Les serres royales de Laeken ont été construites à proximité du palais par Alphonse Balat, maître de Victor Horta. Ce joyau de métal et de verre est rempli d'innombrables plantes et fleurs (dont un nombre impressionnant de fuchsias) et planté d'essences rares, parfois uniques, ramenées du monde entier. C'est un véritable enchantement pour les yeux. Ouvertes seulement 3 semaines en avril ou mai, restez aux aguets du site de l'Office de tourisme Visit Brussels pour connaître les dates et heures. Le barbecue avec le roi et la reine n'est pas inclus dans le ticket.

À VOIR / À FAIRE

Serres Royales de Laeken.

AUTOWORLD ★★

Parc du Cinquantenaire 11 ✆ +32 2 736 41 65
www.autoworld.be

7j/7 10h-18h (17h en semaine en basse saison). Adulte : 13 €. 6 -11 ans : 6 €. 15 pers : 11 €. Audioguide inclus.

Des centaines de véhicules font revivre l'histoire de l'automobile de 1886 aux années 1980. Quelques raretés, comme une voiture ayant appartenu à Franklin Roosevelt ou une autre à JFK. Véritable bijou pour les amateurs du genre, il dévoile les grandes étapes de la compétition automobile. Rallyes et courses sont aussi mis en valeur via des voitures exposées, films d'époque et photos. Tout au long de l'année, des expos thématiques sont proposées, par exemple l'anniversaire d'une marque ou d'un modèle. Grande expo prestigieuse sur la mezzanine tous les deux ans.

LE BERLAYMONT

Rue de la Loi 200

Le bâtiment dit Berlaymont abrite le siège de la Commission européenne. Construit en 1967, sa forme en croix asymétrique et son esplanade sous-jacente sont typiques des années 1960. Une curiosité faisant que seul son axe central touche le sol ! Vidé en 1991, rénové de 1995 à 2004, il a été débarrassé de l'amiante dont il était rempli avant de reprendre ses fonctions initiales. Le Berlaymont doit son nom au couvent de chanoinesses fondé en 1625 et ayant déménagé en 1962. Il est installé en bordure du rond-point Schuman, d'où il offre ses plus belles perspectives.

LE BOTANIQUE

Rue Royale 236 ✆ +32 2 218 37 32
www.botanique.be

Voir le site pour plus d'infos sur les concerts. Les grilles se ferment à 17h30 en hiver et à 21h en été. Café Bota.

« Bruxelles possède deux merveilles uniques au monde : la Grand-Place et le panorama du Jardin Botanique » (V. Hugo). Il ne reste plus grand-chose de botanique, le jardin ayant déménagé à Meise (Brabant-Flamand) en 1939 pour survivre à la jonction ferroviaire Nord-Midi. Lieu insolite où arts plastiques et musique se rencontrent mais aussi d'autres arts tels danse, théâtre ou cinéma. De petites salles de concert offrent une ambiance intimiste pour amateurs de styles musicaux variés. Un jardin de l'Iris (symbole de Bruxelles) agrémente la partie haute du parc.

ÉTANGS D'IXELLES

Avenue du Général-de-Gaulle

Les belles façades des maisons nous replongent dans l'atmosphère bruxelloise d'avant 1940. On y trouve notamment de très beaux exemples de style néo-Renaissance flamande, Art nouveau et Art déco dont le représentant le plus connu est le «paquebot» Flagey, sur la place éponyme. Ancien déversoir, les étangs d'Ixelles offrent un cadre romantique propice à la balade vers l'abbaye de La Cambre. On dénombrait à l'origine quatre étangs, alimentés par le ruisseau Maelbeek. On parle aujourd'hui seulement de l'étang supérieur et de l'étang inférieur.

LA MAISON AUTRIQUE

Chaussée de Haecht 266 ✆ +32 2 215 66 00
www.autrique.be

Du mercredi au dimanche 12h-18h. Adulte : 7 €. 6-18 ans : 3 €. Étudiants (-25 ans), seniors, chômeurs : 5 €.

Premier édifice marquant de Victor Horta, la Maison Autrique est un élément majeur du patrimoine architectural bruxellois. Cette maison de 1893 est une étape essentielle de l'évolution du plus grand architecte belge. La restauration exemplaire du bâtiment aide à mieux comprendre l'Art nouveau. La scénographie fait de cette demeure une sorte de « maison des maisons », hommage à l'architecture privée bruxelloise en même temps que « porte de l'imaginaire ». La Maison Autrique souligne l'intérêt de l'Art nouveau, révélant sa séduction et son mystère.

MAISON CAUCHIE

Rue des Francs 5
✆ +32 473 64 26 97
www.cauchie.be
Groupes sur RV. Ouvert le samedi et 1er dimanche du mois, 10h-13h et 14h-17h. 9,50 € ; gratuit -12 ans. Résa obligatoire

L'une des plus belles réalisations de l'Art nouveau à Bruxelles, construite par Paul Cauchie, architecte et décorateur auteur d'un grand nombre de graffites que l'on peut admirer dans les communes avoisinantes et dans d'autres villes belges (Liège, Anvers, Dinant, etc.) La « façade affiche » n'a rien à envier à la décoration intérieure, conçue par Paul Cauchie et sa femme Lina, artiste également. Le sous-sol abrite une galerie qui retrace l'histoire de la maison, de son architecte et de ses propriétaires actuels. La visite est guidée.

MUSÉE CHARLIER

Avenue des Arts 16 ✆ +32 2 220 26 91
www.charliermuseum.be
Du lundi au jeudi de 12h à 17h ; le vendredi de 10h à 13h. Gratuit jusqu'à 17 ans. Adulte : 5 € (grande expo : +1 €).

Henri Van Cutsem fit aménager sa résidence en 1890 par le jeune Victor Horta afin d'exposer ses collections. À son décès, il la lègue au sculpteur Guillaume Charlier qui l'enrichit d'œuvres belges contemporaines. Ce dernier la cède, à sa mort, à la commune de Saint-Josse pour qu'elle en fasse un musée public. On y admire peintures et sculptures, mobilier, tapisseries et orfèvrerie de différentes époques. Le tout forme un ensemble qui évoque plus une demeure privée qu'un musée traditionnel. Expos thématiques temporaires, nocturnes et midis de découverte musicale.

MUSÉE D'ART FANTASTIQUE

Rue Américaine 7 ✆ +32 475 41 29 18
www.fantastic-museum.be
Fermé du 1er octobre au 30 avril. Ouvert le week-end de 14h à 17h (dernière visite à 16h). Adulte : 10 €. Animations.

Mouche tueuse, momie, femme-araignée… Les œuvres du MAF se déclinent en différentes techniques (peinture, sculpture, arts plastiques) mais ont en commun leur côté étrange ou surréaliste. Des animations fantastiques sont régulièrement destinées aux visiteurs de tous âges : venez vous confronter aux sorcières de Tarkham, aux trolls et aux bestioles, frissonner sur le parcours du Golf Imaginarium ou résoudre l'énigme du « Meurtre au Musée », un Cluedo grandeur nature. Ce monde étrange se situe dans une maison patricienne non loin du musée Horta.

HÉMICYCLE PARL. EUROPÉEN

Rue Wiertz 60
Visites du lundi au jeudi de 9h à 17h et le vendredi de 9h à 13h. Guide Multimedia. Gratuit.

Visiter l'hémicycle du Parlement européen est un excellent moyen de s'imprégner de l'ambiance électrique qui règne dans le plus grand parlement transnational au monde et de se familiariser avec ses pouvoirs et ses missions. Des visites individuelles de l'hémicycle sont proposées avec un guide multimédia interactif. La visite dure environ 45 minutes. Si vous préférez discuter avec un conférencier, des séances d'information ont lieu tous les lundis à 11h et 15h. Elles sont proposées en anglais et en français. Réservation pour les groupes de plus de dix personnes.

MUSÉE DE LA BIÈRE SCHAERBEEKOIS

Avenue Louis Bertrand 33-35
✆ +32 470 81 43 00
http://museedelabiereschaerbeekois.be
Ouvert le mercredi et le samedi de 14h à 18h. Gratuit jusqu'à 14 ans. Adulte : 5 € (dégustation comprise).

Le lien entre la bière et Schaerbeek est mis en évidence avec une carte datant de 1899 et recensant les treize brasseries alors en activité dans la commune. Ce musée abrite notamment une collection de mille bouteilles de bières belges et environ 850 verres. Les nostalgiques pourront jeter un œil aux vitrines dédiées à la brasserie Roelants, la dernière à avoir fermé ses portes dans la commune, vers 1960. Une salle est dédiée à la reconstitution d'un estaminet du début du XXe siècle.

MUSÉE DE LA MARIONNETTE

Avenue de la Forêt 50
✆ +32 2 673 87 30
www.theatreperuchet.be
Horaires et jours de représentation : voir site web. Tous âges : 10 € (spectacle + entrée au musée). CB non acceptée.

En 1938, Carlo Speder créa le théâtre du Peruchet. En 1968, celui-ci déménagea à l'adresse ixelloise actuelle avant d'accueillir le musée dès 1983. On y joue des spectacles de marionnettes à fils tous les mercredis, samedis et dimanches mais, pour être sûr, il vaut mieux leur passer un coup de... fil. Chaque spectacle permet une visite gratuite du musée contenant plus de 4 000 marionnettes originaires du monde entier dont certaines ayant plus de 250 ans. Les spectacles variés sont joués dans un cadre très intime. Pour les petits et ceux qui le sont restés.

MUSÉE MEUNIER

Rue de l'Abbaye 59
✆ +32 2 648 44 49
Mardi au vendredi, 10h-12h et 12h45-17h. Gratuit.

Cette belle maison-atelier, acquise par l'artiste Constantin Meunier (1831-1905) à la fin de sa vie, fut rachetée par l'État en 1936, avec la collection de plus de 700 œuvres qu'elle contenait, pour en faire un musée. Les quelque 150 peintures, sculptures et documents exposés retracent l'évolution du créateur dans la seconde moitié de sa carrière, période durant laquelle il a illustré les aspects sociaux et industriels de la Belgique, prenant pour sujets ses contemporains dans leur travail et leur vie au quotidien. Expos temporaires régulières.

MUSÉE DES ENFANTS

Rue du Bourgmestre 15
✆ +32 2 640 01 07
www.museedesenfants.be
Horaires : voir site Internet. Gratuit jusqu'à 3 ans. Tarif dégressif (dès 10 €) selon la taille du groupe.

L'animateur artiste, conteur ou régisseur écoute et stimule la créativité des petits de 6 à 12 ans. Sous l'œil attentif des parents dont la participation est bienvenue, la curiosité et l'intérêt des enfants sont éveillés par une série de montages ludiques en bois qui les instruisent et les font réfléchir sur le fonctionnement du monde qui les entoure et de leur propre organisme. Aucune activité ne sera réalisée par le biais d'appareils électroniques. La fondatrice Kathleen Lippens s'est inspirée d'un établissement semblable à Boston.

MUSÉE ROYAL DE L'ARMÉE ★★

Parc du Cinquantenaire 3
✆ +32 2 737 78 33
www.klm-mra.be
Fermé les jours fériés. Du mardi au dimanche de 9h à 17h. Gratuit -6 ans. Adulte : 11 €. Groupe (15 pers.) : 4,50 €.

Un site à la hauteur de l'histoire militaire belge : richissime. En tout, une centaine de milliers de pièces. On débute par les armes et les armures anciennes qui donnent une vision de l'évolution de l'armement du VIIIe au XIXe siècle, dont notamment de magnifiques épées carolingiennes. Des salles spécialisées dans les guerres mondiales, dans la Résistance, dans les blindés et, pour terminer, une superbe salle contenant des avions. On admire la vue du site depuis les Arcades. Boutique et cafétéria. La majorité des salles sont accessibles aux PMR.

MUSÉE HORTA ★

Rue Américaine 25 ✆ +32 2 543 04 90
www.hortamuseum.be
Du mardi au vendredi 14h-17h30, le week-end 11h-17h30. Adulte : 12 €. 6-18 ans : 3,50 €. Réservation obligatoire.

Dessinée par Victor Horta, maître de l'Art nouveau, pour son occupation personnelle, la maison est pourvue de chauffage central et de climatisation naturelle dissimulés dans les éléments du décor. La maison a conservé une partie de son mobilier dessiné par Horta et sa décoration d'origine où se mêlent bois précieux, marbre, bronze, verre et volutes en fer forgé, dont l'exceptionnel lanterneau qui inonde les étages de lumière du jour. L'ingéniosité du maître s'y révèle dans les moindres détails. Propositions régulières d'événements et expositions.

MUSÉE WIERTZ

Rue Vautier 62
✆ +32 2 648 17 18
Ouvert du mardi au vendredi, de 10h à 12h et de 12h45 à 17h. Gratuit.

Le Musée Wiertz est l'ancienne maison-atelier de l'artiste et homme de lettres, Antoine Wiertz (1808-1865). Figure controversée du mouvement romantique, il revient de son voyage en Italie fasciné par les sujets mythologique. Cet immense atelier (autant que ses toiles) est issu d'un marché avec l'État belge. En échange du financement de la construction de cet atelier, le peintre acceptait de léguer son œuvre à l'État. Il devint musée à sa mort. Son chef-d'œuvre, exposé au musée, est *La Belle Rosine* où une jeune femme nue contemple avec fascination un squelette.

MUSÉUM DES SCIENCES NATURELLES ★

Rue Vautier 29 ✆ +32 2 627 42 11
www.sciencesnaturelles.be
Mar-ven. 9h30-17h. Vacances & w-e 10h-18h. Adulte : 13 €. Enfant (6-17 ans) : 5 €. Autres tarifs : voir site web. Café.

Un des plus impressionnants musées du genre au monde avec celui de New York ! Des fouilles en 1878 ont mis à jour 29 squelettes d'iguanodons enfouis depuis plus de 100 millions d'années et la galerie où leurs fossiles sont exposés est la plus fournie d'Europe ! Salles permanentes et expos temporaires à succès. Ne manquez pas la galerie «Planète vivante» où 850 spécimens sont exposés pour expliquer la biodiversité, la galerie de l'évolution, la galerie de l'homme et celle des minéraux.

QUARTIER DES FLEURS

Tram : Louis Bertand, Héliotropes ou Chazal. Bus : Louis Bertand ou Josaphat.
Meilleure période pour visiter : le printemps.

Amateurs d'Art déco, vous serez aux anges en découvrant le Quartier des Fleurs à Schaerbeek, nommé ainsi car toutes les rues portent des noms... de fleurs (freesias, glycines, jacinthes...). Tout cet ensemble a été construit dans les années 1930 et regorge de très belles villas Art déco ou modernistes : un régal pour les yeux ! Parmi les immeubles remarquables : l'église Sainte-Suzanne, elle aussi Art déco, et le numéro 97 de la rue des Mimosas, où René Magritte vécut de 1954 jusqu'à son décès. Le parc Josaphat qui borde le quartier vaut lui aussi la balade.

MAISON HIST. EUROPÉENNE ★★

Rue Belliard 135
historia-europa.ep.eu/fr
Ouvert le lundi 13h-18h ; du mardi au vendredi 9h-18h, le w-e 10h-18h. Gratuit. Accessible PMR. Café. Boutique.

Ce musée interactif, situé dans un bâtiment Art déco au sein du charmant Parc Léopold, vous emmène en voyage à travers l'histoire de l'Europe. Des mythes et découvertes au chaos et à la cohésion qui ont marqué le XXe siècle, l'exposition permanente vous fait découvrir le passé de l'Europe et vous met au défi d'envisager son avenir. La Maison de l'Histoire européenne propose également des espaces pour les plus jeunes et des parcours famille. La visite dure environ 90 minutes. Expos temporaires et thématiques régulières, en général pour une durée d'un an.

LE SENGHOR

Chaussee de Wavre 366
✆ +32 22 30 31 40
www.senghor.be
Ouverture : selon le programme (voir site Web). Café-restaurant sur place.

Le Senghor vit le jour en 1988 dans un ancien cinéma de quartier. La grande salle, nommée « Salle 19 », abrite une salle des fêtes dans le plus pur style de l'époque, avec stucs, vitraux et volutes en fer forgé, ainsi qu'un café-restaurant au rez-de-chaussée. En plus d'être de toute beauté, cet endroit ne manque pas d'animations : entre la musique, le théâtre, la danse, le jazz, le cinéma, les ateliers créatifs, la vie associative et les événements thématiques : tout le monde y trouve son compte, souvent même à plusieurs reprises tout au long de l'année.

TRAIN WORLD ★

place Princesse Elisabeth 5 ✆ +32 2 224 74 98
www.trainworld.be
10h-17h. (dernière entrée : 15h30). Fermé le lundi. 15 €. Gratuit -5 ans. 6-17 ans 11 €, 4-5 ans : 5 €. Famille : 45 €.

L'expérience, unique, permet de découvrir les chemins de fer dans un tout nouveau bâtiment connecté à la ville autant qu'au rail. Les visiteurs sont transportés des toutes premières locomotives à vapeur aux trains à grande vitesse ! La muséographie fait appel à tous les sens pour appréhender le sujet dans ses multiples dimensions. De nombreux objets et documents mais surtout du matériel construit en Belgique. Font ainsi figure de joyaux, la « Pays de Waes » ou la « Type 12 », les luxueux wagons de voyageurs, l'épopée du train postal ou un simulateur de conduite.

PARLAMENTARIUM

place du Luxembourg 100
www.europarl.europa.eu/visiting/fr/
Ouvert le lundi (13h-18h), mardi-vendredi (9h-18h) et le week-end (10h-18h). Gratuit. Cafétéria. Boutique.

Le Parlamentarium s'inscrit parmi les visites incontournables à Bruxelles. Accessible dans les 24 langues officielles de l'Union européenne, cet espace d'exposition high-tech est moderne, ludique et surprenant. Tout est mis en œuvre pour apprendre le fonctionnement des institutions européennes et éclairer sur les prises de décisions. Parmi les expériences uniques offertes : carte de l'Europe interactive géante, chambre parlementaire projetée sur un écran de 360°, interactivité avec des citoyens et des députés européens et jeu de piste pour les enfants.

LA TRICOTERIE ★

Rue Théodore Verhaegen 158
✆ +32 2 537 96 69
www.tricoterie.be
Horaire : voir site web mais en général, le dimanche de 10h à 20h et le lundi de 18h à 3h.

Dans une ancienne fabrique de pâtes, la coopérative propose des « productions propres » (artistes associés, marché bio, soirées thématiques, animations de quartier...) et des locaux pour événements externes. La Tricoterie croise activités, générations, convictions, vie réelle et virtuelle sur 1 200 m². Les lieux proposent différents services liés au développement durable : traiteurs bio/slow food, produits locaux ou issus de l'agriculture raisonnée, bar bio, brunch, promotion des circuits courts, réapprentissage du nettoyage avec des produits écologiques...

PARC DU CINQUANTENAIRE ★★

Parc du Cinquantenaire
www.gardens.brussels/fr
Ouvert de 8h jusqu'à 17h45 (octobre à mars), 18h45 (avril), 19h45 (septembre), 20h45 (mai à août). Plaine de jeux.

Avec ses trente hectares, le Parc du Cinquantenaire s'apparente à un poumon naturel pour celles et ceux qui, jour après jour, se transforment en fourmis laborieuses au sein du quartier européen tout proche. Outre la beauté des bâtiments (historiques !) que l'on peut y trouver ou l'agrément des nombreux musées qui y ont élu domicile, le parc du Cinquantenaire est surtout un endroit où l'on aime se promener pendant sa pause du midi, faire un jogging dès que l'on peut profiter d'un peu de temps libre ou tout simplement le week-end, en famille, pour faire un break dans la frénésie du shopping telle qu'on le pratique dans le quartier des Tongres.

Le parc du Cinquantenaire a d'abord été une plaine de manœuvres de l'armée. En 1880, il a hébergé l'exposition célébrant le cinquantième anniversaire de la naissance de l'État belge. De nos jours, il sert de cadre à l'arcade monumentale qui réunit les musées du Cinquantenaire. Au sud, le musée royal d'Art et d'Histoire (www.kmkg-mrah.be), au nord, le musée royal de l'Armée et de l'Histoire militaire (www.klm-mra.be). À côté du musée d'Art et d'Histoire, une vaste halle contient le riche musée privé de l'Automobile.

▶ L'arcade prévue dès 1880 par Léopold II n'a pu voir le jour qu'en 1905, les parlementaires belges ayant jugé son coût trop élevé. C'est donc le Congo qui paya, via la cassette de Sa Majesté. Ce splendide arc de triomphe est néanmoins surmonté d'un char tiré par un quadrige de chevaux très vivant, dont le bronze verdi s'allie à la pierre grise de la colonnade. L'arcade est due à Girault (l'architecte du Grand Palais à Paris), le quadrige à Thomas Vinçotte, un sculpteur belge connu pour quelques réalisations publiques.

▶ Un autre artefact intéressant est le monument dédié à la colonisation, situé dans le coin nord-ouest du parc. On y voit comment le brave militaire belge au service de Sa Majesté le Roi (Léopold II, en l'occurrence) libère le malheureux indigène des griffes de l'odieux Arabe esclavagiste. Cent ans plus tard, le royaume pas rancunier accueille à proximité la grande mosquée de Bruxelles, dans le même coin du même parc.

▶ À quelques mètres, se trouve une petite construction néoclassique. C'est le pavillon des Passions humaines, édicule dû à Victor Horta, renfermant la très belle fresque des Passions humaines, tumultueux mur de cuisses, fesses, seins et de chairs en général, œuvre du romantique sculpteur, Jef Lambeaux. Après des années de pudibonderie consensuelle, on s'est décidé à l'ouvrir au public. Il est également géré par les Musées Royaux d'Art et d'Histoire.

BOIS DE LA CAMBRE ★

Avenue de Flore 3-4
✆ +32 2 741 63 20
www.boisdelacambre.brussels
Accessible aux PMR. Plaine de jeux. Différents bars et restaurants au sein du bois.

Le bois de la Cambre est est un parc paysager à caractère forestier. Il est le prolongement naturel de la forêt de Soignes et doit son nom à l'abbaye de la Cambre toute proche. C'est le plus vaste – de par sa superficie de 123 hectares – mais aussi le plus connu des espaces verts bruxellois. Un peu à l'instar de Central Park à New York, il se situe dans le haut de la ville. Facile d'accès, il apparaît au bout de l'avenue Louise, avenue commerciale et architecturale prestigieuse. Été comme hiver, le Bois de la Cambre attire nombre de promeneurs, joggeurs et autres familles soucieuses de faire prendre l'air à leurs bambins. En son centre une petite île accueille le fameux Chalet Robinson. Là, dans un cadre bucolique rénové de façon contemporaine, on vient se sustenter d'une cuisine de brasserie actuelle ou prendre un café, une gaufre ou un chocolat chaud. Plus loin, dans le bois, il y a Le Flore au cadre tout aussi enchanteur (splendide terrasse, cuisine slow-food, produits locaux et bios...). L'un comme l'autre offrent de nombreuses promenades balisées de différentes longueurs et difficultés. Le Bois de la Cambre est sans doute l'une des plus belles évasions vertes urbaines qu'on puisse offrir à ses habitants et aux visiteurs. Pendant le confinement, les Bruxellois ont redécouvert ce que pouvait leur apporter le parc. Espace de respiration encore plus important que d'habitude pour les uns, espace de contestation contre les mesures sanitaires pour les autres. L'automne et ses couleurs est la meilleure saison pour une balade.

© B-LEFEVRE

CENTRE D'ART DE ROUGE-CLOÎTRE

Rue du Rouge-Cloître 4
✆ +32 2 660 55 97
www.rouge-cloitre.be
Horaires variant en fonction des expos. Voir site web.

Au cœur du site de Rouge-Cloître, le Centre d'Art offre la possibilité de conjuguer découverte artistique et promenade. Il se concentre sur les rapports entre écriture et image, entre art et graphie. Cette thématique se traduit par l'accueil d'œuvres d'illustrateurs de livres pour la jeunesse et d'auteurs de BD. Tous les premiers dimanches du mois, l'accès aux expositions est gratuit et une balade guidée sur l'histoire du site de Rouge-Cloître est proposée aux visiteurs à 14h.

MUSÉE DAVID ET ALICE VAN BUUREN

Avenue Léo Errera 41
✆ +32 2 343 48 51
www.museumvanbuuren.be
Ouvert du mercredi au lundi de 14h à 17h30. Gratuit jusqu'à 11 ans. Adulte : 15 €. Étudiant : 9 €.

Construite en 1928, la maison rappelle par son architecture extérieure l'École d'Amsterdam, et par l'intérieur et le mobilier, l'Art déco. Ses propriétaires étaient le banquier hollandais David van Buuren et son épouse Alice. Mécènes et amateurs d'art, ils ont réuni une collection prestigieuse de tableaux allant des primitifs flamands du XVe siècle, aux artistes belges du XXe siècle. Le magnifique jardin, le labyrinthe et sa roseraie, se visitent toute l'année.

MUSÉE DU TRAM ★

Avenue de Tervuren 364 bis
✆ +32 2 515 31 10
trammuseum.brussels
Ouvert le w-e de 13h à 18h. Adulte 13 €, 6-12 ans 6 €, avec voyage en train historique 20 € et 15 € (sur réservation).

Le Musée du Tram, c'est une armada de véhicules ayant transporté des millions de Bruxellois dans les rues de la capitale depuis 1881. Un bon plan pour les nostalgiques ou les enfants, les premiers se rappelleront peut-être, les seconds découvriront les ancêtres de nos super trams articulés. Des balades intemporelles vers la forêt de Soignes ou ailleurs sont organisées les dimanches d'avril à septembre (et un dimanche par mois après), l'occasion de découvrir Bruxelles et ses quartiers à bord d'un vieux tramway. Quelques anciens autobus sont aussi de la partie.

PARC DE WOLUWE

Avenue de Tervuren

Du 1/10 au 31/03 : 8h-17h45. 1/04 au 30/04 : 8h-18h45. 1/05 au 31/08 : 8h-20h45. 1/09 au 30/09 : 8h-19h45.

Havre de paix coincé entre des boulevards automobiles fréquentés, le parc (aussi appelé Parc de la Woluwe, nom du ruisseau alimentant les étangs) permet de s'écarter du brouhaha. On s'y promène ou on circule en barque ou en bateau à pédales sur les étangs tout proches. Le parc a été conçu dans un style paysager anglais, avec ses larges pelouses, ses trois étangs, ses petites routes sinueuses et ses nombreuses espèces d'arbres. Juste à côté, le parc et les étangs Mellaerts sont une extension naturelle des précédents. Belle brasserie pour terminer la balade.

PROMENADE DE TERVUREN ★

Vallée de la Woluwe

La Promenade du Chemin de Fer donne l'occasion de découvrir une partie de la vallée de la Woluwe sur un parcours de 6 km. Partant de Beaulieu (Auderghem), on peut ensuite traverser le pont qui surplombe le boulevard des Invalides, avant de passer par la chaussée de Wavre et l'avenue du Parc de Woluwe (qui longe ce dernier). A la hauteur du musée du Tram bruxellois, on traverse l'avenue de Tervuren sur la passerelle et on finit la promenade à Woluwe-Saint-Pierre (Stockel). L'ancien chemin de fer Quartier Leopold – Tervuren fut en fonction de 1881 à 1958.

LA VÉNERIE - LES ÉCURIES

place Gilson 3

✆ +32 2 660 49 60

www.lavenerie.be

Tarif de groupe pour les spectacles (10 pers.) : 8 €. Horaire selon les activités (voir site Web).

Avec l'Espace Delvaux, Les Écuries font partie du centre culturel de Watermael Boitsfort La Vénerie. Les locaux accueillent le Centre d'expression et de créativité « Les Expositions », certains spectacles en décentralisation et ils sont mis abondamment à disposition des associations ou d'organismes du monde culturel ou artistique. Il s'agit d'un pôle de diffusion pour les spectacles vivants, l'audiovisuel, les cycles de conférences ainsi que pour l'exposition de photographies. Tous proches, les étangs de Boitsfort et ceux du Leybeek invitent à la promenade.

VÉNERIE-ESPACE DELVAUX

Rue Gratès 3

✆ +32 2 663 85 50

www.lavenerie.be

Tarif de groupe pour les spectacles (10 pers.) : 8 €. Horaire selon les activités (voir site Web).

Composé de deux espaces distincts : les Écuries et l'Espace Delvaux, ce centre mise beaucoup sur le théâtre. En effet, il accueille les Scènes d'Humour permettant aux jeunes artistes et compagnies de théâtre humoristiques de se produire et les Scènes d'Afrique qui mélangent musiques, expressions théâtrales de rue et de scènes africaines. De plus, les meilleurs films sortis la saison précédente sont diffusés dans leurs célèbres Cinés Apéros. A ne pas manquer, certains mercredis, la présentation d'un court-métrage belge en présence du réalisateur !

VILLA EMPAIN

Avenue Franklin Roosevelt 67 B

✆ +32 2 534 60 85

www.villaempain.com

Ouvert du mardi au dimanche de 11h à 18h00. Gratuit jusqu'à 12 ans. Adulte : 10 €. Autres tarifs : voir site web. PMR.

La Fondation Boghossian est destinée à enrichir la découverte réciproque de l'Occident et de l'Orient. Elle valorise le culturel, l'artistique, le pédagogique, le scientifique, ainsi que des animations renforçant le dialogue et les liens créés. Au niveau du bâtiment, l'accent est mis sur la volonté de mettre en avant le patrimoine architectural et décoratif Art déco de la Villa Empain. Les sous-sols accueillent conférences, réunions et films. Dans l'ancienne conciergerie, des chambres accueillent étudiants, collaborateurs extérieurs, chercheurs ou artistes.

WOLUBILIS

Cours Paul-Henri Spaak 1

✆ +32 2 761 60 30

wolubilis.be

Ouverture selon les activités du centre culturel : voir site Web.

L'endroit-phare pour les amoureux de l'art dans le sud-est de la capitale, le Centre culturel Wolubilis c'est un théâtre pour les spectacles vivants (théâtre, danse, concerts...), un lieu d'exposition pour les arts plastiques, des ateliers pour formations stages et évènement mais aussi, une artothèque où il est possible d'emprunter des œuvres proposées à la location par des artistes. L'été, Wolubilis organise des séances de cinéma en plein air. Pour compléter l'offre, on mentionnera Cook&Book, concept qui a installé un restaurant au sein d'une immense librairie.

SE RÉGALER

Difficile d'échapper aux pièges à touristes dans le cœur du centre historique, néanmoins nous y avons sélectionné les meilleures adresses pour goûter une gastronomie belge traditionnelle. Il faut cependant essayer de s'écarter de la Grand Place, quartier de Sainte-Catherine en tête, non loin et connu pour ses bons restaurants. On trouve un peu partout de bonnes brasseries de plats honnêtes : moules-frites, jambonneau à la moutarde, lapin aux pruneaux, carbonnades flamandes… et pour ceux qui moins fans de plats en sauce, d'excellents restaurants végétariens et « healthy » fleurissent un peu partout. Le Châtelain, Saint-Boniface et Louise à Ixelles regorgent de nouvelles adresses branchées. Le caractère cosmopolite de Bruxelles lui confère une palette de cuisines de monde des plus authentiques à tester. À l'inverse, des restaurants étoilés proposent de la cuisine de haute volée. Il y en aura pour tous les goûts, toutes les bourses.

PRATIQUE

SE RÉGALER

HORAIRES

Pour le déjeuner, les restaurants sont généralement ouverts de midi à 14h (parfois 15h). Il existe peu de restaurants proposant le service continu en journée à part les snacks. Ne traînez pas le soir si vous ne voulez pas crier famine toute la nuit. La plupart des restaurants ferment plus tôt qu'à Paris ! Le soir, les cuisines ouvrent vers 18h30 ou 19h et ferment vers 22h. On trouve évidemment des kebabs (ici, on dit pittas), fast-foods ou des brasseries ouvertes jusqu'à minuit 24h/24 (du moins, hors mesures sanitaires, consultez les sites Web des établissements pour les dernières mises à jour).

BUDGET / BONS PLANS

Il est possible de s'en sortir à moins de 10 € en mangeant dans une friterie. Au restaurant ou dans les brasseries, les plats principaux à la carte vous coûteront généralement entre 15 et 30 €, voire plus dans les restaurants gastronomiques. Côté boissons, vous paierez votre vin un peu plus cher qu'en France, mais vous pourrez vous rattraper sur la bière (le prix et la diversité).

C'EST TRÈS LOCAL

Ayez soin d'avoir un peu de monnaie avec vous (entre 50 centimes jusqu'à 1 €), certains établissements ayant une « Madame ou Monsieur Pipi » qui veille à la propreté des toilettes, un service qui se paie en supplément.

EN SUPPLÉMENT

Contrairement à la France, on ne sert pas de carafe d'eau du robinet gratuitement. L'eau est toujours payante.

ENFANTS

Les restaurants proposent des menus enfants quasiment partout. Quand ce n'est pas le cas, il est souvent possible de demander de plus petites portions.

FUMEURS

Contrairement aux habitudes françaises, toutes les terrasses n'acceptent pas les fumeurs. Dans ce cas, il faudra s'exiler plus loin !

LES ATTRAPE-TOURISTES

Comme dans toutes les capitales du monde, les attrape-touristes existent à Bruxelles. On les localise souvent par habitude dans l'Îlot Sacré, bien que la qualité gastronomique du quartier s'améliore. Il vaut mieux suivre les conseils avisés du *Petit Futé* !

LES PHRASES CLÉS

Bonjour, je voudrais réserver une table pour deux personnes pour ce midi ou ce soir.
Hallo, ik wil graag een tafel reserveren voor twee personen voor vanmiddag of vanavond.

Avez-vous un menu en français ou en anglais ?
Heeft u een menukaart in het Frans of in het Engels?

Je suis végétarien, y a t-il des plats sans viande ?
Ik ben vegetariër, zijn er gerechten zonder vlees?

Je n'ai vraiment plus faim mais avez-vous une carte des desserts ?
Ik heb echt geen trek meer, maar heeft u een dessertkaart?

Puis-je avoir l'addition s'il vous plait ? Je peux payer par carte ou en espèces ?
Mag ik de rekening, alstublieft? Kan ik met bankpas of contant betalen?

C'était très bon, nous reviendrons. Merci et à bientôt.
Het was erg lekker, we komen zeker terug. Bedankt en tot ziens.

'T KELDERKE €€

Grand-Place 15
✆ +32 2 513 73 44
www.restaurant-het-kelderke.be
Ouvert tous les jours de 12h à 23h. Carte : 40 € environ.

Adresse incontournable pour tous les amateurs de cuisine belge que cette ancienne cave voûtée où l'on descend presque comme en religion. La cuisine est classique et rondement menée et surtout l'enseigne offre une situation idéale sur la Grand-Place. À la carte, stoemps, waterzooi, croquettes de crevettes ou pavés grillés aguichent aux côtés du plus rare steak de cheval. Ajoutons une Maes ou une Hoegarden bien tirée et tout est là pour enchanter les visiteurs d'ici et d'ailleurs. Service quasi non-stop jusqu'au soir et ambiance franchement détendue.

AUX ARMES DE BRUXELLES €€€

Rue des Bouchers 13
✆ +32 2 511 55 50
www.auxarmesdebruxelles.com
Ouvert tous les jours de midi à 23h. Menu 3 services à 38,50 € et 49,50 €. Carte : 60 € environ. Lunch : 24 € et 27 €.

Cette vénérable maison centenaire (1921) a été revitalisée après quelques années de dérive. C'est le regretté Rudy Vanlancker (Chez Léon) qui avait repris la main. L'aventure continue sans lui. Le magnifique espace Art déco est intact et les fourneaux ont été rallumés avec en salle une équipe de serveurs attentifs. La carte est splendide avec autant de classiques que de spécialités belges, tel la salade Veulemans (crevettes et croquettes de crevettes), le waterzooi, les moules ou la sole à l'ostendaise. Brel y avait ses habitudes de même que la famille royale.

ABC MATEOS €

Rue Sainte-Catherine 46
✆ +32 2 512 75 47
Ouvert le lundi de 9h à 19h ; du mardi au samedi de 8h à 19h. Bar à tapas ouvert à partir de 11h.

ABC Mateos mélange tradition bruxelloise et espagnole en proposant de délicieuses tapas (en formule *Street Bar* très appréciée) directement liées aux arrivages journaliers de poissons et crustacés. Escargots de mer, croquettes de crevettes, soupes de poissons, sardines grillées, éperlans frits, paella, huîtres, le tout agrémenté d'un verre de vin blanc… Petite sélection de vins espagnols à emporter. On s'en lèche les doigts, qu'on garde propres pour entamer un plateau de fruits de mer, sur commande. Bref, voilà bien plus qu'une poissonnerie, bienvenue chez Max !

BALLEKES €€

Rue des Chapeliers 3
www.ballekes.be
Ouvert tous les jours, midi et soir. Carte : 30 € environ.

Les boulettes (en flamand, *ballekes*) ou l'art de cultiver la belgitude en conservant la nostalgie de notre enfance. La recette serait celle de la grand-mère de Florence et Thibaut, qui en faisait le repas dominical. Selon les goûts, optez pour les classiques porc et veau, poulet ou veggie. Avec quelques choix de sauces très belges également, de la salade et quelques accompagnements. On n'oublie pas les vraies frites bien sûr. Une belle adresse, sur le coin de la plus belle place du monde et une autre à Bruxelles (chaussée de Charleroi).

ALBERT €€

Monts des Arts 28
www.albert.brussels
Du mar au ven, 9h-17h. Brunch dominical de 11h à 15h. Rooftop Albert Culture ouvert lors d'évènements.

Perchée au 5e étage de la Bibliothèque royale, l'humble cafêt' bijou connu uniquement des chercheurs et étudiants, a fait peau neuve sans renier ses racines fifties et est devenue Albert (en référence au roi Albert Ier qui a donné son nom à la bibliothèque), un vrai restaurant. À la barre, Flip Fransen qui utilise des ingrédients frais, bio et de saison. Certains viennent même de la plantation se trouvant sur la terrasse arrière. Une carte resserrée mais savoureuse. Et quelle vue ! Immenses baies vitrées avec Bruxelles à vos pieds d'un côté, terrasse de l'autre.

BARGE €€

Boulevard d'Ypres 33
✆ +32 2 425 73 60
www.bargerestaurant.be
Du mardi au samedi soir et le vendredi midi. Menu lunch : 35 €. Menu du soir : 70 €. Accords mets-vins en supplément.

Ce nom est à double sens : barge pour évoquer les anciens quais où est installé le restaurant ou est-ce le grain de folie de Grégoire Gillaert (le chef) et Barbara Hoonaert (la sommelière). La salle très brute (mur à briques apparentes, tables en bois) et colle bien avec la philosophie du chef (que l'on peut voir cuisiner derrière une vitre) : celle de mettre en valeur la nature de chaque produit, au fil des saisons. Cela donne des assiettes pleines de couleurs, gourmandes et justes. Les vins sélectionnés par Barbara font mouche également ! Un très bon gastro.

BEAUCOUP FISH €€

Rue Van Gaver 2
✆ +32 2 218 64 20
www.beaucoupfish.be
Ouvert du lundi au vendredi le midi et le soir. Carte : 60 € environ. Lunch.

Sofie Warnants est aux fourneaux de ce resto exclusivement basé sur les produits de la mer. Ça tombe bien, on est en plein quartier des morues et des maquereaux mais on s'en… fiche, son étal est bien plus frais et la déco intérieure sobre et claire. La carte varie en fonction du marché ou plutôt de la marée avec arrivages quotidiens. La créativité de la cheffe produit de superbes préparations qui incluent aussi volaille et légumes. À côté, les bons vieux classiques de brasserie : croquettes aux crevettes, pavé de turbot… De la belle ouvrage !

BIA MARA €

Rue du Marché aux Poulets 41 ✆ +32 2 502 00 61
www.biamara.com
Du lundi au jeudi 12h-14h et 18h-21h ; 22h le vendredi ; le week-end de 12h à 22h. Carte : 25 € environ.

Très prisé dans les pays anglo-saxons, le *fish and chips* ne laisse pas indifférent chez nous. Bia Mara (fruits de mer en gaélique irlandais) fait désormais partie des meubles. Les créateurs du concept, Barry et Simon, abattent les derniers complexes qu'on pourrait avoir à déguster une *street food* de qualité ! L'enseigne fait la part belle au poisson, mais les allergiques aux arêtes trouveront aussi des plumes et des légumes, traités eux aussi en chapelure panko. Les frites sont faites maison et le sel aromatisé. Autre adresse : place de Londres, 1 - 1050 Ixelles.

BIG MAMA €€

Place de la Vieille Halle aux Blés 41
✆ +32 2 513 36 59
www.bigmama.be
Du mer au dim midi et soir. Cuisine non-stop le dimanche. Carte : 40 € environ. Menu enfant : 10 €. Lunch. Terrasse.

En matière de restaurant, la simplicité alliée à la qualité sont des atouts qui sont parfois difficiles à trouver. Ici, c'est gagné et d'autant plus que les plats sont goûteux à souhait. Pas question ici de se prendre la tête : on revendique haut et fort son attachement à la cuisine de brasserie (vol-au-vent, boulets à la liégeoise, américain, spare ribs – leur spécialité ! – ou stoemp, par exemple). Et le patron en salle sait recevoir le client comme tout bon vivant qui se respecte. De quoi foncer les yeux fermés ! La terrasse n'est pas désagréable en plus.

BIJ DEN BOER €€

Quai aux Briques 60 ✆ +32 2 512 61 22
www.bijdenboer.com
Ouvert lundi, mardi et du jeudi au samedi le midi et le soir. Menu à 33 €. Carte : 48 € environ. Lunch : 20 €. Terrasse.

En plein cœur du Marché aux poissons, c'est le bistrot de Bruxelles par excellence, populaire et bon vivant. On trouve ici l'une des meilleures croquettes aux crevettes de la capitale parmi d'autres spécialités, des produits de la mer d'une grande fraîcheur tels que leurs moules et tous leurs fruits de mer ainsi que des sauces maison. On y déguste une cuisine simple mais gourmande dans une atmosphère authentique, miraculeusement préservée par Geert et Marnic. La terrasse offre de beaux arguments supplémentaires, dans un cadre charmant propice au bon moment !

LE BISTRO - PORTE DE HAL €€

Boulevard de Waterloo 138
✆ +32 2 539 44 54
www.le-bistro.be
Ouvert tous les jours de 10h30 à 23h. Carte : 40 € environ. Accès PMR. Terrasse.

À la lisière des Marolles et face à la tour Porte de Hal, Le Bistro est l'endroit idéal pour prendre un verre ou un bon repas aux accents authentiques. La brasserie dévoile une décoration stylée faite de briques et de bois, rehaussée de nombreuses plaques émaillées à l'intérieur comme à l'extérieur sous la marquise. En bref, un endroit chaleureux proposant une cuisine simple, gourmande et 100 % belge (lapin à la kriek, boulettes sauce tomate, mousse au chocolat et des moules en saison) et quelques plats de pâtes. On s'installe en terrasse pour profiter de la vue.

BOCCONI €€€

Rue de l'Amigo 1-3
✆ +32 2 547 47 47
Ouvert 7j/7 midi et soir. Menus de 69 € à 79 €. Carte : 85 € environ. Brunch dominical : 69 €. Plat du jour. Voiturier.

À deux pas de la Grand-Place, le célébrissime Hôtel Amigo poursuit son voyage au pays des saveurs italiennes avec un restaurant de haut vol. Le cadre est en adéquation, élégant et sobrement contemporain. Peu importe votre raison de pousser la porte, on vous reçoit avec délicatesse. Un menu-lunch rapide et démocratique se déguste avec sérénité dans un beau décor. Au menu, les spécialités transalpines (risotto, rigatoni all'Amatriciana, lasagne…) se marient à la Belgique notamment avec les viandes de chez Dierendonck, l'un des meilleurs fournisseurs de Bruxelles.

AU BON BOL €

Paul Devaux 9
✆ +32 2 513 16 88
bonbol.be/
Ouvert tous les jours midi et soir. Non-stop le week-end. Carte : 23 €.

Il y a encore quelques années, Sainte-Catherine était le « Chinatown » bruxellois. Si quelques établissements chinois sont encore présents, la gentrification du quartier a changé la donne. Parmi les adresses insubmersibles, il y a celle-ci. C'est M. et Mme Wu qui ont commencé à servir des nouilles faites à la main. On les voyait faire depuis le comptoir. Et la tradition est restée. Depuis, les nombreux clients se délectent d'énormes bols de pâtes en soupe aromatisées au canard, au porc laqué ou de nouilles sautées pour accompagner un bœuf 5 épices. Prix serrés.

LA BONNE CHÈRE €€€

Rue Notre-Seigneur 19
www.labonnechere.be
Du mardi au vendredi 12h-13h30 et du mardi au samedi 19h-20h30. Lunch à partir de 30 €. Menu du soir : 75 €-95 €.

Alexandru Sapco, d'origine moldave, officie aux fourneaux de cette perle gourmande nichée dans les Marolles. D'abord, on pénètre dans cette vieille maison à l'ambiance douillette (beaucoup de bois, de briques, lumière tamisée) avant d'être pris en charge par la jeune équipe du resto. Le midi, on choisit le menu lunch ou on peut piocher dans une carte resserrée (2 options par service). Le soir, on se laisse joyeusement soumettre au menu. La cuisine d'Alexandru est vive, créative, à l'image d'un superbe coing confit, baba et glace au tilleul. Vins moldaves à carte.

BOUILLON BRUXELLES €€

Rue des Dominicains 7
✆ +32 2 512 20 84
Tous les jours de midi à minuit. À la carte : environ 29 €.

La tradition parisienne du bouillon, établissement populaire proposant des repas à petit prix, débarque à Bruxelles. Le principe est le même : décor Belle Époque-Art nouveau (celui du défunt Scheltema qui a été préservé), une carte pleine de plats traditionnels belges (filet américain, stoemp, moules, carbonnades) et d'autres spécialités plus obscures comme la tête pressée, les kibbelings ou le cervelas de cheval, tout ça à un prix riquiqui et avec une équipe de service en chemise blanche et tablier noir. C'est bon, copieux, sans chichis et convivial en diable.

LA BOUSSOLE €€

quai au Bois à Brûler 61
✆ +32 2 218 58 77
www.restaurant-laboussole.be
Ouvert du lundi au vendredi le midi et le soir ; le samedi soir. Carte : 45 € environ. Menu enfant : 15 €.

Elle garde le bon cap, cette Boussole. Les lieux sont en totale symbiose avec le débonnaire Vassilis Tsibidas qui garde un pied dans la cuisine et l'autre en salle. Il fait le maximum pour satisfaire ses hôtes, alternant humour et réflexions philosophiques. Une clientèle de passage mais aussi une belle brochette d'habitués qui a plaisir à pousser la porte. La terre et la mer se partagent la carte accompagnées de savoureux légumes aux saveurs méditerranéennes. Sans oublier les moules en saison. Vins essentiellement français et grecs.

BRASSERIE ARCADI €

Rue d'Arenberg 1 B
✆ +32 2 511 33 43
arcadi.be
Ouvert du mardi au dimanche de 9h à 23h15. Carte : 25 € environ.

Changement de cap et de look post-Covid, mais la vitrine reste toujours aussi alléchante et en promet pour tous les goûts. Souvent un peu à l'étroit car victime de son succès, l'Arcadi accueille sur le midi, les bureaucrates du quartier au coude à coude avec les touristes et quelques Bruxellois venus se détendre. Au coin de la galerie du Roi, cette brasserie sans prétention est connue pour l'imparable fraîcheur de ses produits, pour la qualité des quiches et tartes et pour ses spécialités belges. Les différentes formules de petit déjeuner sont délicieuses.

BRASSERIE DE LA PRESSE €€

Rue Royale 100
✆ +32 2 201 50 85
Ouvert du lundi au vendredi de 12h à 22h. Carte : 50 € environ. Plat du jour.

Dans le quartier du Parlement, cette brasserie occupe d'anciens locaux du journal *Le Soir*. Très belle surface avec un mobilier volontairement hétéroclite qui mélange banquettes de brasserie, chaises d'écoliers et rocking chairs emmaillotés de doudoune. Un pan de mur est entièrement dédié à des moments historiques et des personnes faisant ou ayant fait un jour la « une » du *Soir*. Cette enseigne appartenant au groupe RN, tout est sous contrôle en cuisine ; des intitulés assez classiques, un risotto différent chaque jour, burger de la semaine.

BRASSERIE DE LA REINE €€

Rue de la Montagne 22
✆ +32 2 449 97 08
www.brasseriedelareine.com
Ouvert tous les jours de 11h à 23h (22h le dimanche et le lundi). Carte : 40 €.

À quelques pas de la Grand Place et attenante à l'hôtel de la Madeleine, la Brasserie de la Reine rend hommage à Marie-Henriette, deuxième reine des Belges et épouse de Léopold II. Le cadre rappelant le début du XXe siècle (boiseries, banquettes, appliques sur les murs...) invite à la dégustation d'une cuisine de brasserie essentiellement belgo-belge (boulettes de viande, carbonnades à la flamande, moules en saison...). Pour contenter le plus grand nombre, les burgers, pâtes et salades sont aussi du voyage. Plats joliment présentés et terrasse très avenante.

BRASSERIE OMMEGANG €€

Rue de la Montagne 4
✆ +32 2 387 51 61
www.ommegang-brussels.com
Ouvert 7j/7 de 11h à 24h. Cuisine ouverte non-stop de 12h à 22h30. Carte : 45 € environ. Moules en saison. Terrasse.

Entre la Grand-Place et l'Îlot Sacré, la brasserie tire son nom du folklore typiquement bruxellois. Les représentations de l'empereur Charles Quint émaillent la déco : pièces de monnaie, portrait et même des échasses qui symbolisent en même temps la procession de l'Ommegang. La carte est faite de belgitude (carbonnades, boulettes sauce tomate, américain...) et d'une cuisine ouverte sur le monde (buratta di buffala, salade Cesar, cuberoll irlandais...). Tonneaux de bière géants reconvertis en espaces où s'isoler, belle carte de bières Haacht.

BRASSERIE DU GOURMET €€

Place du Béguinage 6 ✆ +32 2 223 33 40
brasseriedugourmet.be
Ouvert du lundi au vendredi midi et soir (mercredi soir) ; le samedi soir. Carte : 45 € environ. Lunch. Terrasse.

La Brasserie du Gourmet fait de doux yeux à la cuisine locale, mâtinée de belles préparations inspirées d'une gastronomie plus mondiale. Autrement dit, la rencontre des carbonnades à la flamande et des croquettes aux crevettes avec les joues de porc braisées au romarin et le mi-cuit de thon au soja et wasabi. Tout cela emballé par Natascha, ancienne du Skievelat, dans un cadre de nappes Vichy et boiseries assez classe. Les suggestions indiquées sur le grand tableau noir varient 2 fois par mois. Au cellier, quelques bières et du vin de France étanchent les soifs.

BRØD €

Rue d'Arenberg 54
✆ +32 486 42 08 32
brod.be
Ouvert du lundi au vendredi de 8h à 15h ; le week-end de 10h à 18h. Carte : 15 € environ. Petite terrasse ensoleillée.

Chez Brød, la queue de midi est un véritable outil de propagande pour les passants. L'endroit rassemble les visiteurs et les locaux qui bossent dans le coin et ont fait de Brød leur QG. Ils viennent chercher de bons produits, un savoir-faire et un accueil empathique. Quelques pâtes, un buffet salade, un potage maison, de délicieux desserts et une flopée de sandwichs tous plus alléchants les uns que les autres. Celui du jour est souvent affiché sur la page Facebook et fait appel aux ingrédients de choix (taleggio, mortadelle, sirop de Liège, mayo aux truffes...).

BRASSERIE HORTA €€

Rue des Sables 20
✆ +32 2 217 72 71
www.brasseriehorta.be
Petits déjeuners w-e et jours fériés. Ouvert tous les jours de 10h à 18h.

La brasserie du musée de la BD rend hommage au plus renommé des architectes belges. Et pour cause, le bâtiment (anciens magasins de tissus Waucquez) est du maître de l'Art nouveau, Victor Horta. L'atmosphère typiquement bruxelloise ravit les amoureux du 9e art et les férus d'architecture. On y trouve une vingtaine de bières, du bon café et des gaufres à toute heure. À l'heure du déjeuner, la carte propose quelques spécialités bien belges : filet américain, carbonnades, moules-frites, boulettes sauce tomate... Accueil et service familial enjoués.

LA BROUETTE €€

Grand Place 2-3 ✆ +32 2 511 54 94
www.taverne-brouette.be
Ouvert tous les jours de 8h à 22h30. Carte : 40 € environ. Plat du jour. Petit déjeuner copieux de 5,90 € à 31,90 €.

Agréable ambiance et terrasse avec vue sur notre merveilleuse Grand Place. La déco s'affiche fièrement : anciens événements bruxellois, marionnettes de chez Toone, luminaires en cristal et un feu ouvert. On est ici au cœur de Bruxelles et l'adresse est l'ancienne maison de la corporation des Graissiers. Mais une carte résolument tournée vers le contemporain et la saveur. Petits déjeuners express ou copieux (café fair-trade) et pour le reste, la Brouette s'est fait une spécialité de burgers personnalisés. Accompagnés, notez-le, de frites fraîches non d'une pipe !

CABERDOUCHE €

Place de la Liberté 8
✆ +32 2 356 14 05
www.caberdouche.com
Ouvert du lundi au samedi de 11h30 à 1h ; le dimanche de 10h30 à 1h. Carte : 30 € environ. Plat du jour : 14 €. Brunch.

Ce belgicisme évoque les bistrots de quartier bruxellois d'antan, une formule qui rassemble les codes actuels des populaires cantines. Une restauration simple mais de qualité, un service jeune et une convivialité parfaite pour la clientèle qui se ressource le corps et l'âme. Un plat différent chaque jour. Quelques plats nous proposés en portions différentes et bien sûr les incontournables salades. Pas de chichis, ici. Des bières artisanales et des vins naturels pour accompagner jusqu'à minuit ou plus... Déco et ambiance très chaleureuses.

CAFÉ GEORGETTE €

Rue de la Fourche 37
✆ +32 512 18 12
www.cafegeorgette.be
Ouvert 7j/7 de 12h à 22h (23h vendredi et samedi). Carte : 45 € environ.

La Georgette en question c'était la femme de Magritte. Mais ici rien de surréaliste, les frites sont excellentes, à emporter ou à déguster sur place. Le cœur de métier du patron, ce sont les viandes de qualité comme ces grillades à la plancha, ces costauds burgers, les steaks tartares, des carpaccios, des boulettes... Mais aussi des fish & chips au cabillaud frais et des steaks de thon. Avis aux Bruxellois, Georgette habite un quartier touristique mais c'est vraiment pas une raison pour la snober, courez-y. Traveller's Choice 2020.

CAFÉ NOVO €€

place de la Vieille Halle aux blés 37
✆ +32 2 503 09 05
cafenovo.be
7j/7 de 11h à 22h. Menu : 25 €. Carte : ± 30 €. Menu enfant : 9 €. Plat du jour : 10 €. Lunch : 16,90 €. Jardin.

Les petites tables en bois brinquebalantes, colorées, semblent tout droit sorties d'un vieux grenier. C'est l'esprit de cette maison multicolore dotée également d'un joli jardin. Parfait pour déguster un thé à la menthe fraîche et une assiette composée. La carte regorge d'encas, de douceurs et de formules qui pourront satisfaire toutes les envies. Le service est cool. Le petit coin bibliothèque et les concerts organisés le samedi soir parachèvent l'ambiance et l'état d'esprit. Une véritable halte parfaite dans ce quartier !

LES BRIGITTINES €€

Place de la Chapelle 5
✆ +32 2 512 68 91
www.lesbrigittines.com
Ouvert du lundi au vendredi le midi et le soir.

Dirk Myny opte pour une carte courte qui évolue selon son inspiration et les saisons. Pour lui, l'essentiel est dans les produits qu'on trouve difficilement sur nos tables. Quelques exemples : le pis de vache en bouillon, le fameux Zenne pot (chou cuit à la gueuze), la joue de porc à la kriek, le cabillaud sauce au lait battu... Ces plats vont et viennent sur la carte selon les envies du chef. À noter le menu du soir 4 services. Tout ça dans un cadre Belle Époque collant à la cuisine qu'on y sert. Dirk Miny a une certaine idée du maximum !

© DR

© DR

CAFFÉ BATAVIA €

Boulevard Emile Jacqumain
www.caffebatavia.eu
De 8h30 à 18h du mardi au vendredi, le samedi de 10h à 19h et le dimanche de 10h à 18h. A la carte : 20 € environ.

Cet établissement spécialisé en lunch, brunch et café d'origine vous emmène tout droit vers l'archipel indonésien, une rareté à Bruxelles ! Ce cocon aux couleurs vert jungle met tout de suite dans l'ambiance. On choisit entre quelques plats de cuisine javanaise (nasi goreng, mie ayam...), des spécialités panasiatique (baos, *fluffy pancakes*, poulet à la coréenne). C'est l'occasion aussi de tester des cafés de petits producteurs ou des spécialités comme le *wedang*, une boisson chaude à base de gingembre, citronnelle et épices. L'équipe 100 % féminine est adorable.

CAPT. JOHN'S FISH&CHIPS €

Rue de Flandre 199
✆ +32 489 17 31 82
www.captain-johns-fish-and-chips.be
Ouvert tous les jours de 12h à 23h. Plats aux alentours de 16 €.

Ce n'est pas un secret, la gastronomie anglaise est déprimante. Mais leur breakfast et l'emblématique *fish & chips*, c'est pas mal. En juillet 2020 s'est ouvert au coin Dansaert/rue de Flandre une accueillante cantine qui s'est lancée dans le fish & chips. C'est excellent ! Le poisson (cabillaud et merlu) est parfaitement frit, et les frites sont cuites à la belge, c'est-à dire deux fois. Ouf ! Mais aussi calamars, scampis, crevettes, maquereau plancha. La déco est marine. Pas de *Captain John* à la barre mais les sœurs Feratovic, qui sont charmantes.

CÉCILE €€

Quai aux Briques 48
✆ +32 2 306 46 38
cecilebrussels.be
Du mercredi au lundi de 10h à 16h (18h le samedi). Brunch : 50 € pour 2.

Cécile est un joli petit café qui a été imaginé par Sanne dans une veille maison du Marché aux poissons. L'hiver, l'intérieur cosy, les murs blanc et vert pistache et les sièges en osier lui donne un côté cocooning, parfait pour manger une pâtisserie avec un café bien au chaud tandis que l'été, on installe tables et sièges sur la place pour un brunch ou un lunch ensoleillé. Viennoiseries, toasts, salades, plats *healthy* et même des scones sont à la carte pour remplir les estomacs mais on peut aussi simplement s'y arrêter pour un thé ou une limonade maison.

CHEZ LÉON €€

Rue des Bouchers 18 ✆ +32 2 511 14 15
www.chezleon.be
Ouvert tous les jours de 12h à 23h. Moules à partir de 16,95 € (gratuit jusqu'à 12 ans). A volonté le dimanche soir.

Moules-frites et toujours la famille Vanlancker à la barre. En 1893, Léon Vanlancker installe sa « friture » dans un estaminet du vieux Bruxelles. Aujourd'hui, Léon compte une douzaine de salles, 400 places et toujours une atmosphère chaleureuse. D'autres spécialités aussi comme le steak grillé, le vol-au-vent, le homard, les boulettes sauce tomate, le stoemp-saucisse... soit quelque 120 références. Les portions sont généreuses et les frites bien dorées. C'est bien ici que Léon de Bruxelles a vu le jour, les Bruxellois ne l'oublient pas et s'y rendent encore.

CHICAGO CAFÉ €

Rue de Flandre 45
✆ +32 2 502 18 41
www.chicagocafe.be
Ouvert 7j/7 de 9h à 17h. Carte : 15 € environ. Plat du jour : 11 €. Terrasse. Coin jeux pour les enfants. Brunch.

L'entrée du lieu fait penser à un ciné de quartier avec quelques affiches aux murs. À l'intérieur, c'est harmonieux, style ancien magasin de meubles. Fouad et Julie ont mis les petits plats dans les grands pour rendre l'ambiance familiale jusqu'à prévoir un petit coin enfants. Véritable Eat Café (café à manger), on y mange du petit déjeuner jusqu'au tea time : *bowls*, burgers à composer, pâtisseries sucrées et jus faits maison. À deux pas de Sainte-Catherine, le nom du troquet est en lien avec l'appellation que l'on donnait au quartier auparavant.

COMME CHEZ SOI €€€

Place Rouppe 23
✆ +32 2 512 29 21
www.commechezsoi.be
Ouvert du mercredi au samedi midi et soir. Menus de 152 € à 249 €. Carte : 150 €. Lunch : 75 €.

Le Comme chez Soi fait courir les gastronomes depuis près d'un siècle ! Chef à la fois discret et médiatique, Lionel Rigolet reste accessible, sans cette avidité de vouloir exister permanente. Après avoir forgé son style, il a choisi de laisser quelques incontournables sur la carte, créés par les générations précédentes. Dans ce superbe lieu Art nouveau, l'épouse Laurence assure un accueil charmant et d'excellence. Il s'agit bien DU restaurant gastronomique bruxellois de référence. Pour les branchés, le livre de cave est disponible sur iPad. Longue vie encore !

COMPTOIR DES GALERIES €€

Galerie du Roi 6
✆ +32 2 213 74 74
www.comptoirdesgaleries.be

Du mardi au samedi, le midi et le soir. Carte : 50 € environ. Menu midi (30 € à 37 €) et soir (45 €).

Prolongement de l'Hôtel des Galeries, le Comptoir est un restaurant où la cuisine est issue de produits de saison un poil chicos (agneau sur koukou, œuf de caille, légumes lacto-fermentés en accompagnement...). La carte est petite mais la sélection des ingrédients et leurs préparations sont pointues, mélangeant les influences. Le cadre est sobre et chic, sans doute pour faire de la place à une énorme presse qui rappelle que le lieu était un ancien atelier. En plus, il y a un joli patio qui vous fera oublier que vous êtes tout à côté des Galeries Saint-Hubert.

LE CONTEUR - FOOD STORIES €€

Rue Marché aux poulets 32
✆ +32 347 02 91
www.lc contcur.be

Ouvert du lundi au samedi de 18h à 00h. Carte : 35 €.

Un subtil et excitant mélange de saveurs du Moyen-Orient émane de la petite cuisine ouverte au fond de cette jolie salle. À la carte, des recettes traditionnelles parfois actualisées mais toujours réalisées avec ces produits méditerranéens qui nous mettent de bonne humeur. Spécialités juives, libanaises, et parfois de ces intitulés que l'on n'a jamais vu ailleurs. Laissez-vous tenter, d'autant que la déco évoque sans ostentation les 1001 nuits. Les cocktails ne sont pas à dédaigner.

ÉCAILLER DU PALAIS ROYAL €€€

Rue Bodenbroek 18 ✆ +32 2 512 87 51
www.lecaillerdupalaisroyal.be

Ouvert tous les jours le midi et le soir. Menus de 85 € à 105 €. Carte : 90 € environ. Formule du midi : 49 €.

L'une des plus belles maisons du quartier (fin XVIIe) au cadre élégant et au prestige intact depuis 1967. Une destination de choix pour les amateurs de poissons et fruits de mer que Maxime Maziers, le chef, perpétue avec constance et ferveur. Les lieux sont plutôt bien fréquentés, par des personnalités gastronomes ou pas, issues de divers milieux. Ils apprécient l'ambiance feutrée des petites tables ou le coude-à-coude au bar qui est très prisé. La carte n'est pas énorme mais les produits sont remarquables par leur qualité et si bien mis en valeur dans l'assiette.

ELLIS GOURMET BURGER €

Place Sainte-Catherine 4
✆ +32 2 514 23 14
www.ellisgourmetburger.com

Ouvert du dimanche au mercredi de 11h30 à 23h ; le vendredi et le samedi de 11h30 à 24h. Carte : 20 € environ.

Ellis Burger fait partie de ces endroits qui ne désemplissent jamais... Pari gagné pour les concepteurs de ce burger resto où la qualité est au top. Même le pain est savoureux et croustillant ! Pour le fourrer, le concept repousse les limites : viande d'agneau, poulet sauce yaourt (Bollywood), veggie au fromage de chèvre (Portobello) ou trio de mini burgers pour lesquels on fond définitivement. On ajoute une salade si on a grande faim et on apprend en mangeant, sur les origines du hamburger et l'arrivée des immigrants sur le sol américain par Ellis Island (NY).

ENTROPY RESTAURANT €€€

Place Saint-Géry 21-22
✆ +32 470 077 044
https://entropyrestaurant.be/fr

Ouvert du mercredi au vendredi de 19h à 23h. Réservation fortement recommandée. Menu unique à 85 €.

Situé place Saint-Géry, le restaurant du chef Elliott Van de Velde n'est pas qu'une bonne table, il a aussi un cœur : les bénéfices sont reversés à l'association Hearth project, fondée par Elliott, qui lutte contre le gaspillage alimentaire et la précarité sociale. Le menu en 6 services est axé sur le végétal et le local (avec le support occasionnel de poisson et de fruits de mer). On verra ainsi un ingrédient décliné en plusieurs façons (fermenté, fumé...), le champignon s'élève, la courge prend son envol. Les vins, bio, sont surprenants. On valide à 100 % !

LA FABRIQUE EN VILLE €€

Boulevard de Waterloo 44
✆ +32 2 513 99 48
www.lafabriqueresto.be

Du lundi au vendredi 9h-15h ; week-end 10h30-15h30 (brunch). Lunch et brunch environ 30 €. Jardin. Terrasse.

L'ancienne Orangerie du parc d'Egmont, un peu surannée, a récemment fait place à La Fabrique (en Ville) déjà connue au Châtelain. Elle fait évoluer le concept du tea-room ou on « lunche » dans un lieu revisité. Le mobilier contemporain partage l'espace avec une douce atmosphère de fin XIXe siècle. Le midi, on profite d'une salade de falafel au brocoli, de poulet crispy aux amandes ou d'un fish and chips. Mais on garde surtout en mémoire que le chef aime les œufs et les poche de plusieurs façons différentes. Cadre enchanteur pour le brunch, le week-end.

FIN DE SIÈCLE €€

Rue des Chartreux 9
✆ +32 2 512 90 49
www.findesiecle.be
Ouvert tous les jours de 18h à 00h. Carte : 40 € environ.

Dans le quartier Dansaert, cette Fin de Siècle n'en finit pas de séduire. L'ambiance est décontractée et conviviale dans la parfaite lignée des stamcafés. Sans y être très confortablement installés, les vieilles tables en bois ne sont pas toujours stables, les décibels grimpent très vite, mais on s'en fiche et on y revient régulièrement. Certainement pour déguster leur très bon jambonneau moutarde ou spare-ribs, servis certainement par un chef « glouton » et généreux. On ne se lasse pas de cette grande salle à la déco brute dotée d'une jolie verrière Art nouveau.

FRITURE DE LA CHAPELLE €

Rue Haute 25
✆ +32 2 514 06 36
Ouvert du lundi au samedi de 12h à 20h.

Sainte Anne, patronne des orfèvres et des artistes, veille sur le fritkot voisin de sa chapelle... Peut-être est-ce pour cela que les frites y sont absolument délicieuses ? On y fait la queue, parfois un certain temps et dans celle-ci, pas mal d'habitués. Assurément un gage de qualité. Goûtez aussi les pitas, de prime abord plus destinées aux mécréants, mais tout aussi savoureuses ! Il n'y a pas de tables prévues, mais des bancs publics sont à disposition. À proximité, sur le trottoir, une coquille en cuivre guide les pèlerins vers Saint-Jacques-de-Compostelle.

FRITKOT CHOUKE €

Rue du Vieux Marché aux Grains 2
✆ +32 474 30 25 31
Dimanche au jeudi de 12h à 22h ; le vendredi jusqu´à 23h ; le samedi jusqu´à 00h. 3,50 € le paquet de frites sans sauce.

Depuis 2019 le quartier Sainte-Catherine dispose enfin de son « *fritkot* », grâce à Agathe et son compagnon. Dans leur toute petite cuisine, ils préparent des frites qui valent autant (voire plus) celles d'établissements plus connus. Elles sont calibrées, cuites à la graisse de bœuf, dorées comme le soleil et savoureuses. Vu l'étroitesse du lieu, la carte a aussi été rationalisée : une seule taille de cornet, un assortiment limité de sauces, des accompagnements bien choisis (fricadelles viande ou végé, ailerons de poulet...) ou un excellent burger d'Angus beef.

GRAMM €€€

Rue de Flandre 86
✆ +32 2 324 99 66
http://grammrestaurant.be
Du mardi au samedi de 19h à 22h. Réservation recommandée. Menu à 75 €.

Gramm mêle créativité française et tradition asiatique, ou l'inverse. Aux manettes, Kenzo nous enchante avec des plats débridés de tout complexe : carpaccio de bœuf teriyaki, concombre et grenailles ; chicon et émulsion de dattes ; œuf à 64 °C, algue nori et asperge verte... On pourrait continuer longtemps avec des exemples aussi détonants, mais toujours maîtrisés. Les viandeux ne sont pas oubliés, avec quelques préparations dans ce que le bœuf a de meilleur. Tous les plats sont bio, les vins qui accompagnent aussi, avec quelques étiquettes non conventionnelles.

FRITLAND €

Rue Henri Maus 49
✆ +32 2 514 06 27
http://fritlandbrussels.be
Ouvert tous les jours le midi et le soir jusque tard. 3,20 € le paquet sans sauce, 4 € avec sauce.

Bienvenue au pays de la frite ! À voir le monde qui défile en continu, on se dit qu'elles sont bonnes ces frites-là. On a goûté, affirmatif ! On apprécie l'heure relativement tardive de fermeture : une petite frite après une soirée où la bière a coulé à flots, ça fait toujours plaisir, et c'est vivre l'expérience belge à 100 % ! À ce propos, goûtez au moins une fois la « mitraillette » : une viande et une sauce au choix flanquées de frites et entourées d'une demi-baguette. Roboratif et tellement belge ! Une salle avec une quinzaine de places est disponible.

HARVEST €€

Place du Samedi 14
✆ +32 2 781 07 27
harvestrestaurantbruxelles.be
Mercredi au vendredi, 12h-14h et 18h30-21h30 (22h le vendredi). Samedi 18h30-21h30. Lunch : 26 €. Menu : dès 37 €.

Dans le restaurant de Moh Timazrib, on se sent bien : une belle salle au carrelage noir et blanc, à la déco épurée et aux sièges et banquettes confortables, comme sa cuisine. Une cuisine de saison (le filet de porcelet et embeurrée de choux passaient très bien en ce jour automnal de visite) avec une carte courte et un prix maîtrisé, surtout au lunch. La panna cotta à la Granny Smith (le chef a testé de multiples pommes avant de trouver la bonne) était tout aussi délicieuse. La carte des vins réserve des surprises, à côté d'une belle liste de bourgognes.

HISPANIA €€

Rue Bodenbroek 2
✆ +32 2 512 91 32
hispaniabrussels.com
Restaurant : du mardi au dimanche 12h-14h et 19h-21h30. Bar : du lundi au vendredi 10h30-00h. Menus lunch dès 39 €.

On a souvent tendance à réduire la gastronomie espagnole aux tapas et à la paella. C'est pourtant bien plus que ça ! Dans le restaurant chic, mais décontracté, tenu par Adrian Mancheño, toutes les saveurs de sa terre natale sont mises en valeur dans l'assiette : poulpe aux pommes de terre au paprika, porc ibérique mariné, ragoût asturien de haricots, entrecôte de bœuf de Galice au poivron, dessert au riz… Les papilles frétillent ! Pas étonnant qu'il ait été élu meilleur resto bruxellois en 2019 ! N'hésitez pas à pousser la porte de l'hôtel où il se trouve.

HOUTSIPLOU €

Place Rouppe 9
✆ +32 2 511 38 16
www.houtsiplou.be
Ouvert du mardi au dimanche le midi et le soir. Carte : 30 € environ.

Pour l'anecdote, le nom désigne un « trou perdu », un patelin éloigné des sentiers battus. On est désormais loin du compte vu la notoriété de l'établissement pour ses burgers cuisinés à toutes les sauces. L'une des références en la matière et l'un des pionniers bruxellois (2005). On se régale en admirant les fresques murales extérieures qui présentent des scènes hautes en couleur de la vie locale. Les frites sont fraîches et sont servies dans un pot de fleur… ambiance brusseleir très décontractée et colorée ! Pas fan de burgers ? Il y a des plats cuisinés.

HUMPHREY (CHEZ PIAS) €€

Rue Saint-Laurent 36-38
✆ +32 2 219 39 16
https://www.humphreyrestaurant.com/
Du lundi au vendredi, de 12h à 15h et de 18h à 22h30. Menus à 55 €.

À la tête d'Humphrey, il y a Glen, Belgo-Philippin et sa femme Julie, une passionnée du maraîchage. Ce mariage se traduit dans les 2 menus proposés : le 1er qui revisite la cuisine philippine sous un angle gastro et le 2e est 100 % veggie, les produits venant de leur jardin. Lors de notre visite, on a opté pour le 1er : une série de petits plats aux saveurs mêlant les traditions de l'Asie du Sud-Est (gingembre, soja) et espagnoles (empanadas). C'est relevé mais jamais piquant et les poissons et fruits de mer ont la part belle. Un peu cher mais belle découverte.

CHEZ JACQUES €€

quai aux Briques 44
✆ +32 2 512 20 27
www.restaurantchezjacques.be
Ouvert du mardi au samedi le midi et le soir. Menu à 32 €. Carte : 45 € environ. Lunch : 18 € (du mardi au samedi).

On y revient pour l'ambiance et le cadre de vieux café (1936) autant que pour la qualité d'une assiette qui ne déçoit pas. De la cuisine, sortent des spécialités locales au fumet authentique : soles meunières, moules, croquettes aux crevettes grises, raie au beurre… L'ambiance est décontractée, le service efficace. Une des clés du succès de cet établissement de référence dans le quartier du marché aux poissons ? Le professionnalisme d'Adrien et de Jean-Philippe, les deux frères associés issus d'une famille de restaurateurs bien connus dans le quartier.

K'S LUNCH BAR €

Rue des Poissonniers 13
✆ +32 493 92 84 24
www.kslunchbar.be
Lundi-vendredi de 8h30 à 17h. Samedi de 9h à 17h et dimanche de 9h à 15h. Salade à partir de 12,50 €, sandwiches 4 €.

Située dans l'immeuble d'un espace coworking entre la Bourse et le quartier Dansaert, ce restaurant aux allures de cafèt' contemporaine est l'endroit idéal pour prendre le petit déjeuner (c'est ouvert tôt) ou se sustenter d'une bonne salade, de pâtes ou d'un sandwich à prix démocratique, avant d'explorer le centre-ville. Tout est frais et il y a un même un plat du jour pour varier les plaisirs. Un autre plaisir ? S'installer auprès d'une des grandes fenêtres du restaurant en regardant les badauds passer. Le dimanche, le K's Lunch organise un brunch.

LISE €€€

Rue du Midi 164
✆ +32 494 85 35 15
https://www.restaurant-lise.be/
Du mardi au samedi 19h-21h. Du mercredi au vendredi 12h-13h30. Menu lunch à partir 50 €. Le soir à partir de 95 €.

Lise, c'est Lise Batugowski, la maîtresse de maison, qui a repris depuis presque 2 ans le restaurant étoilé Alexandre. Elle y a installé une nouvelle et jeune équipe (dont le chef Flavio, passé par les cuisines d'Isabelle Arpin) et apporté son goût pour la littérature et le résultat est là : des assiettes sophistiquées, bien pensées avec des produits de saison (dans notre cas en automne, bar de ligne, champignons des bois, butternut et poire). L'accueil est charmant et on vous fait vite sentir à l'aise dans un cadre feutré. Évènements littéraires réguliers.

LOFT €€

Rue de Namur 51
✆ +32 2 511 52 11
www.loft-brussels.be

Ouvert du lundi au vendredi le midi et le soir ; le samedi soir. Carte : 38 € environ. Lunch.

Asad et Pierre sont les heureux propriétaires de cette belle adresse de derrière les Palais. La carte de brasserie fait la part belle aux bonnes pièces de viande d'une grande tendreté : dizaines de burgers, viandes 100 % black angus irlandaises... On y prend l'apéro en afterwork ou on y boit un coup en after ciné, en échangeant deux tickets contre un alcool ou un cocktail dont la liste est longue. Happy hours entre 18h et 20h et formules personnalisées pour groupes. Bref, ça bouge beaucoup et les fauteuils sont très confortables.

LOLA €€

Place du Grand-Sablon 33
✆ +32 2 514 24 60
www.restolola.be

Ouvert tous les jours le midi et le soir. Cuisine non stop le week-end. Carte : 60 € environ.

Elle a de la classe, la brasserie Lola, toute de rouge drapée ! Et une belle histoire aussi, tellement chouette qu'un bouquin conte ses aventures. Le décor est contemporain, et la chaleur humaine bien au rendez-vous. Dans les assiettes, des plats inventifs et copieux, qui font le bonheur de tous depuis plus de vingt ans déjà ! Ou alors, les grands classiques d'une brasserie parisienne avec de subtiles influences de cuisines d'autres horizons. Sans oublier quelques spécialités belgo-bruxelloises qui font toujours mouche. Simple, bon et généreux. Avec régularité.

LE LOTUS BLEU €

Rue du Midi 70
✆ +32 2 502 62 99
www.lotusbleu.biz

Ouvert du lundi au vendredi le midi et le soir ; le week-end le soir. Carte : 27 € environ. Plat du jour.

On n'y va certainement pas pour la déco, qui fait plus salle de réfectoire que restaurant, mais bien pour son rapport qualité-prix. Situé près de la Grand-Place, Le Lotus Bleu affiche des prix fort raisonnables pour une bonne cuisine asiatique copieuse. Le midi est particulièrement avantageux ! Les spécialités sont des classiques du genre : pho, dim sum, nouilles et les bien nommés rouleaux de printemps. Lampions et bambous sont là pour rappeler que le Vietnam est le pays d'origine des fondateurs de ce resto installé depuis un quart de siècle.

LOTUS VERT €

Rue de la Fourche 26b
✆ +32 2 219 52 82
www.lotusvert.be/fr

Ouvert tous les jours sauf mercredi, le midi et le soir. 12,90 € le bo bun avec nem. Entrée entre 6 € et 9 € environ.

Difficile de trouver une bonne adresse pas chère pour déjeuner ou dîner dans l'hypercentre trusté par des chaînes, des brasseries onéreuses et des attrape-touristes. Le discret Lotus Vert est un petit restaurant aux horaires souples tenu par une sympathique famille vietnamienne (pour preuve la télé locale en fond), qui sert une délicieuse cuisine vietnamienne et thaï à petit prix. Le bobun, plat typique du Vietnam, était particulièrement soigné, copieux et délicieux Tout comme la bonne soupe wan tan (de raviolis maison) en entrée.

LOVE CIABATTA €

Coudenberg 70
✆ +32 2 502 06 03
https://love-ciabatta.be/fr

Du lundi au vendredi de 10h30 à 17h ; le samedi de 9h30 à 18h30 ; le dimanche de 10h à 18h30. Carte : ±16 €. Terrasse.

La ciabatta est une sorte de pain à sandwich contenant de l'huile d'olive. Love Ciabatta est située à dix mètres de la place Royale et offre une jolie terrasse orientée plein sud. On commande au comptoir mais on est servi à table, assis tranquillement dans des fauteuils en cuir. Formule petitdéjeuner et choix parmi une douzaine de ciabatta. Pas de beurre et pas de sauce, que de bonnes choses ! Également, soupes et pain, jus de fruits, cafés et thés. L'intérieur est très lumineux et la cuisine est ouverte. Très sympa pour manger sur le pouce depuis plus de 10 ans.

MADAGASIKARA €€

Rue de Flandre 10
✆ +32 473 44 40 74
www.madagasikara.be

Ouvert du lundi au samedi le soir, à partir de 19h. Carte : 46 € environ.

Les plats traditionnels malgaches sont à l'honneur comme le Romazava Royal, une exclusivité à Bruxelles. On pointe aussi l'assiette de dégustation royale, un assortiment de 5 plats typiques. Un vrai voyage culinaire avec service à table. Avantage pour les non-initiés du seul restaurant malgache de Bruxelles : les plats sont bien expliqués à la carte ! La gastronomie malgache se veut riche en goût par l'utilisation d'épices « douces ». On aime aussi les cocktails proposés pour l'apéritif. Le cadre est familial et les 2 gérants sont aussi souriants qu'attachants.

MADOU'S FOLIE €€

Rue de la Presse 21-23
✆ +32 2 217 38 31
www.resto-madous-folie.be
Ouvert du lundi au vendredi le midi et le soir. Samedi : groupes uniquement. Menus de 34 € à 48 €. Carte : 55 € environ.

Inscrite sur le tableau noir, leur cuisine contemporaine met du soleil dans les assiettes à deux pas de la place Madou ! L'équipe en place fait bien les choses, tant au niveau de la déco avec l'élégante peinture murale, qu'en cuisine où la tendance oscille entre plats de brasserie bien belges et cuisine de bistrot bio si possible. La carte du marché change régulièrement. Ici, le fait-maison est bien réel, de qualité et est proposé à des tarifs tout doux. Les vins sont français, à tendance bio également ou nature également. Réservation plus que conseillée le midi.

MANOLA €

Rue de la Croix de Fer 72 ✆ +32 2 217 28 00
www.manola.be
Du lundi au samedi le midi. Carte : environ 35 €. Plat du jour 10 €. Lunch. Buffet, du mardi au vendredi : 14 €.

En Thaïlande, Manola est un mythe, une femme avec beaucoup de charme, à moitié oiseau. Ici, c'est le cadre épuré et l'ambiance zen (bambous, chaises vertes) qui prennent le dessus dans ce bel endroit. Au menu, des buffets chauds et froids et une cuisine thaï adaptée à nos palais (bambou, curry rouge, lait de coco...). Proclamé « meilleurs thaïs de Belgique », les Manolas sont au nombre de 3 (place Madou et rue de l'Enseignement pour Manola II et III). Le gérant est aussi connu dans le milieu avec le Bois Savane à Uccle et Bois Savane In Town, quartier Schuman.

LA MANUFACTURE €€

Rue Notre-Dame du Sommeil 12
✆ +32 2 502 25 25
www.manufacture.be
Ouvert du lundi au vendredi le midi et le soir ; le samedi soir. Menus à partir de 45 €. Carte : 55 €. Lunch : 20 €.

La Manufacture occupe les anciens ateliers Delvaux et conserve une âme malgré ses 400 m². La carte est ambitieuse et évolue avec les saisons. Le foie gras est indémodable, le jambonneau, ragoût de haricot coco et dijonnaise à l'orange tout aussi attrayant. L'ensemble relève d'un mix de touches et cuisine du monde qui n'oublie pas notre terroir. Une cuisine « fusion », au sens propre, avec une volonté manifeste de travailler sur des produits locaux et/ou bénéficiant d'appellations contrôlées. Les 140 vins sont autant de pépites des quatre coins du monde !

LA MARÉE €€

Rue de Flandre 99
✆ +32 2 511 00 40
www.lamaree-sa.com
Ouvert du mardi au samedi le midi et le soir. Carte : 55 € environ.

Dans cette maison du XVIIe siècle, les poissons arrivent en camion depuis longtemps mais tout est là pour faire un port d'attache de ce bistrot de la mer. Les produits sont de première fraîcheur (2 livraisons par jour) et la simplicité des préparations met en valeur leur qualité. Les croquettes de crevettes et la sole meunière de la maison comptent parmi les meilleures de Belgique. Les talents de Teresa en cuisine et l'accueil simple et souriant de Mario, le patron, en font une adresse qu'on se refile dans tout Bruxelles. Caldérade et paella (sur commande).

DE MARKTEN €

Place du Vieux Marché aux Grains 5
✆ +32 2 512 34 25
www.cafedemarkten.be
Ouvert le lundi de 8h à 24h ; du mardi au dimanche de 8h à 24h. Menu unique à 38 € (pour 2). Carte : 20 € environ.

De Markten, situé à l'emplacement de l'ancien couvent de Jéricho, a abrité une succursale des cristalleries Saint-Lambert. En 1978, la Région flamande rachète le lieu pour lui donner une vocation culturelle. Cours de langue, pièces de théâtre, ateliers, cours de Pilates... C'est surtout l'occasion de se sustenter dans l'espèce de grande salle-cantine d'une farandole de petites préparations culinaires, simples et assez diététiques. Du petit déjeuner à la faim tardive, Markten et sa terrasse sous les arbres, splendide en été, est un lieu qui vibre toute la journée.

LE MARMITON €€

Rue des Bouchers 43A
✆ +32 2 511 79 10
www.lemarmiton.be
Ouvert tous les jours le midi et le soir (non-stop le w-e). Menus de 27 € à 37 €. Carte : 55 € environ. Terrasse.

L'une des quatre ou cinq vraies bonnes adresses de ce quartier touristique. On y croise d'ailleurs pas mal d'habitués aux accents de notre plat pays, de ceux qui détestent qu'on les prenne pour des pigeons. Et ça, dans le centre historique, au croisement des Galeries Royales, c'est plutôt bon signe ! Les clients aiment retrouver une carte qui ne triche pas, avec des produits frais et de saison ainsi que des spécialités belges, tant en viande qu'en poisson. Le cadre est confortable, le service pro et on vous remet une ardoise qui n'empêche pas la digestion.

LA MER DU NORD €€

Rue Sainte-Catherine 50
✆ +32 2 513 11 92
https://noordzeemerdunord.be/
Poissonnerie ouverte du mardi au vendredi de 8h à 18h ; le samedi de 8h à 17h. Fishbar, de 11h à 18h30, dimanche inclus.

Poissonnerie au double visage, le meilleur du monde de la mer y est livré quotidiennement pour notre plus grand plaisir. Une clientèle nombreuse, décontractée et décomplexée est accoudée au Fish Bar servant des petits amuse-bouches rapides, dont de délicieuses croquettes de crevettes. Les plats plus consistants comme les poissons à la plancha. Caricoles, soupe de poisson, huîtres… se dégustent dehors, assis autour de tables hautes, accompagnés d'un petit vin blanc ! Nombreuses animations durant l'année comme le Maatjes festival.

MI TANGO €€

Rue de Spa 31
✆ +32 494 68 71 49
Ouvert du lundi au samedi de 12h à 14h30 et de 19h à 22h30. Carte : environ 40 €.

Cachée dans le quartier de la rue de Loi, cette parrillada (restaurant à grillades) va vous transporter directement en Argentine ! On s'y croirait : le cadre rustique, les solides couteaux à viande, les bouteilles de vins exposées et bien entendu, du tango comme musique d'ambiance. On mange de la viande argentine avec les coupes de là-bas : le bife de chorizo (contrefilet), le lomo (filet pur) ou encore la tira de asado (côte à l'os) bien épais et juteux avec la sauce chimichurri. On accompagne d'un verre de malbec ou, pour les palais délicats, d'un merlot-malbec.

NIGHTSHOP €€

Rue de Flandre 167
Ouvert le jeudi de 15h à 23h et du vendredi au dimanche, de 11h à 23h. A la carte : 25 € environ

Nightshop est exactement le genre d'adresse dans l'air du temps. Dans cet ancien garage, Jocasta Allwood y a créé son projet de « cave à manger » qui se compose d'une salle et d'un petit coin épicerie. Le côté brut de béton contraste agréablement avec l'éclairage aux bougies qui prend tout son sens le soir. La carte est courte, très axée sur le végétal avec un traitement des produits très pur et subtil. Jocasta est sommelière et donc les vins, nature, sont particulièrement bien choisis et sortent des sentiers battus et que vous pourrez emporter au coin nightshop.

NORMA €€

Rue des Chartreux 56
✆ +32 495 89 89 84
Ouvert le mardi et mercredi soir et du jeudi au dimanche, le midi et le soir. Carte : environ 38 €. Jardin et terrasse.

Avec Norma, Giacomo et Massimiliano, tous deux venus du Frioul, ont voulu mettre en avant l'art de la cuisine des grand-mères : des pâtes maison (ils font leur propre farine) avec des produits issus de petits producteurs locaux et italiens bien sûr, des sauces qui ont longuement mijoté, des ingrédients simples et nobles (ça sent la truffe quand on entre dans la trattoria). La courte carte où les pâtes sont les vedettes varie toutes les semaines. L'aperitivo est l'autre point fort avec d'appétissantes planches qu'on accompagne d'un vin bien choisi ou d'un negroni.

NUËTNIGENOUGH €€

Rue du Lombard 25 ✆ +32 2 513 78 84
www.nuetnigenough.be
Ouvert du lundi au vendredi à partir de 18h ; le week-end à partir de 12h. Carte : 42 € environ. Terrasse.

Établissement 100 % local et convivial, le bien-manger y est de rigueur. Dans une ambiance *jazzy*, on s'offre quelques tapas avant de plancher sur le terroir (*bloempanch*, cordon bleu de coucou de Malines…) et les plats à la bière (pâté de campagne à la gueuze, carbonnades à la Moinette…). Le tout dans un style inspiré des années 1920 et 30. Les *nonante* bières à la carte font du gringue aux étiquettes moins commerciales ! Au fait, un *nuet nigenough* est une personne qui n'en a jamais assez *(never enough)*. En langage du cru, on parle aussi d'un « coureur de gueuzes »…

L'OGENBLIK €€

Galerie des Princes 1
✆ +32 2 511 61 51
www.ogenblik.be
Ouvert du mardi au samedi le midi et le soir jusqu'à 0h. Carte : 60 € environ. Lunch : 33 €. Terrasse.

Avec son demi-siècle d'existence et ses airs décontractés, ce bistrot dégage un charme fou. Chaque jour une sélection rigoureuse des meilleurs produits, condition indiscutable et devise des patrons. On y maîtrise les grands classiques de la tradition française avec cette capacité d'intégrer de nouvelles tendances et de dynamiser les plats. Quelques habitués : la marmite de poissons en bouillabaisse, le pigeonneau de Bresse rôti au jus de truffes, le loup grillé, les ris de veau façon « Café de Paris »... Rien que de belles choses difficilement faisables chez soi !

LE P'TIT NORMAND €

Rue de Tabora 5
✆ +32 2 513 00 93
https://ptitnormand.be
Ouvert du lundi au vendredi de 10h à 18h ; le samedi jusqu'à 18h30.

Le P'tit Normand est une petite boutique de charme en face de l'église Saint-Nicolas, installé depuis des lustres dans une maison classée à deux pas de la Grand Place. Véritable institution où dénicher de la bonne charcuterie et des fromages de qualité, admirablement tenue par Martine Buyle. On y trouvera beaucoup de produits français, italiens, mais aussi de ces authentiques spécialités belges, tel l'assortiment de boudins blancs et noirs. Pour compléter le choix, citons les délicieuses salades et préparations maison et bien entendu les copieux sandwiches garnis.

LES PETITS OIGNONS €€

Rue de la Régence 25
✆ +32 2 511 76 15
Ouvert tous les jours le midi et le soir (non-stop le w-e). Menu unique à 38,50 €. Carte : 55 € environ. Terrasse.

Les Petits Oignons de Khaled Zouglami, c'est l'antidote parfait pour qui voudrait oublier un repas standardisé pris dans un lieu prétentieux avec service indigent et note exorbitante. Cette accueillante brasserie bruxelloise, c'est un cadre, une ambiance, un service et une cuisine sans fausse note. Sur la carte, des spécialités comme le vol-au-vent, le ris de veau en feuilleté ou les croquettes aux crevettes grises mais aussi pas mal de plats aux notes méditerranéennes. Et puis, le plaisir d'échanger avec cet homme à l'humour élégant, fait aussi partie du menu.

PISTOLET-ORIGINAL €

Rue Joseph Stevens 26
✆ +32 2 880 80 98
www.pistolet-original.be
Ouvert du lundi au vendredi de 10h à 15h ; le week-end de 11h à 17h. Carte entre 5,10 € et 10 €.

Le pistolet, c'est le petit pain rond et croquant, symbole du manger sur le pouce bruxellois s'il en est ! On le fourre avec (presque) tout : jambon, fromage, américain, crevettes grises, salade de thon mayonnaise... Trop souvent galvaudé et remplacé par le quart de baguette, le pistolet a retrouvé ses lettres de noblesse. Valérie Lepla sait y faire en invitant régulièrement des people de la restauration à la confection des pistolets. Pour compléter, petite restauration, desserts ou encore bières belges. E-shop pour une commande facile.

POP UP SABLON €€

Place du Grand Sablon 15-16 ✆ +32 2 503 65 70
www.popupsablon.be
Ouvert tous les jours de 7h30 à 1h30. Cuisine non-stop de 12h à 23h. Carte : ± 48 €. Plat du jour : 16 €. Lunch : 22 €.

Sur la place branchée du Sablon, le Pop Up s'inscrit parfaitement dans l'environnement. Côté cuisine, le chef a de solides références et décline des préparations plutôt bistronomiques auxquelles ne manquent pas une très goûteuse croquette crevettes ou l'américain, des rognons de veau à la dijonnaise ou des carbonnades à la flamande. La déco est lumineuse avec des touches vintage et se la joue sur un mode black & white avec une touche de bois. Gageons que les habitués du Zoute bruxellois s'y rendront sans rouspéter et avec quelques idées de zwanzes au programme.

LE RABASSIER €€€

Rue de Rollebeek 23
✆ +32 2 502 04 00
www.lerabassier.be
Ouvert du lundi au samedi de 19h à 20h45. Menus de 78 € à 115 €. Menu « Dégustation truffe noire » : 155 €.

Entre Marolles et Sablon, Christophe Durieux et sa charmante épouse Eve mettent les petits plats dans les grands pour proposer du luxe et des saveurs exclusives par leur rareté, tout en conservant des prix sympas. Truffe d'été ou truffe noire, oursins, foie gras, huîtres, gibier en saison sont véritablement magnifiés sur l'autel de la présentation impeccable dans l'assiette. Un menu où la truffe est à l'honneur vient renforcer cette mise en avant des produits nobles. Pour déplacer l'expérience hors de leur intérieur très classe, on tente leur traiteur sur mesure.

CHEZ REMY €€

Rue des Bouchers 31
✆ +32 2 330 04 67
https://chezremyadam.be/
Ouvert tous les jours. De 11h30 à 23h45. Carte : 40 € environ. Formule : 18 €. Terrasse.

Chez Remy c'est une salle principale avec mezzanine au 31 de la rue des Bouchers et une annexe juste en face. C'est dire s'il y a de l'espace pour les groupes de visiteurs essentiellement. La carte et les menus reprennent les classiques du genre, à savoir moules-frites, plateaux de fruits de mer, viandes grillées et quelques poissons. Ce n'est pas de la haute gastronomie mais une honnête cuisine qui permet de manger à prix raisonnables au coin des Galeries Saint-Hubert. L'hiver, le feu ouvert réchauffe les âmes et l'été, la terrasse fait le plein de convivialité.

RESTAURANT DE LA BOURSE €

Rue de Flandre 32
✆ +32 2 511 99 29
Ouvert tous les jours sauf mercredi, le midi et le soir. Plats aux alentours de 20 €.

Lieu de pause idéal avant de continuer la découverte du centre-ville. On trouvera aux lieux une certaine intimité, avec sa dizaine de tables seulement. Tout est familial, de l'accueil au service. Adel, personnage attachant, affiche plus de trente ans d'expérience dans la cuisine belge. Son épouse et lui, montrant par ailleurs un plaisir certain à accueillir leurs hôtes. Ici, on profite de classiques belges avec un excellent rapport qualité-prix : croquettes au fromage, moules (en saison), steak-frites, carbonnades flamandes, *stoemp* saucisses...

RESTAURANT JOUHARA €

Boulevard Maurice Lemonnier 157
✆ +32 2 833 04 96
poissonneriejouhara.be
Ouvert tous les jours de 12h à 23h. Poisson au choix : 22 € le kilo.

Fraîcheur et bonne humeur sont les maîtres mots de ce resto. N'y attendez pas les préparations classiques à la française, les patrons sont marocains et cuisinent avec leur sensibilité. En revanche, le choix de produits de la mer est vaste (poissons, crustacés, fruits de mer) et le deal des plus simples. On choisit son préféré, la quantité et la cuisine s'active. Le prix est le même, quel que soit le choix effectué. Ce qui signifie qu'une daurade magnifiquement grillée revient sur l'assiette à 7 ou 8 € en fonction de l'appétit. Aussi liste d'autres plats.

RESTAURANT VINCENT €€

Rue des Dominicains 8-10
✆ +32 2 511 26 07
restaurantvincent.be
Ouvert du lundi au samedi le midi et le soir. Carte : 55 € environ.

Depuis 1905, combien de familles, d'artistes, de politiques et de businessmen sont entrés par la fameuse cuisine ouverte où *blinquent* les batteries de casseroles en cuivre ? Les amateurs de viande rouge et de grillades se réjouiront : elles proviennent des meilleurs fournisseurs qui ne transigent pas sur la qualité de leurs produits. Les céramiques murales sont à elles seules un prétexte à s'inviter chez Vincent. Les flambages en salle et le service en livrée sont d'autres signes d'une équipe de pros pour cette brasserie authentique que l'on aime tant fréquenter.

RICOTTA & PARMESAN €€

Rue de l'Ecuyer 31
✆ +32 2 502 80 82
www.ricottaparmesan.be
Ouvert tous les jours le midi et le soir. Carte : 48 € environ. Menu spécial groupe.

Véritable institution pour pâtes et pizzas au feu de bois que cette ancienne armurerie aux murs datant de 1892 ! Depuis 1999, l'adresse fait sensation pour son concept de variations à l'envi. On s'amuse d'ailleurs avec les drôles de pictos sur la carte expliquant tout ça. En pratique, cela donne 375 associations sauce-pâtes parmi lesquelles certaines aux formes inhabituelles (comme les panzerotti) et de plus classiques tagliatelle, penne ou linguine. Des pâtes sans gluten aussi pour les allergiques. En déco, les accessoires de cuisine donnent le ton.

LA ROSE BLANCHE €€

Grand Place 11 ✆ +32 2 513 64 79
www.restaurant-rose-blanche.be
Ouvert le midi et le soir. Carte : 40 € environ. Menu enfant : 9,90 €. Plat du jour : 12,50 €. Menu bière : 46 €.

Kiffez-moi cette vue imprenable ! L'un des plus beaux cadres de restaurant à Bruxelles où les éléments sont réunis pour faire d'une visite en ces lieux un moment réussi ! Surtout si on ajoute au décor typique, un service attentionné et un menu attrayant de cuisine principalement belge : traditionnels chicons au gratin, moules, waterzooï à la gantoise... On note aussi le menu concocté à base de bière. En hiver, l'âtre réchauffe et en été, on pousse les tables à l'extérieur. De la mezzanine, on s'offre une vue d'ensemble et des conversations parfois surprenantes.

LA ROUE D'OR €€

Rue des Chapeliers 26
✆ +32 2 514 25 54
Ouvert tous les jours le midi et le soir. Carte : 50 € environ. Lunch.

La Roue d'Or a le look classique des brasseries Belle Époque. Les boiseries et les vitraux auxquels elle doit son nom sont d'origine, les fresques murales rendent hommage à Magritte. La carte oscille avec adresse entre belgitude, spécialités de type brasserie française et même quelques plats canailles. Bruxellois et visiteurs sont au coude-à-coude pour se laisser tenter par les moules-frites, le *stoemp*, les andouillettes, la blanquette à l'ancienne, le waterzoï, les croquettes et tomates aux crevettes, etc. Belle constance dans la qualité des préparations.

LE ROY D'ESPAGNE €€

Grand Place 1
✆ +32 2 513 08 07
www.roydespagne.be
Ouvert tous les jours de 8h à 1h. Menus de 22 € à 38,50 €. Carte : ±42 €. Enfant : 14 €. Plat du jour.

Le Roy d'Espagne, qui s'appelle en réalité le Café de la Grand'place, rend hommage à l'occupation espagnole de la Belgique. Sa terrasse offre une des vues les plus prisées au monde. Ancienne maison de la corporation des boulangers, elle est ornée en façade du buste de Charles II (roi d'Espagne) à qui le café doit son nom. La galerie du 1er étage rappelle que la maison fut une quincaillerie. On y mange une cuisine de brasserie très honnête ainsi que des pièces de bœuf de races nobles à faire rougir d'envie ! Une friterie a aussi ouvert sur le côté de bâtiment.

SAN €€€

Rue Joseph Stevens 12
✆ +32 2 512 42 12
https://sansablon.be/
Du mardi soir au samedi, midi et le soir. Menus à 80 € (pas servis les vendredis et samedis soir) et 95 €. Lunch : 45 €.

Sang-Hoon Degeimbre, le chef double étoilé de l'Air du temps à Liernu, est aussi installé près de la place du Sablon. Sur la table, une cuillère seule, accompagnée d'un bol. Inspiré par ses origines, San a voulu mettre à l'honneur ces deux ustensiles propres à la tradition coréenne. Une cuisine internationale et très créative, basée sur la pureté des ingrédients et la mise en valeur du produit principal. Sept bols qui varient selon le marché et l'inspiration du chef Valerio Berrerio (qui met en musique le projet de Sang). Bluffant, mais un poil cher mine de rien.

LE SELECTO €€

Rue de Flandre 95
✆ +32 2 511 40 95
www.leselecto.com
Mardi au samedi 12h-14h30/19h-22h30 (23h vendredi et samedi). Lunch : 22 €. Plat du jour : 16 €. Carte : environ 40 €.

Il y a comme un petit air de Paris ici et ce n'est pas pour rien, cet établissement bistronomique se revendique de cette nouvelle tradition française qui combine une ambiance décontractée à une assiette à la hauteur. Tous les codes y sont : menu court (5 entrées, plats et desserts), un plat et lunch du jour, des produits de saison et une belle carte de vins coups de cœur. Le chef Olivier Morland a tout bon. Un exemple de cette philosophie ? Le porc fermier confit était comme du beurre, avec une belle sauce comme il se doit. Côté comptoir, on mange au bar !

SENZANOME €€€

Place du Petit Sablon 1
✆ +32 2 223 16 17
www.senzanome.be
Ouvert lundi soir ; du mardi au vendredi le midi et le soir. Menu à 135 €. Carte : 115 €. Lunch : 50 €.

Fils d'immigrés italiens, Giovanni Bruno raconte que sa mère arriva en Belgique avec l'autocuiseur qui lui servait à préparer le minestrone… Après vingt ans de passionnantes créations, une étoile au Michelin et une distinction comme meilleur restaurant italien d'Europe (2012), Senzanome est devenu un des absolument-incontournables de Bruxelles. Les bases sont restées : tout est fait dans la maison, y compris le pain et on loue depuis des lustres les succulentes pâtes ou l'indémodable fleur de courgette. La cave vaut à elle seule le déplacement.

SPAGO €€

Rue du Pont de la Carpe 13
✆ +32 2 512 25 30
www.spagobrussels.be
Ouvert tous les jours de 12h à 24h. Carte : 42 € environ.

À l'entrée du quartier Saint-Géry, Spago revisite la trattoria façon *mamma* du XXIe siècle. On voyage loin des ordinaires « bolo » ou carbonara. Les régions d'Italie sont à l'honneur avec des pâtes sous toutes leurs formes (spaghetti, linguine, orecchiette, papardelle, fazzoletti…) et des sauces divinement préparées (au fenouil et saucisse, au chèvre et chorizo, au ragoût d'agneau et romarin,…). Les viandes sont à la fête aussi. La carte des vins présente de beaux crus à prix modérés venant du nord au sud de la Botte. Le tiramisu maison est un conseil d'ami !

STROFILIA €€

Rue du Marché aux Porcs 11
✆ +32 2 512 32 93
www.strofilia.be
Ouvert du lundi au vendredi le midi et le soir ; le samedi soir. Carte : 36 € environ. Lunch : 19 €.

Depuis plus de 20 ans, Strofilia (« pressoir à vin ») est une agréable surprise grecque gastronomique sans chichis ! À la carte, des préparations à partager : mezze, salades, et un tas de spécialités étonnantes et joliment présentées. On a raffolé de la poitrine cuite à basse température, betteraves et sauce au Petimezi. Le tout à des prix de crise grecque, y compris la centaine d'étiquettes de vins de là-bas. La première salle affiche un style contemporain tandis que la seconde est un ancien dépôt de vin aux murs de briques apparentes avec ses caveaux conservés.

LA TABLE DE MUS €€€

place de la Vieille Halle aux Blés 31
✆ +32 2 511 05 86
www.latabledemus.be

Ouvert du lundi au samedi le midi et le soir, sauf le mercredi. Menus de 62 € à 112 €. Lunch : 31 €.

Mus confirme depuis quelques années maintenant tout le bien qu'on pensait de lui quand il était au service d'autres maisons. Sa volonté ? Que tout tourne autour du produit afin qu'il ne soit pas dénaturé. Cuisine gastro de saison sans carte fixe. Le lunch (3 ou 4 services) est annoncé chaque semaine et permet de prendre chaque service individuellement. Les suggestions et les formules varient toutes les semaines, pour un plaisir gourmand accentué. Le cadre se veut contemporain et agréable. Petite terrasse sur la place et parking du soir offert. À découvrir !

TOUKOUL €€

Rue de Laeken 34 ✆ +32 2 223 73 77
www.toukoul.be

Du mardi au vendredi, le soir ; le week-end, le midi et soir. Menus de 55 € à 60 € (min. 2). Carte : 42 € environ.

On mange avec les mains en pinçant des morceaux d'injera (galette) en guise de couverts. Le repas est disposé au centre de la table, en petites portions garnissant un grand plat. On peut choisir l'un des menus (veggie, « sweet » ou plus épicé) ou piocher dans la carte : plats de viande ou de poisson et des légumes à profusion. Pour accompagner, on goûte le tedj, un vin blanc éthiopien aromatisé. Pour parfaire l'immersion, on applaudit les groupes qui jouent de la musique locale et des standards. Un cran au-dessus du Kokob (l'autre resto éthiopien de la ville).

TAVERNE MOKAFÉ €

Galerie du Roi 9
✆ +32 2 511 78 70
www.grsh.be/boutique/mokafe-taverne/

7j/7 de 7h à 23h. Carte : ±25 €. Petit déjeuner et sandwichs à emporter. Terrasse.

Référence gourmande et chic du centre-ville, cette taverne est située dans les Galeries Royales Saint-Hubert où s'étale sa terrasse accessible 365 jours par an. On compte déjà 4 générations aux commandes. Fin des années 1930, on y torréfiait du café. À la reprise par la famille Charlier dans les années 1970, les gourmandises firent leur apparition. Aujourd'hui, il y en a pour tous les âges et tous les goûts : gaufres, gâteaux, glaces, milkshakes, sorbets, petite restauration salée, spécialités belges, croquettes aux crevettes maison et une trentaine de bières.

LE TROISIÈME ACTE €€

Rue Charles Hanssens 6
✆ +32 2 503 56 32
www.troisiemeacte.be

Ouvert midi et soir sauf lundi et mercredi soir et samedi midi. Fermé le dimanche. Lunch. Plat du jour. Carte : 40 €.

Dans le quartier du Sablon, le Troisième Acte évolue dans un décor, fait d'anciennes banquettes de train, de cadres aux dorures vieillies, de tableaux sortis d'un autre siècle, et de mobilier hétéroclite et chaleureux. Le tout sur fond de briques rouges. Atmosphère… Une cuisine française créative, avec quelques inspirations méditerranéennes et asiatiques et toujours la qualité et l'origine garantie des produits. Ainsi que le respect des saisons et le « fait-maison ». Angus beef, frites et sauces maison, gibier en saison, poissons du jour...

THE IRIS €€

Boulevard de Waterloo 38
✆ +32 2 504 13 33
www.theiris.be

Ouvert tous les jours le midi et le soir. Carte : 60 € environ (carte en continu plus réduite).

The Iris est niché situé au sein du petit bijou de l'hôtellerie de prestige Bruxellois qu'est « The Hotel ». Le restaurant bénéficie d'une atmosphère résolument contemporaine. Pierre Balthazar suggère un voyage autour du monde dans l'univers de la gastronomie. Raffinée, mais sans chichis, aux influences de cuisine du monde (gyozas de légumes en entrée, filet de veau à la braise façon tonato, fromages belges...). La carte est resserrée mais c'est pour mieux rester au plus près des saisons et de la qualité. De ce fait, la carte change tous les mois.

UNIK €€

Rue de l'Ecuyer 45
✆ +32 2 779 99 39
unik.brussels

Ouvert du lundi au samedi, de 11h à 15h et de 18h à 23h. A la carte : environ 25 €.

Unik, c'est la petite sœur *osteria e vinoteca* de Ricotta et Parmesan. C'est un peu un mix entre un bar et vin et à tapas puisque le principe est de commander plusieurs petits plats (des classiques de la cuisine italienne aux plus inventifs), et de partager. On commence par une des superbes planches apéritives avant de picorer dans les différents plats (lasagnes, aubergines alla parmigiana, saucisse à la fontina, desserts) et on accompagne avec un vin parmi les 90 étiquettes présentes. Déco vraiment tendance avec des dames-jeannes en verre en guise de luminaires.

URBAN COOK - FOOD TRUCK €

✆ +32 477 35 32 95
www.urbancook.be
Voir la page Facebook pour les horaires. Carte : 8 € (burger à prix unique). Lunch : 10 €.

Mathieu ne révolutionne pas le genre mais le revisite honnêtement en proposant des burgers maison, dans un camion pensé de bout en bout comme une cuisine de restaurant. « Rock », « Pepper » ou « Cho »... 8 variétés en tout de burgers 100 % bœuf avec du pain maison, accompagnés de sauce home made et de potatoes pour un plaisir gustatif évident ! On s'en lèche les doigts ! Pour tenter l'expérience plus près de chez soi, notez qu'Urban Cook est présent sur de nombreux événements publics (festivals, concerts...) ou privés (mariages, inaugurations, entreprises...).

LE VISMET €€

Place Sainte-Catherine 23
✆ +32 2 218 85 45
www.levismet.be
Ouvert du mardi au samedi le midi et le soir. Poissons et fruits de mer. Carte : 65 € environ. Lunch : 25 €.

Si vous aimez les produits de la mer, notez cette adresse ! On croirait rentrer dans la cantine d'un beau navire, avec ces grands miroirs et ces rangées de lampes au plafond. Le Vismet est un endroit où l'on se sent bien, guindé juste ce qu'il faut. Au fourneau de sa cuisine ouverte, Tom Decroos, originaire d'Ostende, travaille bien, très bien, le poisson. Ceci dit, les quelques viandes proposées ont une belle origine et n'ont pas à rougir si l'on peut dire... Quant à la carte des vins, elle colle parfaitement avec les saveurs et les exigences de la carte.

LE WALVIS €€

Rue Antoine Dansaert 209
✆ +32 2 201 85 81
cafewalvis.eatbu.com
Ouvert 7j/7 le midi et le soir. Bar ouvert à partir de 9h. Carte : 28 € environ. Plat du jour : 12 €. Terrasse.

Véritable établissement d'ambiance depuis une bonne quinzaine d'années, le Walvis est bien dans son quartier (Dansaert) avec le canal pour décor. Ouvert et décoré par Fred Nicolay, référence dans l'Horeca bruxellois, il doit son succès d'aujourd'hui à Senem et Lionel qui ont redynamisé les lieux. Brunch tous les dimanches, carte de brasserie et frites maison. Ambiance musicale au moment de l'apéro : pianiste en milieu de semaine et musique le week–end. Mention spéciale pour leur grande terrasse, ensoleillée relativement longtemps.

WOLF €

Rue du Fossé aux Loups 50
www.wolf.brussels
Ouvert tous les jours de 12h à 23h. Cuisines ouvertes le midi et le soir.

Pour du sucré ou du salé, manger sur place ou emporter, pour du belge ou de l'exotique, Wolf a réponse à tout ! Ce food market bruyant a investi et transformé l'ancienne CGER à deux pas de la Monnaie, et regroupe quelques enseignes bruxelloises et des noms nouveaux ; Possibilité de manger sur les nombreuses tables prévues au milieu des échoppes, après avoir fait la file à la caisse... Le lieu est superbe mais ce n'est pas vraiment bon marché. Une micro-brasserie est également de la partie.

▶ À ne pas confondre avec Le Wolf et sa cantine !

YI CHAN €€

Rue Jules Van Praet 13
✆ +32 2 502 87 66
yichanbrussels.eatbu.com
Ouvert le lundi soir et du mercredi au dimanche, le midi et le soir. A la carte : environ 38 €.

Yen Pham a repris le restaurant qui était celui de ses parents et lui a donné un vrai coup de jeune. Dans cette rue entre la Bourse et Saint-Géry, les établissements asiatiques ne manquent pas mais Yen a su se démarquer en proposant une fine cuisine sino-vietnamienne dans un cadre contemporain. Un craque pour les différents baos en entrée (au foie gras, au porc laqué, aux scampis...) avant d'oser se lancer sur une patte de poulet au haricot et piment. Mais la marque de fabrique du Yin Chan, ce sont ses cocktails, originaux, dont les ingrédients évoquent l'Orient.

ZOTTE MOUCHE €€

Rue de L'Ecuyer 47 ✆ +32 2 648 64 12
https://zottemouche.be/
Ouvert 7j/7 de 11h à 23h30. A la carte : environ 30 €. Soirée DJ le samedi, thé dansant le dimanche, lundi du «Lord».

Levez un voile sur l'âme de Bruxelles en entrant chez cette « Mouche folle ». Elle joue à fond la carte de la belgitude : on s'assied sur des casiers de bières, des couvertures de disques des plus grands artistes des années 1960-1980 ornent les menus et les murs... Sur la carte, on retrouve les plats de mamies : carbonnades, chicon au gratin, poulet compote... et bien entendu, des frites. Le tout, fait maison, à un prix raisonnable. Belle carte de bières. Le samedi, on se déhanche sur les sons de DJ-Has-Been ou on valse au Thé Dansant de DJ Naphtaline le dimanche.

BELMUNDO €€

Quai du Hainaut 41
✆ +32 2 669 08 45
belmundo.ateliergrooteiland.be
Lundi-vendredi, 12h-14h30 ; jeudi-vendredi, 18h-21h. Brunch les 1ers dimanches du mois, 10h30-13h30. Carte : ±20 €.

L'Atelier Groot Eiland, entre autres, forme des demandeurs d'emploi ici au travail de commis, en salle et en néerlandais. C'est dans une partie de l'ancienne malterie de la brasserie Belle-Vue qu'ils ont créé leur restaurant, dans une belle salle claire. Une grande partie des légumes est cultivée dans le jardin sur place. Le reste est acquis en local et avec des invendus du marché matinal. Chaque jour, un plat différent (carné ou végé) mais aussi des salades et pâtes. Et les fins de semaine, c'est menu de gala le soir. Une cuisine copieuse, saine, à petit prix.

LA BROUETTE €€

Boulevard Prince de Liège 61 ✆ +32 2 522 51 69
www.labrouette.be
Mercredi-vendredi midi et soir, samedi soir, dimanche midi. Menu à 49 € et 66 €. Carte : ±50 €. Lunch : 29 €. Terrasse.

Herman De Dapper aurait-il gagné à vivre plus exposé ? Car question caractère, l'homme est loin du star-système. Étonnant, pour un premier maître sommelier de Belgique et troisième du monde ! Il vit en symbiose avec ses plats joliment soignés et sa passion indéfectible pour le vin. Il parle de ses cinq cents crus comme de ses enfants et ses accords vins-mets renvoient les œnologues du dimanche à leurs chères études. Amoureux du Jura, il dévoile les bouteilles de la région dès qu'il le peut. Ça tombe bien, on adore ! Herman est aussi un photographe hors pair.

BRUGMANN €€€

Avenue Brugmann 52 ✆ +32 2 880 55 54
www.brugmann.com
Fermé lundi et samedi midi. Menus de 58 € à 115 € (5 services, midi et soir). Lunch : 28 € (3 services). Voiturier.

Matthias Van Eenoo possède des lettres dans le milieu de la gastronomie et de la passion à revendre. Il a littéralement flashé sur cette belle bâtisse et baptisé les lieux en hommage au mécène ucclois. Funambulant entre inventivité et classiques, entre fondamentaux français et tradition belge, Van Eenoo déroule une cuisine que ne reniera pas l'amoureux des choses bien faites. Un soin tout particulier est apporté à la présentation des assiettes, y compris le dessert, ce qui est plus rare. Bref, Brugmann a du talent en stock et les murs des histoires à raconter.

LE CHALET DE LA PEDE €€

Rue de Neerpede 575
✆ +32 2 521 50 54
www.chaletdelapede.be
Mardi-samedi le midi et le soir et le dimanche midi. Menus à 35 € et 40 €. Carte : 45 € environ. Jardin. Terrasse.

Charmant et très bon rapport qualité–prix, le Chalet de la Pede vaut le détour rien que par son cadre idyllique. Pour le dénicher, il faut d'ailleurs passer de l'autre côté du Ring dans le bucolique quartier de Neerpede. Vue plongeante sur le grand lac du Parc de la Pede et très jolie terrasse extérieure. Côté cuisine, honneur à la fraîcheur, aux plats de brasserie, ainsi qu'aux moules. Tartare préparé par le client ou par le chef. Menu et jeux pour enfants. Pour se détendre davantage, ambiance piano le vendredi soir. Possibilité de banquets sur réservation.

LE CHAPEAU BLANC €€

Rue Wayez 200
✆ +32 2 520 02 02
www.lechapeaublanc.be
Ouvert tous les jours le midi et le soir (dimanche midi uniquement). Carte : 45 € environ. Lunch : 15 €. Terrasse.

C'est l'un des plus anciens restaurants d'Anderlecht, et l'un des plus connus. Les bases de la cuisine-brasserie y font toujours recette : croquettes-crevettes pour la nostalgie côtière, pieds de cochon croustillants qui ne rougissent pas de leur bonne gribiche. Le tartare n'a pas attrapé le *dikkenek* : on l'appelle américain, avec sa mouture au poil et ses frites au bœuf ! Le Chapeau Blanc, vu sa proximité avec le stade du Sporting d'Anderlecht, LE club de foot bruxellois, est aussi un des lieux de rassemblement emblématique des supporters mauve et blanc.

COSÌ COM'È €€

Place de l'Altitude Cent 3
✆ +32 2 345 48 09
cosicome.be
Ouvert du lun au ven, 12h-15h et 18h-23h et le samedi, 18h-23h. Pizzas : 9 € à 20 €. Pâtes à partir de 10 €.

Voilà un restaurant qui annonce la couleur : Così Com'è signifie « tel quel » et en effet, pas de chichis dans l'établissement d'Antonia et Enrico. Originaires des Pouilles, ils ont rapporté un peu de leur terre dans la salle (avec des arcs qui représentes des trulli, mais surtout, l'amour des pâtes et de la pizza. Il y en a une trentaine, même la fameuse, et décriée, pizza hawaïenne. On ne leur en tiendra pas rigueur. Ici, pas de fioritures, on mange des pizzas traditionnelles et tout simplement bonnes. Coin traiteur et à emporter et belle sélection de vins.

FRITURE RENÉ €€

Place de la Résistance 14
✆ +32 2 523 28 76
Ouvert du mercredi au dimanche le midi et le soir. Carte : 55 € environ. Terrasse.

On pousse rarement par hasard la porte de cette ancienne *friture* (1932) qui cultive précieusement le temps qui passe. Nappes vichy rouge et blanc, déco et mobilier anciens, carrelage d'époque. De sa cuisine ouverte, Dirk Piolon lance l'essentiel de la carte, à savoir les viandes rouges (dont un délicieux *cuberoll* écossais), les moules, les boulettes, les anguilles au vert ou le cabillaud. Les frites à volonté au blanc de bœuf sont exemplaires de même que l'accueil. On s'arme de patience car on ne réserve qu'à partir de cinq personnes et ça tourne plutôt bien !

IN DEN APPELBOOM €€

Rue du Pommier 401
✆ +32 2 520 73 03
www.indenappelboom.be
Mardi au dimanche de 12h à 21h30 (non-stop le w-e). Carte : ±38 €. Lunch : 16 € et 18 €. Plat du jour. Jardin. Terrasse.

Une adresse pour les amateurs de nature et de bonnes maisons à l'ancienne. Dans un style fermette campagnarde, In den Appelboom (le pommier) joue dans la catégorie « accueil et convivialité » et étonne avec une cuisine qui souligne les bons plats belges et italiens et ne rate aucun classique de brasserie. On mange à la lueur des chandelles, en terrasse ou dans le jardin... si dépaysant qu'il est difficile de s'imaginer qu'on n'est qu'à 9 km de la Grand-Place. Navette gratuite vers le stade pour les clients également supporters du RSC Anderlecht.

LA LOCANDA €€

Chaussée de Neerstalle 350
✆ +32 2 376 87 79
www.resto-lalocanda.be
Du lundi au vendredi et dimanche de 12h à 14h45. Du mercredi au samedi de 18h à 22h30. Fermé le mardi. Carte : ±38 €.

Une adresse de quartier comme on les aime, avec en cuisine une paire de bras douée, et le patron en salle, bavard et sympa avec ses chers clients. Un petit mot pour chacun et l'œil à tout. Le bouche-à-oreille s'entretient depuis des années pour une clientèle fine bouche issue du quartier ou de bien plus loin. La carte mélange avec joie, pizzas, pâtes et quelques spécialités de régions tel cet espadon à la sicilienne, l'osso-buco à la milanaise, les calamars à la romana. Tout est fait sur place avec des produits frais, et tout est à emporter.

LA LUNA €€

Chaussée de Jette 231-233
✆ +32 2 427 35 53
www.restaurant-laluna.be
Ouvert du lundi au vendredi le midi et le soir ; le samedi soir. Carte : 36 € environ.

Coincé dans une petite rue anonyme, un seul arrêt permet de comprendre à quel point la tradition italienne est respectée, même sublimée. Pâtes al dente, sauces envoûtantes et des pizzas parmi les meilleures de Bruxelles. La carte parcourt les grands classiques de la cuisine italienne ! Restaurant de famille depuis plus de 60 ans, son chef soigne les fidèles et sa dame est au service avec toute l'attention nécessaire. Voilà qui mérite bien un aller-simple pour le quartier, histoire de ne pas avoir de mal pour se garer sinon, le métro est 5 minutes.

LA PAIX €€€

Rue Ropsy Chaudron 49 ✆ +32 2 523 09 58
lapaix.eu
Ouvert du mardi au vendredi le soir ; le jeudi et le vendredi le midi. Menus de 125 € à 245 €. Carte : 150 € environ.

Dans un quartier connu pour son populaire marché du samedi, David Martin a fait revenir les gourmets près des abattoirs. Dans un cadre Belle Époque, la brasserie sert dans un esprit plus stylé qu'à l'époque où les *chevilleurs* y mangeaient au coude-à-coude ! La carte ? De belles viandes rouges et d'autres spécialités bruxelloises ou françaises (cervelle de veau, volaille de Bresse...), des poissons nobles mais avec des accents japonais, cuisine que le chef apprécie particulièrement. Le four Josper fait la joie des viandeux. Doublement étoilé et doublement mérité !

RECYCLART €€

Rue de Manchester 15 ✆ +32 2 502 57 34
www.recyclart.be
Ouvert de mercredi au vendredi le midi (plats à 12 €) et le mardi soir, avec un menu 5 services à 44 €.

Recyclart est plus qu'un lieu de sortie. L'organisation est impliquée dans le tissu social et souvent auprès des moins favorisés en mettant au travail des personnes qui ont besoin de formation. C'est le cas dans son bar-restaurant au cadre brut de décoffrage (c'est un ancien entrepôt) mais diablement chaleureux. Le midi, la carte est courte, 100 % végane, avec des saveurs qui reflètent la multiculturalité de Molenbeek (lasagne véganes, nuggets de seitan sauce mafé...). Du fait maison, avec amour, à prix doux au portefeuille et mardi soir, c'est dîner 5 services.

SAN DONATO €

Chaussée de Neerstalle 385
✆ +32 2 376 46 40
www.sandonato.be
Du mardi au samedi, le midi et le soir. Carte : 40 € environ. Plat du jour. Pizzas à partir de 9,20 €. Terrasse.

Le San Donato, modèle en voie de disparition. Solide adresse de quartier comme on les aime, le patron est en cuisine et son épouse en salle. Celle-ci est souriante avec un petit mot pour chacun et l'œil à tout. Le bouche-à-oreille s'enflamme depuis vingt ans pour une clientèle fine bouche issue du bout de la rue ou de bien plus loin. Outre la vingtaine de pizzas, la carte mélange classiques et suggestions mensuelles absolument remarquables. Au San Donato le chef prépare tout sur place avec des produits frais, même ses croquettes crevettes et parmesan.

SCHIEVELAVABO ALTITUDE CENT €€

Place de l'Altitude Cent 8 ✆ +32 2 343 38 09
https://schievelavaboforest.be
Ouvert du lundi au vendredi de 11h à 22h45 ; le week-end, le soir. Carte : 37 € environ. Menu enfant : 9 €. Terrasse.

C'est une petite institution ! Beaucoup de générosité dans l'assiette, des spécialités de chez nous et des plats de brasserie. Des pâtes aussi, une dizaine de sortes, dont le fameux Schievelavabo ou son comparse jambon-fromage qu'on se cale dès 11h et tout l'après-midi en cas de faim. Carte de bières sympa. On craque aussi sur leur chicon au gratin, sur leurs burgers et sur leurs stoemps. Le personnel est jeune et enthousiaste. Excellent rapport qualité-prix et terrasse bien vivante.

TAVERNE LE SANGLIER €€

Avenue Brigade Piron 96 ✆ +32 2 410 04 20
lesanglier.be
Ouvert 7j/7 à 10h sauf mardi. Jusqu'à 14h30 lundi et 22h les autres jours. Cuisine ouverte midi et soir. Carte : ± 37 €.

Pousser la porte du Sanglier, c'est se retrouver un peu dans un café ardennais avec son ameublement rustique (pas étonnant qu'il porte le nom de sanglier). Martine et Marc Roeland tiennent la baraque depuis 14 ans et c'est une taverne populaire dans le sens noble du terme : on vient y boire un café, une bière, manger un croque ou une omelette quand la cuisine est fermée et quand elle est ouverte, on y retrouve de bonnes vieilles spécialités (solettes, américain, steak grillé). Le midi en semaine, plat du jour à bon prix. Terrasse couverte et découverte en prime.

LES TRAPPISTES €€

Chaussée de Gand 408
✆ +32 2 411 90 89
www.brasserie-lestrappistes.be
Ouvert du mardi au dimanche de 11h à 22h45 (23h le week-end). Menu unique à partir de 44,50 €. Carte : 48 € environ.

Le nom ne laisse planer aucun doute sur la finalité de l'endroit ! Véritable bar-restaurant avec une empreinte locale et un décor qui n'a pas changé depuis 1935 (y compris son bar en véritable bois de citronnier). On y trouve une carte de bières à la longueur appréciable et également de la cuisine à la bière. Tentez sa casserole de moules à la gueuze, le lapin à la kriek ou encore les carbonnades à la gueuze. Le steak tartare est préparé à table et le T-bone steak est également incontournable. Le plaisir de s'attabler ici est évident !

LES VOISINES EN FONT TOUTE UNE COCOTTE €€

Rue des Alliés 163
✆ +32 2 445 80 60
www.lesvoisines-lesite.com
Ouvert du mardi au vendredi de 10h à 19h ; le samedi de 10h à 18h ; le dimanche de 11h à 15h.

Caroline et Pascale sont deux voisines avec en commun une certaine idée du bonheur. Surtout celui qui passe par la case cuisine traditionnelle. La boutique-atelier-épicerie est très lumineuse et n'accueille que pour une simple assiette et la soupe du jour. L'essentiel est à emporter sous vide, des plats mijotés en cocotte ou au four à basse température. Rien que des produits de qualité issus de producteurs locaux, du bio ou du raisonné, ces paramètres étant transformés par Pascale.

ZEBRANO €

Rue de Rotterdam 47
✆ +32 2 424 21 31
zebranoresto.wordpress.com
Ouvert du mardi au samedi, le soir. Carte : 55 € environ. Terrasse.

Pour ceux qui s'en souviennent, c'était ici le centre d'embouteillage de la brasserie anglaise Whitbread. Le passé industriel de Molenbeek a laissé quelques beaux bâtiments qui ont été transformés en lofts, bureaux ou restaurants. Côté déco, voyez l'espace et l'ambiance chaleureuse due à ce bois (de zebrano ?) très chic. Côté cuisine, la carte propose quelques incontournables de brasserie ainsi que des suggestions. La part belle est faite aux produits de circuit court et de saison. La carte change donc souvent mais la viande rouge et les légumes sont mis en avant.

ATOMIUM RESTAURANT €€

Square de l'Atomium ✆ +32 2 479 58 50
atomiumrestaurant.be
Ouvert du lundi au samedi midi et soir, ouvert le dimanche midi. Menus : de 48 à 78 €. Carte : 75 €. Lunch : 38 €.

Pour l'aller-retour à 102 mètres d'altitude, pas besoin de prendre un ticket, c'est en ascenseur qu'on s'élève vers les sommets ! Alexandre Masson a pris la hauteur nécessaire pour que sa cuisine présente quelques envolées intéressantes : ravioles au pottekeis, soles de la mer du Nord, joue de bœuf braisée façon carbonnade... La carte, assez immuable, est agrémentée de belles suggestions saisonnières. Pas de panique, les prix permettent de garder la tête haute en sortant. Prévoir quelques minutes pour faire des photos et immortaliser le panorama époustouflant.

LA CRÈCHE DES ARTISTES €€

quai des Péniches 62
✆ +32 471 85 23 20
www.lacrechedesartistes.be
Ouvert du lundi au vendredi le midi ; du mercredi au samedi le soir. Carte : 42 € environ. Lunch : 30 €. Terrasse.

La Crèche des Artistes a dédoublé ses murs de la rue de la Crèche (Ixelles) pour s'installer également dans ce quartier devenu branché : la fameuse nouvelle Tour UP-site (42 étages d'appartements, la plus haute tour d'appartements en Belgique !). Situé au rez-de-chaussée pour éviter de tanguer, le resto bénéficie d'une très belle terrasse au bord du canal (100 couverts). On y mange une très honnête et assez traditionnelle cuisine italienne (carte plus grande qu'à Ixelles, pas d'ajout de crème) et on arrose le tout avec l'un des 50 vins italiens de la carte.

CHALET DU LAERBEEK €€

Avenue du Laerbeek 145
✆ +32 2 478 08 88
Ouvert 7j/7 de 10h à 18h. Carte : ±45 €. Menu enfant : 12,50 €. Plat du jour : 14 €. Brunch dominical. Jardin. Terrasse.

Situé dans un superbe écrin de verdure au sein du Parc Roi Baudouin, le Chalet du Laerbeek est l'une des adresses du groupe Restauration Nouvelle (Brasserie du Prince d'Orange, Brasserie des Étangs Mellaerts, RN Express...). On y retrouve donc les ingrédients qui font le succès de leurs restaurants : cuisine de brasserie goûteuse, sans surprise mais sans failles ; cadre attrayant avec un supplément d'âme, salles pour réceptions et mariages, jeux pour enfants, parking aisé... C'est réglé comme du papier à musique et plutôt accueillant.

CRISTOBALD €€

Avenue Charles Woeste 172
✆ +32 2 428 11 30
www.cristobald.be
Ouvert du lundi au vendredi le midi et le soir ; le samedi soir. Carte : 45 € environ. Lunch : 12-15 €. Terrasse.

Ghassan (Ghas, pour les amis) est tombé dedans « quand il était petit ». Son père était à la barre du « Beyrouth », le libanais célèbre de la rue du Lombard. C'était il y a plus de quinze ans et ça a forcément donné des idées au rejeton ! Depuis 2006 aux commandes du Cristobald (un hommage à sa maman colombienne ?), il est en cuisine et s'affaire à préparer le meilleur de la cuisine libanaise... mais aussi française et des plats de brasserie plutôt de chez nous. L'*empanada* de Bogota est également à la carte, tout comme des crêpes, des glaces ou des cocktails.

COMME CHEZ NOUS... POUR VOUS €€

Rue Pierre Timmermans 12
✆ +32 2 511 31 34
commecheznouspourvous.eatbu.com
Ouvert du lundi au vendredi, de 10h à 18h. Le samedi jusqu'à 17h.

Cette boutique de traiteur est le bébé de Julien Devlamincq, ancien chef cuisinier et Michel Hubert, ancien fromager. Chez eux, tout est fait maison : les sandwiches, bien sûr, mais aussi les plats, les pizzas... à emporter chez soi ou pour faire un pique-nique, pourquoi pas au Parc Baudouin qui n'est pas si loin. On sent quand même l'affinité avec le fromage, vu la belle sélection qu'on y trouve et en plus, si l'envie vous en prend, vous pouvez louer un appareil à raclette !

DUPONT CAFÉ €€

Avenue du Cimetière de Bruxelles 151
✆ +32 2 726 29 01
www.dupontcafe.be
Ouvert du lundi au vendredi le midi et le soir. Carte : 45 € environ. Lunch : 12,90 €. Plat du jour. Terrasse.

C'est la joie chez Dupont avec une ambiance de bistrot de quartier et des plats de tradition culinaire belge. On y trouve un saumon à la kriek, un chicon au gratin et de nombreuses préparations de viande (steak, cuberoll de bœuf irlandais, jambonneau) ou abats (os à moelle, rognons). Pas tenté ? Pas grave, ils ont aussi un chouette tableau avec les suggestions du moment. En prime, les desserts sont faits maison. Vins et bières s'affichent sur une carte plutôt longue. Bref, on réserve d'office pour éviter de rester sous la pluie.

FOOD MARKET GARE MARITIME €€

Rue Picard 2

www.garemaritime-foodmarket.be

Ouvert tous les jours de midi jusqu'au soir.

Sous l'immense plafond de la gare maritime de Tour et Taxis, une pluie d'étoiles Michelin est tombée sur ce nouveau foodcourt de luxe. Pas moins de 4 étoilés, et d'autres grands noms de la scène culinaire bruxelloise, ont apporté leurs concepts : du burger au bouillon, de la frite à la cuisine végétale, des produits de la mer aux desserts. Le bar Victoria trône au milieu et dispense les bières du groupe AB Inbev. Il y en a pour tous les goûts... même si on paie clairement le cadre !

GOURMANDISES €€

Avenue Emile Bossaert 62

✆ +32 2 414 53 84

www.restogourmandises.be

Ouvert tous les midis et le vendredi soir. Fermé le week-end. Menu : 41 €. Carte : 50 €.

Elle est andalouse, il est gaumais. Ensemble, ils tiennent depuis vingt ans la barre de ce resto coquet et discret, blotti à l'ombre de l'imposante basilique. À la carte, la cuisine est française et plutôt classique. Le menu laisse le choix entre deux plats et deux entrées. Formule généreuse, elle permet aussi de faire découvrir les nouvelles saveurs que le chef met en avant : panna cotta de cerfeuil et bœuf fumé ou rouget, risotto aux champignons et bouillon de thé au safran. Chaque année, une soirée paella rappelle les origines de la patronne.

MON FOU D'MARI €€

Avenue Josse Goffin 201

✆ +32 2 468 33 62

www.monfoudemari.be

Ouvert du mardi au samedi le midi et le soir ; le dimanche midi. Carte : 45 € environ. Terrasse.

Patrick Cassoth, sympathique et haut en couleur, est le *fou d'mari* à la barre de cette valeur sûre, épaulé de son fils Nicolas et d'une équipe immuable. Dans un décor devenu sa marque de fabrique avec sa table dressée immuablement fixée à l'envers au plafond, le resto est un classique. On aime la succulente côte à l'os et on kiffe les exceptionnelles croquettes de fromage. On pointe aussi l'escalope de veau du Pays de Herve ou l'anguille au vert. La magie de l'endroit provient autant de la gouaille du patron que de la qualité des plats et de la chaleur des lieux.

HAZEWEE €€

Cité Modèle 16

✆ +32 2 479 40 72

www.hazeweealaeken.be

Ouvert du lundi au jeudi le midi ; le vendredi soir. Menus de 12 € à 14 €.

Le nom évoque avec beaucoup de bonne humeur les meilleurs moments des Snuls : le Hazewee... à Laeken. Pour ceux qui n'auraient pas connu cette époque bénie, YouTube est votre ami. Installé au cœur de la Cité Modèle, Hazewee forme des jeunes en décrochage. Aménagé à ses débuts dans une cabine temporaire entièrement relookée pour l'occasion, il est installé « en dur » depuis plusieurs années. La carte s'est étoffée et propose entrées, plats, desserts à des prix minis. Les plats sont savoureux et copieux, agrémentés d'un menu de la semaine aux choix saisonniers.

FRENCH KISS €€

Rue Léopold I 470

✆ +32 2 425 22 93

www.restaurantfrenchkiss.be

Ouvert du mardi au dimanche le midi et le soir. Carte : 45 € environ. Menu de la semaine : 30 €.

Le French Kiss est autant terre que mer. Chateaubriand à partager à deux pour les amateurs de grillades ; homard, huîtres ou sole meunière comme autant d'autres classiques indétrônables. Le foie gras se pavane avec la mention « fait maison » et si les frites ont droit de cité, c'est pour être traitées avec soin. L'ambiance est des plus agréables avec ses murs de briques et le bar en fûts de chêne. Le service efficace achève d'en faire un agréable lieu de rencontre du quartier. Petite restauration et plats à emporter à côté du resto.

LE MIROIR €€

place Reine Astrid 24-26

✆ +32 472 04 63 07

https://brasserielemiroirjette.be/

Ouvert tous les jours le midi et le soir. Carte : 45 € environ. Plat du jour : 15 €. Terrasse.

Ses plats du jour simples, mais goûteux, et une carte typiquement belge ont fait le succès de l'établissement, même après un récent changement de propriétaire. Quand on se lasse de leur (pourtant délicieux) « américain-frites » ou de leurs croquettes de crevettes, on reste pour déguster l'une des nombreuses bières (deux énormes fûts trônent en salle). On profite d'une « petite restauration » rapide et copieuse dont plusieurs sortes de pâtes qui vous calent un homme ! Dès les premiers beaux jours, les habitués veulent profiter de la terrasse largement ensoleillée.

NEW LUC €€

Avenue du Panthéon 72
✆ +32 2 414 70 07
Du mardi au vendredi le midi et le soir ; le samedi soir ; le dimanche midi. Carte : 48 € environ. Lunch. Terrasse.

Saluons l'initiative de Tony (aux fourneaux) et Carlos (en salle), fidèles compagnons de Luc, qui ont repris la barre. Avec le souvenir de Luc Puttemans, son ancienne équipe perpétue la cuisine bourgeoise classique. Côté assiette, on retrouve toujours les classiques : croquettes de crevettes, entrecôtes irlandaises, rognons de veau à la moutarde sans oublier les préparations du Sud-Ouest et l'inénarrable cassoulet de Castelnaudary. L'adresse est quasi mythique pour les amateurs de cuisine généreuse où la viande rouge est à l'honneur.

PARCKFARM T&T €

Av. du Port 86C
https://parckfarm.be/
Ouvre à partir de la mi-avril, les mercredi, vendredi, samedi et dimanche après-midi.

Située en plein dans le nouveau Parc Tout & Taxis, Parckfarm est avant tout un grand projet social qui vise à « un parc comestible avec une finalité sociale, écologique et faisant l'objet d'une réappropriation de l'espace vert public de la part des habitants ». À la belle saison, le mercredis et fin de semaine, leur serre ouvre pour proposer des petits en-cas végétariens et des boissons : le lieu idéal, et original, pour prendre un petit goûter ou se rafraîchir. La Farmouse possède aussi un coin lecture et mets des jeux de société à disposition gratuitement.

L'OLIVIER DE VILLAROSA €€

Chaussée de Wemmel 10
✆ +32 471 56 07 11
www.olivierdevillarosa.be
Ouvert du mardi au samedi, de 11h à 15h30 ; vendredi et samedi, de 18h30 à 22h. A la carte : environ 25 €. Lunch : 17 €.

En Italie, il y a des restaurants et il y a la trattoria, ces établissements modestes, souvent familiaux, où on fait une cuisine goûteuse et sans chichis. L'Olivier, à deux pas de la place du Miroir à Jette, est de ce genre et se spécialise dans les pâtes (au blé ou aux œufs) et dans les escalopes de veau (pas moins de 7 sortes) pour une addition serrée. Et c'est du fait-maison. Salvatore, le patron est au fourneau, et cuisine comme sa maman lui a appris. Une cuisine *casalinga*, donc. Jolie cour arrière et service traiteur/à emporter, si vous n'avez pas le temps.

PATAGAF €€

Boulevard de Smet de Naeyer 168
✆ +32 2 426 90 93
www.patagaf.be
Ouvert du lundi au samedi à partir de 18h30. Menu unique à 32 €. Carte : 38 € environ.

Mi-bric, mi-broc, la déco n'appartient qu'à Stéphan, le patron ! Pour nous obliger à le visiter souvent pour faire tout l'inventaire ? Les plats de pâtes sont gorgés de passion et d'influences pas forcément italiennes. Le reste de la carte tient en deux mots : gourmandise et créativité. Quelques suggestions mensuelles alléchantes peuvent êtres sélectionnées dans la formule du menu (risotto à l'italienne, ravioles d'asperges et crevettes grises, aile de raie façon meunière…). La carte des vins (aussi au verre) évolue également en fonction de belles suggestions.

LES P'TITS OS €€

place Cardinal Mercier 44
✆ +32 2 427 63 31
lespetitsos.be
Ouvert tous les jours le soir ; le dimanche midi en plus. Carte : 42 € environ. Terrasse.

Mythique depuis quatre décennies déjà ! Tous les noctambules et les restaurateurs de Bruxelles savent qu'ils peuvent s'y retrouver tard le soir autour d'un bon plat roboratif. On y mange des petits os, de la bonne viande depuis des lustres (mais aussi du tarama, des feuilles de vigne ou des… croquettes de fromage ou de crevettes). C'est convivial et sympathique dans ce resto au look vintage d'estaminet du XXe siècle. Le patron impressionne lui-même par sa stabilité… toujours aux commandes après autant d'années de service ! Pas de réservations, on attend au bar.

LES POTES EN TOQUE €€

Drève du Château 71
✆ +32 2 428 37 37
www.lespotesentoque.be
Ouvert le midi et le soir sauf mardi et mercredi. Menu unique à 39 €. Carte : 48 € environ. Terrasse.

Les Potes ont déposé leurs toques au bord d'un quartier résidentiel de Ganshoren ! Cette brasserie à l'ancienne propose une cuisine idéale dans ces murs de fermette d'autrefois. On y sert aussi bien le fondu au parmesan que la cervelle de veau meunière, la côte à l'os Simmenthal que les tagliatelles aux deux saumons. La carte des vins est essentiellement française et classique. Quelques suggestions saisonnières complètent le tableau (asperges, moules, gibier…) en compagnie d'un lunch simple mais de bonne facture où, à l'ancienne, le poisson fait son vendredi.

RESTAURANT BOCCA €€

Rue de Wand 95

✆ +32 2 267 74 85

Ouvert tous les jours le midi et le soir. Carte : 45 € environ. Menu : 39 €. Jardin. Terrasse.

Musique classique, cuisine française ou transalpine et cadre contemporain sont les ingrédients du succès de Bocca, dans ce quartier commerçant de Laeken. Le jardin est incontournable quand la météo le permet, mais il faut absolument réserver. À table, les scampis à l'ail se poussent pour laisser de la place au carpaccio de Saint-Jacques puis l'escalope Valdostana en remontre à l'américain maison : c'est mezzo-mezzo. Des pâtes complètent l'assortiment des suggestions tandis qu'une ambiance musicale est proposée les vendredis et samedis soir.

LE TOUR DU MONDE €€

Rue Léon Theodor 260

✆ +32 477 27 75 26

www.tourdumondejette.be

Ouvert le dimanche, le lundi et du mercredi au vendredi le midi et le soir ; le samedi soir. Menu moules pour 2 à 52 €.

Entre la gare de Jette et l'église Saint-Pierre, tout à côté d'un autre resto célébrissime dans le quartier (Les P'tits Os), le Tour du Monde porte plutôt bien son nom. On voyage du début à la fin du repas en profitant des traditions culinaires de différents pays. Mezze méditerranéen, pavé de saumon au citron vert ou plus classique chateaubriand au poivre et on termine par un sabayon ou une crème catalane… Carte tellement variée qu'il faudrait presque 80 jours pour en faire le tour ! L'ambiance bon enfant est quant à elle bien bruxelloise.

SAN DANIELE €€

Avenue Charles-Quint 6

✆ +32 2 426 79 23

www.san-daniele.be

Ouvert du mardi au samedi le midi et le soir. Menus de 55 € à 120 €. Carte : 100 € environ.

Cet élégant restaurant italien fait venir les foules des quatre coins de la ville (et de plus loin encore !) pour la qualité de sa cuisine. Et aussi pour la sobriété des préparations qui jamais n'encombrent le produit ou ne dissimulent son goût. L'accueil de Stefano Spinelli reste un must d'élégance et d'efficacité et permet à chacun de s'y sentir accueilli comme un prince. Pendant ce temps, son frère Franco est en cuisine pour magnifier la cuisine transalpine ! La déco est en totale adéquation avec le luxe discret de l'assiette.

WINE IN THE CITY €€€

place Reine Astrid 34

✆ +32 2 420 09 20

www.wineinthecity.be

Du jeu au sam soir et ven midi. Tapas, dim à l'heure du brunch. Magasin du mer au sam 11h-18h. Menu : 110 €.

Wine in the City est le resto au look branché qui compte sur la place Reine-Astrid (avec parking souterrain ouvert 24h/24). On y mange entouré de bouteilles, midi comme soir : c'est souvent archi complet et il est prudent de réserver. On profite d'une cuisine soignée où les accords mets-vins judicieux sont au centre des discussions. Notons aussi le concept d'Eddy Münster : Le Comptoir de Wine. Comptoir à tapas, il permet de picorer et de partager en terrasse, 2 idées qui font du bien aux papilles comme au moral, surtout que la place du Miroir est piétonnière !

SOLE DI NAPOLI €€

Chaussée de Haecht 1600

✆ +32 2 705 16 41

soledinapoli.be

Ouvert du lundi au vendredi de 12h à 14h30 et du lundi au samedi de 18h à 21h30. Carte : environ 40 €.

Dans un coin un peu pauvre en restaurants, pas très loin de l'OTAN, un soleil napolitain est venu s'implanter pour régaler les amoureux de la cuisine italienne. Ici, tout est préparé minute par Marco, le chef. Il renouvelle sa carte toutes les semaines, voire tous les jours selon les arrivages du marché et la cuisine colle aux saison. Particulièrement remarquable : les pâtes fraîches, faîtes maison par Marco évidemment. Quant à Mimmo, le maître d'hôtel, il prendra soin de vous en salle. L'hiver, on s'attable auprès de la cheminée et l'été, on file en terrasse.

'T POTVERDOEMMEKE €€

Avenue Général Eisenhower 10-12
✆ +32 2 245 25 07
www.tpotverdoemmeke.be

Du mardi au dimanche le soir ; du mardi au vendredi le midi. Carte : 38 € environ. Plat du jour, le midi. Terrasse.

Ouvert par père et fils, cet endroit humain, convivial et forcément familial était leur rêve, concrétisé par ce bel établissement. Le cadre est 100 % bruxellois et l'atmosphère tout autant. Comme il se doit, les frites sont coupées sur place et cuites dans du blanc de bœuf. Le tableau de suggestions comporte toujours un potage et, pour le reste, fait la part belle aux plats d'ici (croquettes de crevettes, stoemp saucisses, moules en saison...). Le tout dans une ambiance des plus décontractées : les zievereirs et les zinnekes sont acceptés de la même façon !

AL PICCOLO MONDO €€€

Rue Jourdan 19
✆ +32 2 538 87 94
www.alpiccolomondo.com

Ouvert tous les jours le midi et le soir. Cuisine ouverte jusqu'à minuit.

Quand on affiche 40 années dans un métier aussi difficile que la restauration, c'est rarement dû au hasard. Leo Spagnuolo, remplacé aujourd'hui par ses deux fils Olivier et Valerio, a réussi à imposer son enseigne comme l'une des plus réputées de la capitale. Le socle de cette réussite : rigueur, service et produits frais. Les racines italiennes sont visibles sur la longue carte, avec une série d'intitulés suggestifs dont les pizzas au feu de bois, les pâtes, des classiques ou même des plats de terroir. On leur souhaite encore de belles années pour nous enchanter.

L'ANCIENNE POISSONNERIE €€

Rue du Trône 65 ✆ +32 2 502 75 05
www.anciennepoissonnerie.be

Ouvert du lundi au vendredi le midi et le soir ; le samedi soir. Carte : 65 € environ.

Autrefois poissonnerie, on y trouve un des tout meilleurs italiens de la capitale. Oubliées, les pizzas : il est ici question de gastronomie ! Taglioni aux champignons sauvages, crème de courge fumée et amandes ; classique tagliata de bœuf, du bar (à la méditerranéenne), du thon… tiens, des souvenirs de la poissonnerie ! La carte des vins est une ode à un Bacchus… un peu friqué tout de même. Et puis, la façade Art nouveau (1906, classée) et l'intérieur en carrelages (classé aussi) rappellent l'ancien usage de la maison. Magique !

L'ÂNE VERT €€

Rue Royale Sainte-Marie 11
✆ +32 2 217 26 17
www.anevert.be

Ouvert du lundi au vendredi le midi et le soir ; le samedi soir. Carte : 40 € environ. Lunch 2 services, 26 €. Terrasse.

Brasserie typique, elle reflète les souvenirs de la fin du XIXe siècle ! N'y cherchez pas la fine gastronomie. Rien qui s'écrive avec des dorures ! En revanche, la cuisine est placée sous le signe de l'authentique et les convives sont surtout bruxellois. La carte balance entre terroir de France et d'ici : l'américain-frites et les moules ont autant droit de cité que les rognons à la dijonnaise. La déco évoque largement les personnalités marquantes de la commune. Quant à l'enseigne L'Âne Vert ? Cherchez la réponse du côté de l'animal emblématique de Schaerbeek...

ARTI SAUCE €€

Chaussée de Waterloo 421
✆ +32 483 65 65 16
www.artisauce.com

Du mardi au vendredi le midi et le soir ; le samedi soir. Menu unique, 74 €. Lunch, 28 €. Carte : 70 € environ.

Arti Sauce vient d'être repris par deux jeunes chefs : Karim, italien, et Adrien, bruxellois. Du coup, les traditions belgo-françaises et italiennes se marient dans le menu. Sur la ligne d'arrivée, de belles assiettes pour épicuriens, graphiquement réussies et agréables aux papilles. On pioche dans une carte réduite (6 entrées, 5 plats, 3 desserts ou du fromage) où on trouve de grands classiques (bar de ligne) et d'étonnantes originalités. Menu basé sur les plats de la carte. Les vins n'ont pas la grosse tête et la terrasse semble plus proche du soleil.

AT LEBANESE €

Chaussée de Waterloo 388
✆ +32 2 468 16 82
atlebanese.be

Ouvert du lundi au samedi de 10h30 à 22h. Carte : 25 €. Petit déjeuner : 9,50 €.

Vegans, fous de viande, amateurs de salades fraîches et tant d'autres se retrouvent dans cette douceur méditerranéenne mariée aux parfums orientaux. Le cadre est chaleureux et leur vision healthy de la gastronomie libanaise vous fait voyager, dès le matin. Des produits frais, de la passion et un savoir-faire de plus de dix ans vous font (re) découvrir cette douceur méditerranéenne mariée aux parfums orientaux toute la journée : kafta mechwi (agneau haché), salade at Lebanese (légumes frais, fromage de brebis, etc.), chich tawouk, borghol...

BAB DAR €€

Chaussée de Charleroi 85
✆ +32 2 534 96 49
www.babdar.be
Ouvert du lundi au vendredi le midi et le soir ; le samedi soir. Carte : 42 € environ. Lunch. Jardin. Terrasse.

Lumineux, un peu trendy, beaucoup flashy sans nier les influences locales… Bab Dar s'ouvre sur un intérieur qui sort des codes habituels de Tanger ou Casablanca. Bref, le Maroc version XXIe siècle bien dans son quartier. Couscous et tajines sont présents et la maison propose quelques variations sur le même thème. La carte a été élaborée par la fille de la cuisinière attitrée du roi Hassan II. Goûtez au *m'rouzia* d'agneau au ras-el-hanout et raisins secs, par exemple ! La carte des vins affiche de chouettes références locales et Bab Dar offre un splendide jardin.

BAR DU GASPI €€

Chaussée de Haecht 309
✆ +32 2 245 22 30
www.bardugaspi.com
Ouvert du lundi au vendredi du midi au soir. Samedi soir. Carte : 20 € environ.

Xavier Winkel a rouvert avec son fils l'établissement fermé pendant quatorze ans : un vrai bistro-resto culturel avec de la personnalité et une déco chaleureuse (briques apparentes et au plafond un luminaire en papier de soie du plus bel effet). La carte est dans le même ton et joue à fond les petits plats de qualité sous la houlette du chef Michel Fabry (tapas, gaspachos, salades, quiches, spaghetti…) Grande terrasse ensoleillée avec vue sur les belles demeures de l'avenue Bertrand. Concerts réguliers et expo de potes artistes.

LA BÉCASSE €€

Chaussée de Boondael 476
✆ +32 2 649 06 41
www.la-becasse.com
Ouvert tous les jours à partir de 8h. Carte : 35 € environ. Plat du jour. Terrasse.

Au cœur du quartier estudiantin depuis les années 1970, la Bécasse apparaît parfois comme un extra-terrestre avec ses boiseries, son feu ouvert et son personnel select adoptant une attitude digne d'une grande brasserie à la française. Les plats raviront celles et ceux qui souhaitent une cuisine de qualité, quelle que soit l'heure. Formules petit déjeuner, suggestions, pâtisseries maison et une grande carte de viandes flanquée d'un choix d'une trentaine de bières. À visiter avec bonne humeur sans être obligé de partir de bonne heure !

BISTROPOLITAN €€

Avenue de Tervueren 105
✆ +32 2 736 29 00
https://restaurant-bistropolitan.be/fr
Ouvert du mardi au vendredi le midi et le soir. Menu : 35 € ; carte : 48 € environ. Terrasse.

À deux pas des arcades du Cinquantenaire, l'adresse est bien enracinée. Ambiance, déco, carte, elle possède toutes les caractéristiques de la brasserie à la parisienne. On y trouve les grands standards du genre : salade César, suprême de volaille rôti, américain-frites haché minute, l'indémodable vol-au-vent et bien d'autres y compris des suggestions variant en fonction des envies et des saisons. On s'installe avec bonheur dans la salle à la déco minimaliste noire et blanche, au bar ou sur la confortable terrasse, agréablement ensoleillée en saison.

LA BOTTEGA DELLA PIZZA €

Avenue Ducpétiaux 3
✆ +32 487 78 00 52
Ouvert de lundi au vendredi du midi au soir, le week-end, le soir. Pizza à partir de 17 €.

On reconnaît aisément la qualité des produits, directement importés de Sardaigne jusqu'à cette jolie petite cantine ! D'ailleurs, la carte est courte, signe de leur fraîcheur, avec 2 ou 4 plats de pâtes et une viande… auxquels il faut ajouter une belle liste de pizzas croustillantes ! Du charme, de l'authenticité… même pour les plus gourmands. Ouvert en 2012 par Roberto Casula, La Bottega della Pizza a remporté de nombreux prix, dont le Meilleur Pizza Maker en Belgique par Foodprint. Vingt couverts seulement, on pense à réserver. 2e adresse au Sablon.

BRASSERIE COCHAUX €€

Avenue Gustave Latinis 2
✆ +32 2 248 28 02
www.brasseriecochaux.be
Ouvert du lundi au vendredi de 11h à 22h. Carte : 40 € environ. Terrasse.

Avec ses miroirs au tain fatigué, ses peintures murales et ses boiseries patinées, la brasserie Cochaux dégage une atmosphère mi-Art nouveau, mi-désuète. Les habitués reviennent et les fidèles restent, gage de qualité et d'authenticité. Aux petits appétits, la carte propose un choix d'omelettes et de salades. C'est bon, c'est préparé avec des produits frais et un poil cher pour une cuisine somme toute classique. Mais on frise le zéro-faute, dès lors… Pour briller en soirée, racontez que Félix Cochaux était ingénieur et inventa un nouveau type de bateau dragueur.

BRASSERIE SIGNATURE €€

Place Jourdan 52
✆ +32 230 60 40
https://brasseriesignature.be/
Ouvert tous les jours de 11h à 00h, cuisine ouverte jusqu'à 23h. A la carte : 55 € environ. Climatisation. Bar.

Signature est la nouvelle brasserie qui a pris la place de L'Esprit de Sel. Tout d'abord, on est attiré par la large terrasse sur la place Jourdan. À l'intérieur, 2 salles : une à l'ambiance de brasserie parisienne avec banquettes en bois et carreaux verts, l'autre, plus contemporaine avec murs de briques blanchis. Signature incarne la brasserie dans tout ce qu'elle a de bon : des plats traditionnels cuisinés avec brio et produits frais (notamment les homards qu'on peut choisir), accompagnés de vins bien choisis. Les célébrités qui y passent ne s'y trompent pas !

LES BRASSINS €€

Rue Keyenveld 36
✆ +32 2 512 69 99
www.lesbrassins.com
Du mardi au samedi le midi et le soir. Cuisine non-stop le samedi.

Dans les ruelles piétonnes d'Ixelles, cette petite brasserie au décor d'antan sert de savoureux plats typiquement belges : *stoemp*, carbonnades flamandes à la bière, lapin à la kriek, un énorme jambonneau qu'il est impossible de finir seul, et des frites bien sûr ! Pour arroser son plat, on pioche dans une large palette de bières qui se marient avec les saveurs de son assiette… Un régal ! Chaque jour, quelques suggestions d'entrées, plats et desserts viennent compléter l'offre. Mieux vaut réserver, puisque même les Bruxellois ne peuvent s'en passer.

BRIGHTON RESTAURANT €€

Rue du Commerce 9
✆ +32 2 506 90 35
https://brightonrestaurant.be
Ouvert du lundi au vendredi le midi et le soir. Carte : 75 € environ. Jardin. Terrasse. Voiturier.

On hésite toujours à pousser la porte des hôtels de luxe pour découvrir leur table, pourtant ceux-ci révèlent bien souvent de jolies surprises ! Comme ici, la terrasse-jardin, l'une des plus belles de Bruxelles avec son magnolia et ses haies de buis, est une pure invitation à la détente. Côté style, la déco affiche un classicisme de bon aloi. À table, la cuisine chante le Sud, quoi de plus naturel vu les origines basques du chef. Il déroule une gastronomie confortable, saucée à l'ancienne sans forcer la quantité. La carte fait aussi de l'œil au local et au bio.

LA BUVETTE €€

Chaussée d'Alsemberg 108
✆ +32 2 534 13 03
www.la-buvette.be
Ouvert du mardi au samedi le soir. Menus de 62 € à 70 €.

D'un bon rapport qualité-prix, La Buvette sert une cuisine assez graphique dans l'assiette, faite d'ingrédients de saison énoncés clairement. On installe les hôtes dans une ancienne boucherie dont il reste les crochets au plafond dans un cadre rehaussé de tons sombres. Le menu est proposé est aussi décliné en version végétarien et fait l'étalage de toute la science du chef. Les vins à la carte sont tout sauf tristes, leurs prix aussi soyez rassurés. Réservez afin de dîner au rez-de-chaussée, car l'étage est un peu moins original.

C'CHICOUNOU €€

Rue de la Levure 29
✆ +32 2469 14 81
chicounou.be
Ouvert du lundi au samedi de 18h à 23h. Formules dégustation à partir de 25 €. Tapas : 8 €. Grillades : 12,50 €.

En face de My Tannour, son autre établissement, Georges Baghdi vous propose son concept plus classique de cuisine libano-syrienne. Tombé tout jeune dans les marmites de ses maman et grand-maman, il fait honneur à la cuisine de sa région d'origine. À vous les mezze chauds et froids et les grillades ! Il travaille des produits de grande qualité et toutes les préparations tels le bœuf séché, les fromages et la saucisse sont maison. C'est frais, délicieux, réalisé avec beaucoup de finesse. Petit détail qui tue : une bière infusée à la grenade brassée pour le resto.

CAFÉ DES SPORES €€

Chaussée d'Alsemberg 103
✆ +32 2 534 13 03
www.cafedesspores.be
Ouvert du mardi au samedi, de 18h30 à 23h. Formules de 32 € à 45 €.

L'idée, originale, n'est plus neuve tant cette enseigne fait désormais partie du paysage local. Mais un resto spécialisé en champignons, ça ne court pas les rues. Dans ce petit théâtre culinaire où la trompette, l'agaric, la morille ou le lentin jouent le rôle principal, tapas, saucissons et autres gourmandises aux champignons sont cuisinés sous vos yeux avec des produits frais, de l'entrée au dessert. Et qui plus est toujours servis avec un des nombreux vins à la carte. Bio ou en biodynamie, des vins eux aussi hors des sentiers battus. Encore, please !

CAMPO KITCHEN €€

Place du Châtelain 19
✆ +32 2 374 14 10
www.campokitchen.com
Mardi, jeudi, vendredi et samedi le midi et de mardi au samedi, le soir.

Campo, c'est une place en italien, et les champs en espagnol, et cela se retrouve dans le restaurant d'Alexia et Pénélope, grandes voyageuses et amoureuses de la Botte et de l'Argentine. Dans la salle, c'est ambiance tropicale avec tout un mur en papier peint panoramique, des carreaux de faïence vert émeraude et des sièges et luminaires en rotin. Au menu, on retrouve un peu d'Italie (gnocchi, ravioli), un peu d'Argentine (empenadas), un peu de Japon (tataki de thon) et d'autres influences du monde. Le résultat est toujours sain et savoureux. Un voyage culinaire !

CHABROL €€

Avenue Louis Bertrand 57/61
✆ +32 2 463 13 04
www.chabrol-restaurant.be
Ouvert du mardi au vendredi de 18h30 à 22h30. Carte : 45 € environ.

Sur la très élégante avenue Louis-Bertrand à Schaerbeek, les sœurs Marie (en cuisine) et Sophie (en salle) Marconi ont ouvert le Chabrol dans un esprit Art nouveau qui sied au quartier. Passionnées de produits frais, locaux, d'antigaspillage et de slow food, les sœurs proposent à la fois des plats réconfortants de tradition française (la potée auvergnate, le pain de viande…) mais qui empruntent aussi à diverses cuisines (italienne surtout, japonaise, orientale, américaine…). Le genre de cuisine qui fait du bien à l'estomac et au moral.

LA CANNE EN VILLE €€€

Avenue Louise 77 ✆ +32 2 347 29 26
www.lacanneenville.be
Ouvert du mercredi au vendredi le midi et le soir ; le mardi et samedi soir. Menus de 110 € à 160 €. Lunch : 68 €.

Dirigée par Kevin Lejeune et Virginie Essers, la Canne a déménagé un peu plus en ville puisque la voilà installée dans les salles feutrées de l'hôtel Steigenberger. Elle a gardé quand même son esprit de restaurant de quartier, et chaque matin, le chef et son équipe se mettent en quête des meilleurs produits afin d'offrir sur leur courte carte une cuisine à la fois moderne et gourmande, toute en nuance. La bonne cuisine ce n'est rien d'autre que des bons produits bien transformés et une étoile plus tard, il semble bien que le chef ait trouvé la recette gagnante !

CHOU €€

place de Londres 4
✆ +32 2 511 92 38
www.restaurantchou.eu
Ouvert du lundi au vendredi le midi et le soir ; le samedi soir. Menus de 60 € à 75 €. Carte : ±72 €. Lunch : 24 €.

Chou, c'est le surnom de Dominique Aubry qui a créé une belle adresse épicurienne sur les bases d'un ancien bistrot bien famé. Dans la cuisine ouverte sur la salle, le chef travaille des produits à l'origine certifiée. On peut même lui laisser les commandes pour un menu à l'issue toujours agréable mais variant selon son humeur. Sur la carte, on en trouve (du chou), mais pas seulement, le chef appréciant les légumes en général. La transparence est le mot-clé de la maison, puisque la très belle cave à vin est visible depuis le sol de la salle à manger.

CANTERBURY €€

Avenue de l'Hippodrome 2
✆ +32 2 646 83 93
www.lecanterbury.be
Ouvert du lundi au samedi de 10h jusqu'au soir. Carte : 55 € environ. Menu enfant (3 services) : 22 €. Terrasse.

Adresse ixelloise bien connue (la famille Niels est aussi à la barre du Vieux Saint-Martin au Sablon), ce resto immuable est dédié à la volaille de qualité et aux belles spécialités d'ici comme les croquettes de crevettes grises. Poulet fermier rôti, langue de veau à la sauce Madère, choucroute alsacienne, gibier en saison et un américain préparé de la même façon depuis 1924 ! Une salle privée accueille jusqu'à 15 convives. La terrasse couverte, juste en face des étangs, attire une clientèle de choix qui apprécie le service totalement professionnel.

LE CHOU DE BRUXELLES €€

Rue de Florence 26
✆ +32 2 537 69 95
www.lechoudebruxelles.be
Du mardi au dimanche soir et vendredi et samedi midi. Menu enfant : 15 €. Carte : 40 €. Menu : 34 €. Jardin. Terrasse.

Dans l'assiette, la Belgique est à l'honneur ! On ne parle pas tant de grande cuisine que d'authenticité et on se réjouit vraiment de goûter un des derniers endroits où les frites sont faites maison et les moules déclinées de 30 manières différentes. Aux murs… tout ce qui fait notre belgitude de la famille royale à Manneken-Pis en passant par Jacques Brel, Eddy Merckx et des vues anciennes de la capitale. Les plats sont généreux en quantité et on oublie très vite le brouhaha qui règne dans une salle presque pleine tous les soirs.

LE CLAN DES BELGES €€

Rue de la Paix 20
✆ +32 2 511 11 21
www.leclandesbelges.com
Ouvert 7j/7 le midi et le soir. Carte : 38 € environ. Lunch. Plat du jour.

Face à l'église Saint-Boniface, on vénère des plats généreux à tendance roborative : si t'as encore faim en sortant, pose-toi les bonnes questions ! Parmi d'autres, le burger du clan à la poitrine de porc fumée est un régal. Les frites sont fraîches et les pommes de terre épluchées sur place ! Et les desserts ? Disons qu'ils font état d'un certain délire en cuisine. En salle, on aime les nombreux éléments de déco issus de récup' et la bonhomie de l'équipe. On passe aussi après le boulot pour simplement prendre un verre et découvrir leurs cocktails.

COSPAÏA €€

Rue Capitaine Crespel 1
✆ +32 2 513 03 03
www.cospaia.be
Ouvert du lundi au samedi le soir à partir de 16h. Carte : 55 € environ. Terrasse. Rooftop.

Les décorateurs qui ont œuvré dans ce restaurant-bar ont eu les mains libres ! Ils ont pu faire de ce lieu une place au-dessus de la mêlée et ça se voit. Fameux défi pour le chef, qui a emboîté le pas avec une carte qu'on qualifiera d'internationale. Pari réussi, la cuisine excelle dans tous les domaines, avec un amour évident pour les produits de la mer, les belles préparations de viande et les touches belges. Belles surprises veggie également. Pour épater la galerie, notez que Cospaïa était une république d'Ombrie du XVe au XIXe siècle.

COIN DU CHÂTELAIN €

place du Châtelain 29
✆ +32 2 534 65 95
www.coinduchatelain.be
Ouvert du lundi au vendredi de 8h30 à 23h30 ; le week-end à partir de 9h. Carte 25 €. Terrasse.

Omelettes, tartines, viennoiseries, salades, soupes, petits plats : ça brunche toute la semaine, ça se commande à la carte. Une bonne idée, puisque de toute façon, le dimanche, on fait la file pour s'asseoir une paire d'heures. Une preuve que Solange, la patronne, sait y faire aussi bien pour l'accueil que pour la table. Pas besoin de crier « Vivement dimanche prochain ! », on peut aussi profiter d'autres chouettes plats comme du pain de viande, des penne bolognaises ou insolites comme des gaufres en stick. Et si on réclamait une table permanente ?

CRAB CLUB €€

Chaussée de Waterloo 7
✆ +32 472 55 46 95
crabclub.be
Ouvert tous les jours sauf dimanche, à partir de 19h. À environ 55 €.

Il n'y a pas que du crabe au Crab Club, petit établissement aux allures de cantine près de la Porte de Hal ! Les autres produits de la mer (crustacés, coquillages, poissons) sont traités avec amour avec le Yoth Ondara, un chef nîmois d'origine thaïe. Les caractéristiques du menu ? Des petites touches asiatiques (tourteau avec du pak choi, dorade au fenouil et sauce viet) et d'intéressantes associations terre-mer (porc laqué au poulpe, moules à la saucisse). On se régale et à prix correct. Début 2022, le resto a fait peau neuve, l'occasion de le (re) découvrir.

LE COMPTOIR DU SAMSON €€

Chaussée d'Ixelles 359
✆ +32 2 644 58 93
www.lecomptoirdusamson.com
Ouvert du lundi au vendredi de 10h à 18h30 ; le samedi de 9h30 à 18h30.

Le Comptoir du Samson est l'extension bruxelloise naturelle de la Fromagerie du Samson, entreprise artisanale, bio et namuroise créée par Vincent Verleyen. Lara et Hélène ont exporté leurs délicieux fromages dans la capitale avec la possibilité de les déguster sur place. Les sœurs proposent un brunch chaque week-end (plus léger le samedi, sous forme de buffet sucré-salé hyper copieux le dimanche) où les productions familiales occupent une place de choix ! Petits plats du jour et sandwichs variés (au fromage, bien sûr) complètent l'offre.

CUEVA DE CASTILLA €€

place Colignon 8
✆ +32 2 241 81 80
www.cuevadecastilla.be
Ouvert du lundi au vendredi le midi et le soir ; le samedi soir. Carte : 45 € environ.

Dans une splendide bâtisse sur la place de l'Hôtel de Ville, ce restaurant vous invite à déguster toutes les saveurs de la paella (le restaurant est vice-champion d'Europe), déclinée sous différentes formes : à la valenciana, à l'encre de seiche et calamar, aux fruits de mer et au lapin, végétarienne, à la viande… Direction le soleil dans les assiettes, dans une ambiance feutrée. Pas envie d'une paella ? Vous pourrez vous régaler d'une zarzuela de daurade ou de tripes à la madrilène. Tout ça pour dire que la Cueva reste une référence de la gastronomie ibérique.

DAL PADRINO €€

Rue Archimède 58
✆ +32 2 230 70 47
Du lundi au vendredi de 12h à 14h30 et de 18h30 à 22h. Menu lunch : 19 €. À la carte : environ 46 €.

Depuis 1990, Dal Padrino régale une clientèle Eurocrate (vu sa situation à deux pas de la Commission) et d'habitués du quartier dans l'atmosphère cossue d'une maison bourgeoise. La cuisine y est raffinée avec de belles propositions comme les raviolis verdi à la bisque de homard, un risotto aux asperges vertes ou une escalope à la crème de truffe blanche. Sans oublier une touche sarde (fregola aux palourdes et scampis) qui trahit l'origine des propriétaires. Et si il vous reste de la place, attendez d'avoir vu le chariot des desserts !

DECLERCQ BISTRO GARAGE €€

Rue du Page 46
✆ +32 2 537 80 47
restaurantdeclercq.be
Ouvert du mercredi au samedi, de 18h30 à 22h. Carte : 46 € environ.

Voici un espace original mêlant restaurant et showroom automobile ! Christian et Olivier, les créateurs, sont au volant du restaurant Declercq, un véritable moteur de gourmandise et de convivialité. Laissant le comptoir du midi aux filles de Pompon, les compères se recentrent sur le resto en privilégiant une cuisine de produits de saison associant goût et saveurs. Le cadre mêle une ambiance contemporaine et un cadre automobile. Au menu, des planches apéritives, des sardines, quelques plats de bistro et surtout d'excellents burgers.

LES DAMES TARTINE €€

Chaussée de Haecht 58
✆ +32 2 218 45 49
Ouvert du mardi au vendredi le midi et le soir ; le samedi soir. Menu unique à 45 €. Carte : 48 € environ. Lunch.

Juste à l'arrière du Botanique, cela fait plus de trois décennies que ce petit resto accueillant abrite deux dames gourmandes. La créativité de l'assiette n'a d'égale que la modestie de ces deux dames, l'une en cuisine, l'autre à la cave et au service. Ici, la priorité absolue est à la fraîcheur et on y prépare seulement des produits de saison. Si les légumes sont « oubliés », c'est surtout parce que c'est dans cette catégorie que le jardinier les classe (les nommer « retrouvés » serait d'ailleurs nettement plus juste, depuis le temps...).

LE DEUXIÈME ELÉMENT €€

Rue Saint-Boniface 7
✆ +32 2 502 00 28
www.2eme-element.be
Ouvert du lundi au vendredi le midi et le soir ; le week-end le soir. Carte : 35 € environ. Terrasse.

Saveurs parfumées subtilement épicées qui s'inspirent des modes de cuisson traditionnel thaï... la carte du Deuxième Élément est-elle encore à présenter ? La base des plats reste le riz que l'on associe avec légumes, viande ou poisson. On note aussi quelques spécialités : curry rouge, rouleaux de printemps et plats à base de lait de coco présentés dans de petits caquelons. L'originalité : un cadre raffiné, épuré, qui envoie se balader ailleurs les codes de la déco kitsch asiatique. On s'offre aussi un moment zen sur la terrasse arrière, verdie de lierres.

LE DAMOISELLE €€

Rue de Lombardie 28a
✆ +32 2 539 20 04
http://ledamoiselle.be
Du lundi au vendredi, midi et soir. Épicerie, dépôt de pain, bar. Carte : 45 € environ. Lunch (2 services) : 20 €.

Mathias et Pauline ont amené un véritable bol d'air dans le quartier ! Belle adresse à la fois restaurant, bar, épicerie et dépôt de pain, le bouillon de bœuf à la citronnelle y côtoie les scampis sautés à l'ail ou le riz au lait au caramel. Mis à part les luminaires de Cécile Vandernoot, la déco est pensée par Pauline. La carte change tout le temps et s'affiche quotidiennement sur le tableau. Véritable troquet saint-gillois proposant son vin du mois, sa bière du mois (liste impressionnante de gueuzes) et une petite carte de qualité. Tranquille et détendu.

DJO €€

Chaussée de Charleroi 227
✆ +32 2 375 81 43
www.djo-bistrobar.be
7j/7 le soir. Brunch dominical. Menus de 35 € à 65 €. Carte : 35 €.

Complètement dans l'air du temps, Djo se définit comme un «bistrot-bar» où les préparations – du genre tapas – sont à partager. Du chaud, du froid, de la viande, du poisson et des légumes, les plats se succèdent avec des accents méditerranéens ou des saveurs bien de chez nous. Les formules sont adaptées aux petites et aux grandes faims, avec une attention particulière à la qualité des produits. Bois et matériaux bruts pour la déco s'intègrent bien dans cette ancienne maison de maître. Cocktails sympas pour l'apéro ou tout autre moment de la journée.

EL CAMION €

✆ +32 2 880 67 74
www.elcamion.be
Voir le site web pour les dates et emplacements.

Père des food trucks de Bruxelles, El Camion arpente les rues depuis bientôt 10 ans ! S'il se produit sur quelques marchés (à Saint-Gilles, Ixelles ou Forest), le véhicule circule aussi en fonction des opportunités (voir la page Facebook). On le croise au Botanique, autour des rassemblements de l'été. Côté cuisine, on parle ici de véritable gastronomie food truck : pain perdu à la mozza bio et tartuffata, burger de boudin basque pommes et betteraves, mitraillette de canard ou d'onglet de bœuf... On arrose de vins naturels ou de bières ultra locales.

LES FILS À MAMAN €€

Rue Fourmois 29
✆ +32 2 534 56 26
www.lesfilsamaman.be
Ouvert du lundi au samedi le midi et le soir ; le dimanche midi. Carte : 38 €. Plat du jour 12 €. Lunch : 16 €. Brunch.

Pleins d'amour pour leurs mamans, il était une fois Nico, Audrey, Laurent et Julien. Mais surtout, c'est la cuisine de celles-ci qui est visée ! Le restaurant leur est dédié. Le concept se veut nostalgique des années 1980 : cocotte du jour, cheeseburger des fils, musique des années 1980, décoration liée aux personnages et people d'époque..., on aurait presque peur de se faire pincer avec un coude sur la table ou de ne pas finir son assiette ! Notons également la pièce de bœuf du jour, la côte de bœuf sur planche et les brunchs du dimanche.

FAUBOURG SAINT-ANTOINE €€

Avenue Sleeckx 68
✆ +32 2 245 63 94
Ouvert du lundi au vendredi le midi ; le jeudi et le vendredi le soir. Carte : 38 € environ. Plat du jour. Jardin.

Le resto de Bob Delvigne, le patron sympa, est plus que jamais garni de tableaux et d'objets faisant référence aux personnages d'Hergé. La cuisine, de son côté, continue une formule qui fonctionne : simple, agréable (en BD, on dirait que le chef est adepte de la ligne claire !) et permettant à bon compte de manger à hauteur de sa faim. On se demande juste quand on trouvera – enfin – des spécialités « syldaves » à la carte ! Certaines salades prennent comme nom un juron « haddockien ». A 150 mètres à peine de son ancienne adresse, faut-il encore le rappeler...

FLAMME €€

Rue de Roumanie 56
✆ +32 472 37 45 17
https://flamme-restaurant.com/
Ouvert du mardi au samedi de 12h à 14h et de 19h à 22h. Carte : 39 € environ.

Quand on entre dans cette salle salle parée d'un joli carrelage en mosaïque et que l'odeur du feu de bois chatouille le nez, on se dit qu'on va passer un bon moment car ici, tout passe par la flamme du grill : la viande, le poisson, les légumes... le bois donnant ce petit plus en goût inimitable. Le midi, on sert des buns, un choix de grillade ou un plat de la semaine. Le soir, le menu se fait plus sophistiqué (contre-filet Oedslach ou haddock fumé) mais qu'importe l'heure, les assiettes restent gourmandes et savoureuses (à l'image de leur terrible pain perdu).

FERNAND OBB €

Rue de Tamines 27
✆ +32 2 771 91 08
www.fernand-obb.be
Ouvert le lundi soir ; du mardi au dimanche le midi et le soir. Non-stop le week-end. Carte : 20 € environ.

Le Petit Futé avait eu le nez fin ! Élues meilleures croquettes de crevettes de Bruxelles en 2019 et 2020, Fernand Obb les réussit divinement. Le reste aussi. Ici, pas de banals sandwichs garnis mais d'excellents pistolets fourrés avec des préparations maison qui ont l'accent belge : boulettes, haché, pickles, boudin blanc, fricadelles... Des burgers aussi, avec du fromage Flandrien. Même le saumon est fumé intra-muros. C'est tout ça qu'on attend d'une maison de bouche de quartier, l'excellence et la capacité de faire venir des clients de bien plus loin.

LA FLEUR D'ORANGER €

Rue des Aduatiques 85
✆ +32 2 733 25 00
https://traiteurlafleurdoranger.be
Ouvert du lundi au vendredi de 8h à 18h. Carte : 35 € environ. Petit déjeuner. Salad-bar. Plat du jour. Lunch : 19,50 €.

Entre traiteur et restaurant, cette Fleur d'oranger exhale ses parfums méditerranéens depuis plus de quinze ans dans ce quartier plutôt résidentiel (entre Montgomery et Cinquantenaire). Ouvert à midi et souvent complet, on s'y rend pour un lunch (potage + viande ou poisson ou végé) ou pour l'alléchant salad-bar. Celui-ci propose une dizaine de spécialités et salades diverses d'inspiration méditerranéenne ou marocaine. C'est bon, sain, inventif, respectant la saisonnalité des ingrédients et peu onéreux. Tous les plats sont à emporter.

LE GARAGE À MANGER €€

Rue Washington 185 ✆ +32 2 880 67 74
www.garage-a-manger.be
Lundi et mercredi de 10h30 à 18h ; jeudi-samedi de 10h30 à 20h ; dimanche de 10h30 à 18h. Carte : ± 25 €.

Le Garage à manger est une prolongation naturelle du plus célèbre foodtruck bruxellois, El Camion. En connexion directe avec la librairie Pêle-Mêle d'Ixelles, on passe de l'un à l'autre pour satisfaire sa soif de connaissances et de divertissements, mais aussi son appétit pour la nourriture de qualité… On s'y pose volontiers pour manger un bout le midi ou le soir, savourer un bout de gâteau avec un café l'après-midi pour souffler un peu, déguster des vins naturels ou des bières artisanales ou encore bruncher en famille le week-end.

L'HORLOGE DU SUD €€

Rue du Trône 141
✆ +32 2 512 18 64
www.horlogedusud.be
Ouvert du lundi au vendredi le midi et le soir ; le samedi soir. Carte : 28 € environ. Plat du jour.

On se délecte de moambe et d'autres spécialités dans ce petit resto décoré à l'ancienne, aux frontières de Matongé. La viande de chèvre, par exemple, est un voyage en soi ! À essayer aussi absolument, un plat de Liboke, le poisson cuit à la vapeur dans des feuilles de bananier. Bref, la cuisine est très bonne et en plus, chaque semaine les suggestions changent… La carte présente des spécialités de toute l'Afrique subsaharienne, des jus de fruits exotiques, une sélection de bonnes bières et les rhums des Caraïbes. Happening musical le vendredi soir.

FRIPON €€

Rue du Berger 24 ✆ +32 487 89 80 70
https://linktr.ee/fripon.brussels
Ber et restaurant, du mardi au samedi à partir de 16h jusqu'à 23h (cuisine à partir de 19h). Carte : environ 48 €.

Vous séjournez à l'Hôtel du Berger, le plus sulfureux (et un des plus beaux) des hôtels bruxellois ? Alors, vous pourrez continuer vos coquineries chez Fripon, le restaurant de l'établissement. Le lieu s'est réinventé suite au Covid et de restaurant italien, le voilà devenu bien belge ! On y retrouve des classiques parfaitement exécutés comme les croquettes de crevettes, le bon vieux stoemp, deux sortes d'américains dont un étonnant trompe-l'œil et une audacieuse crème brûlée à la bière ! L'hôtel ayant gardé son cachet Art déco, le restaurant fait de même.

HUMUS X HORTENSE €€€

Rue de Vergnies 2
✆ +32 474 65 37 06
humushortense.be
Mer. soir et du jeu. au sam. midi et soir. Lunch 51 € (jeu. et ven.). Lunch gourmet : 60 €. Menus entre 94 € et 152 €.

Quand végétalisme rime avec haute cuisine ! L'établissement de Nicolas Decloedt coche toutes les bonnes cases. Il y a d'abord le lieu, à côté de la place Flagey. La salle est sublime avec ses hauts plafonds et ses fresques. La cuisine se fait sur la base de 24 micro-saisons avec des produits bio. Rien n'est jeté, les restes de légumes se retrouvent dans des sauces ou des infusions pour cocktails (à l'origine, Hortense était un bar un cocktails). L'assiette est une explosion en termes de construction des plats, de couleurs, de saveurs… Une référence du genre !

HOLY SMOKE €€

Avenue de la Porte de Hal 9/10
✆ +32 2 503 66 10
www.holysmokebrussels.com
Ouvert le mardi soir et du mercredi au samedi, le midi et le soir. Carte : 58 € environ.

Amoureux de la bidoche, filez dans ce restaurant, le seul et unique qui cuisse sa viande comme on le fait dans un barbecue du Texas : *low & slow*, en fumoir, jusqu'à 20 heures. Le midi, on vient pour les burgers (vu le mode de cuisson, l'offre est plus réduite) et le soir, pour les plats de viande (travers, briskets, saucisses) tendre et goûteuse à tomber et accompagnés de coleslaw, pommes de terres au beurre fumé et pain de maïs maison. Et qui dit BBQ, dit whiskey ou bourbon. Vous aurez l'embarras du choix (100 !) mais le menu vous conseillera le pairing idéal.

L'IMPROBABLE €€

Rue Eugène Cattoir 5
✆ +32 2 344 09 00
www.restaurant-limprobable.be/
Ouvert du mardi au vendredi le midi et le soir ; le samedi soir. Carte : 45 € environ.

Le resto s'est installé dans les murs de Millésime qui ravissait autrefois les papilles dans le quartier. L'atmosphère est élégante, raffinée et la cuisine est – curieusement – ouverte et visible depuis le trottoir. C'est peut-être là aussi qu'est l'improbable ! La carte, confectionnée avec des produits frais et de saison, change en fonction des ingrédients disponibles. Inclassable géographiquement tant elle balade le convive en fonction des réalisations du chef, la cuisine de l'Improbable est finalement surtout bistronomique !

LE GARAGE À MANGER

UN LIEU À VIVRE

Le concept :
Depuis 2013, l'espace qui servait de réserve à Pèle-Mêle, la librairie de seconde main, a été transformé en café-restaurant. Un espace immense qui est devenu un vrai terrain de jeu pour l'équipe du Garage qui l'a agencé en différentes zones (des grandes tables, d'autres plus cosy avec des fauteuils, une vieille caravane...) avec un fil conducteur : celui du vintage. Comme leur grand voisin qui donne une seconde vie aux livres ou au CD's, pas mal des meubles et de la déco ont été récupérés, chinés, mis en dépôt, voire prêtés (comme cet étonnant salon de coiffure des années 1950). Résultat ? On a envie d'y revenir pour tester les différentes ambiances. Pour Clémence Friedmann, la gérante, le plus important, c'est que ce café-restaurant soit un lieu de rencontre pour tous tout au long de la journée, un lieu d'échange et de mélange : bref, un lieu à vivre, d'autant plus que le Garage organise différents évènements (marché bio le samedi après-midi, marchés de créateurs, dégustation de bières de micro-brasseries, concert les premiers vendredis du mois...)

En cuisine :
Tout est fait maison au Garage, avec un accent mis sur le bio et le local (l'établissement porte le label Good Food qui récompense les initiatives durables des établissements bruxellois). La cuisine est ouverte et on peut admirer la préparation des petits plats salés et des sucreries en toute transparence. Quant au service, il est aux petits soins et on vous reçoit comme un·e habitué·e. Le week-end, le Garage ouvre aussi en matinée, parfait pour un brunch improvisé. Pas de formule imposée, vous choisissez parmi les différents plats proposés, selon vos envies.

LE GARAGE À MANGER
Rue Washington 185
✆ +32 2 880 67 74
www.garage-a-manger.be

© DR

© DR

© DR

INDOCHINE €€

Rue Lesbroussart 58
✆ +32 2 649 96 15
Ouvert le lundi soir et du mardi au samedi le midi et le soir. Carte : 38 € environ.

Un petit coup de cœur ! On pourrait faire le déplacement rien que pour la façade recouverte d'affiches aux drôles de slogans, illustrant tout l'humour des patrons. Mais on y vient surtout pour faire un beau voyage culinaire à bord d'un tortillard sillonnant l'Indochine, version époque coloniale. Confortablement installé dans des wagons, on déguste ce que le Viêt Nam fait de meilleur. Très bon rapport qualité-prix, atmosphère conviviale et à la carte, une cuisine vietnamienne traditionnelle ou plus inventive qui fait le bonheur des gourmands.

IODA €€

Rue de la Victoire 23
✆ +32 2 315 62 08
www.ioda.be
Du mercredi au samedi de 19h à 22h et le jeudi et vendredi de 12h à 14h. Menu : 36 €.

Chez iOda, rôtisserie végétale, César Hoed traite ses légumes et fruits, toujours de saison, comme des pièces de viande et ce sont eux qui sont au centre de l'assiette (avec l'aide de produits de la mer ou d'œuf et d'une touche végétale comme des feuilles ou fleurs comestibles). Nous y avons dégusté un poireau rôti accompagné de coques, des brochettes de potiron rôti, coings et ail noir et de superbes figues rôties avec une glace à la verveine. Quant à la salle, avec ses briques exposées et son carrelage de ciment, elle est chaleureuse à souhait ! Coup de cœur.

KAMO €€€

Chaussée de Waterloo 550A ✆ +32 2 648 78 48
www.restaurant-kamo.be
Lundi-vendredi de 18h30 à 20h ; jeudi et vendredi de 12h à 13h. Menus : 80 €-120 €. Lunch : 60 et 65 €. Carte : ±65 €.

Restaurant japonais raffiné, il permet d'observer le chef, Tomoyasu Kamo, installé au comptoir, selon une tradition bien ancrée au Pays du Soleil levant. Préparations inventives ou plats traditionnels fréquents au Japon, honoré d'une étoile, Kamo continue à faire *sold out* tous les soirs. Astuce pour une première approche, les lunchs du midi à un prix plus démocratique et pour une découverte jubilatoire, les repas du soir, plus onéreux mais aussi plus singuliers. Possibilité de réservation pour groupes (maximum huit personnes), uniquement sur réservation.

KIF KIF CAFÉ €

Square de Biarritz 1
✆ +32 2 644 18 10
www.webmenu.be/Kifkif.html
Ouvert du mardi au dimanche, le midi et le soir. Plats : 16,50 € à 18,50 €. Terrasse.

Installé dans une ancienne station d'essence datant des *sixties*, le Kif Kif café vous accueille avec un sourire grand comme un soleil. La décoration, un brin déjantée, tourne autour d'un mystérieux personnage, entre Rachid Taha et le Che… A l'entrée, un présentoir de pâtisseries marocaines venues tout droit de la célèbre enseigne parisienne La Bague de Kenza donne l'eau à la bouche, alors qu'en cuisine une chef israélienne et un chef marocain préparent avec talent grillades, couscous, tajines, salades orientales. Terrasse en arc de cercle, très agréable.

KOLYA €€

Chaussée de Charleroi 102
✆ +32 2 533 18 30
www.kolya.be
Ouvert du lundi au samedi de 19h à 23h. Carte : 65 € environ.

Restaurant de l'hôtel Manos, il est somptueux comme ce dernier. La cuisine s'apprécie pour elle-même et le décor ajoute du luxe à la dégustation. Au menu, cuisine française assez classique aménagée aux saveurs parfois méditerranéennes, parfois locales (ris de veau à l'effeuillé de chou de Bruxelles, carré d'agneau rôti et moussaka à la feta…) jouant beaucoup des épices. Côté vins, la carte très conventionnelle s'accorde à merveille avec les plats et y ajoute encore un peu de supplément d'âme. On hésite trop souvent à pousser la porte des restos d'hôtel…

KOMO BOWL €

Rue Defacqz 36
✆ +32 2 751 00 38
www.komobowl.be
13,50 € le petit bowl et 16,50 € le grand bowl. Lunch : 14,50 €. Ouvert de 11h30 à 15h et de 18h à 21h30 tous les jours.

Voici une toute nouvelle cantine de poké bowls hawaïens à deux pas de Louise et Châtelain. On aime ici le côté personnalisé et cosy de l'endroit, avec des planches de surf en bar, des photos et une déco très Hawaï, des coussins sur les banquettes. Derrière le comptoir, on peut composer son bowl ou en choisir un déjà fait, comme le Maguro (au thon, shoyu et sésame, avocat, mangue, edamame, gingembre mariné, menthe et mayo sriracha). La salade Komo en entrée est végétarienne et excellente. Pour le petit déjeuner, également des smoothies bowls.

LE LION BELGE €€

Chaussée de Louvain 1002
✆ +32 2 705 83 17
www.lelionbelge.com
Ouvert tous les jours le midi et le soir. Carte : 48 € environ. Jardin. Terrasse.

Institution d'Evere depuis trois décennies, le Lion Belge doit sa bonne réputation à ses nombreuses grillades au feu de bois et ses plats de brasserie bien fournis. Dimitri, le patron, mélange dans sa carte les classiques de la cuisine franco-belge, italienne et grecque. S'ajoutent au menu des suggestions hebdomadaires qui changent au gré des saisons, sans oublier les moules. En entrée, les mezze sont particulièrement recommandés. Bar et terrasse pour les rayons de soleil passagers. Agréable piano-bar le week-end. Réservation recommandée.

MAISON ANTOINE €

Place Jourdan 1
✆ +32 2 230 54 56
www.maisonantoine.be
Ouvert tous les jours de 11h30 à 1h. A partir de 3 € le cornet de frites, 0,80 € la sauce.

Cette friterie familiale (depuis 1948), est la plus connue des Bruxellois et des visiteurs étrangers. Elle s'est vu décerner le titre de « meilleures frites du monde » par le *New York Times*. Elles sont un peu plus chères que la moyenne et d'autres friteries les préparent tout aussi bien ; croquantes et savoureuses, car cuites dans la graisse de bœuf. Le gros plus, c'est que l'établissement a passé un accord avec les bars de la place : vous pourrez donc déguster bière et cornet de frites à la terrasse de l'un d'eux (demandez cependant la permission auparavant).

LE LOCAL €€

Rue de la Longue Haie 51
✆ +32 2 647 68 03
www.lelocalbxl.be
Du lundi au samedi midi et soir. Brunch à partir de 11h le samedi dès 23 €. Menus de 34 à 39 €. Lunch dès 14,50 €.

Circuits courts, politique zéro déchets, mise en avant des petits producteurs belges, lieu d'expression de designers et de jeunes chefs sans infrastructure perso... ça frappe fort d'un seul coup ! Les ingrédients ont le goût de ce qu'ils sont vraiment. On tombe sur des assiettes bien maîtrisées au contenu rassasiant d'autres bougres que des adeptes du régime. Le lunch permet de goûter au potage bio, le menu du soir laisse le choix des formules viande, poisson et végétarien..., on n'est pas sectaire ! Une vraie belle adresse, sérieuse et *fun* à la fois.

LA MAMMA €€

Place Saint-Josse 9
✆ +32 2 230 53 00
www.mamma-resto.be
Ouvert du mardi au vendredi le midi et le soir ; le samedi soir. Réservation recommandée. Carte : 40 € environ.

Pepino Capezzuto et son épouse dirigent rondement cette trattoria. Entre le quartier Européen et la place Madou, cette Mamma de 42 ans, conserve un punch du tonnerre ! À la fois osteria, bottega (boutique), oenoteca, grapperia et bar à Prosecco ! Ici, pas de carte mais un tableau de suggestions qui accommodent traditions italiennes et créativité. Toutes les pâtes, les viandes et les charcuteries viennent directement d'Italie. Pepino vous appâte en les expliquant. Heureux sera l'amoureux de gastronomie italienne dans ce cadre chaleureux et familial.

LOS AGAVES €€

Avenue Jean Volders 4
✆ +32 491 63 43 99
Le mardi de 18h à 22h et du mercredi au vendredi de 12h à 15h et de 18h à 22h. Le samedi de 12h à 23h. Carte : ±25 €.

Enfin une *cantina* mexicaine digne de ce nom ! Los Agaves est petit par la taille et grand par la personnalité, comme la fresque de tête de jaguar qui vous accueille une fois la porte poussée. Tenu en famille, cet établissement est vraiment chaleureux et vous transporte directement là-bas. La carte est simple, on retrouve enchiladas, quesadillas, empanadas et autres tamales qui ont le goût de la cuisine faite *en casa*. Coup de cœur pour les enchiladas de poulet au molle, une sauce qui mélange chocolat et piment. On arrose le tout avec une margarita taille maxi !

LE MESS €€

Boulevard Louis-Schmidt 1
✆ +32 2 734 03 36
www.lemess.be
Ouvert du lundi au vendredi le midi et le soir ; le samedi soir. Carte : 50 € environ. Lunch.

Au Mess, on peut manger chic et sain en même temps. On vide d'un trait un jus frais en apéro : le kéfir excite les papilles. On enchaîne avec une lasagne *full légumes* mais on lorgne sur des gnocchis de carottes tout dodus. On finit en roue libre avec un homard de premier choix ! Les plats plus « canailles » sont aussi au rendez-vous pour les amateurs : croquettes aux crevettes grises ou le coucou de Malines... La carte varie avec les saisons. Deux petits salons permettent de s'isoler et la terrasse est l'endroit idéal pour faire le plein de vitamine D.

MO MO €

Avenue des Villas 7
✆ +32 2 522 09 68
www.mo-mo.eu
Ouvert du mardi au samedi le midi et le soir. Carte : 27 € environ. Lunch : 11 €.

Madame Lhamo, tibétaine, a donné à son petit resto le nom des raviolis à la vapeur, les *momo*... à base de farine de blé. À côté de cela, on prend une soupe (au bœuf ou aux *momo*, justement). Copieuse, la cuisine de Lhamo permet aussi de découvrir des saveurs différentes et la formule *lunch* est l'occasion d'un bel aperçu. Tout est préparé à la minute et les ingrédients répondent aux principes de l'alimentation durable. Et pour rester dans l'éthique, les employées sont d'anciennes prisonnières politiques tibétaines : on dit bravo !

MONELLA €

Chaussée d'Ixelles 347
www.monella.be
Lundi à vendredi 18h-22h (22h30 vendredi). Samedi de 12h à 22h, dimanche de 12h à 20h. Pizza fritta à partir de 8,50 €.

Monella se spécialise dans la street-food à l'italienne mais on est loin de la malbouffe ! D'ailleurs, quand vous verrez les piles de foccacias gonflées et prêtes à être fourrées de divers ingrédients pour en faire des scacciatas, vous allez saliver. La bomba fritta et le panzerotto frit sont aussi au menu mais la star, c'est la pizza fritta, une pâte à pizza cuite dans l'huile, qui devient craquante et gourmande, garnie d'une délicieuse sauce tomate dans sa version classique. À emporter pour déguster devant les étangs de Flagey ou sur place, avec un bon vin.

MY TANNOUR €

Rue de la Brasserie 98
✆ +32 471 45 16 00
mytannour.com
Ouvert du lundi au samedi le midi et le soir. Carte : 15 € environ. CB non acceptée.

C'est Georges Badghi Sar, arrivé en Belgique depuis la Syrie à 11 ans qui est aux commandes de cet établissement de « gourmet streetfood » près de Flagey. La star, c'est le pain plat syrien fait maison cuit au four (le tannour) puis, on choisit sa viande (cuite lentement) ou une option veggie. Le tout est accompagné de légumes frais et servi soit en plat, soit roulé comme une shawarma. Ce qui fait la différence, ce sont les ingrédients de qualité et le soin apporté aux préparations. Un régal, tout comme le prix tout doux. La file devant le restau en témoigne.

NOTOS €€

Rue de Livourne 154
✆ +32 2 513 29 59
www.notos.be
Du mardi au vendredi midi et soir ; samedi soir ; dimanche midi. Carte : 65 € environ. Formule du midi : 25 €. Terrasse.

Exit le folklore à colonnades, le sirtaki et les plats bourratifs. Le sage Constantin fait revivre les recettes de la terre de ses ancêtres et les adapte à la gastronomie actuelle. L'inévitable tarama n'a pas la teinte Barbie de ses congénères de supermarchés : il est beige. Pour le plat fétiche de la maison, l'arvanitiko, rien que des éloges : on a failli verser des larmes sur cette poularde rôtie et farcie de foie de canard et raisins secs. L'haloumi s'invite en voisin chypriote. La carte des vins est du même tonneau : longue, belle et typique.

ODETTE EN VILLE €€

Rue du Châtelain 25
✆ +32 2 640 26 26
www.odetteenville.be
Ouvert 7j/7 (fermé samedi midi et dimanche midi) de 12h à 14h30 et de 19h à 22h30. Carte : 70 €. Lunch à partir de 37 €.

Odette-en-Ville use d'un décor urbain ultra-contemporain... sans abuser. Le salon-bibliothèque est du plus bel effet. Le mur-miroir, aidé par le toit vitré, fait tout ce qu'il faut pour aider les convives à être vus. Ce boutique-hôtel hyper trendy satisfait aussi les gourmands. L'œuf parfait, asperges vertes, crevettes grises et mousseline est nickel ; le dos de saumon et sa sauce teriyaki aussi ! Au dessert, le riz au lait d'Odette dégusté lors d'un précédent passage peine à rappeler qu'il existe d'autres douceurs à la carte que Proust n'aurait pas dénigrées !

OGGI A MILANO €€

Avenue de l'Armée 3
✆ +32 2 230 30 62
oggiamilano.brussels
Ouvert du lundi au vendredi de 8h à 20h.

C'est un petit peu de Milan, sa ville de cœur, que Philippe Absil a voulu recréer pas loin du Parc du Cinquantenaire. On retrouve le plaisir de déguster un bon « caffé » avec un croissant, vite fait avant d'aller au boulot, d'acheter un panino à emporter pendant la pause de midi ou de goûter aux pâtes du jour ou aux plats préparés par le chef Valerio pour celles et ceux qui ont plus de temps... La carte est courte mais cela permet au chef de se concentrer sur l'essentiel. On prend place sous le regard de Marlon Brando, peut-être autour de la grande table en bois ?

OLD BOY €€

Rue de Tenbosch 110
✆ +32 471 25 68 03
oldboyrestaurant.be
Ouvert du mardi au samedi de 12h à 14h30 et de 18h30 à 23h30. Lundi, le soir uniquement. Menu : 45 €. Résa recommandée.

Toutes les saveurs de l'Asie se retrouvent chez Old Boy et rien que le menu est une incitation au voyage. On prend place autour du long comptoir ou des quelques tables et c'est parti : escales à Taïpei (bao au bœuf) ou Manille (kinilaw) en entrée, à Canton (wontons) ou Saïgon (crabe en mue) en plat pour atterrir à Bangkok (pavlova coco et fruits exotiques, parfumée au galanga et citronnelle) en dessert. Les plats peuvent se déguster seuls ou se partagent entre convives. Avec une carte des vins soignées et un service rapide et souriant, on repart de là comblés !

OSTERIA ROMANA €€€

Avenue Legrand 11
✆ +32 2 648 13 95
osteriaromana.eu
Ouvert du mardi au vendredi le soir ; le jeudi et le vendredi le midi. Menu unique à 95 €. Carte : 80 € environ.

D'abords, il y a l'ambiance, élégante et feutrée. Puis viennent les assiettes (désignée exclusivement pour le restaurant). Dedans, de la vraie cuisine romaine : pâtes all'Amatriciana, artichauts alla Giuda ou LA spécialité de la maison : une divine carbonara. Côté « secondi », le bœuf wagyu est traité de diverses façons (trippes, carpaccio). Bref, des produits de qualité admirablement préparés, Pas étonnant, Filippo La Vecchia fut chef au Japon et en a ramené quelques souvenirs et le goût de la précision. Belle carte de vins italiens et joli jardin. Une perle !

OUZERIE MEZEDOPOLIO €

Chaussée d'Ixelles 235
✆ +32 2 646 44 49
www.restaurant-grec-ixelles.be
Ouvert du lundi au samedi le soir. Carte : 35 € environ.

L'accueil de Georgios est cordial. Les nombreux mezze sont à déguster et à partager à la grecque, à table. Produits d'une grande fraîcheur, pain croustillant et servi chaud, olives excellentes, huile d'olive et épices font la part belle aux spécialités où le poulpe ressort régulièrement. Citons également le dakos crétois (pain grillé, fromage de chèvre et purée de tomates), le ktipiti ou le tyropita, un feuilleté aux épinards ou au fromage. Produits de la mer et brochettes peaufinent une carte déjà bien remplie à laquelle s'ajoutent de très bons vins de Grèce.

PERRUCHE €€

Avenue Emile Max 85
✆ +32 2 219 81 42
Du lundi au samedi, de 8h à 0h et le dimanche, de 9h à 16h. À la carte : environ 25 €.

Ambiance à la parisienne dans ce joli petit bistro d'un quartier agréable de Schaerbeek. Perruche parce que ces volatiles ont élu domicile dans le quartier et pour leur rendre hommage, l'intérieur est orné d'un carrelage de même couleur que leur plumage. L'établissement ouvre tôt, on y trouve donc des petits déjeuners mais aussi des petits plats (croquettes de crevettes, vol-au-vent au poulet fermier) et un super hot-dog maison pour les petites faims. Le soir, bières et cocktails ferment la danse. Ne pas louper la terrasse quand fleurissent les cerisiers du Japon.

LE PETIT MERCADO €€

Rue de l'Hôtel des Monnaies 82
Ouvert du mardi au dimanche de 10h à 19h. Carte : 20 € environ.

Un endroit chaleureux comme on les aime et qui va si bien au caractère bohème de Saint-Gilles. Le Petit Mercado est à la fois une supérette et un comptoir à manger. Côté supérette, on trouve de tout : fruits, légumes, pain, vins, conserves, fromages, charcuteries, produits rares… soigneusement sélectionnés par l'équipe du Mercado (dont Mano et Pia, les propriétaires). Côté comptoir, on ne peut justement pas le louper, il est énorme et tout carrelé de blanc. On s'y attable pour un petit déjeuner, un café rapide, un plat du jour sain et délicieux ou un bun XXL.

PHENIX €€

Rue de Genève 480
✆ +32 2 354 01 41
www.restaurantlephenix.be
Ouvert du mardi au vendredi le midi et le soir ; le samedi soir. Carte : 40 € environ.

C'est pas les restos italiens qui manquent à Bruxelles ! Mais méfiance, des pâtes et des pizzas c'est aussi très facile à rater. Pas de danger au Phenix, la maison existe depuis 2001 et les trois frères Ricca veillent à offrir le meilleur à leur clientèle d'habitués. Pâtes diverses, une vingtaine de pizzas, mais aussi une tripotée de plats typiquement italien et quelques recettes traditionnelles transmises par la Mamma. La déco ne fait pas dans l'esbrouffe, c'est la cuisine qui parle ! Dans le quartier de l'Otan, de la RTBF et de RTL. Et de la place pour garer...

LES PLANCHES €€

Rue Artan 120

Ouvert du jeudi au samedi de 18h à 23h30 et lors de certains évènements (voir page Facebook).

Quel dommage que ce café-resto ne soit pas ouvert plus souvent parce qu'il gagne à être connu. Le lieu investi est une ancienne boulangerie industrielle dont les belles briques exposées et le plafond en arceaux ont été conservés. Le concept est annoncé par le nom de l'établissement, ce sont des planches apéritives : charcuteries italiennes, fromages de chez Saint-Octave, diverses piadine... à partager en toute convivialité. Quant à la planche dessert, c'est de la régression à l'état pur, on ne vous en dit pas plus. La carte des bières n'est pas trop mal non plus.

PRIMO €€

Chaussée de Vleurgat 175
✆ +32 471 56 55 15
www.1-primo.be

Ouvert tous les jours le midi et le soir. Pâtes du jour à midi : 13 €. Avec vin et café : 19 €. Jardin.

Serait-on arrivé à Sorrento, assis sur une banquette azur ou jaune citron ? On dirait presque ! Ce qui est sûr, ce que nous sommes dans l'antre de la *pasta fresca*, de la vraie faite maison. Spaghetti alla chitarra, pappardelle, tagliatelle... Le chef et Mario le patron marient le type de pâtes qui matche avec la sauce. Et les recettes sont inventives ; toscanella au crumble de saucisse et vin rouge, terramare aux scampis flambées au negroni et 'nduja. Des *piatti sociali* en guise d'apéritif et une jolie carte de vins et de cocktails vous combleront de *felicità*.

POMPON €€

Rue du Page 42 ✆ +32 484 99 26 08
pomponbrunch.be

Ouvert du mercredi au vendredi de 8h30 à 18h et le week-end de 10h30 à 18h. Carte : 20 € environ. Brunch : 30 €.

Au départ, Pompon était une entreprise de livraison de brunchs à domicile créée par Valentine Percy et Sophie Abiraad. Fin 2021, elles ont investi l'espace du Declercq Bistro Garage laissé en concession la journée par les gérants. Et quel contraste entre la carte pleine de douceur de Pompon et les carrosseries de voitures car le comptoir se situe dans le showroom d'un concessionnaire ! Qu'on y vienne pour le petit déj' ou les brunchs du week-end ou à midi pour une salade ou un croque, tout est fait maison, avec des produits locaux et dans une optique zéro déchets.

LA QUINCAILLERIE €€

Rue du Page 45 ✆ +32 2 533 98 33
www.quincaillerie.be

Du mar. au dim. midi et soir sauf sam. (soir uniquement). Menu à 49,50 €. Carte : 55 € environ. Lunch : 24 €. Terrasse.

Horloge géante, coursives suspendues, anciens meubles à tiroirs et surtout cette ambiance de brasserie animée. Un cadre magnifique pour une cuisine où huîtres, poissons, fruits de mer et recettes régionales sont mis à l'honneur. La carte change deux fois par an et joue la transparence avec la traçabilité des produits. Comme ceux de leur propre ferme pour le poulet de Bresse et d'autres viandes. Quelques vins biodynamiques complètent la carte. La Quinc' dispose d'une cuisine à induction permettant les cuissons à basse température et les préparations minute.

LA PORTEUSE D'EAU €€

Avenue Jean Volders 48
✆ +32 2 537 66 46
laporteuse.eu

Ouvert du mardi au dimanche de 11h à 23h30. Carte : 38 € environ. Lunch. Terrasse.

Véritable institution saint-gilloise, la Porteuse d'Eau joue de ses charmes de brasserie Art nouveau avec ses vitraux et boiseries. Thibaut Lepoivre, passionné par la boisson nationale et véritable connaisseur propose une carte traditionnelle belge (été et hiver) et pas loin de 100 bières spéciales. On profite des spécialités d'ici avec appétit, le service de la bière est important et réalisé dans les règles de l'art et cette dernière s'accompagne volontiers de fromage en planchette, tranché par le client. Personnel pro et *brusseleir*, et ambiance très sympa.

RACINES €€

Chaussée d'Ixelles 353
✆ +32 2 642 95 90
www.racinesbruxelles.com

Du mardi au samedi soir, le vendredi midi. Bar à vins. Concerts et événements. Menu à 75 €. Lunch dès 48 €. Carte 60 €.

Racines n'usurpe pas son nom et offre un écrin pour les plats de la *nonna* à la sauce d'aujourd'hui. Les suggestions inscrites au mur ne laissent planer aucun doute : on est au cœur de la Botte, loin des attrape-touristes de Rome, Florence ou... de Bruxelles. Il n'y a pas de menu fixe, uniquement le fruit des produits glanés lors du marché quotidien. Côté vins, la préférence est au bio et à la biodynamie. On les sert au bar, accompagnés de notes de musique et d'un bien agréable jardin de ville où on mange aussi. Épicerie avec du beau, du bon et souvent du bio.

RESTAURANT SOLBOSCH €€

Square du Solbosch 1
✆ +32 2 640 13 60
restosolbosch.be
Du lu au ven. 12h-14h. Je et ven., aussi 19h-21h30. Sam 19h-21h30. Plat du jour : 16 €. Carte : 45 € environ.

Qui eut cru que l'on trouverait un tel restaurant aussi près de l'université ? Et pourtant ! Au Solbosch, on vient déguster du homard ou des grillades... cuites sur de la pierre de sel rose de l'Himalaya, ce qui confère un goût différent aux chairs travaillées. L'autre spécialité de l'établissement, ce sont les fruits de mer ; puisque le restaurant a aussi un banc d'écailler, on ne peut plus frais. Et comme le chef, Renaud Beghin, est un grand voyageur, on n'est jamais à l'abri de retrouver une petite touche d'exotisme dans son menu..

LE SAINT-GEORGES €€

Avenue Emile Max 81
✆ +32 2 736 78 26
www.lesaintgeorges.be
7j/7 de 11h à 23h. Cuisine ouverte de 12 à 15h et de 18 à 23h. Carte : 55 € environ. Lunch. Plat du jour. Terrasse.

Brasserie de quartier lumineuse et réputée, la cuisine y fait la part belle aux pièces de bœuf roboratives et est aussi courue pour ses plats bien de chez nous et son banc d'écailler (de septembre à mai inclus). Les homards (en quatre façons) et les poissons se taillent la part du lion dans le menu. On s'y presse toute l'année, notamment de la RTBF (la radio télévision belge francophone) voisine et on profite de la convivialité des demi-étages pour se sentir comme chez soi. Et ça fait trente ans que ça dure et toujours avec Costa Loulas à la barre.

SAO THAI CUISINE €€

Rue Américaine 122 ✆ +32 2 633 44 41
www.saothaicuisine.be
Fermé lundi, samedi midi et dimanche. Plat du jour : 16 €. Lunch : 22 €. Carte 42 €. Plats enfants. Carte veggie.

Sao en cuisine et Beer en salle proposent de découvrir l'univers de la cuisine thaïe, ici délicieusement mise en œuvre. La culture culinaire thaïlandaise est extrêmement riche et Sao y ajoute une dose de modernité avec subtilité. Avec gourmandise et générosité, elle aime faire vivre une expérience avec des plats déposés au centre de la table, la tradition du partage à table étant vivace en Thaïlande. Des recettes épicées aux saveurs plus délicates, toutes les tendances sont représentées. A tenter absolument, le Yam Neua, du bœuf grillé avec menthe et citron vert.

SAVAGE €€

Rue de la Paix 22
✆ +32 2 513 41 65
Mar.-sam., 19h-22h30 (18h ven. et sam.) et mer.-ven., 12h-14h. Réservation recommandée. Lunch : 15 €. Menu depuis 36 €.

Le concept de Savage est simple : le végétal est au centre mais on s'adapte. Si on souhaite viande ou poisson, c'est possible mais en supplément. Un restau bien dans son époque, quoi ! En attendant les plantes sont traitées comme de véritables stars. Dans l'assiette, un légume principal (par exemple, un poireau au barbecue mais aussi décliné en jus) superbement mis en valeur par le chef Joël Rammelsberg, et d'autres qui tournent autour, comme un accompagnement ou condiment, avec éventuellement une céréale (comme le riz rouge). C'est fin, léger et surprenant.

SMASH €

Rue Van Elewyck 1
smash.brussels
Ouvert du mardi au vendredi de 12h à 14h30 et de 18h à 22h, samedi 12h-23h, dimanche à partir de 17h30. Carte : ±16 €.

Vous connaissez le smash burger, ce burger qui est écrasé pour en extraire le maximum de goût et qui est croustillant sur les bords ? Smash vous propose donc ces burgers, mais pas trop malbouffe quand même ! Les brioches sont faites à la farine d'épeautre, la viande est belge et de race rustique. En plus, c'est bio. Pour la garniture, un smash burger fait dans le simple : fromage, un peu de cornichon ou d'oignon rouge, une feuille de laitue, de la sauce et basta ! Originalité : ils proposent aussi un smash lobster (au homard). Version végé à l'avocat aussi.

STIRWEN €€€

Chaussée Saint-Pierre 15 ✆ +32 2 640 85 41
www.stirwen.be
Ouvert du mardi au samedi le soir ; du mercredi au vendredi le midi. Menus à partir de 75 €. Carte : ± 100 €.

C'est François-Xavier Lambory qui est à présent à la barre du Stirwen, à côté de la place Jourdan, et c'est une réussite. La courte carte s'inspire du répertoire de la gastronomie franco-belge, respecte les produits de la terre et de la mer et les saisons, sans trahir ce qui a fait le succès du fondateur. Une cuisine qui peut sembler classique au premier abord mais les sauces, accompagnements et condiments apportent le supplément de modernité qui fait la patte du jeune chef comme une espuma de curry vert qui souligne un maquereau cuit au chalumeau. Belle adresse !

TAN €€

Rue de l'Aqueduc 95 ✆ +32 2 537 87 87
www.tan.brussels

Du lundi au samedi le midi, le soir pour les groupes. Réservation recommandée. Carte : ±55 €. Lunch àpd de 22,5 €.

Entrez dans la boutique de produits bio et tout au fond prenez l'escalier, vous y êtes. Chez Tan on mange sain, bio, végétarien ou flexitarien : cru, mariné ou cuit à basse température, pour conserver au maximum les vitamines et le goût originel. Des légumes rares garnissent de belles assiettes. On se laisse tenter en entrée par exemple par une brunoise d'avocat et fenouil, émulsion de mangue et tamarillo, sauce crue aux échalotes et citronnelle, puis par un dos de cabillaud mariné au pesto vert et pistache, émulsion de patate douce violette. De l'art culinaire !

LA TERRASSE €€

Avenue des Celtes 1
✆ +32 2 732 28 51
www.brasserielaterrasse.be

Ouvert tous les jours le midi et le soir. Cuisine non-stop le dimanche. Carte : 45 €. Terrasse.

En partie couverte, ombragée et chauffée, la terrasse de La Terrasse est visible de loin comme un phare dans le carrefour : une institution ! À l'intérieur, on est transporté dans les années 1930 : environnement Art nouveau, banquettes en moleskine, ***half-en-half*** à l'apéro et un vieux tableau électrique garanti sans pétage de plombs. On s'y sent zen, malgré le va-et-vient des serveurs stylés et l'affluence aux heures rouges. Carte classique de brasserie (mention pour les viandes de qualité), plats santé et suggestions bimensuelles plus exotiques composent le menu.

TAPAS Y MAS €

Chaussée de Boondael 372
✆ +32 2 640 00 25
www.tapasymas.be

Ouvert du mardi au samedi le soir. Carte : 25 € environ.

Froides, chaudes, en suggestions ou saisonnières, les tapas sont faites maison avec des touches d'ici et d'ailleurs telles les tapas… poutine ou les espagnoles, grecques et sud-américaines. On a aussi dégoté une lasagne chèvre et courgettes, des boulettes curry lait de coco, des scampis à la brésilienne et des *spighe* à la crème de truffe : 4 classiques maison. Fraîcheur et découverte sont au rendez-vous et le mélange des saveurs et des épices est surprenant. À boire, des cocktails, une quinzaine de bières et une bonne carte de vins d'Europe et du monde.

THE 1040 €€

Place Jourdan 1 ✆ +32 2 235 51 23
www.the1040.be

Du mardi au samedi de 12h à 14h30, de 19h à 22h30 et pour le brunch dominical (49 €). Menus àpd 35 €. Carte : 50 €.

Encore un restaurant d'hôtel de bon aloi ! À la barre du 1040, on retrouve le chef Jean-Philippe Watteyne, finaliste de Top Chef. En duo avec Fabrizzio Iannacci, Jean-Phi a tenu à donner l'accent belge (tant dans les plats que dans la provenance des produits) à cette élégante brasserie bistronomique : carpaccio de bœuf de Ciney, oiseau sans-tête (roulade de viande) pimpé, merveilleux revisité... mais la carte fait aussi des détours en Italie et en Asie. Sur le toit de l'hôtel poussent des plantes aromatiques et une ruche produit le miel, tous utilisés en cuisine.

TERO €€

Rue saint-bernard 1
✆ +32 2347 79 46
www.tero-restaurant.com

Ouvert du lundi au samedi, le midi et le soir. Lunch : menu veggie, 19 €, menu carné, 21 €. Carte : environ 35 €.

Tero c'est un modèle cohérent qui relie des produits sains (viande et légumes) qui sont issus de leur propre ferme à Rochefort, à une gastronomie créative basée sur les saveurs et la saison. La cohérence se prolonge avec le cadre épuré et dynamique qui s'enroule autour du bar central tout en s'adaptant parfaitement aux trois niveaux de l'espace. À la carte une trentaine de petits plats chauds et froids, style mezzés à partager ou non, et le midi un lunch végétarien ou carné. À tous niveaux c'est raffiné, original et délicieux. Autre adresse à Bierges.

LE TOURNANT €€

Chaussée de Wavre 168
✆ +32 2 502 61 65
www.restaurantletournant.com

Du lundi au vendredi le soir ; du mercredi au vendredi le midi. Carte : 50 € environ. Lunch dès 27 €. Menu dès 42,15 €.

Ouvert depuis le début du siècle, le Tournant est un phare indispensable à la bonne chère dans ce quartier. Dans un cadre de bistro intime, on aperçoit la cuisine ouverte au fond. La carte fait la part belle à la créativité. Parmi les spécialités du Tournant, notons les plats mijotés aux influences d'ici ou d'ailleurs (carri de porc, joue de bœuf à l'Orval, canard au miso et wakamé...). Pour les accompagner, une très bonne carte de vins naturels de petits producteurs, français ou italiens, rencontrés par les patrons. Service sympa, disponible et décontracté.

L'ULTIME ATOME €€

Rue Saint-Boniface 14
✆ +32 2 513 48 84
www.ultimeatome.be
Lundi-jeudi, 11h30-00h ; vendredi à 00h30 ; samedi, 9h30-00h30 ; dimanche, 10h30-00h. Carte : ±35 €. Brunch.

Dire qu'il s'agit d'une brasserie branchée serait un euphémisme. Le décor Art nouveau et l'atmosphère sont des plus agréables et la terrasse offre un point d'observation libre et gratuite des passants qui défilent. Mais la principale motivation pour une visite reste tout de même la carte. Celle des bières (plus de 90 dont 6 au fût) et celle des plats de brasserie. La qualité dépend des jours. A certains moments, c'est très bon, à d'autres, la cuisine est en deçà de leurs capacités mais cela montre que la cuisine n'est pas formatée. Un point positif, en somme.

LE VIEUX MILA €€

Rue de Moscou 28
✆ +32 2 850 29 14
Ouvert du mardi au dimanche, de 16h à 23h. A la carte : 28 €.

L'histoire du restaurant, c'est l'histoire d'un *self-made-man* Parfait Ebeng. Venu du Cameroun, il décide de reprendre un snack près du Parvis de Saint-Gilles. Fan de Roger Milla, il baptise son établissement du nom de son idole et propose des spécialités camerounaises. C'est le succès, et avec raison : dans une ambiance décontractée, on vous sert des ailes de poulet (grillées ou au barbecue), du poisson ou de la chèvre braisés ou des plats au ndolé (sorte d'épinards). Attention, les recettes sont réalisées *comme là-bas* et ça pique souvent, mais c'est si bon !

VERDŌ €€

Chaussée de Vleurgat 146 ✆ +32 2 411 87 57
www.verdo.brussels
Mardi-vendredi de 11h30 à 14h ; mercredi-vendredi de 19h à 22h30. Carte : ±45 €. Plat du jour : 15 €. Résa recommandée.

Voici Verdō qui revoit le concept des plats de brasserie à la sauce végétale : aucun produit d'origine animale n'est utilisé dans les recettes du chef Benjamin Lagarde. Pour vous accueillir dans une salle toute en minimalisme, mais pleine de chaleur, vous trouverez les copropriétaires, Krystelle Gérard et Gabriel Cluquet. Au comptoir ou à table, on se régale d'une soupe au vrai goût de légumes ou d'un tartare Verdō. Notre plat du jour était un parmentier au seitan maison, pommes de terre et champignons, aussi satisfaisant (et gratiné) que la version carnée. Miam !

LE VOLLE GAS €€

Place Fernand Cocq 21
✆ +32 2 502 89 17
www.restaurant-volle-gas-bruxelles.be/
Ouvert tous les jours de 12h à 14h30 et de 18h à 23h. Non-stop le w-e. Carte : 48 € environ. Lunch. Plat du jour.

Au Volle Gas, on aime l'absence de chichis. Ici on mange à la bonne franquette sans être sous les feux de la rampe. Ce n'est peut-être pas l'endroit pour être vu ni pour voir, mais c'est ça qui est chouette ! Cadre Art déco où se bouscule une clientèle aussi variée que sur un quai de métro à l'heure de pointe. Une superbe adresse sur une place qui l'est (re) devenue tout autant. En saison, les moules sont à l'honneur. Toute l'année, les spécialités belgo-bruxelloises – ballekes, stoemp, coucou de Malines, waterzooi... – jouent des coudes... à toute allure !

VERIGOUD €€

Rue Américaine 85
✆ +32 474 35 62 29
www.verigoud.be
Le mardi de 18h à 22h ; du mercredi au vendredi de 12h à 14h et de 18h à 22h, le samedi de 12h à 00h. Carte : ± 38 €.

« *Food and tequila* » clame le slogan de Vérigoud qui revoit la cuisine mexicaine à la sauce contemporaine. La déco du restaurant n'est pas marquée « mexicaine » justement et est même plutôt sobre. Tout est articulé autour du bar d'où on peut regarder les cuisiniers s'affairer. On parcourt la carte où le degré de piquant est indiqué par des petits piments : tostadas de poulet, salade de haricots rouges et on recommande la conchinita pibil avec les tortillas faites maison. Bel assortiment de tequilas, de mezcals et délicieux cocktails (surtout le Mezcal Smash).

VOLTA SUPER CLUB €

Rue Ernest Solvay 10
www.voltasupperclub.com
Ouvert du mardi au samedi le midi et le soir. Carte : 30 € environ.

Impossible de mourir de faim dans le quartier Matongé qui renouvelle sans cesse son offre d'enseignes où il est possible de se sustenter à tous les prix. Au-delà du concept un peu neuneu voulu par les initiateurs (on est sympas, on rassemble, vous vous sentez comme à la maison, etc.), l'idée d'associer deux géants de la gastronomie italienne, la pizza et la mozzarella, est excellente. Volta Super Club, c'est rapide, c'est bien servi, c'est bon, donc on a envie de revenir encore et encore s'installer dans ce décor minimaliste mais chaleureux.

AL PICCOLO €€

Rue Voot 20
✆ +32 2 770 05 55
www.alpiccolo.net

Ouvert le mardi et le mercredi le soir ; du jeudi au samedi le midi et le soir ; le dimanche midi. Menus de 50 € à 75 €.

Comme son nom l'indique, ce n'est pas grand mais la déco est chaleureuse. La carte met notoirement en valeur des produits frais dont la plupart viennent en direct d'Italie. Karina officie en cuisine pendant que Giuseppe, son mari, conseille les clients. Fier de ses trois décennies de métier, il vit clairement sa passion pour la cuisine de ses origines. Et fait même son marché matinal, c'est rare à ce niveau. Si vous aimez les pâtes, n'hésitez pas, elles sont reines et leur cuisson est parfaite. Celles à la truffe attirent particulièrement les amateurs.

L'AMI ROGER €€

Chaussée de Waterloo 798
✆ +32 372 96 61
www.lamiroger.be

Ouvert le mardi soir ; du mercredi au dimanche le midi et le soir. Menu unique à 30 €. Carte : 40 € environ.

L'Ami Roger est connu pour ses formidables fondues bourguignonnes et savoyardes. Et presque autant pour ses moules frites (les préférées des Belges au format Jumbo). À côté, des suggestions comme ces viandes goûteuses d'Uruguay et d'Australie. La braserade de gambas marinées est une petite merveille cuite sur plancha. Gian-Carlo est aux manettes de l'établissement depuis le printemps 2019. Il a transformé la terrasse-jardin en un endroit remarquable. À noter les racines italiennes du patron, et faites le lien avec ses excellents risottos.

BAGHEERA €€

Chaussée de Waterloo 782
✆ +32 2 320 50 00
www.bagheerarestaurant.com

Ouvert du mardi au vendredi de 12h à 14h et de 19h jusque tard. Ouvert le soir le samedi. Formule lunch. Carte : ± 60 €.

C'est le restaurant qui fait rugir de plaisir le sud de Bruxelles depuis quelques mois. Féline jusqu'au bout de ses fauteuils en velours, Bagheera mélange un décor *jungle* avec l'intérieur d'une maison Belle Époque. Le midi, la salle est baignée de lumière grâce à ses grandes fenêtres. Le soir, la lumière est tamisée, les mixologues sortent leurs shakers et on sert des plats qui ont un petit côté frimeur (comme les burgers fumés sous cloche) et dont la plupart sont faits pour être partagés. Le week-end, après le service, on pousse tables et fauteuils, et on danse.

LA BIER'COTHÈQUE €

Parvis Saint Pierre 9
✆ +32 475 94 25 61

Ouvert tous les jours de 9h à 3h. Carte : 30 € environ. Plat du jour. Terrasse.

Contrairement à ce que son nom laisse entendre, la Bier'cothèque n'est pas qu'un bar réservé aux bières. Mais plutôt un petit restaurant où il fait bon se mettre sous la dent quelques plats bien de chez nous, histoire de bien se caler pour la journée ou la soirée. Blanquette de veau, moules, américain-frites, salades repas, croquettes, croques et plat du jour au poisson le vendredi. On ne fait pas dans la grande originalité à la « Bierco », mais dans le vrai et l'intemporel. Tout comme la carte des bières qui ravira bien sûr les amateurs et spécialistes du genre.

BOUCHÉRY €€

Chaussée d'Alsemberg 812a
✆ +32 2 332 37 74
www.bouchery-restaurant.be

Mardi au samedi le soir et le vendredi midi. Lunch à partir de 28 €. Menu à partir de 39 €. Jardin. Terrasse.

Dès l'entrée, les tons clairs donnent le *la*. À table, la courte carte varie au gré des envies du chef et des saisons. Elle respire la bonne humeur, la santé, la cueillette dans les prés ou les champignons des bois. Trait d'union entre ces assiettes, le soin apporté à la présentation. De chouettes bouteilles viennent épauler les préparations du chef. L'assortiment de petits plats (végé, poisson ou viande) sous forme de « Combinaisons » et une relation de proximité avec les producteurs sont les nouveaux fers de lance de cette discrète maison de bouche.

LE BRASERO €€

Avenue des Cerisiers 166
✆ +32 2 772 63 94
www.brasero.eu

Du mar. au ven. et le dim. midi et soir et sam. soir. Menus de 24,95 € à 35,95 €. Carte : ± 52 €. Lunch. Plat du jour.

Spécialiste des grillades et des poissons, ce bistrot ouvert depuis plus d'un quart de siècle affiche une carte très alléchante : huîtres creuses de Normandie, turbotin rôti aux chicons, mignon de cerf aux pleurotes..., les suggestions du chef ne cessent d'affoler les papilles des amoureux des plats riches en saveurs et généreusement préparés. Forte de son succès, l'équipe conseille de réserver pour être sûr de ne pas se retrouver bredouille. Le cadre, classique et chaleureux, fait la part belle aux murs recouverts de briques. Terrasse.

BRASSERIE DU PRINCE D'ORANGE €€

Avenue du Prince-d'Orange 1
✆ +32 2 375 23 05
Ouvert 7j/7 de 11h à 23h. Carte : 58 € environ. Plats enfants. Brunch dominical.

L'une des belles brasseries du sud de Bruxelles. Une déco dans des teintes gris-vert et anthracite du plus bel effet avec toutefois des touches orangées. On s'installe sur de larges banquettes qui laissent augurer un agréable moment. La carte est soignée et réfléchie, tant pour les appétits de loup que ceux de Petit Poucet. Gratin dauphinois, tartare de bœuf, rognons de veau… On n'oublie pas le banc d'écailler (aussi à emporter) qui fait référence dans le quartier.

CAFÉ MARIS BRASSERIE €€

Chaussée de Waterloo 1260 ✆ +32 2 374 88 34
www.cafemaris.be
Du mardi au dimanche, midi et soir. Carte : 50 € environ. Fruits de mer, banc d'écailler, moules en saison. Jardin.

Cette maison Art nouveau ressemble à une gigantesque maison de poupée ! La marque de fabrique est le banc d'écailler où chaque créature marine semble tout juste sortie de l'eau. On peut partager un plateau Maris et une bouteille de muscadet ou une casserole Jumbo avec une bouteille de champagne. Ou l'inverse… La carte offre d'autres choix classiques mais de bonne facture, comme le vol-au-vent de volaille et l'onglet de bœuf à l'échalote. Et encore le homard en duo avec les pâtes fraîches. La carte des vins tient la route et permet de les choisir au verre.

BRASSERIES GEORGES €€

Avenue Winston Churchill 259
✆ +32 2 347 21 00
www.brasseriesgeorges.be
Ouvert du dimanche au jeudi de 12h à 23h ; le vendredi et le samedi jusqu´à 24h. Carte : 70 € environ. Lunch.

Aux Brasseries Georges, ils savent comment transformer une choucroute en un moment de pur bonheur. Et puis leurs plateaux de fruits de mer sont sans égal, et les plats traditionnels aussi d'une manière générale, qui sans être créatifs sont irréprochables. Et puis ils font des frites à l'ancienne ! *What else* ? Une véritable institution qui continue d'attirer une nouvelle clientèle gourmande et bien née, autant qu'elle fidélise le bon pedigree ucclois. La rénovation opérée en 2019 conforte la place occupée par cette belle adresse traditionnelle !

CHEZ CARLOS €€

Rue Groeselenberg 159 ✆ +32 2 230 66 94
https://chezcarlos.be/
Ouvert du jeudi au samedi, de 12h à 14h30 et de 18h30 à 21h et le dimanche, de 12h à 21h. À la carte : 40 € environ.

Le Carlos en question, c'est Carlos Castaño, le chef et propriétaire d'origine colombienne qui a posé ses ustensiles de cuisine dans un bel immeuble Art déco dont les vitraux attirent l'attention. Il propose une cuisine de marché à 2 visages : d'un côté, des classiques de la gastronomie belges (croquettes de crevettes, boulets liégeois, américain…) et des propositions venant d'ailleurs comme le ceviche de scampi ou la pintade sauce à la citronnelle et beurre de cacahuète. Un restaurant de quartier que les habitants du quartier de l'Observatoire ont vite adopté.

LE BRUSSELS €€

Chaussée de Waterloo 890
✆ +32 2 375 76 20
lebrussels.be
Ouvert du lundi au samedi de 12h de 14h30 et de 18h30 à 21h30. Le dimanche, de 12h à 14h30. Menu 2 services : 30 €.

Le chaos urbain a l'air bien loin dans ce restaurant aux allures de petit manoir de campagne. L'intérieur a été rénové début 2022 et voilà donc leur grande salle au goût du jour. Ce qui ne change pas, c'est leur vaste terrasse mais aussi leur menu : une cuisine franco-belge certes classique mais bien exécutée avec quelques incursions dans la cuisine italienne (liste de pâtes). Les petites faims ne sont pas oubliées non plus avec quelques propositions de type « snacks ». Le lieu peu aussi être loué pour organiser des évènements.

CASA SANTOS CAFÉ €

Chaussée d'Alsemberg 1152
✆ +32 2 720 71 43
casasantos.be
Ouvert du lundi au samedi de 9h à 23h. Menu du jour : 15 €. Menu gambas le samedi soir : 25 €.

Si vous êtes à la recherche de la chaleur de l'accueil à la portugaise, d'une cuisine familiale dans un cadre authentique et de bons plats mitonnés maison (par le patron et sa femme), vous trouverez tout ça chez Casa Santos. Ce restaurant sans chichis propose une courte carte de spécialités lusitaniennes (francesinha, morue à Zé do Pipo…) avec une ou deux propositions de cuisine française, savoureuses à souhait et une tout aussi courte, mais bien choisie carte des vins du pays. À épingler : les prix démocratiques et les soirées gambas à volonté le samedi soir.

LE CHALET DE LA FORÊT €€€

Drève de Lorraine 43 ✆ +32 2 374 54 16
www.lechaletdelaforet.be
Du lundi au vendredi, midi et soir. Menu unique à 175 €. Carte : 200 € environ. Lunch : 79 €. Jardin. Terrasse. Parking.

Remarquable et respectable, tout y est superbe tant à l'intérieur qu'à l'extérieur, grâce à la rigueur attentive de Pascal Devalkeneer et de sa dynamique équipe. Déconnexion totale en arrivant dans cette zone de quiétude limitrophe de la Forêt de Soignes. Ici, tout est fait pour se sentir bien, avec confort et service inclus. Une cuisine gastronomique et créative faite à partir de produits soigneusement sélectionnés, la plupart issus de l'agriculture biologique, de petits producteurs, de petites pêches artisanales et de proximité. À noter : doublement étoilé !

CHARLU €€

Chaussée Saint-Job 676
✆ +32 2 374 26 10
www.resto-charlu.be
Ouvert du mardi au samedi le midi et le soir. Carte : 50 € environ. Lunch : 18 €. Plat du jour : 15,5 €.

Agréable troquet aux airs de bouchon lyonnais avec le côté familial de l'accueil et la solide cuisine qui conserve aux produits leur authenticité sans s'obliger à les dissimuler sous des intitulés confus. Filet de merlu de Saint-Jean-de-Luz, filet de bar à la plancha, joues de veau braisées, ou encore la volaille fermière, ça vous parle ? Sans oublier l'éclatant et authentique cassoulet de Castelnaudary (avec les haricots tarbais). On entre parfois par hasard mais on n'en sort jamais déçu. À noter : le lunch à prix raisonnable digne des belles tables.

CICCIO-BELLO €€

Place Leopold Wiener 4
✆ +32 2 672 32 30
www.ciccio-bello.be
Ouvert tous les jours le midi et le soir. Carte : 48 € environ. Plat du jour : 9 €. Lunch de 14 €. Terrasse.

Confortablement ancrée dans une maison des années 1920, cette belle brasserie est dénuée du moindre tralala mais offre de vrais plaisirs de table à l'italienne. On fréquente le Ciccio Bello pour les craquantes pizzas au feu de bois concoctées par un pizzaïolo doué, pour l'un des nombreux plats italiens, et surtout parce qu'on sait qu'ici on ne sera pas déçu. Qu'on s'y rende à deux, en groupe ou en famille, l'addition reste raisonnable, avec le sourire et la gouaille bien italienne des serveurs. Ambiance au beau fixe sur les deux étages de la brasserie !

CITÉ DU DRAGON €€

Chaussée de Waterloo 1024 ✆ +32 2 375 80 80
www.citedudragon.be
Ouvert 7j/7 midi et soir. Carte : 55 €. Lunch : 16 €. Buffet à volonté : 30 €. Plat du jour. Jardin. Terrasse.

L'un des plus remarquables restaurants chinois du pays. Immanquable depuis la chaussée avec ce splendide jardin qui entoure la villa et ces koïs énormes qui évoluent dans un aquarium intérieur et extérieur. Plusieurs salles bien claires et meublées contemporain. La cuisine offre un large éventail de spécialités et de classiques du genre. On note un choix de préparations de homard et de crustacés très variés et un canard laqué à la pékinoise servi comme là-bas (en 3 services). Le reste de la cuisine est convaincant : soignée, recherchée et simplement excellente.

COOK & BOOK €

Place du Temps-Libre 1
✆ +32 2 761 26 00
cookandbook.com
Ouvert 7j/7 (20h ou 22h selon le bloc). Brunch dominical (voir site web). Plat du jour. Menu enfant. Carte : ± 40 €.

Une librairie qui permet de dévorer autre chose que du papier ! Cook & Book est un ambitieux concept dont l'atout principal est de nourrir le corps et l'esprit quasi simultanément. Plusieurs salles, avec une carte déclinant une cuisine simple (salades, beau steak tartare et son cornet de frites, toasts bien garnis ou encore quelques plats chauds bien amenés). Avant ou après le café, on ne saurait trop vous recommander une petite visite au rayon littérature. Wolubilis avec ses salles événementielles est juste à côté, pour un surplus de culture !

LE COQ EN PÂTE €€

Tomberg 259
✆ +32 2 762 19 71
lecoqenpate.be
Ouvert du mardi au dimanche de 12h à 14h et de 19h à 21h30. Menu à 40 €. Carte : environ 55 €.

En 2022, Le Coq en Pâte fêtait un double anniversaire : les 50 ans de l'ouverture du restaurant par la famille Bacchetta et les 20 ans de reprise par leur fils Olivier, qui est aussi le chef. Une belle longévité pour un restaurant italien qui penche résolument dans le côté gastro de la cuisine italienne. Le cadre est chaleureux et décontracté mais c'est dans l'assiette que se découvre la créativité du chef : jeu de couleurs, de textures et de saveurs et plats dressés avec précision. On craque pour les raviolis au parmesan de 30 mois ou le ris de veau aux morilles.

LE CORIANDRE €€

Rue Middelbourg 21
✆ +32 2 672 45 65
www.lecoriandre.be
Ouvert du mardi au vendredi le midi et le soir ; le samedi soir. Menus de 63 € à 100 €. Carte : 75 €. Lunch : 41 €.

La table de quartier de Damien Vanderhoeven, membre des Jeunes Restaurateurs d'Europe est devenue une jolie enseigne gastronomique à la réputation nationale. Sa cuisine est créative, moderne, basée sur les produits de saison, flirtant avec la gastronomie japonaise... et sans doute un peu trop onéreux pour les petits budgets. Inspiré par la peinture, on dirait qu'il s'amuse à projeter les couleurs sur l'assiette tel un artiste. Cours de cuisine pour tenter de reproduire ses œuvres à la maison. Et toujours le sourire d'Agnès pour ponctuer le service...

LES ENFANTS DU PIRÉE €€

Chaussée d'Alsemberg 572
✆ +32 2 345 97 31
www.piree.be
Ouvert du mercredi au dimanche le midi et le soir. Carte : 48 € environ. Lunch : 17,90 €. Plats enfants. Terrasse.

Autant le dire d'emblée, les colonnades et les danses traditionnelles n'ont pas lieu d'être. Ici, la générosité de l'assiette prime. On y conseille les viandes rôties, tandis qu'à la carte se mêlent mets traditionnels et plats de chez nous. Au menu par exemple, un étuvé d'agneau en Kokinisto à la tomate crémée. Pour accompagner, on balance entre frites et gratin dauphinois. Le pain croustillant est servi avec du tarama. Vins grecs à prix raisonnables et service rapide à midi. À l'étage, les grands groupes sont accueillis avec une certaine intimité.

CUIT CUIT €€

Rue Edith Cavell 202
✆ +32 485 08 09 09
cuitcuit.be
A emporter le samedi de 10h30 à 14h ; le dimanche jusqu´à 16h. Carte : 20 € environ.

Envie du bon poulet rôti du week-end mais de qualité ? Chez Cuit Cuit, on veut redonner ses lettres de noblesse au poulet rôti à emporter. Haro sur la volaille élevée en batterie ! Ici, il vient d'élevages bio (la coopérative « Coq des près ») et a vécu une belle vie en plein air. On est donc loin de la saveur insipide qu'on connaît d'habitude. Les accompagnements (compote sans sucre ajouté, pommes de terre au jus et légumes) sont aussi bio. Les assiettes (bun poulet, ramen, ou lasagnes) sont autant d'alternatives gourmandes.

EPICURO €

Rue Victor Allard 41
✆ +32 2 850 58 26
epicuro.be
Ouvert tous les jours de 12h à 15h et de 18h à 23h30. Pizzas et pâtes autour de 15 €.

Dans une jolie maison en coin, Suada et Edin vous accueillent dans ce chaleureux petit restaurant où les plats sont exécutés dans la pure tradition italienne : en toute simplicité mais avec les meilleurs produits. Alessio et Milva sont en cuisine pour préparer des pâtes fraîches et de délicieuses pizzas (cuites au feu de bois) mais aussi des *secondi* de viande ou de poisson (saltimbocca, osso bucco, filet de bar à la lombarde...) en portions généreuses. Le plus difficile sera de choisir, surtout pour les pizzas et pâtes, la liste est longue et alléchante.

DA GIUSE €€

Rue Xavier De Bue 23
✆ +32 2 332 51 46
http://dagiuse.be
Ouvert du lundi au samedi de 8h à 18h. Panini et piadine à partir de 7 €. Plats autour de 14 €.

Da Giuse, c'est une affaire de famille. À la fois café à l'italienne, sandwicherie et trattoria, on y vient dès le matin pour boire un café au comptoir, embarquer un panino à midi ou se régaler de délicieuses pâtes et à l'heure de goûter, pour une pâtisserie. Tout est préparé par Giuseppe, sa maman et même son nonno et tout est cuisiné comme à la maison avec de beaux produits. C'est cette ambiance familiale qui fait tout le charme de ce restaurant qui vous embarque direction la Sicile, l'île d'origine de la famille de Giuseppe. Joli coin épicerie et traiteur.

CHEZ FIL €€

Chaussée d'Alsemberg 1029B
✆ +32 2 269 85 07
chezfil.be
Du mardi au samedi 12h-15h et 18h-22h (22h30 le samedi). Lunch : 16,50 €. A la carte : ± 45 €. Pizza dès 11 €.

Uccle Callevoet a des allures de gros village et c'est là que Filipe a décidé d'ouvrir un restaurant de quartier dans le plus noble sens du terme. Bien que le restaurant soit tout récent, il a déjà ses habitués et c'est plutôt bon signe. Filipe met en avant ses origines italo-portugaises dans une carte qui change selon ses humeurs. Les constantes restent les pizzas, pour le reste, ça varie entre linguine vongole et pasteis de nata, sans négliger la cuisine française et de saison (gibier en automne). Les assiettes sont généreuses, cuisinées comme à la maison.

LES FILS À PAPA €€

Chaussée de Waterloo 1484 ✆ +32 2 374 41 44
www.lesfilsapapa.be
Ouvert le lundi et le samedi le soir ; du mardi au vendredi le midi et le soir. Carte : ± 55 €. Lunch : 21 €. Terrasse.

Pas de gamineries dans ce restaurant ! On est happé par le cadre tendance mais sans excès (boiseries brutes aux murs, lumières tamisées...). La carte oscille entre *world food* et rappels du terroir. On citera un spirelli de bœuf bien masculin (roquette, bœuf émincé, tomates séchées, sauce au poivre) et un croustillant de volaille (champis des bois, moelleux à cœur et doux au goût) inversement très féminin. En mettant de côté les clichés. Les serveuses en uniforme noir apportent une touche supplémentaire au travail consciencieux ! Vaste terrasse avec des recoins.

FRITURE CHARLES €

place Dumon 1
Ouvert du mardi au samedi de 12h à 15h et de 17h à 22h ; le dimanche de 17h à 22h.

Le service est assuré par la petite-fille de M. Charles, fondateur de la friterie... qu'on appelle encore *friture* selon un belgicisme ancien. L'affaire familiale existe depuis 1956 et connaît toujours le succès après plus de soixante années d'existence : on s'arme de patience pour être servi aux heures de pointe ! Ici, on déguste la *bintje* belge cuite dans les règles de l'art et dans la graisse de bœuf, à la façon artisanale. Le midi seulement, la nostalgie s'invite avec le bon vieux cornet conique en papier. À manger avec les doigts, c'est encore meilleur !

LES FRÈRES ROMANO €€

Avenue De Fré 182
✆ +32 2 374 70 98
www.lesfreresromano.com
Ouvert du mardi au samedi le midi et le soir. Carte : 70 € environ. Lunch : 28 €.

Ce resto n'est pas à la pointe de la modernité ? Qu'importe, cette cuisine fait son succès depuis plus de trente ans. On y déguste des plats de facture bourgeoise et on aurait tort d'oublier cette belle table. On évoquera un classicisme pointu où la cuisine française joue ses gammes. Quelques pâtes bon chic bon genre rappellent les origines transalpines de Pascal Romano. Le service est assuré avec élégance tandis qu'on est installé confortablement. Le cadre et la déco éclatante de cette maison style 1900 offrent le raffinement comme fil conducteur. Un must !

AU GRAND FORESTIER €€€

Avenue du Grand Forestier 2
✆ +32 2 672 57 79
www.augrandforestier.be/
Ouvert toute l'année et tous les jours de 10h à 23h. Carte : 60 € environ.

À 50 mètres du boulevard du Souverain, une maison du début du XXe siècle typique dans la commune, entre le parc Tenreukens et la forêt de Soignes, avec vue imprenable sur l'Étang. La famille Niels gère avec brio l'établissement, en plus du Vieux Saint-Martin au Sablon et du Canterbury à Ixelles. Ici aussi uniquement à la carte, on ne sera pas étonné de trouver des plats de brasserie autant que des suggestions plus créatives, le tout à partir de produits d'exception. C'est l'ADN de la famille. Terrasse chauffée toute l'année.

FRITERIE DU BOURDON €

place du Bourdon
Du mardi au samedi 12h-14h30 et 18h-22h30, le dimanche 12h-22h. Frites à partir de 2,40 €. 0,80 € la sauce.

Voilà plus de trois décennies que la friterie est incontournable dans le coin et on ne voit pas ce qui pourrait changer ça ! Car ici, le patron a été élu Chevalier de l'Ordre national du Cornet d'Or (un titre qui n'a plus jamais été remis en lice depuis lors) et reste attentif à la qualité de l'huile et de la pomme de terre. Les deux critères nécessaires pour obtenir une bonne frite, avec le calibrage qui donne une frite pleine et croustillante. Retenez encore que les patates proviennent du même agriculteur depuis trente ans et que les frites sont calibrées 13 mm.

LE GUIGNOL - UCCLE €€

Chaussée de Saint-Job 334 ✆ +32 2 374 17 38
www.guignoluccle.be
Ouvert du dimanche au vendredi de 12h à 14h30 et de 18h30 à 23h ; le samedi de 18h30 à 23h. Carte : ±40 €. Terrasse.

Décor, ambiance et spécialités typiquement bruxello-belges... mais avec une touche thaï ! On y mange sans façon d'honnêtes steaks, des travers de porc, des carbonnades, différentes sortes de tartares, dont un tartare thaï. Les amateurs de saveurs du pays du sourire y trouveront un délicieux pad thaï et différentes sortes de curries. Pendant qu'on attend ses plats, on peut prendre le temps d'admirer les marionettes pendues au plafond d'une très belle salle qui a gardé son cachet. L'air de fête qui y règne est encore renforcé par un véritable cheval de manège !

HAROLD €€

Avenue Dolez 123
✆ +32 2 374 19 74
www.restaurant-harold.be
Ouvert du mardi au samedi le midi et le soir ; le dimanche midi. Menu unique à 39 €. Carte : 58 € environ. Terrasse.

Sur le plateau du Kauwberg, à proximité du cimetière d'Uccle. L'intérieur, tout de bois, s'offre un beau ton gris perle. La carte, relativement courte, est de type brasserie avec quelques classiques joliment mis en assiette comme l'os à moelle, le filet mignon limousin, le magret confit ou le cassoulet toulousain. Et pour le reste, varie selon les saisons. Menu mensuel 3 services (flûte de champagne incluse) parking privé, un nappage blanc et une carte des vins qui en étonnera plus d'un. Une très belle adresse en bordure de ville.

CHEZ HASSAN - CALVOET €

Chaussée d'Alsemberg 994
✆ +32 485 67 89 33
http://resto-calvoet.be
Du mercredi au vendredi de 12h à 24h ; du samedi au mardi, de 16h à 24h. Carte : 32 € environ.

À travers sa cuisine typique marocaine, Hassan nous emmène en voyage gastronomique et culinaire. En 2000, il a créé ce restaurant à son image : un cadre pittoresque et une déco authentique, une cuisine simple et qualitative, une ambiance familiale. Hassan se focalise surtout sur les couscous et les tajines mais il propose aussi une cuisine de snack (assiettes de grillades, frites, durums, falafel...). Côté restaurant, les prix sont imbattables. Face à la gare de Calvoet, Hassan invite ses clients à un voyage dans le Sud marocain. Une référence à Bruxelles.

HAU €€

Avenue Salomé 1
✆ +32 2 762 99 80
hau-restaurant.be
Ouvert le dimanche, le lundi, le jeudi et le vendredi le midi et le soir ; le samedi soir. Menu unique à 40 €.

Le chef Van Hau N'Gguyen porte... Hau la cuisine vietnamienne ! Celle-ci est mise à l'honneur dans un cadre très aéré et lumineux. Située dans une magnifique villa du début du siècle dernier, implantée dans un joli quartier résidentiel, voilà une adresse hors du commun. Les produits utilisés sont d'une grande fraîcheur et les recettes de l'Asie du Sud-Est finement élaborées (en partie à base d'ingrédients du marché...). Le chef se passionne pour les vins et propose ses jolies découvertes, bio ou nature (!) s. L'accueil par la maîtresse de maison est attentionné.

FRITERIE CHEZ CLÉMENTINE €

place Saint-Job
✆ +32 483 57 75 23
www.chezclem.be
Ouvert tous les jours de 11h30 à très tard. À partir de 3,10 € le paquet et 0,95 € pour une sauce.

Servies en cornet (c'est mieux, disent les puristes !) ou en paquet, mais toujours en quantités généreuses, les frites de chez Clem' se dégustent en profitant de la « terrasse » offerte par la place Saint-Job. Service sympa, à toute heure du jour ou de la nuit, mais pas toujours très rapide... Clem' (Clémentine) n'est autre que la fille du fondateur de la célèbre maison Antoine et sa friterie s'est auto-gratifiée d'un label « écoresponsable » décliné à tous les étages de la production. Que les grincheux se rassurent, ça ne change pas le goût des frites !

© DR

© DR

L'HÉRITIER €€

Avenue Prince Héritier 56
✆ +32 2 735 52 44
Ouvert du lundi au vendredi de 11h à 22h30. Carte : 40 € environ. Lunch : 25 €. Terrasse.

La brasserie sert dans une ambiance belgo-belge un américain frites très demandé mais n'empêche pas les côtes à l'os de se faire remarquer, ni les spaghettis, scampis, boulettes sauce tomate, carbonnades flamandes, tripes, rognons, moules en saison, croquettes aux crevettes... Parfois disponible en suggestion, la côte de porc sauce Blackwell est une tuerie ! Et l'été, on ajoute quelques salades ou carpaccio. Notez quelques belles bières sélectionnées par Poje, qui inspira le héros de BD du même nom « Du Côté de Chez Poje ». On ne peut plus *zwanzeur* !

IVRESSE €€€

Rue du Postillon 6
✆ +32 2 520 57 39
ivresse-restaurant.be
Ouvert du mardi au vendredi de 19h à 23h. Menus : 55 €-70 €

Ivresse, c'est un caviste, un traiteur, mais aussi un des plus excitants restaurants du sud de la capitale. On entre via le côté caviste et son mur de bouteilles avant d'accéder à la salle qui est plutôt dans l'esprit industriel/récup. En cuisine, le chef Benjamin Rauwels propose un menu resserré mais dont les produits ont été triés sur le volet (locaux, de saison, bio). Impossible de savoir à l'avance ce que vous allez manger mais le végétal y a une grande place, sans oublier poisson et viande. Et ne parlons pas des vins en accompagnement, caviste oblige !

DE HOEF 1627 €€

Rue Edith Cavell 218 ✆ +32 2 374 34 17
dehoef-1627.com
Ouvert du dimanche au vendredi de 12h à 14h et de 19h à 22h (22h30 vendredi) et de 18h30 à 22h30 le samedi. Menu : 40 €.

Après le Vieux Spijtigen Duivel (aussi à Uccle), De Hoef est un des plus anciens estaminets de Bruxelles. Cet ancien relais postal, devenu restaurant dans les années 1950, est aux mains des petits-fils de « Madame Pitou », figure tutélaire de l'établissement. C'est un véritable retour à l'ère des Pays-Bas espagnols avec son ancien carrelage, ses boiseries, ses poutres et son énorme cheminée. Pas étonnant que les spécialités ici soient les grillades de viande mais aussi... les escargots de Bourgogne. La cour intérieure transformée en terrasse est pleine de charme.

CHEZ JOSY €€

Place Eugène Keym 15
✆ +32 2 679 01 53
https://chezjosy.be
Ouvert du lundi au vendredi de 11h à 18h ; le samedi de 10h à 17h. Carte : 32 € environ. Terrasse.

Joëlle et Sylvie ont ouvert ce petit resto de cuisine créative en 2009 déjà ! On s'attable pour une quinzaine de soupes où les légumes et la simplicité sont la base des recettes. On ajoute des épices du monde, des murs blancs, une assiette veggie, une autre de viande ou fromage, un coin épicerie et beaucoup de luminosité et on plante le décor : le principe est on ne peut plus simple, tout ce qui se trouve dans l'assiette se vend. 90 % des produits sont bio et le mot d'ordre est slowfood ! Josy vend des fruits et légumes bio et propose également un bar à jus !

IL CARPACCIO €€

Chaussée de Waterloo 1033
✆ +32 2 374 57 67
www.il-carpaccio.be
Ouvert tous les jours le midi et le soir. Carte : 50 € environ. Jardin. Terrasse.

La cuisine balance plutôt bien entre des propositions créatives et une carte traditionnelle. Le poisson arrive deux fois par jour, les pâtes, le pain et les desserts sont faits dans la maison et le pizzaïolo fait tourner ses pâtons devant les clients ! La carte des vins compte une centaine d'étiquettes de toute la Botte et les bouteilles s'exposent façon *enoteca*. On pointe un excellent *prosecco* en guise d'apéro maison et on glisse les pieds sous la table de terrasse pour profiter du jardinet. Une reproduction du peintre vénitien Carpaccio est accrochée au mur.

KOYZINA AUTHENTICA €

Avenue Brugmann 519
✆ +32 2 346 14 38
koyzina-authentica.be/
Du mercredi au samedi le soir ; dimanche le midi. Carte : 45 € environ. Plats enfants.

Dans sa belle maison de maître de l'avenue Brugmann, Sofia reçoit dans son salon et fait le maximum pour que les convives soient bien. Elle a opté pour les recettes séculaires de la « cuisine de maman ». La carte gastronomique a été créée par un chef grec talentueux et reconnu : Nikolas Moros. Koyzina propose une gamme de produits d'origine grecque : épices, condiments, huile d'olive... La cuisine grecque est « ménagère » et rassurante avec une touche gastronomique. Aussi ouverte à la modernité, Sofia propose une série de suggestions végétariennes et sans gluten.

LUNAPONTINA €€

Avenue Legrand 15
✆ +32 2 355 48 91
lunapontina.be

Ouvert du lundi au vendredi midi et soir. Carte : 50 €. Lunch. Accessible aux personnes à mobilité réduite.

La cuisine de Lunapontina est surtout inspirée du Latium et rappelle la vie dans les petits villages de la région, entre mer et montagne. Une cuisine de spécialités qui change tous les jours ou presque, mise en avant par Cinzia et Astrid, mère et fille aux origines certifiées. La carte rend hommage aux plats de poissons comme là-bas et on citera aussi les tagliere de charcuteries, scialatielli, tonnarelli... Dans le verre, le meilleur des petits vignerons locaux. En salle, des sourires et le plaisir non feints d'accueillir dans un style italien inimitable !

DE MAURICE À OLIVIER €€

Chaussée de Roodebeek 246
✆ +32 2 771 33 98
www.demauriceaolivier.be

Du mardi au samedi le midi et le soir ; le lundi midi. Menus de 39 à 70 €. Carte : 55 € environ. Lunch : 22 €.

Le cadre de brasserie aux carrelages blancs et banquettes foncées rehaussées de miroirs donne le ton. Pour l'histoire, on s'attardera sur le grand-père d'Olivier qui avait un dépôt de bières puis fut tireur de vins avant d'être membre de la guilde des sommeliers... La carte évolue avec des propositions de gastronomie française à l'accent des terroirs dont certaines proposées oralement. Le menu Promenade du Sel au Sucre est déjà une invitation à un moment de qualité ! Le service est pro, l'assiette est soignée et la carte des vins affiche trois cents étiquettes.

SOURCES DU LIBAN €

Chaussée de Waterloo 1384 G
✆ +32 2 343 80 12
sourcesduliban.be

Ouvert du jeudi au mardi de 11h30 à 23h. Menus de 29 € à 40 €. Carte : 38 € environ.

Sources du Liban propose une carte de spécialités typiques, des plats savoureux magnifiant cette cuisine ensoleillée. Au choix, on peut savourer sur place, à emporter ou se faire livrer falafels, mezzes, tabboulehs, caviar d'aubergines... sans oublier les indispensables feuilles de vignes et un tas de curiosités aux noms plus confidentiels mais excessivement savoureuses. La cuisine libanaise est bien l'une des meilleures du monde ! Leurs vins aussi... et cette petite adresse de Fort Jaco en présente quelques beaux spécimens. Brunch-buffet tous les dimanches.

DE MAYEUR €€

Fabriekstraat 339 - **RUISBROEK (VB)**
✆ +32 2 331 52 61
www.demayeur.be

Ouvert du mardi au samedi le midi et le soir. Carte : 60 € environ. Lunch : 35 €. Menus à partir de 65 €. Terrasse.

De Mayeur était cette table synonyme de cuisine conviviale, Patrick Vandecasserie était aux commandes de la Villa Lorraine et fils d'une autre légende des fourneaux, Freddy Vandecasserie. La réunion de ces deux conceptions de la cuisine de chez nous donne une adresse fleurant bon le plat mijoté, les préparations traditionnelles et le goût respecté. Quand la tradition rencontre la légende, c'est un restaurant de Ruisbroek un peu oublié des nouvelles générations qui trouve un second souffle. À l'arrière, une terrasse permet de saucer en mode grand air.

MILADIOU €€

place Andrée Payfa - Fosseprez 2
✆ +32 2 660 42 30
www.miladiou.be

Dimanche et lundi midi ; du mardi au vendredi midi et soir ; samedi soir. Carte : ±43 €. Lunch. Plat du jour. Terrasse.

Sympathique petit troquet. Il est là depuis une quarantaine d'années, il a été repris mais l'esprit de départ est resté. Patois du Sud-Ouest français, Miladiou signifie « Mille Dieux ! ». Les mets et les vins découlent davantage du terroir français avec des formules très raisonnables sur le temps de midi. Un soin particulier est apporté à la présentation des assiettes et l'accueil demeure particulièrement sympathique. La déco vaut également le détour. Les groupes de 15-20 personnes maximum y sont les bienvenus pour occuper l'un des trois espaces.

SE RÉGALER

NANDO €€

Avenue Winston Churchill 148a
✆ +32 2 850 25 02
https://restonando.be
Ouvert tous les jours sauf le mercredi, midi et soir. Carte : 43 €.

Restaurant grec, et plus précisément crétois, chez Nando, on mange des plats traditionnels préparés comme sur l'île du roi Minos ! On y retrouve toute une série de mezze, des grillades de viandes et de poissons, le fameux bœuf kokkinisto (cuit dans de la tomate épicée) ou d'autres spécialités plus étonnantes comme des escargots au thym. Ce qui est loin d'être traditionnel, c'est le décor du restaurant. Pas l'ombre d'un bleu hellénique mais du bordeaux pour habiller chaises et banquettes. Pour compléter l'expérience, il y a une jolie sélection de vins grecs.

NEMO 33 - THAI 33 €€

Rue de Stalle 333
✆ +32 2 332 33 34
Ouvert du lundi au vendredi le midi et le soir ; le week-end de 12h à 22h30. Carte : 38 € environ.

Fabuleuse réussite pour ce resto rebaptisé Thaï33 et toujours bien ancré au centre de plongée Nemo33. Une déco inspirée qui évoque l'univers de la plongée, et la vue sur les fonds de cette profonde piscine à eau de source. Mais pas besoin d'être plongeur pour apprécier les saveurs asiatiques de la carte (Thaïlande, Vietnam, Chine). Le midi, la clientèle est surtout business, tandis que le soir, la lumière tamisée invite à la romance. Belles salles pour groupes et une terrasse de verdure figure dans le top 5 des plus attractives de Bruxelles.

NOÏ €€

place Communale 6 - **LINKEBEEK**
✆ +32 2 380 68 60 - www.noi.be
Ouvert du mercredi au vendredi le midi ; du lundi au samedi le soir. Carte : 40 € environ. Terrasse.

Noï a pris ses quartiers dans une ancienne menuiserie. L'adresse n'est pas facile à trouver : mode GPS *on* obligatoire (maison jaune avec un grand signe «Noï», ça devrait aider). On profite d'un cadre typique et original. Mais à la belle saison, une des plus belles terrasses des environs s'offre aux convives. Dans l'assiette, les classiques poulet, porc, bœuf ou crustacés sont agrémentés des curry, gingembre, aigre-doux ou légumes sautés locaux et bénéficient d'un service efficace. On prévient le béotien par des petits pictos qui piquent de plus en plus fort.

OSTERIA AL DENTE €€

Rue du Doyenné 85-87
✆ +32 2 343 45 23
www.caffealdente.com
Ouvert du mardi au vendredi le midi et le soir ; le samedi soir. Carte : 45 € environ. Terrasse.

Restaurant-bar à vins spécialisé en préparations italiennes goûteuses et authentiques. On choisit sur un tableau suspendu, comme si l'on faisait ses courses au marché ! Les nappes blanches donnent le ton, la cuisine est juste, sans chichis inutiles. Les ingrédients ont le goût de ce qu'ils sont, sans transformation ou cuisson inutile ou prolongée. Autant vous dire qu'on aime ça ! Le Caffè al Dente, c'est aussi une boutique juste à côté. Crus singuliers à découvrir sur place ou à emporter, produits fins et exquis venus en direct de la Péninsule.

LE PARVIS €€

Rue Xavier de Bue 71
✆ +32 2 344 46 04
www.leparvis.be
Du mercredi au dimanche de 10h à 22h. Cuisine non-stop à partir de 12h. Carte : 48 € environ. Plat du jour. Terrasse.

Dans son cadre de brasserie bourgeoise, le Parvis dévoile une cuisine haute en couleur. On y retrouve avec plaisir un plat du jour soigné, des suggestions travaillées en fonction des origines des produits (chaque viande a son appellation propre en fonction du morceau choisi). Américain préparé en salle sous vos yeux et frites cuites à la graisse de bœuf. Une partie de la nouvelle carte est dédiée aux produits bio, végétariens ainsi qu'énergisants. Carte des vins surprenante élaborée avec la collaboration du sémillant Eric Boschman.

LE PASSAGE €€

Avenue Jean & Pierre Carsoel 17
✆ +32 2 374 66 94
www.lepassage.be
Du mardi au vendredi, midi et soir et samedi soir. Menus : 65 € à 80 €. Carte : ± 70 €. Accessible PMR. Climatisation.

Rocky Renaud, épaulé par son fils Kévin, dirige ce qui est objectivement l'une des meilleures tables uccloises. Le fiston gère la salle, ce qui, en venant de La Villa Lorraine, ne devrait créer aucune fausse note. Côté cuisine, Rocky le paternel et amateur d'épices ne lâche rien en matière de qualité des produits et de justesse de ses cuissons qui subliment tant les saveurs. Mention pour le carpaccio de Saint-Jacques, lentilles vertes du Puy et mandarine ; les escalopines de ris de veau aux morilles et l'indétrônable café glacé en dessert.

INTERVIEW

NOÏ

TOUTES LES SAVEURS DE LA THAÏLANDE

Le concept :

Situé au sud de Bruxelles à Linkebeek, le restaurant Noï, depuis près de 30 ans, régale les amateurs de cuisine thaïlandaise. Le nom du restaurant n'est autre que le prénom de l'épouse de celui qui a créé de toute pièce cet endroit magique. À la reprise de l'établissement par Thierry Jeandrain, il y a près de 8 ans, le nom est resté inchangé ainsi que toute l'équipe.

Le Noï, c'est d'abord un cadre qui invite à l'évasion, une ancienne menuiserie restaurée, agrandie au fil des ans et parsemée d'objets de décoration hétéroclites rapportés par les propriétaires lors de leurs nombreux déplacements de par le monde. Pénétrez dans l'établissement et le dépaysement est garanti. Un autre atout du restaurant est sans conteste sa merveilleuse terrasse en bois nichée au milieu des bambous.

En cuisine :

L'équipe du Noï est 100 % thaïlandaise. Les cuisiniers, le personnel de salle et l'hôtesse à l'accueil perpétuent un service unique. En cuisine, le respect des recettes de la gastronomie thaï fait partie des attributions des 6 cuisiniers thaïlandais. Et trois fois par semaine, du mercredi au vendredi midi, le restaurant propose une formule à volonté de soupe comme dans la rue, le Kouitiaw. Un bouillon inimitable agrémenté de 3 viandes différentes, de nouilles thaï et de nombreux condiments. Parmi les spécialités de la maison, retenons le Miengkham, l'Indescriptible, cuillères de dégustation totalement uniques à base de scampis, coco grillé, gingembre et une touche secrète. En plat, les «5 Curry» permettront de découvrir 5 variantes de préparations à base de curry et lait de coco. Un délice. Les desserts, en grande partie faits maison, finiront par vous convaincre de la qualité de l'endroit. Ne dit-on pas que la Thaïlande est le pays du sourire ? Au Noï, vous serez reçu en toute bienveillance et professionnalisme.

NOÏ

place Communale 6

LINKEBEEK

✆ +32 2 380 68 60

www.noi.be

© LE NOÏ

© LE NOÏ

© LE NOÏ

RELAIS SAINT-JOB €€

place Saint Job 1
✆ +32 2 375 57 24
www.relaisstjob.be
Ouvert tous les jours de 12h à 24h. Carte : 54 € environ. Menu enfant : 14,50 €. Lunch. Terrasse.

Cuisine de brasserie et ambiance belgo-bruxelloise cadencée par le va-et-vient de serveurs enjoués. Choucroutes, gibier, *stoemps*, produits du banc d'écailler et quelques classiques de la cuisine bourgeoise, virevoltent dans cet ancien relais de poste connu de tous ! Une belle terrasse extérieure, construite sur le toit de l'une des salles, se prête au repas d'été les plus conviviaux. Jouxtant le resto, l'espace traiteur envoie 7j/7 une cuisine de tous les jours améliorée. Quelques produits fins et une belle sélection de vins (bio, biodynamie...).

RINO SON RESTO €€

Avenue de Visé 30
✆ +32 2 649 04 29
www.rinosonresto.com
Ouvert du mardi au dimanche de 18h à 22h. 23h les vendredis et samedis. Carte : 42 € environ.

Chez Rino, le cadre s'affirme plus contemporain que jamais, mettant en évidence un mobilier et une déco au goût d'aujourd'hui, loin des poncifs transalpins habituels. Mais côté carte, on parle bien d'une cuisine où les produits de la Botte sont magnifiés ! Par exemple, les spaghetti carbonara sont préparés à la pancetta et un ajout de crème est banni ! L'établissement propose aussi délicieuses pizzas. Cesarino ne badine pas avec son resto ! On en oublierait presque qu'il l'a créé en 2009 déjà, à l'époque dans le quartier bouillonnant du Cimetière d'Ixelles.

AU REPOS DE LA MONTAGNE €

Montagne de Saint-Job 39
✆ +32 2 375 30 53
Du lundi au vendredi midi et soir ; le samedi soir. L'été, le soir uniquement. Carte : ±45 €. Lunch : 19 €. Terrasse.

Restaurant d'ambiance, style brasserie-bistrot d'antan, évoquant le café colombophile qu'il était autrefois, cette adresse reste toujours aussi accueillante et authentique dans ce quartier de la place Saint-Job. Le cadre est chaleureux et la cuisine du chef-propriétaire en est le reflet avec des plats généreux et goûteux de bonne brasserie franco-belge. Les produits de saison et le terroir sont à l'honneur et même quelques autres « oubliés ». Les techniques modernes, comme le fameux œuf à 64 °C ou les spécialités étrangères ne sont pas pour autant bannies.

LE SCHIEVELAVABO €

Rue du Collège Saint Michel 52
✆ +32 2 779 87 07
schievelavabo.com/restaurants/woluwe
Ouvert du mardi au vendredi le midi et le soir ; le week-end le soir. Carte : 40 € environ. Menu enfant : 9 €.

En *brusseleer*, *Schieve lavabo* signifie « lavabo de travers ». Burgers, plats de pâtes, salades sont autant de préparations qui (r) assurent comme les fondues au parmesan, les boulettes sauce tomate, le vol-au-vent et des suggestions qui changent tout le temps. Sans oublier le fameux *Schievelavabolo* qui cale un ogre en version XL ! Comme dans tous les autres « Schieve » (Altitude 100, place Jourdan, Uccle, Auderghem et La Hulpe), la déco de brocante (boiseries, nombreuses plaques émaillées…) est inimitable ! Que demander de plus ?

AU REPOS DES CHASSEURS €€

Avenue Charle-Albert 11
✆ +32 2 660 46 72
www.au-repos-des-chasseurs.be
Ouvert tous les jours le midi et le soir. Menu unique à 36 €. Carte : 52 € environ. Lunch. Terrasse.

Bien connu pour sa cuisine franco-italienne, le Repos des Chasseurs a profité du post-confinement pour muer et passer aux mains de Francesco Pepe, le fils d'Angelo. Pas simple de succéder à l'autorité légèrement despotique de papa, mais qu'à cela ne tienne, Francesco tente d'imposer son style ; carte réduite, cuisine plus créative et toujours le gibier en saison. En revanche le côté bon enfant et désinvolte du service s'accommode mal d'une addition toujours très en forme. Le point fort de l'endroit reste sa situation adossée à la forêt et la magnifique terrasse.

LA SŒUR DU PATRON €€

Chaussée de Wavre 1700 ✆ +32 2 675 00 92
www.lasoeurdupatron.be
Ouvert du mardi au vendredi midi et soir ; le samedi soir. Carte : 44 € environ. Lunch. Menu enfant : 10 €. Parking.

La Sœur du Patron ne fait que s'embellir avec le temps ! S'y rendre, c'est découvrir des coins et des recoins, un patio gigantesque avec une verrière amovible… Le cadre est merveilleux, de brut et de briques ! La carte est aussi éclectique que la clientèle : pâtes, salades, carpaccios, burgers, salades (une dizaine) ou tartares (à tester, l'oriental avec pommes de terre sautées à la harissa). Sans oublier les plats plus exotiques comme le *chicken massala*, des tajines, de la *moqueca de Bahia*… Et également un bar lounge (Le Bar du Patron), pour prolonger le plaisir.

LES TERRASSES DU ROSEAU €€

Rue du Roseau 60
✆ +32 2 372 36 26
https://lesterrassesduroseau.be/
Ouvert tous les jours de 9h à 23h. Carte : environ 37 €.

Il y a comme un petit air de country club qui flotte sur ce restaurant et pour cause : c'est un peu la « cafète » du club de tennis du Roseau à Uccle. D'ailleurs, si vous vous asseyez en terrasse, vous aurez une vue plongeante sur les cours. À la tête de ce restaurant sans prise de tête, Dominique et Vincent, deux pros dans le domaine. La carte est courte mais bien équilibrée entre propositions bien consistantes (pavé de bœuf et frites) et d'autres plus légères (salade de chèvre ou César) en plus des suggestions. De quoi se requinquer après une bonne partie !

THE LODGE €€

Rue des Pêcheries 2
✆ +32 2 662 26 66
www.the-lodge.be
Du lundi au vendredi de 11h45 à 15h et de 18h45 à 23h et le samedi de 18h45 à 23h30. Menus dès 50 €. Carte : ±55 €.

Restaurant et bar-club, on croirait l'adresse réservée aux *loungers* mais on s'y plaira aussi en famille ou en amoureux. Le décor lumineux, tout à fait dans la tendance actuelle, ferait presque oublier l'énorme terrasse réaménagée sur deux niveaux et le plan d'eau qui donnent une impression d'immersion en pleine nature. Bref, un cadre verdoyant dans un quartier essentiellement résidentiel. La carte très fusion-food est un heureux mélange de saveurs d'ici et d'ailleurs. Plusieurs menus *all-in* sont disponibles pour les groupes à partir de douze personnes.

LE TOUÂREG €€

Avenue J & P Carsoel 13 ✆ +32 2 534 54 00
www.letouareg.be
Ouvert du mercredi au lundi le midi et le soir. Lundi et jeudi, le soir seulement. Carte : 42 € environ. Lunch. Jardin.

« Il n'est pas de voyage au cœur de la cuisine marocaine qui ne laisse de traces chargées d'émotions, de parfums, de couleurs, de souvenirs et de rencontres avec des femmes et des hommes attachés à leurs traditions culinaires ancestrales. De véritables reflets de ce pays plein de ressources et d'authenticité. » Si le resto lui-même écrit mot pour mot ce qu'on avait envie de partager, c'est d'autant plus facile de vous convaincre d'y aller absolument ! Carte variée de tajines, couscous, grillades et autres mets typiques. La terrasse est un îlot de tranquillité.

VENTRE SAINT-GRIS €€

Rue Basse 10
✆ +32 2 375 27 55
www.ventresaintgris.com
Ouvert du mardi au samedi, midi et soir. Menus à 53 €.

L'enseigne ucclois bien connue vient d'être reprise par les jeunes Rémi Colombe et Martin Tfelt. À l'habillage visuel, une grande fresque murale incluant 200 mots chers aux maîtres de maison et signée de l'artiste bruxellois Denis Meyers. Aux fourneaux, des influences franco-asiatiques, avec des produits issus de fournisseurs et producteurs de qualité. « Nous sommes la troisième génération de propriétaires et on veut continuer à faire évoluer le restaurant », dit Rémi Colombe, qui ne cache pas l'ambition de décrocher un jour une étoile chez Michelin.

LA VILLA LORRAINE €€€

Avenue du Vivier d'Oie 75 ✆ +32 2 374 31 63
www.villalorraine.be
Ouvert du mercredi au samedi, midi et soir. Menus de 210 € à 245 €. Carte : 175 €. Lunch : 85 €. Jardin. Terrasse.

C'est Yves Mattagne, chef doublement étoilé du regretté Sea Grill qui a repris les rênes de cette vénérable maison qui a su évoluer avec les années. D'un côté, nous avons le restaurant, résolument gastronomique et classique : carte courte où poisson et fruits de mer sont mis en avant. De l'autre, il y a le lounge où le chef Mattagne se fait plaisir en cuisine avec une forte touche asiatique (gaufre de Bruxelles aux algues, Gyros de crabe, entrecôte flambée au saké...). Les plats sont à partager et le tout, enveloppé dans un superbe décor. Une sacrée expérience !

LE VILLANCE €€

Boulevard du Souverain 274
✆ +32 2 660 11 11
www.levillance.be
Ouvert tous les jours le midi et le soir. Menu unique à 42 €. Carte : 50 € environ. Lunch : à partir de 24 €. Terrasse.

La belle brasserie de Jean-Luc Collin est née dans les années 1900 et s'appelait alors Café de l'Espérance. Elle fait honneur aux viticulteurs avec une centaine de références à la carte, dont pas mal de vins nature ou en biodynamie. À l'intérieur, un coin restaurant, un coin brasserie et la cuisine ouverte d'où on garde un œil sur les plats de brasserie ou de terroir, les bonnes pièces de viande ou les abats du genre cervelle et os à moelle. Écailler non-stop et fruits de mer à emporter, suggestions et excellent lunch. Service plaisant et professionnel.

VINI E CICCHETTI €€

Herman Teirlinckplein 1
BEERSEL
✆ +32 2 736 78 05
viniecicchetti.be
Ouvert du mardi au samedi, le soir et du mardi au vendredi, le midi. A la carte : environ 47 €.

Les *cicchetti* sont l'équivalent vénitiens des tapas : des petites bouchées accompagnées de produits de la terre ou de la mer que l'on sert traditionnellement à l'apéritif et c'est dans le cadre chaleureux de cette enoteca-restaurant-épicerie fine qu'on les sert comme là-bas : avec un bon verre de vin soigneusement sélectionné par la sommelière Maud Novalet, une ancienne de Ricotta & Parmesan. Côté fourneau, Antonio Coppola déroule les fameux *cicchetti* (poivron vert frit, seiche farcie...) et aussi des plats typiques de la botte, également à emporter.

CHEZ EDDY €€

Chaussée de Braine-l'Alleud 147
RHODE-SAINT-GENÈSE ✆ +32 2 361 03 31
www.chezeddy.be
Ouvert tous les jours de 12h à 14h30 et de 18h à 22h30. Réservation recommandée. Carte : 47 € environ. Terrasse.

Eddy, ses nappes à carreaux, son cadre d'ancienne boucherie... La cuisine y est un éventail des classiques bruxello-brabançons. On y mange le meilleur vol-au-vent à 10 km à la ronde, l'américain est préparé ou servi avec tous les ingrédients pour l'assaisonner soi-même, le duo de boudins est copieux et colle absolument à l'idée qu'on s'en fait, compote et purée maison. On valide le toast aux champis et on rappelle les inévitables moules en saison. Le pain perdu « royal » n'usurpe pas son qualificatif : trempé au lait, raisins de Corinthe et boule de vanille.

ALOYSE KLOOS €€

Terhulpsesteenweg 2 - **HOEILAART**
✆ +32 2 657 37 37
aloysekloos.be
Ouvert du mardi au samedi de 12h à 14h et de 19h à 21h ; le dimanche de 12h à 14h. Menus de 43 € à 52 €.

Aloyse, c'est le fondateur du restaurant, spécialiste du fumage de jambon, de poisson et des fricassées aux champignons, celui qui a établi la réputation de la maison. C'est son fils Thierry qui est à présent à la tête de ce restaurant au bord de la Forêt de Soignes. Le cadre est un peu vintage mais va bien avec les classiques de la cuisine française qu'on y sert (et bien entendu, les poissons et jambons fumés sur place) ! De beaux produits frais, de saison (notamment une carte spéciale gibier en saison) et une pléthorique carte des vins combleront les gourmets.

PLAY BOUZOUKI €€

Bergensesteenweg 12
SINT-PIETERS-LEEUW
https://playbouzouki.be/
Du vendredi au mercredi de 11h30 à 23h (23h30 vendredi et samedi). Menu à 55 €. Carte : 45 € environ.

Situé juste à la sortie d'Anderlecht, Play Bouzouki est un concept hybride : c'est à la fois un restaurant grec, à grillades et un banc d'écailler ! Il y a donc de quoi satisfaire tous les gourmands. Côté grec, on retrouve mezze, moussaka ou petits os ; côté grillades, l'agneau est en pôle position (les viandes sont cuites sur un Josper, LE grill de compèt') et du côté de la mer, poissons (sole meunière), coquillages et crustacés se disputent la carte. Et on termine par une bonne pâtisserie grecque de chez Tolis, leur propre service traiteur à la même adresse.

THE NEW INN BRASSERIE €€

Arthur Dezangrélaan 20
KRAAINEM
✆ +32 2 751 74 14
thenewinnbrasserie.be
Ouvert tous les jours du midi au soir. Carte : 40 € environ.

Bar historique de Kraainem, commune limitrophe de la région bruxelloise, le New Inn connaît une seconde jeunesse depuis 2019 et sa transformation en brasserie. On mange d'honnêtes plats de brasserie (spaghettis, rognons de veau, magret de canard...) mais le chef propose aussi des suggestions de cuisines d'ailleurs (chili con carne, viande argentine) ou de saison (gibier, etc.). Aux beaux jours, la terrasse est très agréable, avec une vue champêtre sur l'église tandis que le soir, elle est illuminée de guirlandes colorées qui lui donnent un air de fête.

TOLIS DÉLICATESSE

Bergensesteenweg 12
SINT-PIETERS-LEEUW
✆ +32 2 537 67 93
tolis-delicatesse.be
Ouvert tous les jours de 11h30 à 21h.

C'est Dimitrios Tolis, aussi à la barre du restaurant Play Bouzouki, qui est derrière cette pâtisserie/épicerie fine/service traiteur. On connaît peu les pâtisseries grecques, voici l'occasion de les essayer, d'autant plus qu'elles sont 100 % pur beurre (et huile d'olive) ! Testez la karidopita, gâteau de noix et de sirop à la cannelle et clou de girofle ou encore le melomakarona, biscuit traditionnel de Noël au miel. Si vous n'êtes pas bec sucré, le service traiteur a tout un assortiment de délices à emporter avec évidemment, les vins qui vont avec.

FAIRE UNE PAUSE

Les prétextes pour s'arrêter et faire une halte sont nombreux. Allez-vous réclamer une gaufre, des chocolats triés sur le volet par vos soins dans une vitrine alléchante, des spéculoos et autres mignardises, pour votre pause-café ? Entrer dans une pâtisserie pour goûter des gâteaux locaux ? Bien sûr, il faudra goûter plusieurs bonnes mousses artisanales dans l'un des multiples bars proposant quelquefois près de 700 bières nationales ! Chaque bar a son concept, ses types de bières, à vous de les découvrir ! Les quartiers de Saint-Géry et de Sainte-Catherine sont parmi les plus animés. Les bars de la place Flagey sont aussi très populaires, ceux du Châtelain un peu plus bourgeois et ceux du Parvis de Saint-Gilles, plus bohèmes. Spécificité belge, les bars ne ferment pas forcément à 2h.

PRATIQUE

FAIRE UNE PAUSE

HORAIRES

Dépendant du type d'établissement (café, bar, salon de thé)..., les horaires et l'heure d'affluence seront différents. Les cafés/salons de thé ouvrent en général le matin. Certains ferment entre 18h ou 20h, d'autres ouvrent plus tard.

Les bars, eux, ouvrent en général en milieu d'après-midi jusqu'à tard le soir. Comptez que l'heure de l'apéritif, à partir du jeudi jusqu'au week-end, est le début du coup de feu pour les bars. Le jour de fermeture le plus fréquent est le lundi.

BUDGET / BONS PLANS

Une bière spéciale restera assez onéreuse (en général de 4,50 € à 8 €, selon l'endroit) mais il y a toujours une bière du mois sélectionnée qui peut être en promotion.

Ou une *happy hour* à certains moments de la semaine. Ouvrez les yeux et repérez les bons endroits !

A PARTIR DE QUEL ÂGE

Depuis janvier 2019, tout alcool est interdit aux personnes âgées de moins de 18 ans, à l'exception de la bière ou du vin, autorisées dès 16 ans. Il n'y a pas de restriction d'âge pour entrer dans les bars.

ENFANTS

Particularité bien belge : les enfants sont les bienvenus dans les bars et cafés (d'autant plus qu'il y est interdit de fumer). Il n'est pas rare de voir des groupes de parents et d'amis s'encanailler dans un bon *stamcafé* avec le bébé dans la poussette ou les enfants en train de jouer en dégustant leur jus de fruit.

FUMEURS

Contrairement à la France, les terrasses sont non-fumeurs sauf si une terrasse est complètement ouverte sur un côté. La présence de cendriers devrait vous mettre la puce à l'oreille. Sinon, il faudra s'exiler plus loin ! Néanmoins, on discute de l'interdiction totale de la cigarette en terrasse.

LES PHRASES CLÉS

Bonjour, quelle est la spécialité de la maison ? Nous voulons découvrir.
Hallo, wat is de specialiteit van het huis? We willen ons laten verrassen.

Avez-vous de la place en terrasse ?
Heeft u plaats op het terras?

Quel est votre nom ? Je m'appelle… Ravi de vous rencontrer !
Wat is uw naam? Ik heet... Aangenaam kennis te maken!

A votre santé ! Zut, j'ai renversé mon verre… pouvez-vous m'aider ?
Op uw gezondheid! Oei, ik heb mijn glas omgestoten... kunt u me helpen?

C'était très bon. Nous allons reprendre la même chose s'il vous plait.
Het was erg lekker. We willen graag nog een keer hetzelfde alstublieft.

À LA BECASSE

Rue de Tabora 11
✆ +32 2 511 00 06
www.alabecasse.com
Ouvert tous les jours dès 11h.

Attention, adresse majeure ! Ce troquet, un des plus vieux de la capitale, incarne l'esprit populaire et rustique bruxellois. Il a été repris durant l'été 2018 mais rien n'a changé. Ses spécialités sont le lambic, la gueuze et la kriek sans oublier les délicieuses tartines et salades généreuses. L'histoire de l'estaminet remonte à 1877, quand la famille Steppé investit l'ancien relais de poste. Ce n'est qu'après le rétrécissement de la place que la rue Tabora fut créée ainsi que l'impasse du café, reconnaissable à l'oiseau incrusté dans le trottoir à l'entrée.

L'APÉROTERIE

Rue du Congrès 24
✆ +32 475 51 23 84
https://laperoterie.business.site/
Ouvert du mardi au vendredi, de 11h30 à 22h, 23h le vendredi et samedi, de 17h30 à 23h.

Voilà un chouette concept dans le « Quartier des Libertés » : l'Apéroterie est à la fois un bar à apéritifs mais aussi une épicerie spécialisée dans tous les produits nécessaires à ce moment convivial : vins, jus de fruits, biscuits salés, chips et popcorn premium, dips, légumes, sardines en boîte... Bref, de quoi bien gâter vos convives si vous recevez. Vous préférez profiter du bar ? La carte a de jolies propositions (notamment côté vins) et il y a plein de bonnes choses à grignoter (avec des charcuteries et fromages espagnols).

À LA MORT SUBITE

Rue Montagne-aux-Herbes-Potagères 7
✆ +32 2 513 13 18
www.alamortsubite.com
Ouvert du lundi au samedi de 11h à 00h.

L'un des plus anciens cafés de la capitale belge vous tend les bras. Jacques Brel y avait ses habitudes comme tant d'autres artistes, écrivains, acteurs ou simples amateurs de cafés d'atmosphère. L'adresse existe depuis 1928, est gérée par la 4e génération de la famille Vossen et est classée aux monuments historiques. On y propose désormais quatre bières Mort Subite (gueuze sur lie, kriek, faro, lambic blanche), douze bières au fût (dont la Chimay blonde et la Westmalle brune), bières d'abbaye, trappistes sans oublier la « bière du mois ». Incontournable !

BARBÉTON

Rue Antoine Dansaert 114
www.barbeton.be
Tous les jours à partir de 8h, 10h le week-end.

Créé en 2012 par Frédéric Nicolay dans une rue où la fête n'est pas encore tout à fait instituée, le Barbéton est devenu une valeur sûre. Nicolay prône l'épuration à l'extrême des lignes architecturales. Au centre du décor, un bar au style très « monolithique » : le bar est une seule coulée de béton, au sens propre. Pour réchauffer l'ambiance, des plafonds à casier, de beaux abat-jour, du cèdre rouge. On y va pour amorcer la journée avec un petit déj', démarrer le week-end ou pour la *happy hour* du jeudi. *Enjoy*, spécialement sur la chouette terrasse.

ANA ATTENTO

Rue Auguste Orts 9
Ouvert tous les jours de 9 à 17h. Terrasse. Autre adresse place Jourdan à Etterbeek.

Quand on a vu que OR, le torréfacteur gantois, décidait de se recentrer sur son activité et de laisser la gestion de ses coffee houses, on a eu peur. Peur infondée : le café reste le même (celui de OR, bien sûr) ; l'équipe reste la même ; la déco a à peine changé et le cappuccino reste le meilleur de Bruxelles (avec une mousse de lait ferme juste ce qu'il faut). On y vient pour faire une pause, pour manger un toast, pour travailler autour de la table commune. On recommande les vieux sièges de cinéma placés devant la fenêtre à l'étage pour savourer son breuvage.

BARGELLO

Place de la Liberté 5
✆ +32 2 345 39 26
bargellobruxelles.business.site
Ouvert du jeudi au dimanche de 12h30 à 18h30.

C'est l'art du *gelato* à la florentine qui est célébré chez Bargello. D'ailleurs, c'est dans la grande cité toscane que la crème glacée serait née à la cour des Medicis. Ici, que des ingrédients nobles (pistache de Bronte AOC, vanille de Madagascar, noisettes de Piémont IGP, vin Santo… La liste fait déjà saliver. Outre les classiques, on recommande les *crema*, mélange d'ingrédients savoureux : *crema toscana* à la pistache et aux amandes, la *crema fiorentina* aux œufs et citron ou encore, la *crema bargello* au mascarpone et café. Patience, la file est longue en été !

LE BIZON

Rue du Pont de la Carpe 7
✆ +32 2 502 46 99
www.cafebizon.com
Ouvert du lundi au samedi à partir de 16h jusque tard. Terrasse.

Au Bizon, on commande une bière mais aussi vingt sortes de genièvre et bien sûr de la vodka, dont celle à l'herbe de... bison, *of course* ! Avec son allure de vieux pub sombre et enfumé et ses concerts de blues et rock, ses retransmissions d'événements sportifs et ses barmen chevronnés, on se met à éprouver une certaine nostalgie devant ce type d'établissements qui résistent tant bien que mal à la déferlante lounge. Bref, le Bizon détonne un peu dans ce quartier où les cafés ont tendance à être un peu formatés... et c'est tant mieux pour la diversité !

LA BROCANTE

Rue Blaes 170
✆ +32 2 512 13 43
Ouvert à partir de 11h jusqu'au soir. Terrasse.

Ouvert tous les jours, même si plus aussi tôt qu'avant, La Brocante a gardé tout son cachet de vieux bistro avec son carrelage d'époque et son mobilier en bois. Les habitants historiques y croisent les amateurs de chine et les touristes en goguette. Pour se sustenter (ça donne faim, les puces) ont y commandera un sandwich ou une bonne omelette (spécialité de la maison). Ou on boira tout simplement une bière (il y en a une centaine, dont d'excellentes gueuzes et krieks) en profitant de l'ambiance des Marolles, l'âme de Bruxelles.

BRASSERIE SURRÉALISTE

Place du Nouveau Marché aux Grains 22-23
www.brasseriesurrealiste.com
Vendredi et samedi, à partir de 17h. Dimanche à partir de 15h. Restauration (réservation recommandée).

La première réaction quand on rentre dans cette microbrasserie c'est : « Waouh ! ». Cet ancien entrepôt de bananes des années 1930 offre des volumes énormes ! On entre par le jardin d'hiver qui donne sur la place, rempli de plantes et meublé de chaises et tables en fer blanc recouverts de gros coussins en velours, avant d'accéder l'espace principal ou on est plus dans l'esprit « abbaye minimaliste » avec tout ce mobilier d'église. Le long bar propose une dizaine de bières de leur propre production ainsi que quelques invitées. Vous pouvez aussi y manger.

CAFÉ CAPITALE

Rue du Midi 45
✆ +32 476 72 19 29
www.cafecapitale.com
Ouvert tous les jours de 8h30 à 18h30, 19h le samedi.

D'abord une espèce de Starbucks à la bruxelloise, Café Capitale a évolué avec François, son propriétaire. Son amour du café l'a conduit à lancer une activité de torréfacteur. Cafés d'origine, différents moyens de les préparer (expresso, chemex, etc.)... Pour les amateurs de café au lait, il y a une grande liste d'alternatives au lait de vache ? Pour grignoter, l'établissement propose une belle variété de viennoiseries, cookies, cakes, tartes sucrée, s etc. et comme café et musique vont bien ensemble, allez jeter un œil aux vinyles en vente.

BRIAN JOYEUX

Rue du Congrès 3
✆ +32 2 219 09 03
www.brianjoyeux.be
Ouvert du mardi au vendredi de 7h à 18h30 ; le samedi de 7h à 18h.

Le savoir-faire de Brian et Anastasia Joyeux se remarque d'abord dans l'étalage et au palais ensuite. Plutôt qu'un assortiment identique tous les jours, Brian a opté pour des produits phares une fois par semaine : mardi les éclairs, mercredi les tartelettes au citron, jeudi c'est au tour du merveilleux et du Paris-Brest, et vendredi le mille-feuille et la tarte tropézienne. Les viennoiseries sont au rendez-vous quotidien ainsi que quelques autres pâtisseries, des macarons, des caramels aux fruits rouges et ponctuellement les gâteaux de fêtes et anniversaires.

CASCO

Rue de la Bourse 42
✆ +32 2 672 34 50
cafecasco.be
Ouvert du dimanche au jeudi de 9h à 1h ; le vendredi et samedi, jusque 3h. Petits-déjeuner, finger food et burgers.

Très beau bar ouvert en pleine pandémie, juste entre la Bourse et l'église Saint-Nicolas. Une trentaine de bières belges et d'ailleurs à la carte, quelques alcools et une petite restauration de qualité pour caler tout ça. La déco peut être qualifiée de post-industrielle (genre destroy recomposé avec goût), et au plafond les fûts pleins de bières qui ne demandent qu'à se vider jusque tard dans la nuit. C'est à deux pas de la Grand Place, la terrasse est ensoleillée et l'étage permet de privatiser les lieux pour des événements et fêtes en tous genres.

LE CERCLE DES VOYAGEURS

Rue des Grands Carmes 18
✆ +32 2 514 39 49
www.lecercledesvoyageurs.com
Ouvert du mardi au vendredi de 11h à 23h, jusqu'à minuit le samedi.

C'est dans une atmosphère cosy et raffinée que Le Cercle des Voyageurs vous initie à un tour du monde. Phileas Fogg s'y sentirait à l'aise ! Dans une salle arrière, libre d'accès, une bibliothèque a été aménagée pour les passionnés de paysages lointains, avides de découvertes et de dépaysement. Vous trouverez une restauration belgo-française pimentée d'un peu d'exotisme ainsi qu'un éventail de thés aux noms rêveurs. Également une sélection de vins du monde bien choisis. Joli mélange de genres entre l'agence de voyages et le salon de thé.

LE CERCUEIL

Rue des Harengs 10-12

✆ +32 497 12 45 65

Du lundi au jeudi, ouvert à partir de 16h et à partir de 13h, le vendredi, samedi, dimanche.

Depuis quatre décennies, voilà le lieu de rendez-vous le plus insolite des environs de la Grand-Place. Une chambre mortuaire, toute de noir vêtue, comme il se doit, avec de véritables cercueils servant de tables. Ce bar, loin d'être morbide, était d'abord fréquenté par la jeunesse bruxelloise, puis par les touristes qui ont fait de ce lieu si particulier un de leurs repaires préférés. On vient y boire une bière ou de célèbres cocktails maison tels que l'Élixir de la Vierge ou le Sperme du démon. À faire une fois, pour le « plaisir » de boire dans un crâne.

COCO DONUTS STORE

Rue Sainte-Anne 36

✆ +32 2 513 24 60

www.cocodonutsbrussels.be

Ouvert tous les jours de 10h30 à 18h. 2,45 € le donut. Boîte découverte de 6 ou 9 donuts : 20 ou 30 €.

Ils sont tout simplement divins, ces « Gourmets Donuts » ! Ils se parent de spéculoos, de sirop d'érable et de bacon, de Nutella, de citron... et dans tous les cas, ils sont faits maison et « locaux » ! En effet, les ingrédients sont issus de l'agriculture biologique belge et on les remercie. Durant les beaux jours, on profite de la petite terrasse toute mignonne et pour le reste, l'intérieur rose et cosy offre toute la douceur et la convivialité nécessaires. Attention, à 17h, il ne reste plus rien ! Précommandes sur le site ou par téléphone possibles.

CHARLI SUCRÉ

Rue Ste-Catherine 34

✆ +32 2 513 63 32

www.charliboulangerie.com

Ouvert du lundi au samedi de 7h30 à 19h ; le dimanche de 8h à 13h30.

Charli est vert, bio, 100 % naturel... un véritable ami de la nature ! Charles Reboulet sort des sentiers battus ! Il faut goûter son demi-gris aux figues et amandes ou sa tarte tatin aux pommes. À travers les vitres de l'atelier, on observe les pains issus de pâtons à longue fermentation (de 24h à 4 jours !). Quelques places assises permettent de déguster. Alternative aux (petits) déjeuners trop souvent peu nourrissants, Charli Salé offre, de l'autre côté de la rue, une (petite) restauration de qualité, mettant en avant les productions artisanales.

LE COQ

Rue Auguste Orts 14

Ouvert tous les jours à partir de 12h.

Le Coq, c'est ce petit café près de la Bourse qui a le look d'un troquet de village. Dans la grande tradition des *stamcafés* (ces cafés populaires où l'on vient comme on est pour être soit tranquille, soit retrouver des amis, soit s'en faire de nouveaux), Le Coq avec son vieux comptoir, ses banquettes fatiguées et son mobilier en bois vous accueille les bras ouverts. Une clientèle mixte (des vieux, des jeunes, des gens qui sortent du bureau), souvent néerlandophone, s'y retrouve pour une bière. Mais laquelle ? La carte est longue ! Sans compter les bières du mois.

LE CIRIO

Rue de la Bourse 18

✆ +32 2 512 13 95

lecirio.be

Ouvert tous les jours de 10h à minuit. Restauration. Terrasse.

Très bel endroit tout à fait emblématique du centre-ville, connu pour son caractère bien trempé de café à l'ancienne. Le Cirio est une véritable institution surtout depuis qu'il a été entièrement ripoliné. Café à l'ancienne créé ici-même en 1886, l'établissement historique n'a rien perdu de sa superbe architecturale. Ni de son atmosphère désuète ou de son ambiance « bruxello-bruxelleer ». D'ailleurs, celle-ci est chère aux plus vieux habitants de la ville comme aux plus jeunes. On y va pour siroter d'originaux *half en half*. Souvent bondé aux périodes d'affluence.

LE CORBEAU

Rue Saint-Michel 18

✆ +32 2 219 52 46

www.lecorbeau.be

Ouvert du lundi au samedi à partir de 10h. Cuisine de 11h30 à 15h et de 18h à 22h.

Ouvert depuis 1874 (!), le Corbeau a une spécialité : le Chevalier, un grand verre qui contient un litre de bière (35 cl pour le mini Chevalier). Le Corbeau est l'institution de la fête bon enfant et estudiantine. La carte accueille une soixantaine de bières et quelques plats, à la bière aussi : lapin à la gueuze, magret de canard à la kriek, carbonnades à la brune, poulet à la blanche... Soirées (dansantes et sur les tables) les vendredis, samedis et veilles de jours fériés. *Jam sessions* le jeudi soir, ouvertes à tous les musiciens. Toujours très joyeux !

CRÈME

Rue de Rollebeek 30
https://cremebrussels.be/
Ouvert du lundi au vendredi à partir de 9h, le week-end à partir de 9h30, jusqu'à 18h.

En revenant d'une expatriation en Australie, Chloé Sengier a eu l'idée d'importer le concept du « all day breakfast », servant toasts, pancakes, buddha bowls et autres plats *healthy*. C'est dans la prisée rue de Rollebeek à côté du Sablon que Crème est né. Le lieu est superbe : suspensions végétales, murs en briques apparentes, néons, table en bois et sièges en rotin. Tout est étudié pour être photographié. Quant aux plats, on navigue entre la gourmandise des pancakes dégoulinantes de garnitures et le côté « clean » des bowls. Excellents cafés et pâtisseries.

AU DARINGMAN

Rue de Flandre 37
✆ +32 2 512 43 23
Ouvert du mardi au dimanche à partir de 12h. Terrasse. Concerts.

La convivialité du Daringman n'est plus à prouver ! La maison date de 1942 et aurait accueilli un club de boxe, le Daring Brussels, dans les années 1950 et 1960. Depuis 2000, c'est Martine qui tient les rênes. Petit café du coin bien bruxellois, où néerlandophones et francophones trinquent ensemble. Sorte de *bruincafé* de nos voisins bataves, l'endroit est tout petit mais sa notoriété en a fait une véritable institution. On s'y rend comme si on allait voir de vieux potes et on communie autour du divin breuvage avec d'autres frères de bières.

DELIRIUM VILLAGE

Impasse de la Fidélité 4a
✆ +32 2 514 44 34
www.deliriumvillage.com
Ouvert du lundi au jeudi de 12h à 3h ; du vendredi au samedi de 12h à 4h ; dimanche de 12h à 2h.

Son catalogue se compose au dernier recensement de 3 162 bières du monde. Premier bar du célèbre Delirium village, ce dernier possède 7 autres lieux de dégustation : le Taphouse - 27 bières du monde au fût ; le Monasterium - centaines de bières d'abbaye, les 8 bières trappistes et plus de 40 vodkas ; le Hoppy Loft – bières plus houblonnées de micro-brasseries ; le Little Delirium – 30 bières au fût, 200 spiritueux ; le Floris Bar – 400 absinthes, 300 whiskies, pastis, cocktails ; le Floris Garden – 800 rhums ; le Floris Tequila – 500 tequilas. Un must, qu'on dit !

FINE BAKERY

Rue des Minimes 7
✆ +32 2 216 71 32
Ouvert du mercredi au dimanche de 8h à 18h30 ; le samedi jusqu'à 19h30, le dimanche jusqu'à 18h.

Inauguré fin février 2020 en début de pandémie, Fine Bakery n'a rien à craindre du jour d'après. Personne ne résisterait aux croustillants pains au levain, aux croissants délicatement feuilletés, aux pâtisseries à la française telle cette brioche lyonnaise à la praline rose, aux petites tartelettes salées et sucrées... Le fournil est en arrière-boutique et exhale ses arômes. Quant au boulanger et à sa compagne, ils sont aux petits soins pour servir et expliquer toute la production quotidienne. Une belle adresse gourmande de plus pour le Sablon.

LA FLEUR EN PAPIER DORÉ

Rue des Alexiens 55
✆ +32 2 511 16 59
www.fleurenpapierdore.be
Ouvert du mardi au samedi à partir de 11h30.

Cet étonnant estaminet datant XVIIIe fut un antre du surréalisme belge dans les années 1950-1960. Aujourd'hui il vit plutôt de ses souvenirs, avec une déco qui mélange poèmes, collages, portraits divers ainsi que les preuves du passage occasionnel de Jacques Brel. Un lieu magnifique défendu corps et âme par une clientèle bruxelloise essentiellement flamande. « Het Goudbloemmeke in Papier » est donc la traduction. Le site Internet, parfaitement bilingue, présente l'agenda des manifestations. La cuisine déroule avec bonheur tous les classiques bruxellois.

FLOREO

Rue des Riches Claires 19
✆ +32 2 514 39 05
http://cafefloreo.be
Ouvert du lundi au samedi de 15h à 00h.

Situé quartier Saint-Géry, ce café offre en plus d'une carte de boissons assez impressionnante, des *petiscos*, les tapas portugaises. En chaud (feijoada, cubes de Madère...), en froid (fromages portugais, mousseline de thon), en sucré (pasteis de nata), il y a de quoi se régaler. Sans oublier tout un choix de cocktails très *caliente* (une bonne cinquantaine). Vous pouvez aussi simplement profiter de l'ambiance chaleureuse et relax du Floreo ou aller fouiner dans la collection de jeux de société pour une petite partie entre amis.

FRANK X FRANCINE

Rue des Princes 14
✆ +32 2 303 47 60
www.frank.brussels
Frank : tous les jours de 9h à 16h. Francine : du jeudi au samedi, de 18h à 22h30.

À côté de la Monnaie, Frank vous accueille tous les jours pour déguster un café, prendre un petit déjeuner ou un lunch. En fin de semaine, Frank devient Francine et vous convie à dîner, en partageant des plats (ou pas) accompagnés d'un bon verre de vin. Francine ne sélectionne que des vins européens (avec des surprises comme des productions belges ou moldaves). Frank et Francine sont végétariens donc, les légumes (bio et de saison) sont sublimés à toute heure. Et le lieu de réception ? Une grande salle blanche surplombée d'un immense luminaire en vitrail. Joli !

JARDIN GRAND HOSPICE

Rue du Grand Hospice 7
https://jardin.brussels/
Ouvert tous les jours à partir de 12h. Concerts et activités : voir page Facebook.

Dans un ancien hospice du XIXe siècle, devenu une maison de retraite, se cachent des jardins classés, à présent ouverts à tous depuis que les pensionnaires ont déménagé. En occupation temporaire pour plusieurs années, Jardin a transformé cet endroit en une véritable oasis urbaine. L'été, on boit un verre dans la roseraie de l'hospice. Aux mauvais jours, l'ancien café de la maison de retraite, complètement relooké, vous accueille pour vous garder bien au chaud. Pépinière de petites entreprises, on y trouve aussi une pâtisserie, un coiffeur et diverses associations.

GASTON

Quai aux briques 86
✆ +32 2 223 43 06
https://glaciergaston.be/
Ouvert du mardi au dimanche, de 11h à 22h (23h le vendredi et samedi).

Une petite glace, ça fait toujours plaisir et ici, elles sont faites avec des produits de qualité (pistache d'Iran, fraises de Wépion, noisettes du Piémont, de la bonne crème venant d'Ardenne et des fruits frais pour les sorbets). Tout ça, on le trouvera chez Gaston, le bébé de Turan et Lucy Ucar. La longue file dès qu'il fait soleil en témoigne : les glaces sont délicieuses. À côté des parfums classiques, on y trouve des créations plus audacieuses (ananas-poivre du Sichuan, berriolette – mix de myrtille, framboise et violette). Milk-shakes et pâtisseries en plus.

JAT' CAFÉ

Rue de Namur 28
✆ +32 2 503 03 32
jat.cool/
Ouvert du lundi au vendredi de 8h30 à 17h ; le samedi de 11h à 19h ; le dimanche de 10h à 19h.

En chemin entre la place Royale et la Porte de Namur, on trouve facilement Jat'Café. Après deux heures de shopping, on se pose avec bonheur dans l'un de ces fauteuils confortables, vintage (et harmonieusement désaccordés). On profite de ce moment de sérénité après avoir commandé un petit café avec un mascarpone-sablé-pomme-cannelle. À l'heure du lunch, le bagel moelleux et bien garni ou la salade poulet-pêche avec taboulé et pignons de pins viennent en aide pour caler correctement la faim. Autre adresse : 116, ch. de Charleroi à Saint-Gilles.

LE GRAND CAFÉ

Boulevard Anspach 78
✆ +32 2 513 02 03
www.legrandcafe.be
Ouvert du dimanche au jeudi de 10h à 00h ; le vendredi et le samedi jusqu´à 1h. Terrasse.

Le Grand Café est dans la tradition de ces belles brasseries de boulevard. Elle déploie, depuis des lustres, une magnifique terrasse avec vue imprenable sur la Bourse et le piétonnier. Ce vénérable établissement est un restaurant mais reste surtout un café au décor agréable, d'autant plus que durant le confinement 2020, l'ensemble a bénéficié d'un coup de jeune et son magnifique auvent a été restauré. Une carte classique, avec des moules-frites bien sûr, des steaks et autre viandes, des fruits de mer, une choucroute merveilleuse en hiver et plein d'autres plats.

KAFFABAR

Place Rouppe 1
✆ +32 498 42 66 84
https://kaffabar.be/
Ouvert du mardi au vendredi de 8h à 18h, le samedi à partir de 9h. Petite restauration.

Il y a des chances que votre première rencontre dans ce temple du café soit Marcel, le bouledogue anglais du propriétaire, délicieusement avachi dans son panier. Une fois installés, vous serez comme lui, sans aucune envie de bouger, malgré les délicieuses préparations caféinées (Marc Daniels a été élu meilleur barista de Bruxelles). Ici, on aime le *slow-coffee* (percolé en chemex ou V6o, pressé en French press). À côté des cafés et ses déclinaisons la carte propose aussi... des cocktails au café, du thé mais surtout, les meilleurs chocolats chauds de la ville !

L'ARCHIDUC

Rue Antoine-Dansaert 6
✆ +32 2 512 06 52
www.archiduc.net
Ouvert tous les jours à partir de 16h.

Appuyez sur la sonnette de l'Archi et pénétrez dans un autre monde où rien, sauf la tenue des clients, n'a changé depuis les années 1930 : architecture, décor et confortables fauteuils Art déco d'origine qui invitent les visiteurs à s'alanguir en sirotant un pisco sour. En 1953, le pianiste de jazz Stan Brenders reprend l'établissement. Son piano est toujours là et les concerts de jazz aussi, tous les week-ends en fin d'après-midi. Le soir, une faune hétéroclite s'y rassemble et passé une certaine heure, on y danse. L'Archi fait partie de la légende bruxelloise !

MARCELLE

Place du Samedi 15
Ouvert du mardi au samedi, de 17h à 00h, 1h le vendredi et samedi.

Dans une maison en coin avec ses vitres en carreau bordeaux et verts très vintage, Marcelle vous invite dans un autre monde. On se croirait dans un tripot de Shangaï dans les années 1930. Accents Art déco, objets de décoration et papier peint évoquant l'Orient, lumière tamisée… C'est un speakeasy qui ne se cache pas, même si Marcelle est plutôt discrète… quand sa terrasse n'est pas déployée. En fait, c'est le lieu parfait pour un rendez-vous amoureux. Cocktails, gin tonics et quelques bières bien choisies sont au menu pour accompagner votre voyage dans le temps.

LIFE IS BEAUTIFUL (LIB)

Rue Antoine Dansaert 161
https://www.libcocktailbar.com/
Ouvert le jeudi de 18h à 0h ; le vendredi et le samedi de 18h à 1h. Ouvert le mercredi ou dimanche si évènement.

LIB (pour Life is Beautiful) est LE bar à cocktails pout les amateurs de mixologie. Ici, les concoctions sont pointues, très originales et se dégustent tels des plats cuisinés. L'ambiance, comme la déco, reste détendue, loin des classiques du genre. Et tout ça grâce au duo de choc à la tête de LIB, Harouna au bar et Karoline. Un couple de passionnés qui vous accueille toujours avec le sourire, et s'ils ne sont pas là, leur staff est tout aussi chaleureux. Leur boutique de spiritueux et d'ustensiles à cocktail est au n° 124. Ateliers cocktails et dégustations.

DE MARKTEN

Place du Vieux Marché aux Grains 5
✆ +32 2 512 34 25
www.cafedemarkten.be
Ouvert du lundi au samedi de 8h à 00h ; le dimanche de 10h à 00h. Terrasse.

Une bonne adresse où se sustenter notamment d'une bonne petite restauration à tendance végétarienne. Point de ralliement de la jeunesse bruxelloise néerlandophone, c'est aussi un endroit sympa pour côtoyer une clientèle internationale. Chacun y trouve son bonheur en venant boire un verre, manger un morceau et en profitant des activités (expositions, la poésie, débats ou activités pour les *kids*) du centre culturel dont dépend le café. Terrasse urbaine sous les platanes en bordure de cette jolie place voisine de celle de Sainte-Catherine.

LA LUNETTE

place de la Monnaie 3
✆ +32 2 218 03 78
Ouvert tous les jours à partir de 9h. Terrasse.

Cinquante bières au choix et une sélection de petites collations. La restauration n'est pas le point fort de la maison, mais on y va rarement pour ne faire que manger ! La Lunette a ouvert ses portes en 1853. Son nom ne renvoie pas à un quelconque problème oculaire… ou gastrique, mais à un verre d'un litre de contenance prévu pour la bière (même si les moins téméraires peuvent le remplir avec de l'eau minérale). Encore un incontournable du folklore biéro-estaminesque, cher aux étudiants, et qui semble beaucoup plaire aux touristes également.

MAZETTE

place du Jeu de Balle 50
✆ +32 2 446 17 18
https://mazette.brussels/
Le mercredi de 17h à 23h30, le jeudi et vendredi à partir de 11h, le samedi à partir de 10h et le dimanche de 10h à 21h.

En plein dans les Marolles, place du Jeu de Balle, Mazette est une des dernières-nées parmi les microbrasseries bruxelloises. Cette coopérative brasse ses bières sur place et fabrique ses softs (limonade, kombucha…) et son pain qui est utilisé dans son bar-café. Chaleureux, vivant et ouvert sur son quartier, Mazette est aussi un lieu de rassemblement pour les acteurs locaux des Marolles. Côté bières, elles sont tout en légèreté (préférence pour la Drèche, une IPA ou la Suur de Bruxelles) mais on y mange aussi, et fort bien, avec une cuisine maison et de saison.

MOEDER LAMBIC FONTAINAS

Place Fontainas 8
✆ +32 2 503 60 68
www.moederlambic.com
Ouvert du lundi au vendredi à partir de 16h ; le week-end à partir de 14h. Terrasse.

Le bistrot propose une sélection soigneuse de bières artisanales belges et des promotions mensuelles en provenance d'autres pays européens. On peut même y trouver des bières américaines ! Une quarantaine de bières à la pression dont les bruxelloises faro, lambic et kriek qu'on tire avec une pompe à main. En accompagnement, on se laisse tenter par l'un des *snacks* bio et des repas légers, dans un cadre chic et relativement contemporain. Sa renommée n'est presque plus à faire si ce n'est pour le distinguer de sa grande sœur à Saint-Gilles.

LA PORTE NOIRE

Rue des Alexiens 67
✆ +32 2 511 78 37
www.laportenoire.be
Ouvert du lundi au samedi à partir de 18h.

Les caves voûtées médiévales de la Porte Noire étaient utilisées pour la cuisine d'un couvent du XVIe siècle. Devenu l'un des tout bons refuges pour les amateurs de bière et de whisky, on en trouve un large choix dont une douzaine au fût. L'accent est mis sur les bières artisanales produites à petite échelle plutôt que sur leurs homologues commerciales de grande diffusion. Musique live tous les jeudis soirs à partir de 22h (sauf l'été) et autres jam-sessions. Le bar célèbre également la Saint-Patrick chère aux Irlandais et à ceux qui aiment leurs breuvages.

LA PHARMACIE ANGLAISE

Coudenberg 66
✆ +32 489 56 07 36
www.lapharmacieanglaise.com
Ouvert du mardi au jeudi de 17h30 à 1h ; le vendredi et le samedi de 17h30 à 2h.

La superbe ancienne pharmacie « anglaise » du Mont des Arts a été transformée en bar à cocktails du plus bel effet. La déco tout en boiserie, les étagères, les pots à herbes et potions sont restés et bien mis en valeur, de même que le comptoir. C'est la médication qui a changé. Pas de bières belges ici, seulement des cocktails en tous genres ; depuis les classiques jusqu'à quelques-uns bien bizarres qui semblent sortis tout droit du vieux grimoire d'un alchimiste ! Belle initiative, mais une note qui peut vite monter dans les tours.

AU SOLEIL

Rue du Marché-au-Charbon 86
✆ +32 2 513 34 30
Ouvert du lundi au jeudi de 9h30 à 1h, vendredi et samedi jusqu'à 2h, le dimanche à minuit.

Cantine, terrasse, point de chute de toute une faune éclectique, le Soleil est un des passages obligés du centre-ville : bruyant et chaleureux. Dès qu'il fait beau, la terrasse déborde sur les maisons voisines : tout le monde s'assied par terre ou danse en pleine rue. Et l'ambiance est toujours de la partie. Malheureusement, la loi oblige la terrasse à plier bagage à minuit, mais ceux qui peuvent rentrer continuent la fête à l'intérieur. La journée attire presque autant de monde, grâce à de bons petits plats simples (tartines de fromage blanc, spaghetti…).

POECHENELLEKELDER

Rue du Chêne 5
✆ +32 2 511 92 62
www.poechenellekelder.be
Ouvert du mardi au jeudi et le dimanche de 11h à 1h ; le vendredi et le samedi de 11h à 2h.

Immanquable ! QG de l'amateur de bières, voilà un paradis visuel et gustatif pour une clientèle de régionaux de l'étape au coude à coude avec les nombreux touristes et les étudiants de l'IHECS tout esbaudis de se retrouver dans un tel endroit. Dans une ambiance intime – bougie, vieilles photos et gravures au mur – ce ne sont pas moins de 180 breuvages différents que l'on peut déguster. Ce haut lieu de la culture et du houblon accueille l'ordre de Manneken Pis, dont on peut retrouver la liste des différents costumes dans le fond du bar.

WITTAMER

Place du Grand-Sablon 6 - 12 - 13
✆ +32 2 512 37 42
www.wittamer.com
Chocolats : mer au dim de 10h à 18h. Pâtisserie : lun de 8h30 à 17h30 ; mar-ven de 7h30 à 18h30, 7h le w-e.

Le maître chocolatier-pâtissier est l'une des valeurs sûres de Bruxelles. Aujourd'hui défendue par Myriam et son frère, Paul, l'enseigne est fournisseur officiel de la Cour de Belgique et membre de la prestigieuse association Relais Desserts. Outre les excellents chocolats maison, on bave sur les pâtisseries, les glaces et un rayon traiteur. Le tout dans le haut de gamme ! L'idéal est de prendre le temps d'une dégustation au salon de thé. On y retrouve encore son âme. Petits déjeuners, lunch, goûter, pralines et macarons se disputent les faveurs des gourmands.

L'ALTITUDE

Avenue Molière 2 ✆ +32 2 414 46 66
laltitude.be
Mer-ven, 9h30-00h, sam 10h30-00h, dim 10h30-17h. Cuisine midi et soir. Carte : ±25 €. Réservation souhaitée

Le concept du bar audiophile débarque à Bruxelles à 2 pas de l'Altitude 100 à Forest. C'est donc un bar mais conçu pour écouter de la musique. L'acoustique a été pensée, ainsi que le système sonore, sur mesure. La journée, ce sont les vinyles de Thomas Mamakis, le boss, qui tournent sur la platine et on profite en buvant un café. Les soirs de week-end, un DJ vient mettre de l'ambiance pendant qu'on mange de délicieux plats à partager rondement préparés et avec des vins naturels. L'intérieur est tout simple mais le bar avec ses lignes Art déco vole la vedette.

KIOSQUE CAFE

place Saint-Denis 17
✆ +32 488 56 11 15
Ouvert du lundi au vendredi à partir de 8h ; le dimanche à partir de 10h. Terrasse. Concerts.

Au beau milieu de la place où trône justement un superbe kiosque, ce troquet de quartier sort du lot. Dans une ambiance de vieux bistrot, on trouve les habitants du quartier et les travailleurs des bureaux voisins pour un plat roboratif, un café ou une des cinquante bières affichées sur le tableau noir. Parmi les spécialités houblonnées, de nombreuses bruxelloises (Grosse Bertha, Delta IPA, Zinnebir...), des gueuzes et krieks, des trappistes ou encore les Ginette. Les murs en briques accueillent le programme des artistes qui viennent se produire.

BAR DU MATIN

Chaussée d'Alsemberg 172
✆ +32 2 537 71 59
www.bardumatin.be
Ouvert du lundi au vendredi à partir de 8h, samedi à partir de 9h. Terrasse.

Immanquable, en plein milieu de ce grand carrefour et face à la station de métro Albert ! Malgré ça, on pourrait presque jouer une partie de tennis sur la terrasse, vu sa taille ! Les chaises rouges et l'enseigne en grandes lettres colorées donnent envie d'approcher : bonne idée, on se sent bien aussi à l'intérieur. C'est que tout est prévu pour passer un moment agréable, surtout le matin puisque le soleil levant inonde la terrasse et la salle de ses rayons... quand il se montre. Carte diverse de boissons, du café au cocktail et restauration toute la journée.

LOMBRIC

Avenue Everard 15
Ouvert du jeudi au lundi de 17h30 à 1h.

Lombric se définit comme un bar de quartier, celui de l'Altitude 100 à Forest, mais c'est un peu plus quand même ! C'est un bar à vin où l'on peut manger pour mieux déguster les trésors de leur cave. Leurs vins sont des vins nature mais on trouve aussi des cidres et des bières locales. Jusqu'à 19h, on dévore des assiettes apéritives puis elles cèdent la place à des assiettes que l'on peut partager, plus élaborées, tirée d'une carte restreinte mais bien maîtrisée. Pas faim ? Choisissez un vin au verre parmi leur sélection. Cadre sobre, chaleureux et terrasse.

BRASSERIE DE L'ERMITAGE

Rue Lambert Crickx 28
ermitagenanobrasserie.be
Tap-room ouverte le vendredi et le samedi de 14h à 22h. Bar à Saint-Gilles, 34 rue de Moscou.

Née de l'idée de 3 potes vivant en coloc' rue de l'Ermitage à Ixelles, cette nano-brasserie (qui produit donc encore moins qu'une micro-brasserie) est depuis 2016 établie à Anderlecht et voisine de Cantillon. Un beau voisinage pour une des meilleures brasseries bruxelloises. À épingler, « La Lanterne », une IPA un peu sèche et bien houblonnée mais surtout la « Le Théorème de l'Empereur », une bière infusée au thé vert et au jasmin, subtile et délicate. Pour les essayer, rendez-vous dans leur chaleureuse tap-room à la brasserie même, décorée dans un esprit récup'.

LE PHARE DU KANAAL

Quai des Charbonnages 40
✆ +32 2 410 06 84
lepharedukanaal.com
Ouvert du lundi au vendredi de 9h à 20h et le week-end de 11h à 18h. Terrasse.

On ne peut pas louper Le Phare ! La façade de ce bâtiment en bord de canal est recouverte d'une immense fresque représentant un galion. À la fois café et espace de coworking, c'est un lieu accueillant pour tous les moussaillons qui y embarquent. On y boit de l'excellent café, les pains et viennoiseries du matin viennent de *C'est si bon*, juste à côté, la cuisine propose une petite restauration et un plat maison, le tout, avec des ingrédients bio. L'intérieur tout en bois fait qu'on s'y sent super bien, pour boire un verre ou travailler avec vue sur l'eau.

FRÉDÉRIC BLONDEEL

Rue de Ganshoren 39
✆ +32 475 36 00 31
www.frederic-blondeel.be
Ouvert du lundi au samedi de 9h30 à 18h30 ; le dimanche de 12h à 18h.

Dans son atelier, Frédéric Blondeel repousse les limites du chocolat. Plus discret que d'autres, il est un des meilleurs chocolatiers de Bruxelles. Lui-même torréfacteur, il veille à avoir une qualité de cacao hors pair grâce à notamment, la machine héritée de son grand-père. Sa marque de fabrique ? Les herbes et épices qui magnifient ses créations. Côté boutique, on trouve bien sûr ses chocolats et des champagnes de petits producteurs. Côté tea-room : des pralines, des biscuits et pâtisseries, du chocolat chaud et des glaces turbinées par Frédéric *himself*.

SENNE [BRASSERIE DE LA]

Drève Anna Boch 19-21
✆ +32 2 465 07 51
www.brasseriedelasenne.be
Bar : du mardi au vendredi 16h-20h, le samedi 12h-20h. Shop : du lundi au vendredi 12h-18h, le samedi 11h-19h.

Installée définitivement au bout du complexe de Tour et Taxis, la toute première micro-brasserie bruxelloise y a aussi ouvert son bar où l'on peut directement déguster le fruit de leur production [bio] dans un bel espace industriel, ou depuis la jolie terrasse qui offre un panorama inhabituel de Bruxelles. Vous ne savez pas par où commencer ? Commandez une Zinnebir, leur première bière, et remerciez les dieux du houblon qui ont permis, grâce à ces pionniers, le retour des brasseries à Bruxelles. De temps en temps, des foodtrucks viennent y stationner.

LE MIROIR

place Reine Astrid 24-26
✆ +32 472 04 63 07
https://brasserielemiroirjette.be/
Ouvert du lundi au samedi de 9h à 1h ; le dimanche de 8h30 à 16h. Terrasse.

Le Miroir, c'est le café-restaurant local typique, éloigné du centre-ville. Certains des plats à la carte sont à base de bière. Au bar, toutes les principales étiquettes sont présentes et un peu plus encore, comme la Triple Karmeliet au fût, la gamme Malheur ou les Lindemans. Ou des nouveautés, comme la très locale Slutte. Pour les anti-houblon [il en reste, qu'on n'a jamais réussi à convertir...], la carte des vins est aussi intéressante ! Où alors une sangria en terrasse les jours de beau temps, de celles dont il ne vaut mieux boire qu'un seul verre !

SIRRE

Avenue E. Bossaert 2
✆ +32 2 414 75 40
www.sirre.be
Ouvert le lundi, le mardi et du jeudi au samedi de 7h à 18h30 ; le dimanche de 7h à 17h.

L'un des plus anciens et parmi les meilleurs boulangers-pâtissiers de la ville depuis 1935. Trois points de vente, un atelier à Koekelberg et un choix immense de pains, de viennoiseries et de gâteaux. Ainsi que des glaces maison et plein de douceurs comme le chocolat, les macarons, les spéculoos, etc. Et puis des pains-surprise qui ouvrent le bal à un service traiteur de grande qualité. Ces pâtisseries sont la preuve que le sucré et le salé font bon ménage. La queue est souvent longue et ça le vaut bien... Deux autres boutiques à Jette et à Woluwe-Saint-Pierre.

PÂTISSERIE LOGGHE

Rue de l'Église Saint-Martin 65
✆ +32 2 425 58 30
www.patisserielogghe.be
Ouvert du lundi au samedi de 7h à 18h30 ; le dimanche de 7h à 17h. Fermé le jeudi.

Manu Logghe incarne parfaitement son métier de boulanger pâtissier de quartier. Il a d'abord l'amour de son art, celui des bons produits [de la farine de qualité, des œufs qui se respectent, de la vraie vanille...]. Pas de chichis dans l'offre de la boulangerie : des pains, viennoiseries, pâtisseries classiques [éclairs, pavés moka, javanais, tartes et tartelettes...] mais tellement bien réalisées ! Une fantaisie cependant : la pâtisserie éphémère de la semaine. Et si vous n'aimez pas les surprises, on recommande la spécialité de la maison : le mille-feuille !

LA SOURCE BEER CO.

Rue Dieudonné Lefèvre 4
lasourcebeer.be
Du mercredi au vendredi de 16h à 23h ; le samedi de 14h à 23h et le dimanche de 14h à 21h.

Amateurs de bières houblonnées, acides, voire sauvages, les productions de La Source devraient vous plaire. Ce caractère « nature » se reflète dans les noms des bières : « La meute », « L'épervier », « La salamandre »... souvent très aromatiques et marquées. La brasserie et la tap-room valent le déplacement puisqu'elles se trouvent dans un ancien établissement Byhrr, un apéritif français en vogue dans les années 1920, tout simplement superbe. Outre la bière, on peut assister à des concerts et visiter les voisins du Byhrr [fermenterie, chocolaterie].

BOENTJE CAFÉ

Place Colignon 18
www.boentjecafe.com
Ouvert tous les jours. Le lundi de 8h à 15h ; du mardi au vendredi jusque 18h et le week-end, de 10h à 18h.

Avoir un *boentje*, en bruxellois, c'est avoir le béguin (un *crush* diraient les djeun's) et nous, on l'a pour le premier café zéro déchet de Bruxelles. Fournisseurs locaux, récup' à tous les étages, y compris pour la déco, préparations maison, recyclage des restes organiques... tout est fait pour éviter le moindre déchet. On vient y prendre un café, manger un morceau dès le matin avec des plats à base de produits de saisons (salades, toasts, omelettes, cookies...). Et si le zéro-déchet vous séduit, vous pourrez aussi assister aux ateliers qu'organise le café.

BRASSERIE DE L'UNION

parvis de Saint-Gilles 55
✆ +32 2 538 15 79
Ouvert tous les jours à partir de 8h. Petite restauration, plat du jour.

Une institution parmi les bistrots de quartier, avec ses habitués, où tout le monde est le bienvenu et se sent chez soi. Il doit son nom à la célèbre Union Saint-Gilloise, qui reste probablement le club de foot le plus zwanzeur du pays. À l'intérieur, le mobilier est autant dépareillé que d'une autre époque, celle de nos (grands-) parents. À l'extérieur, la terrasse s'allonge tant qu'elle peut sur le semi-piétonnier du parvis de Saint-Gilles, un des quartiers les plus trendy de la commune. Longue carte de bières et spaghetti bolo ou lasagne pour les petits creux.

BRASSERIE VERSCHUEREN

Parvis de Saint-Gilles 11-13
✆ +32 2 539 40 68
verschu.be
Ouvert tous les jours de 8h à 1h.

Durant la Seconde Guerre mondiale, le bâtiment est utilisé comme local clandestin par la Résistance. Il a gardé ce côté rebelle incarné aujourd'hui par une population artiste, bohème, jeune et parfois sans le sou. L'établissement fut fondé par Louis Verschueren en 1880 ! Son décor vieux café, avec son comptoir datant de l'après-guerre et ses petites tables de cantine, en fait un haut lieu de vie saint-gilloise, souvent plein à craquer. On y vient déguster une bière, lire en buvant un café, on s'y retrouve entre amis et on refait le monde.

BUDDY BUDDY

Rue des Drapiers 10
www.buddybuddy.bio
Ouvert tous les jours, y compris les jours fériés, de 10h à 18h.

Qui a dit que le véganisme n'était pas gourmand ? Chez Buddy Buddy, on fait des gourmandises à base de fruits secs : beurre d'amandes, beurre de noisettes, beurre de cacahuètes... tout est grillé et torréfié sur place, et bio. On peut soit les acheter pour les déguster chez soi, soit prendre le temps de s'asseoir et de boire un cappuccino à la mousse de lait d'avoine avec un toast salé ou une pâtisserie. Le look du café est surprenant : il est comme coupé en deux par un coin peint couleur noisette et l'autre, blanc crème. Audacieux, comme leurs beurres de noix !

BUVETTE SINT-SEBASTIAAN

Avenue Ambassadeur Van Vollenhoven 1
www.buvettesintsebastiaan.com
Lun mar 15h-20h (en été). Mer 15h-20h. Jeu-ven 15h-22h. Sam 14h-20h et dim 12h-20h. Réservation recommandée.

Cette buvette est celle de la guilde les Archers. Nichée au milieu du Parc Josaphat, c'est le genre d'endroit improbable où on aime revenir encore et encore. La vieille baraque de la buvette a gardé son décor vintage et à l'intérieur, c'est une ambiance chaleureuse et bon enfant autour des grandes tables communales. À côté des bières, le jeudi, c'est soirée paella, le vendredi, poisson et le dimanche, c'est le tour des frites. Elles valent à elles seules le déplacement; à manger à l'intérieur (réservation obligatoire) ou à dévorer en mode pic-nic dans le parc !

CAFÉ BELGA

Place Eugène Flagey 18
✆ +32 2 640 35 08
www.cafebelga.com
Ouvert 7j/7 dès 8h. Restauration, concerts et DJ sets.

Restauré selon les plans des années 1930, le Café Belga a du style. C'est le café branché de Flagey attirant les soirs de week-end une foule de gens venus profiter de son emplacement idyllique, sur les étangs ! En été, trouver une place en terrasse relève de l'exploit, il faut s'armer de patience à l'image des irréductibles de l'endroit qui envahissent allègrement l'espace en prenant place par terre un verre à la main. Le mieux est encore de s'y rendre le matin pour prendre un café ou encore déjeuner avec de délicieuses tartines, salades et autres petits en-cas.

CAFÉ COLIGNON

Place Colignon 6
✆ +32 2 424 19 13
Ouvert du lundi au vendredi de 8h à 17h et le week-end de 10h à 17h. Brunch dominical.

À l'ombre de l'Hôtel communal de Schaerbeek, le Café Colignon est un tout nouveau venu. Il ouvre tôt à l'heure du petit déjeuner et ferme en fin d'après-midi. On y passe pour prendre un café (du top torréfacteur gantois OR), boire un verre et satisfaire sa fringale avec des bons petits plats qui vous mettent le sourire aux lèvres (des pâtes, de généreuses tartines…) et de très beaux (et bons) sandwiches. Les menus changent toutes les semaines. L'intérieur est tout simple, dans l'esprit cantine (murs blancs, meubles et banquettes en bois). Joli jardin en bonus.

CAFÉ LA POMPE

Chaussée de Waterloo 211
✆ +32 2 851 71 27
www.cafelapompe.be
Ouvert du lundi au vendredi à partir de 8h ; le week-end à partir de 10h. Terrasse. Animations. Petite restauration.

Le Café La Pompe a ouvert ses portes dans une ancienne station-essence et un ancien garage dont la porte est le dernier vestige. Le mobilier provient d'une école et lui donne un petit côté vintage bien sympathique. On s'y arrête volontiers pour leur très chouette terrasse, leur trentaine de bières (dont neuf bières au fût). Le matin, les habitués y font une halte pour le petit déjeuner. Le midi, on vient y chercher une soupe ou un toast, une planche à l'apéritif ou un hot-dog (leur spécialité). Et le soir, l'ambiance grimpe. Sympa, à découvrir...

CAFÉ TULIPANT

Place Fernand Cocq 25
✆ +32 2 851 31 80
www.cafetulipant.be
Ouvert du lundi au vendredi, à partir de 16h et le week-end, à partir de 10h, jusque tard.

On aime tout chez le Café Tulipant, à commencer par sa belle terrasse ensoleillée sur la place Fernand Cocq mais aussi son sol en damier vert et blanc, son énorme bar carré en terrazzo qui en impose et sa carte versatile qui mélange bières, vins, cafés, cocktails mais aussi, des petits plats (tartare de bœuf, röstis...) ou de quoi grignoter (planches apéritives, tapenade...). Et en plus, le week-end, c'est l'heure du brunch. Tout ça fait du Tulipant un endroit où il fait bon lézarder après une séance de shopping dans les boutiques de la Chaussée d'Ixelles.

CAPOUE

Avenue des Celtes 36 ✆ +32 2 733 38 33
www.capoue.com
7j/7 de 12h à 22h. Boule de glace 4 € ; 7,50 € 2 boules et 10 € 3 boules. 3,50 € la boule supplémentaire.

Peut-être la concurrence est-elle trop grande vers la Grand-Place, c'est donc à côté du parc du Cinquantenaire que l'on vient chercher sa glace ! Parfums et fabrications originales rassureront les plus exigeants. Bonne nouvelle, tout le monde peut en savourer, car certains parfums sont disponibles sans sucre ou au lait de riz. Cela vaut bien une petite balade au parc avec quelques glaces à savourer ! Capoue est désormais une chaîne qui s'est bien développée avec de nombreuses adresses à Bruxelles (salons de dégustation et comptoir à emporter) et une à Huy.

CHAMBELLAND

Avenue de l'Université 42
✆ +32 2 751 48 44
chambelland.com
Ouvert du mardi au dimanche de 7h30 à 19h30.

Succursale de la maison-mère française, l'enseigne régale autant les amateurs de bonnes pâtisseries que les intolérants au gluten. Chambelland fait sa spécialité de cette particularité digestive : tous ses produits sont garantis 100 % bio et sans gluten ! Et pas question de faire des concessions à la qualité, au plaisir gustatif ou visuel qui sont autant de paramètres importants quand il s'agit de pain ou de douceurs sucrées. On y trouve des pains à base de farine de sarrasin ou de riz (de la plaine du Pô, traité de manière optimale dans les moulins Chambelland).

COMPAGNON BAKERY

Rue Jean Paquot 44
Ouvert du mardi au samedi de 7h à 16h30.

On ne compte plus les boulangeries de type français ou allemand à Bruxelles mais c'est un couple franco-anglais, Robert Hiller et Marianne Rousson, qui est derrière la seule boulangerie de type anglais de la ville. Mais Robert et Marianne ne sont pas exclusifs : à côté des buns (tant sucrés que salés), on retrouve des baguettes ou des pains de seigle. Mais c'est évidemment du côté des buns que les yeux (et les papilles) vont se poser : Cinnamon bun à la cannelle, Chelsea bun aux groseilles, Hot Cross aux raisins… De quoi bien varier les plaisirs.

LE COMPTOIR FLORIAN

Rue Saint-Boniface 17
✆ +32 2 513 91 03
www.comptoirflorian.be
Ouvert du mardi au samedi de 11h à 19h.

Ce salon de dégustation hors pair est situé au centre d'Ixelles. La maison offre l'occasion de goûter de multiples variétés de thé mais aussi du café servi dans des théières et tasses stylisées. On déguste tranquillement sa boisson chaude accompagnée de leur fameuses tartes aux fruits. On voyage au début du siècle dernier et on se croirait le temps d'un *tea time* dans un épisode de *Downton Abbey*, grâce au cadre *old fashioned*. On peut aussi y acheter thés, infusions et accessoires. Au centre-ville, l'adresse a célébré ses 120 ans !

FIKA

Rue de la Paix 17
✆ +32 2 502 88 85
Ouvert de mardi au samedi de 9h à 17h.

Fika, c'est la pause goûter en suédois, ce moment de l'après-midi où tout s'arrête pour déguster un café et une pâtisserie. C'est dans cet esprit que Joana a ouvert son café. En poussant la porte, on est transporté à Stockholm ou Malmö : effluves de cannelle venues des brioches, odeur de bon café d'origine, design minimaliste réchauffé par le bois, les couleurs douces et les plantes : on est en plein *hygge* ! Un lieu reposant pour se couper un moment de la frénésie du monde. On recommande les *semlor*, des brioches à la crème normalement consommées à Pâques.

ETHYLO

Rue Josse Impens 2
✆ +32 2 307 37 01
ethylococktailbar.be
Ouvert du mardi au dimanche à partir de 18h, jusqu'à 00h, 2h le vendredi et samedi et 23h le dimanche.

Ambiance Années folles dans ce bar à cocktail près du Parc Josaphat ! Quand on voit la lumière feutrée et les fauteuils en velours dans la salle, on a juste envie de s'y plonger et de ne plus bouger. Justement, cela vous permettra de détailler la carte des cocktails. Il y a des classiques bien sûr mais aussi, des cocktails signatures. Laissez-vous conseiller par Romain, le mixologue, si vous hésitez. Petite carte sympa de planches apéritives et de bonnes choses à grignoter, histoire que ces concoctions ne vous montent pas trop à la tête.

LA FLEUR DU PAIN FLAGEY

place Flagey 24 ✆ +32 2 648 85 81
www.lafleurdupain.com
Ouvert du lundi au samedi de 7h à 19h ; le dimanche et les jours fériés de 7h à 16h.

Français installé en Belgique depuis un quart de siècle, Laurent Richard s'est fait connaître en livrant son pain à des maisons aussi prestigieuses que la Villa Lorraine ou les épiceries Rob. Au départ de farines sans additifs, il élabore une gamme de pains particulièrement savoureux. De l'atelier de Ganshoren (80 personnes y travaillent) sortent ainsi chaque jour un millier de pains, dix mille petits pains et six mille viennoiseries pour approvisionner les cinq boutiques et les clients « pro ». La Cour de Belgique ferait même partie de cette clientèle...

ÉTIQUETTE

Avenue Louise 326
✆ +32 2 644 64 11
www.etiquette-wines.com
Ouvert du mercredi au samedi de 17h à 23h30. Restauration. Animations.

Pour se démarquer, ce « caviste – bar à vin – espace de dégustation – tapas » propose une carte prépayée rechargeable qui permet de profiter « à volonté » d'un système de conservation du vin sous argon (Enomatic). On choisit son vin (50 références) puis la quantité par verre (3 à 12 cl) et on essaye de rester droit parce que ça fait un sacré nombre de centilitres à déguster. On peut aussi acheter façon caviste (700 vins, 150 bières, 150 alcools), déguster au bar parmi une quinzaine de choix ou laisser un droit de bouchon pour les bouteilles entières.

FORCADO

Chaussée de Charleroi 196-198
✆ +32 2 539 00 19
www.forcado.be
Ouvert du mardi au dimanche de 10h à 18h. Salon de dégustation ouvert jusque 17h.

Forcado propose de nombreuses déclinaisons de *pasteis de nata* ; les classiques : citron, café, chocolat, speculoos ou encore les framboises, mojito, caramel, porto biscuité à la crème vanille. Une gamme de gâteaux sont faits à l'ancienne, comme dans les années 1960 au Portugal ! Une gamme sans gluten est également disponible. La boutique est spacieuse, épurée et lumineuse... autant de signes du succès continu de la famille Braz de Oliveira. L'équipe a récemment été renforcée afin de poursuivre la production, le patriarche étant retraité.

GRAND CENTRAL

Rue Belliard 190
✆ +32 472 111 783
www.legrandcentral.com
Du lundi au mercredi de 12h à 00h ; jeudi et vendredi de 12h à 1h ; samedi de 11h à 1h30 et dimanche de 11h à 23h30.

On peut dire que Grand Central est en effet... vraiment grand. Sur 2 étages, avec une salle énorme, un plafond haut et ces poutres de béton en oblique qui marquent le bâtiment, cet établissement looké par l'inévitable Fred Nicolay joue sur ses marottes habituelles : industriel, brut, mêlant bois et béton mais sur une échelle inédite. On y boit (jolie carte de cocktails), on y mange dès le midi jusque tard et on y brunche le week-end. Bref, parfait pour une pause entre le musée des Sciences naturelles et une balade dans le Quartier européen.

JORAN - CIDROTHÈQUE

Rue Jacques Jansen 3 ✆ +32 2 315 01 44
joran.bzh
Ouvert du mercredi au jeudi de 16h à 00h ; le vendredi et samedi de 16h à 1h et le dimanche de 16h à 23h.

Histoire de changer des bars à bières ou des bars à vins, pourquoi ne pas visiter un bar à cidres ? À la fois caviste et bar, Joran dispose de plus de 100 références de cidres ou de poirés venant de divers horizons (France, Angleterre, Espagne et même Belgique). On recommande de prendre une planche de dégustation pour découvrir les diverses subtilités de cet alcool de fruit. Et si la faim vous prend, il y a également des galettes de sarrasin salées et sucrées. Le tout, dans une ambiance que Brest ne renierait pas. Concerts et jam de musique irlandaise le week-end.

JACKIE

Chaussée de Charleroi 203
✆ +32 477 98 66 63
Ouvert du mercredi au vendredi de 8h à 18h ; le week-end de 9h à 18h.

Jackie utilise les cafés du torréfacteur Wide Awake à Anderlecht. La qualité est la clef de la réussite ! Les cafés y sont frais, goûtus et onctueux. Ils proviennent des différents pays producteurs (Brésil, Éthiopie, Guatemala) mais surtout, ils sont issus de petits producteurs indépendants et torréfiés par leurs soins. Les thés ne sont pas en reste et chez Jackie, on ne s'ennuie pas pendant qu'on déguste son breuvage : toute une série de magazines indépendants qu'on ne trouve pas dans toutes les librairies. Ça change de rester collé à son smartphone !

KAKI CAKE BAR

Chaussée de Waterloo 394
✆ +32 2 468 29 62
Ouvert du mercredi au lundi à partir de 14h30 ; le week-end à partir de 13h30.

Voilà un concept assez unique. C'est en revenant d'Asie que Gwen a eu envie de marier dans son salon de thé/pâtisserie les saveurs de l'Orient avec techniques de l'Occident. Cette union a donné le Ka Bao, essentiellement une génoise soufflée avec de la crème (spéculoos-framboise, mangue-coco) légère comme l'air. Mais à côté de ça, vous trouverez des clouds (des pancakes japonaises moelleuses à souhait) ou les fameux mochis. Pour compléter l'évasion, divers cafés à la mode vietnamienne ou thés au lait sont proposés. Brunch tous les jours sur réservation.

JOLIE JOLI COCKTAIL CLUB

Chaussée de Charleroi 171
Ouvert le mardi de 16h à 0h ; le mercredi et le jeudi de 17h à 1h ; le vendredi et le samedi de 16h à 1h.

Petit frère du restaurant Ma Jolie (tellement proches qu'un seul bâtiment les sépare), ce cocktail club a repris beaucoup des codes de son aînée : mur sombre, parquet, velours et touches de couleurs riches... Ça fonctionne très bien, c'est douillet et cela donne envie de se lancer dans des grandes confidences, cocktail à la main. Nicolas, le barman et mixologue, propose des cocktails surprenants (dont un pisco à la liqueur de sapin ou un negroni avec de la grappa infusée à l'hibiscus). Pour accompagner tout çà, on pioche dans la carte de tapas/finger food maison.

LILICUP

Rue du Page 65
✆ +32 2 538 02 68
www.lilicup.com
Ouvert du lundi au samedi de 11h à 18h30 ; le dimanche de 11h à 17h.

Le petit cake moelleux surmonté d'un savoureux *frosting* est une véritable institution. Les délices que nous propose Lilicup en sont une variété *made in Belgium*. Chaque jour, au gré de leur humeur et des saisons, les pâtissières proposent plus d'une quinzaine de saveurs différentes. La carte réserve, par ailleurs, d'autres surprises : brownies, cheesecakes, cookies, muffins... Le tout peut être accompagné d'un thé ou d'un cappuccino à la mousse de lait, le seul qui devrait exister... Lilicup a une 2e adresse à Uccle, Chaussée de Saint-Job.

LIVE CENTRAL PARK

Avenue des Azalées 41
✆ +32 2 242 89 49
Ouvert du mercredi au samedi de 15h à 23h30 ; le dimanche de 12h à 23h30. Animations. Jeux de société.

Le concept de cet établissement est le suivant : multitudes de BD, de jeux de société mis à disposition des convives ainsi que des livres culturels et artistiques. Des thés bio, jus bio et softs sont également au rendez-vous. Restauration (des salades fraîches à profusion pour l'été, par exemple), une multitude de bières spéciales belges, onze pompes à bières ainsi que des bières culturelles et associatives, des soirées à thème, ainsi qu'une boîte à livres gratuits à l'extérieur sans obligation d'acheter un article, etc. Leur slogan est « la culture pour tous » !

LA MULE

Rue Rubens 95
https://brasseriedelamule.wixsite.com/
Du mercredi au lundi, de 16h à 23h. Le vendredi et samedi jusqu'à 0h, dimanche jusqu'à 22h.

La dernière-née des micro-brasseries bruxelloises est logée à deux pas de la Maison communale de Schaerbeek, dans les anciennes écuries construites pour les services du tram, du temps où il était hippotracté. Schaerbeek étant surnommée la Cité des Ânes, le mélange avec un cheval, ça donne donc une mule ! Cette brasserie est un peu particulière puisque Joël, le maître brasseur, y réalise des bières de types allemands (lager, hefeweizen, kölsch…), faciles à boire, basses en alcool et invitant à la convivialité, tout comme sa terrasse intérieure, d'ailleurs.

LA MAISON DU PEUPLE

Parvis de Saint-Gilles 39
✆ +32 2 850 09 08
www.cafemdp.com
Ouvert du dimanche au jeudi de 9h30 à 1h ; le vendredi et le samedi de 9h30 à 3h. Terrasse.

Que voilà un café qui est devenu un incontournable de Saint-Gilles. Dans cette grande salle anciennement dédiée aux évènements du PS local, on vide joyeusement bien des verres dans un brouhaha digne de certaines grèves wallonnes. Blague à part, l'équipe dynamique qui gère l'établissement organise régulièrement des expos, vernissages, concerts et DJ set qui donnent à l'endroit une âme qui lui est propre. À l'heure du marché, ça dépote à fond le dimanche. Belle terrasse et petite restauration bon marché. Allez, camarade, remets-nous une pinte !

NICOLAS KOULEPIS

Rue du Page 85
✆ +32 2 514 74 40
nikolaskoulepis.com
Ouvert du mardi au samedi de 8h à 19h ; le dimanche de 9h à 17h.

Depuis 2018, Nicolas Kouleipis pâtisse pour le plus grand bonheur des habitants du quartier du Châtelain, et des autres. De fines pâtisseries françaises (saint-honoré, tarte chocolat-café, une tuerie…) mais aussi grecques. Nicolas rend hommage à ses origines avec les melomakarona (biscuits à la cannelle et girofle), la portokalopita (gâteau en pâte phyllo et orange) ou l'ekmek tsoureki (brioche imbibée d'épices avec des noix, de la crème, de la chantilly, des amandes ou de la pistache). De belles découvertes en perspective ! Ses créations salées sont au n° 62.

MOEDER LAMBIC ORIGINAL

Rue de Savoie 68
✆ +32 2 544 16 99
www.moederlambic.com
Ouvert du lundi au jeudi de 16h à 00h ; du vendredi au dimanche de 14h à 00h.

Bienvenue dans l'antre des connaisseurs en bières et autres curieux du divin breuvage. Ici, on ne boit que des produits de caractère issus de brasseries indépendantes. Il faudra donc choisir, comme les nombreux touristes alléchés par le concept, entre les cent cinquante variétés de bières toutes fabriquées dans de petites brasseries… Ah oui… il ne faut pas entrer ici pour commander une L..fe ou une D.vel, ce n'est pas le genre de la maison. Du tout, mais le staff saura vous conseiller. Bondé mais chaleureux, le Moeder Lambic propose aussi de délicieux en-cas.

LE PANTIN

Chaussée d'Ixelles 355
✆ +32 2 640 80 91
Ouvert le lundi, le mardi et du jeudi au samedi de 10h à 3h ; le mercredi jusqu´à 23h ; le dimanche jusqu´à 2h.

Situé juste au coin de la place Flagey, Le Pantin vaut bien une visite. On y trouve une belle carte de bières qui réchauffent en hiver et aussi une carte des thés. Le décor peut montrer son âge, mais cela fait partie du charme de ce bar, loin des codes du café branché qu'on trouve dans le quartier. L'endroit est aussi un lieu de rassemblement pour les amateurs d'échecs et de jeux de société. Depuis septembre 2021, Liza Miller, la patronne, s'est associée avec Laura Hecker pour proposer des plats végé et de savoureux brunches. Un chouette nouveau défi !

PÂTISSERIE BEVERNAEGE

Rue Victor Hugo 142
✆ +32 2 733 78 87
Ouvert le lundi et du jeudi au samedi de 7h à 19h ; le dimanche de 7h à 18h.

Depuis cinq générations, Bevernaege est réputé pour ses délicieux massepains moelleux sous diverses formes. On y pousse la porte pour leur fameux « lingot », gâteau biscuité aux framboises et recouvert de meringue italienne caramélisée. Le cramique et le craquelin ne sont pas en reste ainsi que treize sortes de pains (au levain et cuits à l'ancienne, sur sole), des biscuits pur beurre et des chocolats maison. Tout est garanti sans exhausteur de goût. La tartine légèrement grillée, saupoudrée de cannelle, est incontournable pour retrouver les saveurs d'antan.

PERCHÉ

Chaussée de Charleroi 132
www.xn--rooftop-perch-nhb.be
Ouvert de 17h à 1h tous les jours et à partir de 16h le week-end.

Un étonnant bar en rooftop tout proche des quartiers de Louise et Châtelain, pour profiter de la vue ! Il faut prendre l'ascenseur de l'hôtel Jam pour découvrir au 6e étage ce havre de lumière, ouvert en journée, idéal pour prendre le soleil sur la terrasse, et la nuit, pour siroter un cocktail à l'heure de l'apéro. Les prix sont raisonnables, les verres bien dosés. Une cheminée crépite en hiver en guide de télé, le fond musical est bon, l'espace est assez réduit mais convivial. Une bonne adresse où se mélange locaux et clients de l'hôtel, plutôt jeunes.

PÂTISSERIE GIOVANNI

Chaussée de Louvain 303
✆ +32 2 733 73 64
Ouvert du mardi au samedi de 7h à 19h ; le dimanche jusqu´à 18h30.

Pousser la porte de Giovanni est une expérience bluffante car soudainement, vous voilà transportés en Italie. Tout y est : le comptoir où on prend son espresso en vitesse, les *cornetti*, les chaises et tables en bois, les présentoirs à bonbons où on vous tente au moment de payer avec des chocolats *Bacci*. C'est Giovanni Lepanto, originaire de Messine, et sa famille qui sont à la tête de ce salon où les spécialités siciliennes (*cassata*, *cannolo*) mais aussi napolitaines (*sfogliatella*, *pastiera*, baba au rhum), sont à l'honneur, tout comme les fruits en massepain.

RENARD BAKERY

place Fernand Cocq 3
✆ +32 2 512 99 56
www.renardbakery.com
Ouvert le lundi et du mercredi au samedi de 7h à 18h ; le dimanche et les jours fériés de 7h à 14h.

Les amateurs de pains artisanaux seront ravis de ne pas voir tout leur blé passer dans d'insipides tartines industrielles. Car il y a les boulangeries à la mode et puis il y a celles qu'on aime appeler les « boulangeries de quartier ». Renard est de celles-là, depuis plus d'un quart de siècle au cœur de ce quartier populaire d'Ixelles. La philosophie de respect de la qualité n'a pas changé ! La gamme de pains au levain est impressionnante (mention spéciale pour les pains spéciaux du week-end) et l'assortiment de pâtisseries individuelles des plus alléchants !

LES PÉNATES

Rue de Vergnies 42
✆ +32 2 850 82 77
http://lespenates.be
Ouvert du lundi au vendredi de 17h30 à 1h ; le week-end à partir de 11h. Cuisine ouverte jusqu'à minuit. Terrasse.

À deux pas de la place Flagey, dans une ancienne boucherie devenue ensuite volailler et qui confère à ce lieu une atmosphère personnelle, voilà un eat & wine bar bien dans son époque… On se sent bien dans ces « pénates » et l'endroit est d'ailleurs archi-connu des Ixellois ! Fougasses, potages, portions de fromage ou charcuterie, part de tarte l'après-midi ou simple verre à toute heure. La carte des vins est vaste et l'équipe propose une petite restauration méditerranéenne idéale pour accompagner le verre de rouge, de blanc ou de bulles.

SUPRA BAILLY

Rue du Bailli 77
✆ +32 2 534 09 01
Ouvert tous les jours de 9h à 1h.

Le Supra, c'est un poème. Posé sur son coin de carrefour et faisant face à 3 autres bars, il a su garder son âme de troquet des années 1960, résistant à la gentrification du quartier du Châtelain. Avec son étroite terrasse et son intérieur qui rappelle les cafés de village, c'est le genre d'endroit attachant et sans chichis qui compte de nombreux fidèles au fil des années. La liste des bières est longue, les faims sont satisfaites simplement mais copieusement (spaghetti, croques…) et au fur et à mesure que la soirée avance, on est de plus en plus serrés.

LE BAR DU PATRON

Chaussée de Wavre 1708
✆ +32 2 675 00 92
lebardupatron.be
Ouvert du mardi au vendredi à partir de 17h ; le samedi à partir de 18h30.

Dans un coin de Bruxelles pas spécialement réputé pour sa vie nocturne, la venue d'un bar est toujours la bienvenue. C'est une bande de potes qui rêvaient d'ouvrir un bar à leur image qui s'est lancée dans l'aventure. La déco est résolument urbaine (briques exposées, fresques...) et l'ambiance, décontractée. Le bar ouvre à l'heure de l'after-work (happy hour et planches apéritives sont là pour vous attirer) et ferme tard. Les cocktails sont bien balancés, l'ambiance monte avec l'heure et il y a même un coin babyfoot pour défier ses amis !

LE CANARD

Chaussée de la Hulpe 194
✆ +32 2 311 60 20
Ouvert du mercredi au vendredi de 8h30 à 22h. Le samedi de 10h à 22h et jusqu'à 21h le dimanche.

Joliment posé en face des Étangs, le Canard a un peu évolué dernièrement. Exit l'épicerie, mais place aux bandes dessinées ! Disséminées dans les coins du café et dans le deuxième espace qui accueillait l'épicerie, on aime à feuilleter quelques pages avant de se décider à acheter et à commencer directement la lecture avec un bon café ou un verre de vin. D'ailleurs, des bonnes bouteilles sont à la vente. On y mange aussi une bonne cuisine de brasserie. Un lieu qui correspond bien au caractère bourgeois-bohème de Boitsfort et on aime sa terrasse avec vue sur l'eau !

CAFÉ LE REFUGE

chaussé de saint Job 668
✆ +32 2 850 36 17
www.cafelerefuge.be
Ouvert du lundi au vendredi à partir de 8h, du samedi au dimanche à partir de 9h jusque tard.

Un vrai café de quartier se tient dans un coin discret (mais fourmillant) de la place de Saint-Job à Uccle. Chaleureux l'hiver avec son poêle à bûches et l'été sur la belle terrasse, les nouvelles du quartier s'échangent au coude-à-coude avec un café ou l'apéro, et aux heures de table, avec le petit déj, le lunch, le goûter ou le grignotage en soirée. Des plats à base de produits de qualité, issus de petits producteurs locaux, s'affichent dès midi sur le tableau noir. À l'intérieur, la déco façon chalet renvoie à l'imaginaire alpin. Vins sympas, aussi au verre.

GLACIER LANNI

Rue Xavier De Bue 1
✆ +32 2 378 40 21
Ouvert du dimanche au jeudi de 11h30 à 22h ; le vendredi et le samedi de 11h30 à 19h.

Le glacier Lanni est bien connu à Bruxelles, dans son camion coloré de rose et de bleu. Le voilà aussi installé « en dur » à Uccle, juste à côté de la maison communale. Vaste choix de glaces et sorbets faits maison et large assortiment de gâteaux glacés ou de pièces montées. Véritable passionné, le glacier se lève à l'aube pour sélectionner ses fruits au marché matinal (melon charentais, kiwi, mangue, citron, banane, poire, pomme, ananas ou encore menthe fraîche et basilic). Pour les autres faims, Lanni propose aussi milk shakes, sandwichs ou cornets de pâtes.

CAFFÈ AL DENTE

Rue du Doyenné 85-87
✆ +32 2 343 45 23
www.caffealdente.com
Ouvert du mardi au samedi de 10h à 22h30. Service de midi partir de 12h, le soir à partir de 18h. Terrasse.

Le bar à vins (Enoteca) est le prolongement naturel du restaurant (Osteria) et de l'épicerie (Negozio). Cette sympathique adresse s'est fait connaître par sa sélection d'excellents crus venus de la Botte, par ses quelques tables offrant une cuisine simple et goûteuse de mêmes origines ainsi que par l'ouverture de sa boutique-dégustation-table d'hôtes voisine. Excellents produits d'Italie (charcuteries, fromages, pâtes diverses...) que l'on trouve peu à Bruxelles, dégustations singulières et ambiance en parfaite adéquation. Une adresse pour épicuriens, si !

GLACIER ZIZI

Rue de la Mutualité 57A
✆ +32 2 344 70 81
glacierzizi.be
Ouvert tous les jours de 11h30 à 23h. Ouvert à partir de fin février jusqu'au début de l'hiver.

Est-il encore besoin de présenter Zizi ? Ce glacier incontournable n'en finit pas de nous faire perdre la boule : sésame grillé, croccantino, straciatella, ou selon la saison, marron, thé à la menthe, *peanut butter*, framboise, melon, ananas... Difficile de faire son choix ! Tous ces parfums sont des incontournables. La vente en boutique est agréablement prolongée par celle en « camion », où l'on retrouve également les crêpes et les gaufres qui font – aussi – le succès de l'enseigne. Attention, la file est longue chez Zizi, autant prendre ses précautions.

GREEN LAB

Avenue Louise 520 ✆ +32 471 56 58 49
www.greenlab.bar
Ouvert du mardi au jeudi de 17h à 00h ; le vendredi de 17h à 1h ; le samedi de 18h à 1h. Terrasse. Concerts.

Le Greenlab est un véritable bar à gins ouvert par Sophie Barrière et Leslie Moreau. Non loin du record mondial avec plus de 150 gins, le staff y distille de bons conseils, et propose une carte de cocktails saisonnière. Les sirops et infusions sont réalisés maison. Le bar organise des événements liés à l'univers du cocktail (Brussels Cocktail Week...). Il est possible de privatiser la mezzanine de 30 places. Profitez également de la petite restauration en collaboration avec la fromagerie La Fruitière, avec des saucissons du marché, petits en-cas végétariens...

PACITTI AL

Chaussée d'Alsemberg 1149
✆ +32 2 376 27 81
www.glacier-pacitti-bruxelles.be
Du mardi au vendredi 12h-18h, le samedi à partir de 10h30. L'été, le dimanche 14h-18h. Dégustation possible sur place.

L'Atelier de Pacitti Al reflète à merveilles le respect des traditions. L'assortiment tourne autour de 250 parfums dont dix-huit glaces proposées au quotidien. Les recettes sont authentiques et artisanales, les produits sont frais et créatifs, le cadre 100 % familial ! Bref, une référence ! Celle d'un véritable artisan qui n'hésite pas à proposer des parfums hors des sentiers battus. Des exemples, parmi les plus fous : foie gras, huile d'olive (ou huile d'argan et pignons toastés !), vinaigre balsamique ou wasabi... Oui, oui, on est bien chez le glacier !

LA PETITE GRANGE

Rue au bois 243
✆ +32 2 427 22 37
Du mercredi au dimanche à partir de 7h ; du mercredi au vendredi 7h-18h ; le samedi 7h-17h ; le dimanche 7h-15h.

Fils de boulanger, Romain Fiume et sa femme Weronika sont venus s'installer dans une petite rue commerçante de Woluwé-Saint-Pierre et cette boulangerie toute neuve a déjà séduit pas mal d'habitants du quartier avec ses pains composés de farine bio, à la pousse lente et au levain naturel. Ouverte à la veille de l'Epiphanie, La Petite Grange s'est aussi lancée direct dans le bain des feuilletages et la réputation de la maison n'est déjà plus à faire dans le domaine. Les croissants et pains au chocolat sont des merveilles et les pâtisseries ne sont pas en reste.

LE SAINT-AULAYE

Rue Vanderkindere 377
www.saintaulaye.com
Ouvert du mardi au samedi de 7h à 19h ; le dimanche de 7h à 16h.

Qu'est-ce qui fait la qualité d'une boulangerie par rapport à une autre ? Au Saint-Aulaye, voilà plus de trente ans que l'on a trouvé la réponse à cette question : le respect des traditions. Les meilleurs ingrédients, le temps nécessaire à une bonne préparation, le refus de privilégier le vite fait « mal fait ». Cette philosophie donne naissance à des croissants fondants comme on n'en trouve nulle part ailleurs, des pains et des couques de toutes sortes. Deux autres adresses, dans le quartier du Châtelain et à Fort Jaco (Uccle).

TORTUE

Rue Edith Cavell 34
✆ +32 473 18 03 48
Ouvert du dimanche au jeudi de 17h à 22h ; le vendredi et le samedi de 17h à 23h.

Dans une jolie maison en coin de Uccle, cette tortue a posé sa carapace. Et que se cache-t-il dessous ? Une toute belle sélection de vins nature. Ici, pas de chichis, on a l'impression d'entrer chez des potes (Yann et Étienne) qui vous attendraient pour faire goûter leurs nouvelles trouvailles. L'œil est directement attiré par un mur couvert d'étagères et bien sûr, de bouteilles. Il n'y a plus qu'à se laisser conseiller pour le choix. Si jamais le vin n'est pas votre truc, il y a aussi des bières et des cocktails et de belles charcuteries à grignoter.

VIEUX SPIJTIGEN DUIVEL

Chaussée d'Alsemberg 621
✆ +32 2 344 34 55
www.spijtigenduivel.com
7j/7 de 11h30 à 00h. Cuisine du lundi au jeudi de 11h30 à 15h et de 18h à 00h ; le vendredi au dimanche de 11h à 00h.

Considéré comme l'un des plus anciens cafés de Bruxelles, il aurait même accueilli Charles-Quint. C'est dire s'il date ! Le mobilier est rustique et l'atmosphère de *bruin café* réchauffe en hiver et rafraîchit les idées toute l'année. En termes de choix de bières, le Vieux Spijt' est à la pointe et propose une trentaine de belles bières spéciales de chez nous. Côté assiette, des classiques de brasserie, des moules en saison et quelques plats de cuisine grecque qui font honneur à la patrie du patron. Dommage que côté qualité, ce soit parfois tellement aléatoire...

[SE] FAIRE PLAISIR

Le quartier de la mode à Bruxelles est celui de Dansaert, enfin, pour ceux qui en ont les moyens, car les prix des créateurs ne sont pas à la portée de la première bourse. Les plus modestes se rattraperont sur les nombreuses friperies, toujours dans le même quartier. La rue Neuve est LA rue dédiée au shopping à Bruxelles. C'est là aussi que se trouvent City 2 et l'INNO, les 2 grands centres commerciaux. Pour le shopping de luxe, on ira plutôt vers l'avenue Louise et surtout, l'avenue de la Toison d'Or (Gucci, Dior, etc.). Enfin, les chocolatiers sont légion dans les rues piétonnes. Notons à Ixelles, le quartier du Châtelain-Bailli et ses boutiques en tout genre (mode, déco, concept stores...) et la chaussée d'Ixelles, un des autres temples du shopping. On y trouve toutes les grandes marques.

Le Brussels Vintage Market, plus grand marché vintage de Belgique, a lieu tous les 1ers dimanches du mois chez Reset, rue de Ligne 8 dans le centre.

PRATIQUE

(SE) FAIRE PLAISIR

HORAIRES

Les boutiques sont souvent ouvertes jusqu'à 18h-18h30, du lundi au samedi. On peut trouver certains magasins ouverts le dimanche dans les zones touristiques. Les supermarchés et galeries commerciales sont ouverts jusqu'à 19h ou 20h.

BUDGET / BONS PLANS

Envie de vous faire des plaisirs chocolatés sans grever votre budget ? Sachez que chez les chocolatiers, il n'est pas nécessaire d'acheter tout un ballotin. Vous pouvez acheter des pralines, truffes, etc., à la pièce. Demandez à faire un mélange en sachet, choisissez celles qui vous font envie et à vous le bonheur à petit prix !

SOLDES

Les soldes ont lieu deux fois par an, en janvier (soldes d'hiver) et en juillet (soldes d'été). Les commerçants sont autorisés à dégriffer leurs prix sous conditions très strictes en dehors de ces périodes.

C'EST TRÈS LOCAL

- Outre le City 2 et l'Inno, un autre beau centre commercial est celui de Docks Bruxsel, en bord du canal, et qui combine nouveau bâtiment et anciens entrepôts.
- Parmi les marchés les plus appréciés des Bruxellois, on compte le Marché du Parvis de Saint-Gilles, (tous les jours, sauf le lundi), le marché de la place Flagey, où on peut manger tout autant que faire son marché (le week-end), celui de la place des Chasseurs Ardennais où la proximité des institutions européennes lui confère un petit air international (le vendredi après-midi, on peut y prendre l'apéro), le très huppé marché du Châtelain le mercredi après-midi et enfin, le plus grand d'entre tous, le marché du Midi, le 3e plus grand marché d'Europe où l'on trouve de tout, venant de tous les horizons, à des prix défiant la concurrence.
- Pour terminer, les amoureux de la chine iront très tôt le matin place du Jeu de Balle pour son célèbre marché aux puces (ouvert tous les jours). Un des rares endroits à Bruxelles où on peut marchander les prix.

LES PHRASES CLÉS

Bonjour, c'est superbe, mais combien ça coûte ?
Hallo, het is schitterend, maar hoeveel kost het?

Vous auriez ma taille ? Où se trouvent les cabines d'essayage ?
Heeft u misschien mijn maat? Waar zijn de pashokjes?

Est ce que je pourrai vous le rapporter et l'échanger si ça ne va pas ?
Kan ik het terugbrengen en ruilen als het niet goed is?

J'ai trop dépensé aujourd'hui, pouvez-vous me faire une réduction sympa ?
Ik heb vandaag te veel uitgegeven, kunt u me een mooie korting geven?

Je prendrai celui-ci. Pouvez-vous me faire un paquet cadeau ?
Ik neem deze. Kunt u het als cadeau inpakken?

Vous prenez la carte de crédit ? Où puis-je trouver un distributeur de billets ?
Accepteert u creditcards? Waar kan ik een geldautomaat vinden?

ANSPACH SHOPPING

Boulevard Anspach 24
www.anspach-brussels.be
Ouvert du lundi au jeudi et le samedi de 10h à 19h ; le vendredi jusqu´à 19h30.

L'Anspach Shopping se visite tout comme il se consomme. Accessible aisément (métro de Brouckère), cette rue commerçante couverte par une verrière impressionne vraiment. À 3 minutes à pied de la Grand-Place, le cadre y est ouvert, lumineux et contemporain. Une vingtaine de boutiques et de commerces s'offrent au chaland (fringues, cadeaux, restos...). On peut également s'adonner aux jeux dans le Grand Casino Brussels-Viage et y trouver un lieu original pour passer la nuit à Bruxelles, dans les magnifiques appartements et studios de l'Adagio Bruxelles Centre Monnaie.

BASILIX SHOPPING CENTER

Avenue Charles Quint 420
✆ +32 2 468 03 00
www.basilix.be
Horaires variables selon les commerces. Voir site Internet.

Basilix attire les clients de l'ouest de la ville et même du centre-ville. Facile d'accès (10 min du centre-ville), à proximité du ring et face aux pâtures d'une des dernières fermes de Bruxelles, ce centre commercial propose plusieurs enseignes courantes et connues. Hi-Fi, alimentation, vêtements, chaussures, déco, électroménager, restauration, fleuriste, glacier, librairie, carterie, etc. Un espace central accueille différentes animations et promos saisonnières. Vaste parking (2 000 places) et à deux pas, l'un des plus grands magasins Carrefour de Bruxelles.

CITY 2

Rue Neuve 123
✆ +32 2 211 40 60
www.city2.be
Ouvert du lundi au vendredi de 10h à 19h ; le samedi de 10h à 19h30.

Le plus grand shopping-center urbain de Belgique est ouvert depuis plus de 40 ans. Prolongement naturel de la rue Neuve, City 2 regroupe une centaine d'enseignes sur 51 000 m² et 4 étages dont le dernier accueille exclusivement la Fnac. Les autres enseignes se partagent la mode, l'hygiène et beauté, l'alimentation, les cadeaux, la déco ou équipements maison, la restauration ou les services. Accolé à la Galeria Inno, on y trouve aussi un supermarché tout en bas. L'architecture y est agréable, notamment grâce à cette luminosité venant de ses deux toits en verre.

DOCKS BRUXSEL

Boulevard Lambermont 1
✆ +32 2 218 00 00
www.docksbruxsel.be
Horaires variables en fonction des commerces, consultez le site Internet pour plus d'informations.

Le plus récent des centres commerciaux compte de nombreux magasins : vêtements, jeux, bijoux, décoration, etc. Entre le canal et la gare de Schaerbeek (proximité de Train World), Docks Bruxsel est un centre commercial d'un genre nouveau, intégrant un cinéma à la programmation décalée (*White Cinema Docks*), des restaurants, un vaste parking souterrain et une ambiance de village qui tranche avec la fourmilière grouillant habituellement dans ce genre d'endroit. On apprécie la sensation d'espace, la luminosité et l'aménagement donnant l'impression d'être à l'extérieur.

INNO

Rue Neuve 111/123
Ouvert du lundi au samedi, de 9h30 à 19h, 20h le vendredi.

Inno, c'était l'Innovation, une superbe galerie commerciale dont l'incendie en 1967 fut le plus terrible qu'ait connu la Belgique. Le magasin fut reconstruit mais adieu l'inspiration Art nouveau, c'est le fonctionnalisme des années 1970 qui a primé. Sur 4 étages, l'Inno vous propose de belles marques, du parfum aux vêtements (Calvin Klein, DKNY, Laurence Tavernier...) en passant par les bijoux, la maroquinerie, la vaisselle et le linge de maison. Petite faim ? Il y a le bar BON au rez-de-chaussée, Lunch Garden au 3ᵉ étage et au 4ᵉ, les geeks iront chez MediaMarkt.

THE WOLUWE SHOPPING

Rue Saint-Lambert 200
✆ +32 2 771 20 45
www.thewshopping.be
Horaires variables selon les commerces. Voir site Internet.

Le Woluwe Shopping propose plus de 130 enseignes de secteurs variés : mode, hygiène, alimentation, déco, cadeaux, services, divertissements, restos. Dans un cadre moderne et aéré, tout est prévu pour y être à l'aise en famille. Bracelets pour enfants à aller chercher au kiosque info et espace « baby lounge » pour nourrir le petit bout en toute tranquillité. Les services y sont nombreux : parking, accès direct en métro, centre d'infos, ascenseurs, La Poste, service car wash... Toute l'année également, des animations rendent la visite encore un peu plus attrayante.

AVEC PLAIZIER

Rue des Eperonniers 50
✆ +32 2 513 99 29
www.avecplaizier.be
Lundi, mardi, vendredi et samedi de 11h à 18h ; mercredi et jeudi à partir de 12h ; le dimanche à partir de 13h.

Vous recherchez des cartes postales de Bruxelles originales, des affiches anciennes, des livres de photos sur les grands noms belges, des petits carnets, des gadgets rigolos ? Alors cette drôle de boutique Plaizier est faite pour vous. L'équipe collabore depuis les années 1980 avec des dessinateurs, photographes et institutions d'archives pour progressivement constituer leur propre fonds de publications et obtenir à ce jour une collection impressionnante de tirages sous forme de cartes postales, cartes de vœux, affiches et objets dérivés.

HOPONO

Rue Simonis 55
✆ +32 2 721 05 69
www.hopono-shop.com
Ouvert le lundi de 11h à 19h et du mardi au samedi de 10h30 à 19h.

Depuis leur déménagement mi-2022, Hopono peut se targuer d'être le plus grand concept store de la capitale. La petite entreprise de Julie, Sébastien et Jean-Philippe a bien grandi : 600 m^2 dédiés à la déco, à la mode, aux jouets, au bien-être, aux accessoires pour le voyage, le sport, aux cadeaux à faire aux humains et à leurs animaux préférés. Une vraie grotte aux trésors ! Dès la création du magasin, le trio a voulu privilégier les articles de qualité, fabriqués en Europe et respectueux de l'environnement. Si le magasin est grand, le service y est attentif,.

BEL'ARTE

Rue de Flandre 53
✆ +32 492 76 22 74
www.bel-arte.be/fr
Ouvert du mercredi au samedi, de 11h à 18h30.

Chez Bel'Arte, pas besoin de fouiller longtemps pour trouver un cadeau typique : tout y est 100 % *made in Belgium* ! Bijoux, objets de décoration, montres, maroquinerie, accessoires, papeterie... Le tout, tiré en petite série par des designers du Plat Pays. La boutique est petite mais remplie à ras bord de beaux objets. En plus, il y en aussi pour toutes les bourses : du luminaire à plusieurs centaines d'euros à la barre de savon artisanal ou à la carte postale à 1,50 euro. De quoi emporter avec soi, ou offrir, un morceau de belgitude.

LA MAISON TOUTOU

Rue Pierre Timmermans 14
✆ +32 2 425 07 17
lamaisontoutou.be
Ouvert du lundi au vendredi de 9h à 12h et de 13h à 18h. Le samedi, de 9h à 18h.

Tout pour votre toutou, et pour votre chat aussi ! Vous voyagez avec votre compagnon poilu et il ou elle a besoin de se refaire une beauté ? Ou vous voulez lui rapporter un souvenir ? Maison Toutou est là. Avec son immense lustre dans le magasin, on jurerait entrer dans une boutique de mode ! De la nourriture aux jouets, aux produits de toilette, rien de manque pour gâter vos chouchous. Côté toilettage, vous pouvez leur faire confiance d'autant plus que tous les mois, les animaux d'un refuge s'y font bichonner, une tâche pas facile avec des animaux traumatisés.

EXTRA-ORDINAIRE

Rue des Bouchers 37a
✆ +32 460 96 41 99
extra-ordinaire.be
Du mercredi au samedi, de 11h à 19h.

Jean-Paul Lespagnard, c'est l'esprit rock'n' roll de la mode belge. Connu pour ses imprimés, ses lignes graphiques et son amour de l'artisanat, le créateur a lancé son concept-store en plein quartier ultra-touristique, juste en dehors des Galeries royales. Si on trouve bien des créations du maître des lieux, c'est surtout les collaborations avec des artisans d'ici et d'ailleurs qui l'intéresse. On peut y trouver des souvenirs originaux à petits prix, tout comme des tapis à 1 000 euros ou des masques mexicains. Un monde aussi déjanté que son concepteur.

MANNEKE

Rue de la Madeleine 31
✆ +32 2 512 32 54
manneke.brussels/fr
Ouvert 7j/7 de 11h jusqu'à 18h30, jeudi et vendredi jusqu'à 19h, samedi de 10h à 20h, dimanche de 10h30 à 18h30.

Située à deux pas de la Grand-Place, Manneke ne propose que des produits locaux. Dans la boutique de souvenirs pas comme les autres de Lawrence, tout est *Made in Brussels* ou au pire, *Made in Brabant*. Des articles de bouche tels que des bières de petits brasseurs, des biscuits, de la confiserie, en passant par des créations d'articles recyclés aux bijoux, aux t-shirts, aux cosmétiques ou même à des ouvrages sur le Bruxelles insolite, ce savoir-faire local, qui grouille de partout, ne demande qu'à se faire connaître du grand public.

NIAS

Chaussée de Charleroi 4
✆ +32 2 894 89 09
https://www.les-papeteries.be/
Ouvert du lundi au samedi de 9h45 à 18h15.

Parmi plus de 12 000 références, l'aide chez Nias est toujours des plus précieuses et date de 1845 ! On se perdrait facilement dans les rayonnages de cette vaste surface pour découvrir la grande utilité de tous les services mais aussi la quantité de « plus » qu'offre ce lieu réputé : personnalisation de registres cousus et numérotés, cartes de visite haut de gamme, cachets, plaques gravées originales. Tout est présent pour imaginer ici le cadeau le plus original, totalement personnalisé et souvent unique. Équipe professionnelle avisée toujours prête à conseiller.

ROSE

Rue de l'Aqueduc 56-58
✆ +32 2 534 98 08
iloverose.be
Ouvert le lundi de 10h30 à 18h ; du mardi au samedi de 10h30 à 18h30.

Situé dans le quartier du Châtelain, cette douce boutique aux allures tendance est une incontournable alternative pour trouver l'objet de ses rêves. A la fois atypiques et au design innovant, les gadgets (souvent très utiles, mais pas toujours !) font le bonheur des grands et des petits. Entre jolis pochoirs à coller au gré de vos envies, pochettes originales à glisser dans votre sac à main, objets à moustaches et encore bien d'autres... Le tout pour un prix abordable ! Une chose est sûre, une fois le seuil franchi, on ne peut s'en détacher. Webshop disponible.

OXFAM MAGASINS DU MONDE

Boulevard Anspach 137 ✆ +32 2 511 75 29
www.oxfambxl.be
Ouvert du lundi au samedi de 10h à 18h.

Commerce bio-équitable, Oxfam propose une foule d'articles alimentaires ou non, des produits uniques et originaux issus de matériaux naturels et d'une fabrication traditionnelle. Les prix permettent de faire vivre des milliers de partenaires-producteurs originaires d'Afrique, d'Amérique du Sud et d'Asie. Côté nourriture, riz, chocolats, bières, biscuits, cafés, céréales, huiles, épices, jus, thés, vins, miels, etc., attirent les amateurs de saveurs authentiques. Leur jus Worldshake (pamplemousse, orange, bananes et betteraves rouges) vaut vraiment le détour.

AU TRÉSOR DE PÉNÉLOPE

Rue de la Madeleine 33
✆ +32 2 745 45 75
www.autresordepenelope.be
Ouvert tous les jours 11h-10h, sauf le mercredi. Jusqu'à 18h30 le samedi. Accessible aux personnes à mobilité réduite.

À quelques mètres à peine de la Grand-Place de Bruxelles, le Trésor de Pénélope propose une vaste gamme de tapis, coussins et sacs flamands réalisés en Belgique. On découvre aussi des bijoux réalisés par des artistes belges confirmés. Les tapisseries flamandes sont réputées mondialement pour leur qualité et leur haute résistance en matière de couleurs. Depuis la nuit des temps, elles occupent une place importante en Belgique et sont reconnues à l'étranger. Le Trésor de Pénélope est certifié Free Tax pour le passage en douanes à l'aéroport.

PAPETERIE ANGLAISE

Avenue Louise 92a ✆ +32 2 512 18 71
www.papeterieanglaise.com
Ouvert du lundi au vendredi de 9h30 à 13h et de 14h à 18h ; le samedi de 10h à 13h et de 14h à 18h.

Depuis plus de deux siècles, cette enseigne est l'adresse d'excellence pour tous les amateurs de papeterie. On se croirait plongé dans l'Angleterre victorienne, avec de beaux papiers, des plumes d'exception sans oublier les cuirs travaillés. Le magasin porte plutôt bien son nom : froid au premier abord, mais rempli de trésors qui permettent de passer outre cette sensation. On s'apercevra vite que nos guides des lieux sont des passionnés et que la sympathie règne dès qu'ils ont pu voir en leurs clients potentiels des amateurs de belles choses. *Welcome, guests* !

LE TYPOGRAPHE

Rue Américaine 67
✆ +32 23 45 16 76
www.typographe.be
Ouvert du mardi au samedi de 11h à 18h30.

L'art du papier et de ce qui est couché dessus se perd ? Pas chez le Typographe ! On y achète des cartes toutes faites, des agendas, des calendriers, des enveloppes, des accessoires de bureau mais mieux encore : le typographe imprime vos papiers à lettres, cartes de visites, faire-part, etc. réalisés dans les règles de l'art de l'imprimerie : sur une presse Heidelberg avec des casses en plomb et bois. Pas d'offset ici, tout est artisanal. L'atelier et la boutique sont en plein quartier du Châtelain et une autre boutique se trouve rue des Chartreux, dans le centre.

AKSUM COFFEE HOUSE

Galerie du Roi 3

✆ +32 474 47 90 76

Ouvert du samedi au lundi de 10h à 18h ; du mardi au vendredi de 8h30 à 18h.

Aksum torréfie artisanalement ses grains de cafés, en provenance directe et unique d'Ethiopie. De cette grande nation du café naît ainsi des mélanges aux effluves divines. On les appréciera suivant le moment de la journée ou l'humeur ! On aime beaucoup la déco colorée, on ne quitte pas des yeux la véritable fresque de peintures éthiopiennes au plafond. La maison, un peu underground sur les bords, vend du café en grains, des bijoux et des objets éthiopiens. Des bières aussi, des boissons au baobab, des tisanes du Sénégal et des vins sud-africains !

ATELIER DIERENDONCK

Rue Sainte-Catherine 24

✆ +32 2 669 59 00

www.dierendonck.be

Tous les jours sauf le lundi et le dimanche, de 10h à 18h30. Le samedi de 9h à 18h30.

Si vous aimez la bidoche, impossible de ne pas être quasi hypnotisé par la vitrine de Dierendonck tellement elle est alléchante. Boucher star de Flandre occidentale ayant sauvé quasi à lui tout seul la vache rouge des Flandres, Hendrik Dierendonck a ouvert sa succursale bruxelloise en 2017 et régale les clients ravis de différentes races de bovins : angus, siementhal (maturée ou non), baltique, rubia gallega ou wagyu mais aussi du porc, de l'agneau, des volailles, des charcuteries, des assaisonnements… Tout ce qui est proposé est trié sur le volet.

L'ALPAGE «CHEZ CARLA»

square Eugène Plasky 88

✆ +32 2 736 21 12

Ouvert le lundi de 15h30 à 19h ; du mardi au vendredi de 10h à 13h30 et de 15h30 à 19h ; le samedi de 10h à 19h.

Fromages de chèvre, variétés de raclettes, charcuteries, potages peuvent être commandés (poids, pièce ou plateau) et transporteront les papilles dans les pâturages... Confitures, fraises (en saison), bulles et chocolats sont également à disposition pour un repas complet et copieux. Une véritable ambiance de chalet suisse, orchestrée de main de maître par Carla Di Falco et son mari ! On hume l'arôme d'une soixantaine de fromages français, italiens ou belges et on arrive tout droit au square Eugène Plasky ! Mention spéciale pour le gorgonzola « à la cuillère » !

LE BARBOTEUR

Avenue Louis Bertrand 23

✆ +32 470 83 21 72

Ouvert du mardi au samedi de 15h à 00h30 ; le dimanche de 15h à 23h.

Le Barboteur, petite boutique dont on parle beaucoup à Schaerbeek, spécialisée en bières belges et internationales avec un espace conçu pour les dégustations. Il ne s'agit pas d'un bar à bière, ni juste d'un magasin. Leur bièrothèque compte pas moins de 400 bières dont 250 bières belges. Sébastien et Jean-Thomas ont mis le produit houblonné au centre de leur politique, avec une passion et un dynamisme certains. On les déguste, sans chichis, en les accompagnant de fromages et charcuteries bio venant de petits producteurs, ou de « tartinades » végétariennes.

L'ART DU CHOCOLAT

Rue de la Colinne 10

✆ +32 2 513 56 88

www.lartduchocolat.be

Ouvert tous les jours de 10h à 23h.

Animés par cette même passion familiale pour le véritable chocolat belge, Christian, Isabelle et leur équipe proposent depuis plus de 15 ans de partager cet amour, qu'il soit sous forme de tablettes, truffes ou de pralines. Nougatine, spéculoos, ganache noir 75 %, praliné noisette, amandes, tiramisu… Une douceur pour vos palais. L'Art du Chocolat, chocolatier à Bruxelles, à côté de la Grand Place, vous propose ces nombreux choix auxquels on ajoutera des « creux » pour les occasions festives (Pâques, Saint-Nicolas...), des coffrets et une petite sélection vegan.

LA BELGIQUE GOURMANDE

galerie de la Reine 17

✆ +32 2 512 57 45

www.labelgiquegourmande.be

Lundi au jeudi, 10h-22h ; vendredi au dimanche, 10h-23h. Adresses et horaires des différents magasins sur le site web.

La Belgique Gourmande, un nom qui fait saliver et fait penser à « la Belgique de papa » ou à « l'Ancienne Belgique », autant de définitions locales d'une époque révolue. Bref, ça rappelle des souvenirs et des saveurs d'enfance. C'est ce que propose la boutique : un bel assortiment de douceurs du terroir belges (chocolats, spéculoos Dandoy...) présentées dans de beaux coffrets qui feront des heureux. L'enseigne dispose de 5 magasins dans la capitale. Dans celui de la rue de la Colline, on fait réaliser ses tablettes personnalisées (type de chocolat et garniture).

BELGOBON LE COMPTOIR

Avenue Gustave Latinis 25
✆ +32 2 327 68 19
https://belgobon.eu/le-comptoir/
Ouvert du mardi au samedi de 11h à 19h.

Belgobon, à la base, est une entreprise de traiteurs créée par Juliette et Corentin mais qui a maintenant ouvert son épicerie à Schaerbeek. Parmi les délices de l'épicerie, des plats à emporter faits maison avec un max de produits locaux, de saison et si possible bio. Belgobon propose aussi du pain et des pâtisseries fabriqués par leurs soins, des confitures, des biscuits sucrés ou salé, de la charcuterie, des fromages, des bières et des vins. La boutique ne manque pas de choix et en plus, c'est du bon, c'est du belge ! Ne vous en privez pas.

BOIRE ET FUMER

Avenue de l'Université 38
✆ +32 2 647 15 88
www.boireetfumer.be
Ouvert du lundi au samedi de 10h à 18h30.

Dans ce quartier festif du cimetière d'Ixelles et de l'Université libre de Bruxelles se trouve un tout petit magasin où l'on sait encore différencier le banal de la perfection. Les meilleurs alcools et cigares se côtoient pour vous faire perdre la tête. Véritable « havanathèque » (un joli néologisme...), spiritueux, champagnes et vins de grande finesse. Du coup, un seul conseil prévaut : demander l'avis du patron qui connaît son sujet sur le bout des doigts. Il conseille les novices et donne aux clients son point de vue d'épicurien avisé !

BIÈRES ET TOUT LE BAZAR

Rue Duquesnoy 3
✆ +32 485 42 25 26
www.bieresettoutlebazar.be
Ouvert tous les jours de 11h à 21h.

Excellente boutique à bières située entre l'église de la Madeleine et la salle de concert éponyme. Le patron est népalais, et même si le Népal est davantage connu pour son lait de yak, Lila Pant est devenu une pointure incollable en bières, essentiellement belges. L'enseigne est d'ailleurs très connotée belgicaine... Si la surface n'est pas immense, le choix est large avec plus de 350 références. Une bonne adresse et des prix raisonnables au regard de sa situation très centrale. Pour contenter les plus passionnés, Lila ajoute cartes postales et posters.

BRASSERIE CANTILLON

Rue Gheude 56
✆ +32 2 521 49 28
www.cantillon.be
Ouvert de 10h à 16h, fermé mercredi et dimanche. Brassin public plusieurs fois/an.

La fringante brasserie centenaire n'a jamais changé de mains, le « patron » actuel étant l'arrière-petit-fils de Paul Cantillon. La production de bières ne recourt à aucune sorte d'additifs, utilise la fameuse fermentation spontanée et est certifiée bio. Nous parlons ici d'une brasserie mythique, célébrée jusqu'aux USA. La brasserie Cantillon est considérée dans plus de vingt pays comme une référence en matière de fermentation spontanée et donc de lambic et gueuze de tradition. Jean-Pierre Van Roy, retraité, assiste son fils Jean qui a pris les commandes.

DE BIERTEMPEL

Rue du Marché-aux-Herbes 56
✆ +32 2 502 19 06
Ouvert tous les jours de 10h à 19h. Fermé le 25/12.

Populaire auprès des touristes et des nombreux passants qui traversent le quartier de la Grand-Place mais aussi connu d'amateurs belges de bières, il fut l'un des premiers magasins véritablement spécialisés. Ouvert en 1996, il comptait à l'origine 250 bières différentes et en totalise désormais quatre fois plus. Un millier de bières belges donc, y compris les plus rares, et une large gamme d'accessoires sont disponibles. Les collectionneurs seront particulièrement intéressés par le stock de vieux verres de bière (et parfois introuvables !).

BRASSERIE DE LA SENNE

Drève Anna Boch 19-21 565 ✆ +32 2 465 07 51
www.brasseriedelasenne.be
Bar : mar-ven 16h-20h et sam 12h-20h. Shop : lun-ven 12h-18h et sam 11h-19h. Visite via Once in Brussels.

Yvan et Bernard souhaitent faire redécouvrir à la population bruxelloise toute la richesse et la complexité de goûts d'une bière. Le duo produit des boissons à l'amertume bien développée, peu chargées en alcool et relativement sèches. Ils emploient d'anciennes variétés de houblon. Le succès de ce type de bières à l'étranger n'est plus à démontrer. Les bières « de la Senne » se retrouvent à la carte de quelque 250 établissements de la capitale, cette dernière absorbant 60 % d'une production annuelle estimée actuellement à six mille hectolitres : mission accomplie.

BRUSSELS BEER PROJECT

Rue Antoine Dansaert 188
www.beerproject.be
Boutique ouverte du mardi au samedi de 14h à 20h ; le dimanche de 13h à 18h. Beer garden : Quai de Biestebroeck 23

Née en 2013 d'un crowdfunding, « BBP » a bien grandi. Les enfants terribles de la scène brassicole ont installé leur boutique et leur bar rue Dansaert. N'espérez pas y trouver des bières classiques (quoique leur Delta l'est un peu devenue), la brasserie préfère casser les codes avec des ingrédients et des saveurs parfois saugrenus. Des fois, ça marche, des fois, ça marche pas. Le mieux est d'aller tester au bar à côté de la boutique avant d'acheter votre préférée. Avec des établissements à Paris et Tokyo, c'est LA *success story* bruxelloise de la micro-brasserie !

CHAI & BAR

Chaussée de Waterloo 1469
✆ +32 2 375 46 36
www.chai-bar.be
Ouvert du mardi au samedi de 10h à 19h30.

On apprécie particulièrement la possibilité de goûter de grands châteaux mais aussi les soirées « œnologie » durant lesquelles on prend un vrai plaisir entre amateurs. Choix parmi 1 200 références en vins du monde entier et champagnes (dont 600 vins de Bordeaux et 150 grands vins de Bourgogne, 180 champagnes). Conseils de sommeliers et prix compétitifs. Les amateurs de la dive bouteille profiteront de l'environnement select de Fort Jaco pour choisir parmi une offre également pléthorique de grandes cuvées qui feront le plaisir de leur palais.

C'EST BON C'EST BELGE

Rue de Rollebeek 3-5
✆ +32 2 512 19 99
www.cestboncestbelge.be
Lundi, 9h-22h ; jeudi, 12h-22h30 ; vendredi et le samedi à partir de 10h30 ; dimanche, 10h30-21h. Dégustation sur place.

A la lisère du Sablon et des Marolles, on trouve C'est Bon, C'est Belge, un établissement qui est est à la fois épicerie, traiteur et resto avec l'avantage qu'on y mange carrément aussi copieusement que dans un resto classique. Au premier plan, les produits belges évidemment, du nord et du sud du pays ! La cuisine y est agréablement savoureuse, un brin inventive. Dans les verres aussi, « C'est du Belge » comme disait le roi Albert II ! Vins et/ou bières sont belges, artisanaux et sans gluten. Le midi, un lunch à prix sympa vient compléter l'offre.

CHAMPIGROS

Rue Sainte-Catherine 36
✆ +32 2 511 74 98
www.champigros.com
Ouvert du mardi au samedi de 8h à 18h.

Durant la bonne période, ce sont carrément plus d'une vingtaine de variétés de champignons qui trouvent place dans la vitrine, des bois ou de culture ! Comptez sur une dizaine en temps normal. Le champi restant un produit de niche, Alain Schoorman, feu le patron, a diversifié ses propositions et ses successeurs continuent sur la même lancée : vinaigre balsamique, caramel à la fleur de sel, charcuteries, les saucisses de chez « Saucisses », chocolats, pâtes, bières, liqueurs et même cette étonnante sève de bouleau 100 % bio, idéale pour les cures détox.

CATHERINE

Rue du Midi 23
✆ +32 2 512 75 64
www.fromagerie-catherine.be
Du mardi au samedi 9h-19h. En décembre, ouvert tous les dimanches de 11h30 à 18h.

Une expérience à vivre, assurément ! Car un tel commerce à l'ancienne et aux mille et une saveurs, on en redemande ! *Echte (« vraie »)* Bruxelloise, Catherine aime prendre le temps et le sourire avec les nombreux clients. Pâtes dures ou fleuries, chèvres, brebis, chèvre-brebis, fromage blanc et fromages bio complètent une offre bien alléchante. Catherine travaille en direct avec des petits producteurs, distribue ses conseils spontanément, coupe les tranches devant vous. Autres produits à mentionner : épicerie fine, produits de saison, vins, charcuterie...

CHOCOLATERIE HENRI IV

Rue Richard Vandevelde 41
✆ +32 2 216 23 17
https://chocolateriehenri4.com/
Ouvert du mardi au samedi de 10h à 18h.

Chocolaterie artisanale implantée au cœur de Schaerbeek, fondée en 1972 ! A l'approche de Pâques, de la Saint-Nicolas ou de la Saint-Valentin, la vitrine et l'étalage se parent des classiques attraits chatoyants qui happent littéralement le passant à l'intérieur du magasin. Creux, pralines, moulages décorés ou non... tout ici rappelle avec bonheur les heures insouciantes d'une enfance pas toujours aussi lointaine qu'on ne le pense. Massepains et gélifiés, entre autres, sont d'autres « madeleines » colorées. Du classique à préserver absolument !

CHOCOLATIER VANDENHENDE

Chaussée de Wavre 643
✆ +32 2 644 63 00
www.chocolatier-vandenhende.be
Ouvert du mardi au samedi de 10h à 18h ; le dimanche de 10h à 13h.

L'atelier-boutique de Kenny Vandenhende et Marc Lindekensde est né autour d'un concept original. Le premier est chocolatier, le second glacier et ensemble, ils explorent avec passion et talents ces deux univers. Ici, pas de chichi mais des matières premières de grande qualité, un accueil chaleureux et professionnel et l'écoute de la clientèle. Dans le quartier métissé de la Chasse, les résultats s'avèrent exotiques, comme cette praline au ras el hanout. A découvrir : le chocolat au lait aux noix de macadamia et pistaches subtilement salées.

CODJIA EXOTIC

Rue du Pépin 50
✆ +32 485 47 70 55
www.codjiaexotic.eu
Du mardi au dimanche de 10h à 19h.

Jean-Marie est à la tête de cette jolie épicerie spécialisée en fruits et légumes exotiques. D'ailleurs, il est lui-même producteur de fruits, notamment d'ananas qui sont cultivés en Ouganda. Rien qu'à voir la devanture, avec des sacs bien replets et remplis de beaux produits, on a envie d'entrer. Jean-Marie peut vous préparer un jus de fruits frais minute (il faudra juste un peu de patience pour qu'il soit prêt) mais il a également un coin traiteur avec des spécialités africaines, pleines de fraîcheur. Chocolats, épices et vins finissent de remplir les étagères.

LE COMPTOIR BELGE

Avenue Jean Volders 72
✆ +32 2 539 12 00
www.lecomptoirbelge.be
Ouvert du mardi au samedi, de 10h à 19h et le dimanche, de 10h à 15h.

Du rhum liégeois ? Check ! Du vin du Hainaut ? Check ! Des confitures et tisanes bio produites dans le Brabant ? Toujours check ! Les étagères du magasin de Gilles sont remplies de tout ce que la Belgique fait de meilleur et le tout, sélectionné avec amour. Biscuits, bières, chocolats, cosmétiques, sauces, tartinades..., on ne sait que choisir ! Comme le patron est bien ancré dans son quartier, on trouve souvent les productions de ses voisins saint-gillois. Bref, si vous voulez rapporter un souvenir gourmand du Plat Pays, vous le trouverez ici.

LE COMPTOIR EL VASCO

Rue du Page 34
✆ +32 2 538 96 99
www.filsdejules.be
Du mardi au vendredi de 11h30 à 15h et de 18h à 23h (23h30 mercredi et jeudi) ; samedi, de 11h30 à 23h.

Bar à vin, épicerie fine, bar à tapas et bar à sandwich avec comme point commun, le Pays Basque. On craque pour les paniers gourmands déjà composés mais on peut le faire soi-même et profiter d'un carnet de fidélité suspendu. Les papilles gustatives voyagent : pain garni à la pata negra, au chorizo ou autre fromage de brebis pour la pause déjeuner, plat cuisiné à déguster en famille tels les piquillos à la bacalao, l'axoa d'Espelette ou un verre de vin entre amis autour d'une assiette de tapas... Groupes de 20 à 40 personnes pour déguster vin(s) et grignotages.

CORICA

Marché aux Poulets 49
✆ +32 2 511 88 52
www.corica.be
Ouvert du lundi au vendredi de 8h à 18h ; le samedi à partir de 10h.

Sa situation centrale et ancrée dans le mouvement quotidien des Bruxellois depuis plus de 160 ans fait qu'on pourrait presque passer à côté sans y penser. On se laisse porter par les effluves envoûtants et on choisit parmi une bonne vingtaine de grains différents, dont un étonnant skybury australien ou un raffiné Blue Mountains de Jamaïque ! Corica propose également une gamme élargie de thés du monde et du chocolat de chez Michel Cluizel. Harold Anclaux y exerce son art de la torréfaction dans ce qui s'apparente à un laboratoire du savoir-faire de la maison !

CORNÉ PORT-ROYAL

galerie de la Reine 5
✆ +32 2 213 62 22
www.corne-port-royal.be
Ouvert tous les jours de 9h à 23h30. À partir de 7 € pour un ballottin de 100 grammes.

Depuis 1932, la marque offre une collection de pralines renommée, fidèle aux recettes initiales. Aussi emblématique, la boutique centrale, parmi d'autres adresses à Bruxelles, est superbement installée. Elle se pare d'atouts visuels mettant en exergue les produits imaginés par ce chocolatier. Les chocolats sont préparés dans les règles de l'art et des meilleurs produits ajoutés (beurre de laiterie, noisettes du Piémont, amandes de Faro). Le beurre de cacao est pur ; l'ensemble de la production, fabriquée par une cinquantaine de chocolatiers, est garantie sans OGM.

DELAHAUT

Chaussée de Waterloo 1223
www.cafesdelahaut.be/
Ouvert du lundi au samedi de 9h30 à 18h30 et le dimanche de 9h30 à 13h30.

Depuis 1864, première boutique d'épicerie fine à Namur, la Maison Delahaut a gravi les marches de l'excellence dans la torréfaction du café et l'importation de thés. Dans leur boutique bruxelloise, on trouve des cafés de pure origine (Kenya, Brésil, Colombie, Papouasie ou le fameux Blue Moutains de Jamaïque), des mélanges (leur propre mélange maison ou encore les mélanges italiens), du bio, en grain, moulu, en pods... le choix est impressionnant. Ne négligeons pas non plus les thés et tisanes (on craque pour la « Royale du panda ») et les paniers gourmands.

L'EPICERIE FOLLE

Rue Africaine 86
www.epicerie-folle.be
Ouvert du mardi au samedi de 11h à 19h.

Si vous cherchez des surprises gourmandes qu'on ne trouve pas ailleurs, cette épicerie à la lisière du quartier du Châtelain est faite pour vous. La boutique est divisée en 3 espaces : le sucré (biscuits, confitures, confiseries...), le salé (sauces, terrines, chutneys...) et l'apéritif (alcools divers, snacks...). Didier a choisi des produits pointus venant de différents horizons, souvent surprenants mais toujours gourmands. C'est simple, on dévaliserait la moitié du magasin par simple curiosité ! Heureusement, des dégustations sont proposées en boutique.

LA DOLCE VITA

Rue de l'Eglise 102
✆ +32 2 772 02 77
www.ladolcevita-traiteur.be
Ouvert du lundi au samedi de 9h30 à 19h.

Un comptoir rempli de saveurs, de couleurs et d'odeurs plonge instantanément le gourmand au cœur de l'Italie. On y retrouve toute la finesse des produits du terroir italien comme la charcuterie, les fromages et autres huiles, sans oublier les fameux *antipasti*. *Mamma mia !* Au menu également : déclinaisons de lasagnes, raviolis, risottos et pizzas ! Envie de déguster la cuisine des mammas sans bouger du fauteuil ? Rien de plus facile grâce au service traiteur de La Dolce Vita. Depuis 1978, on peut dire que c'est une affaire qui tourne.

L'ÉPICERIE SAINT-HUBERT

Rue Edith Cavell 170
✆ +32 2 374 70 23
epiceriesainthubert.be
Ouvert du lundi au vendredi, de 7h30 à 18h et du samedi de 8h à 13h.

Daniel et Nathalie De Kimpe ont repris le flambeau des parents qui ont géré cette épicerie fine pendant de nombreuses années. Le genre d'endroit qui est connu de tous et qui fédère un quartier. On peut y trouver fruits, légumes, fromages, charcuterie, pain, vins et même des plats traiteurs et des fleurs. Plusieurs fois par semaine, Daniel se rend au marche matinal pour faire ses emplettes en produits frais. L'accent est aussi mis sur les producteurs locaux et le bio. Rien qu'entrer dans la boutique donne déjà faim. Une belle alternative aux supermarchés !

ELISABETH

Rue au Beurre 43
✆ +32 2 344 33 03
www.elisabethbrussels.be
Ouvert tous les jours de 11h à 19h ; le mercredi à partir de 13h.

Certaines des boutiques de l'enseigne mettent un produit davantage en avant : au numéro 49 de la rue au Beurre, plus de meringues ; au numéro 43 (maison mère) plus de chocolat ; rue aux Herbes, plus de nougat… Les produits sont typiquement belges et proviennent d'artisans locaux, sauf exception. Une quarantaine de pralines (chocolat pur cacao), une dizaine de truffes, du nougat (de Provence), des cuberdons, du pain d'épices, des pâtes de fruits, des biscuits, massepains, confiseries... et on en oublie volontairement, par manque de place !

L'ÉPICURIEUSE

Rue de l'Eglise 168
✆ +32 2 762 36 86
www.epicurieuse.be
Ouvert du mardi au samedi de 10h à 18h30.

L'Épicurieuse, c'est Marianne Lebrun, passionnée par les produits artisanaux et goûteux. L'eau vient à la bouche dès qu'elle présente chaque article avec ses particularités et l'esprit de leurs producteurs. Les étagères sont remplies de ses huiles et épices, de pâtes fraîches, nougat, spéculoos, truffade, thé Kusmi, infusions Lov Organic, sauces Brussels Ketjep, confitures, etc. Côté chocolat, c'est étonnamment la marque helvète Carré Suisse qui remplit le rayon ! Qu'à cela ne tienne, on reste pour quelques cadeaux à faire, sous forme de panier garni par exemple.

EUROTARTUFI

Place Saint Job 30
✆ +32 2 372 21 70
www.eurotartufi.com
Ouvert du mardi au samedi de 10h à 13h30 et de 14h à 18h30. Livraison possible.

Leur mission : proposer de la truffe fraîche et divers produits à base de cet exceptionnel tubercule. Elles viennent principalement de France et d'Italie mais les produits sont faits maison dans leur propre atelier dans la région des Marches : huile, tapenades, moutarde, carpaccio de truffes noires, sauces, riz, pâtes… Un grand nombre de restaurateurs belges s'approvisionne ici et les particuliers, avides de truffes et de conseils, sont accueillis à bras ouverts. De quoi affirmer une formule trop souvent usurpée : « Directement du producteur au consommateur ».

GODIVA GRAND-PLACE

Grand-Place 21-22
✆ +32 2 511 25 37
www.godivachocolates.eu
Ouvert tous les jours de 10h à 20h.

Riches de plus de quatre-vingts pralines, les spécialités Godiva se la jouent aristo, avec des noms comme Mathilde, Saint-Germain, Lady ou Noblesse. Le reste de la gamme s'articule aussi autour du grand luxe : la collection Gold s'offre des packagings dorés et les truffes se parfument de framboise ou de champagne. Toujours au faîte de l'actualité saisonnière, la marque presque centenaire dévoile des nouveautés à chaque occasion : Carnival Gold Collection qui stimule les sens ou Wonder Awaits pour une Saint-Valentin tout aussi endiablée.

FRÉDÉRIC BLONDEEL

Rue de Ganshoren 39
✆ +32 475 36 00 31
www.frederic-blondeel.be
Ouvert du lundi au samedi de 9h30 à 18h30 ; le dimanche de 12h à 18h.

Dans son atelier, Frédéric Blondeel repousse les limites du chocolat. Plus discret que d'autres, il est un des meilleurs chocolatiers de Bruxelles. Lui-même torréfacteur, il veille à avoir une qualité de cacao hors pair grâce à notamment, la machine héritée de son grand-père. Sa marque de fabrique ? Les herbes et épices qui magnifient ses créations. Côté boutique, on trouve bien sûr ses chocolats et des champagnes de petits producteurs. Côté tea-room : des pralines, des biscuits et pâtisseries, du chocolat chaud et des glaces turbinées par Frédéric *himself*.

LA GRANDE ÉPICERIE

Chaussée de Waterloo 1331
✆ +32 2 375 22 75
www.grandeepicerie.be
Ouvert du lundi au samedi de 8h30 à 19h.

La Grande Épicerie propose environ 12 000 références dans tous les secteurs de l'alimentation. De taille humaine, le magasin vend des produits frais, de la charcuterie fine à la découpe et des fromages affinés comme on les aime. Tout cela à arroser de l'un des 600 vins et champagnes proposés en rayon. Le département boucherie est aussi très alléchant (bœuf waggu, simmental, charolais…), la pâtisserie et la biscuiterie le sont également (Dandoy, Sirre, Wittammer…), les cafés et thés sont nombreux, les propositions de produits bio et équitables sont variées !

GALLER GRAND PLACE

Rue au Beurre 44
✆ +32 2 502 02 66
www.galler.com
Ouvert du lundi au vendredi de 11h à 19h ; le week-end de 10h à 19h.

À moins de dix mètres de la Grand Place, quel plus bel écrin pouvait-il y avoir pour accueillir les produits diversifiés de la firme Galler : pralines, ganaches, crème fraîche, pâtes d'amandes, truffes et macarons ! C'est surtout pour les batons richement fourrés (café liégeois, Mandarine Napoléon, blanc coco…) que l'on vient. Autant de délices dont le caractère belge affirmé est indéniable ! Le passage de l'enseigne sous pavillon qatari n'a en rien modifié la qualité des produits et la marque continue de figurer parmi les fournisseurs brevetés de la cour.

L'HEURE BLEUE

Avenue des Arts 12
✆ +32 2 223 40 75
www.lheurebleue.net
Ouvert du lundi au vendredi, de 12h à 18h et le samedi, de 12h à 16h.

L'heure bleue est le moment de la journée où Madame Bijou trouve l'inspiration pour faire ses créations et Monsieur Thé prépare sa boisson chaude préférée. Les deux passions se rejoignent dans ce concept hors du commun qui fonctionne à merveille ! Ateliers créatifs d'*upcycling* de bijoux ou ateliers d'initiation au thé se complètent aussi gaiement, parmi tant d'autres propositions alléchantes. Vente en ligne sur leur site web avec un magnifique choix de thés aux différentes origines (Chine, Taïwan, Vietnam…) et qualités (vert, matcha, oolong, Pu Er…).

HUENS

Avenue Adolphe Buyl 3
✆ +32 495 21 81 70
www.huensbieresspeciales.be
Ouvert du lundi au vendredi de 16h à 22h ; le dimanche à partir de 17h. Ouvert aussi sur rendez-vous à partir de 12h.

Cette vénérable institution affiche plus d'un siècle d'existence ! À l'origine, c'était plutôt un magasin d'alimentation. Sa proximité de l'université lui a permis de devenir précurseur en commerce de bières spéciales, ouvert désormais en formule « night-shop ». On y trouve environ quatre cents bières différentes dont beaucoup en format 75 cl. Les tarifs sont attractifs même si désormais le patron, Pierre, ne prétend plus qu'ils sont les moins chers de Bruxelles. Sauf pour les bières étrangères qui restent en deçà des prix pratiqués ailleurs...

JANINE

Chaussée d'Alsemberg 258
janine.brussels
Ouvert du mardi au samedi de 7h30 à 18h ; le jeudi jusqu´à 19h.

« Là où passe le brasseur, le boulanger ne passe pas », disait-on. Mais ici, ces deux métiers se renforcent puisqu'on brasse et on pétrit. Le pain est élaboré à base de levain naturel et de farines bio pauvres en gluten. Il y en a plusieurs sortes, ils sont tous superbes ! Quant à la bière Funky, elle est brassée partiellement avec les pains invendus. Quant aux drèches, les résidus du brassage, elles vont au pétrin. La boucle est bouclée, on ne gaspille rien et la qualité des produits est top ! Le lieu de brassage est la Brussels Cooperative Brewpub (CoHop).

JERÔME GRIMONPON

Avenue Coghen 2,
✆ +32 2 343 93 44
www.jeromegrimonpon.be
Ouvert du mardi au samedi de 10h à 18h.

Après un long passage chez Mary, Jérôme Grimonpon réalise son souhait le plus cher, ouvrir sa chocolaterie 100% artisanale et laisser vadrouiller ses idées les plus folles. Entre temps, il a été auréolé du titre de « meilleur artisan chocolatier de Belgique » : belle consécration ! Tablettes, orangettes, pâtes à tartiner et surtout pralines révèlent toute la subtilité de son travail : ganaches au gingembre ou à la fève tonka, caramel fleur de sel ou encore les « éphémères », créations à durée limitée. Un voyage gourmand étonnant, détonnant et toujours passionnant.

JULIEN HAZARD

Rue Vanderkindere 137
✆ +32 2 851 89 60
www.julienhazard.be
Ouvert du mardi au vendredi de 10h à 18h30 ; le samedi de 9h à 18h.

Il n'y a pas qu'en football que le Hazard fait bien les choses... Julien, médaille de bronze au concours des Meilleurs Artisans Bruxellois, ne nous contredira pas ! Que rêver de mieux qu'une fromagerie où on affine les fromages issus de fermes françaises, italiennes, belges, suisses ou espagnoles ? Chacun de ses fromages (au lait cru) est sélectionné selon les saisons et est affiné dans une cave spécifique selon sa nature (croûtes fleuries, lavées, ou pâtes dures à demi-dures). Produits de crèmerie, charcuteries artisanales et vins bio aussi disponibles.

KAM YUEN

Rue de la Vierge Noire 2-4
✆ +32 2 511 48 68
www.kamyuen.org
Ouvert du lundi au samedi de 9h30 à 18h30 ; le dimanche de 10h30 à 17h. Ouvert les jours fériés.

Le quartier asiatique de Bruxelles, aussi petit soit-il, possède son supermarché. Celui-ci est impressionnant dans sa diversité de produits, faisant de lui le plus grand supermarché asiatique du pays et le distributeur exclusif de la bière Tsingtao pour le royaume. Produits, personnel et clientèle sont tous asiatiques, tout comme les étiquettes rédigées en mandarin. Riz, nouilles, légumes, sauces, alcools, épices, thés, produits congelés, remèdes et journaux chinois, rien n'a été oublié. Y compris de la jolie vaisselle chinoise ou japonaise et des ustensiles.

LAURENT GERBAUD

Rue Ravenstein 2D ✆ +32 2 511 16 02
www.chocolatsgerbaud.be
Du mardi au dimanche de 12h à 18h. Atelier le samedi de 11h30 à 13h (35 €/adultes, 15 €/enfants) sur réservation.

La boutique accueille les vrais fondus de chocolat. On pointe d'étonnantes dégustations sucrées-salées (sur base des ingrédients et épices utilisés dans les chocolats) : terrines, burgers (pain de viande, fruits secs maison, oignons confits, sauce cacaotée), rillettes (touche cacaotée), tartes (sucrées). Laurent Gerbaud puise son inspiration dans ses voyages lointains ! À découvrir dans un magnifique tea-room avec vaste terrasse qui donne l'envie de relever une prochaine mousse au chocolat d'épices délicates. Workshops le samedi (sur réservation).

LEONIDAS

Rue au Beurre 34
✆ +32 2 512 87 37
http://bruxelles12.leonidas.com/
Ouvert tous les jours de 10h à 21h.

Léonidas est une référence historique du chocolat belge. Le premier magasin du centre de Bruxelles (1913), loué par Basile Kestekides, n'avait pas de porte. Un agencement bizarre qui obligeait le locataire à entrer par la fenêtre et à utiliser la tablette extérieure comme comptoir. Les meilleures idées sont parfois le résultat d'une situation cocasse ! A ce propos, rappelons que Leonidas est une production industrielle (comme pas mal d'autres marques qui font croire le contraire) et qu'à ce titre elle peut se prévaloir du meilleur rapport qualité prix du marché !

MAISON DANDOY

Galerie du Roi 1
✆ +32 2 669 52 12
www.maisondandoy.com
Ouvert tous les jours de 10h à 19h (20h le week-end).

On craque tous pour leurs petits biscuits : les spéculoos bien sûr, mais aussi les pains d'amandes, les macarons, les biscottes, les pains à la grecque, les sablés au citron ou au thé, les massepains... Tout est 100 % naturel. Fondée en 1829, la biscuiterie Dandoy est une institution. Il paraîtrait même que Baudelaire était déjà un client assidu lors de son séjour en 1864 ! Installée dans les Galeries Saint-Hubert depuis 2018, un sublime salon de thé compte quelques tables pour déguster une gaufre à la chantilly accompagnée d'un assortiment de petits gâteaux.

LA MAISON DES VINS

Rue de Loutrier 3
✆ +32 2 660 18 94
www.maisondesvins.be
Ouvert du mardi au samedi de 9h30 à 12h45 et de 14h à 18h30.

Non seulement Jean-Claude Joncour connaît extraordinairement bien le sujet, mais aussi il est un dénicheur de belles petites appellations françaises moins connues. Plus de mille bouteilles disponibles – essentiellement françaises – comprenant également des étiquettes renommées (Sociando-Mallet, Pape Clément, Latour...) aussi dans d'anciens millésimes. Et toujours des prix attractifs pour celui qui est régulièrement cité comme l'un des meilleurs cavistes du pays. Organisation régulière de dégustations (en général deux fois par an).

MALT ATTACKS

Avenue Jean Volders 18
✆ +32 534 96 88
www.maltattacks.com
Mardi au vendredi de 11h à 19h ; samedi de 12h à 18h. Animations-dégustations (sur demande ou annoncées sur Facebook).

Malt Attacks propose environ 600 bières belges et « du monde » (USA, GB, Norvège, Italie, Allemagne, France...). Antoine distille ses excellents conseils et met l'accent sur les bières artisanales (pas de bières industrielles chez eux). Matériel de brassage pour amateurs et matériel de base à commander « sans » frais de port. Malt Attacks propose aussi des whiskies, gins, vins nature, chocolats, cidres et quelques autres produits artisanaux. Leur particularité ? La vente de *growlers*, de grosses bouteilles réutilisables qu'on remplit de bière pression.

MALTING POT

Rue Scarron 50
✆ +32 2 646 79 66
www.maltingpot.be
Ouvert du mardi au vendredi de 12h à 19h ; le samedi jusqu´à 18h.

L'envie du patron est de dénicher des bières artisanales moins populaires mais avec du caractère. Les choix de cette petite cave à bière se fait au contact des brasseurs. Malting Pot propose +/- deux cents bières spéciales de chez nous ou d'ailleurs, classées selon leur provenance . Bruxelles, Wallonie, Flandre, Europe, États-Unis... Malting Pot fait brasser ses propres bières, la Pels et la Blinche, par la brasserie Jandrain-Jandrenouille. Une blonde de haute fermentation (5,2 % vol. alc.), bière de soif plutôt houblonnée et une blanche de 5,5 % sans épices.

MARCHÉ BIO DES TANNEURS

Rue des Tanneurs 60
✆ +32 2 548 70 00
Ouvert du mardi au dimanche de 10h30 à 17h30.

Probablement la plus agréable, la mieux fournie et la moins chère des boutiques bio de la ville et peut-être du pays ! Ouvert 6 jours sur 7 dans une aile de l'ancien Palais des Vins, on y trouve fruits, légumes, pain, charcuterie et fromages frais, jus de fruits, vins, huile d'olive, fruits secs en vrac, café, etc. Tout est bio, en circuit court si c'est possible, mais l'essentiel vient d'Italie. Excellent service et des prix sérieusement maîtrisés, ce qui n'est pas si courant avec le bio. Et par temps de pluie, on appréciera de faire ses courses au sec.

MARCOLINI

Rue des Minimes 1
✆ +32 2 514 12 06
eu.marcolini.com/fr/
Ouvert du lundi au samedi de 10h à 19h ; le dimanche de 11h à 18h.

Pierre Marcolini figure depuis au moins 3 lustres parmi les chocolatiers belges les plus connus et les plus médiatiques. Son créneau : les cacaos de grande origine et les créations artistiques en chocolat. Champion du monde 1995, il reste le chocolatier star de la scène belge. Sa boutique du Sablon est un véritable écrin qui met en valeur chocolats et gâteaux. La visite de cette boutique mère vaut le détour. Mais sachez que tout joyau a un prix ! Conseil pour se faire plaisir sans exploser le budget : demandez un petit mélange de quelques chocolats en sachet.

MARY CHOCOLATIER

Rue Royale 73
✆ +32 2 217 45 00
www.mary.be
Ouvert du lundi au samedi de 10h à 18h.

Tradition à l'honneur dans cette maison fondée en 1919 par Marie Delluc, « fournisseur breveté de la Cour de Belgique » depuis 1942 ! Ici, des ingrédients naturels et un chocolat pur beurre de cacao sans additif. Parmi l'assortiment de pralines, on craque pour le Mary (praliné fondant, nougatine) et les Lady (quatre pralines de mousses au chocolat noir avec autant de degrés d'amertume). On compte environ 125 chocolats dont une gamme de 75 pralines. Fidèle à l'esprit, la boutique de la rue Royale accueille les clients dans une ambiance rétro bourrée de charme.

MERCATO ALIMENTARE

Chaussée de Waterloo 1359
✆ +32 2 655 47 78
mercato-alimentare.be
Ouvert du mardi au samedi de 10h à 19h30 ; le dimanche jusqu´à 18h.

À la création, il y a Domenico Lamanna, amoureux des beaux produits et connaissant les meilleurs artisans d'Italie. Design épuré et mobilier chic, on y trouve les meilleures pâtes, des condiments approuvés pour leurs saveurs, des légumes frais, des produits exclusifs comme ces mini-tomates du Vésuve récoltées en novembre. Sans oublier des plats préparés sur place : cannelloni siciliens, osso buco, vitello tonnato, finochi con arance, un éventail de fromages aux noms qui chantent, le meilleur de la charcuterie italienne et une sélection de vins transalpins.

MIG'S WORLD WINES

Chaussée de Charleroi 43
✆ +32 2 534 77 03
www.migsworldwines.be
Ouvert du lundi au samedi de 11h à 19h. Dégustation gratuite le samedi. Recherches personnalisées pour les clients.

Un soupçon de classicisme et de l'audace entre appellations espagnoles ou italiennes et bouteilles issues d'un peu partout : Californie, Mexique, Chili, Argentine, Afrique du Sud, Maroc, Australie, Hongrie, Allemagne, Géorgie, Japon... et même plus de 30 références belges ! La sélection de plus de cinq cents spiritueux du monde est pointue tandis qu'une offre de bières bruxelloises irréprochables complète le tableau. Pour résumer : sept cents vins de plus de trente-cinq pays, des alcools, des bières d'ici et des conseils avisés prodigués par toute l'équipe.

NEUHAUS

Galerie de la Reine 25-27
✆ +32 2 512 63 59
https://www.neuhauschocolates.com/
Ouvert du lundi au jeudi de 10h à 20h ; le vendredi et le samedi de 10h à 21h ; le dimanche de 11h à 20h.

On doit à cet ancien apothicaire ni plus ni moins que l'**invention de la praline,** petite bouchée au chocolat fourrée conçue en 1912. Et avec de la suite dans les idées, on lui doit également le brevet du ballottin, réceptacle parfaitement adapté pour contenir ces douceurs ! Tout a débuté à cette adresse, galerie de la Reine, dans cette magnifique boutique. Son savoir-faire en matière de chocolats et de biscuits de luxe en a séduit plus d'un, notamment la cour de Belgique (dont Neuhaus est un fournisseur breveté). Son succès s'étend aujourd'hui au monde entier.

ORIGIN'O

place Saint Job 12
✆ +32 2 372 39 78
www.origino.be
Ouvert du lundi au samedi de 9h30 à 13h30 et de 14h à 19h.

Chez Origin'O, le consommateur bénéficie d'un aménagement contemporain et d'un assortiment tout aussi moderne. L'enseigne propose une gamme très complète de produits bio : légumes, fruits, gamme de pains biologiques (y compris au levain, sans sel et sans gluten). On découvre aussi leurs jus, vins, bières, produits frais du jour, produits de beauté naturels, produits d'entretien écologiques. Vu le professionnalisme et le souci du bien-être, il s'agit bien d'une surface commerciale de référence place Saint-Job. Autres adresses à Bruxelles, voir site web.

PAPABUBBLE

Rue du marché au charbon 13
✆ +32 2 324 96 41
www.papabubble.be
Ouvert du mardi au samedi de 11h à 18h.

On retombe en enfance chez Papabubble ! Cette petite confiserie artisanale vous plonge littéralement dans un monde rempli de douceur et de couleurs avec des bonbons, des sucettes et des gommes (sans gélatine, pour le bonheur des végans). En plus des goûts classiques comme fraise, orange, cerise ou citron, il existe des tas de saveurs beaucoup plus originales (carambole, crème de coco, fleur d'oranger, géranium, anis ou raisin muscat, entre autres). En plus d'être bons, ils sont forts jolis à regarder et la confiserie organise des ateliers sucettes.

PLANÈTE CHOCOLAT

Rue du Lombard 24
✆ +32 2 511 07 55
www.planetechocolat.com
Ouvert tous les jours. Démonstration pour les particuliers (horaires voir site web). Atelier Chocolat sur réservation.

Un peu différent de l'assortiment habituel des chocolatiers belges, celui de Planète Chocolat propose de nombreux produits personnalisés, traditionnels dans la fabrication et inhabituels dans le design. On note par exemple une multitude de coffrets thématiques convenant pour tous les âges et toutes les occasions. On ne manquera pas les visites guidées de l'atelier organisées le week-end (infos voir site web). Il est également possible de réserver des workshops permettant de se prendre pour un chocolatier en herbe (voir site web également).

PASSION CHOCOLAT

Rue Bodenbroek 2-4
✆ +32 2 514 77 14
www.passionchocolat.be
Ouvert du mardi au samedi de 11h à 19h.

La maison propose depuis 1998 plus de 80 pralines et une quarantaine de gourmandises variées. Pour les premières, les couvertures et fourrages sont tous fabriqués à l'atelier, sans aucun conservateur. Les enrobages sont conçus très fins, pour servir au mieux le goût du fourrage. Principalement classique mais avec quelques percées originales ! Pralines, ganaches, truffes, massepains, tablettes, fines tablettes aromatisées, mendiants, florentins, orangettes, pâtes de fruits… Moins connu que les enseignes internationales, Passion Chocolat est pourtant tout en haut.

POLSMAAK

Chaussée d'Ixelles 311
✆ +32 2 644 03 70
www.polsmaak.com/
Ouvert du mardi au samedi de 8h30 à 19h ; le dimanche de 9h à 15h.

Boulangers en Pologne, la famille Ciszkowski a développé l'activité à Bruxelles depuis une quinzaine d'années maintenant. Au total, ce sont quatre boutiques (Ixelles, Anderlecht, Jette, Forest) où trônent les spécialités locales aux noms imprononçables pour nos bouches francophones. Mais nos papilles apprécient les pains au cumin ou à la citrouille, les swidry (des beignets), les gâteaux roulés ou les strudels au pavot. Autre avantage de ces repaires gourmands, les boutiques font aussi épicerie… de produits locaux, forcément.

PIPAILLON

Quai au Bois à Brûler 11/13 ✆ +32 2 201 22 08
www.pipaillon.com
Mercredi et jeudi de 11h à 17h ; du vendredi au dimanche de 11h à 18h. Produits frais mis en bocal sur place.

Pipaillon « embocale » le meilleur de chaque saison pour garder les saveurs intactes. Le concept est 100 % belge, bio et circuit court, les fruits et légumes sont produits par des producteurs belges (et siciliens pour les fruits du Sud) triés sur le volet. Les associés mettent au point les recettes et assurent la production des confitures, tapenades, chutneys, compotes et citrons confits qui dépotent ! Un *Coffee & Jam bar* au décor vintage, propose petits déjeuners, sandwiches, cakes sucrés et salés agrémentés des productions maison. Grande terrasse sur le quai.

SAINT-OCTAVE

Rue Haute 254
✆ +32 02 503 24 76
www.saintoctave.be
Ouvert du jeudi au samedi de 10h à 18h30 ; le dimanche de 11h à 17h.

Saint-Octave propose des fromages et de la charcuterie issus de petites exploitations de chez nous et d'ailleurs qui misent sur des produits de qualité et goûteux. Leurs fromages au lait cru, parfois affinés maison, sont superbes. De même que les charcuteries qui viennent de Catalogne et des Ardennes. Saint-Octave est aussi « responsable » (respect des saisons et des méthodes de travail éthiques), durable (lutte contre le gaspillage, packaging réutilisable…) et collabore avec des micro-brasseries pour des accords pile poil !

SANTOS PALACE

Rue du Marché aux Poulets 3
✆ +32 2 512 39 53
www.santospalace.be
Ouvert le vendredi de 10h à 17h15 ; le samedi de 10h à 13h30 et de 14h à 17h45.

La réputation de Santos Palace n'est plus à faire ! L'entreprise de torréfaction est née sous le nom de Compagnie Brésilienne en 1911, rue de Manchester (aujourd'hui encore l'atelier). Noël Blondeel, père du propriétaire actuel, racheta l'entreprise il y a 50 ans et lui donna son nom actuel. Santos est spécialisé dans la torréfaction et la vente de cafés, d'articles accompagnant (biscuits, sucre...) et de machines professionnelles et domestiques. Blue Mountain, maragogype ou mokka dévoilent leurs délicates effluves dans la boutique où le conseil est de mise.

LA SEPTIÈME TASSE

Rue du Bailli 37
✆ +32 2 647 19 71
www.7etasse.com
Ouvert du mardi au samedi de 11h à 19h. Achats online possibles.

La Septième Tasse s'est construit une image de référence en thés et accessoires. Plus de 300 thés et tisanes sont à choisir en vrac à l'entrée de la boutique. Le personnel est toujours de bon conseil. La seconde partie du magasin est dédiée aux accessoires : théières en matières diverses (terre cuite, gré, porcelaine, verre ou fonte), isothermes, double paroi... Ainsi qu'une série de pièces véritablement exceptionnelles, faisant partie du patrimoine national vivant du Japon. Le Gong Fucha et le Cha No Yu n'auront plus de secret pour vous !

SHANTI

Avenue Adolphe Buyl 70
✆ +32 2 647 88 60
http://bioshanti.be
Ouvert du lundi au jeudi et le samedi de 9h à 19h30 ; le vendredi de 9h à 19h45.

Les étagères, la lumière, les rayonnages remplis, les caddies, on se croirait presque au Carrefour Market ! Les rayons proposent vraiment un bel éventail de produits alimentaires, dont entre autres des céréales et des légumes secs en vrac, des vins. Un très bon coin frais et traiteur approvisionné chaque jour. Sans oublier les produits d'entretien, les vitamines et des cosmétiques. À l'étage, le resto est ouvert le midi et le soir et est totalement indépendant de la boutique gérée par Perry et Nicolas. Shanti signifie « la paix » en sanskrit...

TAGAWA

Chaussée de Vleurgat 119
✆ +32 2 648 59 11
www.tagawa.eu
Ouvert du mardi au samedi, de 12h à 19h.

Amoureux de la cuisine nippone, dans cette vénérable institution, vous trouverez tout ce qu'il faut pour préparer vos gyozas, sashimi et autres spécialités : sauces soya, tsuyu, algues, champignons, nouilles, pâte miso... tout qu'il faut également pour préparer vos plats et les accompagner : des ustensiles de cuisines, de la vaisselle, des sakés et bières japonaises, du thé... Et si vous n'avez pas envie de cuisiner, Tagawa propose aussi des sushi boxes, des plateaux de sashimis, etc. Autres adresses à Auderghem, dans le Quartier européen, Stockel et Fort Jaco.

TAN

Rue de l'Aqueduc 95
✆ +32 2 537 87 87
www.tan.brussels
Ouvert du lundi au samedi de 9h30 à 20h. Restaurant du lundi au vendredi de 12h à 14h.

Au rez-de-chaussée du restaurant Tan, ce magasin très sain et tout bio n'est plus à faire connaître aux amateurs d'alimentation vive, de produits bio issus du commerce équitable. Il faut avoir goûté les préparations savoureuses du restaurant et de la cuisine de Paul Grégoire (alimentation vive) pour se rendre compte de la qualité et de la différence gustative de ce type d'alimentation. Du coup, pas étonnant que boutique, conseils et bouquins de chez Tan magasin font tout autant recette que le resto ou les cours de cuisine qui y sont régulièrement proposés.

MA TERRE PREMIÈRE

Rue du Doyenné 124
✆ +32 2 770 90 56
materrepremiere.be
Ouvert du mardi au samedi de 8h à 19h et le dimanche, de 9h30 à 16h.

Voici non seulement un magasin bio, mais aussi une fromagerie, une herboristerie et un service traiteur. Situé dans le quartier très vivant du Parvis de Saint-Pierre à Uccle, la boutique impressionne avec sa grande verrière et son look industriel. On y trouve tout ce qu'il faut pour cuisiner (y compris du vrac) ainsi que de délicieux fromages et salaisons (avec coin sandwiches). Sophia, herboriste diplômée, propose sa propre gamme de thés et tisanes. C'est aussi le coin des cosmétiques. Enfin, il y a les plats maison à emporter dans le coin traiteur.

TITULUS

Chaussée de Wavre 167A
✆ +32 2 512 98 30
www.titulus.be
Ouvert du mardi au samedi de 12h à 23h.

Pour ceux qui, comme nous, aiment les vins qui sortent des sentiers trop battus, il y a Titulus, ses vins naturels, ses vins de vignerons qui fuient le plus possible les produits chimiques et laissent la nature faire une bonne part du boulot de vinification. Bref, des vins souvent gouleyants et qui ne provoquent pas ce fameux mal de crâne dû à l'excès de soufre ! Et comme un p'tit verre vaut mieux qu'un long discours, le bar à vin permet de déguster une centaine d'étiquettes. Dégustations et initiations sur demande et un assortiment incroyable de sakés naturels !

UNIVERS DU THÉ

Rue Bodenbroek 14
✆ +32 2 513 20 67
www.universduthe.be
Ouvert tous les jours de 11h à 18h30. Achats online possibles.

L'odeur qui imprègne la jolie boutique emplit d'un tel sentiment de bien-être qu'on se demande s'il y a un thé au monde qui n'est pas présent sur les étagères. Blanc, vert, noir, semi-fermentés, fumés, nature ou parfumé et certaines sélections organiques en provenance du Japon... la liste est longue ! Sans oublier le rooibos d'Afrique du Sud et tous les accessoires raffinés pour accompagner cette boisson tellement « à part ». Parmi les découvertes, citons « Bruxelles, une fois ! » au thé noir de Ceylan. On parle 7 langues dans la boutique, avec gentillesse !

TOUT BON

Rue du Luxembourg 68
✆ +32 2 230 42 44
www.toutbon.be
Ouvert du lundi au vendredi de 8h à 16h ; le samedi de 9h à 16h.

Gris, blanc, baguette, brioche, aux olives, aux noix, aux oignons, au sésame,... la liste des pains est non exhaustive. Côté boutique, une kyrielle de produits gourmands vous tendent les bras : miels, sirops de fruits, biscuits Dandoy, huiles d'olives, tapenades... Quant à la formule petit déjeuner, elle séduit les amateurs de viennoiseries, d'œufs brouillés ou de jus d'orange frais. Boulangerie, boutique et espace dégustation à la fois : le concept de « Tout Bon Espace Gourmand » est un sans-faute depuis près d'un quart de siècle !

LA VIVRIÈRE

Rue de la Station 2 ✆ +32 2 310 40 90
www.la-vivriere.be
Lundi de 13h30 à 19h ; mardi et le mercredi de 9h à 19h ; jeudi de 17h30 à 19h30 ; vendredi et samedi de 9h30 à 19h.

Aurélie est à la tête de cette épicerie durable. Fruits et légumes frais de saison, viande fraîche, charcuterie, fromage, miel, droguerie, pain, œufs... Le modèle est celui d'une coopérative de producteurs et de consommateurs qui valorisent la diffusion de produits de qualité en circuit court. La Vivrière travaille avec une équipe d'une cinquantaine de fermiers et artisans durables issus de tous horizons, essentiellement wallons. Le but étant d'agir au maximum sur l'économie locale, en limitant les intermédiaires et ainsi accéder à des produits sains et locaux.

LA TRINQUETTE

Rue de l'Aqueduc 3
✆ +32 2 537 94 59
www.la-trinquette.com
Ouvert du mardi au samedi à partir de 17h30. Terrasse.

Ce caviste est exclusivement axé sur le vin bio du Languedoc-Roussillon et les produits gourmands de la même région. Originale, la carte propose une septantaine de références. À consommer à la bouteille ou au verre pour pénétrer en détail une région qui présente de vraies pépites. Ne pas négliger les assiettes et tartines qui ont tout autant l'accent appétissant d'Occitanie : foie gras, terrines, charcuteries, tapenades, fromages, anchois marinés, rillettes de thon. Maison mère du même nom à Paris, entre Beaubourg et Sébastopol.

XOCOLATE

Rue Auguste Lambiotte 65
✆ +32 475 22 07 91
www.xocolate.be
Ouvert du lundi au vendredi de 10h à 17h30 ; le samedi de 11h à 18h.

Derrière Xocolate, se cache Xavier Declercq qui a lancé sa chocolaterie en 2019. Tous les ingrédients sont bio et *fair trade*. Pas étonnant que cela lui tienne à cœur puisque Xavier a travaillé pendant 33 ans chez OXFAM. Dans sa boutique schaerbeekoise, tout est artisanal et on distingue l'atelier à l'arrière. Côté pralines, on retrouve des classiques : ganache, spéculoos, sirop de Liège, rhum et raisin et d'autres créations plus audacieuses aux herbes et épices (citronnelle, coriandre, cardamome...). Ses chocolats sont puissants mais pas amers. Un bonheur !

ART'EMI

Avenue Louise 367
✆ +32 496 71 08 40
www.artemi.be
Uniquement sur rendez-vous.

Depuis 2002, après une carrière dans le monde de la bijouterie et des pierres précieuses, Artemi Vasilakis façonne ses propres créations. Sa matière de prédilection ? L'argent, laissé comme tel ou doré et serti de pierres semi-précieuses comme la turquoise ou le quartz. Son inspiration, elle la trouve dans ses souvenirs d'enfance en Grèce et dans la nature. Ses bijoux prennent souvent la forme de gouttes d'eau, de fleurs, de coquillages ou d'arbres. Le tout, dans une grande finesse et une grande élégance. Certains bijoux sont faits pour être gravés.

BERNARD GAVILAN SINCE 1994

Rue Blaes (homme et tissus) 137 et 162
Tous les jours sauf le dimanche, de 11h à 18h.

Si vous ne devez faire qu'une seule friperie, c'est bien celle du parrain du vintage : Bernard Gavilan. Enfant des Marolles, c'est ici qu'il a ouvert ses boutiques (femmes, enfants, hommes et tissus, linge de maison, mercerie). Depuis les débuts des années 1990, ce styliste-DJ-homme de goût déniche de très belles pièces qui couvrent 90 ans d'histoire de mode (de 1900 à 1990, voire déjà 2000). Son œil affûté et son expérience sont incomparables. Retouches et customisation à la demande.

BORISBOY

Rue du Midi 95
fr.borisboy.eu
Ouvert du lundi au samedi de 12h à 20h ; le dimanche de 13h à 18h.

Boris Boy propose aux hommes du plaisir, de la fantaisie et du respect à travers une gamme de produits et articles utiles ou simplement ludiques. Tout est là pour mettre un peu de fun (ou de feu ?) dans la vie quotidienne : préservatifs, lubrifiants, sex-toys, mobilier fantaisiste, articles en cuir, vêtements en cuir ou latex, masques, sous-vêtements et accessoires. Messieurs, si vous n'êtes pas totalement satisfaits, l'équipe de Boris Boy se tient à votre disposition pour des éventuelles retouches ou des désirs particuliers.

BOUCLE D'OR

Rue du Tabellion 12
✆ +3226499639
www.boucledor.shop
Ouvert du mardi au samedi de 11h à 18h.

Une boutique féerique et colorée pour les enfants et les parents, créée par Sabrina Palmisano qui a laissé tout tomber pour créer ce cocon dédié (majoritairement) aux petits. Il y a bien entendu des vêtements (de jolies marques comme Finger in the nose ou Petit Bateau) mais aussi des objets, des bibelots, du linge de lit, des jouets en bois, des livres, de la déco pour nursery ou chambre d'enfants, des meubles vintage et design chinés et sélectionnés aux quatre coins du monde... Pour les grands, des peignoirs et kimonos pour mieux se câliner en famille.

BOUTIQUE MINUIT

galerie du Centre 60
✆ +32 2 223 09 14
www.boutiqueminuit.com
Ouvert du lundi au samedi de 10h30 à 18h30.
American Express.

Présente depuis quatre décennies, la boutique sexy à tendance fétichiste créée par Catherine Rézette dispose de plus de 4 500 articles en stock allant du corset victorien à la fine lingerie française. On y trouvera aussi des sex-toys sophistiqués, des huiles de massage, des accessoires de bondage et bien plus encore ! Corsets et autres articles pour hommes également. On s'y sent à l'aise et on peut essayer dans des cabines d'essayage spacieuses. Outre les articles très spécialisés dans le domaine du plaisir et les conseils judicieux, la discrétion est de mise.

CARINE GILSON

Boulevard de Waterloo 26
✆ +32 2 289 51 47
www.carinegilson.com
Ouvert du lundi au samedi de 10h à 18h30.
Uniquement sur rendez-vous.

Carine Gilson est une référence dans le domaine de la lingerie « couture ». Depuis les années 1990, elle réveille le monde de la lingerie fine en proposant des modèles uniques confectionnés entièrement à la main dans ses ateliers d'Anderlecht. De la mousseline de soie ultrafine, des soies lyonnaises de très haute qualité ou des dentelles Caudry parent sa lingerie. Découpes extraordinaires, incrustations de dentelles et jeux de pliages subtils transportent les compositions transparentes dans une dimension nouvelle entre audace assumée et charme outrancier.

DESMECHT HERBORISTERIE

Place Sainte-Catherine 10
✆ +32 2 511 29 59
www.desmecht.com
Ouvert du mardi au samedi de 9h30 à 18h.

Déjà trois générations de Desmecht qui gèrent cette herboristerie fondée en 1840 et qui semble ne pas avoir changé depuis l'ouverture. On jurerait une boutique où des sorciers et sorcières viendraient s'approvisionner en plantes pour leur prochaine potion. Mais rien de magique ici, juste des professionnels formés à l'herboristerie qui sauront vous conseiller : herbes et épices en vrac, tisanes maison pour soigner différents maux, hydrolats de plantes, matières premières pour fabriquer vos cosmétiques ou nettoyants pour la maison, l'assortiment est impressionnant.

DOD

Rue du Bailli 64
✆ +32 2 640 38 98
www.dod.be
Ouvert du lundi au samedi de 10h à 18h15.

Leur philosophie est la suivante : vendre de la marque à petit prix. Comment ? Les vêtements sont pour la plupart des fins de stock ou présentent des erreurs de fabrication facilement réparables. Des exemples ? Tommy Hilfiger, Hackett, Ralph Lauren, Scotch & Soda et bien d'autres. Le Dod est donc une vraie caverne d'Ali Baba pour les fashionistas au masculin ou au féminin. Il ne faut pas avoir peur de fouiller mais ça fait du bien au portefeuille, encore plus aux fidèles (10 % de remise). Un autre magasin, dédié aux enfants, se trouve sur l'avenue Louise.

ELVIS POMPILIO

Avenue Louise 437
✆ +32 475 69 75 69
www.elvispompilio.com
Ouvert sur rendez-vous.

Elvis Pompillo, né à Liège dans une famille d'origine italienne, est depuis longtemps déjà un artisan de renommée mondiale. De nombreuses personnalités comme Madonna, Amélie Nothomb ou encore Harrison Ford ont défilé dans sa boutique à la recherche du couvre-chef idéal. Les grandes maisons de la mode se l'arrachent, Chanel, Mugler ou encore Hugo Boss ont collaboré avec le modiste. Sur deux étages, quelques centaines de galurins s'exhibent en attendant d'être dénichés par le crâne parfait. Le chapelier le plus célèbre de Belgique, c'est toujours bien Elvis !

EVA LUNA LOVESHOP

Rue du Bailli 41
✆ +32 2 647 46 45
www.evaluna.be/
Ouvert du mardi au samedi de 11h à 14h et de 14h30 à 18h30.

Née de l'initiative de trois jeunes femmes, ce love shop du nom d'un roman d'amour d'Isabel Allende va vous surprendre. L'équipe, composée de professionnel·les de la santé (psychologue, sexologue...) vous écoute et vous conseille une thématique amoureuse à travers des univers tantôt épurés, colorés, sages, coquins, gourmands, glamour et rock'n roll..., que ce soit pour un couple, un homme ou une femme. Ambiances et petits espaces de démonstration. Rien de choquant, beaucoup d'humour et de conseils et des produits choisis et sélectionnés dans le monde entier.

FABIENNE DELVIGNE

Rue André Fauchille 8
✆ +32 2 735 90 41
www.fabiennedelvigne.be
Uniquement sur rendez-vous. CB non acceptée.

Fabienne Delvigne travaille ses émotions pour nous sortir ses plus belles créations. Beaucoup d'imagination et un savoir-faire hors du commun. Sacs, bijoux, accessoires de haute couture, elle est surtout réputée pour ses couvre-chefs, aériens et légers, qui vont du classique chapeau melon ou cloche aux modèles les plus avant-gardistes et tendance. Fournisseur de la Cour de Belgique, il n'est pas rare de retrouver ses modèles sur nos têtes couronnées. Une collection *trendy* – plus accessible -–pour homme et femme vient compléter la ligne « haute couture ».

FOXHOLE

Rue des Renards 6
✆ +32 477 20 53 36
https://foxholevintage.com
Ouvert du lundi au samedi de 10h à 18h30.

Une adresse historique du vintage à Bruxelles ! Des tee-shirts délavés aux jeans coupés rétro, des jupettes colorées aux bottes de cow-boys : voici une adresse résolument vintage. Beaucoup de choix dans les accessoires, surtout parmi les cuirs, les lunettes, les couvre-chefs divers et mention spéciale pour les jeans (qu'ils soient sous forme de pantalon ou short). La plupart des pièces sont issues datent des années 1950 jusqu'aux années 1990 et viennent d'Europe ou des États-Unis. Les tarifs sont parfois élevés mais trouver la pièce rare est tout à fait possible.

GILLIS MODISTE

Rue du Lombard 17
✆ +32 2 512 09 26
www.gillismodistes.be
Ouvert du lundi au samedi de 10h à 18h.

Modiste centenaire situé à deux pas de la Grand'Place, la Maison Gillis réalise couvre-chefs, galurins et autres capias sur mesure à partir de quelque 300 moules en bois. Un ornement personnalisé en adéquation avec votre caractère vous sera conseillé par Sylvie Gauthier, maîtresse des lieux. Matières, couleurs de la paille ou du feutre, accessoires, tout est modulable. Chaque chapeau est réalisé dans les règles de l'art, associant tradition et créativité. Mais il reste un grand mystère, gardé de génération en génération : la teinture...

JOHANNE RISS

Rue du Mail 17
✆ +32 475 79 40 14
www.johanneriss.com
Uniquement sur rendez-vous.

Le Lycra® transforme toutes les silhouettes et donne de superbes robes de mariées. Collections intemporelles du prêt-à-porter à l'habillé : loisir, jour, soir, mariage, bijoux, fourrures, accessoires et parfum. Johanne Riss travaille exclusivement avec une matière fine, moyenne ou épaisse. Ce stretch procure un confort inestimable, sa composition unique permet une aération parfaite du vêtement. Traité de façon sensitive, ceci lui confère une qualité anti-transpirante. Son entretien est minimal, chaque pièce, lavable à 30 °C en machine, ne se repasse pas.

DE GREEF

Rue au Beurre 24-26
✆ +32 2 511 95 98
www.degreef1848.be
Ouvert du lundi au samedi de 10h à 17h45.

Fondée en 1848, cette maison familiale est aujourd'hui tenue par la 6e génération ! Fournisseur breveté de la Cour de Belgique, elle occupe un bâtiment conçu par l'architecte belge Jacques Dupuis, qui fit sensation dans les années 1950. On y trouve les collections dessinées par A. Wittmann ainsi que des créations de joaillerie (sur mesure) et d'horlogerie. Pour ces dernières, on citera notamment les marques exclusives telles que Patek Philippe, Van Cleef & Arpels, du haut de gamme. Excellent service après-vente et la transformation de bijoux existants.

KNITS & TREATS

Quai du Hainaut 7
knitsandtreats.com
Ouvert tous les jours sauf le lundi, de 11h à 19h.

Ce concept store axé *streetwear* est bien dans son élément le long du Canal, à deux pas du Mima. Le but de Naoufel Ben Hamame avec Knits ? Créer des liens car c'est plus qu'un magasin. Certes, on y trouve de beaux vêtements qui ont en commun des lignes pures et minimalistes (beaucoup de marques scandinaves) mais aussi des accessoires, des cosmétiques, des bougies, des magazines... Vous pouvez aussi vous y arrêtez pour boire un café au bar de la boutique, ou passer à l'arrière et sortir votre portable, ou échanger avec d'autres clients. Bienvenue dans la famille !

ISABELLE BAJART

Rue des Chartreux 25
✆ +32 478 243 788
isabellebajart.be
Ouvert le lundi et le mardi de 12h à 19h ; du jeudi au samedi de 11h à 19h.

Il n'est pas étonnant qu'Isabelle Bajart ait craqué pour cette boutique tout en bois sombre et très chic, qui va si bien à son concept de boutique de vintage de luxe. Du seconde main, certes mais que du haut de gamme avec de grands créateurs (surtout français et italiens) chinés par Isabelle qui est, à l'origine, styliste. Vêtements homme, femme, accessoires, chaussures... On passerait des heures à fouiner à travers les ceintres pour trouver LA pièce qu'on a toujours rêvé de s'offrir, mais à une fraction du prix. Avec des conseils avisés en prime.

LILU MAISON DEQUANTER

Rue du Bailli 9
✆ +32 2 511 20 50
www.lilu.be
Ouvert du mercredi au vendredi de 11h30 à 18h30. Samedi de 10h30 à 18h30.

La passion des sacs à main en cuir d'Emmanuelle Adam, créatrice de la griffe LILU, remonte à 2005. À l'époque situé dans les Galeries Saint-Hubert, son atelier est aujourd'hui à Ixelles dans la très branchée rue du Bailli. L'ensemble de cette collection 100 % belge est dessinée et réalisée ici de A à Z. C'est de la « slow fashion » en production artisanale, avec des cuirs qui viennent de France, d'Italie et d'Allemagne. Chaque modèle est original et impeccablement fini. Et c'est ce qui a permis aujourd'hui à LILU de se hisser parmi les plus célèbres du secteur.

MAISON DEGAND

Avenue Louise 415
✆ +32 2 649 00 73
www.degand.be
Ouvert du lundi au vendredi de 9h à 17h. American Express.

La Maison Degand (3 000 m²) est Fournisseur Breveté de la Cour de Belgique depuis 1995. L'homme élégant y trouvera son bonheur en costumes impeccablement coupés sur mesure, en demi-mesure ou en prêt-à-porter, en chaussures et articles sport et *business* de qualité. Deux maîtres tailleurs, plusieurs couturières et de nombreux conseillers sont à votre service dans un esprit de tradition, y compris pour le choix du tissu de votre chemise. Homme d'affaires ou gentleman sportif, au bureau ou à la maison, Monsieur sera vêtu des pieds à la tête. L'art de vivre raffiné !

MAISON DELVAUX

Galerie de la Reine 31
✆ +32 2 512 71 98
www.delvaux.com
Ouvert du lundi au samedi de 10h à 18h30.

Depuis près de deux siècles, la Maison Delvaux fabrique des cuirs de luxe. Avec Hermès, cette maison de prestige est la seule à façonner des produits entièrement faits main. Le *must-have* de Delvaux est le Brillant, un modèle créé en 1958 et décliné depuis, chaque année. Delvaux est fournisseur de la Cour royale de Belgique depuis 1883 et dépositaire du brevet pour le « sac à mains » en 1908. La boutique de la Galerie de la Reine est un véritable écrin de ce chic à la belge ! Depuis sa fondation, Delvaux a dessiné et conçu plus de 3 000 modèles.

LA MAISON DU MIEL

Rue du Midi 121
✆ +32 2 512 32 50
www.lamaisondumiel.be
Ouvert tous les jours de 9h30 à 18h.

Savons, produits de beauté, liqueurs, pots, bonbons, sirops, pollen, gelée royale..., tous ces produits ont un point commun, celui d'être composés de miel. De quoi butiner tranquillement dans cette boutique aux effluves merveilleuses aux accents du Sud et découvrir des produits 100 % naturels, des miels difficiles à trouver dans le commerce (on adore le miel de lavande à la texture si caractéristique et celui à la fleur d'oranger, adoucissant). On va très vite fondre de plaisir et suivre tous les conseils généreusement prodigués.

MAKESENZ

Rue Simonis 60
✆ +32 640 40 34
fr.makesenz.be
Ouvert les lundi, mardi, mercredi, vendredi de 11h30 à 18h30 et le samedi de 10h30 à 18h30.

Cela fait déjà quelques années que Sophie Trenteseaux offre à tous une véritable alternative aux produits cosmétiques industriels. Ses produits, fabriqués en Belgique avec des ingrédients bio et sans conservateurs couvrent une large gamme : soins hydratants, shampoing, nettoyants visage... Le must ? Se faire conseiller par Sophie pour concocter sa propre formule de crème hydratante en mélangeant une base neutre et une huile essentielle appropriée. Pour compléter l'offre, on y trouvera aussi des marques soigneusement sélectionnées par la patronne.

NATAN

Avenue Louise 158
✆ +32 2 647 10 01
natan.be
Ouvert du lundi au samedi de 10h à 18h. American Express.

Paul Natan a créé sa maison en 1930. Édouard Vermeulen lui redonna ses lettres de noblesses en en reprenant les rênes. Architecte d'intérieur, il a saisi l'opportunité de faire de la couture haut de gamme sa marque de fabrique. Son rayonnement s'étend au-delà des frontières bruxelloises ou même belges. Il dévoile deux collections par an et développe aussi bien le sur-mesure que le prêt-à-porter de luxe mettant en exergue l'élégance au féminin. Fournisseur breveté de la Cour de Belgique depuis 2000. Plusieurs dizaines de points de vente au Benelux et en France.

P. DE WITTE

Petite rue au Beurre 13
✆ +32 2 512 85 55
maisondewitte.be
Ouvert du lundi au samedi de 10h à 18h30.

Depuis quatre générations, cette maison vous accueille dans le même style luxueux. Une tradition et une histoire que ses maîtres bijoutiers-horlogers ont parfaitement su préserver à travers le temps. Les créations maison côtoient aujourd'hui les marques les plus prestigieuses permettant ainsi à l'enseigne d'innover mais sans jamais oublier le passé. Un aspect ayant amené la bijouterie P. De Witte à devenir une réelle référence pour tout ce qui concerne la transformation d'anciens bijoux auxquels on souhaite offrir une nouvelle jeunesse.

PARFUM D'AMBRE

Rue du Bailli 45
✆ +32 2 852 50 37
www.parfumdambre.be/
Ouvert le lundi de 14h à 19h ; du mardi au samedi de 10h à 19h.

Hubert et Olga ont une démarche artistique qui sous-tend la création olfactive et la fait entrer en dialogue avec d'autres domaines. D'ailleurs, chacun le sien et chacun son étage ! À Olga les produits professionnels qu'elle choisit grâce à sa formation médicale ; à Hubert les senteurs qui l'émeuvent et le font vibrer. Tous les deux vous conseilleront pour choisir la fragrance qui convient le mieux. Ateliers annoncés sur leur site, rencontres avec parfumeurs. Leur « Cercle des amateurs de parfum » propose des réunions mensuelles où partager ce plaisir du sens.

LES QUEENS

Chaussée de Waterloo 1356A
✆ +32 2 763 17 90
lesqueens.be
Ouvert du mardi au samedi de 10h à 18h30 et du dimanche de 11h à 17h.

Les reines du shopping se donneront rendez-vous chez les Queens, la boutique tenue par Max et Phil près de Fort Jaco, à Uccle. Surtout celles qui sont fans du chic à l'italienne (les patrons s'y rendent deux fois par mois pour y faire leurs emplettes). Pas besoin de faire 36 boutiques, on trouve de quoi s'habiller, se chausser, sans oublier les accessoires (chapeaux, sacs à main, bijoux, etc.) et même des petits extras comme des bougies parfumées et des objets de déco. Et pour couronner le tout, les prix restent plus que raisonnables.

SACHA

Rue des Fripiers 27-31
✆ +32 2 218 79 65
www.sacha.be
Ouvert tous les jours de 10h à 19h ; le dimanche de 13h à 18h30.

Le chausseur néerlandais a fait ses premiers pas il y a plus d'un siècle et a su rester un avant-poste de la mode en proposant des modèles toujours plus branchés. Aujourd'hui, on compte plus de 50 boutiques au Benelux. En général, avec des pompes Sacha, on ne passe pas trop inaperçu. Les bottes pour femmes se déclinent dans les tons les plus voyants possible avec des touches dorées, des broderies, des coupes très vintage. Les hommes ne sont pas en reste, avec du très coloré et même de l'imprimé à fleur. Il y a même toute une section de chaussures pour festivals.

SENTEURS D'AILLEURS

Place Stéphanie 1A-3
✆ +32 2 511 69 69
www.senteursdailleurs.com
Ouvert du lundi au samedi de 10h à 18h30.
Parfums et cosmétiques.

Senteurs d'Ailleurs invite à un voyage olfactif. Trois espaces vous accueillent : celui de la parfumerie corporelle, celui des soins et celui des fragrances d'intérieur. Une équipe spécialisée aux connaissances archi pointues vous accompagne lors d'une « consultation parfumée » pour trouver la fragrance qui vous convient. S'agissant de parfums de créateurs, c'est un voyage un peu plus onéreux que dans les parfumeries classiques. Mais les produits sont rares et de très bonne qualité, permettant de sublimer l'espace où on se trouve.

STIJL

Rue Antoine Dansaert (femmes) 74
✆ +32 2 512 03 13
www.stijl.be
Ouvert du lundi au samedi de 10h30 à 18h30.

La boutique Stijl existe depuis plus de trente-six ans et elle a accompagné pas mal de créateurs de mode à grandir et se développer. Dries Van Noten, An Demeulemeester, A.F. Vandevorst, pour ne citer que les plus emblématiques, doivent en partie leur succès à ce magasin niché dans LA rue de la mode de Bruxelles : la rue Dansaert. Stijl vend principalement des créations belges, parce que pour la propriétaire, Sonja Noël, la Belgique déborde de créateurs inventifs. Depuis son ouverture, Stijl a largement contribué aussi à l'essor du quartier des stylistes.

VAN CALCK SPORTS

Rue du Midi 46
✆ +32 2 511 89 64
www.vancalcksports.be
Ouvert du lundi au samedi de 10h à 18h.
Fermetures exceptionnelles, voir site web.

L'histoire de ce magasin débute en 1878 avec Léon Van Calck, grand coureur cycliste de l'époque. Aujourd'hui, c'est Philippe Van Calck qui tient les rênes. Vêtements de ville, sportswear, vêtements de ski, chaussures à la fois pour les hommes et pour les femmes. On y trouve le plus grand choix de Docksides Sebago de Belgique (plus de 60 coloris pour toutes les saisons, certains exclusifs). Tous voyageurs, randonneurs ou citadins que vous êtes trouverez votre bonheur, que ce soit dans un environnement de forêt, de mer, de montagne ou de ville.

AGAVE

Rue de Dublin 15
✆ +32 486 49 17 70
www.agave-boutique.be
Ouvert du mardi au samedi, de 11h à 18h30 et le dimanche, de 11h à 16h.

Pousser la porte d'Agave, c'est comme entrer dans une jungle luxuriante. L'effet est particulièrement saisissant les jours de pluie. Une douce chaleur vous envahit, les nuances de vert des plantes tropicales vous apaisent. Ici, pas de fleurs mais bien des plantes de toutes sortes : des énormes et des minuscules, des grasses, des cactus, des succulents, des plantes en pot, sous cloche ou dans des récipients en verre. On y trouve aussi de quoi *pimper* vos plantes ou les entretenir. Un très bon point à l'équipe qui tient le magasin, jamais avare de conseils.

ALAIN-MICHEL ANTIQUITÉ

Rue Henri Wafelaerts 41
✆ +32 2 537 82 04
alain-michel-antiques.com
Ouvert du lundi au vendredi, de 10h à 12h et de 14h à 18h et le samedi, de 10h à 18h. Ou sur rendez-vous.

Il faut parler de superlatifs pour ce showroom d'antiquités : la maison Alain-Michel a 50 ans d'expérience (ce sont les petits-enfants d'Alain-Michel Bienaimé qui gère maintenant l'affaire) et l'espace d'exposition ne fait pas moins de 2 500 m² ! De quoi pouvoir y montrer des meubles et objets à partir XVIe jusqu'au XVIIIe siècle. Du côté des meubles, ce sont des pièces assez imposantes. Spécialités du magasin : les fauteuils Chesterfield, directement importés d'Angleterre et les meubles industriels qui séduisent avec leur lignes claires et leurs matériaux bruts.

ARCHIDIV

Rue de Hennin 70
✆ +32 477 37 62 75
architecte-archidv.be
Ouvert du lundi au vendredi, de 9h à 18h.

Forte d'une expérience de plusieurs années dans un cabinet d'architecture d'intérieur italien et après avoir travaillé plusieurs années dans l'équipe d'un designer d'intérieur bruxellois, Isabelle de Vuyst a lancé son propre cabinet. Avec une telle expérience, vous pouvez lui confier la décoration de votre domicile en toute confiance, y compris les extérieurs. Pour Isabelle, chaque nouvel espace à travailler, quelle que soit sa taille, est un nouveau défi et le but sera que les clients s'y sentent bien et surtout, qu'il soit à leur image.

AU BON REPOS

place de la Chapelle 10
✆ +32 2 511 43 98
www.aubonrepos.be
Ouvert du lundi au vendredi de 10h à 18h15 ; le samedi de 9h30 à 18h15.

Excepté cuisines équipées et salles de bain, on y trouve tout ce qui touche de près ou de loin à l'aménagement de la maison dans toutes les grandes marques de literie, meubles, linge de maison, tissus et papier peints. En plein cœur de Bruxelles, c'est le plus grand magasin d'ameublement de la capitale. Le petit commerce créé en 1090 par Guillaume Decock et son épouse occupe aujourd'hui 12 000 m² ! Au Bon Repos se charge aussi de la confection de tentures, la pose de moquette et même des travaux de décoration. Livraison et montage assurés partout en Belgique.

BOTANICA FLEURS

Rue Edith Cavell 147a
✆ +32 2 374 27 93
www.botanica.brussels
Ouvert tous les jours et les jours fériés de 9h à 19h.

Envie de décorations florales pour offrir ou pour chez soi ? D'une jardinière ou d'un arbuste ? Botanica respecte l'environnement et met en valeur le plus possible les produits belges ! Les fleuristes sont passés maîtres dans l'art du montage floral, avec de superbes pièces pour toutes occasions. Il suffit de pousser la porte ou de passer commande. Les fleurs sont achetées aux petites heures du matin à la criée. Botanica propose aussi des plantes d'intérieur. Cache-pots, serviettes, bougies et autres accessoires de décoration sont également à disposition.

C'EST LÉA

Rue Blaes 160
✆ +32 475 23 14 71
https://leadesign.be
Ouvert du jeudi au dimanche de 11h à 18h.

Au cœur du quartier des Marolles, cette charmante boutique de décoration attire l'œil. Tapis, coussins, céramique, poterie, luminaires, ameublement, art africain, en particulier de l'artisanat issu des montagnes de l'Atlas. La spécialité de la maison, ce sont les tapis berbères faits sur mesure (tellement tendance ces dernières années). Laissez-vous imprégner de l'ambiance du magasin et laissez-vous inspirer des idées de déco que vous y trouverez. Que ce soit des petits objets utiles à la maison ou tout simplement décoratifs, il y a de quoi (se) faire plaisir.

LE COMPTOIR DU MEUBLE

Avenue Georges Henri 499
✆ +32 2 736 33 30
www.lecomptoirdumeuble.be
Ouvert du mardi au vendredi de 10h30 à 13h et de 14h à 18h30 ; le samedi de 10h30 à 18h30.

Les collections présentées en ambiances dans 500 m² d'exposition sont plus proches du design que des meubles de bonne maman ! Le Comptoir du Meuble suit les tendances : moderne, vintage, contemporain, scandinave… il y en a pour tous les goûts et les salons en tissu sont un *must* de la maison depuis une dizaine d'années déjà. L'enseigne, elle, existe depuis un quart de siècle et garde aussi une touche classique. Grands et petits meubles, canapés, luminaires ou linge de table sont tous en provenance directe d'usines implantées en Europe, sans intermédiaires.

DÉPÔT DESIGN

Avenue du Port 86C
✆ +32 2 588 87 56
www.depotdesign.be
Ouvert le lundi, le mardi et du jeudi au samedi de 10h30 à 18h30 ; le dimanche de 12h à 18h.

Au cœur de Tour et Taxis, ce vaste espace de 2 000 m² dédié aux meubles design et contemporains est une belle adresse de référence en la matière. Conseil futé : y privilégier une visite durant les soldes ainsi que les mois de novembre et février, car le reste de l'année, quantité de meubles, de luminaires et d'objets y sont très séduisants mais aussi très coûteux, ce qui est tout de même normal pour des meubles de qualité (production européenne) et configurables selon vos envies. Laissez-vous aussi inspirer par leurs appartements témoins qui font rêver.

COSTERMANS

place du Grand Sablon 5
✆ +32 2 512 21 33
www.costermans-antiques.com
Ouvert du mardi au samedi de 10h à 18h.

Deux frères (l'un ferronnier d'art et l'autre décorateur) décidèrent de créer l'enseigne à proximité du Grand Sablon. C'était en 1839. Depuis lors, Costermans est resté familial et la sixième génération est aujourd'hui en action. Sa spécialité, c'est le XVIIIe siècle : mobilier français, cheminées anciennes et accessoires (Costermans possède la plus grande collection mondiale de plaques de cheminées !), restauration d'œuvres d'art (par ex. les grilles du Parc Royal, l'hôtel Saint-Cyr…), lanternes extérieures aussi bien qu'intérieures…

DROGUERIE LE LION

Rue de Laeken 55
✆ +32 2 217 42 02
www.le-lion.be
Ouvert du lundi au vendredi de 9h à 17h30 ; le samedi de 10h à 16h. Fermé le samedi en juillet-août.

Son cadre à l'ancienne lui confère un air vieillot et vous plonge instantanément dans une forme de « shopping » qui n'existe pratiquement plus, parmi les 9 000 articles proposés. C'est qu'après plus de 140 années d'existence, elle en a connu des choses, la Droguerie Le Lion ! Elle fait partie de ces quelques irréductibles rescapés et fait figure de véritable institution, existant depuis 1875. On y trouve LE produit indispensable, LE pigment permettant à l'artiste de s'exprimer, LE solvant permettant de venir à bout de n'importe quelle tache.

COUTELLERIE DU ROI

Passage du Nord 27
✆ +32 2 217 54 94
www.coutellerieduroi.be
Ouvert du lundi au samedi de 9h30 à 18h30.

Couteaux, ciseaux et aussi sécateurs, lames de rasoir, coupes ongles… sans oublier les tire-bouchons, moulins à poivre, couteaux à steak et originaux sabres à champagne : tout y est. Bien entendu, les conseils d'entretien et d'aiguisage accompagnent toujours l'achat : y a pas à dire, ici authenticité rime avec qualité ! Curieux et amateurs d'acier font escale dans ce lieu chargé d'histoire et d'âme bruxelloise. Impossible de passer à côté de cette boutique à la façade classée. Boiseries du XIXe siècle, escalier en colimaçon, tout est intact, même l'accueil !

EXOTIC GARDEN

Rue Jean-Baptiste Vanpé 3
✆ +32 2 303 65 64
www.exoticgarden.be
Ouvert du mardi au samedi de 9h à 19h ; le dimanche jusqu´à 15h.

Certainement l'un des fleuristes les moins chers de Bruxelles. À deux pas de l'abbaye de Forest, Exotic Garden attire les clients grâce à de magnifiques plantes en pot et autres fleurs coupées. Younes, fleuriste depuis vingt-cinq ans, excelle dans les arrangements floraux personnalisés (anniversaires, mariages, deuils, déco intérieure et extérieure…). Les fleurs, ramenées deux fois par semaine de la criée en Flandre et aux Pays-Bas, bénéficient d'une grande fraîcheur. Du jeudi au dimanche, Younes est également présent sur le marché du Parvis de Saint-Gilles.

LA FABRIKA

Rue Antoine Dansaert 97
✆ +32 2 502 33 25
www.lafabrika.be
Ouvert du mardi au samedi, de 11h à 18h. Le lundi, uniquement sur rendez-vous.

Dans une vie antérieure, Kelly Claessens travaillait pour une marque de mobilier avant de se lancer dans l'aventure de sa propre boutique. On y trouve tout pour aménager son intérieur. Son extérieur aussi. Le fil rouge ? Un certain minimalisme, un goût pour le design scandinave, les couleurs apaisantes... Une section « designers belges » est également mise en évidence. Ça a un certain coût, par contre, hors la section mobilier, il y a de beaux objets (bougies, cadres, étagères) à acquérir ou à offrir à moindre coût. Kelly a aussi un studio de design d'intérieur.

HOME OF COOKING

Rue Léopold 3 ✆ +32 2 218 81 20
www.homeofcooking.com
Ouvert du lundi au vendredi de 10h à 18h ; le samedi de 10h à 19h. Autre adresse : 10, chée de Charleroi à Saint-Gilles.

On y trouve l'impensable et même plus sur 600 m² pour satisfaire les plaisirs de la cuisine et de la table ! Le tout dans un espace aéré et très bien aménagé autant que gigantesque à deux coups de fourchette de la Grand-Place. Dans cet environnement de choix où fleurissent les actions promo, les démonstrations et où grandissent les listes de mariage, on trouve, en vrac, des moules en silicone, des spatules intelligentes, des tabliers de créateurs, des livres en langue originale, des machines à café dernier cri, des douilles de pâtissier, de la vaisselle,...

FLAMANT HOME INTERIORS

Place du Grand Sablon 36
✆ +32 2 514 47 07
www.flamant.com
Ouvert tous les jours de 10h à 18h ; le week-end jusqu'à 18h30.

Concept-store créé par trois frères, sorte de galerie commerciale organisée autour d'un patio où l'on peut déjeuner, offrant du mobilier atemporel, un fleuriste, un magasin d'articles pour enfants, des objets de déco et de la peinture. Toujours des produits savamment présentés. La formule magique du succès des Flamant : des meubles à l'ancienne remis au goût du jour dans un esprit de luxe et de sobriété. À mesure que l'on traverse ces pièces superbement meublées où rien ne dépareille, on se dit qu'on aimerait bien vivre dans un lieu aussi beau et harmonieux.

LULU KANAL DECO & CAFÉ

Quai des Charbonnages 78-80 ✆ +32 2 673 09 77
www.luluhomeinterior.be
Magasin ouvert du mardi au samedi 10h30-19h (18h le dimanche). Café 7j/7, 8h-17h (9h le week-end).

Lulu, c'est un concept, à la fois magasin de meubles et de déco et café. Installé dans un ancien espace industriel à Molenbeek, on peut donc à la fois acheter tout ce qu'il faut pour sa maison et digérer l'addition (ou se laisser inspirer), dans un café évidemment très stylé où l'on peut boire et manger. Les lignes de leurs meubles ont un petit côté vintage et leur amour des matières naturelles, du bois, du velours et de la laine sont tout autant de propositions à réaliser un intérieur tout en douceur. Autre adresse : rue du Page, dans le quartier du Châtelain.

AU GRAND RASOIR

Rue de l'Hopital 7
✆ +32 2 512 49 62
www.coutelleriejamartshop.com
Ouvert du lundi au samedi de 9h30 à 18h30.

Voilà une boutique où les adjectifs luxueux et impressionnant ont du sens ! Pensez, l'institution existait avant la création de la Belgique ! Ici, on vise plutôt la coutellerie haut de gamme. Du coupe-papier à la hache de boucher en passant par le canif avec loupe incluse ou les ciseaux de salle de bains, il n'y a que l'embarras du choix. Dans l'atelier, la vieille coutellerie s'offre un ravalement en se faisant aiguiser, réparer et même réargenter si nécessaire. Monsieur Cielen sait y faire pour satisfaire le client. Fournisseur Breveté de la Cour de Belgique.

MANUFACTURE BELGE DE DENTELLE

Galerie de la Reine 6
✆ +32 2 511 44 77
www.mbd.be
Ouvert du lundi au samedi de 10h30 à 18h.

Nichée dans la plus belle galerie de Bruxelles, la Manufacture fournit depuis 1810 les grandes familles en voiles de mariées et en robes de baptême. Un artisanat de luxe qui tend à disparaître face aux techniques industrielles et que les frères Everaerts s'attachent à préserver autant qu'à faire perdurer. Même si votre bourse ne vous permet pas l'achat d'une dentelle, pour le plaisir des yeux, n'hésitez pas à demander à regarder les pièces de collection.

NEW DE WOLF

Rue Haute 91
✆ +32 2 511 10 18
www.newdewolf.be
Ouvert tous les jours de 10h30 à 18h30.

Depuis un demi-siècle, les jeunes couples et les autres amoureux de la déco viennent remplir leurs armoires de jolis services de vaisselle. Et font le plein d'articles de déco sympa et tout ce qu'il faut pour meubler sa maison et dresser les plus jolies tables. Mais c'est surtout pendant les fêtes que c'est impressionnant ! Des sapins chargés à la limite de l'écroulement où il n'y a pas une aiguille qui n'ait sa boule, sa p'tite lampe ou son bibelot. Ça brille, ça clignote, ça scintille de mille feux, c'est le sapin dont on a toujours rêvé étant môme.

RETROFAKTORY

Chaussée d'Alsemberg 618
✆ +32 475 29 96 72
retrofaktory.be
Ouvert du mercredi au samedi, de 11h30 à 18h30.

Vous aimez le vintage ? Chez Retrofaktory, c'est toute la seconde moitié du XXe siècle qui est mise en avant, des années 1940 aux années 1980, avec une attention particulière à la période 1950-1960. Lampes et appliques de designers, buffets scandinaves, petits objets de déco de créateurs… le tout joliment mis en place par la propriétaire qui recrée les pièces d'une maison : un bureau, un salon, une salle à manger, pour mieux donner une idée à la clientèle de la place que pourrait occuper un meuble. C'est un régal pour les yeux mais gare, le bon goût a un prix.

L'OEIL DU DESIGN

Chaussée d'Alsemberg 344
✆ +32 475 44 42 28
www.benoitdemoffarts.be
Ouvert du mardi au samedi de 10h30 à 18h, sauf mercredi à partir de 12h.

Benoît de Moffarts a l'œil. Depuis environ trente ans, loin du marché aux Puces et du Sablon, il achète et il vend les soixante dernières décennies avec une prédilection pour les années 1970 et 1980. Sur deux étages, on trouve mobilier, verrerie, lustres, fauteuils, lampadaires, peintures, tableaux, argenterie, sacs à main de marques, et plein d'autres choses parfois bien insolites… Chaleureux et aimant son métier, Benoît de Moffarts est intarissable sur l'histoire de ses objets. Un onglet sur son site web recense ses dernières acquisitions.

LA VAISSELLE AU KILO

Rue Haute 124-126
✆ +32 2 513 49 84
www.lavaisselleaukilo.be
Ouvert du mardi au vendredi de 10h à 18h ; le samedi de 10h30 à 18h30 ; le dimanche de 11h à 18h30.

Le choix de vaisselle et d'articles pour la cuisine est énorme et régulièrement renouvelé. Un service de table complet sans exploser le budget, ici, c'est possible. Carafes, couverts, verreries, porcelaines et faïences, plats, assiettes et accessoires, et plein d'objets communs ou insolites, utiles ou décoratifs… On fouille, on fouine dans les étagères remplies à craquer et les cartons dissimulés un peu partout dans le magasin pour dénicher ce qui convient. Le tout à prix fixe ou au poids comme l'indique l'enseigne de cette véritable institution bruxelloise !

PÉPINIÈRES DE BOITSFORT

Avenue des Archiducs 76
✆ +32 2 673 73 73
www.pepiniere.be
Ouvert du lundi au vendredi de 8h à 18h ; le samedi jusqu'à 17h. Du 24 décembre au 15 février, jusqu'à 17h.

Bâti sur une ancienne carrière de sable, voilà trois générations que cet emplacement est la référence du jardinage dans la capitale. C'est même l'unique pépinière de Bruxelles (1 600 m² de serres et un hectare et demi de pépinière) ! Des arbustes aux plantes aquatiques en passant par l'engrais et les hamacs, tout y est pour aménager son petit coin de paradis. Une journée consacrée aux arbres fruitiers (avec dégustation, pour mieux choisir son pommier ou son poirier) est organisée en octobre. Marché de Noël ouvert dès début octobre également.

WONDER GREEN

Rue Henri Stacquet 61
✆ +32 471 31 56 87
https://wonder.green
Ouvert du mercredi au samedi, de 11h à 18h30.

Le concept-store végétal de Kirsten Crick est l'endroit parfait pour trouver une plante différente de celles qu'on voit en jardineries. Direction Schaerbeek pour découvrir Wondergreen : *welcome to the jungle*. Kirsten a rassemblé des plantes parfois classiques, parfois plus exotiques, certaines plus rares déjà adultes dans un magasin au cachet indéniable : caladiums, aloe vera, sansevières, philodendrons, cactées,… Wondergreen est un rêve de gosse qui se réalise, une passion des plantes qui prend forme dans cette boutique probablement unique en son genre.

ANTICYCLONE DES AÇORES

Rue Fossé aux Loups 34
✆ +32 2 217 52 46
www.anticyclonedesacores.be
Ouvert du mardi au samedi de 11h à 18h.

Véritable spécialiste dans les ouvrages de voyages, la librairie est sans conteste la première étape de chaque périple. Voulez-vous jouer à Phileas Fogg et faire le tour du monde en 80 jours ? Ou cherchez-vous une idée de balade tout aussi dépaysante dans la périphérie bruxelloise ? Tous les thèmes sont abordés avec professionnalisme, qu'il s'agisse d'arpenter les sentiers méconnus des Pyrénées, de trouver le bouquin qui compile les meilleures idées de voyage pour se ressourcer ou de s'évader aux Açores avec le *Petit Futé*. Entrer ici, c'est déjà voyager !

AZZATO

Rue de la Violette 42
✆ +32 2 512 37 52
www.azzato.eu
Ouvert du lundi au samedi de 9h30 à 18h.

Avec tous ces instruments entassés en vitrine, on dirait que la boutique n'a pas changé depuis 1929. Référence dans le monde musical à Bruxelles, spécialiste des instruments à archet, guitares ou flûtes, Azzato propose aussi des instruments de tradition populaire comme par exemple la viole de gambe, la mandoline, l'oud ou le ukulélé. La boutique propose tous les accessoires et les cordes nécessaires et deux ateliers de réparation pour instruments à cordes et flûtes traversières. Instruments et services du luthier Fabien Gram et *cigar box guitars* de la marque JUG.

BEDEMANIA

Chaussée de waterloo 169
✆ +32 2 537 96 20
www.bedemania.com
Ouvert du lundi au samedi de 15h à 19h.

Pour les fans absolus de Tintin, Bedemania est un passage obligé ! On y déniche de nombreux livres à moindre prix ainsi que tous produits dérivés du plus célèbre des reporters belges : sculptures, Pixis, collectors, ex-libris (vignette numérotée et signée par l'auteur se trouvant à l'intérieur de la BD), etc. Gaëtan Laloy, spécialiste de l'univers de Tintin, est vice-président des Amis d'Hergé et président de la Chambre belge des experts en bandes dessinées. Possibilité de faire expertiser ses propres pièces de collection (albums, objets divers, hors-série, etc.).

LA BOÎTE À MUSIQUE

Coudenberg 74
✆ +32 2 513 09 65
www.laboiteamusique.eu
Ouvert du lundi au samedi de 9h30 à 18h30.

Véritable temple de la musique classique depuis 1935, c'est une affaire familiale de passionnés qui distillent les conseils. Dans cette belle boutique, on se coupe en quatre pour que le mélomane trouve son bonheur parmi les 15 000 références en stock (et 125 000 sur commande), qu'il soit question d'incontournables ou d'œuvres moins renommées dans tous les domaines : baroque, Renaissance, symphonie classique. Dans le cas contraire, n'hésitez pas à laisser vos coordonnées et on vous rappellera sans faute. Fournisseur breveté de la Cour de Belgique depuis 20 ans.

LA BOUTIQUE TINTIN

Rue de la Colline 13
✆ +32 2 514 51 52
https://boutique.tintin.com/
Ouvert le lundi de 12h à 18h ; du mardi au dimanche de 10h à 18h.

La boutique Tintin chouchoute les fans de notre petit reporter national ! Depuis 1989 déjà, elle propose tout un bouquet d'objets insolites et de souvenirs qui ravissent petits et grands. En plus du haut de gamme artisanal, la boutique Tintin vend tous les albums et expose quelques beaux T-shirts collection « Portraits ». On y trouve également toute une série de gadgets, de posters ou lithographies. Qu'on ne quitte pas le magasin sans son mug du Capitaine Haddock ou sa peluche de Milou ! Pour les Dupond & Dupont, il y a aussi les DVD ou les porte-clés.

BRÜSEL

Boulevard Anspach 100
✆ +32 2 511 08 09
www.brusel.com
Ouvert tous les jours de 10h30 à 18h30.

Brüsel ouvre ses portes tous les jours et accueille ses visiteurs avec bonne humeur et passion. Les vendeurs sont de vrais mordus de BD. L'enseigne présente quelques tirages originaux et figurines. Le stock est assez conséquent et s'étend au-delà des frontières belges et européennes. Une raison de plus de s'intéresser à la bande dessinée, spécialité belge et bruxelloise par excellence ! Pour les fondus du genre, Brüsel dispose d'un corner dédié à Harry Potter. Nombreuses expositions et séances de dédicaces annoncées sur leur site Internet.

CANDIDE

Place Georges-Brugmann 1
✆ +32 2 344 81 94
http://librairie-candide.be
Ouvert tous les jours de 8h à 19h.

Librairie générale avec un éventail complet d'ouvrages de qualité. On y découvre un système de présentation des ouvrages clair et pratique. L'accueil de l'équipe – de vrais passionnés aux conseils avisés – est excellent et Candide propose une sélection de livres vraiment qualitative. Conférences et rencontres d'auteurs organisées régulièrement. Ceux qui aiment feuilleter les livres de cuisine pourront poursuivre leur aventure gustative à l'extérieur. En effet, la grande terrasse est partagée avec le restaurant Voltaire voisin.

CAROLINE MUSIC

Boulevard Anspach 101
✆ +32 2 502 10 83
carolinemusic-bxl.be
Ouvert tous les jours de 10h à 19h ; le dimanche de 13h à 18h30.

Après une fermeture et une réouverture éclair, l'enseigne est amarrée en face de l'Ancienne Belgique. Il y a pire choix d'emplacement pour attirer les mélomanes. Au rez-de-chaussée, une grosse partie des bacs est remplie de CD bien que les vinyles aient aussi une place de choix. Les murs en sont même recouverts ! On trouve même des K7 aussi, voyez-vous ! L'étage consacré aux disques et vinyles de seconde main. Comme depuis toujours, le choix est vaste et le service au poil ! Une sorte d'anti-Amazon où le mot « téléchargement » est proscrit pour toujours, en somme.

CASI ONE

Passage du Nord 14
✆ +32 2 219 16 07
www.papeterie-cadeaux-casi-one.be
Ouvert du lundi au samedi de 11h à 18h.

Pour la comparaison avec Club, c'est pas mal… mais Casi One se positionne une taille au-dessus. Parce que chez Casi One ils ont quasi tout ! Y compris un département maroquinerie (agendas, décoration de bureau…), les marques classiques de matériel d'écriture (stylos Waterman, porte-mines Parker, porte-plumes Caran d'Ache…), sans oublier les « consommables » pour imprimantes (cartouches…). Au menu également, toutes copies noir et blanc, couleur, reliures… À voir aussi aussi, leurs nombreuses promotions et idées cadeaux. Tout ça depuis 1987 !

COOK & BOOK

Place du Temps-Libre 1
✆ +32 2 761 26 00
cookandbook.com
Ouvert tous les jours. Horaire des différents espaces variables : horaires complets sur le site web.

Quel plaisir pour les amateurs de lecture et de nourriture de pouvoir mêler les deux ! Les ouvrages sont répartis dans neuf univers différents : bande dessinée, voyages, jeunesse, beaux-arts, musique, serre (loisirs, jardinage, déco…), *cucina* (cuisine avec un fort accent italien), anglais et littérature. La décoration est exceptionnelle ; chaque salle correspond à un style différent ! Une voiture italienne rétro dans la partie cuisine, une déco *so british* dans la partie fiction anglaise, la caravane US dans le coin musique…

CREVETTE RECORDS

Rue Blaes 146
✆ +32 2 514 11 46
www.crevetterecords.be
Ouvert du mardi au samedi, de 12h à 20h et le dimanche, de 13h à 18h.

Voilà un nom insolite pour un magasin de vinyles ! Chez Crevette, il n'y a que ça, des nouvelles sorties et des secondes mains et même des cassettes. Leur spécialité est la musique électronique dans toute sa diversité, des styles du plus *mainstream* aux plus pointus. Vous y trouverez également de la musique du monde, de la soul, du jazz, de la disco et du hip hop, entre autres. Vous hésitez sur le choix de votre acquisition ? Installez-vous sur une des tables d'écoute pour vous donner une idée. Une boutique pour amateurs avertis !

LE DÉPÔT DE BRUXELLES

Rue du Midi 108
✆ +32 2 513 04 84
www.depotbd.com
Ouvert du lundi au samedi de 10h à 18h30.

Depuis 1984, le Dépôt de Bruxelles possède un choix de bandes dessinées sans limite (45 000 références en tout) mais super bien trié, classé… chapeau ! Leur politique ? Proposer un vaste choix en BD neuves ou d'occasion (y compris les titres épuisés) ! On déniche son bonheur en demandant conseil à l'équipe de passionnés ou en surfant sur leur boutique en ligne www.go4book.com : référencement complet et trié de leurs ouvrages, réduction sur livres neufs et envoi gratuit. Excellente situation au centre-ville, à quelques minutes de marche de la gare du Midi.

FILIGRANES

Avenue des Arts 39-42
✆ +32 2 511 90 15
www.filigranes.be
Du lundi au vendredi de 10h à 19h (20h jeudi-vendredi) ; le samedi de 10h à 19h30 ; le dimanche de 10h à 19h.

Filigranes se vante avec raison d'être la plus grande librairie « de plain-pied » du monde, ouverte 365 jours par an ! L'équipe est efficace, connaît le métier et n'hésite pas à donner son avis. Elle veille aussi à ce que le temps d'attente aux caisses ne se prolonge pas. Les nombreux et vastes rayons du magasin regorgent de livres de toutes tailles, formes et couleurs, sur tous les sujets et pour tous les goûts et tous les âges. On trouve ce qu'on cherche et on y rencontre plus de monde qu'en surfant sur Amazon. Plusieurs bornes Villo proches.

FORBIDDEN ZONE

Rue de Tamines 25
✆ +32 2 534 63 67
forbiddenzone.eu
Ouvert du mardi au samedi de 12h30 à 19h.

Bandes dessinées franco-belgo-européennes et comics américains font bon ménage dans cette boutique de trois étages. Le magasin regorge aussi d'objets de collection (poster, statuettes, etc.). L'équipe organise régulièrement des séances de dédicaces et des expositions pour le plus grand bonheur des passionnés (agenda complet des dédicaces sur le site web). Il ne leur manquait qu'un espace consacré aux planches originales et autres expositions de dessins. Une lacune désormais comblée, la preuve en suivant ce lien : http://gallery.forbiddenzone.net

LA GRANDE MURAILLE

Avenue Paul Deschanel 92
✆ +32 2 803 80 33
www.grandemuraille.be
Ouvert le mercredi et le samedi de 10h30 à 13h et de 13h30 à 18h ; le vendredi de 13h30 à 18h.

Les amoureux de calligraphie viennent y chercher leur matériel, les enfants et lucanophiles leurs cerfs-volants car – rappelons-le – ceux-ci ont été inventés en Chine il y a 2 500 ans. La Grande Muraille n'usurpe pas son nom et est aussi (et avant tout) une librairie thématique. Celle-ci propose une multitude d'ouvrages sur des sujets aussi variés que les arts martiaux, l'acupuncture ou le thé. On y fait en outre le plein de journaux et revues consacrés à l'Empire du Milieu (en français, anglais ou néerlandais). Organisation régulière de conférences.

KEYMUSIC

Rue du Midi 143
✆ +32 2 548 25 20
Ouvert du lundi au samedi, de 10h à 18h et le dimanche, de 12h à 18h.

C'est la caverne d'Ali Baba des musiciens ! Dans ce grand espace, on vend évidemment toute une série d'instruments (guitares, basses, batteries, claviers, etc.) mais aussi des équipements (comme des lutrins, des trépieds), du matériel de sono (enceintes), d'enregistrement (micros, tables de mixage), du matériel pour DJ... Une vraie référence pour tous les métiers de la musique et du son. Si vous êtes un peu perdus, n'hésitez pas à demander conseil au personnel. Ce sont des pros qui vous aiguilleront, chacun selon sa spécialité.

LIBRAIRIE JAUNE

Rue Léopold 1er 499 ✆ +32 2 428 84 55
librairie-jaune.shop/
Ouvert le lundi de 14h à 18h30 ; du mardi au samedi de 10h30 à 18h30 ; le dimanche de 10h à 13h.

Librairie spécialisée dans la BD, elle offre également un certain nombre d'autres ouvrages, permettant à chacun de trouver son bonheur. On pointe aussi des mangas, des sérigraphies, des plaques émaillées. Séances de dédicaces et ateliers pour enfants sont régulièrement à l'agenda. Librairie Jaune a créé une page Facebook sur laquelle elle communique activement avec les clients et un espace Café pour poursuivre la discussion sur place. Ouverte tous les jours, l'enseigne a aussi un nouveau webshop qui permet la réservation et la vente en ligne.

LIBRAIRIE UOPC

Avenue Demey 14-16
✆ +32 2 663 00 40
www.uopc.eu
Ouvert du lundi au samedi de 10h à 18h30.

Avec ses 700 m² sur deux étages, elle est la librairie majeure du sud de Bruxelles. Les ouvrages ont avantageusement mis en valeur et classés par section. En tant que librairie générale (y compris le scolaire), UOPC offre un choix maximum de titres avec un service pointu et aimable. Précisons que religions, spiritualités et sciences humaines, restent le fond de commerce historique des lieux mais l'enseigne accueille aussi les agnostiques. UOPC inclut une salle de conférence de 150 places, une cafétéria avec terrasse pour les beaux jours et un parking gratuit.

LA LICORNE

Chaussée d'Alsemberg 715
✆ +32 2 2175125
www.librairie-lalicorne.be
Ouvert du mardi au samedi de 10h à 18h30.

Cette littéraire Licorne, créée en 1982, est plutôt bien repartie depuis la reprise par Muriel Desart et Didier Peeters, anciens clients et passionnés des livres. Installée sur la chaussée d'Alsemberg, l'adresse propose de nombreuses références dans un vaste espace lumineux, coloré et ludique. Elle est également le théâtre de rencontres avec des auteurs, d'échanges, d'animations littéraires, de séances de lecture pour les enfants… Le personnel est accueillant, réellement soucieux d'aider ou guider le client dans ses choix et ses envies.

LA MAISON DE LA BD

Boulevard de l'Impératrice 1
✆ +32 2 502 94 68
maisondelabd.be
Ouvert tous les jours de 10h à 18h.

Voilà de quoi se plonger « sérieusement » dans le 9e art ! Ce lieu ludique, créé par un collectionneur passionné, est consacré à l'art de la bulle. On y propose une exposition permanente mettant en scène les œuvres de grands dessinateurs franco-belges : Franquin, Morris, Will, Sirius, Hubinon, Paape ou encore Peyo. Albums, coffrets *collector*, effigies et produits dérivés… La boutique accueille aussi de nombreux articles de papeterie ou carterie, affiches et cartes postales, figurines, etc. Le tout étant consacré à l'univers de la BD.

NIJINSKI

Chaussée d'Ixelles 315
✆ +32 2 539 20 28
librairienijinski.com
Ouvert du lundi au samedi de 11h à 19h.

Excellente adresse qui tranche dans un quartier surtout dédié au boire et au manger. Cette belle boutique aux allures d'antan, où les étagères se soutiennent les unes les autres, appartient à un bouquiniste sympathique et convivial. On trouve beaucoup de livres de philosophie, de sciences humaines, un peu de littérature classique et des livres en anglais, et quelques-uns en russe, allemand, chinois... Des livres dans tous les coins surtout à la section polar. Le propriétaire est absolument incollable sur tout ce qui est en rayon et dispense d'excellents conseils.

PEINTURE FRAÎCHE

Rue du Tabellion 10
✆ +32 2 537 11 05
www.peinture-fraiche.be
Ouvert du mardi au samedi de 10h30 à 18h30.

Dans le quartier très vivant du Châtelain, cette librairie entièrement consacrée aux arts, principalement contemporains, est une véritable référence pour la population bruxelloise. Un personnel très qualifié aiguille les clients entre les trésors que le magasin renferme. L'endroit est convivial et très chaleureux. La nouvelle direction a repris les choses en main pour garder la peinture tout aussi fraîche que l'esprit et la surface de vente a doublé de volume. Avec sa situation privilégiée, on trouvera vite une terrasse pour dévorer ses achats en mangeant !

PIOLA LIBRI

Rue Franklin 66 /68
✆ +32 2 736 93 91
www.piolalibri.be
Ouvert du lundi au vendredi de 12h à 22h ; jusqu'à 20h. Cuisine ouverte du lundi au samedi de 12h à 15h.

Importée d'Italie, la formule est attrayante : à partir de 17h, on sirote un *Spritz* ou un verre de vin en terrasse en grignotant quelques antipasti. Le midi, on mange des plats simples, salades ou sandwiches. Sympa également, le marché de livres de seconde main, les soirées, les concerts et les DJ sets d'avant-soirée. Côté lecture, parce qu'on est bien dans une librairie, le personnel propose de découvrir ou de redécouvrir l'Italie en version originale, mais aussi bilingue, française ou néerlandaise. Ateliers et événements pour grands et petits.

THE SKULL

Chaussée de Waterloo 336
✆ +32 2 538 36 99
www.skullbd.com
Ouvert du lundi au samedi de 10h30 à 19h.

C'est l'une des plus vieilles librairies de bandes dessinées d'Europe (1970). Cet endroit propose – avec une connaissance très pointue – tous les styles de BD, neuves et d'occasion. En plus, large choix de mangas, d'ex-libris, d'affiches, de figurines Pixi. Les fans viennent parfois de loin ! The Skull propose également un véritable département Cinéma, chose rare à Bruxelles. Horaire des séances de dédicaces sur le site Internet. Parmi d'autres acceptions, le terme « Skull » est une référence aux sociétés secrètes d'Amérique du Nord.

TROPISMES

Galerie des Princes 11
✆ +32 2 512 88 52
www.tropismes.com
Ouvert du lundi au vendredi de 10h à 18h30 ; le samedi de 10h30 à 19h ; le dimanche de 13h30 à 18h30.

Tropismes a fixé ses étagères remplies de livres dans l'ancien Blue Note, haut lieu du jazz belge et international. Logé dans le cadre magnifique des galeries Saint-Hubert. On peut dire tout simplement que c'est la plus belle librairie de tout Bruxelles. Cette tête bien faite est aussi bien pleine. La librairie est spécialisée en littérature, en sciences humaines et en Beaux-Arts. Le département jeunesse est également très fourni. Le conseil y est excellent. Si vous êtes timide, vous pourrez vous fier aux post-its laissés par le personnel avec leurs impressions.

TULITU

Rue de Flandre 55
www.tulitu.eu
Ouvert du mardi au samedi de 11h à 19h.

Cette petite librairie fondée par Ariane Herman et Dominique Jamelle possède 3 fils conducteurs : la littérature du Québec (Ariane a un frère éditeur au Québec et Dominique est montréalaise), la littérature féministe et LGBTQI, sans négliger pas la littérature généraliste. La librairie est petite mais remplies de chouettes trouvailles, souvent hors des sentiers battus. Pour ça, les libraires vous conseilleront et sont très à l'écoute. En plus, Tulitu organise des petits évènement (rencontres avec les auteurs et autrices, apéros pendant la Foire du livre...).

PÊLE-MÊLE

Chaussée de Waterloo 566
✆ +32 2 548 78 00
pele-mele.be
Lundi-samedi, 9h-19h30 ; dimanche, 10h-18h30. Vente jusque 15h, 17h le samedi, pas le dimanche. Livraison possible.

Magasin de recyclage culturel où on laisse ses anciens livres en bon état, au royaume des bonnes affaires, c'est le roi ! À la recherche du dernier bouquin d'une collection, de la bande dessinée insolite, du CD *collector* introuvable dans les brocantes ou encore d'un DVD au meilleur prix, on est sûr de trouver son bonheur ici. Impossible d'en sortir les mains vides, on a essayé pour vous ! Petit plus, les vendeurs connaissent leurs rayons sur le bout des doigts. Mention particulière pour leur Garage à Manger, espace restaurant-cafétéria donnant sur la librairie.

WATERSTONE'S

Boulevard Adolphe Max 71
✆ +32 2 219 27 08
www.waterstones.com
Ouvert du lundi au samedi de 10h à 18h ; le dimanche de 12h à 17h30.

Plus grande et plus ancienne librairie de langue anglaise de Belgique, Waterstone's est une véritable référence pour la communauté anglophone, et anglophile, de la capitale. Parmi les nombreuses thématiques représentées (journaux, magazines, actualité, livre pour enfants, littérature, livres de cuisine, bandes dessinées, etc.), on pointe un vaste rayon consacré aux manuels d'apprentissage de la langue d'Albion, pour lire Agatha Christie ou Harry Potter en V.O. ! En supplément, vous y trouverez un chouette rayon papeterie et cartes postales.

LE WOLF

Rue de la Violette 20
✆ +32 2 512 12 30
Ouvert du mardi au samedi de 10h à 18h.

Situé à deux pattes de la Grand Place, cet endroit aussi appelé la Maison de la littérature de jeunesse offre de nombreuses activités pour nos petits loups adorés. Les enfants y sont carrément rois avec une bibliothèque, un *jukebox* à histoires et des stages. L'endroit propose également des ateliers d'illustration pour adultes ainsi qu'une boutique (La Boutique du Loup, qui permet de repartir avec le livre rêvé) et la Cantine du Chaperon qui propose des spécialités sucrées bio. Freddy Leloup a fait son arrivée en 2019 pour célébrer les 10 ans de la maison.

L'ATELIER DE GEPETTO

Avenue Georges Henri 286
✆ +32 2 661 30 13
gepetto.toys
Ouvert du lundi au samedi de 10h à 18h30.

Sympathique en diable, le maître des lieux connaît les jeux pour enfants qu'il vend comme s'il les avait faits. Il se fait un plaisir de conseiller les clients en cas d'hésitation. Déguisements, modules en bois, expérience de p'tit chimiste, jeux de société, livres, doudous et autres fantaisies : un vrai paradis ! Bref, de la réflexion et de la créativité pour les plus jeunes. Listes de naissance et catalogue complet *online*, organisation de journées « jeux » gratuites... Un lieu qui fera tourner la tête des petits et même des grands...

FOX & CIE FLAGEY

Place Eugène Flagey 33
✆ +32 2 344 43 84
Ouvert du mardi au samedi de 10h à 19h et le dimanche de 10h à 14h.

Bienvenue au royaume du jouet ! Fox et Cie a beau être une chaîne (18 magasins en Belgique, quand même), l'assortiment et le choix des marques de jouets y est plus qu'intéressant. Des bébés aux ados, même les adultes trouveront de quoi s'amuser en famille, à deux, voire tout seul, grâce notamment à une section de loisirs créatifs. Si vous avez besoin de conseils pour trouver un jouet, n'hésitez pas à vous adresser au personnel, ils vous aideront au mieux pour dénicher ce qui plaira en fonction de l'âge et des goûts de l'enfant.

BOUCLE D'OR

Rue du Tabellion 12
✆ +32 2 649 96 39
www.boucledor.shop
Ouvert du mardi au samedi de 11h à 18h.

Une boutique féerique et colorée pour les enfants et les parents, créée par Sabrina Palmisano qui a laissé tout tomber pour créer ce cocon dédié (majoritairement) aux petits. Il y a bien entendu des vêtements (de jolies marques comme Finger in the nose ou Petit Bateau) mais aussi des objets, des bibelots, du linge de lit, des jouets en bois, des livres, de la déco pour nursery ou chambre d'enfants, des meubles vintage et design chinés et sélectionnés aux quatre coins du monde... Pour les grands, des peignoirs et kimonos pour mieux se câliner en famille.

KINKAJOU

Rue Haute 340
✆ +32 2 721 68 11
www.kinkajou.eu
Ouvert du mardi au samedi de 10h30 à 18h30 ; le dimanche jusqu'à 16h30.

La boutique est superbe en soi et s'y rendre est déjà un plaisir. Et surtout une vraie alternative aux jouets standardisés « made in China » qui contribuent davantage au réchauffement de la planète qu'à l'aspect éducatif... Ici, au cœur des Marolles, on connaît son sujet et on vous conseillera avec justesse pour un cadeau personnalisé. De l'éveil des nouveau-nés au plaisir cérébral des adultes, toutes les catégories d'âge sont servies. Même direction que la Maison des échecs, spécialiste du jeu de réflexion pour adultes : rue de Belle Vue 60.

DÉDALE

Rue Gérard 138-140
✆ +32 2 734 22 55
www.dedale.be
Ouvert du lundi au samedi de 11h à 18h30, le samedi à partir de 10h. Autre adresse : 61, rue du Bailli à 1050 Ixelles.

Si le vintage est servi à toutes les modes ces derniers temps, il n'y a pas de raison que ce phénomène ne touche pas le monde du jeu et du jouet. Pas de console dernier cri, ni de produits dérivés des derniers dessins animés encore à l'affiche chez Dédale. Mais bel et bien les jeux dits « classiques », de réflexion et de société. Monopoly, puzzles, tarot, échecs, jeux de rôles, etc. De quoi faire des parties endiablées, entre amis ou en solo. Mais vintage ne veut pas dire obsolète : leur site Internet présente en détail les nouveautés des thématiques proposées.

THE GRASSHOPPER

Rue du Marché Aux Herbes 39-43
✆ +32 2 511 96 22
www.thegrasshopper.be
Ouvert tous les jours, y compris les jours fériés, de 10h à 19h (fermé le 25/12 et le 1/01).

Voilà un magasin qui fait rêver petits et grands avant même de rentrer dedans avec la devanture élégante d'un ancien magasin de vaisselle dont la vitrine est toujours très joliment décorée. À l'intérieur, c'est un monde enchanté rempli à ras bord (7 000 !) de peluches, de jouets en bois, de jeux de société ou de loisirs créatifs... N'espérez pas y trouver les grandes marques de poupées mannequins ou des jeux vidéo. La créatrice du magasin a voulu se tenir au large des jouets standardisés. L'enseigne propose aussi des objets de déco et du linge à personnaliser.

BOUGER & BULLER

Envie de bouger ? Si vous n'êtes de passage à Bruxelles que pour quelques jours, vous aurez sans doute envie de continuer à vous entraîner après avoir tant succombé à la bière, aux frites et aux chocolats… Pas d'inquiétude : on compte dans la capitale belge beaucoup d'espaces verts (comme il est indiqué par le quartier du même nom) où vous pourrez faire votre jogging. Et Bruxelles est bien la capitale d'un pays réputé pour ses cyclistes. Ainsi, vous pourrez facilement sillonner la capitale à vélo. La ville compte également de nombreuses piscines, salles de sport et courts de tennis. Vous trouverez une liste d'établissements sur le site suivant : https://be.brussels/culture-tourisme-loisirs/faire-du-sport

Pour buller, Bruxelles compte de nombreux Spas chics, salons de massage et centres de beauté. Nous avons sélectionné quelques cours de cuisine pour que vous puissiez rapporter un peu de cette généreuse gastronomie belge avec vous.

BUDGET / BONS PLANS

Les familles comme les sportifs de tout poil (à pied, en roller, à vélo, à cheval...) sont comblés par les nombreux parcs et espaces verts de Bruxelles-Capitale, au sommet desquels on trouve le Bois de la Cambre et la Forêt de Soignes. Gratuitement, bien sûr.

C'EST TRÈS LOCAL

Les spas sont légion dans les hôtels 4 et 5 étoiles, du petit sauna au spa complet avec piscine, bain bouillonnant, hammam et massages et pas besoin d'y séjourner pour en profiter, une réservation est souhaitée. Belgitude oblige, il existe même des spas à la bière !

VOS PAPIERS SVP

À moins que vous ne fassiez un baptême de plongée à la fameuse piscine Nemo 33, vous devrez présenter un brevet de plongée et être accompagné d'un instructeur habilité.

A RÉSERVER

Les réservations ne sont pas nécessaires mais les spas étant souvent de petites dimensions, elles sont recommandées.

LES PHRASES CLÉS

Bonjour, comment puis-je me rendre à… ? Est-ce loin ?
Hallo, hoe ga ik naar...? - Is het ver?

J'aimerais aller courir. Il y a un coin sympa pour cela dans la ville ?
Ik wil graag gaan hardlopen. Is daar een mooie plek voor in de stad?

J'adore cuisiner. Savez-vous où je peux trouver des cours de cuisine ?
Ik ben gek op koken. Weet u waar ik kooklessen kan volgen?

Vous pourriez m'indiquer une salle de sport pas très loin ?
Kunt u me een fitnesscentrum aanwijzen in de buurt?

Quel est le sport national ?
Wat is de nationale sport?

Pensez-vous que nous pourrions voir cela ou même participer ?
Denkt u dat we dat kunnen zien of misschien deelnemen?

ANDERLECHT GOLF CLUB

Rue Scholle 1
✆ +32 2 521 16 87
www.golf-anderlecht.com
Ouvert de 9h30 à 13h et de 13h30 à 18h30. Se présenter au secrétariat avant. De 40 € à 75 € le green fee.

Bruxelles-Capitale possède un et un seul véritable parcours de golf 18 trous sur ce site d'Anderlecht. Le domaine s'étend sur plus de 40 hectares dans le cadre champêtre du Pajottenland. Débutants et golfeurs confirmés sont les bienvenus. Pour s'entraîner aux coups longs, il y a un *driving range* couvert et éclairé comptant 40 places. Selon votre niveau, plusieurs formules possibles : pack découverte, pack apprentissage, pack intensif ou leçons privées. Le Club House permet de prendre une consommation ou de se restaurer après l'effort.

BAINS DE SAINT-JOSSE

Rue Saint-François 27
Lundi au jeudi 7h30-19h30, vendredi 7h30 à 21h, samedi 10h-21h et dimanche 12h30 à 20h. Tarif : 3 €, gratuit -4 ans.

Après une longue rénovation les Bains de Saint-Josse ont enfin rouvert. Cette superbe piscine, une des plus plus belles de Bruxelles, date de 1934, du temps où l'Art déco était en vogue. Tout y est : les lignes pures et géométriques, le carrelage vintage, les mosaïques, le haut plafond à verrière, et les cabines sur 2 étages pour se changer... Bref, avant de même se mettre à l'eau, on en prend plein les yeux et on ne sait pas pourquoi, mais nager dans pareil environnement, ça rend les longueurs de piscine à enchaîner un peu moins difficiles. Accessible aux PMR.

ARKOSE CANAL

All. Verte 52
arkose.com/canal
Accès aux blocs : tous les jours, de 7h à minuit. Accès à la cantine : de 12h à 14h30 et de 19h30 à 22h30.

Arkose est une chaîne française de centre d'escalade *indoor* et dont le dernier établissement s'est récemment installé en bord de canal, mais c'est plus que ça. Bien sûr, il y a des blocs d'escalade de différentes difficultés (de débutant à confirmé) et qui sont renouvelés chaque semaine, un espace dédié aux enfants mais aussi un studio pour suivre des cours de yoga ou de Pilates et un sauna. Ce n'est pas tout : on y ajoute une zone de détente avec un bar, une cantine avec une carte qui met en avant les légumes et les produits de saison et même... un rooftop !

BRUXELLES KAYAK

Rue des Grives 53
✆ +32 494 25 94 30
www.crbk.be
Initiation et location : 10 € par personne pour 2 heures d'activités.

Du kayak à Bruxelles ? C'est possible ! Ici, on ne pagaie pas sur une rivière ardennaise mais sur le canal. Du kayak de vitesse à celui de rivière sans oublier le canoë biplace, tout est mis à disposition pour passer une bonne après-midi sportive ou même débuter une grande aventure dans le monde du canoë-kayak. Ce cercle s'adresse à tous ceux qui souhaitent faire du tourisme sportif, préparer la descente des rivières wallonnes ou faire des compétitions de slalom et de vitesse. Après le sport, le réconfort : le bar du club et sa belle terrasse. Merci Sophie !

BAINS DE LA VILLE DE BRUXELLES

Rue du Chevreuil 28
✆ +32 2 511 24 68
www.bruxelles.be/piscines
Ouvert du lundi au vendredi de 7h30 à 20h30 ; le week-end jusqu´à 19h. Entrée : 4 € (2 € : - 16 ans. Gratuit : - 3 ans).

Ces Bains millésimés des années 1950 offrent un cadre spectaculaire. Curieusement nichée au troisième étage du bâtiment, sis en plein quartier des Marolles, cette piscine de 25 mètres de long est, à elle seule, un vrai morceau d'histoire de la ville. Son entrée à prix modique et son air désuet plairont à tous les amoureux d'atmosphère à l'ancienne. Deux autres piscines publiques existent sur le territoire de la ville de Bruxelles, à Laeken et à Neder-Over-Hembeek.

CENTRE ÉQUESTRE DE LA CAMBRE

Chaussée de Waterloo 872
✆ +32 471 45 41 91
manege-lacambre.be
Venir les jours de permanence : mercredi, de 14h à 18h, samedi et dimanche, de 11h à 17h.

Des plus petits avec le poney-club, aux plus grands au Manège de la Cambre, les amoureux des équidés trouveront leur bonheur dans ce centre équestre à l'ambiance familiale en plein bois de la Cambre. Autrement dit : un cadre enchanteur pour prendre un cours particulier ou collectif. Les cours de saut d'obstacle sont également dispensés et pendant les vacances, des stages sont organisés pour les enfants et les ados. De quoi renouer avec la plus noble conquête de l'homme.

LAMBERMONT RTC

Boulevard général Wahis 1
✆ +32 2 705 70 78
www.rtclambermont.be
Club house ouvert 7j/7, horaires sur le site web. Ouvert aux non-membres. 17 € à régler au bar, résa possible en ligne.

À deux pas des Communautés européennes, le club permet de pratiquer le tennis dans un cadre agréable et une ambiance conviviale. Il dispose de six terrains en terre battue. Durant la saison d'hiver, deux structures gonflables recouvrent les terrains, permettant à de très nombreux joueurs de pratiquer leur sport favori dans d'excellentes conditions. La terrasse du Club House est très grande. Le restaurant affiche une carte simple, variée et savoureuse, à des prix démocratiques. Organisation de team buildings, anniversaires et autres activités de groupes.

PROMENADE VERTE

Plus de 60 km aux limites de Bruxelles-Capitale ont été aménagés pour permettre aux cyclistes et promeneurs de découvrir la région bruxelloise. Cette promenade traverse de nombreux parcs et espaces naturels préservés. Un vrai ressourcement au cœur de la capitale. Pour vous repérer, un balisage a été mis en place ainsi que des informations sur les sites les plus importants que vous trouverez sur votre parcours. Vous avez le choix entre des tronçons allant de 5 km à 12 km. Il y en 7 au total, assez pour vous faire revenir à Bruxelles encore, et encore.

NEMO 33

Rue de Stalle 333
✆ +32 2 332 33 34
www.nemo33.com/fr/
Ouvert tous les jours. Horaires plongée : voir sur le site Internet. Restaurant thaïlandais, terrasse.

Deuxième piscine de plongée la plus profonde du monde (33 mètres), NEMO33 est devenu un concept global basé sur la plongée sous-marine. Outre le resto thaï qui vient d'être admirablement redécoré façon fond marin & fantastique, on trouve une boutique avec un choix très complet d'objets et accessoires de plongée, quelques livres et guides sur le sujet, ainsi qu'une école de plongée renommée. Jamais à court d'idées, les nouveaux projets sont en cours comme ce concept hôtelier dans d'anciens trains de la SNCB et surtout une profonde fosse d'eau douce extérieure.

LE ROSEAU

Rue du Roseau 60
✆ +32 2 372 18 18
www.leroseau.be
Permanence du club du lundi au vendredi de 9h à 16h. Restaurant ouvert tous les jours de 9h à 23h.

Ce club vous accueille sur deux sites : le Roseau, situé au cœur d'une superbe réserve naturelle, vous ravira avec ses 16 terrains en plein air et six terrains couverts et la Smash Académie, au Diegem, séduira les enfants par la multitude d'activités proposées. Le restaurant du Roseau ouvert 7 jours sur 7 (midi et soir) offre de sa terrasse une très belle vue sur les cours. Avec Dominique et Vincent aux manettes, deux chefs aguerris, le restaurant propose une belle petite carte de classiques et de salades gourmandes, pour ceux et celles qui sont branchés *healthy*.

PISCINE VICTOR BOIN

Rue de la Perche 38
✆ +32 2 539 06 15
Horaire : voir site web. Adultes (non-Saint-Gillois) : 4,50 €, enfants : 3,50 €.

L'une des plus anciennes et plus charmantes piscines bruxelloises (1904) a rouvert en janvier 2017 après 8 mois de travaux. Le bassin est totalement étanchéifié et les systèmes de filtrages modernisés. Avec ses trois balcons et ses 260 cabines, elle exprime un charme irrésistible pour toutes les générations. Sans oublier les bains turcs, hammams, salle de massage et salle de repos, eux aussi complètement rénovés. Autre particularité et non des moindres, les dimensions inhabituelles de son bassin (33 m x 13 m), héritage indubitable d'un passé moins normalisé.

SKATEPARK DES URSULINES

Rue des Ursulines 27
Entrée libre.

Néophytes ou pros du roller, du skate et du bmx se croisent allègrement sur les longues rampes dont certaines atteignent les 45°. Le clou, c'est bien sûr le bowl et la mise en scène lumineuse le soir, qui pare l'endroit d'un halo bleu. Ce skatepark est également un lieu public convivial et ouvert à tous intégré dans le quartier et tellement urbain puisqu'il surplombe une voie ferrée. Il est pourvu de bancs, d'une fontaine d'eau potable et de petits gradins. Tellement apprécié par la jeunesse qu'on y rencontre des embouteillages aux heures de pointe !

ASPRIA ROYAL LA RASANTE €€

Rue Sombre 56 ✆ +32 2 609 19 02
www.aspria.com/fr

Accès au fitness et spa du Club. Petit déjeuner buffet (18 €) et restaurant sur place. WiFi. Chambre à partir de 101 €.

Luxueux, aéré, généreux en services divers et très bien coté, La Rasante (groupe Aspria) fait beaucoup d'émules par la qualité de ses services. Nombreux cours collectifs, salle de fitness au matériel le plus moderne, 7 courts de tennis. Ajoutez un spa avec sauna, hammam, piscine, lits à bulles, douches tropicales, fontaine de glace, salon de relaxation, massages et un restaurant. Y entrer se fait sur abonnement mais en séjournant à l'hôtel, une ancienne ferme élégamment rénovée proposant 16 chambres tout confort et au calme, vous aurez accès aux installations.

BATH & BARLEY

Rue de l'Ecuyer 34
www.bathandbarley.com/

Mercredi, 16h30-22h ; jeudi, 15h-22h ; vendredi, 13h30-22h ; samedi, 11h-22h et dimanche, 12h-21h. Tarifs : v. site web.

Un spa à la bière, ça semble être comme une évidence à Bruxelles, c'est pourtant un des rares établissements du genre. Avant de commencer, prenez un verre, choisissez votre houblon pour le bain et créez votre exfoliant pour la fin du traitement. Le temps de se changer et votre baignoire (en chêne) d'eau chaude sera remplie du houblon choisi et d'un mélange d'herbes. Faites trempette en dégustant une bière et relaxez-vous. Selon la formule réservée, vous aurez un sauna ou pas mais ne manquez pas de vous allonger dans le lit de paille. Alors, on n'est pas bien, là ?

MONSIEUR K

Rue Antoine Dansaert 115
✆ +32 2 503 55 25
www.monsieur-k.be

Ouvert du lundi au samedi de 10h à 19h.

Si la plupart des instituts proposent des soins pour hommes, ils sont souvent réduits. Ici, l'homme avec un grand H est roi. Une carte de soins très complète qui va du nettoyage de peau, en passant par des massages du corps toniques, sans oublier des soins anti-âge, bref, il y a de tout et pour tous les types de peaux et de besoins. Parce que vous aussi, vous le valez bien ! Mention spéciale aux produits utilisés et aux marques vendues sur place (Nickel, Matis Homme, Acqua Di Parma et État Libre d'Orange), divines et très difficiles à trouver à Bruxelles.

MA PETITE MAISON DE BEAUTÉ

Avenue du Silence 66
✆ +32 478 74 02 68
mapetitemaisondebeaute.be

Ouvert du lundi au vendredi de 10h à 18h et le samedi de 9h à 12h.

Dans un coin prisé de Uccle, Tania vous accueille dans son douillet salon pour prendre soin de vous des pieds à la tête, depuis la pédicure des pieds aux divers soins du visage. Et comme on est là pour se faire vraiment du bien, Tania utilise des produits de la marque Green Skincare, une marque française de produits cosmétiques bio. Épilation, manucure et massages complètent la liste des services qui incluent aussi la gentillesse et le sourire de la patronne.

SALVEA MASSAGE CENTRE

Chaussée de Wavre 214c
✆ +32 2 647 47 07
www.salveamassage.com

Ouvert du lundi au vendredi de 10h à 21h ; le samedi de 10h à 18h. Sur rendez-vous.

Le centre est spécialisé dans les différentes techniques de relaxation : suédois (huile, total, classique), aromatique (huiles essentielles), dos stressé, traditionnel thaïlandais, sportif, réflexoplantaire, acupressure (avec les pouces), aux pierres chaudes et aussi un soin adapté aux femmes enceintes. Séances de formations et ateliers organisés régulièrement. Sur place, les séances ont toujours lieu sur réservation et les couples sont les bienvenus. Et si vous rêvez de décompression au bureau, Salvea propose ses formules de massage aussi en entreprise !

SPASIBA BY MOVE TO BEAUTY

Boulevard de Waterloo 47
✆ +32 2 514 15 33
www.spasiba.be

Ouvert du lundi au vendredi de 11h à 20h ; le samedi de 10h à 20h.

En plein cœur de l'une des plus prestigieuses avenues de la capitale belge, Spasiba est un havre de bien-être niché dans le haut de la ville. Un voyage des sens. Le temps de l'énergie retrouvée, l'instant magique du souci de soi. Spasiba vous accueille dans un cadre cosy aux touches asiatiques : sauna et hammam dans l'espace spa, espace massage, soins visage et corps... À la mesure de vos sensations, à la hauteur de vos exigences, Spasiba prend soin de vous.

BELGIAN CHOCOLATE MAKERS

Rue Lebeau 11
✆ +32 2 203 92 20
Un atelier d'une durée d'une heure tous les jours (voir site Web, les heures peuvent varier). Tarif adulte : 40 €.

Cet atelier du centre-ville organise des workshops d'une heure en compagnie d'Elisabetta, la chocolatière. Après une introduction sur le chocolat belge et des petites astuces, les choses sérieuses commencent par une démonstration de tempérage du chocolat sur une plaque de marbre. On vous promet que vous, vous ne resterez pas de marbre devant le spectacle du chocolat fondu ! Enfin, c'est à vous de confectionner vos mendiants, truffes, barres chocolatées. Laissez parler vos envies. Ensuite, vos œuvres seront emballées... à moins que vous ne les mangiez avant !

FAIS-LE TOI-MÊME

Rue Américaine 11
https://faisletoimeme.be/
Voir le site Web pour l'agenda des ateliers.

FLTM, c'est d'abord un espace qui rassemble des artisans, des créateurs et entrepreneurs impliqués dans la transition écologique et l'économie durable : design, tricot, illustration, compostage, bijoux..., mais ce lieu de création est aussi un lieu de partage puisque plusieurs ateliers sont organisés par semaine, toujours dans la même optique du durable : réaliser des vitraux ou vos propres savons, s'initier à l'upcycling (ateliers pour adulte et enfants)..., les possibilités sont nombreuses. Découvrez votre potentiel créatif en participant à un cercle vertueux !

C.RAMIC ART CAFÉ

Rue Lesbroussart 112 ✆ +32 2 648 48 72
www.cramic.be
Mercredi de 14h à 19h ; jeudi de 14h à 23h ; vendredi de 14h à 19h ; le week-end de 10h à 18h. Réservation souhaitée.

Créez en famille ou entre amis au C. RAMIC Art Café, lieu de détente où vous aiguiserez vos talents artistiques cachés ou confirmés. L'adresse propose un atelier voué à l'art de la céramique sous l'œil avisé de professionnels. D'un côté, 250 articles en céramique, un choix de pochoirs, de la peinture et un four pour réaliser votre petite œuvre. Une façon originale de personnaliser vos services de table ou de faire un cadeau peu commun. De l'autre côté, profitez d'une pause gourmande pour vous régaler avec les douceurs « maison ». Réservation fortement conseillée.

PLANÉTARIUM DE BRUXELLES

Avenue de Bouchout 10 ✆ +32 2 474 70 50
http://planetarium.be
Ouvert du lundi au vendredi de 9h à 17h ; le week-end et les jours fériés de 10h à 17h. Entrée : 8 €. Enfant : 6 €.

Le planétarium a le mérite de faire cohabiter deux technologies de projection sur son dôme : classique avec un projecteur Zeiss optique et numérique avec un simulateur dédié. Intérêt de ce double procédé : afficher une voûte céleste au rendu naturel avec des étoiles ponctuelles réalistes, tout en permettant de projeter des images de synthèse et autres animations préprogrammées. Les séances s'adaptent à tous les publics (avant 6 ans) avec des contes réussis (durée 30 min) ou des films beaucoup plus pointus : système solaire, univers, conquête spatiale.

LA CUISINE DE FLORE

Rue du Berger 45
✆ +32 472 01 44 86
www.lacuisinedeflore.com
Voir l'agenda des ateliers sur le site Web.

Flore Pincemin a suivi une formation professionnelle au Ritz à Paris. Elle ose toutes les audaces chaque semaine : sushi, mezze libanais, cupcakes... Des cours de cuisine, d'œnologie, des cours pour ou avec ses enfants ; cours du matin, du soir, à emporter ou thématique : les possibilités sont nombreuses ! Le petit plus, de quoi ravir tous les expatriés de la capitale : cuisiner dans la langue de Shakespeare. Les dégustations de fin de cours sont idéales pour discuter gastronomie avec les autres apprentis chef, tout en convivialité.

SCHLEIPER

Chaussée de Charleroi 149-151
✆ +32 2 541 05 41
www.schleiper.com
Ouvert du lundi au samedi de 10h à 18h30.

On se rend chez Schleiper pour trouver tout ce que l'on ne trouve pas ailleurs en matière d'articles de papeterie ou artistique. Bricoleurs amateurs, artistes professionnels et étudiants en graphisme s'y approvisionnent en peintures, chevalets et tout le matériel adéquat. Pour les kids, figurines en pâte à modeler, masques, peinture au pochoir et d'autres idées d'activités manuelles y sont disponibles. Schleiper dispose de deux autres adresses bruxelloises à Etterbeek (rue de l'Etang 63 et 75 à proximité de la place Jourdan) à la clientèle plus ciblée.

SORTIR

D'abord, les concerts ! Bruxelles est une bouillonnante cité culturelle où la programmation est riche et éclectique. Le Botanique, l'Ancienne Belgique ou Forest National en organisent beaucoup, mais les salles sont tellement nombreuses qu'il faut vraiment consulter l'agenda avant de venir et réserver sa place. Les cinémas et théâtres sont aussi accessibles pour les Français, la ville est majoritairement francophone donc, pas de barrière de la langue et là encore, la scène alternative est florissante comme aux Halles de Schaerbeek. Pour les fêtards, clubbers jusqu'au matin, évidemment, la palette des clubs est large. Des grandes boites à techno comme le C12 ou le Bloody Louis, plus électrique mais tout aussi pointu, en passant par les clubs confidentiels ou les squats underground, très alternatifs même, comme le Magasin 4, Recyclart ou le Cabaret Mademoiselle. Vous verrez que la réputation de fêtards des Belges n'est pas usurpée.

SORTIR

HORAIRES

Les discothèques ferment le plus souvent à l'aube. Les représentations théâtrales et les spectacles, séances de cinéma ou concerts commencent, à l'inverse, tôt et surtout à l'heure.

BUDGET / BONS PLANS

- Le bon plan pour des places de spectacles à tarif réduit, c'est Arsene 50. Jusqu'à 50 % de réduction sur les tickets de pièces de théâtre, concerts, etc. ayant lieu le jour même. Réservez en ligne ou RV du lundi au samedi chez Visit Brussels, place Royale, avant 17h30 : https://www.visit.brussels/fr/visitors/agenda/all-events-wizard?eventTickets=arsene50.
- Vous sortez en boîte ? Un petit pourboire au videur est généralement bien vu.

A RÉSERVER

Si une star des platines vient mixer, si une pièce à succès se joue ou si le lieu est de petite taille, nous vous recommandons de réserver votre ticket à l'avance. Ils peuvent partir vite.

TRANSPORTS NOCTURNES

Le réseau de bus STIB de nuit Noctis dessert différents quartiers (www.stib-mivb.be). Il existe des véhicules Uber et Heetch pour plus de confort. Rentrer en taxi, à pied ou à vélo ne pose pas de problème particulier.

A PARTIR DE QUEL ÂGE

L'âge légal pour entrer dans les clubs et discothèques est 16 ans à Bruxelles comme partout ailleurs en Belgique.

C'EST TRÈS LOCAL

- Prévoyez de la monnaie pour les toilettes. Une madame ou monsieur pipi veille souvent à leur propreté et le paiement (entre 50 centimes et un euro en général) se fait en liquide.

LES PHRASES CLÉS

Bonsoir, comment puis-je me rendre à…
Goedenavond, hoe ga ik naar…?

Est ce que cet endroit est tranquille ? Il n'y a pas de problème de sécurité ?
Is dit een rustige plek? Zijn er geen veiligheidsproblemen?

J'aimerais voir un spectacle typique ! Qu'est-ce qu'il y a en ce moment ?
Ik zou graag een typische show willen zien! Wat is er op dit moment?

Je ne comprends pas… pouvez-vous répéter s'il vous plait ? Merci.
Ik begrijp het niet… kunt u het herhalen alstublieft? Bedankt.

Est-ce que je peux vous offrir un verre ? Quel est le meilleur cocktail de la maison ?
Kan ik u wat te drinken aanbieden? Wat is de beste cocktail van het huis?

J'ai la gueule de bois, auriez-vous quelque chose pour que j'aille mieux ?
Ik heb een kater, heb je iets waardoor ik me beter zal voelen?

LE BELGICA

Rue du Marché-au-Charbon 32
✆ +32 2 514 03 24
www.lebelgica.be
Ouvert du mercredi au dimanche de 18h à 1h, jusqu'à 3h le vendredi et le samedi.

Depuis les années 1980, et toujours sous le même propriétaire, le Belgica ambiance le quartier gay de Bruxelles. Sous ses airs de vieux café, se cache en fait un discobar où le public majoritairement homo, mais pas que, vient se mettre dans l'ambiance aux sons du DJ de la soirée, souvent avant d'aller ailleurs plus tard. Convivial, chaleureux et surchauffé quand il y a du monde, on ne peut en tout cas pas passer à côté de la spécialité de la maison le... Belgica, une boisson citronnée servie semi-glacée. Ça remet les esprits en place pour continuer la fête !

LA CABANE

Chaussée de la Hulpe 182
www.lacabane.club
Ouvre le samedi de 23h à 6h. Agenda : voir site Web ou page Facebook.

Qui l'eût cru ? Un club s'est installé à Boitsfort ! Baptisée La Cabane, ce club est en effet une grande structure en bois divisée en 3 espaces : un bar intimiste, une terrasse style bohème pour prendre le frais et bien entendu, un espace clubbing d'une capacité de 300 personnes. Une boîte à taille humaine pour les standards belges. Les jeux de lumière ont été pensés par les Parisiens d'AC3 Studio. Le plafond est recouvert de morceaux de bois suspendus qui reflètent la lumière. Original en diable. Côté musique, c'est la techno qui a les préférences de la maison.

BLOODY LOUIS

Avenue Louise 32
www.bloodylouis.be
Le vendredi et samedi soir jusqu'au matin. Voir site Web pour soirées additionnelles et artistes/DJ's présents.

Caché dans les entrailles des Galeries Louise, le Bloody s'est fait un nom en quelques années d'existence. Son créneau n'est pas les musiques électroniques (quoique) mais bien les musiques urbaines (hip-hop, RnB, etc.), le courant musical dominant en cette troisième décennie du XXIe siècle. C'est là qu'il faut aller pour découvrir des artistes émergents mais aussi, des artistes confirmés, voire d'énormes stars comme Drake, Damso, Migos, Major Lazer, etc. qui y sont déjà passés pour y jouer ou pour y organiser une after-party. Bref, une référence dans le genre.

DALI'S BAR

Petite Rue des Bouchers 35
✆ +32 2 511 54 67
Ouvert le vendredi et le samedi de 22h à 5h. Sauf soirées spéciales.

Bien caché au fond d'une impasse en plein centre de Bruxelles, au cœur de l'Ilot Sacré, le Dali's Bar est un des plus anciens bars musicaux de la ville. Les DJ internationaux s'y succèdent d'un week-end à l'autre. Possibilité de se déhancher toute la nuit sur des rythmes endiablés. Des fauteuils rouges en forme de lèvres pulpeuses et autres reproductions accueillent ceux qui préfèrent s'installer tranquillement pour siroter un de ces cocktails explosifs qui donnent un coup de fouet aux débuts de soirées ou aux fins de nuits.

C12

Rue du Marché Aux Herbes 116
https://c12space.com/
Soirées tous les vendredis et samedis. Voir site Web pour les horaires.

Fan de musique électro ? Ce club est fait pour vous une boîte de nuit dans laquelle règnent liberté et ouverture d'esprit et où se mélangent art et musique. Le leitmotiv du C12 ? Ce lieu est à tous, sans aucune discrimination. Tous sont bienvenus pour danser aux sons de divers artistes alternatifs plus ou moins connus du moment. Quand on visite les lieux, on est tout de suite frappés par la sobriété et le côté sombre très berlinois que lui ont donné les concepteurs. Événements disponibles sur leur site Internet ou sur leur page Facebook.

LE FUSE

Rue Blaes 208
✆ +32 2 511 97 89
www.fuse.be
Ouvert le vendredi et le samedi de 23h à 7h. Consulter le site web si réouverture après fermeture temporaire.

Depuis 29 ans, voici l'adresse incontournable de l'électro/house. On y va donc essentiellement pour se laisser emporter par celle-ci, le samedi, jusqu'à 7h du matin. Ce club a d'ailleurs invité de nombreux DJ's internationaux dès ses débuts, en 1994, et est ainsi devenu légendaire tant en Belgique qu'à l'étranger. Ajouter à ce cocktail déjà bien épicé, l'organisation régulière des soirées gay de La Démence. Cocktail en danger puisqu'au moment où nous écrivons ces lignes, le Fuse a été contraint de fermer (temporairement ?) à cause d'un problème de voisinage.

LES JEUX D'HIVER

Chemin du Croquet 1
✆ +32 2 649 08 64
www.jeuxdhiver.be
Ouvert du jeudi au samedi de 18h30 à 5h.

Les Jeux d'Hiver situés dans le Bois de la Cambre, est une institution à Uccle. Le lieu est fréquenté par un public BCBG où les portiers n'hésitent pas à recaler ceux qui ne correspondent pas à telle exigence. D'autre part, ceux désireux de trouver une boîte où l'on danse jusqu'au bout de la nuit risquent d'être déçus car les Jeux ne sont fréquentés que par un public qui danse très peu et toujours sur une musique commerciale. On profite d'un cadre délassant où le DJ anime l'apéro et le dîner. Car on y mange aussi, une cuisine classique mâtinée d'accents du monde.

MADAME MOUSTACHE

Quai au Bois à Brûler 5-7
✆ +32 489 73 99 12
www.madamemoustache.be
Ouvert du jeudi au samedi de 14h à 5h (voir la page Facebook pour les évènements).

Dans le centre, à deux pas de la place Sainte-Catherine, Madame Moustache a construit sa réputation entre le « branché » et le « convivial ». En uniforme de matelots, les serveurs reflètent bien l'esprit fête foraine des lieux. Deux dynamiques s'offrent à vous : les concerts et les soirées. La programmation est très large est change selon les jours de la semaine : rock, électro, disco, 80's, swing... Mais voilà, suite à un incendie, il est en cours de rénovation et rouvrira en 2023. Le décor aura sans doute changé mais pas l'esprit. Laissez-vous surprendre.

MIRANO CONTINENTAL

Chaussée de Louvain 38
www.mirano.be
Agenda : voir le site Web mais ouvert en général le vendredi et le samedi soir jusqu'au matin.

La boîte mythique des années 1980, ce beau lieu brillant de tous ses feux est de retour sur les scènes nocturnes de la ville. Le Mirano a rouvert en 2019 après des travaux délicats, le bâtiment étant classé. Tel un phénix, il a survécu aussi à la fermeture en 2020 et 2021. Selon les intentions du propriétaire, Jérôme Blanchard, les soirées éléctro sont le vendredi et hip-hop le samedi, mais ce n'est pas exclusif. Mieux vaut vérifier l'agenda et surtout, ne boudons pas le plaisir de retrouver cette icône des nuits bruxelloises !

RECYCLART

Rue de Manchester 15
✆ +32 2 502 57 34
www.recyclart.be
Soirées organisées (voir site Web). Resto ouvert du mercredi au vendredi le midi et le mardi soir. Bar de 10h à 17h.

C'est avant tout un centre culturel, mais le Recyclart propose aussi des soirées *underground* décalées. Celles-ci attirent autant les punks et les squatters du quartier que les artistes, les fans d'électro, de ragga ou de drum'n bass. Les lieux abritent aussi Fabrik, un espace de production artisanale basé sur un programme de transition professionnelle pour travailleurs peu qualifiés (menuiserie et en éléments de ferronnerie). Un bar et resto 100 % vegan complète les lieux de belle manière : éthique et sain, loin de l'industrie agro-alimentaire.

SPIRITO BRUSSELS

Rue de Stassart 18
✆ +32 483 58 06 97
spiritobrussels.com
Ouvert du mercredi au samedi de 21h à 4h.

Le Spirito est un temple de la nuit bruxelloise, aménagé dans une église anglicane désacralisée. Le lieu est unique autant par la qualité de son décor que par l'ambiance qui y règne. La structure a été conservée, les platines du DJ ont pris la place de l'autel, un lustre immense a été installé mais ça ne s'explique pas, il faut aller voir ! La clientèle est de niveau assez relevé, ce qui est dû à la sélection stricte qui s'y fait à l'entrée. Le Spirito dispose d'un immense *dance floor* autour duquel gravitent de petits coins *lounge* de relaxation et différents bars.

VELVET SIXTY NINE

Chaussée de Louvain 24
www.velvet69.be
Voir site Web pour l'agenda des soirées.

Tous les deux mois, les soirées Velvet Sixty Nine accueillent les filles qui aiment les filles et qui ont envie de faire la fête. Il s'agit rien de moins que les plus grandes soirées uniquement dédiées aux femmes de Belgique. Après la longue pause due à la crise sanitaires, le Velvet revient cette année dans une salle mythique : le Claridge (en face du nom moins mythique Mirano). Au menu : d'excellents DJ's, et du fun ! Pour prolonger l'expérience, le Velvet s'exporte à Ibiza pendant quelques jours chaque année pour le même concept, mais sous le soleil !

LE 140

Avenue Eugène Plasky 140
✆ +32 2 733 97 08
www.le140.be
Billetterie en ligne.

Un lieu, une atmosphère, presque une légende ! Toujours à l'affût, de nouvelles découvertes internationales en matière de spectacles contemporains (théâtre, danse, musique), Le 140 est une salle de spectacles reconnue pour l'audace de ses programmations. Les plus grands noms de la scène artistique internationale s'y sont produits. Le théâtre a été précurseur pour des spectacles surprenants, novateurs ou irrévérencieux. La convivialité n'y est pas un vain mot, le public comme les artistes ont toujours l'habitude de se rencontrer au bar du théâtre.

BEURSSCHOUWBURG

Rue Auguste-Orts 20-28
✆ +32 2 550 03 50
www.beursschouwburg.be
Voir infos sur le site Internet.

Théâtre flamand à l'origine, le Beurs a progressivement diversifié ses activités dans un esprit d'ouverture multiculturelle. Jusqu'à devenir un incontournable de la création contemporaine à Bruxelles. On y organise très souvent des concerts, souvent d'artistes émergents, des expositions et autres activités artistiques. La musique est omniprésente au bar, avec régulièrement des sets DJ et concerts pointus. À la belle saison, le rooftop offre une chouette alternative au bar du rez-de-chaussée. Public à tendance plutôt artistico-intellectuelle.

L'ANCIENNE BELGIQUE

Boulevard Anspach 110
✆ +32 2 548 24 84
www.abconcerts.be
Voir site Web pour l'agenda des concerts.

Jadis, on a pu voir Brel dans ce temple pop-rock de la musique. Aujourd'hui, on écoute des stars qui souhaitent encore se produire dans un endroit à dimension humaine ou de jeunes talents belges, de la chanson française ou de la *World Music*. D'une capacité de 2 000 personnes debout, la salle est modulable et s'adapte aux styles de musique. Lors des concerts plus tranquilles, on pourra s'asseoir sur les gradins. Montez à l'étage, vous découvrirez l'AB Box à l'ambiance intimiste. Visant surtout un public jeune, l'AB s'arrange pour terminer les concerts à 22h30.

LE BOTANIQUE

Rue Royale 236
✆ +32 2 218 37 32
www.botanique.be
Voir le site Web pour l'agenda des évènements.

Perché au-dessus du Jardin Botanique, le Bota est une des grandes salles de concert de la ville. En fait, il y en même 3 : l'Orangerie, qui est la salle principale, la Rotonde, qui par sa taille modeste, rapproche le public des artistes qui s'y produisent, et le Witloof Bar, à la cave, et qui convient pour les concerts intimistes. Le Bota est connu pour la qualité de ses line-ups et pour son festival des Nuits Botaniques, chaque année en mai, un des gros événements musicaux de l'année. Aussi espaces d'exposition de qualité et un joli bar avec vue sur le parc.

ATELIER 210

Chaussée Saint-Pierre 210
✆ +32 2 732 16 39
www.atelier210.be
Tarif à partir de 15 €. Abonnements pour 3 ou 5 spectacles ou illimité (saison).

Un petit coin loufoque où l'on ne s'ennuie jamais. La liste des concerts s'est allongée au fil du temps et est passée de trente à cinquante. De plus, les collaborations avec d'autres structures continuent avec notamment le Kunstenfestivaldesarts et le KVS. Si vous n'avez jamais assisté au concert d'un dahu, à un festival entièrement consacré au podcast ou discuté de la cosmogonie grecque, tous au programme 2021-2022, c'est peut-être le bon moment pour découvrir cet Atelier 210 qui n'a pas fini d'étonner ses spectateurs, même les plus avertis.

BOZAR

Rue Ravenstein 23
✆ +32 2 507 82 00
www.bozar.be
Ouvert du mardi au dimanche de 10h à 18h. Consultez le site Internet pour plus d'informations sur les concerts.

Édifié en 1928 par Victor Horta, ce bâtiment est devenu un haut lieu de la vie culturelle et artistique bruxelloise. Il est constitué d'un réseau de salles d'exposition, de salles de spectacle et de la salle Henri Le Bœuf, salle de concert de 2 200 places auquel viennent se greffer de nouvelles salles multimédia. Le palais des Beaux-Arts accueille d'innombrables activités culturelles et artistiques de niveau international : musique, expositions, théâtre, danse. C'est là que se déroule le concours de musique classique Reine Elisabeth.

LES BRIGITTINES

Petite Rue des Brigittines 1
✆ +32 2 213 86 10
www.brigittines.be
Abonnements «mini», «midi» et «maxi», soit pour 3, 6 et 9 spectacles. Ticket : 14 €.

Logé dans une chapelle baroque du XVIIe siècle, ce centre d'art contemporain présente une programmation éclectique où danse, théâtre et arts plastiques jouent les premiers rôles. Le lieu a une programmation irrégulière, mais il permet d'avoir une idée des nouvelles tendances. Bar ouvert à partir de 18h les soirs de spectacle et restauration possible (plat du jour ou assortiment de fromages, de charcuteries ou végan), de préférence sur réservation. À ne pas confondre avec l'enseigne éponyme, le restaurant Les Brigittines installé depuis des lustres à quelques pas.

CABARET MADEMOISELLE

Rue du Marché au Charbon 53
www.cabaretmademoiselle.be
Voir le site web pour les dates et heures des spectacles.

Ce jeune cabaret bruxellois accueille un public et des spectacles très variés. Entre les shows de drag queens et de drag kings, le burlesque, le boylesque, la pole dance, le cirque, etc. L'espace du Cabaret Mademoiselle se prête aussi bien aux spectacles grâce à sa scène, vue de toute la salle, qu'à boire un verre et rencontrer les artistes grâce à son bar. C'est d'ailleurs un de ses atouts, le public est chaleureusement accueilli par les interprètes dès sa venue. On y rencontre tout type de personne, jeune et plus âgée, hétéro ou gay, trans, habituée ou non.

CAFÉ BONNEFOOI

Rue des Pierres 8
www.bonnefooi.be
Ouvert le mercredi et le samedi de 20h à 4h ; du jeudi au samedi de 20h à 8h.

Le Bonnefooi (« au petit bonheur la chance », soit « par pur hasard » en dialecte local…) se définit comme un café musical. S'y succèdent DJ's et *live music* gratuitement et pour le plus grand plaisir d'un public jeune ! Les artistes locaux de tout poil performent et de nombreuses pointures internationales y ont également fait un passage remarqué. Cadre enchanteur et musique enivrante de tous types (électronique, jazz..)…, ouvert jusqu'à 8h du matin, le week-end ! À l'étage, possibilité de privatisation entière (50 pers. minimum) ou de réserver quelques tables.

CINÉMA AVENTURE

Rue des Fripiers 15-17
✆ +32 2 219 92 02
www.cinema-aventure.be
Programmation : voir site Web.

On va au cinéma Aventure pour des 2es visions, des films d'auteur, des découvertes ou tout simplement des projections plus qualitatives que dans les usines à manger du pop-corn en seau. Trois salles diffusent cinq séances par jour, tous les jours de l'année. Le cinéma se distingue aussi pour le confort de ses sièges, l'espace pour les jambes et ses salles aux couleurs affirmées avec *love seats* – des sièges pour deux – ou ses sièges prestige. Possibilité de réserver sa séance en ligne et de privatisation d'une ou plusieurs salles.

FLAGEY HALL

Place Sainte-Croix
✆ +32 2 641 10 20
www.flagey.be
Billetterie ouverte du mardi au vendredi de 12h à 17h et une heure avant chaque activité, y compris les autres jours.

Ce bâtiment prestigieux de l'époque de la radio-télévision est intégralement voué à la musique et à l'image. Flagey se veut point de rencontres et carrefour de différentes disciplines artistiques dans un esprit de dialogue, de découverte et de création. Une maison où jazz, musique traditionnelle, classique et contemporaine peuvent résonner mais où une place de choix est aussi faite au cinéma et à la vidéo. Par les qualités acoustiques exceptionnelles de ses salles et par sa programmation, Flagey représente un pilier essentiel du paysage culturel belge.

FOREST NATIONAL

Avenue Victor-Rousseau 208
✆ +32 2 340 21 23
www.forestnational.be
Voir le site Web pour l'agenda des concerts et spectacles.

Forest National est la deuxième plus grande salle de spectacle de la capitale (après le Palais 12 du Heysel) avec une capacité d'environ 8 400 places. Chaque année, elle accueille les stars françaises et internationales les plus en vogue. Des Stones à U2 en passant par Bob Marley, Queen, Sardou ou encore Johnny Hallyday et Stromae, tous sont passés et souvent repassés par Forest National. Certains artistes apprécient d'ailleurs d'y enregistrer leurs albums live. Depuis 1971, Forest est devenue mythique et compte plus de 3 000 concerts et spectacles.

HALLES DE SCHAERBEEK

Rue Royale-Sainte-Marie 22
✆ +32 2 218 21 07
www.halles.be
Billetterie du mardi au vendredi de 14h à 18h. Réservations souhaitées, tarif des billets achetés le jour même majoré.

L'ancien marché couvert Sainte-Marie, datant du XIXe siècle, est devenu une invitation à l'interdisciplinarité des arts, un engagement vers un dialogue sur le monde contemporain, proposant un échange intergénérationnel. Les Halles de Schaerbeek incarnent ainsi la réaffectation d'un lieu industriel en structure culturelle. Implantées dans un quartier métissé, les Halles se veulent acteur et co-auteur d'une meilleure cohésion sociale, celle de leur quartier. Danse, cirque, théâtre, littérature… les arts s'y répondent, le tout en regard du monde.

KINGS OF COMEDY CLUB

chaussee de Boondael 489
✆ +32 2 649 99 30
www.kocc.be
Infos complètes sur les spectacles et tarifs : voir site Internet.

Le Kings of Comedy Club est un café-théâtre à l'ambiance club new-yorkais d'un style inusité en Belgique. Les shows mettent en avant des artistes renommés ou amateurs avec une thématique commune : l'humour. L'entrée très démocratique permet à chacun d'y faire ses propres (re) découvertes. Le tout est agencé afin de manger un bout ou boire un coup à proximité des artistes : une façon de rendre l'ambiance cosy et le spectacle vivant ! Pas de scène lointaine ou de loges, on partage le même lieu de vie. Réservations indispensables.

MAGASIN 4

Avenue du port 51 B
✆ +32 2 223 34 74
https://www.magasin4.be/
Voir le site Web pour l'agenda des concerts et soirées.

IN-CRE-VA-BLE et toujours aussi rebelle, le Magasin 4 continue de hisser haut l'étendard des musiques alternatives : punk, ska, funk, hardcore, experimental… Depuis 1994, quand ils étaient au 4 de la rue du Magasin, ils font du bruit. À la fois club et salle de concert, le concept est pour le moment logé dans des anciens entrepôts du Port de Bruxelles et le lieu lui va bien, même s'ils devront encore déménager dans une implantation définitive dans quelque temps. Aka Moon, Babylon Circus ou encore Lofofora ont survécu à son ambiance surchauffée.

L'OS À MOELLE

Avenue Emile Max 153 ✆ +32 475 71 55 97
www.osamoelle.be
Ouvert en général mardi et du jeudi au samedi de 19h30 à 23h30. Consultez le site Internet pour connaître le programme.

Depuis 1960… c'est autant un lieu d'Histoire qu'un cabaret. Sa programmation est très variée et la cave se transforme en salle de soirées dansantes (Rock à l'Os, soirées burlesques « version cabaret parisien » chaque trimestre, tous genres, *swing*…), en salle de concerts (mention les mardis « jazz » une fois par mois et leur festival de 3 jours organisé en janvier), en salle de théâtre (humoristes renommés et inconnus, improvisation, créations théâtrales…), et en salle de jeux (quiz musique et cinéma). On mange aussi à l'Os à Moelle, vous l'auriez deviné !

SOUNDS JAZZ CLUB

Rue de la Tulipe 28
✆ +32 2 512 92 50
www.soundsjazzclub.be
Ouvert du mercredi au samedi de 18h à 2h.

C'est le doyen des clubs de jazz bruxellois et sa notoriété n'est plus à faire. Depuis 1986, les meilleurs *jazzmen* belges et internationaux, mais aussi des amateurs et stars en devenir, s'y succèdent. Après 34 ans de bons et loyaux services, Sergio et Rosy, les anciens patrons, ont passé la main à Paul-Emile, Joachim, Fanny and Manu qui ont tenu à marquer le caractère «politique» du jazz avec l'association Buen Vivir. Le Sounds ouvre ses portes en journée (et certains soirs) en version «Resist» où l'on peut venir manger, discuter, organiser des évènements…

THE JAZZ STATION

Chaussée de Louvain 193A
✆ +32 2 733 13 78
www.jazzstation.be
Ouvert du mercredi au samedi de 11h à 19h. Terrasse.

Foyer culturel, incontournable haut lieu musical, la Jazz Station se veut un lieu unique consacré au jazz, établie dans une ancienne gare entièrement restaurée.Les mélomanes avertis sont autant comblés que les curieux. Cours d'histoire et de compréhension du jazz, répétitions publiques et expositions, concerts de jazz les mardis, mercredis et les jeudis (2 sets de 4 minutes), club de jazz, petite restauration et bar sont autant d'attraits pour cet espace fédérateur et convivial, qui est également le refuge volontaire des Soirs d'Hortense, un mercredi par mois.

THÉÂTRE DE LA MONNAIE

Place de la Monnaie
✆ +32 70 23 39 39
www.lamonnaie.be
Billetterie du mardi au vendredi de 12h à 18h et le samedi de 11h à 18h et à partir d'1 heure avant le spectacle.

Fleuron culturel, l'Opéra de La Monnaie est l'un des plus appréciés d'Europe. En parfaite concordance avec le prestige de son bâtiment principal et à l'arrière de celui-ci, on retrouve le théâtre avec une programmation pointue et contemporaine. Elle est destinée aux ados qui profitent de séances d'informations spécifiques, visites d'ateliers et représentations particulières adaptées. Des visites des lieux sont organisées les samedis midi. On dit que c'est suite à un opéra en 1830 que les Belges ont fait « leur révolution » pour l'indépendance de la Belgique.

THÉÂTRE MARNI

Rue de Vergnies 25
✆ +32 2 639 09 80
www.theatremarni.com
Billetterie et bar-bistro ouverts une heure avant le début de la représentation. Agenda des spectacles : voir site Web.

Expositions, concerts, cabinet de réflexions et spectacles sont au programme de ce lieu multiculturel. À deux pas de la place Flagey, le théâtre se dédie aux plaisirs de l'esprit et de la bouche. Au Bar du Marni, le spectacle est associé à un restaurant du quartier pour prolonger dans l'assiette une expérience métissée (Luka, le Patio, Wok Minute... et on en oublie !). Une idée sympa pour attirer les épicuriens de tous bords. Le Marni c'est aussi de la danse, du jazz, des concerts, des spectacles pour les enfants. Pas le temps de s'y ennuyer !

THÉÂTRE DE POCHE

Chemin du Gymnase 1A
✆ +32 2 649 17 27
www.poche.be
Ouvert du mardi au samedi. Bar et guichet ouvert à partir de 19h30 (18h30 le mercredi). Horaires : voir site Internet.

Niché au cœur du bois de la Cambre, le Théâtre de Poche réveille la conscience politique et sociale de ses spectateurs. Par temps d'hiver, passez-y donc prendre un verre, assis au coin du feu. Délicieux moment. Nombreuses dispositions pour personnes en situation de handicap tandis qu'une attention particulière est portée sur le public plus jeune, histoire de former leur pensée. Le Théâtre de Poche est à l'initiative de la culture pour tous, avec l'accès facilité aux «articles 27». La programmation est, forcément, elle aussi engagée.

THÉÂTRE TOISON D'OR

Galerie de la Toison d'Or 396-398
✆ +32 2 510 0 510
www.ttotheatre.com
Réservation par téléphone ou en ligne. Du mercredi au samedi à 19h45. Les représentations commencent à 20h30. Bar.

L'un des plus sympathiques théâtres de la capitale, sans prise dans le registre de la dérision « à la belge », la comédie, de la plus légère à la plus grinçante, y est donc la reine. Le PASS TTO permet 4, 6 ou 10 représentations au choix, à utiliser pour une ou plusieurs personnes. Repensé, l'espace ResTTo revisite le dürum et le décline farci à toutes les envies ou presque. Attention, la réservation est souhaitée et le resto ouvre à 18h30. Différentes formules permettent de combiner «rire» et anniversaire, team building ou plus simplement, bulles et repas.

THÉÂTRE DE TOONE

Rue du Marché-aux-Herbes 66
✆ +32 2 511 71 37
www.toone.be
Jeu., ven. et sam : 20h30. Sam. également à 16h. Entrée : 15 €. Étudiants et seniors : 10 €. Réservation obligatoire.

La tradition des spectacles de marionnettes date de l'interdiction, au XVIIe siècle, des théâtres en langue néerlandaise, dont les pièces déplaisaient au pouvoir espagnol. Le spectacle, réduit à ses acteurs miniatures, dérisoires et sarcastiques, se donnait alors dans les caves. Le Théâtre de Toone s'attache à faire vivre l'esprit des théâtres de marionnettes d'autrefois, populaires dans les anciens Pays-Bas. Les pièces sont désormais dites dans un français émaillé d'expressions bruxelloises, le tout restant compréhensible pour les francophones.

TICKETS LAST MINUTE

Rue Royale 2
✆ +32 2 563 61 63
Vente des places à la billetterie du BIP ou en ligne. Ouvert tous les jours de 12h30 à 17h30.

Véritable concentré d'informations sur les activités culturelles programmées dans la capitale tout au long de l'année, tous secteurs confondus. Théâtre, cinéma, festivals, concerts, danse contemporaine, cirque... Tickets Last Minute offre un accès encore plus démocratique à la culture bruxelloise. Un système de dernière minute propose des billets à 50 % pour tous ces types d'événements, pour peu que l'on se rende à la billetterie ou sur leur site. La réduction est accordée directement puisque les lieux proposent un nombre précis de places pour les clients TLM.

INTERVIEW

KARAFUN, LE FUN EN CHANSON

EN AVANT, LA MUSIQUE !

Non, le karaoké n'est pas mort, loin de là et le KaraFun Bruxelles en propose une expérience débridée. KaraFun est à la base un éditeur de musique spécialisé dans le karaoké et qui un jour s'est dit : « Pourquoi ne pas ouvrir nos propres établissements ? ». Celui de Bruxelles est le deuxième de la franchise. Géré par la pétillante Magali Benarrosch, elle est à la tête d'une jeune équipe qui sait mettre l'ambiance. Dès l'accueil, le staff saura vous mettre à l'aise pour que vous vous lâchiez et passiez une bonne soirée.

L'expérience commence au bar-lounge, joliment coloré. On peut attendre son tour en sirotant un cocktail ou un grignotant un snack avant le grand show, sous les paillettes lumineuses de l'énorme boule à facettes qui trône au-dessus du bar.

KaraFun propose sur 2 étages pas moins de 12 salles différentes pouvant accueillir de 2 à 30 personnes. Toutes ont une déco personnalisée : la « Goldy » tout en or, la « Battle » qui représente un terrain de basket, les rideaux rouges en velours et la barre de pompier de la « Pole Dance » ou encore la « Seventies » et son papier peint d'époque…

Toutes sont néanmoins super équipées avec une tablette pour sélectionner ses chansons dans l'impressionnant catalogue que possède KaraFun mais aussi pour contrôler le son et le jeu de lumières sans compter… une machine à fumée. De quoi se croire sur une vraie scène en plein concert ! Et pour immortaliser le moment, vous pourrez même prendre des photos de vos performances depuis la caméra intégrée. Les plus grandes ont la chance d'avoir une boule à facettes. Vous pourrez également commander depuis la salle de quoi boire et manger.

Alors allez-y, laisser ressortir la Céline, la Mariah, le Elton ou le Jean-Jacques qui est en vous. Que se soit entre potes, en famille ou entre collègues pour un afterwork de folie, KaraFun vous aidera à lâcher prise et à briller de mille feux.

KARAFUN BAR BRUXELLES

Rue de la Vierge Noire, 10

✆ +32 2 315 88 77 - www.karafunbar.com

© DR

© DR

© DR

KARAFUN BAR BRUXELLES

Rue de la Vierge Noire, 10
✆ +32 2 315 88 77 - www.karafunbar.com
Ouvert du mardi au jeudi de 18h à 1h, jusqu'à 3h le vendredi ; le samedi de 15h à 3h et le dimanche de 15h à 22h.

Envie de pousser la chansonnette entre amis (voire même collègues) ? KaraFun met à votre disposition pas moins de 12 salles qui peuvent accueillir de 2 à 30 personnes, toutes différentes (on craque pour la *Seventies*), aussi délirantes les unes que les autres. Elles sont toutes équipées de deux micros, d'une tablette pour choisir ses chansons parmi les dizaines de milliers à disposition, contrôler le son et les jeux de lumière. Il y a même un fumigène dans certaines salles et bien entendu, les boules à facettes et le service boissons en salle. Que du fun !

ESCAPE RUSH

Rue de l'Automne 30
✆ +32 2 219 34 20
escaperush.com
Ouvert tous les jours de 9 à 22h. Entrée : 45 € (tarif maximal par personne (3 personnes au minimum).

Tout simplement le plus grand espace d'escape game de la ville ! Poussez la porte de ce magasin de tailleur anglais (clin d'œil à *Kingsman* ?) et recevez vos ordres de mission. Vous êtes des agents de Lord Ravenswood, à la tête d'un réseau secret protégeant le monde : empêcher un tir de missile dans un ancien sous-marin soviétique, retrouver un précieux objet volé dans le Bureau ovale ou infiltrer un labo de bioterrorisme à Tokyo, vous avez le choix. L'immersion est totale et bluffante. Votre équipe aura 70 minutes pour déjouer ces plans machiavéliques !

CASINO VIAGE

Boulevard Anspach 30
✆ +32 2 300 01 00
www.viage.be
Horaire variable en fonction du type de jeu (voir site web). Interdit aux - 21 ans. Carte d'identité valide obligatoire.

En plein cœur historique de la ville, la façade restaurée des anciennes Galeries Anspach abrite le Grand Casino Brussels Viage. L'adresse en matière de casino, un complexe immense dédié aux jeux, aux loisirs et aux spectacles, ça brille de partout. En plus des machines à sous et autres roulettes, le casino organise des événements (comme la Frida Kahlo Experience), des concerts et même un *comedy club* tous les premiers jeudis du mois, comme à Las Vegas ! Le Viage héberge aussi le World Poker Tour. Consultez le calendrier des événements.

KINGS AND QUEENS

Rue du Fossé aux Loups 27
✆ + 32 2 319 10 29
www.kingsqueenscafe.be
Mercredi et jeudi, 17h30 à 0h ; vendredi et samedi de 17h à 1h ; dimanche de 16h à 22h. 5 € de droit de table.

Bar à bière, mais surtout bar à jeux, on y vient à plusieurs pour piocher parmi tous les jeux de société que compte leur ludothèque, des bons vieux classiques aux plus nouveaux. Un animateur sera là pour vous conseiller et vous expliquer les règles, si vous ne les connaissez pas. Mieux encore, certains jeux sont à vendre, c'est donc une occasion de les tester avant achat. La carte des bières est très bien fournie (30 sortes) et particularité : les bière au fût viennent de la brasserie Dubuisson, ce qui est plutôt rare. Pizzas et croques pour les fringales.

CROSLY BOWLING

Boulevard de l'Empereur 36
✆ +32 2 512 08 74
www.crosly.be
Lundi au jeudi, 13h à 1h ; vendredi et samedi, 13h à 2h ; dimanche, 10h à 0h. Tarif : 6,50 €, 1 € pour les chaussures.

Non content de posséder le plus grand nombre de pistes de la capitale (25), le Crosly Bowling propose son « Crosly Roof ». Un étage VIP avec une vue imprenable sur la ville pour des événements, réunions, séminaires, fêtes et bien sûr pour jouer au bowling, vu qu'il comporte cinq pistes de bowling. Défoulez-vous dans l'espace laser game QZar où les spots, la fumée et la musique créent l'ambiance. À vous de défendre votre base contre l'autre équipe. Dans les salles de réalité virtuelle, on combat de très réalistes dinosaures ou on chasse le zombie.

THE LOFTBOAT

Quai des péniches 10
✆ +32 475 57 88 99
theloftboat.be
Pour demander un devis : voir sur le site web.

Vous fêtez un évènement à Bruxelles alors pourquoi ne pas célébrer ça dans un lieu insolite comme... une péniche ? Amarré quai des Péniches, en face de Tour et Taxis, the Loftboat est, depuis 2007, dédié à l'organisation d'évènements. Pouvant aller jusqu'à une capacité de 150 personnes, les prestations incluent une sono, un vidéo-projecteur avec écran géant et un bar et frigo grande capacité et un espace lounge avec aquarium géant. Pour plus de tranquillité, le Loftboat peut vous aider pour le service traiteur, l'animation, l'équipe au bar, etc.

ESCAPADES

Le Brabant-Wallon est considéré comme le jardin de Bruxelles, vert et calme, et compte le fameux site de la bataille de Waterloo. D'autres sites ou curiosités sont également dignes d'intérêt et méritent l'escapade quand on réside dans la capitale belge : Nivelles pour sa collégiale, Villers-la-Ville pour les ruines de son abbaye cistercienne ou Walibi à Wavre, le plus grand parc d'attraction en Belgique. Louvain-la-Neuve, siège de l'université francophone éponyme, vaut pour son architecture particulière et son musée Hergé.

La plus petite et la plus jeune des provinces flamandes qu'est le Brabant-Flamand est surtout connue pour sa grande ville, Leuven (Louvain en français). Ce guide mettra surtout en évidence la forêt de Soignes, l'Africa Museum (le musée de l'Afrique centrale tout récemment rénové) à Tervuren : patrimoniaux ou gastronomiques, l'immédiate périphérie bruxelloise dispose de bien des atouts.

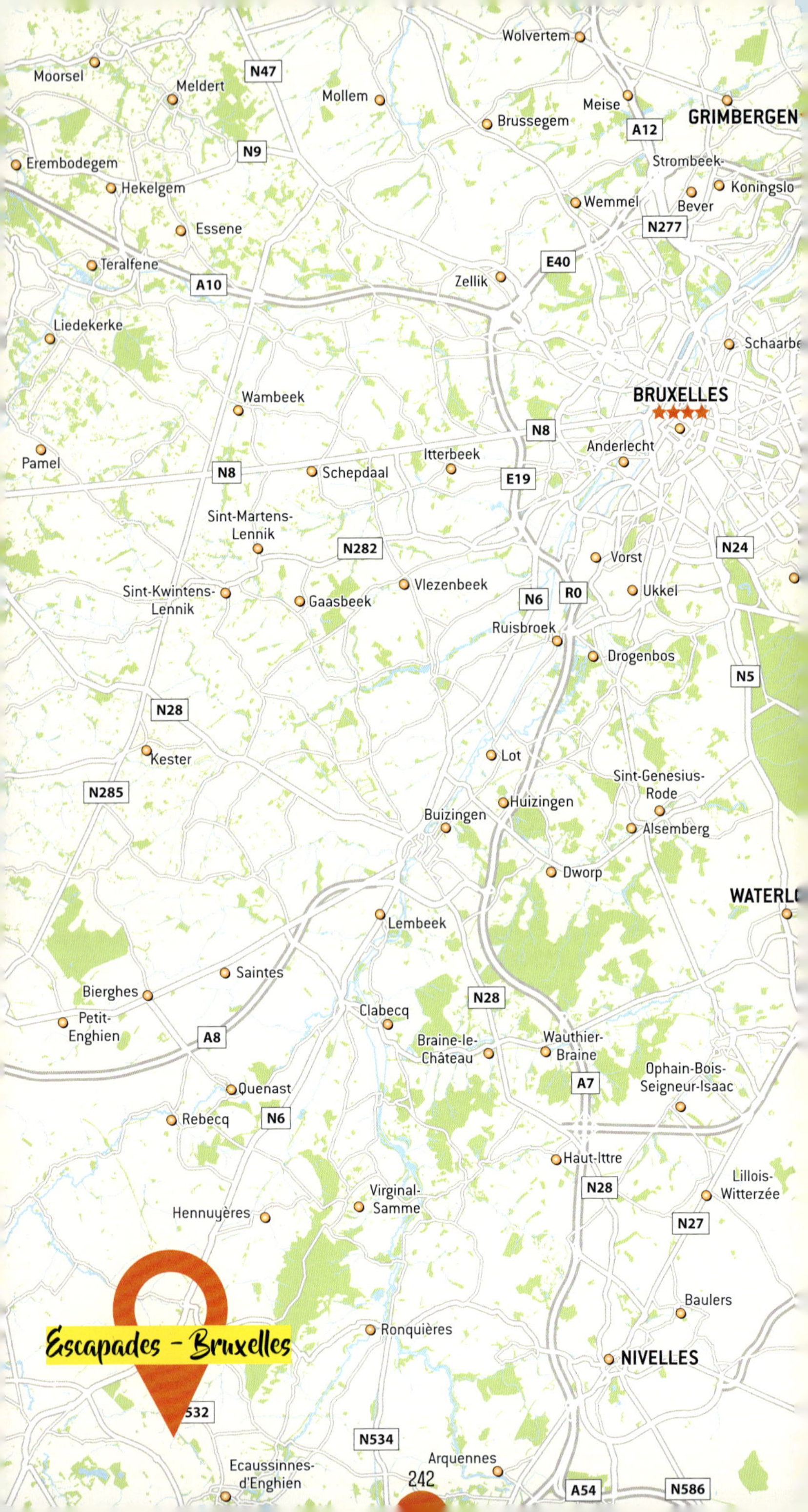
Wolvertem
Moorsel
Meldert
N47
Mollem
Meise
Brussegem
GRIMBERGEN
A12
N9
Erembodegem
Strombeek-
Hekelgem
Koningslo
Wemmel
Bever
Essene
N277
E40
Teralfene
Zellik
A10
Liedekerke
Schaarbe
BRUXELLES
Wambeek
N8
Anderlecht
Itterbeek
Pamel
N8
Schepdaal
E19
Sint-Martens-
Lennik
N282
N24
Vorst
Vlezenbeek
Sint-Kwintens-
Lennik
Gaasbeek
N6
R0
Ukkel
Ruisbroek
Drogenbos
N5
N28
Kester
Lot
Sint-Genesius-
Rode
N285
Huizingen
Buizingen
Alsemberg
Dworp
WATERL
Lembeek
Saintes
Bierghes
N28
Petit-
Enghien
Clabecq
A8
Braine-le-
Château
Wauthier-
Braine
Ophain-Bois-
Seigneur-Isaac
A7
Quenast
Rebecq
N6
Haut-Ittre
Lillois-
Witterzée
N28
Virginal-
Samme
Hennuyères
N27
Baulers
Ronquières
NIVELLES
Escapades – Bruxelles
532
N534
Ecaussinnes-
d'Enghien
Arquennes
A54
N586

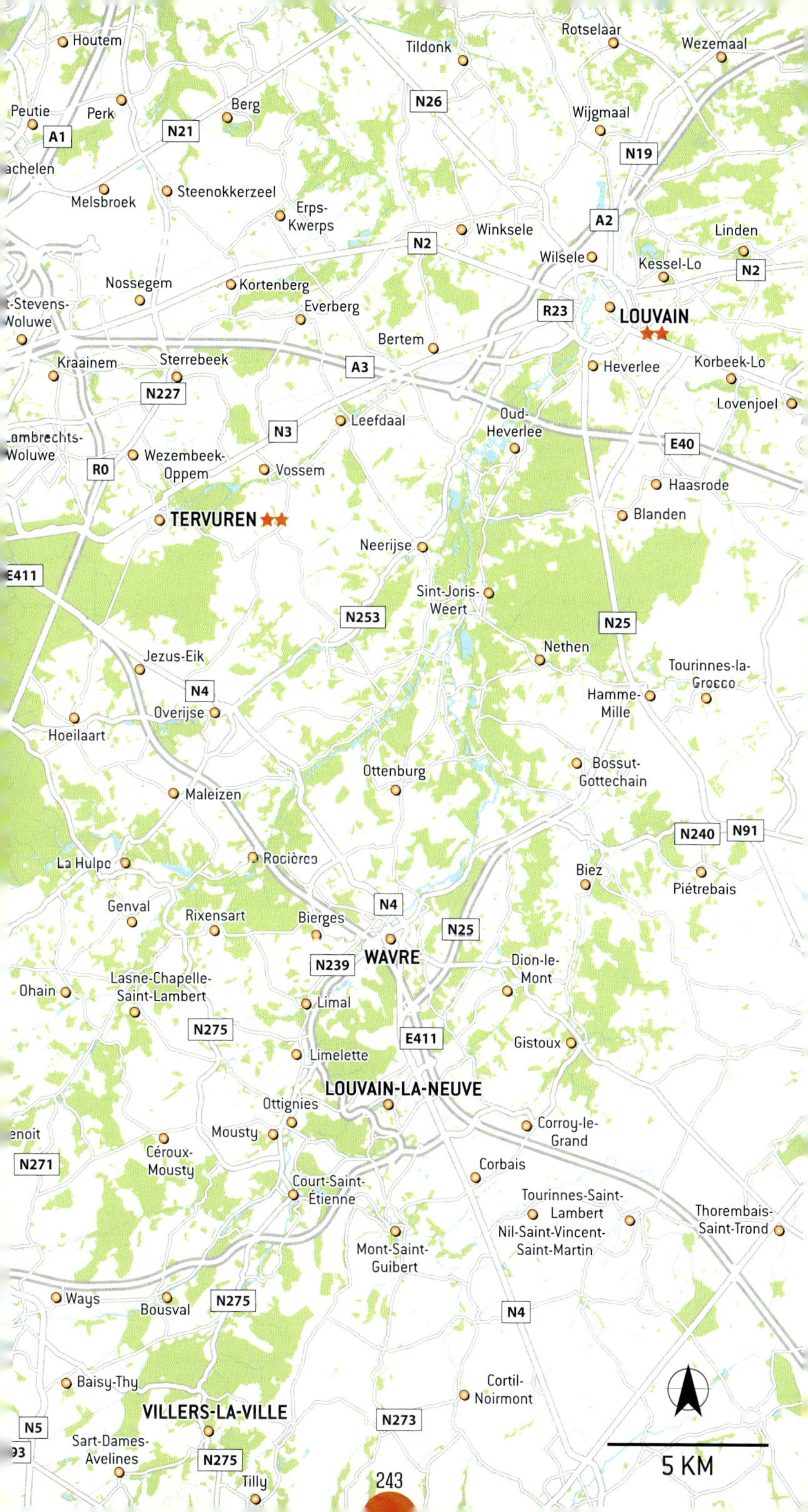
Houtem
Tildonk
Rotselaar
Wezemaal
Peutie
Perk
Berg
N26
N21
A1
Wijgmaal
N19
achelen
Melsbroek
Steenokkerzeel
Erps-
Kwerps
Winksele
A2
Linden
N2
Wilsele
Kessel-Lo
N2
Nossegem
Kortenberg
-Stevens-
Woluwe
Everberg
R23
LOUVAIN
Bertem
Kraainem
Sterrebeek
A3
Heverlee
Korbeek-Lo
N227
Lovenjoel
Leefdaal
Oud-
Heverlee
N3
Lambrechts-
Woluwe
E40
R0
Wezembeek-
Oppem
Vossem
Haasrode
Blanden
TERVUREN
Neerijse
E411
Sint-Joris-
Weert
N253
N25
Nethen
Jezus-Eik
Tourinnes-la-
Grosse
Hamme-
Mille
N4
Overijse
Hoeilaart
Ottenburg
Bossut-
Gottechain
Maleizen
N240
N91
La Hulpe
Rosières
Biez
Piétrebais
Genval
Rixensart
Bierges
N4
N25
WAVRE
N239
Dion-le-
Mont
Ohain
Lasne-Chapelle-
Saint-Lambert
Limal
N275
E411
Gistoux
Limelette
LOUVAIN-LA-NEUVE
Ottignies
enoit
Mousty
Corroy-le-
Grand
Céroux-
Mousty
N271
Corbais
Court-Saint-
Étienne
Tourinnes-Saint-
Lambert
Thorembais-
Saint-Trond
Nil-Saint-Vincent-
Saint-Martin
Mont-Saint-
Guibert
Ways
Bousval
N275
N4
Baisy-Thy
Cortil-
Noirmont
VILLERS-LA-VILLE
N273
N5
93
Sart-Dames-
Avelines
N275
Tilly
5 KM

WAVRE

Chef-lieu de la province du Brabant-Wallon, Wavre se situe à équidistance de Bruxelles et de Namur. Principalement commerçante, la ville est desservie par un important réseau routier et cernée par des zonings industriels de premier plan. Dès le XIIIe siècle, Wavre s'affichait déjà comme une région agricole à côté d'une importante agglomération urbaine qui s'est formée autour de marchés réguliers. L'implantation d'un premier parc industriel vers 1930 dans la vallée de la Dyle a donné à la ville les bases de son développement industriel. La cité a su préserver ses rues piétonnes comme la rue Charles Sambon ou la Belle-Voie et ses sites champêtres en dehors du centre urbain. La ville abrite le plus grand parc d'attractions de Belgique (Walibi), des hôtels en conséquence et un folklore toujours vivace. Côté architecture, l'hôtel de ville installé dans l'église d'un ancien couvent carmélite se distingue par un très joli vitrail. Notre-Dame de Basse-Wavre se distingue par le titre de basilique qu'elle obtint en 2000 seulement. Wavre est aussi la ville natale du poète Maurice Carême, auteur de recueils pour enfants, tandis que Limal a vu naître Cubitus, le chien le plus débonnaire du 9e art ! Enfin, Wavre est aussi le centre des Ardennes brabançonnes dont le paysage est un harmonieux mélange de zones urbaines et rurales. Châteaux et patrimoine religieux, espaces verts qui renvoient la périphérie bruxelloise à des lieues, domaines propices à la balade comme le Bois de Beumont aux arbres plusieurs fois centenaires, musées et sites culturels, flâneries dans le centre-ville piéton, la région est riche en découvertes.

AQUALIBI

Boulevard de l'Europe 100
✆ +32 10 42 16 03
www.walibi.com/aqualibi/be-fr
Ouvert toute l'année. Ticket : 25 €. Enfant entre 100 et 120 cm : 9,50 €.

Aqualibi a connu un sérieux lifting il y a quelques années. Des vestiaires aux toboggans, tout a été repensé. Accolée au parc Walibi, cette immense pyramide au milieu du parc de 7 000 m² attire les amateurs de sensations fortes. L'Xtrême et sa descente vertigineuse à 50 km/h attend les plus téméraires. La rivière Rapido promet de franches rigolades tout comme la piscine à vagues. Dans le Lagoon et ses bains bouillonnants, l'ambiance est plus zen. La zone pour enfants, repensée et agrandie (désormais 700 m²), s'adresse aux plus jeunes qui ne nagent pas encore.

AVENTURE PARC

Rue Sainte-Anne 152 ✆ +32 10 22 33 87
www.aventureparc.be
Ouvert de 10h à 18h30, du 22 février au 12 novembre 2023. Voir le site Internet pour les dates précises et les tarifs.

Sportifs et amoureux de la nature se donnent rendez-vous dans ce domaine de 72 hectares transformé en parc d'accrobranche. Au total : 24 parcours et 240 jeux dans les arbres : sauts de Tarzan, pas de géants, surf, luge, vélo en hauteur et 45 tyroliennes dont une à virage de 320 mètres de long unique au Benelux. Le parc propose également 5 jumps dont un saut à l'élastique ou encore une catapulte géante, ainsi qu'un laser game interactif. Tout est réuni pour faire monter l'adrénaline, en famille ou entre amis ! Cafétéria et pique-nique autorisé sur place.

ÉGLISE SAINT JEAN-BAPTISTE ✝ ★★★

place de la Cure 23
✆ +32 10 23 49 80
www.sjbw.be
Lundi, 8h à 12h. Mardi, jeudi et vendredi, 8h à 17h. Mercredi, de 8h45 à 17h (18h le samedi). Dimanche, 8h à 12h30.

La construction de l'église actuelle débute aux alentours de 1480, remplaçant un édifice du XIe siècle. Bâtie en grès et en briques ce qui n'est pas sans rappeler visuellement certains édifices toscans, elle appartient au style gothique brabançon. Elle n'est achevée qu'en 1636, près d'un siècle et demi plus tard, surmontée d'un clocher bulbe, caractéristique de la région. Mais l'église est ravagée par un incendie en 1695 et la belle tour n'a pas été reconstruite à l'identique. La tour actuelle présente ainsi un aspect massif assez insolite. Le clocher est doté d'un carillon riche de cinq cloches, inauguré le dimanche de Pâques 1954. Il joue le *Chant des Wavriens* au changement d'heures et l'*Hymne à la Joie* (Beethoven) aux demi-heures. La plus vieille cloche de l'église, datant de 1696, a été alors conduite dans le parc Houbotte face à la gare, afin d'être admirée par tous les passants. Très équilibré, l'intérieur révèle également quelques particularités. Parmi celles-ci, notons des fonts baptismaux datant de 1620, la chaire de vérité de style Louis XV munie d'un double escalier, les orgues datant du milieu du XIXe siècle ou encore une fresque du XVIe siècle située dans le transept sud et montrant saint Guidon, patron des agriculteurs. L'église compte aussi une série d'œuvres réalisées par des artistes locaux. Pour l'anecdote, remarquons encore le boulet dans un des piliers de la nef droite, provoqué par un canon français à l'époque napoléonienne !

HÔTEL DE VILLE

Ne se visite pas.

L'hôtel de ville était autrefois installé dans la halle aux blé (place Cardinal Mercier). Mais en 1809, il déménage pour investir l'ancien couvent des Carmes. Il abrite aujourd'hui l'administration mais aussi l'office de tourisme de la ville. Cet édifice construit au XVIIe siècle, avec ses belles lignes arrondies, dominait le « Marché aux bestes ». Tout comme le magnifique Hôtel de l'Escaille (situé dans la rue de Bruxelles), il a été transformé en hôpital de campagne pendant les combats de la révolution brabançonne du début du XIXe siècle. Il est remarquable pour son vitrail sur sa façade baroque, tout à fait extraordinaire par la création des visages, très moderne pour l'époque. Il représente le seigneur Jean, sa dame Alice et le fameux «Maca». Ces trois personnages sont représentés sous forme de géants lors des fêtes folkloriques, spécialement pendant le carnaval de Wavre. Ce personnage est un adolescent, l'emblème de Wavre, qui symbolise l'espièglerie des wavriens qu'on appelle d'ailleurs les Macas. Vous trouverez sur la place une statue de cuivre de dos, à de mi retournée, le représentant en train d'escalader la balustrade du perron, les fesses totalement polies par le passages des mains ! Car ici la légende veut que lui caresser les fesses vous apportera chance et bonheur La «Crapaute» est une autre statue connue à Wavre, c'est celle d'une adolescente représentée au bord d'une mare en forme de nénuphar, qui serait selon la légende l'âme sœur du Maca. Elle est située à l'arrière de l'hôtel de l'Escaille.

WALIBI

Boulevard de l'Europe 100
✆ +32 10 42 15 00
www.walibi.be

Ouvert de début avril à la fin des vacances de la Toussaint. Adulte : 45 €. Enfant : 40 € (de 100 à 140 cm).

Le plus grand parc d'attractions de Wallonie est incontournable. Ses dizaines d'attractions sont axées sur les sensations fortes. Parmi les plus excitantes, notons la 3e version du Psyké Underground, le Vampire (harnaché, les pieds dans le vide), la Dalton Terror (77 mètres dans le vide) ou le Kondaa (plus haute montagne russe du Benelux). A contrario, Playland reprend une vingtaine d'attractions pour les petits. On apprécie aussi le cinéma 4D et les différents spectacles quotidiens. 5 samedis nocturnes par an : ouvert jusqu'à 23h avec feu d'artifice en apothéose.

FERME DE L'HOSTE €€

Drève de l'Hostellerie 101
✆ +32 10 23 93 10
www.fermedelhoste.com

Chambres simple, doubles, triples et familiales. Gîtes 1 et 3 chambres. Laverie commune. Wifi. Location de kits BBQ.

A 2 km de Wavre, deux chambres d'hôtes sont nichées dans le corps de logis d'une ancienne ferme bâtie au XVIIIe siècle. L'allée d'arbres qui mène à la demeure est magique et l'accueil des hôtes charmant. Les chambres sont des cocons de confort, tout en tons bois et blanc. Le domaine est bucolique, vraiment magnifique, les chambres modestes à prix abordables raviront les amateurs de vieilles pierres. La maison loue aussi des gîtes ruraux (2 à 4 personnes), d'aspect plus modeste mais bien équipés (plaques vitrocéramiques en cuisine).

32 CHEMIN DE L'HERBE €€

chemin de L'Herbe 32
BONLEZ
✆ +32 10 68 89 61
www.32chemindelherbe.com

Ouvert du mardi au samedi le midi et le soir. Carte : 70 €. Lunch. Terrasse.

Blotti au cœur du petit village de Bonlez, ce restaurant familial intimiste est situé non loin de Wavre. En entrée, on déguste d'originaux chicken bao d'inspiration asiatique. Saison du gibier oblige, un râble de lièvre a suivi, aussi tendre que parfaitement cuit, sauce à la moutarde et au sirop de Liège. En dessert, un pain perdu du feu de Dieu (régressif à souhait). Le resto dispose d'un espace spécifiquement dédié à la raclette, celle qu'on gratte directement sur le fromage qui fond. On peut conclure par la tarte aux myrtilles et le génépi.

HAPPY'S €€

Chaussée des Collines 106
✆ +32 10 22 22 40
www.restohappys.be

Du lundi au vendredi le midi et le soir ; le samedi soir. Lunch dès 24 € (28 € le vendredi). Carte : 60 € environ.

Cette belle brasserie française installée à l'entrée du zoning Wavre Nord près de la sortie d'autoroute, déroule une cuisine française moderne. La carte présente une offre de brasserie avec quelques touches orientales dans l'assaisonnement des plats dont une agréable déclinaison de sushis, sashimis et futomakis. La grande mezzanine offre une vue plongeante sur le bar et le coin salon avec le piano. Une belle terrasse les beaux jours, une salle pour les événements, et n'oublions pas le Gecko, ce bar à vins, à bières et à spiritueux qui donne envie.

LA PÉNICHE €€

Chaussée de Huy 4
✆ +32 10 22 88 18
www.lapeniche.be
Ouvert du mercredi au dimanche le midi et le soir. Menu unique à 44 €. Carte : 60 € environ. Lunch. Jardin. Terrasse.

Restaurant, banc d'écailler et traiteur spécialisé en produits de la mer... jusque là, rien de très original même à Wavre, à 150 km de la côte. Mais la maîtresse des lieux a flairé la bonne idée : agrandir son restaurant en lui accolant une péniche en extension. On est transporté sur les flots ! Pour parfaire l'impression de voguer, l'équipage s'habille en capitaines de chalutier le midi. Le cuistot propose des suggestions mensuelles où la fraîcheur et la saisonnalité priment. Belle terrasse et petit jardin pour les moussaillons qui ont le mal de rivière.

LE RESTO D'EN FACE €€

Rue Charles Sambon 14
✆ +32 10 22 48 69
www.lerestodenface.be
Du mardi au vendredi midi et soir ; le samedi le soir seulement. A la carte : environ 47 €. Lunch 22 €. Terrasse.

Depuis un bon quart de siècle, ce petit restaurant offre des plats de brasserie copieux et alléchant dans un décor sympa de bistrot parisien où les murs sont paraphés par des auteurs de bande dessinée. Cuisine efficace avec ces grillades (leur grand classique « simple face », servi avec une sauce beurre-moutarde-échalotes et un gratin dauphinois), poissons, pâtes, salades sans oublier quelques plats canaille : os à moelle rôti, cassoulet, andouillette 5A. Tout est fait maison, certains vins sont bio et la carte respecte les saisons.

VIA NOVI €€

Chaussée de Huy 71
DION-VALMONT
✆ +32 10 68 96 86
www.vianovi.be
Ouvert du lundi au vendredi le midi et le soir ; le samedi soir. À la carte : 70 € environ.

Via Novi « conceptualise » une cuisine italienne, magnifiée par un cadre qui ne laisse pas indifférent, surtout la terrasse ensoleillée avec plongée directe sur la forêt. La salle est aussi agréable. Dans les assiettes, le vitello tonato est restructuré, plus léger. Les pâtes fraîches sont divines, comme les parpadelle morilles-asperges, gourmand et savoureux, ou les linguine avec des tomates cerises et un demi-homard, que les épices et condiments accompagnent en finesse. La carte des vins rappelle que l'Italie est aussi une terre de vins blancs.

LOUVAIN-LA-NEUVE

Louvain-la-Neuve est la plus jeune ville de Belgique sortie de terre, c'est aussi une cité estudiantine. En effet, cette ville a été imaginée en 1968 et créée en 1972, suite à la séparation linguistique de l'Université Catholique de Louvain (Leuven, dans l'actuel Brabant flamand). Le centre de la cité est piétonnier, mixte sur le plan social, la dimension humaine a été préservée, en évitant les avenues démesurées et les immeubles trop hauts. La ville se veut accessible, durable et orientée vers la gestion collective. Louvain-la-Neuve abrite depuis une dizaine d'années le musée Hergé. A goûter : la tarte du Vî Paurin, typique de la commune voisine de Rixensart.

MUSÉE HERGÉ ★★★

Rue du Labrador 26 ✆ +32 10 48 84 21
www.museeherge.com
Du mardi au vendredi de 10h30 à 17h30 ; le week-end jusqu'à 18h. Adulte : 12 €. Enfant (de 7 à 14 ans) : 5 €.

Le bâtiment qui accueille le musée joue sur les volumes et les surfaces, une réalisation du Français Christian de Portzamparc sur 2 000 m², consacrés entièrement au créateur de Tintin. Les visiteurs pourront découvrir huit salles d'exposition présentant des planches originales du dessinateur, environ 800 croquis et dessins, une maquette à taille réelle du sous-marin conçu par le professeur Tournesol et d'autres objets tirés de l'œuvre d'Hergé. L'audioguide, bien réalisé, est recommandé pour comprendre son œuvre. Également une salle d'exposition temporaire.

MUSÉE L ★★★

Place des Sciences 3 ✆ +32 10 47 48 41
www.museel.be
Ouvert du mardi au vendredi 9h30-17h, week-end 11h-17h. 3e jeudi du mois 11h-22h. Adulte 8 €, senior 6 €, 13-25 ans 3 €.

Le musée L est très fourni en œuvres d'arts sur six étages (comptez au moins 2h de visite). Conçu comme un dialogue entre arts anciens et modernes, il touche l'archéologie, l'art et l'ethnographie. De nombreuses statues et poteries grecques, romaines mais aussi précolombiennes, indiennes ou encore chinoises sont exposées entre les œuvres d'artistes contemporains tels que Magritte, Delvaux, Picasso et des gravures de Goya, de Dürer ou de Rembrandt. On apprécie aussi le volet sciences de ce musée universitaire, et surtout la scénographie générale, fantastique !

DOMAINE DU BOIS DES RÊVES

Allée du Bois des Rêves 1 - **OTTIGNIES**
✆ +32 10 41 60 72
www.boisdesreves.be

Ouvert de 8h30 jusqu'au coucher du soleil. Horaires spécifiques et tarifs, voir site web.

Vaste poumon vert en bordure de la ville, le Bois des Rêves est un pôle voué aux loisirs familiaux de plein air. Idéal pour se ressourcer après une journée ou une semaine difficile, il compte 17 km de sentiers balisés, un circuit fléché, un étang de pêche, des pistes de santé (jalonnée d'exercices physiques à effectuer) ou encore des parcours VTT sans compter une plaine de jeux qui ravira grands et petits. Six espaces barbecue sont également disponibles ainsi qu'une brasserie.

LA BRANCHE DE FIGUIER €

Grand Rue 1 ✆ +32 10 24 66 16
www.branchedefiguier.be

Ouvert du lundi au samedi de 10h à 23h. Carte : 37 € environ.

La cité louvaniste possède en ses murs une originalité : une table palestinienne. Née grâce aux racines de la famille Asli, la Branche de Figuier se distingue par la qualité de ses assiettes de gastronomie familiale. La tradition locale penche naturellement vers les mezze, moussakas et autres falafels mais ce serait bien réducteur de limiter la cuisine palestinienne (et libanaise) à ces seules spécialités connues. On trouve une déclinaison de durum, potages, grillades et mêmes burgers palestiniens, mais on vous conseille les assiettes d'assortiments.

L'ALTER D'EN FACE €

Terrasse des Ardennais 20
✆ +32 010 84 40 03
https://www.alterezvous.be

Ouvert tous les jours de 11h à 14h. Brunch du vendredi au dimanche. Carte : 12 € environ.

Juste en face de son grand frère, le restaurant Altérez-vous, cette cantine est dédiée à la restauration rapide, mais saine et de qualité. Le menu est très simple : 4 « alters » (des sandwiches mais qui ne sont pas des sandwiches) sont proposés et il y en pour tous les goûts : soit végan, végétarien, poulet ou carné. Le pain vient d'une super boulangerie à Gembloux, les produits sont bio et locaux et les combinaisons, plutôt savoureuses et bien pensées. Faites comme les étudiants et mangez sur le pouce ou profitez de leur brunch le week-end.

LE CHAVIGNOL €€

Rue de l'Invasion 99
OTTIGNIES
✆ +32 10 45 10 40
http://lechavignol.net/

Ouvert du jeudi au samedi le midi et le soir. Menu unique à 47 €. Formule du midi : 32 €.

Ça fait plus de trente ans que Marie et Carmelo Ciuro sont à la tête du Chavignol, restaurant de cuisine française de bonne tenue, pile entre Ottignies et Louvain-la-Neuve. Marie a la passion de la peinture (en plus des desserts qu'elle prépare) et on trouvera ses œuvres dans la salle. Quant à Carmelo, à côté de la cuisine, ce sont les vins italiens qui le bottent. La cuisine, elle, est donc française. De beaux produits (agneaux, canard, turbot, homard) qui sont traités avec respect. Et si la météo est de votre côté, il y a une belle terrasse pour tout déguster.

ALTEREZ-VOUS €

place des Brabançons 6a ✆ +32 10 84 40 03
www.alterezvous.be

Du lundi au samedi 12h-23h30 (ouvert à 17h le samedi). Lunch : 20 €. A la carte : 25 € environ. Accessible PMR.

Mélange équilibré de convivialité, d'échange et de réflexion... Au départ d'un « kot à projet », quatre jeunes ont lancé avec enthousiasme ce café-citoyen où sont organisés des débats et autres événements militants. Louable menu donc et au milieu duquel figurent quelques spécialités de saison, bio ou artisanales (pâtes, quiches, soupes, tartines...). Avec des bières spéciales et quelques cocktails venant d'horizons lointains. Chouette déco et soirées concert, dont de régulières jam sessions. N'hésitez pas à consulter leur page Facebook pour connaître le calendrier.

LE PETIT VINGTIÈME €€

Rue du Labrador 26
✆ +32 10 48 84 26
www.lepetitvingtieme.be

Ouvert du mardi au dimanche de 10h à 18h. Carte : 45 € environ. Lunch : 16,50 €.

Situé à l'intérieur du musée Hergé, le décor reprend les thématiques des aventures du jeune reporter. Car le *Le Petit Vingtième* était un supplément hebdomadaire au journal belge *Le Vingtième Siècle* destiné à la jeunesse où sont nées les aventures de Tintin dès 1930. On peut voir les unes du journal exposées au plafond suivant un ruban lumineux. S'attabler ici est idéal pour profiter du lieu et goûter des plats de brasserie franco-belge de qualité. Les tintinophiles affûtés regretteront cependant de ne pas trouver de spécialités syldaves à la carte !

LA POPOTE BELGE €€

Rue Rabelais 26
✆ +32 10 244 180
www.popottebelge.be
Ouvert du lundi au samedi de 12h à 15h et de 18h à 23h. Carte : 40 € environ.

Ce restaurant annonce par son nom la couleur : dans une ambiance de bistro de village (mais version chic), on y déguste… de la cuisine belge. Un bel éventail de tout ce que la gastronomie du Plat Pays peut avoir de meilleur et de plus réconfortant : les boulets liégeois côtoient les moules de la mer du Nord, le waterzooi ou le chicon au gratin. On rajoute à la carte des hamburgers et des pâtes (ville étudiante oblige). Sous le regard du roi Baudouin, immortalisé sur un billet de banque (en francs belges) géant, on se régalera bien sûr d'une bonne bière.

BEER BAR

Grand Rue 5
✆ +32 10 24 58 38
www.beer-bar.be
Ouvert du lundi au vendredi de 11h à 3h ; le samedi à partir de 12h ; le dimanche à partir de 14h.

Voilà une vraie référence dans tout le Brabant-Wallon ! Ce vaste espace de 150 m² comprend un grand comptoir où figurent 12 bières disponibles au fût (dont 10 qui sont fixes) et une carte longue de 200 bières belges (et des bières de saison, éphémères par essence). L'équipe, très professionnelle, fait profiter les indécis de ses conseils. Les lieux accueillent régulièrement de petits concerts spontanés : tout est bon pour l'ambiance pop-rock de ce bistrot qui draine autant les amateurs de bière de passage que les étudiants du cru.

BEERLOVERS' SHOP

Rue des Wallons 8
✆ +32 10 84 91 84
www.beer-lovers.be
Ouvert du mardi au samedi de 11h à 18h30 ; le mardi à partir de 12h. Café, mardi dès 15h, mercredi-dimanche dès 12h.

Voici quelques années que le concept liégeois du « Vaudrée » s'est exporté dans la cité universitaire. Cette aventure a désormais un nom : le BeerLovers' Shop tandis que le BeerLovers' Café est resté en Principauté. Les produits houblonnés des BeerLovers' sont également disponible sur le Net, leur permettant de tutoyer les sommets. Disponibles dans cette boutique, virtuelle ou non, toujours plus de 750 bières (pas toutes belges) ainsi qu'une large gamme de pékets, liqueurs, absinthes, rhums et autres breuvages de la même veine… Et même des bières au fût.

WATERLOO

Région verte et résidentielle aux portes de Bruxelles et de la forêt de Soignes, Waterloo alterne vallons et bois, exploitations agricoles, parcs et vastes domaines privés et habitat résidentiel de standing. Outre ses curiosités naturelles, historiques et des adresses de bouche réputées, la ville en elle-même ne présente pas d'intérêt particulier. D'ailleurs Victor Hugo n'y voyait qu'une « morne plaine ». Waterloo figure en revanche dans tous les livres d'Histoire pour sa célèbre bataille de juin 1815. Le 14 juin 1815 : Napoléon Bonaparte arrive à Beaumont avec ses troupes, en route pour affronter les armées alliées de Wellington et de Blücher. Le 18 juin, ce sera la défaite à Waterloo, qui changera le cours de l'histoire européenne. On peut désormais les revivre pas à pas, de Beaumont à Waterloo, au fil des 94 km de la toute nouvelle Route Napoléon en Wallonie. En réalité, la bataille se déroula plutôt à Braine-l'Alleud et dans les villages voisins… La confusion est née car le duc de Wellington, qui avait installé son quartier général ici, y rédigea le compte rendu de la défaite de Napoléon Ier. Du statut de hameau de Braine-L'Alleud, Waterloo passa à celui de commune indépendante vers la fin du XVIIIe siècle. On note la présence espagnole à l'époque de l'Ancien Régime, comme en témoigne la Chapelle royale, située en face du musée Wellington.

Balade

▶ **La Route Napoléon.** Ce parcours historico-touristique balisé retrace le périple de Napoléon Bonaparte (Napoléon Ier) pendant la campagne des 100 jours en 1815. La route est balisée par 200 panneaux indiquant les différents points d'intérêts, tels les lieux de bataille, les QG impériaux, l'endroit où Napoléon a dormi et diverses anecdotes. Au programme : histoire, musées, folklore, patrimoine classé à l'Unesco, paysages ou encore gastronomie de terroir. Profitez de cette Route Napoléon pour découvrir les nombreux sites qui la jalonnent comme les lacs de l'Eau d'Heure, le beffroi (Unesco) de Thuin, le site minier du Bois du Cazier, le musée de la Photographie de Charleroi, l'abbaye cistercienne de Villers-la-Ville, la Collégiale de Nivelles, la Tour Salamandre à Beaumont, le Château de Leers-et-Fosteau, la Distillerie de Biercée, l'Eglise de Jamioulx où Napoléon a promis au curé de le nommer Evêque de Tournai après la bataille… On traverse Charleroi comme les 100 000 hommes de l'armée française, on revit la dernière victoire de Napoléon à Fleurus/Ligny, au Centre Général Gérard, on ressent la tension des derniers instants au musée du Caillou, dernier quartier général de Napoléon... Et on termine le parcours en découvrant le tout nouveau mémorial en sous-sol à côté de la célèbre Butte du Lion ! Pour la découvrir, vous pouvez simplement suivre les panneaux Route Napoléon en Wallonie, ou téléchargez le circuit pour GPS sur les applications pour smartphones. Toutes les informations sur le site https://www.napoleon.org/magazine/lieux/la-route-napoleon-en-wallonie/

Tourisme

Au Hameau du Lion, l'Histoire prend vie tous les week-ends en juillet et en août (excepté le 1er week-end de juillet). Des animations historiques (artilleurs, tirs au canon, parades d'infanterie, exercices de cavalerie) et des reconstitutions en costumes d'époque font revivre la bataille qui opposa les armées napoléoniennes et anglaises. Elles sont comprises dans le prix d'entrée et se déroule entre 11h et 17h pour une durée de 20 à 25 minutes. Également, deux reconstitutions des combats comprenant plusieurs centaines de figurants ont lieu pendant le week-end qui suit la date anniversaire de la bataille du 18 juin. Renseignements au +32 2 385 19 12 ou www.waterloo1815.be

Transports

Waterloo est située à seulement 15 minutes de route en voiture de Bruxelles, il est possible de venir visiter la ville à la journée depuis la capitale. De même en train, il faut compter 30 minutes depuis la gare de Bruxelles Central en train direct.

DERNIER QG DE NAPOLÉON ★★

Chaussée de Bruxelles 66 - **VIEUX-GENAPPE**

✆ +32 2 384 24 24 - www.dernier-qg-napoleon.be

7j/7, 9h30 à 18h d'avril à octobre et 10h à 17h de novembre à mars. Adulte : 5 €. Adapté aux personnes avec handicaps.

Située à quelques kilomètres du Hameau du Lion, la ferme du Caillou – où Napoléon et son état-major passèrent la nuit du 17 au 18 juin 1815 – a également été transformée en musée. C'est en ces lieux que l'Empereur a établi ses plans de bataille. On peut y voir entre autres choses le lit de camp de Napoléon, son masque mortuaire, le squelette d'un hussard français, des diaporamas retraçant la campagne de 1815 et une multitude d'objets militaires divers. Le week-end le plus proche du 18 juin, un grand bivouac napoléonien est organisé.

ÉGLISE SAINT-JOSEPH ✝

Avenue Reine Astrid 11

✆ +32 2 354 91 92

www.sjoseph.be

Ouvert tous les jours de 8h à 19h.

Waterloo vaut aussi la peine pour son centre-ville. Jetez un coup d'œil sur cette église, qui se trouve juste en face du musée Wellington. La chapelle royale, surmontée d'un grand dôme, fut inaugurée en 1690, en présence du gouverneur général espagnol. Ce dernier l'avait dédiée à son souverain, le roi Charles II d'Espagne, dans l'espoir – qui ne se réalisa pas – qu'il ait une descendance mâle. En 1817, cette chapelle prit le nom de Temple commémoratif de la Bataille, lorsqu'on y apposa 27 plaques funéraires rappelant les victimes alliées de ces combats.

ESCAPADES

© THOMAS DE WEVER - ISTOCKPHOTO.COM

La butte du lion, Waterloo.

FONDATION FOLON ★

Drève de la Ramée 6a
LA HULPE
✆ +32 2 653 34 56
www.fondationfolon.be
Ouvert du mardi au vendredi de 9h à 17h ; le week-end de 10h à 18h. Adulte : 12 €. Gratuit -6 ans.

Avant sa disparition, l'artiste Jean-Michel Folon (1934-2005) a confié 500 de ses œuvres à la Ferme du château de La Hulpe ; aquarelles, peintures, sculptures, affiches ou encore illustrations. Toutes témoignent de l'incroyable diversité dont était capable Folon. La mise en scène originale de ces réalisations reflète la pensée de l'artiste à différentes époques. A voir ou à revoir absolument, y compris avec les enfants qui trouveront leur compte dans cet univers d'émerveillement ! Le superbe parc qui entoure le musée mérite aussi un beau moment de flânerie.

MÉMORIAL WATERLOO 1815 ★★

Route du Lion 315 ✆ +32 2 385 19 12
https://www.waterloo1815.be/
De septembre à octobre et d'avril à juin, 7j/7, 10h-18h30. Hiver, 17h30. Été, de 9h30-19h30. Tarifs : voir site Web.

Le mémorial est entièrement dédié à la bataille de Waterloo. En plus d'une boutique de souvenirs, le musée explique de manière interactive et immersive le déroulement de la dernière guerre de Napoléon. Dans une rotonde datant de 1911, allez voir le fameux panorama sur toile, il vous laissera bouche bée. C'est là qu'on trouve l'accès à la Butte du Lion et à ses 226 marches. Il ne vous reste plus qu'à les gravir et à admirer cette fameuse « morne plaine ». Enfin, dans la ferme d'Hougoumont, un spectacle multimédia sur la « bataille dans la bataille » vous attend.

MUSÉE WELLINGTON ★

Chaussée de Bruxelles 147
✆ +32 2 357 28 60
www.museewellington.be
Basse saison ouvert de 10h à 17h. Haute saison de 9h30 à 18h. Adulte : 7,50 €. Enfant (de 7 à 12 ans) senior : 6,50 €.

Le quartier général de Wellington occupait une vieille auberge brabançonne de 1705, un ancien relais postal, au cœur de Waterloo. Le duc de Wellington y séjourna les 17 et 18 juin 1815. Le soir de la bataille, il y rédigea son communiqué de victoire paru dans le Times de Londres. Le rôle de chacune des nations ayant pris part au combat est illustré, de salle en salle, à l'aide de documents, gravures, armes et reliques. Les visiteurs découvrent le musée à l'aide d'un audioguide commentant le parcours en musique et en français.

PANORAMA DE LA BATAILLE

Route du Lion 252
✆ +32 2 385 19 12
www.waterloo1815.be
Basse saison : ouvert tous les jours de 10h à 17h30. Haute saison : tous les jours de 9h30 à 19h30. À partir de 17 €.

Véritable chef-d'œuvre de l'art pictural militaire, il est situé au pied de le Butte du Lion. Inauguré en 1912, il abrite une toile circulaire de 110 mètres de longueur et de douze mètres de hauteur illustrant la situation des combats, vers 16h, le 18 juin 1815. Une plate-forme centrale situe le visiteur au milieu d'un panorama sonorisé où fantassins et cavaliers s'affrontent en grandeur nature, grâce à l'effet de perspective dû au talent du peintre L. Dumoulin et aux avant-plans très réalistes. Le ticket donne accès à tous les sites du mémorial (butte, musée...)

HÔTEL 1815 €€

Route du Lion 367-369
✆ +32 2 387 01 60
www.hotel1815.com
Chambre double à partir de 105 € et 15 € par personne le petit déjeuner. Comptez 20,90 € pour un menu lunch.

Un endroit de charme à proximité du champ de bataille de Waterloo, au calme, en pleine verdure. Chaque chambre a été rénovée et personnalisée de photos en noir et blanc assorties aux tons blanc, anthracite et noir de la décoration. La suite Wellington peut accueillir une famille. Le couloir, les petits espaces ont été pensés pour être accueillants. Jolie terrasse et tranquille jardin pour se relaxer au soleil. Restaurant de qualité de gastronomie locale où sont servis d'excellentes grillades et un bon petit déjeuner buffet le matin.

MARTIN'S GRAND HÔTEL €€

Chaussée de Tervuren 198
✆ +32 2 352 18 15
Chambre double à partir de 150 € avec petit déjeuner.

Dans cet hôtel 4-étoiles, les voyageurs trouveront un havre de paix et de calme, car la maison est entourée d'un beau domaine, les chambres sont apaisantes avec leur vaste espace, leur mobilier luxueux, sobre et contemporain (spécialement les lits king size). Certaines ont des baignoires à bulles. Le restaurant est une pure merveille, avec son plafond voûté en brique et ses assiettes d'une rare finesse. Les golfeurs bénéficient d'un 18 trous à proximité et les randonneurs de départs de sentiers et les sportifs une salle de fitness.

© FERME SAINT-JEAN BRASSERIE DE WATERLOO

FERME DE MONT ST-JEAN ★★

Chaussée de Charleroi 591
✆ +32 2 385 01 03
www.fermedemontsaintjean.be
Musée : du mercredi au dimanche 10h-19h, 5 €. Brasserie-distillerie : du mercredi au dimanche à 15h, 15 €.

Voici un lieu de caractère, d'authenticité et rempli d'histoire ! La boutique « Le Comptoir » présente une gamme de produits de la ferme : bières, gins, whiskies, miel, jus de pomme, etc. Le musée « Le Revers de la Médaille », continue de faire vivre l'histoire de l'Hôpital des Anglais. Visitez la microbrasserie ainsi que la micro distillerie nichées au sein de ce corps de ferme classé au patrimoine. Terminez la visite par un show immersif – spectacle son et lumière. Profitez du restaurant pour organiser un *foodpairing* ou une dégustation de bières.

© FERME SAINT-JEAN BRASSERIE DE WATERLOO

BE BURGER €

Chaussée de Bruxelles 196
✆ +32 2 353 95 39
www.beburger.be
Ouvert du lundi au vendredi le midi et le soir ; le week-end de 12h à 22h. De 11 € à 16 € le burger.

Chez Be Burger on accorde une attention particulière aux viandes, sélectionnant des pièces de qualité pour offrir des compositions créatives. Sous la houlette du chef Lartigue, les burgers promettent un voyage culinaire (Cancun, New York, Phuket, Pattaya...) avec des touches créées par certains ingrédients exotiques. Notez que les viandes sont hachées à la minute et que tous les burgers sont aussi disponibles sans pain ou en version veggie. On déguste dans un décor contemporain ou sur l'agréable terrasse quand la météo le permet.

LA GUINGUETTE €

Rue du Pont 9 - **LASNE**
✆ +32 2 652 01 62
www.la-plage-de-renipont.be
Ouvert tous les jours le midi et le soir. Cuisine non stop l'été. Carte : 35 € environ.

La Guinguette, c'est le resto-bar sans prétention de Renipont-plage, charmant centre de loisirs estival et aquatique du Brabant Wallon. Ce troquet rustique garantit une cuisine saine, fraîche, bonne et pas chère, pour des faims diverses et des envies précises : steak, bolo, salades, soupes, hamburger, poulet, avec ou sans frites, rien de très complexe mais roboratif et bien préparé. On apprécie l'endroit pour son cadre bucolique. La terrasse au bord de ce plan d'eau sans marée est vraiment très agréable du printemps à l'automne.

TAVERNE DE L'HOMME BLEU €

Drève de la Ramée 6 - **LA HULPE**
✆ +32 2 654 00 59 - www.homme-bleu.be
Ouvert tous les jours de 11h à 18h. Parking gratuit (entrée Gaillemarde). Carte : 40 € environ.

Une bière artisanale, un en-cas ou un vrai repas, tout est possible à la Taverne de l'Homme Bleu. Cette attrayante brasserie installée dans l'ancienne étable de la Ferme du Château de La Hulpe (1833) doit son nom au principal personnage de l'œuvre de Folon. Le lieu a conservé son décor d'origine : murs et sols de briques rouges, hauts plafonds à voussettes et bien sûr la bucolique terrasse, vraie valeur ajoutée par beau temps. Les suggestions saisonnières escortent les plats de brasserie et quelques spécialités belges emblématiques.

AUBERGE DE LA ROSERAIE €€

Route de la Marache 4 - **OHAIN** ✆ +32 633 13 74
www.aubergedelaroseraie.be
Du mardi au dimanche de 12h à 14h ; du mardi au samedi de 19h à 22h. Menus de 42 € à 72 €. Formule du midi : 25 €.

Cela fait maintenant 20 ans que Sébastien Cailletton a repris le restaurant de ses parents, après avoir peaufiné son éducation culinaire auprès de belles maisons. Son crédo : une cuisine d'inspiration française, du marché et suivant le fil des saisons, avec une carte qui change presque tous les jours. Exemple en automne : une poêlée de champignons sauvages, nem de poule faisane et son émulsion à la Waterloo triple blonde. Le lunch est à prix plutôt attractif. Et puis, il y a le charme de cette veille bâtisse et de sa roseraie qui a donné son nom au restaurant.

BIVOUWAG €€

Chaussée de Bruxelles 216
✆ +32 476 21 68 75
www.bivouwag.com
Du mardi au dimanche de 9h à 23h30 ; mardi et mercredi, 22h30 ; dimanche, 17h. Tarifs différents selon les stands.

Vous ne savez pas quoi manger ? Alors direction Bivouwag, un super food-court qui vous propose des options pour différents moments de la journée : le petit déjeuner ou un brunch végé chez Breakfast, un curry le midi chez Bollyfoodstories, des baos chez Dim's, un burger gourmet de chez Bikette ou une pizza de chez la Pugliese le soir avec bien sûr, un bar. Le tout emballé dans une déco qui invite au voyage avec beaucoup de bois, une profusion de plantes et des abat-jour en paille qui donne au food-court un air de vacances. Il y a de quoi satisfaire tout le monde.

COMMERCIO €€

Chaussée de Bruxelles 186 ✆ +32 2 354 32 27
lecommercio.be
De mercredi à jeudi et le lundi, de 18h30 à 00h. Vendredi et samedi, de 18h30 à 2h. Carte : environ 45 €.

Il n'y a pas si longtemps, Isabelle Browet et Yves Delruelle ont repris cet établissement qui existe depuis plus de 20 ans à Waterloo. Dans ce petit restaurant, on sert des bons plats classiques, mais faits maison (toute une série de pâtes, magret de canard, sole meunière...) dans un cadre aux accents vintage et une ambiance sans chichis (Waterloo est connue pour être assez huppée) et à des prix raisonnables. Fait plutôt exceptionnel : le restaurant est ouvert tard, jusqu'à minuit en semaine et 2h le week-end ! La terrasse arrière est particulièrement agréable.

INTERVIEW

LA BRASSERIE DE WATERLOO

UNE BRASSERIE ET UN LIEU D'HISTOIRE

Laissez-nous d'abord vous conter rapidement l'histoire de la Ferme du Mont-Saint-Jean. Au Moyen Âge, la ferme appartenait à l'ordre des Chevaliers de Malte, un ordre hospitalier. Pas étonnant alors que pendant la Bataille de Waterloo, la ferme servit d'hôpital pour des milliers de combattants britanniques blessés. **Même le Duc de Wellington vint y passer la nuit**. Le musée « Le Revers de la médaille » évoque cet épisode de la célèbre bataille.
Cette splendide ferme pratique toujours l'hospitalité mais d'une autre manière avec l'établissement de la Brasserie de Waterloo, à la fois une micro-brasserie-distillerie et un restaurant.
La micro-brasserie fut la première à voir le jour en 2015 (pile pour le bicentenaire de la bataille), grâce au groupe brassicole d'Anthony Martin, The Finest Beer Selection. Entreprise familiale, c'est Edward, le fils d'Anthony, qui veille au grain de la production. **La micro-distillerie a suivi, se servant des bières de Waterloo comme base pour élaborer gins et whiskies.** La fabrication de ces divins breuvages n'aura plus de secrets pour vous après une visite des installations. L'occasion de tester au Beergarden la bière emblématique de la gamme : la Waterloo Triple blonde, l'un des 3 whiskies ou la douceur épicée du Oak gin, aromatisé d'un bâton de chêne. Vous êtes conquis ? Vous pourrez les acheter au Comptoir de la brasserie.
Les gourmands fileront au restaurant de la brasserie, qui lui, a une déco tout à fait contemporaine. Au menu, des classiques belgo-belges (croquettes de crevettes, asperges à la flamande, petit-gris de Namur) avec des incursions dans la cuisine française, italienne ou asiatique. Souvent cuisiné à base de bière, chaque plat vous est conseillé avec une bière ou un spiritueux de la maison. Et le dimanche, la brasserie propose un brunch gourmand sous forme d'un royal buffet. De quoi y passer une agréable journée !

FERME DE MONT ST-JEAN
Chaussée de Charleroi 591
✆ +32 2 385 01 03
www.fermedemontsaintjean.be

© FERME SAINT-JEAN BRASSERIE DE WATERLOO

© FERME SAINT-JEAN BRASSERIE DE WATERLOO

© FERME SAINT-JEAN BRASSERIE DE WATERLOO

LE DESTIN €€

Rue Theophile Delbar 8
+32 2 534 50 91
www.ledestin.be/?lang=fr
Lundi, jeudi et vendredi, 12h-15h et 19h-23h ; samedi, 19h-23h et dimanche, de 12h-15h. Lunch : 22 €. Carte : ±60 €.

Ce jeune restaurant (ouvert en 2019) a à sa tête un jeune chef, le trentenaire Maxime Van Bellingen. Au service, c'est sa compagne, Natasza Owczarzak, qui officie dans une belle salle à la fois rustique avec ses meubles en bois et contemporaine avec les murs de briques exposés. Maxime a officié dans un restaurant tourné vers le poisson et ça se sent ! Il porte une grande attention aux produits de la mer. Tout est extra frais, de saison, si possible local et les plats sont un régal pour les yeux et les papilles. Un coup de frais sur la scène culinaire locale !

LA PÂTE ET OSE €€

Chaussée de Bruxelles 526
+32 2 354 73 96
www.restaurant-pateetose.be
Ouvert du mardi au vendredi le midi et le soir ; le samedi soir. Carte : 42 € environ. Lunch 2 services. Terrasse.

A la barre, Gérard et Stanny qui font parler leur expérience depuis 15 ans en cuisine et en salle. Les plats sont préparés dans la maison, dotée d'une jolie salle aux murx en briques apparentes, mais on peut les déguster sur la terrasse, incontournable en été. On s'y délecte de pâtes fraîches, spécialité de la maison, suivant des recettes italiennes ou d'autres composées avec des ingrédients locaux. Une carte de suggestions saisonnières vient compléter la carte. On a adoré les Bauletti aux cèpes, crème aux pleurotes, fines herbes avec une pointe d'ail.

AU FUNAMBULE €€

Rue du couvent 3
+32 2 356 43 75
Mercredi, jeudi et dimanche de 11h à 18h ; vendredi et samedi de 11h à 22h. Crêpes dès 4,90 €. Galettes dès 9,50 €.

C'est un petit peu de Bretagne que Xavier Istace a ramené à Waterloo, après 8 ans à avoir officié dans un foodtruck. C'est l'esprit de la piste aux étoiles qui est convoqué ici avec des toiles rouges et des affiches de cirque. Une ambiance jouette pour se régaler de crêpes (la Piste aux étoiles, justement, au chocolat et caramel beurre salé), de galettes (la Funambule à la mozzarella, champignons, viande des Grisons et tartufata). Des recettes qui vont des plus simples aux plus sophistiquées. Salades, gaufres et bien sûr cidres sont aussi au menu.

LE PETIT-FILS €€

Rue de l'Abbaye 13 a - **LASNE**
+32 2 633 41 71
www.lepetitfils.be
Du mardi au vendredi le midi ; du jeudi au samedi le soir. Menus de 50 € à 72 €. Lunch : 25 €. Réservation souhaitée.

Sébastien Leroy, le « petit-fils », rend un hommage à son grand-père à travers ses peintures exposées dans cette belle maison du Brabant wallon aux allures de fermette à Lasne, près de Waterloo. Une table gastronomique qui a fêté ses 15 ans en 2019. Ici la cuisine est de saison, préparée avec de l'ultra-frais. Post-Covid, le chef s'est orienté vers des «tapas gastronomiques», des petites assiettes que l'on peut partager. On a aimé la saladine de gambas fumées « minute » et sa vinaigrette douce à la mangue, qui débarque à table dans un bocal enfumé !

MOMO LA CREVETTE €€

Chaussée de Bruxelles 202
+32 2 351 21 00
www.momolacrevette.com
Ouvert du mardi au samedi de 12h à 14h30 et de 19h à 22h. Carte : 60 € environ. Lunch : 22 €.

Ne vous fiez pas à ce nom de bandit mafieux multirécidiviste, Momo la Crevette est un restaurant au cadre sage et bien policé dans des tons blancs et bleus, parmi les meilleures tables de la ville. Depuis 2016, les cuisines obéissent aux ordres du chef Thierry Vanholsbeek. La crevette est la star du menu, avec un choix de 11 espèces pêchées aux 4 coins du monde. Le homard (sur commande), le thon rouge ou le saumon font bonne place à côté des noix de Saint-Jacques au champagne, de la tomate aux petites grises, de la raie aux câpres ou des huîtres Gillardeau.

LA PLANCHE D'AILLEURS €€

Chaussée de Bruxelles 365
+32 2 351 24 90
www.laplanchedailleurs.be
Ouvert du mardi au samedi midi et soir. Carte : 60 €. Plats enfants.

Ouvert en 2019, la Planche d'Ailleurs reprend les codes stylistiques de son prédécesseur, en mieux. On peut s'installer sur la jolie terrasse loin de l'agitation périurbaine. Mais on préfère l'intérieur qui vaut tellement le coup d'œil. Parquet et tables en bois massif, chaises coques contemporaines du plus bel effet, on kiffe. La carte étonne et explique le nom de l'enseigne : les viandes sont d'ailleurs ! Le moins exotique est sans doute le pata negra, c'est dire ! À ses côtés, filet de guanaco ou de zèbre (!), renne... Exotique on vous dit !

SAISONOMY €€

Rue des Combattants 110 - **LA HULPE**
✆ +32 2 653 10 61
https://saisonomy.be/
Ouvert du mardi au samedi le midi et le soir ; le dimanche midi. Menus de 50 € à 74 €. Carte : 73 € environ.

Voici une maison jeune, accueillante et inspirée qui propose une cuisine fraîche et légère... bien dans l'air du temps et les saveurs du moment. Le chef, Alain Morillon, concocte de petites merveilles de préparations de cuisine française dans la veine « gastronomique ». Les menus changent tous les deux mois pour coller aux saisons et les produits sont le plus possible bio, et locaux. Tout est raffinement, de la déco à la cuisine et les prix n'ont jamais tué personne. L'adresse tout en simplicité et humilité, vaut réellement le détour.

À LA DOUC'HEURE

Chaussée de Bruxelles 393
✆ +32 478 53 85 69
Ouvert le lundi et le mardi de 9h à 19h ; du mercredi au samedi de 9h à 18h.

Il y a tout pour se faire chouchouter à la Douc'heure. C'est d'abord un institut de beauté où on se remet entre les mains expertes de Stéphanie pour les soins et les massages. Pour prolonger la détente, on peut aussi passer par l'espace solarium ou le sauna à infra-rouge. Évidemment, l'institut propose des produits cosmétiques qu'ils utilisent, du maquillage mais le petit plus, c'est que Stéphanie a tenu à avoir un espace pour vendre ce qui fait peut faire plaisir : bijoux, foulards, maroquinerie et accessoires. On est bien, non ?

L'ÉPUISETTE

Rue des Combattants 83
LA HULPE
✆ +32 2 315 86 55
www.lepuisette.be
Ouvert du mercredi au samedi de 8h30 à 18h30. Carte : environ 45 €.

L'Épuisette est une poissonnerie mais comme la tendance est aux lieux multifonctions, c'est aussi un service traiteur ET un bistro. De quoi couvrir toutes vos envies de produits de la mer. Le chef, Guillaume Vanhalle, est passé par les cuisines de la Villa Lorraine, établissement étoilé, et donc gage de bonne assiette. Du coup, les soles, homards, crabes et autres crevettes destinées aux croquettes sont directement transformés sur place. Les produits sont respectueux des saisons et la poissonnerie se fournit auprès de filières durables. Un bel établissement !

RENIPONT-PLAGE

Rue du Pont 9 - **LASNE**
✆ +32 2 652 01 62
www.la-plage-de-renipont.be
Ouvert toute l'année. Tous les jours de 11h à 20h30. Entrée : 10 €. Enfant : 8 €.

La plage de Renipont est à Lasne ce que l'Atomium est à Bruxelles, indissociable. Un écrin de verdure et une zone de loisirs aquatiques en plein air qui fait la joie des petits et des grands. Un superbe plan d'eau exclusivement alimenté par des sources. Ce site naturel est surtout parfaitement entretenu avec sa plage de sable blanc, la pelouse, les jeux pour enfants et les cabines. Quand les vacances sont encore loin, c'est le plan idéal pour se baigner et passer la journée entre copains. La Guinguette vous tend les bras avec sa carte de brasserie et sa terrasse.

GREEN BOX

Rue François Libert 15
✆ +32 2 351 18 67
green-box.be
Ouvert le lundi et mercredi, de 10h à 18h ; mardi, jeudi, vendredi, samedi, de 9h à 18h ; dimanche de 9h30 à 12h30.

La fleuriste, c'est Isabelle Duchâteau et sa boutique s'est vite fait un nom à Waterloo. Place à la créativité dans la confection des bouquets avec le mélange de fleurs « nobles » (comme la rose) et d'autres plus modestes, des mélanges de couleurs actuelles (on aime les tons un peu passés des fleurs) ou l'utilisation de contenants divers (comme des courges ou des citrouilles en automne. Montages et murs végétaux ne font pas non plus peur à Isabelle donc, pour illuminer un peu votre journée ou celle d'un autre, dites-le avec ses fleurs.

ROYAL WATERLOO GOLF CLUB

Vieux Chemin de Wavre 50 - **LASNE**
✆ +32 2 633 18 50
www.rwgc.be
Ouvert tous les jours. Restauration.

Golfer avec vue sur la Butte de Lion de Waterloo, si c'est pas la classe ! Car c'est l'un des parcours proposés par ce prestigieux club (élu le meilleur de Belgique en 2020 et aussi le plus titré). Le club propose donc trois parcours : la Marache, le Lion et le Bois-Héros ainsi qu'un parcours d'entraînement bien adapté pour les novices. C'est le club huppé dans toute sa splendeur, avec des greens designés au cordeau et manucurés comme il se doit. Et après une petite partie, le restaurant du club tenu par Hugues Mattagne vous attend.

NIVELLES

Cette petite ville de 30 000 âmes aux confins du Brabant et du Hainaut trouve son origine au VIIe siècle avec la création d'une abbaye. Celle-ci avait la particularité d'être dirigée par une femme. La cité a conservé son dédale de rues moyenâgeuses, autour de la grand-place dominée par la collégiale Sainte-Gertrude. Les amateurs de curiosités architecturales y apprécieront, outre la Collégiale de style roman, différentes églises classées, le centre-ville ancien, et les maisons aux façades plusieurs fois séculaires. La cité, comme de nombreuses autres dans le Nord de la France, a été particulièrement marquée par les bombardements de l'aviation allemande en mai 1940. Le 19 mai, presque tout fut détruit dans un rayon de 300 mètres, autour d'une collégiale dont il ne resta plus que les murs. Depuis, l'église est devenue paroissiale : les bâtiments conventuels ont disparu dans les bombardements et son clocher, jusque-là surmonté d'une flèche gothique, fut remplacé par une tour octogonale de style roman tardif. Les Nivellois sont parfois surnommés les Aclots lorsqu'ils sont nés intra-muros. Entre autres traditions, la ville possède un carnaval réputé. Il débute le premier samedi du Carême et se termine le mardi suivant. Nivelles est encore célèbre pour sa tarte al d'jote, dont les labels sont attribués chaque année par une confrérie. Elle se savoure idéalement, accompagnée de la bière Djan d'Nivèle, brassée par Jandrain-Jandrenouille et se compose de bettes, de fromage blanc de ferme maigre et de beurre. Avis aux curieux ! Une ville à l'histoire riche et aux nombreux atouts.

COLLÉGIALE STE-GERTRUDE ★★★

Grand Place ✆ +32 6 784 08 64
www.collegiale.be

7j/7, 9h-18h (de Pâques au 31 octobre, 17h le reste de l'année). Possibilité de visite guidée, renseignements à l'OT.

Édifice classé Patrimoine exceptionnel de Wallonie, la Collégiale Sainte-Gertrude l'est réellement, exceptionnelle. Consacrée en 1046 par l'empereur Henri III du Saint Empire romain germanique, l'édifice est l'une des plus vastes et des plus anciennes églises romanes d'Europe, de style roman rhénan ottonien plus exactement. Sa silhouette majestueuse se distingue par ses lignes épurées et l'équilibre général de ses formes. Seules quelques parties datent de la fin du XIIe siècle (pignon sud du transept est et avant-corps ouest) mais s'intègrent parfaitement à l'ensemble construit antérieurement. Elle est remarquable par ses deux transepts et ses deux chœurs, opposés l'un à l'autre, à la manière d'une basilique byzantine. Le clocher octogonal roman compte 49 cloches et deux tourelles. L'une d'entre elles (dite Tour Jean de Nivelles) héberge un jacquemart en cuivre du XVe siècle. Sous la nef principale, un sous-sol aménagé permet une visite archéologique, offrant la découverte des fondements des cinq églises successives précédant la construction romane, bâties du VIIe au Xe siècle. On parle des balbutiements du christianisme au Moyen Âge primitif ! La première église mérovingienne, bâtie vers 650, abrite les caveaux funéraires de la première communauté religieuse de l'abbaye de Nivelles. La dernière église érigée par les Carolingiens renferme la tombe d'Ermentrude, petite-fille de Hugues Capet. Enfin, le cloître nous laisse une vague idée de ce que pouvait être l'imposant ensemble abbatial.

Collégiale Saint-Gertrude de Nivelles.

MUSÉE COMMUNAL DE NIVELLES 🏛 ★

Rue de Bruxelles 27
✆ +32 67 88 22 80
Du mardi au vendredi et les 1ers et 3es dimanches du mois de 9h30 à 12h et de 14h à 17h. Adulte 2 €. Gratuit -12 ans.

Installé dans une bâtisse du XVIIIe siècle, ce musée expose des objets ayant appartenu à la Collégiale, du Moyen Âge au XVIIIe siècle. Les pièces maîtresses : quatre statues gothique en pierre calcaire des saints Paul, Jean, Pierre et André. Mais aussi diverses créations de bois et de pierre en pur style gothique brabançon, des pièces gallo-romaines, des poteries antiques ou en terre cuite du XVIIIe siècle et une série d'objet usuels (armoires, coffres, instruments de musique...).

B&B LE GRAND BAILLY €€

Chemin du Grand Bailly 4 ✆ +32 476 21 22 32
www.grandbailly.be
Chambre double à partir de 80 €, 300 € la semaine. Lit supplémentaire : 16 €.

Dans cette ancienne ferme du XVIIIe siècle, deux chambres très confortables ont été aménagées et sont disponibles à la location : chacune dispose de sa propre salle de bains, d'une TV et d'un frigo. Sur place également, on trouve un gîte rural indépendant (pour 4 personnes) meublé avec goût. Un superbe point de chute pour ceux qui souhaiteraient découvrir la région. Depuis peu, le Grand Bailly est aussi en centre-ville avec un gîte citadin deux chambres pouvant accueillir 4 à 5 personnes. Tous les hébergements offrent TV et Wi-Fi.

LA FERME DES ÉGLANTINES €€

Chemin de Fontaine-l'Évêque 8 ✆ +32 67 84 10 10
www.fermedeseglantines.be/fr/
Chambre double à partir de 90 € avec petit déjeuner.

Quelque peu éloigné du centre de Nivelles, ce joli corps de ferme en briques convient à ceux qui souhaiteraient se ressourcer dans la nature. Cette belle maison d'hôtes est pourvue de cinq chambres, dont deux sont équipées d'un bain bouillonnant, pour ne rien gâcher à ce moment de détente. Vous êtes à la campagne et profitez d'un beau jardin où l'on prend le petit déjeuner si le temps le permet. Une belle halte pour les familles aussi, puisque les enfants peuvent se familiariser avec les animaux de la ferme : des moutons, des canards... Un bel endroit.

LE CHAMPENOIS €€

Rue des Brasseurs 14
✆ +32 6 721 35 00
www.restaurantlechampenois.be
Du mardi au vendredi, midi et soir et samedi soir. Menus dès 42 €. Formule lunch : 20 €.

Avec les années, la maison a gardé son charme et son vieil escalier classé. La carte est vraiment audacieuse, maniant des ingrédients rares, gibier, légumes d'antan... A l'image de ce filet de biche, sa mousse de potimarron et châtaignes, panais rissolés, airelles et sauce moutarde légère... Une révélation. Le filet de merlu, mousse de pommes de terre rissolées, avec crumble de parmesan et jus d'oignons brûlés est tout aussi ravigotant. Pour conclure : une gaufre de Liège, avec sa poire infusée à la bergamote et son sorbet poire - fève tonka. Un vrai voyage.

LE CIGALON €€

Rue de Bruxelles 32
✆ +32 67 21 53 63
www.restaurantlecigalon.be
Ouvert du jeudi au lundi le midi et le soir ; le mardi midi. Menus de 35 € à 40 €. Carte 49 €. Lunch.

La Belgique compte très peu de « bouchons lyonnais » mais la cité *aclote* a le sien et on frétille de plaisir à chaque visite ! La déco donne le ton : carreaux rouges et blancs, Guignol à la fenêtre, Gnafron au menu… c'est Lyon que le chef Jean Dubois a voulu reproduire avec bonheur au centre de Nivelles ! On y a notamment dégusté une salade de museau à la vinaigrette, artichaut et chorizo dans leur bouillon, les inséparables Morteau et lentilles, os à moelle grillé, quenelle de brochet, raviole d'écrevisses et asperges, ris et tête de veau… Lyonnais, on vous dit !

DIS-MOI OÙ €€

Rue Sainte-Anne 5 ✆ +32 67 64 64 64
www.dis-moiou.be
Ouvert du mardi au vendredi le midi et le soir ; le samedi soir. Menu dès 42 €. Terrasse. Réservation recommandée.

Murs noir et blanc, bois, chaises hautes et zinc : l'endroit est convivial, bien pensé et orchestré. Côté fourneaux, Nicolas revisite les classiques. Il démarre fort avec une crème brûlée au parmesan. Surprenant ! Le filet de cabillaud sur mousseline et légumes croquants... copieux pour une entrée ! La suite est tout aussi généreuse : champignons de printemps et jeunes pousses d'épinards entourent une pièce de bœuf saignante. Pour finir, le fondant caramel-beurre salé est sa spécialité. L'espace assez restreint de cette adresse escamotée en fait un lieu intimiste.

TAVERNE RESTAURANT L'UNION €€

Grand Place 27

✆ +32 67 21 27 98

Tous les jours de 10h à 23h (sauf samedi à partir de 8h). Lunch : 16 €.

Envie d'essayer cette spécialité nivelloise qu'est la tarte al djote ? Dirigez-vous vers l'Union ! Pile sur la Grand Place, cette taverne-restaurant peut se vanter d'avoir obtenu le prix de la meilleure tarte, vous pouvez y aller les yeux fermés. En plus, elle bénéficie du label wallon de Bistrot de Terroir® qui récompense les établissements sur la qualité des produits, la mise en avant de produits du terroir et la convivialité. L'intérieur tout en bois évoque les brasseries d'antan.

THE CIRCUIT €€

Avenue Robert Schuman 1

✆ +32 67 56 11 31

Ouvert le lundi et le samedi le soir ; du mardi au vendredi le midi et le soir. Menu dès 35 €. Plat du jour : 14 €.

12 mai 1974, Nivelles accueillait son 2e et dernier GP de F1. Le site reconverti en zoning accueille notamment ce resto. L'assiette est très correcte et la déco de rouge, noir damiers et voitures miniatures évoque ce passé prestigieux. Le plafonnier simule le tracé du circuit, les bouteilles de vin attendent sur la grille de départ. Au panneau d'affichage, l'entrecôte grillée carbure aux vraies frites au blanc de bœuf. Les *tifosi* se régaleront de pizzas ou d'une saltimbocca. Pour un rapide *pit stop*, piocher parmi les salades et sandwichs à emporter.

GOLF DE LA TOURNETTE

Chemin de Baudemont 21

✆ +32 67 89 42 66

www.tournette.com

De 30 € à 110 € le green-fee pour les visiteurs selon le parcours, le nombre de trous et la saison.

Situé près de Bruxelles et au cœur des vallons d'Ittre et de Nivelles, le golf château de la Tournette est régulièrement cité parmi les plus beaux golfs au monde car il est dominé par un splendide château du XVIe siècle. Celui-ci propose trois parcours sur un domaine de 160 hectares : deux parcours de golf championship – l'Américain et l'Anglais – et un beau parcours compact : l'Orival, un parcours de 9 trous pouvant servir d'entraînement ou aux débutants. Au cœur du *club house*, on peut venir boire un verre ou déjeuner un plat de spécialités du terroir.

VILLERS-LA-VILLE

Relativement étriquée et un peu « oubliée » aux confins du Hainaut et du Namurois, entre Nivelles, Charleroi et Gembloux, la région se caractérise par un relief vallonné parsemé de petits villages dans lesquels le temps semble arrêté. Des fermes carrées au milieu de vastes champs cultivés. Des forêts profondes parcourues par un réseau de sentiers et chemins. Dispersées dans cette zone rurale, on trouve des anciens moulins à eau, de nombreux châteaux, des chapelles… Témoin de son histoire, les ruines de l'Abbaye plongent le visiteur dans un véritable émerveillement. Sur le plan culturel, des événements d'envergure sont légion sur ce site.

TERVUREN ★★

Tervuren compte 21 000 habitants. Sa particularité est que c'est la seule commune périphérique de la région de Bruxelles-Capitale située dans l'arrondissement de Louvain. Elle abrite le fameux musée royal de l'Afrique centrale qui vaut vraiment le déplacement. C'est l'occasion de faire une balade dans un arboretum de 100 ha comptant 460 espèces d'arbres, dans le prolongement nord-est de la forêt de Soignes. Un passage par les Etangs de Tervuren et la petite place du village complétera la visite.

Transports

Le tramway 44 va directement à Tervuren depuis l'arrêt de métro Montgomery, situé derrière le parc du centenaire (44 minutes).

ARBORETUM DE TERVUREN

Tervuren Arboretum

www.arboretum-tervuren.be

Entrée gratuite. Dans le prolongement nord-est de la forêt de Soignes.

Un espace vert d'une superficie d'environ 100 hectares, comptant 460 espèces d'arbres dans le prolongement nord-est de la forêt de Soignes. Les vélos y sont les bienvenus. Consultez le site Internet pour des idées de balades. Un passage par les Etangs de Tervueren et la petite place du village (bistros, glaces ou chocolats chauds) complétera la visite. Pour une promenade guidée, renseignez-vous à l'office du tourisme de Tervuren (Tél +32 2 769 20 81). Accessible via la Jezus-Eik laan entre Notre-Dame-aux-Bois et Tervuren, il est doté d'un vaste parking.

ABBAYE VILLERS-LA-VILLE ★★

Rue de l'Abbaye 55 ✆ +32 71 88 09 80
www.villers.be
Ouverts tous les jours. Du 1/04 au 31/10, 10h-18h ; du 1/11 au 31/03, 10h-17h (fermé mardi). Adulte : 9 €, 6-12 ans 4 €.

Histoire. En 1146, quelques membres de la communauté cistercienne de Clairvaux arrivent à Villers pour y fonder une nouvelle abbaye. Les moines aménagent ce lieu encaissé et marécageux grâce à un ingénieux système hydraulique. Celui-ci était un ensemble de canalisations souterraines, moulins et étangs. Niché au creux d'une vallée bordée de bois et de prairies, le vaste cloître constitue le cœur de l'abbaye. Autour s'articulent les principaux bâtiments conçus pour la prière et le recueillement (église, chapelles), mais aussi pour des activités plus laborieuses (moulin, ferme, etc.). L'abbaye, qui reflète tous les styles architecturaux qui se sont succédé dans ces contrées jusqu'au XVIIIe siècle, est pillée en 1794, et les moines la quittent en 1796. Elle acquiert progressivement cette atmosphère actuelle de ruines envahies par la nature.

Visite. On vous recommande vivement de passer par le jardin de plantes médicinales, qui vaut le détour, au cœur des ruines de l'abbaye, et de faire un détour par les cinq jardins botaniques à thèmes différents. Une visite en réalité augmentée sur tablette interactive est désormais proposée pour ceux qui s'intéressent aux espèces végétales plantées ici. Une boutique de produits locaux est également ouverte sur place aux mêmes horaires que l'abbaye. Ce lieu immense est par ailleurs animé par de multiples manifestations tout au long de l'année : visites guidées thématiques, concerts en plein air, expositions, théâtre... Le programme est particulièrement fourni !

© ABBAYE DE VILLERS-LA-VILLE ASBL

AFRICAMUSEUM 🏛 ★★★★

Leuvensesteenweg 13
✆ +32 2 769 52 11
www.africamuseum.be
Du mardi au vendredi : 11h-17h. Week-end : 10h-18h. Vacances et jours fériés : 10h-17h. Adulte 12 € ; gratuit -18 ans.

Ce musée est intimement lié à l'histoire de la colonisation du Congo par la Belgique. Créé en 1897 sous l'impulsion du roi Léopold II, il visait à éveiller la curiosité des Belges pour « l'État indépendant du Congo », propriété personnelle du souverain, aujourd'hui en proie à la controverse contemporaine en raison des atroces tortures perpétrées par les colons. À l'occasion de l'Exposition universelle de 1897, ce dernier fit construire dans le domaine royal de Tervuren le « Palais des colonies ». L'exposition temporaire présentait les « curiosités » du Congo : animaux empaillés, objets d'intérêt ethnographique, produits d'exportation (café, cacao, tabac, etc.). La construction du bâtiment actuel néoclassique fut confiée au Français Charles Giraut, architecte du Petit Palais. Il fut inauguré en 1910 pour la deuxième Exposition universelle. Mais Léopold II meurt en 1909. Avant sa mort, il a légué le Congo à la Belgique.

Aujourd'hui, le musée possède une collection riche de plusieurs milliers d'objets (environ 800 exposés), qui ont alimenté les fantasmes de plusieurs générations et le scénario de *Tintin au Congo* : l'homme-léopard, les gazelles empaillées… L'approche est anthropologique, ethnologique, botanique, zoologique, entomologique, géologique et minéralogique. Le musée, qui est aussi un centre de recherche, De 2013 à 2018, le musée a effectué des travaux de rénovation et expose depuis une vision plus contemporaine de l'Afrique, avec une scénographie inédite dans ses nouveaux bâtiments.

ALOYSE KLOOS 🍴 €€

Terhulpsesteenweg 2 - **HOEILAART**
✆ +32 2 657 37 37
aloysekloos.be
Ouvert du mardi au samedi de 12h à 14h et de 19h à 21h ; le dimanche de 12h à 14h. Menus de 43 € à 52 €.

Aloyse, c'est le fondateur du restaurant, spécialiste du fumage de jambon, de poisson et des fricassées aux champignons, celui qui a établi la réputation de la maison. C'est son fils Thierry qui est à présent à la tête de ce restaurant au bord de la Forêt de Soignes. Le cadre est un peu vintage mais va bien avec les classiques de la cuisine française qu'on y sert (et bien entendu, les poissons et jambons fumés sur place) ! De beaux produits frais, de saison (notamment une carte spéciale gibier en saison) et une pléthorique carte des vins combleront les gourmets.

ESCAPADES

FLORALIES GARDEN

Rue Bergenblok 21 - **WEZEMBEEK-OPPEM**
✆ +32 2 731 56 99
www.floralies.be
Ouvert du lundi au samedi de 9h à 19h ; le dimanche de 10h à 17h.

De père en fils depuis 1949, le paradis du jardinier sur plus de 6 000 m² de serres et de pépinières. Les plantes sont généralement nées dans la maison et ont grandi grâce aux soins attentionnés des pépiniéristes. On trouvera le cache-pot ou la poterie qui lui convient : embarras du choix en taille, forme et couleur ! Pour ceux qui ont la main moins verte, un fleuriste se charge de concevoir de jolies compositions de fleurs coupées (petites ou grandes occasions). Espace déco et art de la table, régulièrement étoffé ; département animalerie et service déco.

JARDIN BOTANIQUE MEISE

Nieuwelaan 38 - **MEISE** ✆ +32 2 260 09 70
www.plantentuinmeise.be
Ouvert 7j/7. Novembre-février : 10h -17h. Mars-octobre : 10h-18h. Adulte : 10 €. Réduction de 1 € si résa en ligne.

S'étendant sur près de 96 hectares, le Jardin botanique de Meise est un des plus grands au monde et un enchantement pour petits et grands. On peut facilement passer la journée à travers les différents jardins et serres. Découvrez les végétations du monde entier au Palais des plantes, admirez la beauté de la Serre d'Alphonse Balat (le professeur d'Horta), promenez-vous dans les parterres du château de Bouchout… Différentes expos et activités y sont proposées. La star, c'est l'arum titan, plus grande fleur du monde, elle ne s'ouvre que pendant 72h avant de faner.

GRIMBERGEN ★

Grimbergen est une ville de 40 000 habitants, surtout connue pour son abbaye que fit construire Saint Norbert de Xanten en 1128, et sa bière à haute fermentation, jadis brassée par les moines de l'abbaye. Grimbergen est une ville agréable pour découvrir des monuments classés, son abbaye et sa basilique donc, mais aussi les moulins à eau et la grotte de Lourdes. La ville est surtout connue pour sa bière. La brasserie peut être visitée. Si la célèbre bière est produite de façon industrielle, des séries limitées sont à nouveau conçues par des moines de l'abbaye de Grimbergen, qui ont rouvert une micro-brasserie après 200 ans d'arrêt en 2020.

BRASSERIE DU HEYSEL €€

Chaussée Romaine 650
STROMBEEK-BEVER
✆ +32 2 460 47 75
Tous les jours de 11h à 22h ; du jeudi au samedi jusqu'à 23h. Jardin. Terrasse. Carte : 55 € environ. Plat du jour 18 €.

Cette belle villa au cadre cosy et élégant est située juste en face du Palais des expositions. Idéal pour la clientèle liée aux salons, mais pas que... L'établissement sert une cuisine de brasserie avec une carte variée et saisonnière qui plaira toute l'année à toutes les générations. Le grand jardin peut accueillir une centaine de personnes. Quelques jeux pour enfants prouvent que les petites têtes blondes sont les bienvenues. Un chariot à gins et un fumoir témoignent de l'intérêt porté aux plus grands. Limpide... et répété à l'envi.

ESCAPADES

Grimbergen.

GRIL AUX HERBES D'EVAN €€

Chaussée de Bruxelles 21
WEMMEL
✆ +32 2 460 52 39
www.evanrestaurants.be
Ouvert du lundi au vendredi, midi et soir. Menus de 65 € à 115 €. Carte : 80 € environ. Jardin.

Ici, on a le choix de son ambiance parmi différents espaces aérés et lumineux (accoudé à la cuisine, dans l'espace bar à tapas, dans l'espace bar à sushis...) donnant sur la cuisine ouverte. Mais l'important, c'est l'assiette : présentation, goût, plats allégés, peu de sauce, pas trop de cuisson. On laisse le produit s'exprimer. Au rayon vins, des bulles, du français et quelques extras. Parmi de nombreuses formules de déjeuner ou diner, on aime la découverte en petites portions et le « menu surprise », composé le matin avec les surprises du marché (9 services).

IN DE PATATTEZAK €€

Oude Mechelsestraat 48
STROMBEEK-BEVER
✆ +32 2 267 52 52
www.indepatattezak.com
Ouvert du lundi au vendredi le midi et le soir ; le week-end le soir. Carte : 22 € environ.

Sous ses airs de vieux *bruine café*, le Patattezak est étonnement jeune. On y vient essentiellement manger des spaghettis « cuits à la minute » (la petite taille de la cuisine oblige...), format normal ou maxi. Et on a le choix entre bolognaise, jambon-fromage, fruits de mer et végétarienne, avec la même recette depuis 40 ans. Point à la ligne. Le reste c'est une ambiance bon enfant, un service *brusseleir tweetalig* et une décoration patinée dans laquelle tout le monde se sent bien. Très belle carte de bières et de vins également.

PURE FILET €€

Kaasmarkt 157 - **WEMMEL** ✆ +32 2 460 12 18
restaurant-purefilet.be
Mardi-vendredi et dimanche de 12h à 14h ; mardi-jeudi de 18h à 22h ; vendredi-samedi jusqu 'à 23h. Carte : 50 € environ.

Eh oui, c'est bien le filet pur, ce morceau de viande peu gras, qui est la vedette de ce restaurant à la périphérie de Bruxelles : de bœuf, de porc iberico ou même de cheval (une spécialité belge) mais les autres morceaux ne sont pas en reste : entrecôte, tomahawk, spareribs... Des races nobles (Simmenthal, Rubia galega...), maturées que Roberto « Betto » Van Doren cuit au four mibrasa au charbon de bois, ce qui leur donne un goût inimitable. Ceux qui n'aiment pas la viande ont aussi pas mal de choix côté poissons. Les végétariens, eux, passeront leur chemin.

SIGNATURE SUSHI €

Markt 78 - **WEMMEL**
✆ +32 2 346 30 08
signature-sushi.be
Ouvert du mardi au dimanche de 11h à 14h30 et de 17h30 à 21h30. Carte : 20 € environ. Set de 8 à partir de 10,5 €.

Signature Sushi, c'est d'abord une ambiance : du bois clair, des banquettes de velours bleu pétrole qui contraste joliment avec le rose des sakuras et le lampes typiquement japonaises. C'est un peu la rencontre de l'Orient et de l'Occident. Faï est le «sushi-master» qui officie en cuisine pour réaliser des rolls, des makis ou des sashimis tout aussi beaux que bons. Ses recettes signatures ? Le roll Faï à la dorade, au saumon et à l'avocat brûlé au chalumeau et le sushi Signature aux œufs de saumon. Le restaurant propose aussi des poké bowls.

© DR

© DR

ESCAPADES

BIASETTO

Gemeenteplein 6 - **STROMBEEK-BEVER**
✆ +32 2 267 78 64
www.biasetto-bruxelles.be
Ouvert du mardi au vendredi de 7h30 à 18h30 ; le samedi jusqu´à 17h ; le dimanche jusqu´à 15h30.

Fabrice et Nathalie proposent des gâteaux et pralines où la créativité et la recherche du plaisir sont les fils conducteurs. On retrouve la même passion dans les pains (tradition, au levain), les baguettes, les viennoiseries ou les mousses au chocolat. Fournisseur Breveté de la Cour de Belgique depuis 2014, la maison Biasetto l'était dans les faits depuis le tout début de ce siècle. Commandes spéciales (gâteaux, glaces,...) avec 3 jours d'avance. La pâtisserie-chocolaterie Biasetto est située à 2 kilomètres à peine de Brussels Expo et de l'Atomium.

GRIMBERGEN FENIKSHOF

Abdijstraat 20
✆ +32 2 306 39 56
Renseignements sur les visites : tours@hetfenikshof.be.

Troisième bière d'abbaye dans le giron d'Alken-Maes, la Grimbergen a fait parler d'elle récemment puisqu'en 2021, Carlsberg, responsable de la marque à l'international, et Alken-Maes ont inauguré une brasserie au sein même de l'abbaye. De quoi renouer avec une activité *in situ*, plus de 200 ans après son interruption dans la foulée de la Révolution française. La taverne Fenikshof permet de découvrir les bières brassées sur place et un centre de visiteurs a également été ouvert, qui présente une petite houblonnière et un jardin aux herbes médicinales.

THE LITTLE HOUSE SHOP

Chaussée de Merchtem 20 - **WEMMEL**
✆ +32 2 460 11 17
thelittlehouseshop.be
Ouvert mercredi et jeudi de 12h à 18h, vendredi et samedi de 10h à 18h et le dimanche, de 10h à 13h.

Dans la commune voisine de Wemmel, Nathalie Masson a rempli les étagères de sa boutique de tout ce qu'elle aime : des thés délicats, des cafés d'origines, des vins et liqueurs, des confitures, tout un assortiment d'épicerie fine mais aussi des bijoux, des objets de déco, des accessoires de mode comme des sacs... C'est l'endroit idéal pour trouver des cadeaux qui plairont à plusieurs personnes ou pour se faire un petit plaisir, d'autant plus que la patronne a testé et approuvé ce qui figure en magasin. On peut aussi y boire un thé... avant de finir par l'acheter.

OBSERVATOIRE PUBLIC MIRA

Abdijstraat 22
✆ 02 269 12 80
www.mira.be
Ouvert le mercredi et le dimanche (sauf jours fériés), entre 14h et 18h. Entrée : 3 € (sans guide). -10 ans : gratuit.

L'observatoire public Mira est géré par une association à but non lucratif créée en 1967 par le père Pieraerts. Au cours des décennies il a su évoluer et se développer jusqu'à devenir aujourd'hui un lieu de rencontres incontournable pour celles et ceux qui s'intéressent à l'astronomie, théorique ou pratique. En plus de ses instruments sous coupoles, l'observatoire dispose de salles d'exposition et multimédia. Et comme l'équipe d'animateurs est à l'écoute et est pédagogique, la visite est instructive pour un particulier comme pour une famille avec enfants.

THERMAE GRIMBERGEN

Wolvertemsesteenweg 74 ✆ +32 22 70 81 96
www.thermae.com/fr/thermae-grimbergen
Dimanche-jeudi, 10h30-23h. Vendredi-samedi, 10h30-00h. Fermé Noël et Nouvel An. Tarif : 30,90 € (32,90 € w-e et fériés).

Il n'y a pas que de la bière à Grimbergen, il y a aussi de l'eau ! Et celle-ci fait du bien au foie, et au corps en général. Ce vaste complexe aux multiples facettes ne ménage pas les efforts pour atteindre les sommets au royaume de la relaxation : piscine, deux hammams, onze saunas, quatre bains bouillonnants, des massages... Le tout réparti en versions « naturiste » et « textile » (comprenez maillots de bain), clairement séparées. On peut même passer le week-end entier dans cette ambiance de cocooning zen en séjournant dans l'hôtel voisin. Restaurant sur place.

THE BOWLINGSTONES

Chaussée de Bruxelles 397 - **WEMMEL**
✆ +32 2 532 36 26
www.bowlingstones.be
Ouvert tous les jours de 14h à 23h ; le vendredi et le samedi jusqu´à 2h. Tarif : à partir de 33 €/heure.

L'endroit est présenté comme le plus grand bowling de Belgique et avec ses 36 pistes, on n'est pas loin de le croire. Du coup, l'endroit n'est pas vraiment calme, d'autant plus qu'il attire la jeunesse de la région pour des soirées où l'on remet les quilles à l'honneur avant de boire un cocktail ou de se laisser aller à quelques pas de danse : les vendredis et les samedis, un DJ vient mettre l'ambiance. Bien sûr, on s'éloigne du jeu de club et de la concentration qu'il impose, mais diable qu'il est agréable d'y passer une soirée entre amis ou en famille !

ORGANISER SON SÉJOUR

La Belgique étant en Europe, dans l'espace Schengen, frontalière avec la France et francophone en partie, on s'y sent « comme à la maison » ! Avant tout voyage, il est important de glaner quelques informations pratiques même si la Belgique a plus ou moins les mêmes habitudes et la même organisation que la France, Europe et proximité oblige. On observe des décalages par exemple sur les heures de repas (les restaurants ferment tôt), les heures de spectacles (qui se tiennent tôt aussi), les heures de fête (les bars ferment très tard). Le genre de petits détails qui font qu'on se sent malgré tout ailleurs. Vous trouverez une foule de conseils futés pour joindre les centres-villes depuis les aéroports, trouver une bonne place de parking proche du centre et pas trop chère ou mieux encore, prendre un billet de train, tram ou bus facilement. Mais aussi se déplacer à vélo comme un vrai Belge, en suivant les règles de circulation.

ORGANISER SON SÉJOUR

ARGENT

La devise de la Belgique est l'Euro. C'est le roi Philippe Ier qui figure sur les pièces de monnaie.

BUDGET / BONS PLANS

Vous remarquerez vite que hormis la bière, le coût de la vie est un peu plus cher en Belgique : restaurants, courses, hôtels, transports, musées… Pour les plus petits budgets (par exemple en séjournant dans le dortoir d'une auberge de jeunesse), comptez au moins 60 €/jour. Au restaurant et dans les bars, le service est compris dans l'addition donc, pas besoin de pourboire, à moins que vous ne vouliez récompenser un service particulièrement attentif.

PASSEPORT ET VISAS

- Les voyageurs issus d'un pays de l'Union européenne doivent uniquement se munir de leur carte d'identité ou de leur passeport. Pour les autres voyageurs, il faudra être possession d'un passeport en cours de validité.

Concernant les visas et autres papiers légaux, les règles peuvent différer selon que le visiteur est originaire d'un pays appartenant à l'espace Schengen ou non. Il existe également des différences selon la longueur du séjour, notamment si le séjour dépasse les 3 mois de résidence. Les étrangers résidant en France et en règle de séjour – titulaires d'une carte de séjour préfectorale ou d'un permis de séjour – en France métropolitaine ou DOM, sont autorisés à séjourner jusqu'à 90 jours par semestre en Belgique sans avoir besoin de visa, pour autant qu'ils n'y exercent aucune activité rémunérée ou n'y poursuivent pas d'études. Ils doivent être porteurs de leur passeport national valide et de leur titre de séjour français.

- Pour plus d'informations sur les conditions d'entrées en Belgique : https://diplomatie.belgium.be

PERMIS DE CONDUIRE

- **Si vous venez avec votre propre voiture,** aucun problème, les permis européens sont valides en Belgique par contre, depuis l'établissement de la zone de basse émission sur le territoire de la Région bruxelloise, certains véhicules les plus polluants ne sont plus admis. Il s'agit des véhicules diesel sans norme, Euro 1, 2, 3 et 4 (mis en circulation avant le 01/01/2011) et les essence Euro 1 et sans norme (mis en circulation avant le 01/01/1997). Tous les véhicules immatriculés à l'étranger qui peuvent circuler dans la zone doivent s'enregistrer (gratuitement) via : https://lez.brussels/mytax/fr/registration. L'inscription est gratuite et valable 3 ans.
- **Zone 30** : La vitesse maximale autorisée à Bruxelles est désormais limitée à 30 km/h sur toutes les voiries de la Région de Bruxelles-Capitale, sauf sur les grands axes où la limitation de vitesse reste fixée à 50 ou 70 km/h. Faites attention aux panneaux !
- **Parking**. Les parkings du centre sont très onéreux et limités en temps. Optez pour les parkings périphériques à prix modique moyennant l'achat d'un titre de transport en commun. Plus d'informations sur parking.brussels/fr/smart/park-ride-pr.
- **Pour louer un véhicule en Belgique**, toutes les agences exigeront du conducteur ou de la conductrice principale un permis de conduire et une carte d'identité valides. Un âge minimal est presque toujours requis (21 ans) et une caution devra être apportée, soit en liquide, soit sous forme de retenue sur une carte de crédit. Vérifier bien toutes les autres conditions auprès de l'agence de location.

SANTÉ

Le système de santé belge est parmi les meilleurs en Europe cependant, n'oubliez pas de prendre avec vous votre Carte européenne d'assurance maladie pour faciliter votre prise en charge en cas de pépin. Elle est gratuite et peut être demandée via votre organisme d'assurance maladie ou via votre compte Ameli ou France Connect.

SÉCURITÉ

Bruxelles est une grande ville avec les mêmes petits tracas que les autres grandes villes comme les pickpockets par exemple. Évitez de laisser vos objets de valeur sans surveillance.

LANGUES PARLÉES

Bruxelles est officiellement bilingue français-néerlandais. Vous verrez que tout, du nom des rues au menu des restaurants, est indiqué dans les 2 principales langues nationales (la 3e étant l'allemand, mais non officielle à Bruxelles).

Dans les faits, la majorité de la population est francophone néanmoins, vous entendrez bien d'autres langues. Évidemment l'anglais (qui sert souvent de *lingua franca,* même entre francophones et Flamands,) mais aussi l'arabe, le turc, le lingala, l'espagnol, l'italien, le mandarin… Une vraie tour de Babel !

COMMUNIQUER

Si votre opérateur télécom est issu d'un pays de l'Union européenne, votre abonnement fonctionnera comme à la maison. Internet est disponible quasiment partout (dans les hôtels, restaurants, bars...) et quelques hot spots gratuits sont ouverts en ville, notamment sur la Grand-Place, près de la place De Brouckère ou encore place Sainte-Catherine.

BAGAGES

« Avec un ciel si bas, qu'un canal s'est pendu », disait le Grand Jacques. L'objet essentiel à mettre dans ses valises est... un parapluie. Les Belges se déplacent rarement sans un parapluie dans leur sac, surtout entre novembre et mai quand la météo est particulièrement variable. Une veste imperméable est également recommandée.

LES PHRASES CLÉS

Bonjour, je voudrais réserver un billet aller/retour pour…
Hallo, ik wil graag een retourticket boeken voor…

J'ai raté mon avion. Je voudrais échanger mon billet s'il vous plaît.
Ik heb mijn vliegtuig gemist.Ik wil graag mijn ticket omruilen.

Mon vol est très en retard. Ma correspondance sera bien assurée ?
Mijn vlucht heeft veel vertraging. Kan ik verzekerd zijn van mijn aansluitende vlucht?

Mes bagages ont été égarés, à qui dois-je m'adresser ?
Mijn bagage is kwijtgeraakt, bij wie kan ik daarvoor terecht?

Louez-vous des voitures avec chauffeur ?
Verhuurt u auto's met chauffeur?

Je n'ai presque plus d'essence. Où se trouve la station-service la plus proche ?
Ik heb bijna geen benzine meer. Waar is het dichtstbijzijnde tankstation?

S'Y RENDRE

On se rend en Belgique comme on se déplace en France. C'est naturel et tellement proche ! Lille est vraiment la porte à côté, Paris également. Inutile donc de prendre l'avion ! Il n'y a rien de dépaysant ou de contraignant en voyageant seul en Belgique. Entre Paris et Bruxelles, il y a 320 kilomètres et notre conseil, si vous venez en voiture, est d'éviter les heures de pointe à l'approche de l'une des deux capitales. Attention, Bruxelles est une zone basses émissions.

Si vous ne possédez pas votre propre véhicule, le train est la solution la plus rapide (Thalys depuis Paris, TGV depuis Lyon, Marseille, Montpellier ou encore Rennes). De nombreuses compagnies de bus font la liaison plusieurs fois par jour entre Paris ou Lille et Bruxelles. C'est sans doute une des options les plus économiques. Enfin, il est possible de faire du covoiturage organisé (www.blablacar.fr) à partir et vers toute la France.

TGV INOUI

Il n'y a pas que les Parisiens qui peuvent sauter dans un train et se retrouver à Bruxelles en un clin d'œil (ou presque). La capitale belge est particulièrement bien reliée à l'Hexagone par toute une série de TGV Inoui. Pas moins de 25 villes bénéficient d'une liaison directe, parmi elles : Lille, Strasbourg, Lyon, Marseille, Montpellier, Bordeaux, Rennes, Nantes, Avignon, Valence, Aix-en-Provence ou encore l'aéroport Charles de Gaulle. Jamais les deux pays n'ont été aussi proches ! Installez-vous, profitez du wagon resto et pensez aux tonnes de CO_2 épargnés.

TRAINLINE

www.trainline.fr

Un vrai bon plan qui permet d'acheter un billet de train en moins d'une minute. Il suffit de créer une première fois son profil de voyageur (nom, prénom, âge, carte SNCF) qui sera enregistré pour les recherches suivantes. La recherche/réservation du billet se fait ensuite très rapidement et regroupe toutes les offres de la SNCF et d'autres compagnies européennes (Thalys, Eurostar, Deutsche Bahn, Renfe, Trenitalia...). Devenir le premier guichet du monde libre est le but affiché de ce site pratique et malin, de quoi vous mettre en confiance, non ?

THALYS - SNCF

✆ +33 8 25 84 25 97

www.thalys.com

Thalys est la compagnie principale des TGV directs Paris-Bruxelles. En plus d'être écologique, c'est assurément le moyen de transport le plus efficace. De nombreux départs quotidiens depuis Paris-gare du Nord : vous pouvez vous rendre à Bruxelles (1h43), Anvers (2h20), Liège (2h10) (trains directs), et à Bruges (3h30), Ostende (3h15), Mons (2h50), Namur (2h50) et Gand (2h06) (trains avec une correspondance). Pour des prix avantageux, réservez vos trajets le plus tôt possible (peu de bons prix en last minute) et préférez les derniers trains de la journée.

BLABLACAR BUS

✆ 01 71 53 01 80

www.blablacar.fr/bus

Tous les billets de bus sont échangeables et remboursables jusqu'à 30 minutes avant le départ.

Pour réserver, rendez-vous sur le site web de BlaBlaCar. Vers Bruxelles, BlaBlaBus propose plusieurs allers-retours quotidiens depuis Paris et Lille (qui peuvent servir de villes de correspondance si vous venez d'ailleurs) avec au moins un bus par jour et par ligne à Prix Mini. Et comme toujours chez BlaBlaBus, tout est pensé pour vous : un confort de niveau supérieur, des Capitaines à votre écoute, un temps de trajet optimisé grâce au wifi et aux prises électriques, des prix annoncés à l'avance qui ne changent pas à la dernière minute.

L'ASSURANCE VOYAGE, LE BON RÉFLEXE POUR PARTIR L'ESPRIT TRANQUILLE

avec CATHERINE DIBOUES, responsable du marché voyage, chez Allianz Travel

En cas d'annulation de voyage, peut-on bénéficier d'un remboursement des frais engagés ?

L'assurance voyage propose une indemnisation lorsque l'on doit abandonner son projet de séjour pour une raison indépendante de sa volonté, y compris en cas de COVID-19. Contrairement aux idées reçues, les assurances liées aux cartes bancaires ne proposent pas toutes une assurance annulation.

Que se passe-t-il en cas de retard de vol ?

Avec l'assurance voyage Allianz Travel, les frais supplémentaires liés à l'attente sont remboursés, à partir de 2h de retard. Il peut s'agir des frais de restauration, de transport lors d'un changement d'aéroport ou d'une éventuelle nuit d'hôtel.

L'assurance voyage couvre-t-elle la perte ou le dommage des bagages ?

Allianz Travel indemnise les voyageurs en cas de bagages endommagés ou perdus par la compagnie aérienne. Cela comprend l'indemnisation du bagage et son contenu.

Les frais médicaux sont-ils pris en charge en cas de problème de santé dans l'Union européenne ?

Les pays européens ont des accords avec l'administration française. Avant de partir, il faut demander la carte européenne d'assurance maladie. La sécurité sociale et la mutuelle prennent alors en charge les frais médicaux, selon leurs barèmes. Les frais médicaux étant majoritairement plus élevés qu'en France, l'assurance voyage permet de se voir rembourser du reste à charge.

En cas de souci de santé sur place, notamment en cas de COVID-19, que faut-il faire ?

En cas de doute ou pour des symptômes légers, nous proposons un service de téléconsultation médicale, par téléphone et en visio, qui permet d'être conseillé et orienté par un professionnel ainsi que d'obtenir une ordonnance si besoin. Pour une situation plus grave, il est nécessaire d'appeler les urgences locales. Une fois à l'hôpital et dans un état stable, il faut contacter Allianz Travel pour déclencher les procédures de prises en charge. Notre centre d'assistance fonctionne 24h/24, 7j/7.

SÉJOURS ET CIRCUITS

Peu de voyages organisés sont proposés pour la Belgique, on s'en doute. Tellement proche et facile d'accès, la majorité des visiteurs se passent des agences et de tous les opérateurs qui facturent leurs services. Il reste quelques spécialistes qui s'occupent de proposer des tours en groupes et en bus, plutôt destinés au troisième âge actif qui ne veut pas s'embêter à tout organiser et préfère voyager entre amis. Les tours combinent souvent Belgique et Pays-Bas ou Belgique et Luxembourg, ce qui peut s'avérer intéressant quand la barrière de la langue est trop compliquée pour certains. D'autres spécialistes proposent aussi des tours à vélo de la Belgique, en organisant le transport des vélos dans les trains, en traçant des itinéraires en fonctions des envies des visiteurs. Enfin, des croisières sur les canaux et dans les principaux ports de Belgique sont proposées en voyages thématiques.

ARTS ET VIE

251, rue de Vaugirard - **PARIS** (15e)
✆ 01 40 43 20 21
www.artsetvie.com
Autres agences : Grenoble, Lyon, Marseille et Nice. Du lundi au vendredi de 9h à 12h30 et de 14h à 17h.

Arts et Vie propose des conférences et ateliers thématiques portant sur la culture ou les différentes civilisations, animés par des universitaires. Plusieurs escapades sont proposées pour découvrir la Belgique, parmi elles on retiendra le circuit en 7 jours « La flânerie flamande » qui propose une découverte de Bruges, le polyptyque des frères Van Eyck à Gand, la Maison Rubens à Anvers ou encore le Mu.ZEE d'Ostende. Pour un séjour court, il est possible d'opter pour l'escapade (4 jours) « Bruxelles pour la Saint-Sylvestre ».

CLIO

34, rue du Hameau - **PARIS** (15e)
✆ 01 53 68 82 82
www.clio.fr
Agence ouverte du lundi au vendredi de 10h à 18h, le samedi sur rendez-vous.

En choisissant Clio, vous optez pour une conception du voyage originale et enrichissante. Le succès des voyages Clio est basé sur trois principes. On vous propose un itinéraire pour vous faire découvrir les différentes facettes d'un pays, d'une ville ou d'une région. On vous apporte l'éclairage nécessaire pour mieux apprécier son histoire et son patrimoine lors d'une escapade à l'occasion d'une exposition ou d'un festival musical. Un séjour est proposé à Bruxelles : « Art et Histoire », où vous visiterez les serres royales de Laeken entre autres incontournables.

INTERMÈDES

10, rue de Mézières - **PARIS** (6e) ✆ 01 45 61 90 90
www.intermedes.com
Du lundi au jeudi 9h-19h, vendredi 18h. Samedi 9h30-16h de janvier à mars et septembre, octobre.

Un spécialiste des voyages culturels avec conférencier en Europe et dans le monde. Conçus dans un esprit « grand voyageur », les voyages sont proposés en petits groupes, accompagnés par des guides sélectionnés : vous partez seul, à deux ou plus avec un groupe. Pour la Belgique plusieurs alternatives sont proposées comme « Bruxelles, et les serres royales de Laeken » en 2 jours, « Flâneries en Wallonie » en 4 jours avec les visites de Mons, Namur et Tournai ou encore « Trésors des Flandres » en 4 jours avec les visites des immanquables Bruges, Anvers et Gand.

QUOTATRIP

www.quotatrip.com
Voyages sur mesure.

QuotaTrip est une nouvelle plateforme de réservation de voyage en ligne qui met en relation des voyageurs à la recherche d'expériences authentiques et uniques et des agences de voyages locales sélectionnées pour leurs compétences et leur sérieux. Le réseau de QuotaTrip couvre près de 200 destinations dans le monde entier. Le but de ce rapprochement est simple : proposer un séjour entièrement personnalisé aux utilisateurs. QuotaTrip promet ainsi l'assurance d'un voyage serein, sur mesure, sans intermédiaires et sans frais supplémentaires.

INTERVIEW

LE VOYAGE-SUR-MESURE

AVEC STEVEN LE CHEVALIER ET MATHIEU VALLY DE QUOTATRIP

Quel est le concept de l'agence QuotaTrip ?

Quotatrip est la première plateforme de mise en relation entre voyageurs et agences locales. Grâce à elle, les voyageurs peuvent enfin échanger en direct avec des agences qui sont sur place et concevoir un voyage unique, au meilleur prix et 100% personnalisé.

Pourquoi voyager avec des agences locales ?

À l'inverse des agences traditionnelles, les agences locales sont des expertes de la destination choisie. Ce sont aussi les mieux placées pour concevoir des séjours qui sortent des sentiers battus. Elles sont ainsi en mesure de répondre à l'ensemble des envies, le voyageur rentre dans l'univers de l'equi-tourisme = le tourisme sans intermédiaire.

Quels sont les autres avantages pour les voyageurs ?

Il y a une multitude d'avantages. Cela permet notamment de ne pas voyager comme tout le monde, d'organiser de manière simple et rapide un séjour sur mesure et au meilleur prix. Fini les mauvaises surprises, les voyageurs posent toutes les questions qu'ils souhaitent et bénéficient d'un accompagnement sur mesure, de la conception du projet jusqu'à sa réalisation en toute sécurité car les agences référencées sont sélectionnées et recommandées par les journalistes des guides du Petitfute en toute impartialité.

Les démarches sont-elle simples à effectuer ?

Les sites de voyage en ligne font perdre beaucoup de temps aux internautes sans pour autant répondre entièrement à leurs désirs. QuotaTrip propose un formulaire simple et rapide qui permet de décrire les souhaits, les envies et les besoins. L'internaute reçoit aussitôt gratuitement et sans engagement les offres de trois ou quatre agences locales avec qui il peut ensuite échanger afin de personnaliser son projet grâce à la messagerie mise en place.

Quelles sont les destinations proposées ?

Notre plateforme propose plus de 21 000 projets de voyage sur plus de 100 destinations à travers le monde. De l'Amérique latine en passant par l'Asie et l'Afrique, nos mille agences partenaires sont là pour répondre à vos projets de voyage.

Décrivez votre projet de voyage. Echangez en direct avec les agences locales et partez au meilleur prix.

***Plus d'informations** : quotatrip.com*

©D.R

©D.R

©D.R

PRATIQUE

SE LOGER

BUDGET / BONS PLANS

L'offre hôtelière est très diversifiée et il y en a pour toutes les bourses. En auberge de jeunesse, comptez environ 25 € par personne. Pour un peu plus de confort, vous devrez débourser entre 80 € et 120 € pour une chambre double. Et à partir de 130 €, vous pourrez avoir accès à des établissements plus luxueux. Comme toujours, les sites Internet de réservation *last minute* peuvent se révéler intéressants pour trouver de bons prix d'hôtels de confort ou de luxe.

A RÉSERVER

Les petits budgets devront s'y prendre à l'avance pour dénicher la chambre au bon rapport qualité/prix. Les sites tels que AirBnB sont aussi bien placés pour proposer de bons plans à petit prix. On trouve aussi des chambres d'hôtes dans tous les coins de la capitale. Mais le peu de chambres invite à réserver également. En semaine, Bruxelles est plus sollicitée et onéreuse que le week-end (même si ce n'est plus aussi automatique depuis le Covid). Les nuits du dimanche au lundi sont souvent les moins chères). En été, les prix sont légèrement plus élevés et grimpent à nouveau pendant la période de fin d'année, surtout pendant la durée des Plaisirs d'hiver.

POUR LES GOURMANDS

Le petit déjeuner est souvent compris et s'il ne l'est pas, le prix de celui-ci est indiqué (entre 10 et 25 € de supplément par personne).

FUMEURS

Les hôtels sont en grande majorité non-fumeurs.

LES PHRASES CLÉS

Bonjour, avez-vous de la disponibilité pour une chambre double pour ce soir ou demain soir ?
Hallo, heeft u een tweepersoonskamer beschikbaar voor vanavond of morgenavond?

Avez-vous un code wifi… les enfants ne tiendront pas sans !
Heeft u een wifi code... de kinderen kunnen niet zonder!

C'est bruyant, est ce que je peux changer de chambre ?
Het is lawaaierig, zou ik van kamer mogen veranderen?

Jusqu'à quelle heure est-ce que nous pouvons aller à la salle de sport et à la piscine ?
Tot hoe laat kunnen we naar de fitnessruimte en het zwembad gaan?

Est-ce que je peux laisser mon bagage et revenir plus tard le récupérer ?
Kan ik mijn bagage achterlaten en het later komen ophalen?

Est-ce que vous pouvez nous appeler un taxi ? Merci beaucoup.
Kunt u een taxi voor ons bellen? Hartelijk dank.

SE LOGER

L'hôtellerie bruxelloise offre un éventail de styles et d'ambiances très large. Certaines maisons d'hôtes ont beaucoup de charme, notamment en raison de leur architecture typique et l'accueil chaleureux des Bruxellois qui les gèrent. Les petits hôtels bon marché, qui furent longtemps la catégorie offrant le moins de choix à Bruxelles, sont plus nombreux aujourd'hui. Ils ne sont pas toujours charmants, mais la plupart sont bien tenus et pratiquent des tarifs attrayants. Les auberges de jeunesse se sont également multipliées et offrent souvent de véritables chambres d'hôtel en plus des dortoirs. On trouve aussi une belle offre de boutique hôtels chic et trendy, et beaucoup d'hôtels orientés business, tournés vers une clientèle d'affaire très importante à Bruxelles. Plan futé : ces mêmes hôtels bradent leurs chambres et offrent plus de disponibilité le week-end, quand l'animation et la fête est à son comble pour les touristes, pratique !

CAMP IN BRUSSELS

Rue Félicien Rops 13
✆ +32 486 83 26 10
www.campinbrussels.com
Réservation par e-mail obligatoire. 10 €/jour et maximum 72h consécutives. Entrée entre 14h et 20h.

Vous voyagez en camping-car ou van aménagé ? Camp in Brussels est un projet-pilote à Anderlecht qui vise à proposer un service de stationnement sécurisé (et plus à l'avenir) à ces types de visiteurs dont le nombre grandit de plus en plus. Après avoir réservé sa place par e-mail, on reçoit un code d'accès à l'aire de stationnement. Attention, il n'y a pour le moment aucun service (eau, électricité, vidange...), vous devrez donc gérer cet aspect-là. Par contre, l'aire se trouve entre deux stations de métro et vous serez bien vite au centre-ville !

ADAGIO CITY APARTHOTEL €€

Boulevard Anspach 20
✆ +32 2 643 50 02
www.adagio-city.com
Studio à partir de 76 €/nuit ; appartement (4 pers.) à partir de 118 €. Wifi.

Complexe international d'apparthôtels avec services hôteliers, l'Adagio City Aparthotel dispose de chambres, studios et appartements modernes et élégants avec coin-cuisine et tous les ustensiles nécessaires. Les chambres situées vers l'intérieur de la galerie Anspach offrent un calme plus feutré. Casino Viage à proximité immédiate, salle de *fitness* et divers services sur place. La situation pour visiter Bruxelles est excellente et d'accès aisé : métro au pas de la porte et Grand-Place moins de dix minutes à pied ! Que demander de plus ?

BED & BRUSSELS €€

Rue Kindermans 9
✆ +32 2 646 07 37
bnb.brussels

Banque de données d'environ 120 B&B dans la capitale (et communes voisines), Bed & Brussels est une aubaine pour l'amateur du genre ! On y recense plusieurs types de logements : bed & breakfast, appartements et meublés, colocations. Les familles sont triées sur le volet et on vous offre dès lors un séjour de choix. Des services connexes sont proposés : transfert de l'aéroport ou de la gare, visites à thème, etc. Réservations en direct via le web (possibilité de vidéo réservation) qui, cela dit en passant, regorge de bonnes info pour visiter Bruxelles.

HOSTELWORLD €

www.hostelworld.com

Depuis 2005, cette centrale de réservation en ligne permet de planifier son séjour à prix corrects dans le monde entier. Afrique, Asie, Europe, Amérique... Hostelworld est spécialisé dans les logements peu onéreux (auberges de jeunesse ou hostels...) mais proposant des services et un cadre plutôt soignés. Pour chaque grande ville, le site propose une sélection pointue d'enseignes partenaires et vous n'aurez plus qu'à choisir l'adresse la plus pratique, la mieux située, ou tout simplement la moins chère. Une plateforme bien pratique pour les baroudeurs.

9HOTEL CENTRAL €€

Rue des Colonies 10
✆ +32 2 504 99 10
www.9-hotel-central-brussels.be
47 chambres. Dès 150 € la double avec petit déjeuner buffet.

Orienté business, le 9Hotel Central met à disposition des espaces de réunion et une formule originale permettant le *co-working*. L'établissement ne déteste cependant pas accueillir les familles et les couples, qui bénéficieront d'une situation réellement idéale pour visiter la ville ou utiliseront tous les petits plaisirs de la chambre. Ici, tout est épuré à la limite du décor industriel (briques apparentes, bois brut, murs blancs ou faussement négligés...) et reprend de nombreux éléments vintage ! L'accueil est particulièrement pro.

À LA GRANDE CLOCHE €€

Place Rouppe 10
✆ +32 2 512 61 40
www.hotelgrandecloche.com
À partir de 90 € la chambre simple, 99 € la double. Petit déjeuner 15 €.

En face du Comme chez Soi, ce charmant 3-étoiles est loin des chaînes standard. Rimbaud et Verlaine y avaient leurs habitudes, ce qui en fait le plus ancien hôtel bruxellois. Entièrement rénové en 2019, on l'a apprécié pleinement au meilleur de sa forme. Bourré de clins d'œil aux coutumes locales et plein d'attentions charmantes, on y parle brusseleir jusque dans la douche. Les 42 chambres marient contemporain et vintage avec élégance, certaines avec vue sur le bonheur. Au rez-de-chaussée, le Pasta Madre (levain) oscille entre Rome et Bruxelles.

ATLAS HOTEL €€

Rue du Vieux Marché aux Grains 30
✆ +32 2 502 60 06
www.atlas-hotel.be
88 chambres. Chambre double à partir de 147 €. Petit déjeuner inclus.

Très correctement aménagé, l'Atlas combine avec justesse mobilier contemporain et couleurs pétillantes pour offrir un certain charme. Pour affaires, loisirs ou shopping, il est idéalement situé. On le trouvera à cinq minutes à pied de la Grand Place et bordant la rue Antoine Dansaert, réputée pour être la plus *design* de Bruxelles pour ses nombreux restaurants, cafés branchés et boutiques de mode. Les lits sont garnis d'oreillers et édredons anti-allergiques. Le petit déjeuner, particulièrement copieux, est inclus dans le prix de la nuitée.

AUBERGE DE JEUNESSE BRUEGEL €

Rue du Saint-Esprit 2 ✆ +32 2 511 04 36
www.jeugdherbergen.be/fr/bruxelles
Dès 25 € petit déj inclus. Réductions enfants. Dortoirs, chambres 1 à 4 pers. Pique-nique et repas chaud proposés.

Ambiance « voyageurs du monde entier », idéale pour les rencontres et les fêtes improvisées, mais pas toujours pour le repos. Blotti derrière l'église Notre-Dame de la Chapelle, le bâtiment qui abrite cette auberge est envahi, en saison, de groupes de joyeux lurons parfois très expressifs ! Les chambres confort sont équipées de salles de bains privées. Si les groupes forment évidemment le *core-business* de l'établissement, les écoles et les familles sont aussi les bienvenues.

AUBERGE DE JEUNESSE JACQUES BREL €

Rue de la Sablonnière 30
✆ +32 2 218 01 87
A partir de 26 €/nuit. Enfants 3 à 12 ans : 50 % de réduction. 51 chambres et dortoirs. Petit déjeuner bio et WiFi.

Située près du Jardin Botanique et à 10 minutes à pied de la Grand-Place, cette auberge dispose de plus de 170 lits répartis dans des chambres (Wi-Fi, casiers, douche...) et des dortoirs. Parmi les services en libre accès : bagagerie, jeux, bibliothèque... Le petit déj bio est particulièrement savoureux et copieux. En été, des concerts gratuits et de grands barbecues sont régulièrement organisés dans le bar qui propose une carte de bières belges bien fournie. Petite restauration le soir.

CHAMBORD €€

Rue de Namur 82
✆ +32 2 548 99 10
www.hotel-chambord.be
63 chambres. Chambre double dès 84 €, petit déjeuner inclus.

Le nom de ce bel hôtel 3 étoiles fait évidemment référence au château bordant la Loire... gage d'une certaine idée du confort à défaut de véritable luxe. Situé à deux pas de la porte de Namur et du boulevard de Waterloo avec ses boutiques flattant le badaud, certaines de ses chambres (climatisation et écran plat dans chacune) offrent une superbe vue sur Bruxelles. Située à l'étage, la salle du petit déjeuner est particulièrement lumineuse. Services et solutions pour séjours orientés business, boutique souvenirs au sein même de l'hôtel.

CRAVES €€

Rue du Marché aux Poulets 32
craves-hotel.com
Single à partir de 95 €, double à partir de 99 €, familiale à partir de 161 €. Restaurant et bar «Le Conteur».

Voilà un hôtel très central qui stimule les 5 sens : l'odorat avec le parfum que l'on renifle dès l'entrée, la vue avec une déco très Belle Epoque, le toucher avec du velours même en papier peint, le goût grâce à son restaurant aux saveurs du Proche-Orient, le Conteur, et l'ouïe avec la bande-son du resto. Le chambres sont indéniablement sexy dans leur livrée bleu nuit et lorsque vous aurez fini d'y faire des folies, on y dort fort bien. On aime le coin café-thé en self-service aux étages et le généreux buffet du petit déjeuner avec ses spécialités orientales.

L'ESPÉRANCE HOTEL €€

Rue du Finistère 1
✆ +32 2 219 10 28
www.hotel-esperance.be
Chambres à partie de 105 €. Petit déjeuner : 15 €.

Petit hôtel Art déco qui vit sa vie en marge des groupes hôteliers internationaux. On est ici au cœur d'un véritable voyage dans le temps. Conçu en 1930 par le célèbre architecte Léon Govaerts (auteur de la maison Van Bueren), cet hôtel-taverne de charme est un témoignage exceptionnel de l'Art déco belge. L'œuvre a été classée en 2008. À l'étage, une douzaine de chambres d'époque mais aux standards de confort d'aujourd'hui. Bain à remous et sauna à 50 mètres. Petite restauration possible dans la taverne tout aussi charmante que les chambres.

LE DIXSEPTIÈME €€€

Rue de la Madeleine 25
✆ +32 2 517 17 17
www.ledixseptieme.be
Accueil 24h/24. Package «Lune de miel». Bar. Wifi. Sauna et fitness. Double à partir de 155 € ; suite à partir de 214 €.

L'hôtel se flatte d'offrir le calme absolu au cœur de la ville. Cette demeure date du XIVe siècle, bombardée puis restaurée au XVIIe, la légende dit qu'elle fut un temps celle de l'ambassadeur d'Espagne. C'est à présent un hôtel de charme qui garde tout le cachet de cette époque. Les chambres portent des noms de peintres et leur décoration ont des petites touches qui les rappellent. Beau mobilier, cheminée dans certaines chambres, parquet ancien dans la partie plus vieille de l'hôtel, service discret et attentionné : une véritable parenthèse hors du temps.

HAPPY GUESTHOUSE €€

Rue de l'Hôpital 27 ✆ +32 471 58 04 97
www.happyguesthouse.be
Chambre double à partir de 135 €. Petit déjeuner inclus. Arrivée 24h/24 (système de code et badge).

Convivialité, sourire et découverte sont les maîtres-mots pour cet établissement idéalement situé. Happy Guest House est aménagée dans le cadre agréable d'une maison de maître entre Grand Place et Sablon. Son mobilier joliment pensé et la décoration choisie avec goût contribuent au confort. Ces quatre chambres d'hôtes (chacune son étage) portent bien leur nom : l'accueil chaleureux et attentionné de Sophie ne peut que rendre ses invités heureux ! Le petit déjeuner copieux achève de convaincre les hôtes qu'ils ont fait le bon choix.

DRUUM €€

Rue du Houblon 63
✆ +32 472 05 42 40
druum.be
100 €/112 €/1 pers. et 126 €/135 €/2 pers. (20 € par personne supplémentaire). Wifi, petit déjeuner inclus.

C'est dans une maison de caractère dans le méconnu quartier des Fabriques, au lieu dit « le Coin du Diable », que Karine Van Doninck et Jo Huygh ont créé leur B&B. Ce bâtiment du XIXe siècle fut une fabrique de pipes ou encore, la maison de Paul Vankueken, bijoutier, artiste et célèbre figure du folklore bruxellois. Les six chambres sont toutes différentes, customisées par un ou une artiste ou un collectif d'artistes différent. C'est atypique et il y a de quoi stimuler vos sens ! Le matin, un petit déjeuner copieux est servi avec des préparations maison.

HÔTEL DES GALERIES €€€

Rue des Bouchers 38 ✆ +32 2 213 74 70
www.hoteldesgaleries.be
23 chambres à partir de 140 €. Petit déjeuner 15 €. Cafetière Nespresso dans chaque chambre. Wifi gratuit. Restauration.

Ce bel hôtel vient renforcer l'idée de luxe des Galeries Saint-Hubert. Splendide 4 étoiles créé par Nadine Flammarion, il a pris place à l'angle de la rue des Bouchers. Sur quatre étages, les chambres et suites bénéficient d'un paysage urbain remarquable ! Offrant un *look* hyper soigné, chaque chambre, parquet au sol, est meublée de pièces uniques et d'objets chinés au Sablon. Les suites, atypiques, sont aménagées sous la charpente historique. L'une d'elle est accessible via une passerelle. Le Comptoir des Galeries complète l'ensemble par son offre gastronomique.

HOTEL HUBERT €€

Rue d'Arenberg 18
✆ +32 2 548 18 18
www.hotelhubert-brussels.be
Chambres doubles à partir de 129 €. Fitness. Bar. Foodtruck. Restaurant Foodmaker sur place.

Établissement de taille moyenne très bien situé à la sortie des galeries Saint-Hubert... d'où son nom. Hubert est d'ailleurs très stylé avec ses fauteuils et canapés en velours à dominante bordeaux. Au bout du lobby on trouve... un foodtruck, ouvert en soirée, qui sert de très bons hot-dogs. Côté chambres, elles sont un peu petites mais bien agencées et équipées. Pour plus de tranquillité, demandez une chambre à l'arrière ou avec fenêtre sur cour, la rue étant très passante. Le petit déj' se prend au Foodmaker à l'intérieur de l'hôtel (buffet 15 € ou à la carte).

HÔTEL RÉSIDENCE LE QUINZE €€

Grand Place 15 ✆ +32 2 511 09 56
www.hotel-le-quinze-grand-place.be
Accueil jusqu'à 20h. 15 chambres. Chambre simple de 148 € à 168 € ; chambre double de 178 € à 215 €. Wifi gratuit.

Le seul hôtel du monde à avoir vue sur notre magnifique Grand Place ! Les soirs de pleine lune c'est d'un romantique insensé. Un bon point supplémentaire pour l'accueil personnalisé et la déco qui rappelle les années 50 et 60. Idéal pour de longs séjours, vous disposerez de tout ce qu'il faut pour un séjour agréable. Le petit déjeuner est servi dans l'Estaminet du 'T Kelderke qui est voisin. Quoi de mieux qu'une vue imprenable sur un site classé par l'Unesco pour démarrer la journée ?

IBIS SAINTE-CATHERINE €€

Rue Joseph Plateau 2
✆ +32 2 513 76 20
Chambres à partir de 97 €. Petit déjeuner : 16 € mais formule « petit déjeuner inclus » moins chère.

L'hôtel Ibis jouit d'une situation très intéressante, à proximité de la place Sainte-Catherine et de ses nombreux restaurants de poisson, de la rue Dansaert réputée pour la mode et non loin de la Grand Place. Facile d'accès en métro ou en train. Les chambres sont confortables, avec le wifi gratuit. Vous disposerez d'un espace petit déjeuner (buffet continental froid et chaud), d'un espace brasserie pour se restaurer et boire un coup avec une sélection de bières spéciales belges à (re) découvrir. Standardisé mais sans faille, conforme à l'image du groupe Accor.

JULIANA HOTEL BRUSSELS €€€

Place des Martyrs 1/4 ✆ +32 2 214 08 00
www.juliana-brussels.com
43 chambres, piscine intérieure, sauna, hammam, fitness, bar, restaurant, chambres à partir de 253 €.

Nouveau venu dans le paysage hôtelier bruxellois, le Juliana est simplement magnifique. Cet établissement 5 étoiles est situé sur la très belle, mais souvent ignorée, place des Martyrs. À l'intérieur, on a plus l'impression d'entrer dans une grande maison bourgeoise que dans un hôtel, avec de multiples coins pour s'isoler au rez-de-chaussée. Les chambres et suites sont toutes différentes et décorées avec goût, tout comme les espaces publics. Tout n'est que raffinement mais sans ostentation. Mention spéciale à la piscine intérieure en mosaïques de verre de Murano.

LATROUPE GRAND PLACE €

Boulevard Anspach 159-163
✆ +32 2 361 39 66
Chambre dortoir à partir de 26 €. Chambre individuelle à partir de 86 €. Wifi.

Un tout nouvel établissement qui se situe dans le segment des « auberghôtels », qui proposent à la fois des dortoirs et des chambres privées. Bien placé sur le boulevard Anspach, Latroupe invite à la convivialité avec un grand lobby où on peut se poser pour boire un verre et travailler et un staff jeune et très accueillant. Côté chambre, on mise sur une déco industrielle très épurée et les dortoirs de 4 à 6 personnes ont tous une salle d'eau privée. Dans le futur, Latroupe compte organiser des expositions, des concerts et devenir un lieu de rencontre pour tous.

MOTEL ONE €€

Rue Royale 120
✆ +32 2 209 61 10
http://fr.motel-one.com
Accueil 24h/24. Chambre double à partir de 123 €. Petit déjeuner : 13,50 €. Wifi gratuit.

Chic et sans chichis... telle pourrait être la devise de cet hôtel bruxellois, dépendant de la chaîne bavaroise du même nom (une quarantaine d'établissements). Le concept est basé sur le confort et une véritable élégance... mais à prix correct. Rien n'est laissé au hasard pour le bien-être des clients (lits king size, couettes 100 % coton, écran plat, Wifi partout, douches performantes...). Situation idéale près du Parc royal, à mi-chemin entre curiosités et bureaux. La déco design du bar One Lounge devrait permettre d'y oublier les tracas du quotidien...

NH COLL. GRAND SABLON €€

Rue Bodenbroek 2-4
✆ +32 2 518 11 00
A partir de 153 € sans petit déjeuner. Wifi gratuit. Restauration (bar et restaurant Hispania).

Situé sur la très huppée place du Grand Sablon, avec pour voisins les meilleurs chocolatiers, joailliers, brasseries et galeries d'art, cet hôtel de 192 chambres lumineuses et confortables parvient à proposer des tarifs raisonnables pour un établissement de cette classe (« NH Collection » est la gamme de luxe du groupe espagnol). La déco est très épurée et reposante et le personnel, charmant. Ne vous privez pas d'une formule « petit-déjeuner inclus », le buffer des NH Collection est toujours excellent et faîtes un tour chez Hispania, son restaurant gastronomique.

LE PLAZA €€€

Boulevard Adolphe-Max 118-126
✆ +32 2 278 01 00
www.leplaza-brussels.be
Chambre double à partir de 131 €. Wifi. Restaurant l'Estérel ouvert en semaine midi et soir.

Construit en 1930, le Plaza s'inspira du style du George-V de Paris. Devenu rapidement le rendez-vous obligé de la haute société, le Plaza se distingue par ses vastes espaces lumineux et ses équipements remarquables. Fermé en 1976, il a rouvert 20 ans plus tard, rénové dans le respect de la tradition. Référence en matière d'hôtellerie de luxe, il compte l'une des plus grandes suites du Benelux et est engagé dans l'hôtellerie responsable (Green Key). Tout le reste n'est que superlatifs pour le seul palace indépendant de la capitale. Fournisseur breveté de la Cour.

NUMA LIEF €€

Place Rouppe 17
numastays.com/locations/lief
Chambre double à partir de 90 €. Pas de petit déjeuner. Wi-fi.

Voilà un concept intéressant : le Numa Lief est une espèce de AirBnB, mais dans une structure hôtelière. Pas de réception, ni d'espace commun, vous recevez un code PIN pour entrer dans l'hôtel et accéder à votre chambre donc, aucune perte de temps. A peine arrivé, on reçoit un message WhatsApp de bienvenue. En cas de soucis, les membres de cette réception virtuelle sont là pour vous assister (et ils sont rapides). On loue la facilité d'accès, la proximité du centre-ville, la qualité de la literie mais ceux qui ont besoin d'une touche humaine seront déconcertés.

ROCCO FORTE HOTEL AMIGO €€€

Rue de l'Amigo 1/3
Environ 320 € pour une chambre double, 1 150 € pour une suite. Restaurant, bar, fitness.

Luxe, classe, confort, service aux petits oignons avec une petite touche italienne qui rappelle son propriétaire, l'Amigo, est le palace de référence du centre-ville. Les stars et hommes et femmes politiques y descendent... A l'époque de sa construction, l'hôtel était déjà destiné à loger les têtes couronnées en visite à l'Expo universelle de 1958. Ne vous étonnez pas de retrouver des œuvres d'art ou des tapisseries flamandes ! Les chambres sont comme le reste de l'hôtel : contemporaines, élégantes mais sans en faire trop. Ne manquez pas leur restaurant Bocconi !

PILLOWS BRUSSELS CENTRE €€

Rue des Paroissiens 15-27
✆ +32 2 274 08 10
www.pillowshotels.com/brussels-centre
Chambre double à partir de 108 €. Chambre familiale : à partir de 198 €. Bar ouvert tous les jours.

Ce superbe hôtel permet de servir de point central pour partir à la découverte de la ville. Situé à deux pas de la Gare centrale et à quelques minutes de la Grand-Place ou de la cathédrale Saint-Michel, le Pillows offre tout le confort nécessaire pour réussir son séjour. Avec un design à la fois chic et urbain, Il convient aussi bien aux familles qu'aux amoureux ou aux séjours d'affaires. Le petit déjeuner est composé uniquement de mets choisis pour leur qualité. Le bar et bistro The Living est à votre disposition du début de l'après-midi à la fin de soirée.

SLEEP WELL YOUTH HOSTEL €

Rue du Damier 23 ✆ +32 2 218 50 50
www.sleepwell.be
Dortoir à partir de 26,50 €, chambre simple 57 €, double 73 €. Petit déjeuner inclus, wifi, cuisine, laverie et bar.

Infrastructure attrayante dans sa catégorie, toutes les chambres (y compris les dortoirs de six lits) sont équipées de sanitaires et douches privés. Les chambres STAR sont également équipées de télévisions écran plat et de petits réfrigérateurs. On y trouve aussi un bar, un restaurant et une salle TV. Le petit déjeuner buffet est varié, copieux et gratuit ! Restauration possible midi et soir pour des groupes de quinze personnes minimum. Réception ouverte 24h/24, coin pour les jeux d'enfants et jardin sympa. Sleep Well a fêté ses 45 ans d'existence en 2022 !

STANHOPE HOTEL €€€

Rue du Commerce 9
✆ +32 2 506 91 11
www.thonhotels.com
Chambre simple à partir de 145 € ; double dès 167 €. Petit déjeuner buffet : 35 €. Wifi. Restauration. Sauna.

Le Stanhope est un petit bijou entièrement rénové et décoré dans le plus pur style anglais. Il dépend cependant depuis un moment du groupe Thon, aux origines norvégiennes. Les 125 chambres apportent luxe et tout le confort nécessaire. Au printemps, le petit déjeuner dans le jardin intérieur au milieu des magnolias est un *must* ! Le boutique-hôtel 5 étoiles est doublé d'un restaurant gastronomique de très bonne tenue avec l'une des plus belles terrasses de Bruxelles. Situation idéale au cœur du quartier européen, non loin du centre-ville.

STUDIO REMPART €€

Rempart des Moines 9 ✆ +32 475 81 77 08
www.rempart.be
3 studios doubles de 90 € à 98 €. 1 app. 4 pers. de 110 € à 150 €. Tarif dégressif par semaine/mois. Laverie.

Daniel, antiquaire, décorateur d'intérieur et passionné d'art, a eu la bonne idée d'aménager sa maison pour y créer cinq studios et appartements, certains donnant sur une petite cour fleurie. Salles de bain, chambres et kitchenettes privées sont donc mises à la disposition des hôtes qui apprécieront le calme de la cour et le charme des lieux, en toute autonomie. Les plus indépendants des voyageurs se tourneront d'avantage sur cette formule que propose Daniel au sein de sa belle maison du XVIIe siècle, en plein dans le quartier animé de Sainte-Catherine, en plus !

THE DOMINICAN €€€

Rue Léopold 9
✆ +32 2 203 08 08
www.thedominican.be
Double à partir de 176 €. Réductions le week-end. Wifi. Restauration (restaurant Grand Lounge et terrasse). Spa et gym.

Situé à l'endroit d'un ancien couvent, cet hôtel chic et moderne propose 150 chambres avec tout le confort nécessaire. Les chambres, contemporaines, ont gardé des éléments de son histoire d'origine. L'hôtel a aussi été l'atelier du peintre néoclassique français Jacques-Louis David. L'accueil est à la hauteur. Caché derrière le théâtre de la Monnaie, ce lieu est propice à la détente grâce à son spa (sauna, bain turc, salle de sport) ou encore au salon Grand Lounge où les repas sont servis. « Faire de votre rêve une réalité », dit leur site web. Mission accomplie !

THE HOTEL €€€

Boulevard de Waterloo 38
✆ +32 2 504 11 11
www.thehotel-brussels.be
Chambre double àpd 206 € ; suite àpd 533 €. Parking. Animaux acceptés. Wifi. Hammam, sauna. Petit déj 27 €.

Emblématique palace du haut de la ville, The Hotel offre une des plus belles vues sur Bruxelles, particulièrement depuis les chambres panoramiques « corner ». Aux étages inférieurs, la vue est à peine moins excitante et le confort déjà élevé. Il bénéficie d'une situation unique dans ce quartier huppé, ainsi que d'un restaurant gastronomique, The Restaurant. Une table présentant une sélection raffinée de spécialités françaises dans un cadre moderne et élégant, avec vue sur le parc d'Egmont. Espace fitness gratuit pour la clientèle et bar aux délicieux cocktails.

VAUDEVILLE €€

Galerie de la Reine 11
✆ +32 484 59 46 69
theatreduvaudeville.be/se-loger/
A partir de 120 € la chambre double, petit déjeuner inclus. Réservation par mail.

Magnifique situation dans les Galeries Royales pour ces chambres d'hôtes insolites ! Le Théâtre du Vaudeville, aujourd'hui rénové, est devenu un lieu de manifestations et d'événements divers au cœur des splendides Galeries Saint-Hubert. Juste à côté un restaurant de cuisine et d'ambiance actuelles avec une grande terrasse dans la galerie. Et aussi les quatre chambres : Explorateur, Diva, Madame Loulou et Black & White. Notre préférence va clairement au style de cette dernière mais les trois autres méritent aussi le coup d'œil.

WARWICK BRUSSELS HOTEL €€€

Rue Duquesnoy 5 ✆ +32 2 505 55 55
www.warwickhotels.com
Accueil 24h/24. 266 chambres. Chambre double dès 151 € ; suite dès 281 €. Garde d'enfants. Wifi. Restauration. Sauna.

La vue panoramique sur la plus belle place du monde et ses environs... depuis la terrasse (150 m^2 !) de sa suite Grand-Place est tout bonnement époustouflante, malgré le prix, lui aussi hors du commun, de cette belle hyper équipée ! L'hôtel participe à différents événements d'envergure comme l'annuel Plaisirs d'Hiver. Sa situation au cœur de Bruxelles en fait déjà un *must*, son luxe et l'attention portée par le personnel rendent le séjour inoubliable. Une brasserie conventionnelle et un *secret roof top* saisonnier constituent l'offre de restaurant.

AUBERGE DE JEUNESSE GÉNÉRATION EUROPE €

Rue de l'Eléphant 4
✆ +32 2 410 38 58
A partir de 27,50 €/nuit, petit déj' inclus (produits locaux, bio et responsables). Jardin. Emplacements camping-car.

Avec plus de confort que certains hôtels à un prix d'auberge de jeunesse, pourquoi hésiter longtemps ? Ici, les chambres ont leur propre salle de bains et peuvent accueillir jusqu'à 6 personnes sans avoir l'air d'un dortoir. Vous vous ferez vite de nouveaux potes au bar. Ajoutez-y un petit déjeuner bio inclus et une situation à 10 minutes de marche du quartier Dansaert-Sainte-Catherine. Insolite à Bruxelles, le site offre cinq emplacements pour camping-cars avec aire de services.

MEININGER €

Quai du Hainaut 33
✆ +32 2 588 14 74
Autre hôtel : Meininger Gare du Midi, rue Bara 101, 1070 Bruxelles. Chambre double à partir de 64 € ; dortoir, 20,50 €.

Meininger a ouvert à Molenbeek, en bord de canal, dans une partie des anciennes brasseries Bellevue. Un ADN industriel qui convient parfaitement à cette chaîne d'auberge-hôtel berlinoise. On y trouve des dortoirs, des chambres individuelles et familiales, etc., toutes immenses grâce à l'espace disponible dans le bâtiment. Si vous êtes curieux, le bar de l'auberge, et sa déco underground avec des fresques d'artistes bruxellois et berlinois et la tour en brique de la brasserie qui a été conservée, vaut le détour et est accessible à tous.

DE FIERLANT HÔTEL €

Rue de Fierlant 67
✆ +32 2 538 60 70
www.hoteldefierlant.be
40 chambres. Chambre double à partir de 75 €. Petit déjeuner inclus. Parking. Jeux pour enfants.

Hôtel un peu excentré de l'agitation du centre-ville mais les transports publics sont suffisamment proches. Situation idéale aussi pour assister aux concerts à Forest National. Petit déjeuner buffet varié et copieux. Wi-fi, jeux de société et imprimante mis à disposition, garage pour véhicules. Les chambres, modernes et décorées avec goût jusque dans la salle de bains, sont de belle taille (20 m²) pour un hôtel urbain. Un appartement 2 chambres (40 m²) est aussi disponible. Bières belges à déguster sur la terrasse entourée de verdure.

URBAN YARD HOTEL €€

Square de l'Aviation 6/8
www.urbanyardhotel.com
A partir de 74 € pour une chambre double. Formules petit déjeuner inclus. Wifi. Air conditionné. Jardin.

À 700 mètres de la Gare du Midi, sur le joli square de l'Aviation, Urban Yard est comme son nom l'indique, un véritable jardin urbain. Suffit de voir les plantes suspendues au plafond ! Mélangeant allègrement le style industriel (métal, murs de briques apparentes) et la botanique (imprimés fleuris, nuances de verts à gogo, et de très tendance papiers peints panoramiques en tête de lit), tout cela lui donne un côté très zen et reposant. Les chambres peuvent accueillir jusqu'à 4 personnes et le petit déjeuner est particulièrement bien fourni.

IBIS BRUSSELS ERASMUS €€

Route de Lennik 790
✆ +32 2 523 62 82
Chambre double à partir de 65 €. Petit déjeuner buffet 14 €. Parking. Jeux pour enfants. Wifi gratuit.

Légèrement décentré par rapport à la ville, l'hôtel permet de profiter d'un brin de calme une fois les visites bruxelloises terminées. Une station de métro toute proche permet de se rendre au cœur de la capitale de l'Europe en quelques minutes. Le confort des chambres, rénovées et décorées façon Ibis, est idéal pour celles et ceux qui ne souhaitent pas devoir composer avec le plaisir de dormir dans un lit chaud et douillet. Le restaurant Ibis Kitchen est ouvert le soir pour éviter de ressortir. Il propose une cuisine simple avec quelques touches locales.

YOOMA URBAN LODGE €€€

Square de l'Aviation 23 ✆ +32 2 520 65 65
https://yooma-brussels.com/
Chambre de 77 €/2 pers. à 117 €/6. Wifi, resto-bar, salle de jeux, cinéma, spa, vente et prêt de BD.

En visite à Bruxelles en famille ou entre amis ? Fan de BD ? Le Yooma est fait pour vous. Né d'un partenariat avec les éditions Le Lombard, Dargaud, Dupuis et les Schtroumpfs, cet hôtel est un véritable hommage au 9e art puisque les espaces et chambres de 2 à 6 personnes ont été personnalisées autour de 30 héros de BD franco-belges d'hier et d'aujourd'hui. Saluons les nombreux plus du Yooma : une salle de jeux, un cinéma, un spa, un service de prêt de BD, des jeux de société, une terrasse et des chambres sobres et classes, tout confort et hyperconnectées.

COURTYARD BY MARRIOTT BRUSSELS €€

Avenue des Olympiades 6
✆ +32 2 337 08 08

Chambre double à partir de 156 € sans petit déjeuner. Restaurant, gym, navette aéroport.

Cet hôtel d'une grande chaîne internationale coche toutes les bonnes cases : confort des chambres, look soigné et apaisant, un délicieux petit déjeuner, un restaurant sur place, une salle de gym, un sauna et, proximité de l'aéroport oblige, une navette de et vers l'aéroport, ce qui peut contrebalancer le fait qu'il soit un peu loin du centre-ville mais bus et tram sont là pour vous y emmener. Un choix raisonnable pour celle et ceux qui privilégient la praticité.

LE FREDERIKSBORG €€

Avenue Broustin 118
✆ +32 2 425 14 22
www.frederiksborg.be

26 chambres. Chambre double à partir de 75 €. Petit déjeuner : 10 €. Restaurant

Ce petit hôtel est légèrement excentré mais le métro (Simonis) est tout près pour un accès rapide vers le centre-ville ou le plateau du Heysel. On l'aime bien pour l'ambiance personnalisée (un effet de la taverne danoise qu'il surplombe) et son rapport qualité-prix. Chaque chambre (26 en tout) a été récemment rénovée et est équipée d'une salle de bains, d'une télévision, de Wi-Fi et de la climatisation. La taverne de l'hôtel pratique la cuisine locale et les spécialités danoises. Elle propose des heures d'ouverture XXL et des plats copieux à souhait.

GRESHAM BELSON HÔTEL €€€

Chaussée de Louvain 805 ✆ +32 2 708 31 00
www.gresham-hotels-brussels.com

Accueil 24h/24. 135 chambres. Chambre double à partir de 88 €. Wifi gratuit. Restauration. Navette aéroport.

À mi-chemin entre l'aéroport de Bruxelles-National et le centre-ville, à deux pas de l'OTAN, la situation de l'hôtel est un compromis idéal entre tourisme et affaires. On aime son raffinement sans ostentation, ses chambres récemment rénovées, aménagées dans un style contemporain classique et le petit déjeuner-buffet très copieux. De nombreux services proposés comme la navette aéroport gratuite ou un parking souterrain sécurisé achèvent de faire de cet établissement un point de chute des plus recommandables. L'établissement ne possède pas de restaurant.

ONYX HOTEL EXPO €€

Avenue Houba de Strooper 34 ✆ +32 2 449 73 13
www.onyx-hotel.be

A partir de 69 € chambre simple, 89 € chambre double. Réception 24h/24. Bar. Wifi. Petit déjeuner en supplément.

Petit hôtel simple, idéalement situé à l'angle de deux axes importants de ce coin de la capitale mais néanmoins loin de l'agitation du centre-ville. Sauf peut-être les soirs de victoire des Diables rouges, l'établissement étant à faible distance du stade Roi Baudouin et de l'Atomium. À proximité également, les parcs qui entourent le domaine royal de Laeken, une partie de ceux-ci étant accessibles au public. Un coin assez vert, en somme. Chambres simples et sans chichis mais fraîchement rénovées. Métro Stuyvenberg juste à côté pour rejoindre la ville rapidement.

VAN DER VALK BRU AIRPORT €€

Culliganlaan 4b ✆ +32 2 277 20 00
www.hotelbrusselsairport.com

Dès 69,50 € chambre simple, 110 € chambre double. Formule avec ou sans petit déjeuner. Navette aéroport : 5 €.

Quelquefois, parce qu'on a un vol à prendre très tôt par exemple, on a besoin de séjourner près de l'aéroport. Juste en dehors de Bruxelles, ce grand hôtel axé « voyage d'affaires » a tout : une belle déco, des chambres confortables, un bar, un restaurant, une salle de gym et une navette qui dessert l'aéroport (sauf l'après-midi les week-ends). La gare de Diegem, qui vous emmène soit à l'aéroport, soit en ville, est à quelques minutes de marche. Particularité pour les voyageurs solo : les chambres « Superbox » bourrées de gadgets avec accès à un espace commun.

ALOFT BRUXELLES SCHUMAN €€

Place Jean Rey ✆ +32 2 800 08 88

141 chambres. Chambre double à partir de 102 €, petit déjeuner 14,50 €. Fitness, bar.

À quelques minutes à pied du Cinquantenaire, l'hôtel est aussi à seulement un quart d'heure du centre-ville en métro. Il donne dans le genre décontracté qui humanise le quartier européen. Décorées dans un style aussi rafraîchissant que contemporain, les chambres façon loft sont lumineuses et fonctionnelles. Les salles de bains sont pourvues d'une douche à l'italienne. En fin de journée, la vie s'active au rez-de-chaussée : le bar Wxyz est le refuge d'employés et fonctionnaires qui aiment venir s'y détendre. Animé par un DJ, on y sert de délicieux cocktails.

FUNKEY HOTEL €€

Rue Artan 116 ✆ +32 2 733 23 53

www.funkeyhotel.com

35 chambres. Petit déjeuner inclus. Small room : 69 €, Medium room : 79 €, Large room : 99 €, XL room : 129 €.

Funkey a connu plusieurs vies. Au menu, des espaces où règnent les jeux de société et des chambres décorées par thème. Chacun d'eux est lié à un jeu et une carte l'annonce sur chaque porte d'entrée. Jeux à disposition dans un espace commun où l'on peut aussi mater la télé (il n'y en a pas dans les chambres). Parmi les autres originalités, les clés des chambres sont de vrais téléphones portables (appels gratuits en Belgique, offerts par la maison), des laptops avec accès Wifi sont à disposition ou encore les chambres XXL qui peuvent loger jusqu'à 6 personnes.

B&B HOTEL BRUSSELS €€

Rue Paul Spaak 15

✆ +32 2 645 61 11

Petites chambres à partir de 75 €, 90 € pour une grande. Formule petit déjeuner (15 €). Bar-resto. Gym. Wifi. Cinéma.

La chaîne B&B a hérité de l'esprit jeune et fun de l'ancien Qbic et ne compte pas le changer. Couleurs vives, plantes partout, un lobby qui s'articule autour d'un grand bar avec différents espaces où l'on peut manger ou travailler : un vrai hôtel à vivre. Il possède même un home-cinéma avec séance tous les soirs et qui peut être privatisé en formule karaoké. Les chambres sont gaies avec un clin d'œil à la BD et le lit est encadré d'un cubi d'où on peut contrôler tout l'éclairage. Un gros bon point va aussi à sa politique durable (gestion de l'eau, des déchets...).

HOTEL INDIGO BRUSSELS €€

Place Charles Rogier 20

✆ +32 2 203 31 25

Chambre simple à partir de 120 €, 127 € pour une double. Wifi. Fitness. Restaurant et bar.

Indigo est la chaîne « Boutique hôtels » du groupe InterContinental. Installé dans un bâtiment de la Belle Époque, entre la Place Rogier et le Botanique, l'Indigo joue à fond sur cette proximité avec ce grand parc du nord de Bruxelles. Évoquant les jardins, la jungle, la botanique, avec une majorité de tons verts, des papiers peints fleuris, une profusion de plantes et de bois, il est très inscrit dans l'air du temps. Le gros plus de l'Indigo, c'est son restaurant, le Serra. Ouvert à tous jusque tard, il met en avant les fruits et légumes bio, locaux si possible.

DOUBLETREE BRUSSELS CITY €€

Rue Gineste 3

À partir de 131 € pour une chambre double. 731 € pour la suite présidentielle. PMR. Fitness. Bar-restaurant.

L'historique Palace Hôtel, un beau bâtiment Art nouveau géométrique, connaît une nouvelle jeunesse après un lifting et un changement de propriétaire. DoubleTree est la marque plus «familiale» du groupe Hilton (d'ailleurs, on vous accueille avec un cookie). Dans le lobby, on trouve encore le souvenir du Palace et le charme de ces hôtels de début de siècle. Le bar-restaurant aussi en garde des accents. Dans les chambres, c'est tout en sobriété : grands lits confortables au look vintage, tons reposants... En plus, l'hôtel est labellisé Green Key !

HOTEL JARDIN SECRET €€

Rue du Berger 24

✆ +32 2 510 83 49

www.jardinsecrethotel.be

Chambre double à partir de 89 €, triple 119 €, quadruple 149 €, 10 € le petit déjeuner. Piscine.

Au cœur des petits rues piétonnes d'Ixelles, ce boutique hôtel tout récent est un havre de paix et de verdure. Le concept est simple : chaque chambre est dotée d'un mur en immense baie vitrée donnant sur un jardin dense et luxuriant, lui même à l'arrière d'un bâtiment et aménagée de terrasses étagées. Un vrai bonheur. A l'intérieur, tout est neuf, les chambres sont bien équipées, dans un design alliant bois et couleurs douces, les prix raisonnables. Des luminaires à la literie, les chambres, de 2 à 5 personnes, sont particulièrement soignées. Piscine en prime.

HÔTEL LE BERGER €€

Rue du Berger 24 ✆ +32 2 510 83 40
www.lebergerhotel.be
Chambres dès 79 € la simple, 84 € la double, petit déjeuner 14 €. Accès à la piscine du «Jardin Secret». Restaurant-bar.

Situé dans une petite rue perpendiculaire à la chaussée d'Ixelles, Le Berger promet un séjour atypique. Les chambres sont décorées dans un esprit vintage, en mémoire du passé sulfureux de l'établissement. Le Berger était un hôtel de rendez-vous depuis les années 1930 jusqu'au début des années 2000. Chacune des chambres, personnalisées, est un véritable cocon Art déco où on aime musarder. Un joli endroit pour un séjour en amoureux. L'ascenseur pour deux est à découvrir. Packages « couple » avec champagne et panier gourmand. Resto-bar de l'hôtel « Fripon ».

HYGGE HOTEL €€

Rue des Drapiers 31-33
✆ +32 2 274 28 00
www.hyggehotel.be
59 chambres. Chambre simple dès 78 € (84 € avec petit déjeuner), chambre double 78 € (91 € avec petit déjeuner).

Vous connaissez le *hygge*, ce concept danois qui fait qu'on est bien chez soi ? Cet établissement s'est basé sur ces principes de simplicité, de douceur des couleurs et des matériaux (bois, matières naturelles, laine...), de profusion de plantes pour lui donner un aspect reposant et chaleureux. Pour peaufiner le concept, le Hygge est meublé et accessoirisé avec de grands noms du design nordique, dont Marimekko, Karup ou String. Les chambres sont très sobres et confortables mais leurs salles de bains en carreaux de ciment sont particulièrement agréables à l'œil.

JAM HOTEL €€

Chaussée de Charleroi 132
✆ +32 2 537 17 87
www.jamhotel.be
Double à partir de 79 €, triple 89 €, pour 4 : 94 €, pour 5 : 109 €, pour 6, 119 €. Pdj 15 €. Piscine, bar, resto.

Ce grand édifice situé à côté de Chatelain et Louise propose de nombreuses chambres équipées de l'essentiel (salle de bains, bouilloire, bonne literie, lampes d'architectes, jolie déco, wifi...), avec des murs en briques et béton, stylé indus, fun & cool. Il est apprécié des jeunes (couples, groupes et familles), car il est assez abordable. Son atout : Perché, un bar en roof top avec vue, et une *plunge pool* chauffée avec transats, idéale pour faire bronzette et trempette. Autre atout ? Un onsen japonais sur place et le bar-restaurant Kaiju au rez-de-chaussée.

MADE IN LOUISE €€

Rue Veydt 40
✆ +32 2 537 40 33
www.madeinlouise.com
48 chambres. Simple partir de 90 €, double 99 €. Petit déjeuner : 15 €.

Ce boutique hôtel dans le quartier chic de Louise est cosy, calme, tourné vers la verdure. Il propose des chambres de multiples catégories dans une belle maison bourgeoise, certaines mansardées avec baignoire. La déco change d'une pièce à l'autre, mais elle est toujours élégante, lumineuse et apaisante. On aime le jardin et son échiquier géant, la verrière de la salle du petit déjeuner, le billard, l'ambiance comme à la maison, les produits Caudalie dans la salle de bain, la cheminée crépitante en hiver, la formule café et thé à volonté, l'accueil chaleureux.

MANOS PREMIER €€

Chaussée de Charleroi 106
✆ +32 2 537 96 82
www.manospremier.com
Chambre double à partir de 130 €. Parking. Animaux acceptés. Wifi gratuit. Hammam, sauna.

À la décoration aussi personnalisée que recherchée, cet hôtel familial et luxueux ouvre ses portes sur des chambres aux espaces généreux, chauds et lumineux. Sous une superbe verrière ou en terrasse, le Manos Premier offre une cuisine traditionnelle française, agrémentée de cuisine du monde et des mets les plus variés. Outre sa table, son bar et son grand jardin, l'hôtel renferme en ses sous-sols un spa où bien-être et relaxation ne sont pas de vains mots. Ici, bains, hammam et sauna se côtoient dans une atmosphère marocaine où de chaleureuses teintes dominent.

MARTIN'S BRUSSELS EU €€

Boulevard Charlemagne 80
✆ +32 2 230 85 55
A partir de 139 €. Petit déjeuner buffet 20 € (±15 € par pers. si réservé à l'avance sur le web). Restaurant.

Tout près de la Commission Européenne, l'hôtel est fréquenté tant par les fonctionnaires européens que par les touristes désireux de s'écarter un peu du centre-ville. Hughette Martin s'est chargée de l'aménagement du rez-de-chaussée dans des tons chauds et des matières raffinées créant une ambiance cosy pour le lobby. Pour se reposer, rien de tel que les salles de bains équipées d'un bain à bulles, le jardin extérieur à l'abri de la jungle urbaine et le restaurant Icônes pour goûter la cuisine d'Antreas Nikdimas : une carte internationale mâtinée d'accents belges.

MOXY BRUSSELS €€

Rue de Prince Albert 2

Chambre double dès 110 €. 18 € le petit déjeuner buffet (formule pdj inclus possible). Wifi. Bar, restaurant. Fitness.

On ne peut pas louper le Moxy, la branche de la chaîne Marriott destinée au Millenials. Avec ses néons roses, il attire les regards et quand on entre dans son lobby, on en prend plein les yeux ! Il s'élève sur deux niveaux et est orné de plantes et mêmes de palmiers ! La réception est située... au bar car le lobby se veut un lieu de vie où on peut boire, grignoter, travailler et lire avec un coin bibliothèque. Les chambres sont grandes et décorées dans un style minimaliste qui mêle bois, métal et cuir. Connectique au top pour les *geeks* et lit tout confort !

NHOW BRUSSELS BLOOM €€

Rue Royale 250

✆ +32 2 220 66 11

Accueil 24h/24. 305 chambres. Chambre double à partir de 114 €. Formules petit déjeuner inclus. Parking. Wifi.

Repris par le groupe hôtelier NH, le Bloom a un peu changé de look mais garde son ADN artistique. Chaque étage arbore un thème différent et les salle de bains sont joliment customisées selon la thématique de la chambre noire avec d'énorme taches de peintures colorées. Le petit déjeuner est placé sous le signe du manger-sain, le personnel simple et aimable, et l'ensemble jouit d'un très bon rapport qualité-prix ! Parmi les autres temps forts de l'hôtel, notons le *food truck* VW Transporter installé dans la salle de petit déjeuner et qui sert de délicieuses gaufres.

RADISSON RED BRUSSELS €€

Rue d'Idalie 35

✆ +32 2 626 81 20

Chambre double dès 117 € ; suite dès 213 €. Formule petit déjeuner compris. Wifi.

Au cœur du quartier européen le Radisson RED se distingue grâce à son atmosphère décontractée, ses espaces de vie accueillants et ses grandes chambres au design contemporain. La déco rend hommage aux artistes belges à travers les fresques de l'illustrateur de BD Wauter Mannert et des clins d'œil au surréaliste René Magritte. Bon point pour la salle de fitness, le sauna ainsi que les jeux (table de billard et baby-foot) mis à disposition des clients. Le café-restaurant OUIBar + KTCHN est ouvert du matin au soir, idéal pour les petits creux comme les grandes faims.

STEIGENBERGER WILTCHER'S €€€

Avenue Louise 71

✆ +32 2 542 42 42

267 chambres à partir de 252 €. Suite royale : 9 310 €. Wifi gratuit. Restauration. Piscine intérieure et spa.

De la qualité des chambres au savoir-faire du personnel en passant par sa situation sur l'emblématique avenue Louise, le Wiltcher's évolue dans un univers inaccessible ! Il propose des chambres et suites élégantes dans un cadre sophistiqué, ainsi qu'un accès au Spa Aspria de l'avenue Louise. Avis aux amateurs, la suite royale (320 m²) a été entièrement remise au goût du jour. Le Steigenberger Wiltcher's est entouré des boutiques les plus luxueuses et glamour de la capitale et souvent visité par de nombreuses personnalités européennes et internationales.

THE SCOTT €€

Place Loix 1

✆ +32 2 541 48 98

www.thescotthotel.be

59 chambres. Chambre double à partir de 72 €. Formule petit déjeuner compris. Wifi gratuit. Bar.

Situé à quelques pas de l'avenue Louise, The Scott, dédié à Scott Fitzgerald, l'auteur de *Gatsby le Magnifique*, vous plonge dans les Années folles qu'il décrivait si bien. Papier peint fleuri, fauteuils de velours, cheminée... Le bar dans le lobby vous tend les bras avec des cocktails tout aussi rétros. Dans les 59 chambres tout confort, on a opté pour des lourdes draperies aux tons de cuivre, d'or et de vert de gris, bien typiques de cette époque. Aux derniers étages, la vue sur la ville est splendide mais ça n'enlève rien aux qualités des autres chambres.

VINTAGE HÔTEL €€

Rue Dejoncker 45

✆ +32 2 533 99 80

www.vintagehotel.be

À partir de 67 €. Petit déjeuner : 6 €. Caravane à partir de 117 €. Prix en fonction du jour et de la fréquentation.

Cadre magnifique 100 % vintage et design pour cet hôtel bruxellois, situé à seulement quelques pas de l'agitation de l'avenue Louise. C'est un retour vers les « Golden Sixties » que Fabian Henrion et Bernard Wilmet ont voulu. Ils n'ont rien laissé au hasard, et il leur a fallu des mois et des mois de recherches pour trouver le mobilier adéquat, ils ont même poussé le concept jusque dans la musique et même parfois dans leurs tenues. Chaque objet est également accompagné d'une fiche design. La caravane Airstream est une originalité sans nom, unique à Bruxelles.

ADAGIO ACCESS BRUSSELS DELTA €€

Boulevard Du Triomphe 207
✆ +32 2 854 15 10
Studios à partir de 95 €. Petit déjeuner : 15 €. Animaux admis (10 €).

Pile en face de l'hôtel CHIREC et à quelques minutes de marche de la station de métro Delta, cet apartotel est un compromis idéal entre le côté pratique (Delta est une des portes d'accès du sud de la capitale, pas besoin de conduire jusqu'au centre) et le confort. Les studios de 2 à 4 personnes sont hyper-contemporains, hyper-équipés avec table et kitchenette, une gym et même un beau buffet petit déjeuner, si vous avez envie de vous chouchouter. Le centre est à 15 minutes en métro.

ASPRIA ROYAL LA RASANTE €€

Rue Sombre 56 ✆ +32 2 609 19 02
www.aspria.com/fr
Accès au fitness et spa du Club. Petit déjeuner buffet (18 €) et restaurant sur place. WiFi. Chambre à partir de 101 €.

Luxueux, aéré, généreux en services divers et très bien coté, La Rasante (groupe Aspria) fait beaucoup d'émules par la qualité de ses services. Nombreux cours collectifs, salle de fitness au matériel le plus moderne, 7 courts de tennis. Ajoutez un spa avec sauna, hammam, piscine, lits à bulles, douches tropicales, fontaine de glace, salon de relaxation, massages et un restaurant. Y entrer se fait sur abonnement mais en séjournant à l'hôtel, une ancienne ferme élégamment rénovée proposant 16 chambres tout confort et au calme, vous aurez accès aux installations.

AUBERGE 3 FONTAINES €

Chaussée de Wavre 2057
✆ +32 2 663 24 32
www.auberge3fontaines.be
À partir de 24 € la nuit en dortoir, double à partir de 33,50 €. Petit déjeuner : 7,50 €. Parking voitures et cars.

Voilà assurément l'auberge de jeunesse la plus verte de Bruxelles ! À deux pas de l'immensité reposante de la forêt de Soignes et au sein d'un centre sportif, on y trouve des chambres jusqu'à huit personnes, quatre dortoirs, une grande terrasse exposée au sud, des bières belges au bar et deux cafétérias. Mais aussi de quoi garder la forme avec tennis, squash et badminton ou alors flâner ou jogger dans la forêt et autour des étangs. Pour les motorisés, la E411 et le ring sont proches. Pour les autres, 15 minutes de marche conduisent à la station de métro.

LA MAISON CHANTECLER €€

Avenue Circulaire 154 ✆ +32 484 82 02 03
www.lamaisonchantecler.com
Chambre double à partir de 110 € ; suite à partir de 130 € et cottage, 180 €. Petit déjeuner : 15 € (bio). Parking.

La villa, construite en 1906 dans ce superbe quartier résidentiel d'Uccle, offre plus que le confort nécessaire dans ses trois chambres au charme douillet. Il y a aussi un mignon cottage, pour ceux qui veulent préserver leur intimité. Retirée des grands axes, vous rejoignez le centre-ville assez rapidement. La maison d'hôtes est assez bien desservie. Sur place, on profite de belles installations wellness (piscine extérieure en saison, solarium au jardin, possibilité de massage), d'un magnifique parc verdoyant et d'un petit déjeuner copieux à tendance locale.

AU REPOS DES CHASSEURS €€

Avenue Charle-Albert 11
✆ +32 2 660 46 72
www.au-repos-des-chasseurs.be
11 chambres. Chambre double à partir de 100 €, suite à partir de 115 €. Petit déjeuner : 12,50 €. Parking.

Situé à l'orée de la forêt de Soignes, ce petit coin de paradis accueille les personnes en voyage d'affaires ou ceux qui veulent simplement passer des nuits paisibles dans un cadre champêtre. Les chambres modernes et épurées sont agréables, la nuit on y entend que le bruit des animaux de la forêt. Une bonne occasion de se reposer... qu'on soit chasseur ou pas. Il est entouré de nombreux parcs et de bois, c'est aussi l'occasion de faire de belles balades. Réputé pour son gibier, son restaurant gastronomique satisfera les plus gourmands.

TANGLA HOTEL BRUSSELS €€

Avenue Emmanuel Mounier 5 ✆ +32 2 345 67 89
www.tanglabrussels.com
Chambres dès 154 €, sans petit déjeuner. Formule demi-pension. Piscine, sauna, hammam, fitness. Bar et 2 restaurants.

Excentré mais à 10 minutes de la station de métro « Alma », ce grand hôtel d'une chaîne chinoise offre des prestations plus que solides : une décoration léchée (prix du design en 2016), une piscine intérieure, un spa, un bar et deux restaurants. On retiendra surtout le *Tang Dynasty* qui propose une fine cuisine Huaiyang, cuisine de la région de Nankin qui accorde une grande importance à la découpe des ingrédients. L'hôtel étant récent, les chambres sont d'une belle taille, feutrées et ornées de touches orientales. Tarifs plutôt raisonnables pour un tel standing.

S'INFORMER

La Belgique, comme la France, égrène de beaux bureaux touristiques accueillant les visiteurs dans chaque ville et village. Dans le cas de Bruxelles, ça peut être un peu surprenant car deux offices du tourisme en font la promotion, système fédéral oblige : Visit Brussels (organisme de la région bruxelloise) et Visit Flanders (organisme de la région flamande). Leurs bureaux sont situés dans l'aire de la Grand-Place. Dans les deux cas, vous y trouverez des plans de la ville et des brochures de festivals et d'événements se déroulant sur place, pendant votre séjour à Bruxelles. Ils sauront également vous conseiller sur des activités à faire selon vos goûts, si vous voyagez en solo, en couple, en famille, entre amis.... Pour vous imprégner de la culture locale et de l'actualité du pays, vous pouvez aussi regarder la télévision ou écouter la radio belge francophone (notamment les chaînes de la RTBF) avant d'y séjourner.

CARNETS DE VOYAGE

36, Boulevard de la Bastille
PARIS (12e)
www.us.phoenix-publications.com

Trimestriel consacré à des destinations de voyage avec des focus dédiés à la découverte des régions, *Carnets de Voyage*, le magazine des voyages réussis. Tous les 3 mois, la revue vous invite à découvrir à travers ses reportages le meilleur des destinations. Grande ou petite escapade à la découverte d'une ville, d'une région, en France, en Europe ou dans le monde à travers des reportages photo uniques complétés de conseils pratiques et de bonnes adresses pour nous faciliter le voyage avec enfin, un agenda des rendez-vous à ne pas manquer.

RTBF

Boulevard Auguste Reyers 52
✆ +32 737 21 11
www.rtbf.be

Née en 1977, la Radio-Télévision belge de la Fédération Wallonie-Bruxelles est devenue une référence en matière d'informations et de divertissements belges. Le média compte quatre chaînes de télévision, neuf radios, une offre web et des réseaux sociaux actifs. La RTBF est la solution si vous voulez tout savoir des informations locales, nationales et internationales. Les news sont ponctuées d'émissions de culture, de sport, d'économie et d'opinion qui vous feront toujours passer un bon moment. Un incontournable durant votre séjour en Belgique.

AGENDA VISIT BRUSSELS

www.visit.brussels/fr/visitors/agenda

Qu'est-ce qu'on fait ce soir (ou cet aprèm') ? Pas de panique, l'agenda de Visit Brussels a la réponse ! C'est le site de référence pour les évènements en tous genres : expositions, concerts, cinéma, spectacles et même visites. C'est simple : entrez la date de votre séjour, la catégorie d'activité que vous souhaitez voir et voilà, le problème sera de choisir. Vous trouverez aussi des filtres spéciaux pour sélectionner des activités qui conviennent à différents types de public (enfants, accessibles aux PMR, adaptées à différents handicaps, LGBTQIA, seniors, etc.).

SO SOIR

Rue Royale 100
sosoir.lesoir.be/

So Soir, c'est le supplément *lifestyle* du grand quotidien francophone de qualité, *Le Soir*. Disponible dans l'édition du week-end et sur le Web, il s'adresse à un lectorat essentiellement féminin, mais pas que. À côté des conseils mode-beauté-design, une large part est consacrée aussi à tout ce qui touche la restauration et c'est une petite mine d'informations sur les bonnes adresses. La rédaction étant basée à Bruxelles, il est souvent aux avant-postes des nouveautés sur la scène culinaire de la capitale, en complément des adresses déjà présentes dans ce guide.

À 5,5 %, le taux de chômage est moins élevé qu'en France et les salaires sont plus intéressants. Pour travailler en Belgique, pas besoin de permis de travail pour un membre de l'Union européenne. N'oubliez pas de faire éditer simplement votre carte de sécurité sociale européenne pour être couvert pour vos dépenses de santé. Il faut aussi s'inscrire auprès du service des étrangers de la commune belge dans laquelle est située votre entreprise, pour obtenir une carte de ressortissant de l'UE, valable 5 ans et renouvelable. Il faut en général parler français et anglais, et dans l'idéal néerlandais, mais à Bruxelles ce n'est pas une obligation la plupart du temps. Pour aller étudier en Belgique, les démarches commencent 9 mois avant, que ce soit en tant qu'étudiant indépendant ou via le programme Erasmus. Le système européen d'études supérieures LMD, Licence Maîtrise Doctorat, facilite l'admission dans une faculté belge, de surcroît francophone.

MINISTÈRE DE L'EUROPE ET DES AFFAIRES ÉTRANGÈRES

www.diplomatie.gouv.fr

Site Internet officiel pour connaître les formalités d'entrée et séjour dans le pays. Dans la rubrique « Services aux Français », vous trouverez un guide de l'expatriation, les modalités de demandes de documents officiels. Sur la page d'accueil en sélectionnant le pays, vous obtenez les contacts des ambassades. Dans l'espace politique, économie et socio-culturel, quantité d'informations et de communications utiles pour qui s'intéresse aux réalités du pays.

B-MOVERS

Chaussée de Louvain 947

✆ +32 478 19 19 20

brussels-move.be

Ouvert du lundi au samedi de 8h à 18h.
Demande de devis en ligne.

Vous vous êtes installé à Bruxelles et vous avez besoin déménager dans la région bruxelloise ou en périphérie ? B-Movers est un spécialiste du déménagement depuis plus de 15 ans. Leurs services comprennent la location de camionnette, d'élévateur pour les meubles et bien entendu, l'assistance de déménageurs : toute les bases sont assurées. Votre nouveau logement n'est pas prêt mais vous devez déménager ? B-Movers peut vous aider dans le stockage temporaire de vos meubles. De quoi aider à vous enlever un maximum de stress le jour J.

SILVERSQUARE NORTH

Bd Roi Albert II 4

✆ +32 2 627 56 98

Du lundi au vendredi 8h30-18h (abonnés, accès 7j/7, 24h/24). 30 € la journée, à partir de 325 € par mois.

Dans le superbe bâtiment Quatuor au nord du Pentagone, se trouve un des derniers-nés des espaces coworking de Silversquare : le SQ North. Leur particularité est que chaque espace est imaginé par un artiste différent et ici, c'est Lous & the Yakuza qui a imprimé sa patte colorée dans tous les recoins. Les installations sont au top : Wi-Fi ultra-performant, chaises et bureaux confortables, cabines pour passer des coups de fil, salles de réunions, thés et café à disposition... Et comme il s'agit d'une vraie communauté, des évènements sont organisés régulièrement.

WOKR 17

Rue du Berger 17

✆ +32 2 840 68 62

wokr.eu

Du lundi au vendredi : de 8h30 à 18h30. À partir de 99 €/mois. Bar ouvert à partir de 17h.
Restaurant à partir de 18h.

Si vous avez besoin d'un véritable espace pour travailler quelques heures ou toute une journée, alors Wokr 17 est une option idéale. L'espace partagé de ce coworking est accessible à tous à condition de consommer de temps en temps. Une solution très adaptée pour bosser occasionnellement. Pour ceux qui aimeraient en faire leur bureau, des formules d'abonnement très économiques existent. Le plus du Wokr 17, outre sa jolie déco stimulante, c'est qu'on y trouve aussi un véritable bar à cocktails et un restaurant qui ouvrent quand se termine la journée de travail.

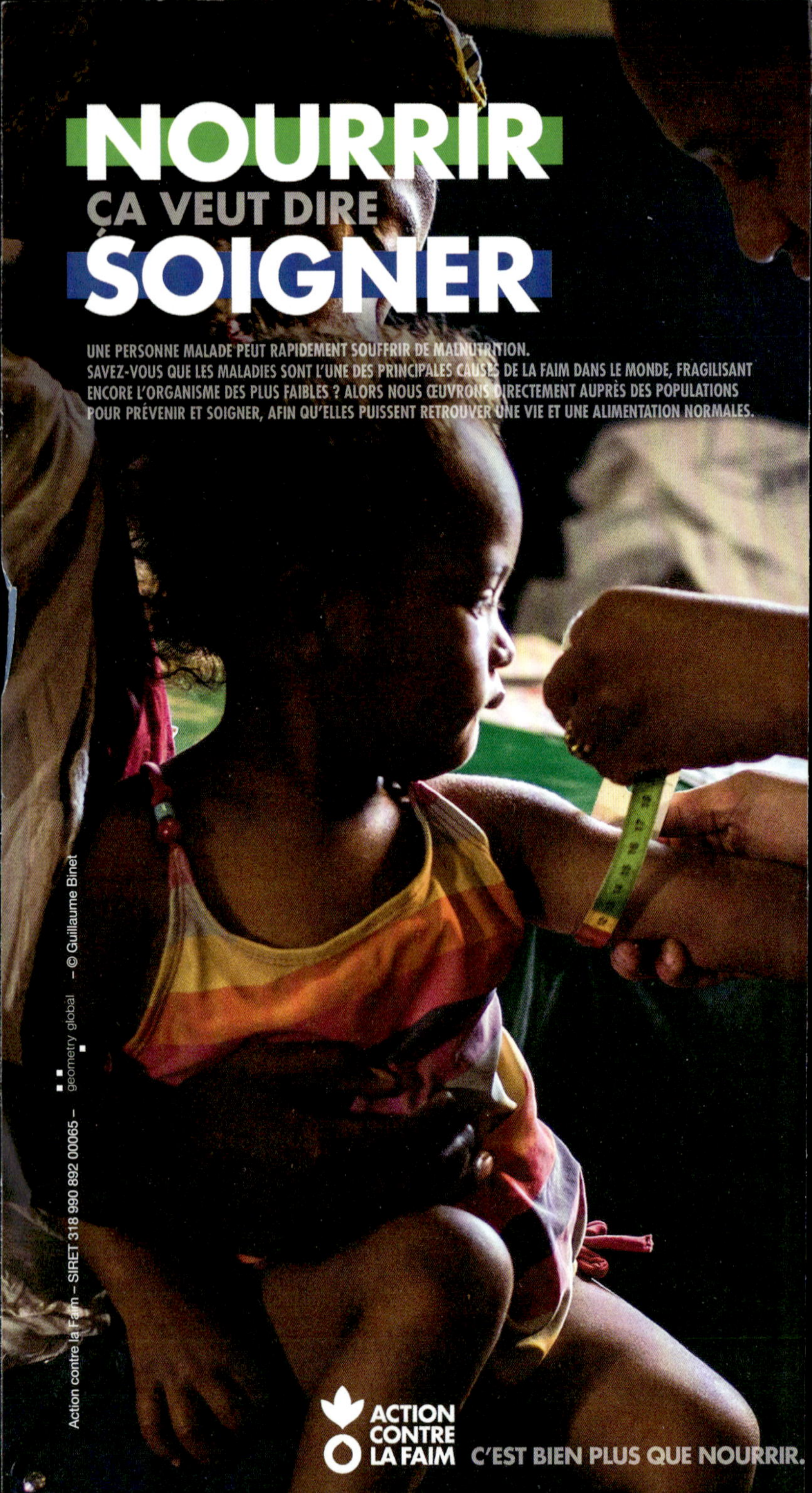
NOURRIR
ÇA VEUT DIRE
SOIGNER
UNE PERSONNE MALADE PEUT RAPIDEMENT SOUFFRIR DE MALNUTRITION.
SAVEZ-VOUS QUE LES MALADIES SONT L'UNE DES PRINCIPALES CAUSES DE LA FAIM DANS LE MONDE, FRAGILISANT ENCORE L'ORGANISME DES PLUS FAIBLES ? ALORS NOUS ŒUVRONS DIRECTEMENT AUPRÈS DES POPULATIONS POUR PRÉVENIR ET SOIGNER, AFIN QU'ELLES PUISSENT RETROUVER UNE VIE ET UNE ALIMENTATION NORMALES.
ACTION CONTRE LA FAIM
C'EST BIEN PLUS QUE NOURRIR.
Action contre la Faim – SIRET 318 990 892 00065 – geometry global – © Guillaume Binet

INDEX

EDITION

Directeurs de collection et auteurs : Dominique AUZIAS et Jean-Paul LABOURDETTE

Auteurs : Mélissa MONACO, Célestine CHARLIER, Mathias DESHOURS, Amandine GLEVAREC, Sylvie DEL COTTO, Mathilde LEROY, Tanguy REVAULT, Corentin LAPLANCHE-TSUTSUI, Jean-Paul LABOURDETTE, Dominique AUZIAS et alter

Directeur Editorial : Stéphan SZEREMETA

Rédaction Monde : Laure CHATAIGNON, Morgane VESLIN, Pierre-Yves SOUCHET, Natalia COLLIER

Rédaction France : Briséis CREAC'H-MENUT, Audrey VEDOVOTTO, Marie VIGNERON, Nicolas WODARCZAK, Mélanie PEILLET

FABRICATION

Maquette et Montage : Romain AUDREN, Julie BORDES, Delphine PAGANO

Iconographie et Cartographie : Anne DIOT, Julien DOUCET

WEB ET NUMERIQUE

Directeur Web : Louis GENEAU de LAMARLIERE

Technical Project Manager : Hervé MARION

Développeurs : Guillaume BARBET, Adeline CAUX

Intégrateur Web : Mickael LATTES, Antoine DION

Webdesigner : Caroline LAFFAITEUR

Community Traffic Manager : Alice BARBIER, Noémie LE SAUX

DIRECTION COMMERCIALE

Directeur commercial : Guillaume VORBURGER

Coordinatrice des Régies commerciales : Manon GUERIN

Account Manager Marketplace : Leila ROUGEOT

Responsable Régies locales : Michel GRANSEIGNE

Responsables Développement régie inter : Jean-Marc FARAGUET, Guillaume LABOUREUR et Camille ESMIEU

Assistante commerciale Régie internationale : Leila ANTRI-BOUZAR

Chefs de Publicité Régie nationale : Caroline AUBRY, François BRIANCON-MARJOLLET, Perrine DE CARNE MARCEIN, Jonathan TOUTOUX,

DIFFUSION ET PROMOTION

Directrice des Ventes : Bénédicte MOULET assistée d'Aissatou DIOP

Responsable des ventes : Jean-Pierre GHEZ assisté de Nelly BRION

Relations Presse-Partenariats : Jean-Mary MARCHAL

ADMINISTRATION

Président : Jean-Paul LABOURDETTE

Directrice des Ressources Humaines : Dina BOURDEAU assistée de Sandra DOS REIS et Eva BAELEN

Directrice Administrative et Financière : Valérie DECOTTIGNIES

Comptabilité : Guillaume PETIT, Aminata BAGAYOKO, Jeannine DEMIRDJIAN et Adama DIABY

Recouvrement : Fabien BONNAN assisté de Sandra BRIJLALL

Responsable informatique : Elie NZUZI-LEBA

PETIT FUTÉ BRUXELLES

LES NOUVELLES EDITIONS DE L'UNIVERSITE
18, rue des Volontaires - 75015 Paris.
✆ 01 53 69 70 00 - Fax 01 42 73 15 24
Internet : www.petitfute.com
SAS au capital de 1 000 000 € - RC PARIS B 309 769 966

Couverture : Musée des Instruments de Musique, Bruxelles, Belgique © efesenko - stock.adobe.com
Moules marinières accompagnées de frites © Author's Image

Impression : IMPRIMERIE CHIRAT - 42540 Saint-Just-la-Pendue
Achevé d'imprimer : février 2023
Dépôt légal : 17/03/2023
ISBN : 9782305085739

Pour nous contacter par email, indiquez le nom de famille en minuscule suivi de @petitfute.com
Pour le courrier des lecteurs : info@petitfute.com

IMPRIMÉ EN FRANCE